U0522931

《真理与方法》解读

洪汉鼎 编著

商务印书馆
2019年·北京

图书在版编目(CIP)数据

《真理与方法》解读/洪汉鼎编著.—北京:商务印书馆,2018(2019.10重印)

ISBN 978-7-100-14341-7

Ⅰ.①真… Ⅱ.①洪… Ⅲ.①阐释学 ②《真理与方法》—研究 Ⅳ.①B089.2 ②B516.59

中国版本图书馆CIP数据核字(2017)第139343号

权利保留,侵权必究。

《真理与方法》解读
洪汉鼎 编著

商 务 印 书 馆 出 版
(北京王府井大街36号 邮政编码100710)
商 务 印 书 馆 发 行
北京艺辉伊航图文有限公司印刷
ISBN 978-7-100-14341-7

2018年3月第1版	开本787×960 1/16
2019年10月北京第2次印刷	印张43¼

定价:108.00元

2001年伽达默尔在赠作者的书上签名

写在《〈真理与方法〉解读》前

一、伽达默尔与他的《真理与方法》

汉斯-格奥尔格·伽达默尔（Hans-Georg Gadamer, 1900—2002）是当代德国最伟大的哲学家之一，是德国哲学诠释学的创始者，也是世界哲学史上罕见的百岁哲学家。1900年2月11日他出生于德国马堡，1918年中学毕业后，他曾就学于布雷斯劳（现属波兰）、马堡、弗赖堡和慕尼黑等大学，攻读文学、古典语言、艺术史和哲学。伽达默尔属于20世纪德国20年代最年轻的一批哲学大学生，对于这批大学生来说，第一次世界大战后焦虑的期待以及现象学特别是最后海德格尔的出现乃是一个相当重要的事件。在海德格尔1923年就任马堡大学教席之前，伽达默尔曾经在哈特曼和拉托普的指导下写过一篇论柏拉图的博士论文。当时海德格尔在批判性地与传统（柏拉图、亚里士多德、奥古斯丁以及路德）对话基础上发展哲学的倾向必然唤起伽达默尔的注意和兴趣，因为他在哲学里既想找到一种历史的向度，又想找到一种具有广泛规模的系统化的向度。与胡塞尔不同，伽达默尔反对这样一种观点，即哲学可以没有一种对传统的历史研究而能对它进行大规模的系统的表态。对历史传承物的解释并不只是一种在系统化哲学之旁的哲学史活动，对传统的关系乃是哲学本身的本质部分，亦即一种以后在其代表作《真理与方法》所表现的基本态度。1929年在海德格尔的主持下，伽达默尔以"柏拉图的辩证伦理学"论文取得教授资格后，曾在马堡大学讲授伦理学和美学。1939年在莱比锡大学获得教授职位，1945年任该校哲学系主任，1946年晋升为该校校长。1947年转入法兰克福大学任首席哲学教授，1949年起在海德堡大学接任雅斯贝斯教席，直至1968年退休。伽达默尔是多产作家，主要著作有《柏拉图的辩证伦理学——〈菲利布斯篇〉的现象学解释》（1931年初版，1968年以《柏拉图的辩证伦理学和柏拉图哲学其他方面的研究》为名扩充再版）、《柏拉图与诗人》（1934年）、《真理与方法》（1960年）、《短篇著作集》（4卷本，1967—1977年）、《黑格尔的辩证法——五篇诠释学研究论文》（1971年）、《我是谁，你是谁？》（1973年）、《柏拉图〈蒂迈欧篇〉里的理念和实在》（1974年）、《科学时代的理性》（1976年）、《柏拉图和亚里士多德关于善的观念》（1978年）、《黑格尔的遗产》（1979年）、《海德格尔之路——后期著作研究》（1982年）和《赞美理论》（1984年）等。《伽达默尔著作集》共10卷，1986年出版，1995年完成。

《真理与方法》是伽达默尔60岁时出版的一部代表作，此书可以说是当代西方哲学继胡塞尔的《逻辑研究》（1900年）、海德格尔的《存在与时间》（1927年）之后的又一部重要的经典著作之一。由于这部书的问世，不仅当代哲学和哲学史的研究发生了一个重要转折，而且一般人文社会科学的研究也出现了新的转向，以致在哲学领域内不仅有哲学诠释学代表了当代西方哲学发展的新的趋向，而且在人文社会科学领域内也纷纷出现了文学诠释学、历史诠释学、法学诠释学、艺术诠释学、宗教诠释学和社会诠释学等。

诠释学（Hermeneutik）本是一门研究理解和解释的学科，其最初的动因显然是为了正确解释《圣经》中上帝的话语。诠释学一词的希腊文词根赫尔默斯（Hermes）本是希腊神话中的一位信使的名字，他的职务是通过他的解释向人们传达诸神的信息和指令。因此，当教父时代面临《旧约圣经》中犹太民族的特殊历史和《新约圣经》中耶稣的泛世说教之间的紧张关系而需要对《圣经》做出统一解释时，人们就发展了一种神学诠释学，即一种正确理解和解释《圣经》的技术学，而以后当这种理解和解释的学问被用于法律或法典时，便产生了相应的法学诠释学。但诠释学作为一种关于理解和解释的系统理论，是由19世纪德国哲学家施莱尔马赫（Schleiermacher, F. 1768—1834）和狄尔泰（Dilthey, W. 1833—1911）完成的。施莱尔马赫根据以往的《圣经》诠释学经验提出了有关正确理解和避免误解的普遍诠释学设想，从而使神学诠释学和法学诠释学成为普遍诠释学的具体运用。狄尔泰在施莱尔马赫的普遍诠释学设想的基础上试图为精神科学方法论奠定诠释学基础。按照狄尔泰的看法，"我们说明自然，我们理解精神"，因此诠释学应当成为整个精神科学区别于自然科学的普遍方法论。不过，不论是施莱尔马赫，还是狄尔泰，他们的诠释学理论都没有超出方法论和认识论性质的研究，他们只属于古典的或传统的诠释学。

哲学诠释学正是在把传统诠释学从方法论和认识论性质的研究转变成本体论（存在论）性质研究的过程中产生的。诠释学的这种根本性转变的发动者乃是德国哲学家海德格尔。海德格尔在其《存在与时间》中通过对此在的时间性分析，把理解作为此在的存在方式来把握，从而使诠释学由精神科学的方法论转变成为一种哲学。按照海德格尔的"事实性诠释学"（Hermeneutik der Faktizität），任何理解活动都基于"前理解"，理解活动就是此在的前结构向未来进行筹划的存在方式。伽达默尔秉承海德格尔的本体论（存在论）转向，把诠释学进一步发展为哲学诠释学。按照伽达默尔的看法，诠释学绝不是一种方法论，而是人的世界经验的组成部分。他在《真理与方法》第2版序言中写道："我们一般所探究的不仅是科学及其经验方式的问题——我们所探究的是人的世界经验和生活实践的问题。

借用康德的话来说，我们是在探究：理解怎样得以可能？这是一个先于主体性的一切理解行为的问题，也是一个先于理解科学的方法论及其规范和规则的问题。我认为海德格尔对人类此在的时间性分析已经令人信服地表明：理解不属于主体的行为方式，而是此在本身的存在方式。本书中的'诠释学'概念正是在这个意义上使用的。它标志着此在的根本运动性，这种运动性构成此在的有限性和历史性，因而也包括此在的全部世界经验。"① 正如康德并不想为现代自然科学规定它必须怎样做，以便使它经受理性的审判，而是追问使近代科学成为可能的认识条件是什么，它的界限是什么，同样，伽达默尔的哲学诠释学也不是像古老的诠释学那样仅作为一门关于理解的技艺学，以便炮制一套规则体系来描述甚而指导精神科学的方法论程序。哲学诠释学乃是探究人类一切理解活动得以可能的基本条件，试图通过研究和分析一切理解现象的基本条件找出人的世界经验，在人类有限的历史性的存在方式中发现人类与世界的根本关系。很显然，这里哲学诠释学已成为一门诠释学哲学。

《真理与方法》全书的基本内容和线索可以用伽达默尔自己在该书导言中的话来概括："本书的探究是从对审美意识的批判开始，以便捍卫那种我们通过艺术作品而获得的真理的经验，以反对那种被科学的真理概念弄得很狭窄的美学理论。但是，我们的探究并不一直停留在对艺术真理的辩护上，而是试图从这个出发点开始去发展一种与我们整个诠释学经验相适应的认识和真理的概念。"② 这也就是说，伽达默尔试图以艺术经验里真理问题的展现为出发点，进而探讨精神科学的理解问题，并发展一种与语言紧密相关的哲学诠释学的认识和真理概念。与这种思考线索相应，《真理与方法》一书分为三个部分：（一）艺术经验里真理问题的展现；（二）真理问题扩大到精神科学里的理解问题；（三）以语言为主线的

---

① 伽达默尔：《真理与方法》，第 2 卷，J. C. B. Mohr (paul Siebeck) 出版社 1986 年版，第 439—440 页。
② 伽达默尔：《真理与方法》，第 1 卷，第 3 页。

诠释学本体论（存在论）转向。这三个部分分别构成三个领域，即美学领域、历史领域和语言领域。

第一部分是从精神科学自身那种受方法论歪曲了的自我理解出发。为了对自然科学采取某种防御性的立场，精神科学自19世纪起就希望通过一种方法论的反思确保它的科学的可尊重性。当赫尔姆霍茨试图以一种艺术本能的归纳法来为精神科学建立科学方法基础时，伽达默尔问这种科学方法对于精神科学是否真这样重要，在这里是否有另一些更为重要的条件在起作用。在康德之前，关于人的科学还可能从人文主义基本概念（如人的教化、趣味培养、判断力培养和共通感造就）出发而得以合法化，这些人文主义概念显然是没有方法论指导的。但康德曾拒绝这些概念有真理要求，因为它们不满足科学的严格标准：凡经受不住这些严格标准检验的东西，只有主观的有效性。所以按照伽达默尔的看法，美学和精神科学面临一种致命的选择：要么成为毫无意义和价值的非科学，要么成为依赖和遵循精确方法的科学。在伽达默尔对艺术经验的探讨里，他证明所谓审美区分——即审美意识与审美对象的区分，艺术作品与其原本世界的区分——乃是一种受方法论世界观本身所影响的抽象。经过对康德美学的详尽探讨，伽达默尔终于得出这样一个结论：艺术属于一种超出方法论指导的特有的经验真理能力。在与艺术的照面中，我们将经验一种感性真理（Sinnwahrheit）和生活真理（Lebenswahrheit），这种真理关系到我们整个自我理解并影响我们整个世界经验。

由此出发，伽达默尔试图在第二部分中作出一种适合于精神科学的诠释学。为了反对解释者的自我消除这一方法论理想，伽达默尔与海德格尔一样，强调了理解的历史性和前结构的积极意义。他把启蒙运动对前见的贬低作为一种受方法论意识所支配的抽象加以反对，认为这是一种启蒙运动对前见的前见。事实上，理解者的前见、传统观念、历史境遇以及与理解对象的时间距离，并不构成理解的障碍，而是理解的必要条件，理解者所隶属的历史性乃是他们认清历史对象和洞见历史意义的基础。19 世纪发展起来的"历史意识"（历史主义）并不是正确的历史观点，因为它无视客观存在的效果历史（Wirkungsgeschichte）。因此与之相反，我们需要一种"效果历史意识"（das wirkungsgeschichtliche Bewusstsein），这种意识知道自身是一种与历史一起反思着的，但永远不会在完全透明里反思历史的结果，因而效果历史意识与其说是意识，毋宁说是存在。我们的理解就是一种进入传承物的事件（Überlieferungsgeschichte），其中过去与现在、传统与现代进行中介。因为按照伽达默尔的观点，我们不可能使一个孤立的现代视域与一个封闭的过去视域相脱离，所以理解宁可被描述为一种现在与过去的视域融合（Horizontverschmelzung）。这样，每个文本就不只是某个作者的意图和思想的表达，或某种一定历史时期精神潮流的表现，文本的意义整体是表现一种世界，而这世界说出了存在者得以被问和文本得以回答的空间。因此，我们不必期待一种科学主义或历史主义的逻辑作为精神科学的逻辑，适合精神科学理解的逻辑乃是一种问答逻辑。对文本的理解就是把它理解为对它所提出的问题的回答。对它提出的问题的理解要求我们提出问题，而当我们提出问题时，我们就活动在某种问题空间之内，也就是活动在某种确定什么能有意义地被询问和被回答的界限的意义活动空间里，这种界限规定了所说事情的真理。问答辩证法同样也不可误解为研究主体的自主游戏，在伽达默尔看来，这种辩证法，如果我们从柏拉图和黑格尔模式出发，那么它就一定要被思考为一种我们只是参与其中的事件。

在第三部分里，问答辩证法导致诠释学以语言为主线的普遍化。每一理解都表现为一种对我们所面临的问题的回答，这对于伽达默尔不只是精神科学的特殊性，而是我们一般语言性的世界经验的基本特征。我们的世界经验都是由语言所构成的，语言绝不是一种单纯的工具，当我们需要时就拿起，不需要时就弃之，语言乃是我们理解得以实现的必要条件和经验得以构成的必要基础。人具有语言绝不是什么非本质的偶然的特征，而是人处于世界之内这一事实的表现。在语言中，人认识自己，因为他通过语言能够根据某种开启的世界说出某种关于存在者的东西。可是，世界的语言性并不意味着这个对象就是语言，每一对象化都相反预先假设我们曾与某个存在者打交道，这个存在者在语言的世界视域内被解释。按照伽达默尔的看法，这里我们必须避免一种科学主义造成的抽象，即陈述的优先性，也就是说，陈述可能被方法论孤立地加以处理，脱离它们的动机视域，即脱离它们所说的是对其答复的问题或境遇。这样一种从对话基础出发来强调语言的试图，早在奥古斯丁的语词学说里就表现出来了，这一学说把外在词理解为内在词的深询性的声音化。伽达默尔把事物在语言中表现自身这一事件与思辨性概念相联系。思辨性指反映关系，理解一位解释者的特殊语言，就像一面镜子一样反映事物本身。但与黑格尔不同，语言的这种思辨性并不导致绝对知识；因为在所说的东西里总是反映一种存在的无限性，这种无限性在对话里可听到和被实现。最后，这种语言要素关系到哲学的普遍方面，正如结尾一章所说明的。一种由先前的对话和可能使其再成为问题的不安宁出发来理解的哲学将一定不同于现今占统治地位的以方法论模式所探究的哲学。未来的真正哲学必然是一种诠释学的哲学。

二、翻译《真理与方法》和写《解读》的由来和形成过程

我接触伽达默尔的《真理与方法》一书是在1983年，当时我获得联邦德国洪堡研究基金资助，正在德国慕尼黑大学做访问学者。我原在国内所接受的哲学教养除了传统哲学外，主要是英美的分析哲学，因此当我一踏进当代德国哲学圈时，我对他们当代的哲学感到非常陌生。记得有一次我从大学课程表上看到 Hermeneutik 这一词时就非常奇怪，我曾就此一词问过慕尼黑大学一位年轻的博士，正是在这位博士的推荐下，我才知道伽达默尔这本书。我还记得这位博士当时曾说过这样一句话：如果你要想理

解我们德国的当代哲学，你非得先读此书不可。继后我在德国几所大学的哲学教学中确实发现，尽管有些德国哲学家并不完全赞同伽达默尔的观点，但在他们的哲学讲课中总带有深厚的诠释学意识，甚而广泛地使用了一些哲学诠释的术语。

我自己的这一经验使我意识到，当时我国西方哲学方面的研究至少落后西方二三十年。记得伽达默尔晚年曾回忆他的《真理与方法》出版时的困难时说："关于书名问题也麻烦十足。我的国内外同行都期待着把这本书作为一种哲学诠释学。但当我建议用哲学诠释学作书名的时候，出版商就反问我：什么叫哲学诠释学？看来更好的做法还是把这个当时还不为人所知的名称作为副标题的好"。[①] 如果说在20世纪60年代初的德国，Hermenenutik对于普通的出版商还是一个陌生的词，那么在20世纪80年代初的中国，对此词的陌生性就不只是普通的群众，而且还有专业的哲学工作者。记得我在1979年末曾参加了一次中国社会科学院哲学所赴德国参加黑格尔研讨会回来的代表汇报会，会上就提出诠释学是一种什么性质的哲学观点。这种情况显然就意味着我们与西方学者之间存在着一种明显的哲学研究距离，唯有对这种距离有明确的意识，我们才能提高我们的哲学研究水平。

1984年，我从慕尼黑大学转到杜塞尔多夫大学进行哲学研究。我的学术顾问是卢茨·盖尔德赛策（Lutz Geldsetzer）教授，这是一位精通十余种语言的德国少壮派哲学家，他不仅熟悉希腊文、拉丁文、希伯来文，而且也了解中文、日文、梵文。他的广博的哲学史知识使他对哲学有一种深刻的洞察力，正是这一点使他在40岁左右就取得大学哲学教授位置。这在当今德国实属罕见。我俩是同龄人，并有共同的兴趣，不久我们就成了学术知己。我们在德国合作编译了《中国哲学基本辞典》三卷，[②] 并共同撰

---

① 伽达默尔：《真理与方法》，第2卷，第493页。
② Lutz Geldsetzer und Handing, Hong: *Chinesisch-deutsches Lexikon der chinesischen Philosophie*, Scientia Verlag Aalen 1986, 1991, 1995.

写了《中国哲学之基础》一书。①盖尔德赛策教授对德国诠释学研究有独到的贡献，他曾编辑出版了一套诠释学古典读本丛书，这套丛书曾使伽达默尔在《真理与方法》第2卷中三次提到他，并对他作了相当高的评价："自从卢茨·盖尔德赛策重印了一系列诠释学的新材料之后，我们就可以用另外的方式来讲授以往的诠释学历史"②，而且还说："盖尔德赛策对这些新材料加上非常仔细、令人叹为观止的博学的导言。"③ 正是在这种学术气氛下，我开始研读《真理与方法》。不过说实话，这部著作是非常难读的，尽管有盖尔德赛策不时地为我释疑，但对于我这个毫无这方面知识背景的人来说，要真正理解此书的内容，仍实属不易。为了便于理解起见，当时我还找来了英译本，谁知这第一个英译本（1975年）反而给我带来更多的误解，直到后来我的好友傅伟勋教授从美国寄给我第二个英译本（1991年），才对我理解伽达默尔的《真理与方法》起到了很好的促进作用。

1985年我回国后，在一些友人的劝告和敦促下，我开始翻译此书。我当时之所以翻译，主要还是为了更仔细地阅读和理解，我从不会为了翻译而翻译，我的翻译作品都是在我的研究指导下进行的。我翻译《真理与方法》，当时还有另一个原因，即我在该书译后记中所说："从某一个意义上说，我花这样长的时间只从事一部著作的翻译工作，似乎有些得不偿失。我的一些亲朋好友也曾经以此指责我说，我本可以利用这几年经常出国与德国哲学家进行直接联系和学术交流的好时机，写出一部关于诠释学甚而当代德国哲学的专著。尽管这种批评有一定道理，特别是在当前我国只重论著不重翻译的学术评定倾向下，但我仍要争辩说，需知西方哲学发展至今日，其内容之广泛和其意义之深奥，实非我们仅以几年时间写出的一部

---

① Lutz Geldsetzer und Handing, Hong: *Grundlagen der chinesischen Philosophie*, Reclam Verlag, Stuttgart 1998, 2008.
② 伽达默尔:《真理与方法》，第2卷，第463页。
③ 同上。

学术专著所能涵盖的。与其写一部阐述自己尚未成熟看法的专著，还不如译介一部有影响的经典著作对我国读者来说更为重要一些。"①正是这样一种看法使我对这几年的辛苦劳作没有感到可惜。扪心自问，反而有一种自慰。如果我国年轻的读者能被这本书引导去踏实研究当代西方哲学，译者这几年来的苦心就算没有白费。我想，在我们学术界现今都普遍倾向于急功近利的情况下再次强调这一点，似乎并不多余，而是更有必要。

诠释学对于我国今天的一些读者来说可能还不算陌生，但不管怎样，这只是最近十余年内的事。在 20 世纪 70 年代末，我们通过东德和日本的一些哲学译文接触到这一名词，但对其内容却完全不了解，只是到了 80 年代，由于当时所谓存在主义热，一些个别的学者开始对当代西方这一哲学倾向赋了注意，特别是在 1986 年中国社会科学院哲学所出版的《哲学译丛》以"德国哲学解释学"为题出了一份专辑，在一定程度上推动了国内的诠释学研究。在此期间，我国哲学界组织了两次关于诠释学的专题研讨会：一次是 1987 年在深圳大学召开的首届诠释学学术讨论会，这次讨论会我们邀请了德国哲学史学家盖尔德赛策教授作了题为"什么是诠释学"的学术报告，与会的中外哲学家就诠释学的历史、主要观点以及自然科学和人文科学的区别作了广泛的讨论；另一次是 1991 年在成都召开的第二届诠释学学术讨论会，与会 30 多名哲学研究学者就海德格尔、伽达默尔、哈贝马斯、利科和德里达的思想进行了深入的讨论。这些活动无疑都促进了我国的诠释学研究，以致诠释学在我国今天已成为一个拥有越来越多研究者的专门研究领域。我的《真理与方法》的翻译显然就是在这种气氛的促进下继续进行的，从 1986 年开始，直至 1995 年结束，长达十年。

伽达默尔的《真理与方法》德文版至今已出了 5 版，除 1960 年初版外，尚有 1965 年、1972 年、1975 年的修改版以及 1986 年的著作集版。其

---

① 伽达默尔：《真理与方法》，第 2 卷，第 850 页。

中 1975 年第 4 版为标准版，一卷本，共 553 页，书中除《真理与方法》正文外，还包括附注、论文"诠释学与历史主义"和第 3 版后记。1986 年著作集版（第 5 版）在原有的第 4 版基础上大大扩充，成为两卷本，第一卷（诠释学Ⅰ）为《真理与方法》正文，第 2 卷（诠释学Ⅱ）收集《真理与方法》出版前后有关论文共 31 篇，分为导论、准备、补充、发展和附录五个部分。这两卷共 1027 页。我译的《真理与方法》中译本共有三个版本：一是上海译文出版社出版的根据第 4 版标准版的上下册大陆版（1992 年，1999 年）；一是台湾时报文化出版公司出版的依据第 5 版的第一、第二两大卷海外版（1993 年，1995 年）；一是北京商务印书馆出版的两大卷中译本修订版（2007 年，2011 年，2013 年）。

在翻译过程中，我参阅了魏海默（Joel C. Weinsheimer）的《伽达默尔诠释学:〈真理与方法〉解读》（Gadamer's Hermeneutics: A Reading of Truth and Method, Yale University Press, 1985），针对《真理与方法》有些难读的章节，我甚至翻译了魏海默书的相关段落。这可以说是我这本《〈真理与方法〉解读》的基础。当然，魏海默的解读本并不完全适合于中国的读者，为此，我在翻译《真理与方法》的具体过程中，也慢慢根据我自己的理解扩大魏海默的解读本的内容。这就是我的最初《真理与方法》解读本的起源。因此本解读本里有些地方可能还保留魏海默的解释，甚而有些段落可以说是他那本书的翻译。我的最初小本解读本《理解的真理》出版于 2001 年，由山东人民出版社出版。

自 2001 年后，我曾在台湾几所大学开讲《真理与方法》，听课的都是哲学系和中文系的硕士、博士研究生，我采用了德国 Seminar（研讨班）形式，在课堂上除我讲解外，还提前让学生作准备，在课堂作导读，最后大家讨论。几年间，有几位博士生对《真理与方法》大感兴趣，在年轻研究生的鼓动下，我决定扩充十余年前出版的那本《理解的真理》。最初我想和林伯宏、赖柏霖、王立业、许育嘉等研究生共同来搞，他们也花了不少时间进行整理，但后来由于他们要写博士论文，不能有太多时间花在这上面，另外要真写解读，对研究生也是一桩不容易的事，所以最后我还是决定由自己一人来完成。不过，在这本扩充的新的《〈真理与方法〉解读》里，还有不少赖柏霖和林伯宏的心血。

解读本究竟应怎样写呢？中国传统有一套经典注释的方法，即所谓经、传（记）和注（说）的三层格局。清人皮锡瑞在其《经学历史》中说："孔子所定谓之经；弟子所释谓之传，或谓之记；弟子展转相授谓之说。"这三层格局，三国时东吴人杨泉有一比喻："夫五经则海也，传记则四渎，诸子则泾渭也。"初唐长孙无忌谓："昔者圣人制作谓之为经。传师所说则谓之为传，丘明、子夏于《春秋》《礼经》作传是也。"这就是说，在我国的传统经学系统中，经为核心，传、记为辅翼，注解、章句、义疏则锦上添花矣。根据我国经学这种传统，我们这本解读也试图采取这三层结构。首先，伽达默尔《真理与方法》正文是经，对正文的一些直接解释是传，而对最初解释的进一步补充则是疏。因此我们这本《〈真理与方法〉解读》分大小字，大字是传，小字是疏。由于各版中译本页码不尽相同，而中译本每版边页都附有1986年著作集德文页码，因此为了统一起见，本解读本均注德文页码。

最后，我需要指出，本解读只是我对《真理与方法》一书的一种读解方式，它只是对伽达默尔文本的一种可能的理解，或者也可以说是一种可能的误解，因此我们绝不能认为它是一种确定的解释。它的效用只能是一种参考。当然有时候，即使是一种错误的参考，也可能具有某种启发性。

三、我与伽达默尔的两次见面

我与伽达默尔有两次见面，第一次是在1989年5月，当时我应邀参加在德国波恩举行的纪念海德格尔百年诞辰国际研讨会。这次会相当隆

1989年德国波恩海德格尔哲学研讨会上作者与伽达默尔会晤

重,亚历山大·洪堡基金会主持,世界上一些有名的海德格尔研究专家都参加了。伽达默尔在会上作了"海德格尔与希腊思想"的主题报告。他讲德语的语调是那样吸引人,行云流水,抑扬顿挫,对我来说,简直是一种美的享受。我当时立即联想起20世纪50年代我在北京大学西语系听美国教授温德的英诗朗诵。我利用会议休息的时间找了伽达默尔教授两次,当时伽达默尔已经90岁了,但身体很好。我一方面告诉他,我正在把《真理与方法》译成中文;另一方面,就《真理与方法》一些概念的理解,请他加以指点。使我大为惊讶的是,伽达默尔本人对此书的翻译并不感兴趣,而且还提出了"不可翻译性"(Unübersetzbarkeit),似乎他对西方语言的东译性有怀疑。如果从完满性和正确性的翻译要求出发,我们确实要承认这种不可翻译性,因为按照诠释学的观点,要把作品的作者本人在写该著作时的意图和意义内涵全面而客观地表现出来,这是不可能的,任何

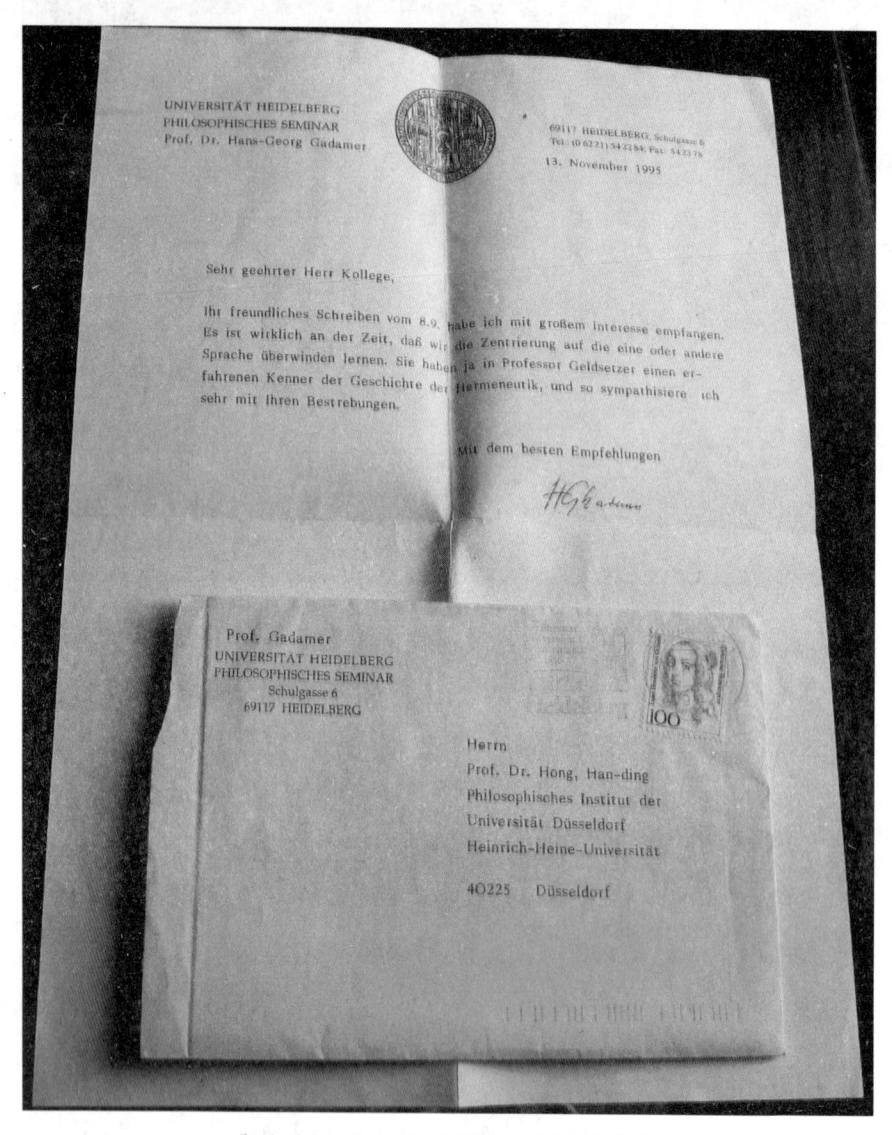

伽达默尔 1995 年 11 月 13 日给作者的信

翻译都带有翻译者的诠释学境遇和理解视域,追求所谓唯一的真正的客观的意义乃是一种不可实现的幻想。但是,按照我个人的看法,如果我们把翻译同样也视为一种理解、解释或再现的话——其实诠释学一词最早的解释就是翻译——那么我们也不可因为翻译不能正确复制原书的原本意义而贬低翻译。事实上,正如一切艺术作品的再现一样,一本书的翻译也是一种解释,因而也是该书继续存在的方式。伽达默尔在《真理与方法》第三部分中就明确说过:"一切翻译就已经是解释,我们甚至可以说,翻译始终是解释的过程,是翻译者对先给予他的语词所进行的解释过程。"① 1995 年台湾时报文化出版公司出版了我译的《真理与方法》两大卷,当时我正在德国杜塞尔多夫大学任客座教授,我将此书寄赠伽达默尔,并再次谈了我对翻译的看法。时正 95 岁高龄的伽达默尔给我回了一封信(1995 年 11 月 13 日),信中说道:"现在我们确实要学会克服对一种语言或另一种语言的中心主义。你无疑在盖尔德赛策那里对诠释学历史有了深入的认识,因而我非常赞同你的努力。"很显然,伽达默尔此时对东方语言翻译问题有了进一步的看法。

第二次见伽达默尔是在 2001 年 6 月 10 日,是盖尔德赛策教授陪我去海德堡专门拜访伽达默尔的。当时伽达默尔已经 101 岁,并且是在他的海德堡大学办公室里谈的,我们足足谈了两个小时。这次谈话给我印象最深的是:一、伽达默尔告诉我,对于未来世界,他是悲观主义者,他说:"对未来尽管现在还不能做最终的思考,但一旦我们考虑到人手中拥有那么大的破坏能力,人类种族(der Rasse Mensch)不自己消灭自己的机会就很小。"他忧虑地指出:"世界的末日是人自己造成的!"如果我们现在回忆该年随后所发生的"9·11"美国双子星恐怖事件,我们不能不佩服这 101 岁高龄的世界哲人的正确预见;二、伽达默尔说,以前中国人和日

---

① 伽达默尔:《真理与方法》,第 1 卷,第 388 页。

本人到德国为了学习数学和自然科学，因而必须学习德语，但今天似乎没有这个必要，因为远东科学今天的发展已有可能使西方人感到学习中国语言的必要，他特别强调说："200年后很可能大家都学习中文，有如今天大家都学习英文一样"；三、伽达默尔说"诠释学需要一种想象力"，他说，在我们这个充满科学技术的时代，我们确实需要一种诗的想象力，或者说，一种诗文化。在我看来，当时他似乎预感到，在当前充满矛盾和仇恨的时代，诗的想象或诗文化可能是一种调和的拯救剂。

关于这次访问，盖尔德赛策作了全程录像，曾在伽达默尔去世后第一时间在德国电视台播放过，我也写了一篇题为"百岁西哲寄望东方"的访问记发表在当年7月25日《中华读书报》上，现录于下：

> 在德国已整整两个月了，今天可以说是我这次短期访德的一个高潮：会见当代德国最著名的哲学家、哲学诠释学的创始人，现今已101岁的汉斯-格奥尔格·伽达默尔（Hans-Georg Gadamer 1900—）教授。杜塞尔多夫大学哲学系盖尔德赛策在上个月已与伽达默尔教授电话联系，说我是从北京远道来专访他的，我是他的代表作《真理与方法》的中文译者，近二十年来一直在钻研他的哲学诠释学。伽达默尔非常高兴，在电话里说他可以6月11日与我们谈两个小时。啊？！一位百岁的老人能作两个小时的谈话，我抱着半信半疑的态度。
>
> 为了作充分的准备，我和盖尔德赛策教授于6月10日上午11点钟起程。从杜塞尔多夫到海德堡大约四百多公里。途经科布伦茨，这是德国中部自然风光最美的地区。为了便于欣赏，我们离开高速公路，沿着莱茵河畔小道行驶，中午在著名的旅游胜地博帕镇吃饭。下午大约5点钟到了海德堡。旅馆安顿后，我们就先去海德堡观光。18年前我曾到过海德堡，他给我的印象是一条老步行街、一座古宫殿、一架古桥、一个古老大学、一条哲学家之路以及始终是阴雨绵绵的天

气。今天这一切似乎又历历在目。在微微细雨中我们参观了古宫殿。这座宫殿在18世纪初被法国入侵者摧毁，只剩下一些残砖废瓦。据说后来席勒也主张摧毁这种代表封建专制的建筑，说革命派必须毁灭这座宫殿。德国与法国的关系是这样微妙，以致今天法国人仍说尼采是偶尔讲德语的法国革命派。18年前我初访这里时，这里是一片阴暗的瓦砾废墟，可是这次已整刷一新，因而看上去似乎有些地方新砌的。

第二天上午又是阴雨绵绵，为了能顺利进行这次会见，我们先去海德堡大学勘查地形。海德堡大学坐落在古老步行街的右侧，这是一座保存完好的古大学，在斯宾诺莎时代就很著名，斯宾诺莎曾被德国国王邀请来海德堡大学担任教授，只是因为他害怕讲课是否能有充分自由而谢绝。据盖尔德赛策教授说，斯宾诺莎这种疑虑是有道理的，因为当时的大学生在德国专制者看来是危险的，因此大学当时都不设在大城市，而是在小城市，例如海德堡、爱尔兰根等，就是为了防范。说来奇怪，我本以为海德堡大学哲学系是个古老的哲学源地，不仅以前有黑格尔这样伟大的哲学家，而且今天也有伽达默尔这样世界闻名的教授坐镇，一定教授颇多、讲座颇多，可是一看课程表只有3个讲座，我不得颇有感触地说，海德堡哲学黄金时代可能已过去了。我们从二楼台阶往下走到一层，终于在一个边角找到了伽达默尔的办公室。伽达默尔虽然在1968年已经退休，但大学仍保留这间办公室给他。他办公室的隔壁就是现在海德堡哲学系的主任布白勒教授的办公室。

下午天空放晴了，太阳徐徐跃射。大约4点钟，我们按预约到了海德堡大学哲学系伽达默尔办公室门口，按铃后，他的女秘书开了门，这是一间大约20平方的房间，一进门我就看见一位老者正在伏案写什么，当我们进去后，他抬起头微笑地与我们打了一下招呼，请我们等一下，他马上写完就与我们谈话。整个办公室除了他的书桌和一套沙发放在中间外，四周书架和地上都堆满了书。沙发已很旧了，显然已伴随了主人度过了数十年。两分钟后，当女秘书从伽达默尔手里接过他签了字的文件并走出房间后，伽达默尔从书桌旁徐徐站了起来，有些微颤地拄着双杖走到沙发前，我想撑扶他一下，他说不要，他自己能坐下。我首先向伽达默尔作了自我介绍，并告知他在十年前我们在波恩一次海德格尔研讨会上见过面，他似乎已忘记了，当我拿出我最近出版的《理解的真理》并指出其中印的一张当时我与他拍的照片时，他笑了，说："对，对，我记起来了，当时我们正在餐桌上吃饭。"我首先按照中国传统探问他的起居情况，说我们中国知识分子都想知道他的长寿秘诀。他说他每天11点就寝，早晨7点钟起床，每星期一下午4点必到办公室工作两个多小时。唯一的长寿秘诀就是50年来未看过医生，尽管腿走路已拄拐杖好几十年。他将他的健康归功于他的做化学家的父亲。他说他父亲在他小时候就通过实验告诉他药物的作用和副作用的危险，以致他从那时起就未吃过任何化学的药物，也从未去医院看过病。我回忆十年前在波恩与他见面时，他当时食欲很好，不仅饮了许多酒，而且也吃了很多肉，当时我尽管比他年轻四十多岁，食量却比他差多了，我说这可能是他长寿的要方，他立即笑了，他说他酒量确实不小。

因为我是中国人，一回忆起他的父亲，他就讲到他的父亲早先与中国人和日本人的友好关系。当时在他父亲的大学实验室里有一些中国和日本的学者，他父亲经常邀请他们到他家做客，尤其是新年。这些亚洲人逢年过节总是送他家一些中国绸缎，这种东西在当时欧洲很贵，伽达默尔笑着说"在第一次世界大战期间与以后，尽管当时德国人衣着困难，可是我们全家却穿着绸缎衣服"。

首先，伽达默尔告诉我们，他一直在不断地读书，并且也不断在写，他说他最近正在写一篇论文，题目是"语言与讲话"（Sprache und Sprechen），内容主要是赋予讲话和倾听以优越性，倾听讲话犹如欣赏或享受谈话的"语言旋律"（Sprachmelodie）。这一点我是深有体会的，在波恩研讨会上伽达默尔作了"海德格尔与希腊思想"的主报告，他的语言就是一种音乐的享受。伽达默尔说语言之美在于声音，假如我们能理解地倾听一种语言的声音，那么这是非常美的。"虽然我们德国语言与你们中国语言相比，我不知道它是否美，但我认为德国语言的音乐性很强，语言的音乐性表现在我们的诗里"。他说他有时忘记一些词汇，但他能通过婉言表达掩盖这种忘却，以致没有人知道。我们说，忘记属于生命，有许多累赘被抛弃了，因而可能集中注意本质的东西，这得到他的完全赞同。鉴于伽达默尔重声音和听觉，盖尔德赛策教授建议我用中国语言朗读一首中国的诗，当我读一首李太白的"两岸猿声啼不住，轻舟已过万重山"，伽达默尔仔细听后并缓慢地点着头说，"可惜理解不了。不过，我必须多次与您在一起，以便使自己习惯这种音调"。但当盖尔德赛策教授介绍中国文字的形象特征时，伽达默尔强调说，以前中国人和日本人到德国为了学习数学和自然科学，因而必须学习德语，但今天似乎没有必要，因为他感到，远东科学今天的发展已有可能使西方人感到学习中国语言的必要，他说**200年后很可能大家都学习中文，有如今天大家都学习英文一样**。这种预感的根据可能是由于中国语言的形象性。正如今天世界交往最密集的地方，如交通、旅游胜地，经常都使用形象标志，以便不通语言的旅游者都能迅速地理解一样，相对于西方发音语言，中国的独立于声音的形象语言有某种优点，将来可能更容易使人理解，另外，现今的中国人口是十几亿，在互联网上占了那么多位置，如果不懂中文，网上将近一半的东西对于西方人就犹如一本未开启的书。当伽达默尔翻阅我们送给他的雷克拉姆出版的《中国哲学的基础》中有的中文字样时，他立即说这不是"写的"，而是"画的"，这种情况正如在西方书信中由作者手笔的特征而"诠释学地"得出的超出单纯意见的东西。

当我们问起他是否受到他的有名望父亲的权威和声誉的影响时，他直截了当地否认这一点。他说他父亲原本想让他学习自然科学，可是他却选择了文学和语言学。不过，他父亲并未立即反对他，相反给他提供了他的丰富的藏书馆，让他通过书再次考虑他的意愿。他记得当时他不顾父亲的警告，选择了两本尼采的书，因为他感到该书的语言太美了，只是他从未把尼采看作哲学家。

我们的谈话自然而然地转到了哲学上来。伽达默尔首先强调了他的老师保罗·拉托普在马堡对他的深刻影响，认为他的思想很多得益于他。对于海德格尔，他说是在他以后一些年认识的。他笑着说，这人对他评价并不高。记得开始时，海德格尔认为他的希腊语不好，伽达默尔说他后来就努力学习希腊语，以致海德格尔最后注意到，在他们共同研究古代语言特别是希腊语时，他要比海德格尔强，因而在这方面把他接受为对话伙伴。伽达默尔说，海德格尔看事的方式是很生动形象的（anschaulich），但对诗的解释却不好。伽达默尔强调说："虽然海德格尔非常善于思考，在这方面我也许是不及他的。但是海德格尔太着重于概念，尽管他也几乎不使用词，但对于诗或语言的音乐方面他没有感觉，在这方面我可能超过他。"

由语言的音乐我们讲到了尼采，众所周知，尼采对德国语言的音乐性深有感觉。不过伽达默尔似乎不像海德格尔，对尼采的评价并不高，他不认为他是一位真正的哲学家。当盖尔德赛策教授讲到今天尼采特别受到法国人的青睐，一位法国作家甚至说尼采真正是一位偶然使用德语的法国思想家时，伽达默尔小声地告诉我们："你们知道吗，海德格尔曾说过，尼采把他弄坏了（kaputt gemacht）。"这可能是晚期海德格尔为他自己不光彩行为作辩护。关于海德格尔与纳粹的关系，伽达默尔说，没有人，甚至他自己，在那时代能理解海氏与纳粹主义交往的"愚蠢"。伽达默尔说他自己就一直很注意政治的实践智慧。我们很想知道，海德格尔在哲学上是否带有一种"帝国主义的"（imperialistische）态度，伽达默尔思考一会后说："情况可能是这样。"这是否应归功于海德格尔的虚荣心，即把自己视为指导当时知识分子运动并也许使他们更改方向的站在顶端的思想家——当海德格尔明白他不可能做到时，他立即放弃了这一抱负，我们很想知道伽达默尔对此的看法。但伽达默尔不想与海德格尔发生矛盾。他只是解释海德格尔的态度乃出自他的"农民气质"（Bauerntum），这种气质使他具有了许多纳粹意识形态观点。但伽达默尔同时还强调说，这种海德格尔式的农民气质以后并未阻止他发展其对思考（Denken）与指示（Zeigen）的哲学天赋。另外，伽达默尔也满意海德格尔在第二次世界大战之后能重新进行思考，他说，海德格尔后来非常担心"人们会因为他卷入纳粹主义而认为他不是一个有价值的人，在这方面我帮助了他，以致他最后对我很感激"。

  伽达默尔这样向我们解释海德格尔，他首先而且从早期就开始被宗教问题折磨着。在这方面他从未能摆脱天主教教养的烙印。尽管他在马堡与布尔特曼——这是一位著名的新教神学家和解神话家——进行过争论（盖尔德赛策教授说这是宗教派别之争），但这并未使他成功。所以，我们可以理解海德格尔以后转向诗乃出自于这种宗教光环。海德格尔最喜欢的诗人是荷尔德林，而这位诗人就预感一种神性的度向。一提起荷尔德林，伽达默尔就说："歌德和席勒，所有人都知道，而荷尔德林在当时就无人认识，可是今天由于海德格尔的推荐，荷尔德林成了红人。"对于海德格尔的诗解释，伽达默尔并不赞许，他说："他的那些解释并不对"，它们太远地返回到海德格尔现象学思想工作的背后。这主要是由于海德格尔对于德国语言的旋律缺乏感觉，而这种语言曲调则是伽达默尔的旨趣所在。伽达默尔还告诉我们，在海德格尔死前不久他曾经看过海德格尔，当时海德格尔病得很厉害，显得很苍白和虚弱。伽达默尔说:"以前我总是不能与海德格尔作一种真正的对话,因为他有这样一种特点,即他不希望他的对话者预先猜到他的观点,他要强迫他的对话者一点一点地跟随他的思想发展。但我总是担心跑到他的轨迹之外去,而且他也不想作这样的对话。所以我们总是似乎处于一种敌对的关系之中,尽管我们彼此都非常尊敬对方。"但在这最后一次拜访里,海德格尔却想与他对话,因而这次可以说是一次真正的对话,只可惜是最后的一次而且是短暂的一次。

关于语言知识,伽达默尔告知我们,他精通并阅读西欧所有由拉丁语发展而来的语言。当然他也掌握希腊语。不过,伽达默尔遗憾地说,他从未学习过东欧语言,这种语言是从希腊文推导而来的,因此斯拉夫世界对他始终是封闭的。他沙发旁有一《真理与方法》俄文译本,他说可惜他不懂俄语。在谈到语言的作用时,伽达默尔再次重复**语言的生命在于讲话**,他说他过去有一深刻经验,即真理的显示并不在于课本中,而在于与学生的生动活泼的交谈中。他过去在研讨班之后,常和学生们去到咖啡馆或酒吧,他说,这时我们摆脱了一切形式(ohne alle Formen)而自由地谈话,其中我们大家都获益甚多,有学生甚至说,最好的知识是在研讨班之后得到的。

我这时提出一个问题:"您怎样看待诠释学之未来?"伽达默尔声音清晰地说:"**诠释学需要一种幻想力或想象力(Phantasie),这是确实的。**"他说,在我们这个充满科学技术的时代,我们确实需要一种诗的想象力,或者说一种诗(Gedicht)或诗文化。他从很远的地方讲起,因为他概括地证明现代世界及其数理自然科学和技术最终归因于希腊文化以及对其哲学和科学的诠释学应用。他说:"中国人今天不能没有数学、物理学和化学这些发端于希腊的科学而存在于世界。但是这个根源的承载力在今天已枯萎了,科学今后将从其他根源找寻养料,特别要从远东找寻养料。"他不知不觉地又重复他的预测，二百年内人们确实必须学习中国语言，以便全面掌握或共同享受一切。另一方面，诠释学还必须探讨更原始的东西，譬如"埃及的东西"，这种东西曾经如此深远地对希腊发生影响，柏拉图在《蒂迈欧篇》里如此恳切地（透彻地）描述了一位希腊人拜访埃及："我们知道什么，以及我们怎样能更好经验它？"这怎样与阿拉伯东西联系呢？阿拉伯文化及其观念虽然以希腊文化奠基，但却长时期对西方文化起着促进作用。

伽达默尔虽然没有明说，但显然对欧洲和西方的语言——诠释学视域的地区狭窄性表示不满，并主张我们应学习他种文化的语言和知识。他遗憾地说，"可惜对于我来说，太迟了！"但他希望新的一代能诠释学地开放，开启和准备学习和吸收外来优秀文化。

对于世界的未来，伽达默尔说，"我是悲观主义者"。尽管未来的可能性可能有多种思考和希望，但人类的未来却是不堪设想的，对此他表示了极大的担忧，他说："对未来的思考尽管现在还不能作最终的思考，但一旦我们考虑到人手中那么大的破坏能力，人类种族（der Rasse Mensch）不自己消灭自己的机会就很小。"他忧虑地指出："世界的末日是人自己造成的！"如果它不是原子能，以及人们还能够实际控制未来的原子战争，那么它就是化学毒剂，由于这种毒剂，不仅人类而且这个行星上的所有生命都将被消灭。

最后我们谈到伽达默尔全集的中文翻译工作。当然，他很高兴他的著作能译成中文，不过当他得知中国现在还没有把康德和黑格尔全集翻完，他感到遗憾。他说他不敢妄想，在康德和黑格尔全集中译本尚未出版前，一个当代德国哲学家的全集有可能出版。不过他答应马上为他著作的中译本写一序言。最后他友好地送给我这位《真理与方法》的翻译者一套新版的著作全集以及一本新出版的《诠释学、美学、实践哲学——对话中的伽达默尔》，并分别在书上题了词:"一次来自远方和老相识的访问"和"一次富有真诚亲密关系的罕见的访问"。当我提出希望在海德堡他身边有一研究机会,他立即表示支持,并希望我尽快能来。

时间已是6点1刻。在告别时,盖尔德赛策教授引用了《论语》"有朋自远方来,不亦乐乎"一句话,伽达默尔教授说:"对!正是这样。"我说很希望他能到中国,这位老人会心地笑了并幽默地说"您想害我吗?"不过他并不拒绝,他将考虑此事,如果中国政府能为他提供一专机的话。当我告别与他握手时,他马上说:"我们不久又会再见!"

2001年6月底于杜塞尔多夫

2001年伽达默尔在其著作全集版上签名

Vorwort für die chinesische Ausgabe von "Wahrheit und Methode", dem ersten Band meiner gesammelten Schriften.

Es ist nun ein halbes Jahrhundert vergangen und ich empfinde eine große Genugtuung, daß ich bei der Gelegenehit Ihres Besuches in Heidelberg Ihre Bekanntschaft machen durfte, das ist mir noch sehr selten bisher begegnet, daß ein so großer Kenner der deutschen Philosophie, wie Sie sind, nun sogar meine eigenen Denkversuche für Ihre eigenen Landsleute aufgeschlossen hat.

Gewiß bekenne ich mich zu dem Vorrang des lebendigen Wortes, das die Menschen miteinander austauschen und verbinden. Aber ein Land von dieser Ferne und dieser uralten Kultur, macht es einen doch wirklich stolz, wenn nun meine eigenen Gedanken trotz meiner Ahnen Kant, Hegel, Nietzsche und Heidegger, die Aufmerksamkeit der lebendigen chinesischen Kultur zugänglich gemacht wird.

Man spürt geradezu die Lebensaufgabe, die wir alle für eine gemeinsame Zukunft der menschlichen Kultur zu leisten haben.

伽达默尔为其《真理与方法》中译本写的前言

这次访问过后不久，伽达默尔以101岁高龄还为《真理与方法》中译本写来了简洁的前言，其中写道："我感到极大的满意，我能在您访问海德堡期间与您相识，这对于我来说至今还是一件很罕见的事，一位像您这样很了解德国哲学的人曾把我自己的一些思考想法对您自己的国人开启"，并说："的确，我自己很了解人们彼此进行交往和联系的活生生的话语的优越性。但是在这样一个远方的并具有古老文化的国度，尽管我的先辈康德、黑格尔、尼采和海德格尔的全集尚未完成，我自己的思想却能介绍给生生不息的中国文化，这确实是一种荣幸"，最后还提到："我们深刻地感到一种毕生的使命，这一使命我们为了人类文化的共同未来必须完成。"①

我当时拜访伽达默尔的时候，伽达默尔非常健康，他完全不像我的老师贺麟和冯友兰先生那样，他的眼、耳、手都很好，从外表上看，完全不像是位百岁老人，可是就在我们访问后不到十个月的时间，他就于2002年3月13日与世长辞了。

特别使我感到难受的，是伽达默尔在他去世前还为我申请到海德堡大学进行研究的机会和资金。当然，当我2003年再次访问德国时，我没有去海德堡，因为那里会使我悲痛，我只在杜塞尔多夫大学待了三个月。

洪汉鼎
北京怡斋，2015年春

---

① 伽达默尔：《真理与方法》，洪汉鼎译，第1卷，商务印书馆2007年版，扉页。

目 录

导 言 ⋯⋯⋯⋯⋯⋯⋯⋯⋯⋯⋯⋯⋯⋯⋯⋯⋯⋯⋯⋯⋯⋯⋯⋯⋯1

第一部分　艺术经验里真理问题的展现

第一章　审美领域的超越 ⋯⋯⋯⋯⋯⋯⋯⋯⋯⋯⋯⋯⋯⋯⋯13

第一节　人文主义传统对于精神科学的意义 ⋯⋯⋯⋯⋯⋯⋯14
　　a）方法论问题 ⋯⋯⋯⋯⋯⋯⋯⋯⋯⋯⋯⋯⋯⋯⋯⋯⋯14
　　b）人文主义的几个主导概念 ⋯⋯⋯⋯⋯⋯⋯⋯⋯⋯⋯22
　　　α）教化（Bildung）⋯⋯⋯⋯⋯⋯⋯⋯⋯⋯⋯⋯⋯23
　　　β）共通感（Sensus communis）⋯⋯⋯⋯⋯⋯⋯⋯35
　　　γ）判断力（Urteilskraft）⋯⋯⋯⋯⋯⋯⋯⋯⋯⋯45
　　　δ）趣味（Geschmack）⋯⋯⋯⋯⋯⋯⋯⋯⋯⋯⋯51
第二节　康德的批判所导致的美学主观化倾向 ⋯⋯⋯⋯⋯⋯63
　　a）康德关于趣味和天才的学说 ⋯⋯⋯⋯⋯⋯⋯⋯⋯63
　　　α）趣味的先验特征 ⋯⋯⋯⋯⋯⋯⋯⋯⋯⋯⋯⋯64
　　　β）关于自由美和依存美的学说 ⋯⋯⋯⋯⋯⋯⋯68
　　　γ）美的理想的学说 ⋯⋯⋯⋯⋯⋯⋯⋯⋯⋯⋯⋯72

δ）自然和艺术中美的功利性 ································· 75
　　　ε）趣味和天才的关系 ······································· 79
　b）天才说美学和体验概念 ······································· 80
　　　α）天才概念的推广 ··· 80
　　　β）"体验"一词的历史 ······································ 82
　　　γ）体验概念 ··· 84
　　　c）体验艺术的界限，为譬喻恢复名誉 ························· 87
第三节　艺术真理问题的重新提出 ··································· 91
　a）审美教化质疑 ··· 91
　b）对审美意识抽象的批判 ······································· 97

第二章　艺术作品的存在论及其诠释学的意义 ······················· 107

第一节　作为存在论阐释入门的游戏 ································· 107
　a）游戏概念 ··· 107
　b）向构成物的转化与彻底的中介 ································· 115
　c）审美存在的时间性 ··· 125
　d）悲剧的例证 ··· 131
第二节　美学和诠释学的结论 ······································· 134
　a）绘画的存在论意义 ··· 134
　b）偶缘性和装饰品的存在论根据 ································· 143
　c）文学的边界位置 ··· 152
　d）作为诠释学任务的重构和综合 ································· 155
　本部分提示 ··· 161

第二部分　真理问题扩大到精神科学里的理解问题

第一章　历史的准备 ··· 175

第一节　浪漫主义诠释学及其在历史学中的应用质疑 ················177
 a）诠释学在启蒙运动和浪漫主义时期之间的本质转变 ········177
  α）浪漫主义诠释学的前史 ··································177
  β）施莱尔马赫的普遍诠释学设想 ··························186
 b）浪漫主义诠释学之后的历史学派 ···························191
  α）面对整个世界史理想的困境 ····························191
  β）兰克的历史世界观 ······································195
  γ）在J.G.德罗伊森那里历史学和诠释学的关系 ···········201

第二节　狄尔泰陷入历史主义困境 ·······························204
 a）从历史学的认识论问题到为精神科学奠定诠释学基础 ······204
 b）在狄尔泰关于历史意识的分析中科学和生命哲学的冲突 ····210

第三节　通过现象学研究对认识论问题的克服 ·····················217
 a）胡塞尔和约尔克伯爵的生命概念 ··························217
 b）海德格尔关于诠释学现象学的筹划 ························225

第二章　一种诠释学经验理论的基本特征 ························231

第一节　理解的历史性上升为诠释学原则 ·························231
 a）诠释学循环和前见问题 ···································231
  α）海德格尔对理解前结构的揭示 ··························231
  β）启蒙运动对前见的贬斥 ·································238
 b）作为理解条件的前见 ·····································242
  α）为权威和传统正名 ·····································242
  β）古典型的例证 ···248
 c）时间距离的诠释学意义 ···································254
 d）效果历史原则 ··263

第二节　诠释学基本问题的重新发现 ·····························269
 a）诠释学的应用问题 ··269
 b）亚里士多德诠释学的现实意义 ······························275

c）法学诠释学的典范意义 284
第三节　对效果历史意识的分析 295
　　a）反思哲学的界限 295
　　b）经验概念和诠释学经验的本质 299
　　c）问题在诠释学里的优先性 310
　　　　α）柏拉图辩证法的范例 310
　　　　β）问和答的逻辑 316
　　本部分提示 321

第三部分　以语言为主线的诠释学本体论转向

第一节　语言作为诠释学经验之媒介 338
　　a）语言性作为诠释学对象之规定 341
　　b）语言性作为诠释学过程之规定 353
第二节　"语言"概念在西方思想史上的发展 363
　　a）语言与逻各斯 363
　　b）语言与话语 373
　　c）语言与概念构成 384
第三节　语言作为诠释学本体论的视域 396
　　a）语言作为世界经验 396
　　b）语言中心及其思辨结构 413
　　c）诠释学的普遍性观点 427
　　本部分提示 436

附录一：诠释学简史 445
附录二：哲学诠释学的基本特征——伽达默尔
　　《真理与方法》一书梗概 577

导 言

本书导论开宗明义它"所要探讨的是诠释学问题"(《真理与方法》,德文本,蒂宾根,1986年,第Ⅰ卷,第1页。该页码与各版中译本页边码同。以下凡引该书,只注罗马字卷数和阿拉伯字页码,如Ⅰ,1)。诠释学作为宣告、口译、阐明和解释的技术,在古希腊时代就已经存在了。从词源上说,诠释学(Hermeneutik)一词来源于Hermes(赫尔默斯),Hermes本是古希腊诸神的一位信使的名字,他充当诸神与人间交往的中介人,他给人们传递诸神的信息和指令。由于诸神的语言与人间的语言不同,因此赫尔默斯的宣告显然不是单纯的报道或重复诸神的指令,而是解释诸神的指令,即把诸神的指令翻译成人间的语言,以使凡人可以理解诸神的语言。他的解释显然以他的理解为基础,由此诠释学引申而为一门关于理解和解释的技艺学。

为了与古典诠释学仅把诠释学作为一门避免误解和正确解释的方法学相区别,伽达默尔在这里首先阐明了诠释学绝不仅仅是一种精神科学方法论。按他的看法,如果我们从诠释学的历史来看,自古以来所存在和发展的两种诠释学——即神学诠释学和法学诠释学,"与其说具有科学理论的性质,毋宁说它们更适应于那些具有科学教养的法官或牧师的实践活动,并且是为这种活动服务的"(Ⅰ,1)。按照伽达默尔的观点,无论是法官的判决还是牧师的布道,都超出了仅仅把文本作为客观对象进行科学探究的范围,它们根本不涉及科学方法论问题,也根本不是为了构造一种能满足科学方法论理想的确切知识，正相反，它们都涉及人类的整个世界经验和终极关怀。

伽达默尔在这里已经把他后期认为诠释学作为哲学，就是一门实践哲学的观点表露出来了。在为《活着的哲学家丛书：汉斯-格奥尔格·伽达默尔的哲学》一书所写的"对我哲学旅程的反思"中，伽达默尔说："自《真理与方法》之后，我的研究转到了另一个完全不同的方向：实践哲学及社会科学问题……实践哲学本身确实不是这种合理性。它是哲学，这意味着，它是一种反思，或者更精确地说，它是一种对于人类社会和生活形式究竟是什么的反思。同样，哲学诠释学本身也不是理解技术，而只是理解哲学，但实践智慧和哲学诠释学这两者都是从实践产生，如果没有实践，它们就成为多余。"(《活着的哲学家丛书：汉斯-格奥尔格·伽达默尔的哲学》，Chicago and Lasalle，Illinois，Open Court，Established，1997，第55—57页。有关诠释学是实践哲学的文献，可参阅伽达默尔如下诸论文："何谓实践——社会理性的条件""作为实践哲学的诠释学""作为理论和实践双重任务的诠释学""实践理性问题""论实践哲学的理想"以及"论人类对哲学的自然倾向"。以上诸论文收入《真理与方法》(第2卷)、《赞美理论》和《科学时代的理性》等书中。)

不过，伽达默尔认为，虽然诠释学不是一种科学方法论，但既然它是一门关于理解和解释的学问，它也就必然涉及到知识和真理。问题是它究竟是一种什么样的知识和什么样的真理。由于近代自然科学对人类一切认识的绝对统治，一切知识和真理都打上了科学方法论的烙印，以致人类本来就有的那种超出科学方法论的对真理的经验渐渐为人们所遗忘了。正是在这里，伽达默尔提出了他的《真理与方法》一书的根本意图，他说他这本书探究的出发点就在于这样一种对抗，即在现代科学范围内抵制对科学方法的普遍要求，因此他的总的意图是："在经验所及并且可以追问其合法性的一切地方,去探寻那种超出科学方法论控制范围的对真理的经验。这样,精神科学就与那些处于科学之外的种种经验接近了,即与哲学的经验、艺术的经验和历史本身的经验接近了,所有这些都是那些不能用科学方法论手段加以证实的真理借以显示自身的经验方式"(Ⅰ,1—2)。

这里伽达默尔实际上区分了两种对真理的认识或经验方式,一种是受科学方法论指导的所谓科学之内的对真理的认识方式,另一种是超出科学方法论控制的所谓科学之外的对真理的经验方式。按照伽达默尔的看法,一般自然科学都可以说是前一种认识方式,它们客观化它们的对象,尽量使主体不参与和影响客体,以便获得关于对象的客观知识和客观真理。反之,在一般精神科学或人文科学中,对象并不是与主体无关的,主体也不是与客体分离的,往往正是主体对客体的参与才使客体能被认识,其真理能被经验。伽达默尔特别指出了精神科学在三个领域内的这种对真理的经验,即哲学的经验、艺术的经验和历史的经验。在哲学领域内的这种经验早已有了很清楚的认识。一个明显的例证是,哲学史在当代哲学研究里占有极其重要的地位。黑格尔早就说过,要研究哲学的唯一正确途径就是研究哲学史。为什么哲学史是哲学研究的唯一正确途径呢?伽达默尔说:"哲学研究的一个基本经验是:哲学思想的经典作家——如果我们试图理解他们——本身总是提出一种真理要求,而对于这种真理要求,当代的意识是既不能拒绝又无法超越的"(Ⅰ,2)。无论是古代的柏拉图、亚里士多德,还是近代的康德或黑格尔,我们总是不断地对他们进行研究,好像他们的思想总有一种无法超越的意义,"在对这些伟大思想家的原文的理解中,人们确实认识到了那种以其他方式不能获得的真理"(Ⅰ,2)。同样,在艺术领域内,所谓"艺术科学"所进行的科学研究既不能取代艺术经验,也不能超越艺术经验,因为"通过一部艺术作品所经验到的真理是用任何其他方式不能达到的",而这一点正构成了"艺术维护自身而反对任何以科学理由摒弃它的企图的哲学意义"(Ⅰ,2)。我们人人都无疑有这种经验，即对于艺术作品的美和真是不能用科学分析的手段获得的，正如人们所说，一当美放在科学分析的显微镜上，那么美就不成其为美。伽达默尔认为，艺术的这种经验正是对科学意识最严重的提醒，即"要科学意识承认其自身的局限性"（Ⅰ，2）。最后在历史领域内，尽管各种形式的历史传承物都成了我们探究的对象，但同时在它们中"真理也得到表述"（Ⅰ，3）。我们对历史传承物的经验在根本上超越了它们中可被客观探究的东西。历史传承物的意义和真理，正如艺术作品和哲学作品的意义和真理一样，它们绝不是我们可以一劳永逸地获得的，它们需要我们不断地参与其中去不断地获取。历史正如艺术和哲学一样，永远是意义和真理取之不尽的源泉。综上所述三个领域的对真理的经验，我们可以看出它们的这种对真理的经验与一般自然科学受方法论指导的对真理的认识的本质差别，就在于它们是主动地参与所要把握的对象，而不是被动地静观所要把握的对象。这里存在有"参与的理想"和"客观性的理想"的区别。伽达默尔在一篇题为"论实践哲学的理想"的论文里曾经这样写道："我要宣称：精神科学中的本质性东西并不是客观性，而是同对象的先在关系，我想用参与的理想来补充知识领域中这种由科学性的伦理设定的客观认识的理想。在精神科学中，衡量它的学说有无内容或价值的标准，就是参与到人类经验本质的陈述之中，就如在艺术和历史中所形成的那样。"①

当伽达默尔划分了"科学之内的"和"科学之外的"这两种对真理的认识或经验方式，这也使我们处于这样一种不能对精神科学的真理进行证明的处境，因为所谓证明必然是在科学之内并受方法论指导。当伽达默尔提出精神科学是与那种处于科学之外的经验方式相联系时，他也同时承认了精神科学这种经验方式是不可以通过科学方法论所检验的。这也就是说，要对艺术、历史或哲学中的真理要求进行证明，或要证明这部作品或

----

① 伽达默尔："论实践哲学的理想"，见《赞美理论》，夏镇平译，上海三联书店1988年版，第69页。

那部作品"在科学上"是真的,将是自我矛盾或自我失败的,因为这将等于说艺术、历史或哲学的真理是依赖于外在于它们的或超出它们的科学认识方式。伽达默尔承认艺术、历史或哲学具有真理,但他认为这种真理却是不能证明的。精神科学之所以不需要为它们的真理找寻证明,是因为它们本身就是一种先于证明或外在于证明的经验方式。

不过,伽达默尔认为,尽管精神科学处于科学之外的经验方式是不能用科学之内的认识方式来证明的,但我们可以通过深入研究理解现象对这种经验方式的合理性进行确认,而这正是诠释学现象的现实意义。他写道:"怎样从哲学上对这种处于科学之外的认识方式的真理要求的合法性进行确认,这完全是另外一个问题。在我看来,诠释学现象的现实意义正在于:只有更深入地研究理解现象才能提供这样的合法性"(Ⅰ,2)。因此他给他的《真理与方法》一书规定的任务就是,通过深入研究理解现象去使我们承认艺术的真理和一般传统的真理的合法性。这也就是说,《真理与方法》所阐述的诠释学并不像狄尔泰所想的那样是精神科学的一种方法论学说,"而是这样一种尝试,即试图理解什么是超出了方法论自我意识之外的真正的精神科学,以及什么使精神科学与我们的整个世界经验相联系"(Ⅰ,3)。如果我们引证伽达默尔在《真理与方法》第2版序言里的话,该书的这种目的更为清楚,他写道:"像古老的诠释学那样作为一门关于理解的'技艺学'并不是我的目的。我并不想炮制一套规则体系来描述甚或指导精神科学的方法论程序。我的目的也不是研讨精神科学工作的理论基础,以便使获得的知识付诸实践……我本人的真正主张过去是,现在仍然是一种哲学的主张:问题不是我们做什么,也不是我们应当做什么,而是什么东西超越我们的愿望和行动而与我们一起发生"(Ⅱ,438)。这也就是说,《真理与方法》并不是想建立一门关于理解的技艺学,而是想指明一种我们如何理解的诠释学实践。按照伽达默尔的看法,诠释学的宇宙不同于自然科学的宇宙,它不仅包括我们所探究的历史传承物和自然的生活秩序,而且也包括我们怎样彼此经验的方式，我们怎样经验历史传承物的方式，我们怎样经验我们自己的存在和我们世界的自然给予性的方式。由于诠释学宇宙是这样一个无限开放的宇宙，"在此宇宙中我们不像是被封闭在一个无法攀越的栅栏中，而是开放地面对这个宇宙"（Ⅰ，4），因此作为阐明诠释学理解实践的《真理与方法》只是走在理解之途中，正如海德格尔的书名"走向语言之途"一样。既然是走在理解之途中，我们就不能希望它能到达最后的终点。

自然科学的宇宙，是一种精确科学经验的理想化世界，透过培根称之为"实验"的方法，在某种无时间化、程序化的孤立条件的设置下，人为地引导出事件过程，从而获得规律性的认识。与之相反，伽达默尔于《真理与方法》则企图说明，在诠释学宇宙中，"一切理解里实际起作用的事件何其多，以及我们所处的传统被现代历史意识所削弱的情况何其少"（Ⅰ，3）。因此，诠释学宇宙与自然科学的宇宙不同，它不仅包括我们所探究的自然对象——历史传承物和自然的生活秩序，而且包括我们怎样经验历史传承物的方式，我们怎样经验我们存在和我们世界的自然给予性的方式，因此诠释学宇宙总是一个无限开放的宇宙，传达着我们必须一起参与其中去获取的（teil zu gewinnen）真理。

按照伽达默尔在导论中的筹划："本书的探究是从审美意识的批判开始，以便捍卫那种我们通过艺术作品而获得的对真理的经验，以反对那种被科学的真理概念弄得很狭窄的美学理论。但是，我们的探究并不一直停留在对艺术真理的辩护上，而是试图从这个出发点开始去发展一种与我们整个诠释学经验相适应的认识和真理的概念"（Ⅰ，3）。《真理与方法》全书的基本内容和发展线索因此就可作如下的概括：以艺术经验里真理问题的展现为出发点，进而探讨历史和一般精神科学的理解问题，并发展一种以语言为中心的哲学诠释学的认识和真理概念。与这种发展线索相一致，《真理与方法》一书分为三大部分：（1）艺术经验里真理问题的展现;(2)真理问题扩展到精神科学里的理解问题;(3)以语言为主线的诠释学本体论转向。这三部分分别构成三个领域,即美学领域、历史领域和语言领域。

第一部分是从精神科学自身那种受方法论歪曲了的自我理解出发。为了对自然科学采取某种防御性的立场,精神科学自19世纪起就希望有一种方法论的反思来确保它的科学的可尊重性。当赫尔姆霍茨试图以一种艺术本能的归纳法来为精神科学建立科学方法论基础时,伽达默尔问这种科学方法对于精神科学是否真这样重要,在这里是否有另一些更为重要的条件在起作用。在康德之前,关于人的科学还可能从人文主义基本概念(如人的教化、趣味培养、判断力培养和共通感培养)出发而得以合法化,这些人文主义概念显然是没有方法指导的。但康德曾拒绝这些概念有真理要求,因为它们不满足科学的严格标准,而凡经受不住这些标准检验的东西,便只有主观的有效性。所以按照伽达默尔的看法,美学和精神科学处于一种致命的选择之前:要么成为毫无意义和价值的非科学,要么成为依赖和遵循精确方法的科学。在伽达默尔对艺术经验的探讨里,他证明所谓审美区分——即审美意识和审美对象的区分,艺术作品与其原本世界的区分——乃是一种受方法论世界观本身所影响的抽象。经过对康德美学的详尽探讨,伽达默尔终于得出这样一个结论:艺术属于一种超出方法论指导的特有的经验真理能力。在与艺术的照面中,我们将经验一种意义真理(Sinnwahrheit)和生命真理(Lebenswahrheit),这种真理关系到我们整个自我理解并影响我们整个世界经验。

由此出发,伽达默尔试图在第二部分中建构一种适合于精神科学的诠释学。为了反对解释者的自我消除这一方法论理想,伽达默尔与海德格尔一样,强调了理解的历史性和前结构的积极意义。他把启蒙运动对前见的贬低作为一种受方法论意识所支配的抽象加以反对,认为这是一种启蒙运动对前见的前见。事实上,理解者的前见、传统观念、历史境遇以及与理解对象的时间距离，并不构成理解的障碍，而是理解的必要条件，理解者所隶属的历史性乃是他们认清历史对象和洞见历史意义的基础。19世纪发展起来的"历史意识"（历史主义）并不是正确的历史观点，因为它无视客观存在的效果历史（Wirkungsgeschichte）。因此与之相反，我们需要一种"效果历史意识"（Die wirkungsgeschichtliche Bewuesstsein），这种意识知道自身是一种与历史一起反思着的、但永远不会在完全透明里运送历史的结果，因而效果历史意识与其说是意识，毋宁说是存在。

按照伽达默尔的看法，效果历史的规定性是这样的彻底，以致它超出了对这一规定性的任何认识，他写道："我的论证的意义是：效果历史的规定性也仍然支配着现代的、历史的和科学的意识——并且超出了对这种支配活动的任何一种可能的认识。效果历史意识在一个如此彻底的意义上是终究的，以致我们在自己整个命运中所获得的存在在本质上也超越了这种存在对其自身的认识"（《真理与方法》，II，443）。简言之，我们获得的存在超越了我对这种存在的认识。因此真理的概念对于伽达默尔来说也与自然科学所谓的真理概念风马牛不相及，正如在艺术的经验中我们探究的是那些在根本上超出了方法论知识范围外的真理一样，在精神科学中我们涉及的也是各种形式的历史传承物自身所表述出来的真理。

按照效果历史意识，我们的理解就像是一种进入传承物的事件（Überlieferungsgeschehen），其中过去与现在进行中介。因为按照伽达默尔的观点，我们不可能使一个孤立的现代视域与一个封闭的过去视域相脱离，所以理解宁可被描述为一种现在与过去的视域融合（Horizontverschmelzung）。这样，每个文本就不只是某个作者的意图和思想的表达，或某种一定历史时期精神潮流的表现，文本的意义整体是表现一个世界，而这世界说出了存在者得以被问和文本得以回答的空间。因此，我们不必期待一种科学主义或历史主义的逻辑作为精神科学的逻辑，适合精神科学理解的逻辑乃是一种问答逻辑。对文本的理解就是把它理解为对它所提出的问题的回答。对它提出的问题的理解要求我们提出问题,而当我们提出问题时,我们就活动在某种问题空间之内,也就活动在某种确定什么能有意义地被问和被回答的界限的意义活动空间里,这种界限规定了所说事物的真理。问答辩证法同样也不可误解为研究主体的自主游戏,在伽达默尔看来,这种辩证法,如果我们从柏拉图和黑格尔模式出发,那么它就一定要被思考为一种我们只是参与其中的事件。

在伽达默尔看来,我们对历史传承物的经验——这种经验超越了我们对历史传承物的任何探究——都经常居间传达了我们必须一起参与其中去获得的真理,这也就是说,历史传承物的真理绝不是一成不变的,而总是与我们自己的参与相联系,真理都是具体的和实践的。伽达默尔在一篇题为"论实践哲学的理想"的论文里曾经写道:"我要宣称:精神科学中的本质性东西并不是客观性,而是同对象的先在的关系。我想用参与者的理想来补充知识领域中这种由科学性的伦理设立的客观认识的理想。在精神科学中衡量它的学说有无内容或价值的标准,就是参与到人类经验本质的陈述之中,就如在艺术和历史中所形成的那样。我曾试图在我的其他著作中指出,交互方式可以阐明这种参与形式的结构,因为对话也是由此表明,对话者并非对对话中出现的东西视而不见并宣称唯有自己才掌握语言,相反,对话就是对话双方在一起相互参与着以获得真理。"①

在第三部分里,问答辩证法导致诠释学以语言为主线的普遍化。每一理解都表现为一种对我们所面临的问题的回答,这对于伽达默尔不只是精神科学的特殊性,而是我们一般语言性的世界经验的基本特征。我们的世界经验都是由语言所构成的,语言乃是我们理解得以实现的必要条件和经

---

① 伽达默尔:"论实践哲学的理想",见《赞美理论》,夏镇平译,上海三联书店1988年版,第69页。

验得以构成的必要基础。人具有语言绝不是什么非本质的偶然的特征，而是人处于世界之内这一事实的表现。在语言中，人认识自己，因为他通过语言能够根据某种开启的世界说出某种关于存在者的东西。可是，世界的语言性并不意味着这个对象就是语言，世界每一对象化都相反假设我们曾与某个存在者打交道，这个存在者在语言的世界视域内被解释。按照伽达默尔的看法，这里我们必须避免一种科学主义造成的抽象，即陈述的优先性，也就是说，陈述可能被方法论地孤立地加以处理，脱离它们的动机视域，即脱离它们所说的是对其回答的问题或境遇。伽达默尔再次援引了古代的辩证法，因为在那里存在的不是主体的方法上的主动性，而是思维所遭受的事物本身的行动。这样一种从对话基础出发来强调语言的试图，早在奥古斯丁的语词学说里就表现出来了，这一学说把外在词理解为内在词的探询性的声音化。伽达默尔把事物在语言中表现自身这一事件与思辨性概念相联系。思辨性指反映关系，理解—解释者的特殊语言像一面镜子一样反映事物本身。但与黑格尔不同，语言的这种思辨性并不导致绝对知识，因为在所说的东西里总是反映一种存在的无限性，这种无限性在对话里可听到和被实现。最后，这种语言要素关系到哲学的普遍方面，如最后一章所说明的，一种由先前的对话和可能使其再成为问题的不安宁出发来理解的哲学将一定不同于现今占统治地位的以方法论模式所探究的哲学。未来的真正哲学必然是一种诠释学的哲学。

第一部分

艺术经验里真理问题的展现

第一章　审美领域的超越

首先，我们必须对这一章的标题作些解释。按照伽达默尔在导论中提出的诠释学的任务是要使我们承认艺术的真理和一般传统的真理的合法性，这一任务首先是要求我们清除障碍，即清除那些阻止我们承认这些真理的障碍。当然，这些障碍中首要的一个是科学的普遍权力要求或科学方法论的独断统治。但是，除了这种试图垄断一切认识的科学意识外，按照伽达默尔的看法，还有来自艺术自身的"那种被科学的真理概念弄得很狭窄的美学理论"（Ⅰ,3）。不仅是自然科学方法论阻碍了我们承认艺术的真理，而且科学的美学理论也阻碍了我们的这种承认。这里伽达默尔所说的科学的美学理论包括了自康德美学以来的一切否认、忽视或抛弃艺术真理要求的艺术理论。伽达默尔在康德那里首先看到了美学的问题。当康德把《纯粹理性批判》（这是关于知识和真理的理论）与《判断力批判》（这是关于美学的理论）分开时，就蕴含了这样一个问题，即"我们能认识什么"已经在艺术或美学之前就被回答了，真理的问题已经在美的问题开启之前就结束了。美的自主性在于它的否定的意义，即它不是科学，不是知识，不是真理。所以《真理与方法》第一部分"艺术经验里真理问题的展现"的第一步就是"审美领域的超越"，即对美学理论的批判，超越已被科学的真理概念弄得很狭窄的美学理论就成为我们摆脱承认艺术真理的障碍的第一个步骤。

正如我们将看到的，伽达默尔是以几种相互联系的方式超越美学的：首先，他指明审美意识是一种多于对它自身认识的意识；其次，他指明这种"多于"是与艺术作品存在方式内在相联系的；第三，他指明艺术的存在和审美意识的存在可以最好地通过那些人文主义概念来理解，这些概念虽然是美学本身所得自的源泉，但在发展过程中却被人为地狭窄化了。其实美学从未完全摆脱它的人文主义遗产，尽管它忘却了这种遗产。伽达默尔试图通过召唤美学返回到它的源泉来克服美学自身的狭窄化。以这种方式去超越美学的界限，不仅开启了艺术经验里的真理问题，而且也为真理问题扩大到一般精神科学——这是本书的第二部分的主要内容——作了准备。第一部分的最后几节里，艺术的真理要求实际上仅成为一般传统的真理要求的特例。

第一节　人文主义传统对于精神科学的意义

a）方法论问题

伽达默尔为了引入他对美学的分析，首先讨论了"方法论问题"。这里我们必须注意，伽达默尔在这里并不是讨论一般的方法论问题，而是讨论 19 世纪下半叶和 20 世纪初那些想规定精神科学特有方法论的企图所共同具有的基本困难。这种困难特别明显地表现在赫尔曼·赫尔姆霍茨[①]在 1862 年关于精神科学和自然科学的区分的演讲中。在这次演讲中，这位因表达了热守恒定律而闻名于世的德国物理学家以逻辑的归纳法和艺术的归纳法的区分来说明自然科学和精神科学的区别。伽达默尔认为赫尔姆霍茨

[①] 赫尔曼·赫尔姆霍茨（Hermann Helmholtz, 1821—1894），德国自然科学家，19 世纪精确科学最重要的代表。对生理学、光学、电动力学、数学和气象学均有十分重要的贡献，其最著名的是发现能量守恒定律。

这种区分在精神科学发展史上有重要意义，它标志着自然科学家承认这种区别而不完全把人文主义的精神科学从科学领域中排除出去，特别是当赫尔姆霍茨肯定精神科学具有卓越的人道主义深刻意涵并讲到心理学上的自觉的机敏以及强调记忆和权威时，其观点甚至不亚于历史学派[1]，甚而还超过狄尔泰[2]。

当赫尔姆霍茨说精神科学是科学，正如自然科学一样，它的方法也是归纳法时，它的看法显然是受了英国哲学家和逻辑学家穆勒[3]的《逻辑学》一书的影响。其实，精神科学（Geisteswissenschaften）这一德文词正是穆勒在该书所用的 moral sciences（道德科学，人文科学）一词的翻译。穆勒在其书的最后一章曾附带地讲到归纳法可能应用于道德科学。因为穆勒不承认精神科学有自身特有的逻辑，所以他主张作为一切经验科学基础的归纳法也应是精神科学唯一有效的方法，从而他关于精神科学的思考都无不打上自然科学的模式。尽管这位经验主义哲学家也看到了精神科学在研究道德现象和社会现象时不可能得出像自然科学那样绝对必然的结论，但他也只是把它与气象学相模拟，认为精神科学乃是一种"非精确的科学"。正是在穆勒把精神科学作为一种比较低级的不精确的科学来看待时，赫尔

---

[1] 19世纪德国历史学派的主要代表是兰克（Reopold von Ranke，1795—1886）和德罗伊森（J. G. Droysen，1808—1884）。该派肇始于与黑格尔历史哲学的决裂。与黑格尔主张以绝对理念最终实现为历史完成的目的论观点相反，随着19世纪经验科学发展而出现的历史学派，试图使历史独立于任何预设的目的论，使历史只表现自身，历史的价值只属于历史自身，并从而使之成为一门经验科学。

[2] 威廉·狄尔泰（Wilhelm Dilthet，1833—1911），德国哲学家。他的毕生努力就是为精神科学奠定认识论基础，这一努力的结晶表现在将"理解"和"解释"确立为精神科学的普遍认识论基础。狄尔泰的名言："我们说明自然，我们理解精神"，区分了自然科学和精神科学的目标和方法差异。"说明"（Erklärung）是通过观察和实验将个别事例归入一般规律下；"理解"（Verstehen）则是通过自身内在的体验来进入他人内在的生命。

[3] 约翰·斯图亚特·穆勒（John Stuart Mill，1806—1873），英国哲学家、社会学家和经济学家。其主要哲学著作《逻辑学》写于1843年。此书体现了以休谟（David Hume，1711—1776）在其《人性论》导言为代表的英国经验论传统，亦即相信：作为一切经验科学基础的归纳法，在精神科学这个领域内，也是唯一有效的方法。

姆霍茨却在他的演讲里要求对精神科学作公正的审查。

伽达默尔首先追溯德文"精神科学"（Geisteswissenschaften）词源。"精神科学"在德文里是复数形式，最早是用来翻译穆勒《逻辑学》里"道德哲学"（moral sciences）一词的。按照穆勒的看法，精神科学尽管也运用了归纳法，但由于其得出的结论类似于长期天气预报，因而不同于自然科学，最多只能算"非精确的科学"。伽达默尔认为这样的观点，并非寻求精神科学自身的逻辑，而是企图以自然科学"齐一性""规则性""规律性"的认识要求来规定精神科学。在包含艺术、道德、历史的精神现象领域运用归纳法，是摆脱了任何形而上学的假设，不去寻找某种特定结果的原因，只是简单地确定规则性，从而预期个别的现象和过程。伽达默尔强调，这种不断深化规律性的认识方式，将无法正确掌握精神科学的本质，因为在人类精神现象的理解活动中，"无论有怎么多的普遍经验在起作用，其目的并不是证明和扩充这些普遍经验以达到规律性的认识""历史认识的理想其实是，在现象的一次性和历史性的具体关系中去理解现象本身"（Ⅰ, 10）。所以，伽达默尔转由赫尔姆霍茨的思路考察，探究精神科学与自然科学存在着哪些区别，并由此彰显精神科学在本质与方法面的独立性意义。

当赫尔姆霍茨提出精神科学与自然科学的区别可以用艺术的本能的归纳法和科学的逻辑的归纳法的区别来说明时，他实际上已是按照康德关于自然和自由区分，认为精神科学内不存在自然法则，而只存在对实践法则的自由依循，人类的自由世界不同于自然的必然世界，它不承认自然法则的绝对普遍性。如果说赫尔姆霍茨由于受了穆勒的影响，仍以归纳法规定精神科学方法的类，那么我们也可以说，他显然受了康德的影响，同时又以"艺术的本能（直觉）的"归纳法规定精神科学方法的种。与自然科学方法里有意识的逻辑归纳推理类型相对立，精神科学的归纳推理方式却是一种无意识的不自觉的推断，它要求一种本能的心理学的机敏感（Taktgefuehl）以及一些其他的精神能力，如丰富的记忆和对权威的承认，反之，自然科学家只诉诸他们那遵循方法指导的理性。

伽达默尔虽然肯定赫尔姆霍茨尽力强调精神科学的卓越和人道的意义，但却也指出其对于精神科学的逻辑性质的描述，仍然是一种基于自然科学方法论理想的消极的描述。赫尔姆霍茨曾区分两种归纳法：逻辑的归纳法和艺术—本能的归纳法。但这意味着，他基本上不是在逻辑上，而是从心理学方面区分了两种处理方式。虽然都使用归纳推论，但精神科学的归纳程序是一种无意识的推断。从而与独特的心理学条件连在一起，它要求一种机敏感，并且又需要其他精神能力，如丰富的记忆与对权威的承认；反之，自然科学家的自觉的推论则完全依赖于他自身的智力使用。但伽达默尔指出，赫尔姆霍茨并不掌握任何其他描述精神科学程序的逻辑可能性，就此看来，他仍是继承穆勒的归纳概念。但就自然科学家而言，在当时承认这种区别与强调，其实并不容易。

伽达默尔就此做出许多提问，并回到赫尔姆霍茨所强调的记忆、权威与心理学的机敏作探讨。在这里，机敏与自觉的推理相对，但机敏依赖什么？如何可得？以及精神科学中合乎科学的东西是否最终就在这种机敏而不在于它的方法论？这都是他逐步探索的问题，然而赫尔姆霍茨和他的世纪对这个问题所给出的答案都是不充分的。他们跟随康德按照自然科学的模式去规定科学和认识的概念，并且在艺术的要素里，寻找精神科学与众不同的特殊性。但赫尔姆霍茨并不相信，自然科学研究里，有着灵感的东西，当他认为这只是"自觉推理的铁定般的工作程序"时，其理解自然科学的印象，也是相当片面的。甚至认为，归纳科学家对逻辑方法的进展所做出的贡献比所有专业哲学家还要来得多。如此看来，其最终仍认为归纳科学绝对是科学方法的典范。

不过赫尔姆霍茨后来明白，在历史认识中起决定性作用的是另外一种经验，这种经验完全不同于自然规律研究中所需要的经验。因此他试图去说明为什么历史认识中的归纳方法与自然研究中的归纳方法处于不同的条件。为此他使用了作为康德哲学基础的"自然"和"自由"的区分。在他看来，历史认识是另外一种不同的认识，因为在这个领域内不存在自然法则，而只存在实践法则的自由依循，即对律令的自由因循。人类的自由世界并不承认自然法则的绝对普遍性。

但伽达默尔也指出,把这种对人类自由世界的归纳研究建立在康德关于自然与自由的区分上时,这既不符合康德意图,也不符合归纳逻辑自身的思想,而有前后不一致的现象。且按照赫尔姆霍茨的看法,精神科学的经验主义也应像气象学的经验主义那样受到同样的评判,也即应当放弃和丢舍。

按照伽达默尔的看法,赫尔姆霍茨的这种看法向我们提出了精神科学究竟是何种科学的基本问题,他写道:"这就构成了精神科学向思维提出的真正问题,即如果我们是以对于规律性不断深化的认识为标准去衡量精神科学,那么我们就不能正确地把握精神科学的本质。社会—历史的经验是不能以自然科学的归纳程序而提升为科学的。无论这里所谓科学有什么意思,并且即使一切历史知识都包含普遍经验对个别研究对象的应用,历史认识也不力求把具体现象看作某个普遍规则的实例。个别事件并不单纯是对那种可以在实践活动中做出预期的规律性进行证明。历史认识的理想其实是,在现象的一次性和历史性的具体关系中去理解现象本身。在这种理解活动中,无论有多少的普遍经验在起作用,其目的并不是证明和扩充这些普遍经验以达到规律性的认识,如人类、民族、国家一般是怎样的,而去理解这个人、这个民族、这个国家是怎样的,它们现在成为什么——概括地说,它们是怎样成为今天这样的。"(Ⅰ,10)"因为理解了某物是这样而来的,从而理解了某物是这样的"(Ⅰ,10),以这种方式去规定精神科学的认识方式,从而揭示精神科学的具体性和历史性以及无方法性,这对于我们理解伽达默尔的哲学诠释学是一个最基本的出发点。

此处涉及精神科学和自然科学的经验差异。在《真理与方法》第二部分第二章的第三小节中,伽达默尔曾对这两种经验进行分析。他认为,在自然科学中,经验概念对于归纳逻辑起了重要的作用,一切经验必须具备可证实性,才是有效的，因而经验的有效性依赖于它的可重复性，但这也意味着经验将取消了自身的历史性。反之，社会—历史的领域，则总是一次性、不可重复的经验，所以必须将每一现象作为一次性和历史性的具体关系来加以理解。伽达默尔分析说："只有某个其他的未曾期待的东西才能对某个占有经验的人提供某种新的经验。所以正在经验的意识已经颠倒了它的方向——即返回到它自身。经验者已经意识到它的经验——他是一个有经验者，这就是说，他获得了一个某物对他能够成为经验的新的视域。"（Ⅰ，359）就此而言，这种一次性的经验，"即真正意义上的经验，总是一种否定性的经验"（Ⅰ，359）。正因为两种经验的差异，自然科学追求可重复操作、具有固定程序的经验方法，反之，精神科学的经验却不能这样。

按照伽达默尔的看法，19世纪产生的历史学派确实在这方面迈进了深刻的一步。当德罗伊森（J. G. Droysen, 1808—1884）这位德国历史学家和古希腊文化研究家于1843年提出"没有任何一个科学领域有如历史学那样无意于理论上的证明、限定和划界"（Ⅰ，12）时，已经试图让精神科学作为一门同样独立的科学与自然科学相对立。同样，当狄尔泰感到只有从德国浪漫主义—唯心主义传统"才能产生那种可取代充满偏见的独断的经验主义的真正经验方法"（Ⅰ，12）时，也已经表明要为精神科学奠定一种新方法基础。不过伽达默尔认为，即使像狄尔泰这样感到自己优越于英国经验主义的哲学家，也与他们同时代的人一样，深受穆勒的经验主义和自然科学模式的影响，一方面他认为要获得科学的认识，我们必须中断与生命的联系，并说只有获得一种与自身历史的距离才能使历史成为科学研究的对象；另一方面，尽管他试图为精神科学奠定独立的方法论基础，但他却时时遵循培根的话"只有服从自然法则才能征服自然"，这显然是与他本想掌握的古典的浪漫主义传统不相符合的原则。因此伽达默尔认为，尽管狄尔泰是那样急切地想维护精神科学在认识论上的独立性，但我们仍可以说，"甚至狄尔泰——虽然他的历史学识使他超过了他同时代的新康德主义——在其逻辑方面的努力也并没有根本超出赫尔姆霍茨所做出的素朴论断。"（Ⅰ，12）其结果必然仍旧是，除了在自然科学中得到典范表现的方法外，精神科学根本没有自己特有独立的方法。

伽达默尔将视角转到历史学派身上，以其实际卓然有成效的研究提升到逻辑的自我意识，并注意到德罗伊森，德罗伊森已指出历史学派无意于理论上的证明、限定与划界。从而提出这样一个要求："成为重力中心的应是更深刻把握的历史概念，在这概念中，精神科学的动乱不定性将得到稳固并且能有继续发展的可能性。"（Ⅰ，12）对此，伽达默尔对德罗伊森做出称许，认为他提出的模式并不是在内容上符合科学理论的要求，而是指精神科学必须让自身作为一门同样独立的科学群建立起来。由此，伽达默尔又联系到了狄尔泰保留精神概念里的浪漫主义——唯心主义的传统。

但伽达默尔认为，狄尔泰虽然想要为精神科学方法上的独立性进行辩护，却仍然深受自然科学模式的影响，并举两事为之说明。第一项例证，是狄尔泰悼念舍勒尔[①]的文章。狄尔泰强调自然科学的精神主宰了舍勒尔的研究，并表示："舍勒尔是一个现代的人，我们先辈的世界不再是他的精神和他的心灵的故乡，而是他的历史对象。"（Ⅰ，12）伽达默尔认为从这段话里可以看到，在狄尔泰心目中，消除与生命的联系，即获得一种与自身历史的距离乃属于科学认识，唯有这种距离方使历史可能成为对象。伽达默尔反对这种看法，其认为精神科学的理解，并非能同自然科学一样，能够有截然二分的对象化认识，而是当透过主体客体间的融合，过去与现在的综合，方能构成一个理解的事件。倘若消除距离的联系，不仅受制于自然科学的思维桎梏，也不合乎实际本有的理解境况。第二项例证，狄尔泰提出了精神科学方法的独立性，并且通过对精神科学对象的考察来论证这种独立性。伽达默尔指出，这种主张看起来真像是亚里士多德派的，并且还能表明对自然科学模式的真正摆脱。但狄尔泰却援引古老的培根派的话"只有服从自然

---

① 威廉·舍勒尔（Wilhelm Scherer, 1841—1886），德国语言学家、文学史家，文学艺术实证主义方法的建立者。

法则才能征服自然",此一与古典浪漫主义恰恰不相符合的原则。

伽达默尔对此做出评论。狄尔泰历史学识虽超出了同时代的新康德主义,但在其逻辑方面的努力中,却并未超出赫尔姆霍茨所做出的素朴论断。不管狄尔泰的是如何地想为精神科学作辩护,人们在现代科学里称之为方法的东西,仍是到处同一的,而且只有在自然科学中才得到其典范的表现。精神科学根本没有自己特有的方法。

不过,伽达默尔也承认,狄尔泰与舍勒尔对于归纳法和比较法的运用都是受个人的机敏所主宰,而且这种机敏是以某种心理文化为条件的,此文化实际表明了古典文化世界和浪漫主义个性崇拜在这两位作者心中的继续存在。狄尔泰提出了精神科学方法的独立性,并且通过对精神科学对象的考察来论证这种独立性。在狄尔泰看来,我们理解精神,我们说明自然。"说明"是用一种迂回的方式来描述事物,是主客二分的静观,而"理解"则是一种直接的参与,藉由主客合一,来达到动态的对话的理解,就这点而言,精神科学不仅是科学,甚至更为科学。

为此,伽达默尔转而要我们注意18世纪德国古典文学精神遗产,特别是赫尔德①身上所表现的那种"达到人性的教化"(Bildung zum Menschen)的启蒙思想。按照伽达默尔的看法,尽管精神科学在19世纪得到了明显的发展,但这种发展的基础并不是由穆勒、赫尔姆霍茨或历史学派奠定的,我们应当在更早的时期即18世纪德国启蒙运动中找寻它们赖以生存和发展的根源。伽达默尔认为,正是18世纪德国古典人文主义理想才真正"为历史精神科学在19世纪能得到发展奠定了基础"

---

① 赫尔德(Johann Gottfried von Herder,1744—1803),德国批评家、哲学家、路德派神学家,浪漫主义运动先驱。赫尔德具有超越时代的眼光,预见了德国哲学思想和文艺理论的未来发展。在《论语言的起源》(1772年)中认为语言结构是人类本性的真实图像,只有通过语言才能产生对人性的认识。他以后的一系列著作,特别是《关于人类发展的另一种历史哲学》(1774年)、《论人的天赋虚构》(1777年)、《论人类灵魂的认识和感觉》(1778年)和《人类历史哲学纲要》(1784—1791年)为德国的启蒙运动,特别是文学上的狂飙与突进运动奠定了深厚的基础。

(Ⅰ,15)。

当我们看到了穆勒、赫尔姆霍茨、历史学派、狄尔泰以及舍勒尔均不能为我们正确理解精神科学的本质提供帮助时,伽达默尔转向到赫尔德,他之所以特别提及赫尔德,他认为这里有一个特别的转折,即赫尔德将人类教育规定为"达到人性的教化"(Bildung zum Menschen)的人文主义的新理想,早已经超越了启蒙运动主张人类可完全达到完善圆满境界的"至善论",并因而为历史精神科学在19世纪的发展奠定了基础。

为了探究精神科学这种赖以生存和发展的根源,伽达默尔首先考察了几个人文主义主导概念,试图从中阐明精神科学更为深刻的认识论基础。

b)人文主义的几个主导概念

在我们具体考察古典人文主义几个主导概念之前,我们有必要对伽达默尔在《真理与方法》里所使用的诠释学探究方式作一说明。其实,伽达默尔在导论中已经概括地谈到了真正哲学研究所应采取的探究方式,他说:"哲学研究用以展现自身的概念世界已经极大地影响了我们,其方式有如我们用以生活的语言制约我们一样。如果思想要成为有意识的,那么它必须对这些先在的影响加以认识。"(Ⅰ,5)按照伽达默尔的观点,当代哲学研究的最大缺陷就在于与它本有千丝万缕联系的历史传统相脱离。当代哲学研究虽然也利用传统的概念,但这些概念与它们产生的历史源泉相脱离,因而它与这些概念的关系不是一种属于单纯显示博学和古风的接受方式,就是一种属于使概念成为工具的技术操作方式,其实这两种方式都不能满足于诠释学经验。按照伽达默尔的看法,对精神科学中属真理事物的思考,一定不能离开它承认其制约性的传统而反思自身,因此这种思考必须"尽可能地去把握历史的自我透明性(Selbstdurchsichtigkeit)"(Ⅰ,

4），它必须对它所使用的概念找寻一种历史性的关系，"这种思考必须意识到它自身的理解和解释绝不是一种依据于原则而来的构想，而是远久流传下来的事件的继续塑造。因此这种思考不能全盘照收其所使用的概念，而是收取从其概念的原始意义内涵中所流传给它的东西"（I，4）。换句话说，这种哲学研究是一种概念史研究。从概念本有的历史的原始意蕴中去发展和丰富概念的内涵。不过要注意，这种概念史研究不是词源学研究，词源学虽然也探究语词的历史源泉，但它乃是由语言科学而不是由语言生命本身所构成的抽象。哲学的概念分析乃是受概念的前思想或语言的前思想所指导，它所注意的乃是语言本有的历史生命。伽达默尔说，这是一种"新的批判的意识"，自那时以来，"这种意识已经伴随一切负有责任的哲学研究，并且把那些在个体同周围世界的交往中形成的语言习惯和思想习惯置于我们大家共同属于的历史传统的法庭面前"（I，5）。

伽达默尔具体考察的主导精神科学的人文主义概念有四个：教化、共通感、判断力和趣味，这些概念也可以说是人文主义传统的四个基本要素。伽达默尔认为，只有弄清这些概念或要素的原始意蕴，倾听这些概念或要素本身的历史生命，精神科学的特殊性质和真理源泉才可澄清。

α）**教化**（Bildung）

作为人文主义传统的第一个也是最重要的主导概念是教化。伽达默尔说：这一概念"或许就是18世纪最伟大的观念。正是这一概念表现了19世纪精神科学赖以存在的要素，尽管精神科学还不知道在认识论上如何为这一要素进行辩护"（I，15）。按照伽达默尔的看法，19世纪像狄尔泰这样的哲学家尽管想为精神科学奠定认识论基础，但由于他们受自然科学模式的影响，却未能在18世纪已开始了的人文主义教化传统中为精神科学进行辩护。其实，正是这一人文主义概念才使精神科学进入真正的科学之列，因为在教化概念里精神科学才能找到它们自己的真理源泉。

Bildung是一个很难翻译的德文词，它不仅指一般所谓的文化，有如英语中的 culture，更重要的指一种精神的造就或陶冶，比较接近于英文中的 cultivation 或 cultivated。伽达默尔把它定义为"人类发展自己的天赋和能力的特有方式"（Ⅰ，16）。《真理与方法》的两个英译本均用原德文词，未加翻译，我想这可能有两个理由，一个理由是因为此词虽然是德文词，但其意义在英语国家是熟悉的，例如英国人就很了解 Bildungsroman（教化小说）一词，甚至把歌德的《威廉·迈斯特》称为一部教化小说。但对于我们中国人来说，中西语言的明显差异就不允许我们采用英译者的办法。幸好在我国古代汉语中保留了"教化"这一词，按《增韵》注："凡以道业诲人谓之教，躬行于上风动于下谓之化"，其意义颇有我们将要翻译的德文 Bildung 一词的基本含义，因此我们暂时以"教化"来翻译 Bildung。不过，英译者之所以不翻译 Bildung，我认为还有一个根本原因，即伽达默尔把 Bildung 与它的词根以及相属的一些同源词联系起来，例如 Bildung 来源于动词 bilden（形成），包含 Bild（图像，形象，形式），而 Bild 既有 Urbild（原型）和 Abbild（摹本）的区别，又有 Vorbild（范本，模本）和 Nachbild（摹本，仿本）的区分。如果仅从意义方面给 Bildung 一个英译，那么与 Bildung 形式上相联系的词在英译里就很难有这种联系，因此英译者就简单地采用原德文词。我想这种困难对于我们汉译也是存在的，如果我们仅从意义方面把 Bildung 翻译成教化，那么与 Bildung 形式上相联系的词在中译里就看不到这种联系。为此，对于这些词我们既采用中文译名，又附上德文，以使中文读者想到这语词的形式和意义的联系。这也是伽达默尔语词分析的一个特点，他曾说："语言在这里预先造成一种抽象，这种抽象本身乃是概念分析的任务，思想就需要充分利用这种预先造成"（Ⅰ，108）。这里所谓预先造成，是指语言的前思想，因此概念分析要受语言的前思想的指导，他说："如果谁不想被语言所困惑，而是谋求一种有历史根据的理解，那么他就会看到自己必须面对整个一堆语言史和概念史的问题"（Ⅰ，15），像 Bildung 这样的词保留了它的一切同源词的声音，因此它的意义应当与这一切同源词发生共鸣,我们应当倾听它的历史源流声音。

从词源上说,Bildung 这个德文词来源于拉丁词 formatio,而 formatio 是从 forma(形式,形象)衍生而来。这里有一个古老的哲学传统,我们知道柏拉图曾提出 eidos 这一概念,eidos 来源于动词 idein,idein 的意思是"看",因此作为名词的 eidos 就是"所看到的东西"。所看到的东西在柏拉图那里一般指相型(理念)。按照柏拉图的看法,这种相型(理念)不是感觉的对象,而是思维的对象,它们是永恒不变的存在,而不是变灭无常的现象,因此柏拉图认为在我们这个倏忽即逝的现象世界之外,还存在一个永恒不变的相型(理念)世界。相型(理念)世界是现象世界的原型(Urbild),反之,现象世界是相型(理念)世界的摹本(Abbild)。后来亚里士多德针对柏拉图这种原型和摹本的区分进一步提出形式(Form)和质料(Matter)的区分。他所谓的"形式"就包含有柏拉图的 eidos 的意思,他所谓的"质料"是一种无规定的东西。在亚里士多德看来,任何事物都具有形式和质料,质料是无规定的材料,而形式给予质料以规定性,亚里士多德有时用可能性和现实性来区分质料和形式,也就是说,形式乃是使可能性的质料成为现实性的东西,他曾把形式定义为"事物的是其所是及其自身的本质"。[①] 按照亚里士多德的看法,甚至人类对外物的认识也只是把外在的形式吸收于自己的灵魂中,他说:"灵魂的这个思维的部分,虽然是不能感知的,却必定能够接纳一个对象的形式"。[②] 这种以接纳外在形式入心灵作为认识的观点甚至在今天的语言中还保存其痕迹,例如英语中信息、知识一词 information 就是这种观点的产物,所谓 information 就是把 form(形式)纳入(in)自身之中。

按照伽达默尔的看法,教化最初起源于中世纪的神秘主义,以后被巴

---

① 亚里士多德:《形而上学》,1032B1。
② 亚里士多德:《论灵魂》,见《古希腊罗马哲学》,商务印书馆1957年版,第281页。

洛克神秘教派所继承，再后通过克洛普施托克①的重要史诗《弥赛亚》而得到其宗教性的精神意蕴，最后被赫尔德从根本上规定为"达到人性的崇高教化"（Emporbildung zur Humanität）。根据伽达默尔对教化一词的简短历史追溯，我们可以分两个时期来考察教化这一词的意义：（1）中世纪的神秘主义的宗教意蕴：中世纪神秘主义根据柏拉图关于 eidos（理念，相型，德文以 Urbild 即原型来翻译）和作为理念摹本的事物（德文以 Abbild 即摹本来翻译）的区分以及亚里士多德关于形式和质料、现实性和可能性的区分，认为上帝心灵中具有各种事物的形式，他们称之为原型（archetype）、范型（pasadigm）或模式（pattern），上帝正是凭借这些原型、范型或模式创造了万事万物。按照中世纪神学解释，人是按照上帝的形象（Bild）创造的，人在自己的灵魂中都带有上帝的形象，并且必须在自身去造就这种形象，以致在中世纪的哲学家看来，人类认识的获得和德性的培养就在于把形式纳入自身中。因此在中世纪，教化首先就是指在人身上造就上帝形象的一种精神活动。（2）德国古典文学和哲学对教化一词意义的扩充：按照伽达默尔的看法，这一扩充过程是由康德和黑格尔之间的赫尔德开始的，因为康德还没有将教化和一般天赋能力的教育（Kultur）或培养（cultivating）区分开来，而且他没有使用教化一词，而只使用培养一词，例如康德在《道德形而上学》一书中，只谈到一种个人能力和天赋上的"教育"（Kultur）行为，那仅是一种可被行为主体所选择的自由活动；反之，赫尔德却讲到"达到人性的教化"（Bildung zum Menschen），以后黑格尔还讲到自我造就（Sichbilden）和教化。特别是威廉·冯·洪堡②以他那与众不同的灵敏感已完全觉察到教育（Kultur）和

---

① 克洛普施托克（Friendrich Klopstock，1724—1803），德国叙事诗和抒情诗人。主要代表作《弥赛亚》（或译《救世主》），最早三篇发表于1749年，诗文充满激情，引起轰动，1770年完成最后五篇。
② 威廉·冯·洪堡（Wilhelm Freiherr von Humboldt，1767—1835），德国语言学家、哲学家、外交家兼教育改革家，对20世纪语言科学的发展有深刻的影响，曾预测探索语言—文化关系的人类文化语言学的发展。

教化之间的意义差别,他说:"但是如果我们用我们的语言来讲教化,那么我们以此意指某种更高级和更内在的东西,即一种由知识以及整个精神和道德所追求的情感而来,并和谐地贯彻到感觉和个性之中的情操。"(Ⅰ,16)此时"教化"才挣脱了只是主体之行为方式的狭窄定位,得以重新唤醒了中世纪的神秘主义传统,亦即在人身上造就上帝形象的一种精神活动的根本意涵。

按照伽达默尔的观点,18世纪德国人文主义传统对教化一词的重要贡献有两点:首先,它区分了教化和一般教育或培养。教育或培养一般指一种潜在的自然素质或天赋能力的培养,它是一种人类发展自己本有的天赋和能力的特有方式。反之,教化主要指一种自己新的存在或品性的获得,它是一种人类通过范型或形式而造就自身的存在方式。伽达默尔说:"在这里教化概念超出了对天赋的自然素质纯培养的概念,尽管它是从这样的概念推导出来的。对自然素质的培养乃是发展某种被给予的东西,因此自然素质的训练和培养只是达到目的的单纯手段"(Ⅰ,17)。例如一本语言教科书的教育只是达到目的的单纯手段,而不是目的本身,反之,在教化中,某人于此并通过此而得到教化的东西则完全变成了他自己的东西。在教化过程中,我们所吸收和同化的文化传统并不像是一个已丧失其作用的手段,而是在我们自我形成过程中成为我们自己的东西。教化在自身之外并没有目的,它本身就是目的。其次,德国人文主义传统论证了教化的辩证结构,即异化和返回、偏离和复归的结构。

我们可以用中国哲学家孟子的观点来说明西方这种教化观点的特殊性。我们知道,孟子认为人心中有四端,即仁义礼智,这里有两点需要指出,一是孟子认为人心中本来就有这四种德性,也就是说,它们不是从外部人为地灌输给人的,即所谓"仁义礼智,非由外铄我也,我固有之也,弗思耳矣";二是这四种德性虽然人心本来就有,但它们只是一个开端或禀赋(Anlagen),因此需要以后我们不断地培养、扩充和发展，这种培养、扩充和发展也可以说是为了达到某种目的而使用的手段。孟子这种观点正好与伽达默尔这里所谈到的教化不同，首先，教化得到的东西不是人本来就有的东西，因此它不是那种对人的天赋或自然素质的单纯的培养，它不是一种为了达到某种目的的单纯手段；其次，教化是通过把本来自己所没有的东西从外部吸收进来并加以同化而成为自己新的东西。伽达默尔说："对自然素质的培养乃是发展某种被给予的东西，因此自然素质的训练和培养只是一种达到目的的单纯手段。所以，一本语言教科书的教学内容乃是单纯的手段，而不是目的本身，掌握它只有助于语言能力的提高。反之，在教化中，某人于此并通过此而得到教化的东西，完全变成了他自己的东西。虽然就某种程度而言，所有被吸收的东西都是被同化了的，但是在教化里，被同化了的东西并不像是一个已丧失其作用的手段。在所获得的教化里，实际上没有什么东西是丧失了，而是一切东西都被保存了。教化是一个真正的历史性概念，并且正是因为这种'保存'的历史性质，教化对于精神科学中的理解有了重要意义"（Ⅰ，17）。

因此，构成教化本质的东西并不是单纯异化，而是以异化为前提的返回自身的运动。这样教化就出现了异化和返回、偏离和复归的辩证法。伽达默尔写道："在异己的东西里认识自身，在异己的东西里感到是在自己的家，这就是精神的基本运动，这种精神的存在只是从他物出发向自己本身的返回。就此而言，一切理论性的教化，其至包括对陌生的语言和表象世界的领会，也只是很久以前开始的某个教化过程的单纯延续……由此可见，构成教化本质的并不是单纯的异化，而是理所当然以异化为前提的返回自身"（Ⅰ，19—20）。

当黑格尔描述实践性的教化乃是人类从直接性和特殊性向普遍性提升的进展过程时，他揭示了这种辩证结构。人之为人的显著特征在于他脱离了直接性和本能性，而人之所以能脱离直接性和本能性，乃在于他与自身的直接性和本能性保持距离，即异化，从而向普遍性提升。人类教化的本质就是舍弃特殊性和同化陌生性，从而使自己成为一个普遍的精神存在。黑格尔曾以劳动为例说明劳动的本质并不是消耗而是塑造物品，而且劳动的意识不仅塑造物品,而且还塑造自己本身。伽达默尔写道:"在《精神现象学》里,黑格尔阐述了一个真正'自在和自为'的自由的自我意识的发生过程,并且指出了劳动的本质不是消耗而是塑造物品。劳动的意识在劳动赋予物品的独立存在中又发现自己是一个独立的意识。由于劳动意识塑造了对象,并且无自我地行动和企图得到普遍性,所以劳动的意识就超越其自身此在的直接性而达到普遍性——或者像黑格尔自己所说的,由于劳动意识塑造了物品,它也就塑造了自己本身"(Ⅰ,18)。为什么会这样呢?伽达默尔解释道:"黑格尔的意思是这样:由于人获得了一种'能力',一种'技能',所以他于此中就获得了一种特有的自我感。在人整个地投入于某个生疏的对象中,由于无自我的劳动而舍弃的东西,在他成为劳动意识时又重新归还于他了。作为这样的意识,他在自身中发现了他自己的意义"(Ⅰ,18)。劳动者不仅允许他所制造的东西取得它自己的形式,而且也造就了他自身的独立形式,在无自我的服务中,他更完全地返回到他自身。伽达默尔这里阐述的教化的异化和返回辩证结构,我们可以用黑格尔关于主奴关系的颠倒来解释,黑格尔说:"独立的意识的真理乃是奴隶的意识。奴隶意识诚然最初似乎是在那独立的意识自身之外,并不是自我意识的真理。但是,正如主人表明他的本质正是他自己所愿意做的反面,所以同样,奴隶在他自身完成的过程中也过渡到他直接的地位的反面,他成为迫使自己返回到自己的意识,并且转化自身到真实的独立性"。①

黑格尔在《精神现象学》里还这样写道:"虽说对于主人的恐惧是智慧的开始,但在这种恐惧中意识自身还没有意识到它的自为存在。然而通过劳动,奴隶的意识却回到了它自身。当行动符合于主人的意识的时候,对于物的非主要的关系这一面诚然显得是落在服役者的意识身上,因为在这一关系里物仍然是保持其

---

① 黑格尔:《精神现象学》,上卷,贺麟、王玖兴译,商务印书馆 1979 年版,第 129 页。

独立性。欲望却为自身保有其对于对象之纯粹的否定，因而享有十足的自我感。但是也就因为这样，这种满足本身只是一个随即消逝的东西，因为它缺少那客观的一面或持久的实质的一面。与此相反，劳动是受到限制或节制的欲望，亦即延迟了的满足的消逝，换言之，劳动陶冶（Bilden）事物。对于对象的否定关系成为对象的形式并且成为一种持久性的东西，这正因为对象对于那劳动者来说是有独立性的。这个否定的中介过程或陶冶的行动同时就是意识的个别性或意识的纯粹自为存在，这种意识现在在劳动中外在化自己，进入到持久的状态。因此那劳动者的意识便达到了以独立存在为自己本身的直观。"[①]。

伽达默尔认为，德国古典哲学对教化本质的阐述，对于精神科学的理解具有非常重要的意义。他说："黑格尔已经看到，哲学'在教化中获得了其存在的前提条件'（《哲学纲要》，第41节），而且我们还可以补充说，精神科学也是随着教化一起产生的，因为精神和存在是与教化观念本质上联系在一起的"（Ⅰ，17）。在黑格尔对实践性教化的描述中，我们认识到历史性精神的基本规定，即自己与自己本身和解，在他物中认识自己本身，"构成教化本质的并不是单纯异化，而是理所当然以异化为前提的返回自身（Heimkehr zu sich）"（Ⅰ，20）。黑格尔认为古代世界和古代语言特别适合于这种自我形成过程。要理解这个世界，就必然要使它与我们的世界远离，这就必然造成自我异化，然而古代艺术、文学和哲学却提供可能性让我们返回到更好的自我理解的我们。伽达默尔认为，这种在他物中重新认识自身正是精神科学的根本特征，他写道："在异己的东西里认识自身，在异己的东西里感到是在自己的家，这就是精神的基本运动，这种精神的存在只是从他物出发向自己本身的返回"（Ⅰ，19—20）。精神在于运动，首先是它离开它的家园到陌生的不熟悉的世界中去，如果运动是完

[①] 黑格尔：《精神现象学》，上卷，贺麟、王玖兴译，商务印书馆1979年版，第130页。

全的,精神在他物中找到自己的家,使自己重新返回到自身,因为陌生的不熟悉的世界不仅是新家,而且也是它自己的真实的家。所以在研讨精神活动的精神科学中,我们总是离开一切熟悉的东西而去到陌生的不同的东西中生活,然而正是我们在这种自身异化过程中,我们才重新发现了我们自身。精神科学犹如《圣经》里所描述的浪子回头的故事,这是一种通过外出而重新来到自己家园的感觉。

伽达默尔于此引证黑格尔的很多研究成果,以为教化一词作历史性概念的探讨,因为"实际上,黑格尔对什么是教化已经做出了最清楚的说明"(Ⅰ,17),我们因而能将黑格尔在《第一哲学》中的考察,作为18世纪德国人文主义传统如何具体扩充教化意涵的观点代表。黑格尔自1808年在纽伦堡任文科中学校长,长达八年之久,《第一哲学》即是黑格尔1808年任纽伦堡文科中学校长期间所编写的《哲学入门》中的第一部分,该书1811年写毕,1840年正式出版。这部分内容可以参阅中文版《黑格尔全集》第10卷,商务印书馆2012年版。

不过,当伽达默尔论述黑格尔哲学对教化的重大贡献时,他也同时指出了黑格尔的缺点,即黑格尔认为教化的这种异化和返回、偏离和复归的辩证过程有某个终点,即在哲学的绝对知识中达到完全的实现。他写道:"黑格尔的答复将不会使我们满意。因为对于黑格尔来说,教化作为异化和同化的运动是在某种完全充溢的实体中、在消除一切对象性的事物中实现的,而这种结果在哲学的绝对知识中才能达到"(Ⅰ,20)。与此相反,伽达默尔认为教化的这种辩证运动不能有一个终点。终点虽然是原本起点的终点,但它本身又是一个新的起点。所以所谓"完满的教化"并不是指一个终点,而是指一个无限的发展过程,它永远只能是一个不断要去实现的理想。伽达默尔写道:"完满的教化这一观念是一个必要的理想,因为教化是精神科学赖以存在的要素。即使在古老语言中对身体的外观称之为

'完美形式'的东西,与其说是指某种发展的最后阶段,还不如说是指那种开创一切发展并使所有肢体能和谐运动的成熟阶段"(Ⅰ,20)。按照伽达默尔的看法,精神科学永远是走在回家的路途中,这是一种不断向更完全所是的运动过程,一种不断接近存在的运动过程。正如海德格尔的书名《走在语言之途》一样,精神科学也永远是走在回家的路途中。

正是在这里,伽达默尔再次援引了赫尔姆霍茨的机敏感概念,他说"正是在这种意义上精神科学才假定:科学意识乃是一种已教化过的意识,并因此具有了正确的、不可学的和非仿效的机敏,而这种机敏像一个要素一样构成精神科学的判断形式和认识方式"(Ⅰ,20)。因为在赫尔姆霍茨关于精神科学活动方式的描述中,特别是他称之为艺术家的情感和机敏的东西,实际上就是以教化这个要素为前提条件,在这种要素中,精神获得了一种特别自由的运动性。赫尔姆霍茨讲到记忆,如果我们撇开他把记忆单纯作为心理学素质或能力的理解,那么记忆本身也属于人类有限历史存在的一种本质特征,因为记住、遗忘和再回忆是属于人类的历史构成,它也是精神的一种生命条件。只有通过遗忘,精神才获得全面更新的可能性,获得那种用新眼光去看待一切事物的能力。所谓机敏,就是对于情境及其中行为的一种特定的敏感性和感受力。机敏是一种社会感觉,正如美的感觉和历史的感觉一样,它是一种直接的知识,对于机敏,我们是不能按照一般原则来认识的。为了反对那种主张机敏是一种没有认识功能的感觉的观点,伽达默尔论证说,通过教化而获得的机敏是一种认识方式,而为了反对那种认为机敏只是一种认识方式,因而可还原于程序或手段的观点,伽达默尔又肯定机敏也是一种存在方式。

或许正因为人类精神运动的本质,乃是"以异化为前提的返回自身",伽达默尔因而采取一种否定性的方式,来描述"记忆"和"机敏"。伽达默尔提醒读者,记忆力并非对于一切事物的记忆。因为人类作为有限的历史性存在，谈论记忆现象，是包含了记住（Behalten）、遗忘（Vergessen）和再回忆（Wiedererinnern），这样的精神运动本身就构成了人类的一段历史和一种教化，并且"只有通过遗忘，精神才获得全面更新的可能，获得那种用新眼光去看待一切事物的能力，以致过去所信的东西和新见到的东西融合成一个多层次的统一体"（Ⅰ，21）。相类似的描述方式，也适用于机敏概念，伽达默尔强调："我们可以机敏地（taktvoll）说某事，但这总是表示：我们很机敏地使某事被略过而不被表达，而不机敏地（taktlos）说某事则是指说出了人们只能略过的东西。但略过（übergehen）并不指不看某物，而是指这样去看某物，即不是正面触及它，而是旁敲侧击地触及它"（Ⅰ，22）。正是在这样的意义下，伽达默尔认为"不表达性"（Unansdrücklichkeit）和"不可表达性"（Unausdrückbarkeit）才是机敏的本质（Ⅰ，22）。机敏是一种社会感觉，是对于包含历史、审美和日常生活情境，以及其中行为的敏锐感受力，这是因为机敏的前提，就在于得以培养普遍的"共通感"的教化之中。不过，需要分辨的是，"如果我们不事先具备一种对于艺术作品或过去'他者'的接受性，那么我们就不能对传承物做出更精确的考察和更彻底的研究"（Ⅰ，22）。换言之，若非已经成为一个机敏的人，那么将不会拥有机敏的能力。这就是说，机敏和教化一样，并不只是一种可有可无、可供主体自由选择的行为方式，而应视为内在于主体本身的存在方式。

至此我们可以对伽达默尔提出的教化这一人文主义传统要素作一简单概括：教化构成精神的异化和返回的辩证运动结构，而且这是一个无限进行的无止境的过程，精神总是通过去到陌生的不熟悉的世界而重新返回到自己的家园，精神永远走在回家的路途之中。因此，作为研讨精神在人类各种领域活动的精神科学，就应当遵循精神本身的这种运动和活动方式，从而使自己从19世纪科学方法论的束缚中解放出来，伽达默尔写道："精神科学之所以成为科学，与其说从现代科学的方法论概念中，不如说从教化概念传统中更容易理解"（Ⅰ，23）。教化是精神科学得以确立的首要条件。

教化传统就是人文主义最卓越的传统，伽达默尔认为，这个传统正是"在与现代科学要求的对抗中赢得了某种新的意义"（Ⅰ，23）。面对 17 世纪自然科学的新方法以及这种新科学的垄断性要求，人们需要在人文主义的教化传统中找寻精神科学的真理源泉。事实上，19 世纪精神科学正是从这个传统的继续存在中获得其真正生命，只是它并没有承认这一点。伽达默尔最后的结论是，如果我们不是把人文主义的教化传统而是把 17 世纪发展的自然科学方法"用作为精神科学真理的唯一准则，那就等于对这种真理的自我废弃"（Ⅰ，24）。

为了说明人文主义教化概念对精神科学的意义，伽达默尔于此节最后曾举出三个在 17 世纪中，运用自然科学的方法论理想来理解精神科学的例子：首先是《波尔·罗亚尔逻辑》（Logique de Port-Royal），亦名《皇港逻辑》，系 17 世纪波尔·罗亚尔运动的两个领导者安东尼·阿尔诺和皮埃尔·尼科尔编著的一部逻辑书。伽达默尔表示，该书的部分章节"论述了理性规则在历史真实里的应用""让人认识到这种方法论概念运用于精神科学其成效将是何等可怜"（Ⅰ，24）。其次，是詹孙教派（Die Jansenisten）。它系 17 和 18 世纪出现于法国、荷兰和意大利的一个天主教的非正统教派，主要创始人是卢万大学神学家詹孙。这一教派认为，反宗教改革运动的神学家在反对路德和加尔文关于上帝的恩惠的教义的同时，走向另一个极端，即过分强调了人的责任以至于贬低了天主的主动性。詹孙教派还试图利用科学方法来论证奇迹，从而开创奇迹的批判。显然，当詹孙教派企图运用科学方法来寻求《圣经》传说中的历史依据时，其思想将直接动摇基督教的信仰前提，从而走向与原初动机完全不同的后果。最后，是关于斯宾诺莎（Benedict de Spinoza, 1632—1677）。他是犹太裔荷兰哲学家，他的《神学政治论》（1670 年）一书开创了对《圣经》的历史批判任务。按照伽达默尔的看法，斯宾诺莎对《圣经》的历史批判，尤其是对《圣经》各篇作者所使用的语言的性质和特征的解释，分清字面的意思和比喻的意思，乃属于诠释学的前史。最后伽达默尔总结说：

"以后我们将指明,这种方法如果被彻底地用作精神科学真理的唯一准则,那就等于对这种真理的自我废弃。"(Ⅰ,24)

β)共通感(Sensus communis)

按照伽达默尔的观点,教化实际上就是一种普遍的共同的感觉,教化的过程就是对共通感的培养和造就。这就使我们进入人文主义传统的第二个本质要素,即共通感。伽达默尔特别强调了共通感对于精神科学的重要性,他写道:"显然就有某种理由要把语文学—历史学的研究和精神科学的研究方式建立在这个共通感概念上,因为精神科学的对象,人的道德的和历史的存在,正如它们在人的行为和活动中所表现的,本身就是被共通感所根本规定的。"(Ⅰ,28)按照伽达默尔的分析,共通感在这里是作为人文精神科学的一种特殊的认识方式,正如伽达默尔所说:"我们有必要回忆一下人文主义传统,并且追问从这种传统究竟对于精神科学的认识方式可以学到些什么。"(Ⅰ,24)

要了解共通感这样一种作为精神科学特殊的认识方式,我们必须知道作为西方哲学认识论传统根源的柏拉图关于认识论的线喻:一段线段分为两段,前1/3段为意见(doxa),后2/3段为知识(episteme)。在意见这一段里又下分两节,即想象和感觉,而在知识这一段里又下分为间接知和直接知。想象造成幻觉,感觉形成常识,而间接知构成科学,直接知则成为哲学。由此西方整个早期文化都是认为只有间接知的科学和直接知的哲学才是知识,而想象形成的幻觉以及感觉形成的常识共通感均只是意见。按照这样一种传统,有关人的科学即人文精神科学也都属于意见,它不能成为认识和真理。因此为了阐明人文精神科学的真理性,伽达默尔从共通感进行分析,以指明这样一种精神科学认识方式的真理本性。

共通感(共同感觉或常识)原在亚里士多德那里指五种普通感觉,但以后的发展却成为一种实践的判断标准或健全的常识。在伽达默尔对这一概念的历史追溯中，意大利人文主义研究者维柯（G. Vico，1668—1744）是第一位对共通感作了深入研究的学者。维柯面对当时正在兴起的新科学和数学方法正确地提出我们不应缺乏古代人的智慧和他们对于知性和口才的培养。他说，教育最重要的东西应是造就共通感，共通感乃是所有人中存在的一种对于合理事物和公共福利的共同感觉，简言之，即指那种导致共同性的感觉。维柯认为"那种给予人的意志以其方向的东西不是理性的抽象普遍性，而是表现一个集团、一个民族、一个国家或整个人类的共同性的具体普遍性，因此造就这种共同感觉，对于生活来说，就具有着决定性的意义"（Ⅰ，26）。按照伽达默尔的分析，维柯对共通感的引用包含了两种重要的观点：首先，他指明了学者（Schulgelehrte）和智者的区别。这种区别的源泉实际上就是亚里士多德关于理论智慧（sophia）和实践智慧的（phronesis）区分，这种区分以后在罗马时代就造成法律技术和法律实践对法律理论的重要意义，因为这种法律技术和法律实践与其说与 sophia 的理论理想相接近，毋宁说更多地与 phronesis 的实践理想相接近。其次，维柯强调了修辞学和口才的重要性。在他看来，修辞学和口才不只是一种写作和讲话的单纯工具，而是教导真正的生活智慧，他说："修辞学自古以来一直与哲学发生冲突，并且为了反对'智者派'的空疏的思辨，它要求教导真正的生活智慧。"（Ⅰ，25）维柯把修辞学和口才的意义建立在对真实东西和正确东西的共同感觉上。"绝妙的讲话"绝不只是一种修辞学的理想，它更意味着讲出正确的东西，即讲出真理。为此维柯试图用古老的论辩法（topica）来补充笛卡尔派的批评法（critica），因为论辩法是发现论证的技巧，它服务于造就一种对于可信事物的感觉。

维柯（Giambattista Vico，1668—1744），意大利哲学家，人文主义思想家。主要著作《新科学》后来才受到人们注意。维柯认为人类社会经历从生成逐渐走向毁灭的阶段,首先是野蛮时期,然后进入众神时代,再后来是英雄时期,最后是人类时期,人类时期最后又回到野蛮时期。而与此普遍历史进程相应的,则是人类知性发展的三个阶段:"人最初是没有情感的知觉,然后是以一种激动的不安的灵魂去知觉,最后,人是以一种纯粹的精神去反思"。维柯认为众神时代的人类知性,是由一种不同于一般科学思维的诗性智慧所支配。按照他的观点,诗性智慧与抽象思维对立,这是想象与理智对立,也是诗与哲学的对立。

在代表作《新科学》中,维柯一反柏拉图那种西方传统认识论观点,强调诗性智慧的重要意义,以捍卫人文主义的理想。诗性智慧并非理性的抽象的形而上学,而是一种感觉到的、想象出的形而上学,而这种形而上学就是原始初民的诗:"他们的诗起初都是神圣的,因为……他们想象到使他们感受到并对之惊奇的那些事物的原因都在天神……同时,他们还按照自己的观念,使自己感到惊奇的事物各有一种实体存在,正如儿童们把无生命的东西拿在手里跟它们游戏交谈,仿佛它们就是些活人。"[①]显然,这里说的就是先民的神话创造。因为能凭借想象创造,这些先民就是"诗人",而"'诗人'在希腊文里就是'创造者'",这意味着诗人具有知道如何创造的智慧,而此种创造性智慧,即是维柯所谓的"诗性智慧"。[②] 维柯认为,原始民族由于抽象思维不发达,他们的语言一般使用"比喻"的形象语言。诗人运用想象,创造了艺术世界,是"人类的感官"。因此,作为一种知识类型,诗性智能就远比数理知识更有具体性和生动性的优点。以下,我们将看到维柯对于诗性智慧的重视,正与他所强调的"共通感"概念,和他对于教化意义的主张密切相关,因为这些都是必须在具体而生动的生活的共同性中,才能领会的精神品行。

从维柯关于共通感的论述中,伽达默尔让我们回忆亚里士多德关于科学知识(episteme)和实践智慧(phronesis)之间的区分,这种区分绝不是像有些人所认为的那样,只是真实而确切的知识和或然性的知识的区

---

① 维柯:《新科学》,上册,朱光潜译,商务印书馆1989年版,第182页。
② 同上。

分，而是阐明了存在有一种与科学知识本质上根本不同的重要知识。伽达默尔说，这种知识与掌握一般规律的科学知识根本不同之处就在于它是针对具体情况的，因此它必须把握情况的无限多变化，并通过具体应用来发展和充实一般。

为了领会维柯"共通感"概念对于人文科学研究的重要意义，我们必须回溯亚里士多德的"实践智慧"（Phronesis）概念。Phronesis 此词过去有人译为明智，我们现在一般译为实践智慧。Phronesis 是由 phro 和 nesis（智慧）组成，phro 在希腊文里意指人体的横膈膜。按照古希腊人的看法，在横膈膜以上的部位，是心灵、头脑、思维的部位，而在横膈膜以下的部位，则是腹部、情欲、排泄的部位，因而 phro 就有一种不同于思维的实际欲望和实践行动的意思。所以当 phro 与智慧即 noesis 相组成为 Phronesis 时，它就自然而然地意指一种实践的知识或明智考虑的能力。这种智慧的本质是实践，它是不可以学的，其目的是善，因此不会不择手段追求目的。最早在苏格拉底和柏拉图所谓"德行就是理性（logos）"的思想中，是指知识和德行的统一。在柏拉图那里，实践智慧不同于 episteme（知识），后者包括科学知识和哲学知识，它们是一种普遍性和必然性的知识。因此柏拉图不重视实践智慧。与此相反，亚里士多德却看到实践智慧的重要性，他认为德行并不仅是知识，还具有一种更重要的本质属性。他拒绝柏拉图由"善的理念"所发展而来的思想，主张在人的道德和历史存在中，基于共相（普遍性）的推论和根据公理的证明都是不能充分的，因为凡事都依赖于具体情况，从而提出一种在性质上与一般科学知识完全不同的实践智慧。伽达默尔在共通感这一概念里所强调的就是一种历史的、实践的智慧。他利用亚里士多德的"实践智慧"（Phronesis）这一概念来解释共通感，一个具有共通感的人就是具有实践智慧，知道如何正确应用的人。

科学知识和实践智慧的区别，除了表示由一般原则而来的知识和具体情况的知识之间的对峙外，而且还表示其他更多的东西。实践智慧不仅意指把个别东西归入一般东西的我们称之为判断力的能力，而且其中还有一种积极的道德伦理的考虑在作用，这种知识需要对具体情况的掌握和对社会习俗的适应，它需要以某种意向即一种社会伦理存在为前提条件。伽达默尔写道："按照亚里士多德的看法，实践智慧是一种'精神品性'。他在这种品性里看到的不只是一种能力，而是一种社会习俗存在的规定性，这种规定性如果没有整个'道德品性'就不能存在，就像相反地'道德品性'如果没有这种规定性也不能存在一样。虽然这种品性在培养过程中能帮助人们区分应当做的事情和不应当做的事情，但它不只是一种实践性的智慧和一般的才智。这种品性关于应当做的和不应当做的区分，始终包含着适当和不适当的区分，并且由此假定了一种继续加深这种区分的社会道德伦理的态度。"（Ⅰ，27）伽达默尔认为，维柯的重要贡献就在于他看到"共通感是在所有人中存在的一种对于合理事物和公共福利的感觉，而且更多的还是一种通过生活的共同性而获得、并为这种共同性生活的规章制度和目的所限定的感觉"（Ⅰ，28）。

伽达默尔指出，维柯的共通感观念实际上是援引了古罗马的共通感概念，尤其是罗马古典作家所理解的这一概念，这些作家面对希腊的文化而坚持他们自身政治和社会生活传统的价值和意义，这是一种具有批判性的概念，一种旨在反对哲学家理论思辨的批判性概念。因此，当维柯援引这样一种概念，在伽达默尔看来，对于精神科学具有特别重要的意义。他写道："维柯对罗马人共通感概念的援引以及他为反对现代科学而对人文主义修辞学所作的辩护，对于我们来说有特别重要的意义，因为从这里我们接近了精神科学知识的一个真理要素，而这个要素在19世纪精神科学的自我反思里是不再可能达到的。维柯生活在一个尚未中断的修辞学——人文主义文化传统中，而且他只需要重新肯定该传统的永恒的权利。最后他认识到，理性的证明和教导不能完全穷尽知识的范围。因此，维柯求助于共通感，正如我们所看到的，是依据一种深远的一直可以追溯至古代的关

系，这种关系直到现在还在继续起作用，而这种继续存在就构成了我们今天的课题。"（Ⅰ，29）

"共通感"作为一个哲学术语，在经院哲学家托马斯对于亚里士多德《论灵魂》的注释中，只是一种"外在感觉的共同根源，或者说，是连结这些外在感觉，并对给予的东西进行判断的能力"（Ⅰ，27—28），亦即一种人皆有之的天赋，用来统绎个别而特殊的感官经验，以抽绎出经验的共相的共同力（Koinē dynamis）。但如伽达默尔所指出的，维柯所谓的共通感，"并不首先是一种人们必须练习的形式能力或精神能力，而是始终包含了判断和规定判断内容的判断标准的总体"（Ⅰ，37），它是一种必须浸染于共同生活的文化氛围中，通过熏染而得的一种社会品质。因此，尽管维柯是在亚里士多德"实践智慧"的学说中，汲取出"共通感"概念的丰富意涵；但伽达默尔也提醒读者，维柯所援引的"共通感也不是希腊人的观念""确切地说，维柯是返回古罗马的共通感概念，尤其是罗马古典作家所理解的这一概念"（Ⅰ，28）。这是个重要的分判，因为在后文关于"判断力"和"趣味"概念的省思中，我们将会发现康德正是在经院哲学式的共通感的概念中，展开他包含了彻底主体化倾向的新美学思考。

按照伽达默尔的看法，除了维柯援引共通感外，在英国还有莎夫茨伯里（A. A. C. Shaftesbury，1671—1713）。[1] 莎夫茨伯里曾以共通感去评价机智（wit）和幽默（humour）的社会意义。按照莎夫茨伯里的看法，人文主义把共通感理解为对共同福利的感觉，这也是一种对共同体或社会、自然情感、人性和友善品质的爱。因此共通感与其说是一种天赋人权的素质，毋宁说是一种社会品质。莎夫茨伯里的这种观点后来成为苏格兰派哲

---

[1] 莎夫茨伯里（Anthong Ashley Cooper Shaftesbury，1671—1713），英国政治家、哲学家、自然神论者。早年受教于洛克，但剑桥柏拉图主义者对他影响颇大，因此其哲学思想带有浓厚的柏拉图主义观点，主张我们所看到的美或真乃是绝对的美或真的影子。主要著作是《人的特征、风俗、见解和时代》（1711年）。正是通过莎夫茨伯里，英国自然神论思想传入德国，康德在一定程度上受过他的影响。

学的基础。苏格兰派哲学家致力于攻击形而上学思辨及其怀疑主义的解决方案，它试图在日常感觉（共同感觉）的原始而自然的判断基础上构造它的新体系。在他们看来，正常人类理智的哲学，即健全感觉的哲学应包含一种促成合理社会生活的道德哲学的基础。苏格兰派这种对日常感觉和健全感觉的呼吁直到19世纪在法国哲学家那里还在回响。当柏格森①批判自然科学的抽象方法并要求"一种随时返回自身的排除既存观念而代之以新兴思想的内在理智能力"（I，31）时，这就是指一种健全感觉。按照柏格森的看法，健全感觉不同于一般感觉，它触及社会环境，他说"其他感觉使我们与事物发生关系，而健全感觉则支配我们与人之间的关系"（I，31）。这是一种社会感，它既能避免形而上学玄学家的错误，又能避免那些寻找社会法则的科学独断论者的错误。显然，共通感是一个批判术语，它包含一种社会的政治的批判含义。不过令人遗憾的是，17和18世纪英国和法国这种人文主义传统却在18世纪德国学院派形而上学（莱布尼茨—沃尔夫学派哲学）②和大众哲学（Popularphilosophie）③里消失不见，尽管这时期德国哲学家也采纳了共通感这一概念，但由于他们丢弃它的一切社会政治内容，这一概念失去了它本来的批判意义。人们把共通感只理解为一种理论能力，一种与道德意识和趣味并列的理论判断力。

伽达默尔于此是探讨18世纪共通感概念的使用状况。在莎夫茨伯里、苏格兰

---

① 亨利·柏格森（Henri Louis Bergson，1859—1941），法国哲学家。1900年任法兰西学院教授，1914年任法兰西科学院院士，1928年获诺贝尔文学奖。重要哲学著作有《时间与自由意志》（1889年）、《物质与记忆》（1896年）和《创化论》（1907年）。
② 沃尔夫（Christian Wolff，1679—1754），德国哲学家，18世纪德国学院派形而上学的主要代表，作为德国启蒙运动（18世纪以唯理论为特色的哲学运动）的代言人而出名。沃尔夫继承莱布尼茨和笛卡尔，试图把唯理论和数学方法应运于哲学，在德国哲学史上开创了莱布尼茨—沃尔夫时期。
③ 大众哲学指18世纪在德国学者中产生的这样一种哲学尝试，即把哲学学说以一种通俗易懂和便于应用的形式阐述出来。当时莱辛就倾向于这样一种哲学立场。

派和柏格森等英法哲学家那里，共通感是作为一种社会品质，含有社会、政治上的批判意涵，因而可视为古罗马共通感概念的继承。不过，伽达默尔认为："柏格森尽管也论及古典主义研究对于健全感觉的意义……但他无疑未追问相反的问题，即健全感觉对于这种古典主义研究本身是怎样必不可少的，也就是说，他并没有论及健全感觉的诠释学作用"（Ⅰ，32）。这将构成《真理与方法》的问题意识的出发点，我们以下将可看到，伽达默尔首先正是企图在包含共通感等人文主义传统的关键概念中，重新唤回亚里士多德所主张的"实践智慧"，并藉以发现精神科学有别于自然科学的独立意义。用伽达默尔的话说："在我看来，在所谓人文科学的自我理解方面，实践理性问题不仅是其中的一个问题，而且比所有其他问题更首要地被提了出来，Humanities，即'人文科学'在科学领域中究竟据有何种位置？我将试图指明，正是亚里士多德的实践哲学——而不是近代的方法概念和科学概念——才为人文科学正确的理解提供了唯一有承载力的模式"（Ⅱ，319）。

不过，按照伽达默尔的看法，尽管德国学院派和大众哲学丢弃了共通感真正本质的东西，但在德国虔信派①那里却表现了限制科学的论证要求并求助于共通感。施瓦本地区的虔信派教徒厄廷格尔（F. Ch. Oetinger, 1702—1782）②曾明确支持了莎夫茨伯里对共通感的维护，他说："共通感所涉及的……是这样一些众所皆知的东西，这些东西一切人日常都看得到，它们彼此组合成一个完整的集体，它们既关系到真理和陈述，又关系到把握陈述的方式和形式。"（Ⅰ，33）虔信派共通感的真正基础就是生命

---

① 虔信派，17世纪兴起于德国新教内部并注重个人信仰的改革教派，虔信派可以说是对所谓"西方世俗化"的反响。同时也是对教会世俗化的抗议。虔信派企图使基督教重新发挥改造人类生活的力量。
② 厄廷格尔（Friedrich Chrustopher Oetinger, 1702—1782），德国路德新教哲学家。为反对笛卡尔主义和理性主义，厄廷格尔强调了精神和物质的相互关系以及生命的首要性，从而突出了共通感。厄廷格尔的观点对于施瓦本虔信派和黑格尔有影响，其共通感学说被伽达默尔作为精神科学的诠释学思想的前史加以强调。关于厄廷格尔的思想，可参阅《伽达默尔著集》，第4卷，J. C. B. Mohr (Paul Siebeck) 出版社1990年版，第306—317页"作为哲学家的厄廷格尔"一文。

概念，它与实验和计算强行分割自然不同，它是"通过最直接地接触和观察最简单的事物而对明显展示给整个人类的对象所具有的一种富有生气而敏锐异常的感觉"（Ⅰ，34）。因此在厄廷格尔看来，共通感概念最明显的特点就在于反对理性主义，它说明理性或概念的明晰性并不足以达到活生生的知识，它应当成为一种广博而有学问的探究的对象。在这里我们看到厄廷格尔与莱布尼茨形而上学的对立：厄廷格尔在共通感概念里看到真理的源泉，看到了真正的发现法（ars inveniendi），反之，莱布尼茨却把一切都建立在科学的演算之上；厄廷格尔在从简单到复杂的自然进展中看到神圣创造的普遍生长规律，因而也是人类精神的普遍生长规律，反之，莱布尼茨却把这一切都认作机械理性控制的死的自然。厄廷格尔写道："理性是通过规则而常常不用上帝来控制自己，反之，感觉始终伴随有上帝，所以正如自然不同于艺术一样，感觉和理性也是不同的。上帝通过自然同时在全范围内有规则地发展而行事，反之，艺术开始于某个个别部分……感觉模仿自然，理性模仿艺术。"（Ⅰ，34）按照伽达默尔的看法，厄廷格尔实际上把我们引入一种深层的诠释学，他强调了以生命为基础的"丰满的感觉"是我们一切判断的真正标准，凡是具有生命的东西、关怀自身生存的东西，就是重要的。正因如此，厄廷格尔也明确地把对于一切时间和一切地方皆有益于人的共同真理的感受作为"感性的"真理以同抽象的理性真理相区别，并强调了规则本身的应用性，"规则首先应用于自然，然后才有理解所罗门的钥匙"①（Ⅰ，35）。

厄廷格尔对于共通感概念的兴趣，是因为神学上的思考。伽达默尔认为，厄廷格尔是通过对亚里士多德关于统一各种分殊感觉的共同力概念（gemeinsame Dynamis）的援引，来证明本来的生命奥秘。因为上帝的存在正在于生命本身，生命的神性奥秘就在于它的简单性，正是"逻各斯的行为，或者上帝的存在，把

---

① "所罗门智慧"原系《圣经·旧约》伪经中的一卷，这里系指一种最高的认识能力。

各种不同东西统一成一个东西"（Ⅰ,34）。所以如果人们因为原罪而丧失了这种简单性,其后则通过得以形成多与一之一致性的"共同感觉",而返回生命原初的统一性和简单性,那么"共同感觉"就成为一种"上帝的恩赐"。"共同感觉"（Gemeinsinn）是德语中用来翻译拉丁文 sensus communis（共通感）的语词。"共同感觉"在德国古典哲学里指人类天生具有一种判断能力,因此厄廷格尔把它理解为一种"上帝的恩赐"。"共同感觉"后来就发展成为一种与理性判断不同的感觉判断,即没有反思的判断（indicium ohne Reflexion）。不过,按照伽达默尔的看法,18世纪后期虔信派的保守倾向却使共通感的诠释学作用降低为一种单纯的校正作用,凡是与情感、判断和推理中的 consensus（一致意见,共识）即共通感相矛盾的东西就不能是正确的。因此伽达默尔说,相对于莎夫茨伯里所讲的共通感对于社会和国家的意义,"共通感这种消极的作用表现了德国启蒙运动所产生的思想在内容上的空疏和抽象"（Ⅰ,35）。

其实,康德在其《判断力批判》里也讲到鉴赏（趣味）作为一种共通感,他说尽管共通感这一概念的含义常被了解为平凡、庸俗,"但是在共通感这一名词之下人们必须理解为一个共同的感觉的理念,这就是一种评判能力的理念。这种评判能力在它的反思里先天地考虑到每个人在思想里的表象形式,以便把他的判断似乎紧密地依凭着全人类理性,借以逃避主观性和人的诸条件对判断产生的有害影响。"[①]

总之,共通感使我们认识到另一种知识和另一种真理,使我们不再把科学的知识和理性的真理认作唯一的知识和真理,它使我们在忘我地追求所谓客观知识和客观真理中认识到那种关怀我们自身存在的意义和价值的另一种更为重要的知识和真理。科学和技术只能作为工具为我们服务,人的存在和价值才是我们的根本目的。

[①] 康德:《判断力批判》,第40节,见《康德著作集》,第Ⅹ卷,Suhrkamp taschenbuch Wissenschaft,1978年版,第225页；参阅中译本,上卷,宗白华译,商务印书馆1987年版,第137—138页。

要理解共通感概念的意义以及其对科学知识的变革，正如一开始我们所说，我们必须了解柏拉图关于认识论的所谓线喻，即知识（episteme）与意见（doxa）的区分，按照柏拉图的观点，属于意见的有想象和感觉，而属于知识的有间接知和直接知，想象属于艺术，感觉属于日常感性认识，间接知属于推理知识，指一般自然科学，而直接知即直观，指我们的哲学知识。柏拉图这一线喻可以说构成西方知识论重理性轻感觉，重知识轻意见的传统。因此伽达默尔在这里从亚里士多德和维柯那里找出共通感这种共同感觉概念，显然是一种对柏拉图传统的对立，对西方根深蒂固的知识论传统的对立，正如当代后现代主义者轻知识重意见，轻现代重后现代一样，伽达默尔认为，正是在这种共通感里人文主义精神科学才找到了自己的根据或根基。

整体看来，伽达默尔对于共通感的哲学史溯源，是集中于维柯、莎夫茨伯里和厄廷格尔三人的思想探讨。但其中的转折处，则潜藏人文主义修辞学理想的"传统是怎样消失的，以及精神科学认识的真理要求怎样由此而受到那种对于它来说本质上是陌生的现代科学方法论思想尺度的支配"（Ⅰ，29）的问题意识，换句话说，是现代科学方法论对于传统人文理想的阻绝，推动并结束了（共通感）此一部分的论述。就此而言，我们就能发现伽达默尔将要重新检视的主要对象，正在于德国历史学派，以及康德和歌德时代的德国哲学。本章是以艺术经验里的真理问题为探讨，以下伽达默尔首先将在18世纪德国关联共通感与判断力的思想发展中，逐步反省康德美学主张对于精神科学意义可能造成的误导。

γ）判断力（Urteilskraft）

共通感概念实际上是与判断力概念紧密相联系的。健全的人类理智，即共同的感觉，根本上是由判断力所规定的。一个不具有判断力的人就是一个不能正确运用他的健全理智的人。不过，这一点需要我们作一些解释。

判断力在我们今天看来似乎是与理性和逻辑相联系的概念，但在18世纪它却具有一种完全不同的性质。当时人们引进"判断力"一词就是想重新恢复被认为是精神的一种品性的 indicium（判断）这一概念。indicium

这一词类似于共通感，因为它也是不能被逻辑地证明的。当时英国的道德哲学家强调道德和审美的判断不服从理性而只具有 sentiment（感情）或 taste（情绪）的特质，以及德国启蒙运动思想家认为共通感乃是一种"没有反思的判断"，都说明判断力在当时绝不是像我们现在所认为的那样，只指一种把特殊归入一般的理性或逻辑能力，而是指一种共同的感觉，这种感觉有如热、光的感性判断一样，它们带有一种不是逻辑证明结果的确实性。实际上即使我们承认判断力是一种把某个特殊事物归入某种普遍东西或某种规则的活动，这在逻辑上也是不可证明的。因此判断力一般来说是不能学习的，而只能从具体事例中去训练，因为它不是一种抽象的规则，没有一种概念的说明能指导规则的应用。

康德在《判断力批判》第一版序言中说："人们却能够从判断力的本性里——它的正确的运用是这样必然地和普遍地需要着，因而在健全的理智的名义下正意味着这个能力——容易知道，寻找出一个这样的原理是伴随着许多巨大困难的。这就是说它必须不是从先天概念里导引出来的；因为这些先天概念是隶属于知性，而判断力只针对知性的应用。所以判断力应自己提供一个概念，通过这概念，却绝不是某一物被认识，而只是服务于它自己作为一法规，但又不是成为一个客观的法规，以便它的判断能适应这个法规，因为这样又将需要另一个判断力，来判别这个场合是不是这法规能应用的场合。"[①] 这就是说，判断力的运作，并不依据某种方法或规则，否则就像一场因果序列的无尽追寻，为了说明某个结果之所以发生的原因，我们就必须再为它寻觅另一个原因；为了说明何以下此判断，我们也将需要一个其他的判断力，如此就产生了逻辑推演上的根本困局。所以，如何下判断，其实并无先天的普遍性规则，因而也无法事先给予原则

---

① 康德：《判断力批判》，导论，见《康德著作集》，第 X 卷，Suhrkamp taschenbuch Wissenschaft，1978 年版，第 75 页；参阅中译本，上卷，宗白华译，商务印书馆 1987 年版，第 5 页。

性的教导；而是相反地，只能从一次次具体经验的反馈中，领悟出的一种社会质量。

正因为判断力这一特征，德国启蒙运动哲学家并不把判断力算作精神的高级能力，而是算作低级的认识能力。这一点在美学上是很清楚的。18世纪德国美学家鲍姆加登曾明确地指出判断力所认识的东西是感性的个体，也就是说判断力是一种个别的感性认识。鲍姆加登由此把美学定义为一种"感性认识理论"，他所用的美学这一词的德文词 Ästhetik 就是从希腊文 aisthesis 翻译而来的，在柏拉图的知识线喻里，它是属于感觉经验这一部分的。康德也跟随鲍姆加登，把判断力称之为"审美判断"，并像鲍姆加登把感性判断描述为趣味一样，说"一种完满性的感性判断就是趣味"（Ⅰ，37）。

鲍姆加登（Alexander Gottlieb Baumgarten，1714—1762），德国哲学家和美学家，沃尔夫学派后期重要代表。1738年任哈勒大学教授，1740年任法兰克福大学教授。鲍姆加登第一次使用了"美学"（Ästhetik）这一词，并在德国把美学作为哲学的一个分支学科。对于他来说，狭义的美学就是自由的艺术理论，而广义的美学就是一般感性认识理论。鲍姆加登的美学理论对康德有很大影响。在鲍姆加登看来，美在于多样性的统一，单纯的印象，如颜色，并不是美的，唯有多样性才能刺激心灵，产生愉快，美乃是感性里表现的完满，而这完满即是多样性的统一。

不过，伽达默尔认为，正是在这里，也就是在康德这里，本是作为共通感、健全人类理智的判断力概念的性质却发生了根本的变化。判断力本是出自人们的一种共同的感觉，共同的意向——即真正的公民道德的团结一致，以及对于"公共利益"的关心，却在康德的《判断力批判》里被贬低为一种审美的趣味或一种低级的感性认识。按照伽达默尔的看法，这是

"判断力采取了一种远远偏离共通感最初的罗马时期的含义而继续经院哲学传统的方向"（Ⅰ,36）。而且，当康德把判断力区分为规定判断力和反思判断力后，情况更为严重，判断力实际已作为一种单纯的认识能力而失去了它与共通感（作为人之中共同东西的感觉）的关系。

康德所谓规定判断力，是指把特殊置于普遍规则之下，但如果我们未认识这种普遍规则，那么我们就要从特殊找寻这种普遍规则，而这就是反思判断力。康德说："判断力一般是把特殊包含在普遍之下来思维的机能。如果普遍的（法则、原理、规律）给定了，那么把特殊的归纳在它的下面的判断力就是规定性判断力，但是，假使给定的只是特殊的并要为了它而去寻找那普遍的，那么这种判断力就是反思性判断力。"① 简言之，规定判断力是把特殊归在已知普遍之下，反之，反思判断力是从已知特殊去寻找普遍规则。按照康德的看法，规定判断力是在知性所提供的普遍规则下进行归纳，因此它无需自己去寻找普遍规则，反之，反思判断力要从自然中的特殊上升到普遍，却需要一个先验原则。

按照康德的观点，凡是涉及到道德命令的无条件性的东西是不能建立在情感基础之上的，真正的道德命令乃是"一种要求放弃自己判断的主观私有条件而置身于他人判断的立场上的道德命令"（Ⅰ,38）。道德命令的强制性是在比感受的普遍性能达到的更严格的意义上说才成为普遍性的，我们的意志只被那种依赖于纯粹实践理性的自我立法的动机所决定。因此判断力的任务就在于防止那种"仅以经验的结果来定善恶实践概念的实践理性经验主义"（Ⅰ,38）。很显然，在这里判断力已完全失去了它本有的作为共通感基础的意义。按照伽达默尔的看法，在判断力中实际上并不存

---

① 康德：《判断力批判》，导论，见《康德著作集》，第 X 卷，Suhrkamp taschenbuch Wissenschaft, 1978 年版，第 87 页；参阅中译本，上卷，宗白华译，商务印书馆 1987 年版，第 16—17 页。

在某个概念，而是个别事物内在地被判断。在判断力中，并没有简单地应用某个预先给予的事物概念，而是说感性的个别事物本身之所以被把握，乃是由于在它们那里现出了多与一的一致性。所以判断力"不是对于某个普遍东西的应用，而是说内在的一致性乃是决定性的东西"（Ⅰ, 37）。

康德哲学旨在说明真理的认识基础，但他是从人类主观的认识能力来思考自然科学理想之客观真理的认识可能。所以，那些滋长生发于社会历史传统之中的共通感，在康德那里，很难被限制在审美判断上，因而作为判断力的共通感，乃是"始终包含了判断和规定判断内容的判断标准的总体"（Ⅰ, 37）的真理要求。对于康德而言，如果判断力只是一种特殊的感受，那它就无法作为真理普遍性的认识基础。因为康德哲学追求普遍性，无论认知理性或实践理性的判断，都必须建立在先验原则上，才具有普遍性的意义。因此，道德判断必须接受纯粹理性的指导，实际的经验内容也无法带来普遍性真理的认识。所以我们能看到康德在《判断力批判》第 20 节和第 40 节中，一方面把共通感原有道德规定摒除出去，使共通感成为一种判断能力；另一方面又强调共通感与一般所理解的共同知性（gemeines Verstand）有区别，共同知性是不按照情感，而是按照概念。如此，共通感就必然成为鉴赏判断的基础，判断力失去了原本根植于社会共通的价值系统上的基础，只剩下形式上的先验判断，所以是一种达不到真理普遍性要求的认识能力。这可从前文关于"共通感"概念的两种定义的选择上，看出端倪：当伽达默尔继承莎夫茨伯里、维柯等人的人文主义传统观点，认为共通感就是公民道德存在的一个要素，而将判断力视为一种能够表现"共同的意向"（Gemeinsinn），包含了对于社会中普遍的道德要求的体认，以及能将之应用于具体处境的机敏感时；康德则是援引经院哲学式的共通感概念——一种人皆有之的天赋，用来统合个别而特殊的感官经验，以抽绎出经验之共相的共同力——从而断绝了道德判断与社会之共同福祉的关系。

对于追求普遍性的康德哲学来说，一切后天经验所得，都只具有特殊性，无法上升为先验的普遍原则，判断力因而也与真理的认识无关；与之相反，伽达默尔则认为判断力的社会质量，才能真正显现人文主义传统的真理要求。若以中国传统知识分子对于仕隐问题的思考为喻，传统儒家固然已有"天下有道则见；无道则隐"（《论语·泰伯》）的共通性原则，但是当前处境究竟是有道或无道，对于或隐或逸的行为意义，以及自我人生方向的期望等等思考，落在当下而具体的处境判断，却形成了"伯夷，圣之清者也；伊尹，圣之任者也；柳下惠，圣之和者也；孔子，圣之时者也"（《孟子·万章下》）等风姿各异，但同样可为后世模习的圣人典范。这正可显示人文主义传统的真理要求，不同于其概念永远具有相同意义的自然科学真理，而是一种无法脱离主体生命处境，因而意义将随处境变化的实践智慧。人们在生活中，领会某种社会历史文化的共同理想，因应个人处境的变化，机敏地发现关键，做出判断，成为自我的存在方式。这种真理要求，用伽达默尔的话说，即是"谁具有一个健全的判断，他就不能以普遍的观点去评判特殊事物，而是知道真正关键的东西是什么，也就是说他以正确的、合理的、健全的观点去观看事物"（Ⅰ, 37）。

不过，伽达默尔认为，当康德把判断力称之为审美判断力时，却也包含对一种共同感觉的承认。他写道："在人们能称之为感性判断能力的整个范围里，对于康德来说，实际上只剩下审美的趣味判断。在这里我们可以讲到真正的共同感觉。尽管人们在审美趣味中是否触及认识还是值得怀疑的，而且审美判断确实不是按照概念进行判断的，我们仍可确信，在审美趣味中具有普遍规定的必然性，即使这种趣味是感性的而不是概念的。所以康德说，真正的共同感觉就是趣味"（Ⅰ, 39）。判断力的真正性质我们可以通过趣味概念来进行考察。

在康德看来，反思判断力如果根据自然事物适合于主体的目的，就是审美判断，如果认为自然界本身就是目的，这就是目的论判断。按照康德的观点，趣味判断不基于概念，而是根据共通感，因此它不要求每个人都同意我们的判断，而是要求每个人都应当与我们的判断相一致,他说:"在一切我们称某一事物为美的判断里,我们不容许任何人有异议,而我们并非把我们的判断放在概念之上,而只是根据情感:我们根据这种情感不是作为私人的情感,而是作为一种共同的情感。因此而假设的共通感,就不能建立在经验的基础上,因为它将赋予此类判断以权利,即其内部含有一个应该:它不是说,每个人都将要同意我们的判断,而是应该对它同意。"① 换言之,康德认为判断力正如共通感一样,是不能从逻辑上加以证明的,因而也承认事例或历史对于判断力具有主导线索的意义。

面对这样的说法,伽达默尔一方面肯定"康德把美学建立在趣味判断上顺应了审美现象的两个方面,即它的经验的非普遍性和它对普遍性的先天要求"(Ⅰ,48—49);但在另一方面,伽达默尔也提醒读者:"这种描述只有对于康德的先验目的、即为进行趣味批判作先天证明,才是有意义的"(Ⅰ,40)。在康德看来,美是一种主观的合目的性的形式,伽达默尔分析说:"这种合目的性是想象力和理解力的一种自由游戏,一种与认识根本相应的主体关系,它表现了对于对象的快感的根源。这种合目的性——主体性的关系,就理念而言,实际上对于所有人都是一样的,而这种关系是普遍可传达的,由此它确立了趣味判断的普遍有效性的要求"(Ⅰ,49)。如此,所谓的审美活动,只是主观地在对象身上看出了合目的性的形式,而与对象是否具有客观的、必然的审美属性无关,所以,康德否认了趣味具有任何认识意义。正是在这一点上,伽达默尔认为康德哲学为了企求客观真理,其实就舍弃了人文主义传统理想中真正重要的因素,亦即一种蕴含了社会质量的实践智能。以下,伽达默尔将继续探究"那种康德式的趣味的主观先天性怎样影响了精神科学的自我理解"(Ⅰ,40)。

δ)趣味(Geschmack)

这样我们就被引导到人文主义传统第四个也就是最后一个要素即趣味

---

① 康德:《判断力批判》,第22节,见《康德著作集》,第 X 卷,Suhrkamp taschenbuch Wissenschaft,1978年版,第158—159页;参阅中译本,上卷,宗白华译,商务印书馆1987年版,第78页。

上来了。当康德把共通感限制于趣味上，而且进一步又把趣味限制于美的东西上，伽达默尔相反却要我们注意趣味乃是一种社会的和道德的观念，而不只是审美的观念。他写道："趣味这一概念在被康德作为他的判断力批判的基础之前就有很长的历史。这漫长的历史清楚地表明趣味概念最早是道德性的概念，而不是审美性的概念。趣味概念描述一种真正的人性理想，它的这一特征应当归功于那种对学院派的独断论采取批判立场的努力。只是到了后来，这一概念的用法才被限制到'美的精神性东西'上。"（Ⅰ，40）

西班牙作家巴尔塔札·格拉西安（Balthasar Gracian，1601—1658）[①]曾认为感性趣味是我们感觉里最动物性和最内在的一种感觉，因此它就包含有我们在对事物作判断时的一种理智的分辨。趣味的感性差异实际上并不是纯粹的本能，而是介乎感性本能和理智自由之间的东西。趣味感觉对于那些属于生活最紧迫需要的东西能够具有一种选择和判断的距离。所以格拉西安在趣味中看到了一种"动物性的精神活动"，并正确地指出不仅有精神的教化，而且也有趣味的教化。具有趣味的人，即完美的人，乃具有同生活和社会的一切事物保持距离的自由，他能正确而冷静地做出区分和选择。很显然，这样一种趣味观念是与专制主义的压制相对立的，趣味不仅是一个新社会所提出的理想，而且首先以这种"良好的趣味"理想的名义形成了我们以后称之为"良好的社会"的东西。良好的社会之所以能被承认和合法化，不再是由于出身和等级，而只是由于它的判断的共同性，即超出狭隘的利益和私有的偏爱而提出判断的要求。因此趣味并不是个人的东西，而是一种社会现象，它就像一个法院机构一样，以它所指向和代表的普遍性去抵制个人的私有倾向。趣味的裁决具有一种特殊的坚定性，正如康德所说，在趣味上没有论辩的可能性，这不仅是因为对于趣味不存在有一种所有人都必须承认的概念普遍性，而且也

[①] 巴尔塔札·格拉西安（Balthasar Gracian，1601—1658），西班牙作家、哲学家。

因为即使有这种标准，我们也不可能一下子找到或发现它。好的趣味按其本性来说就是一种可依赖的趣味：要么接受，要么拒绝，对之犹豫不决，绝不可能。

康德在《判断力批判》关于趣味的二律背反里指出："关于趣味可以容人争吵（虽然不能辩论）。这个命题却含着第一个命题（即每个人都有他自己的趣味）的反面。因关于争吵的对象，必须希望先能达到一致；从而人们必须能够依凭判断的根据，而这根据不仅仅具有私人的有效性，即不仅仅是主观的；对于这一层正好与前面那个命题相对立，这就是：每个人有他的自己的趣味。所以关涉到趣味的原理显示下面的二律背反：（一）正命题　趣味不植根于诸概念，因否则则可容人对它辩论（通过论证来决定）；（二）反命题　趣味判断植根于诸概念，因否则，尽管它们中间有相违异点，也就不能有争吵（即要求别人对此判断必然同意）。"①

趣味类似一种感觉，它不具有任何推理的知识。如果趣味对某物表现了否定的反应，那么这是不能说为什么的，但它非常确切地知道应是这样。趣味是判断有味或无味的舌头，它与所有的感觉器官一样，不要任何推理而自行判断，假如趣味是按照原则而推理，就如同按照抽象原则去打扮穿戴，这可以说是完全无趣味地打扮穿戴。因此趣味的可靠性就是不受无趣味的东西侵害的可靠性，好的趣味的对立面不是坏的趣味，而是无趣味。

这里涉及到时尚概念。具有趣味是否是由跟随社会时尚规律而保证的呢？显然不是。时尚的普遍性乃是一种经验的普遍性。从语言上看，时尚概念关系到一个经常稳固的社会行为整体里的一种具有可变性的方式。单

---

① 康德：《判断力批判》，第56节，见《康德著作集》，第 X 卷，Suhrkamp taschenbuch Wissenschaft，1978年版，第279页；参阅中译本，上卷，宗白华译，商务印书馆1987年版，第185页。

纯只是时尚的东西，本身除了由所有人的行动给出的准则外，不包含任何其他的准则。时尚按其本质只规定那些对于其他人也是同样能规范的东西，就此而言，时尚造就了一种社会依赖性，很少有人能摆脱这种依赖性。反之，趣味是一种精神的分辨能力。趣味尽管也存在于社会共同体里，但它并不隶属于这个社会共同体。有趣味的人并不认为任何人将与他的判断相一致，而是认为一种理想的共同体将会这样做。因此相对于时尚所表现的专横，趣味保留了一种特殊的自由和优越性。好的趣味既能使自己去迎合时尚所代表的趣味潮流，又能使时尚所要求的东西去迎合它自身的好的趣味。人们坚持他们自身的"风格"，即把时尚的要求与他们自己的趣味所注视的整体联系起来，并接受那种与这个整体相适合、相适应的东西。趣味所具有的普遍性是一种理想的普遍性。

趣味与时尚的区别，或许就如同"君子和而不同，小人同而不和"（《论语·子路》）的价值分判。依循经验普遍性的时尚，就像未经道德自觉的小人，只依赖舆论流行的盲从跟风，舍弃自我判断的权利和义务，全然屈从于社会当前风尚的无上统治性；相反，趣味则是在社会共同理想的熏染之中，要求一种敏锐的判断力，它必须超出当前社会的限制，以洞察真正的关键，一如君子对于群体和谐的理想追求，但同时也要具备"顺人而不失己"（《庄子·外物》）的独立思考能力，而能发挥好善而恶恶的价值判断，否则也只能沦为"乡愿"罢了。

在伽达默尔看来，历史社会正是作为人文学意义真理的理解泉源，我们必须具有"效果历史意识"，认真聆听历史传统的呼吁，才能获得真正的诠释学经验；而无论趣味或时尚，其实都带有历史社会所流传的年轮印记，但趣味不同于时尚，前者才是真正蕴含了诠释学经验，其中的关键则在于，面对历史社会流传的理解态度。在《真理与方法》第二部分，伽达默尔曾用两人的交往，亦即"我—你"的关系作为比喻，来描述诠释者与诠释对象（历史传承物）的关系。他认为诠释学经验的交往，表示我将以完全开放的态度承认你是一个人，真正把你作为你来经验，我不仅不忽视你的要求，并且还要倾听你对我说的东西。换言之，就是一种开放性的互动关系。伽达默尔说："谁想听取什么，谁就彻底是开放的。如果没有这样一种彼此的开放性，就不能有真正的人类联系"（Ⅰ，366）。所以，单纯屈从于社会风尚，并不能达到相互的开放；一个真正有"趣味"的人，不仅会承认传统与社会要求的有效性，并且也将承认我自己的历史性、现在境遇与前见对于理解传统的必要性。

伽达默尔并不否认趣味的认识论性质，只是这样的一种认识论性质不同于一般科学的认识论性质，他说："趣味应归入这样一种认识领域，在这个领域内是以反思判断力的方式从个体去把握该个体可以归于其下的一般性"（Ⅰ，43）。这里所谓反思判断力，来源于康德所谓规定判断力和反思判断力的区分。按照康德在《判断力批判》里的说法，规定判断力是已知一般，然后把特殊归在已知的一般之下；反之，反思判断力则不是先已知一般，而是从已知的特殊去寻找一般。他说："判断力一般是把特殊包含在普遍之下来思维的机能。如果普遍的（法则、原理或规律）是给定了的，那么把特殊的归纳在它的下面的判断力就是规定性判断力，但是，假使给定的只是特殊的并要为了它而去寻找那普遍的，那么这种判断力就是反思性判断力。"[①] 趣味和判断力一样，都是根据整体对个别事物进行判断，但是这个整体绝不是作为抽象原则或概念事先给定的，而是根据具体情况去寻找出来的。在这里伽达默尔援引了法学和伦理学通过具体情况的应用去发展和补充一般规则的事实，因为不管是法律还是道德规则绝不可能完全无遗漏地涵盖一切生活事实，总会存在有法律的漏洞和道德的空地。伽达默尔写道："我们关于法律和道德的知识总是从个别情况得到补充，也

---

① 康德：《判断力批判》，导论，见《康德著作集》，第 X 卷，Suhrkamp taschenbuch Wissenschaft，1978 年版，第 87 页；参阅中译本，上卷，宗白华译，商务印书馆 1987 年版，第 16 页。

就是创造性地被规定的。法官不仅应用法律于具体事例中，而且通过他的裁决对法律（'法官的法律'）的发展做出贡献。正如法律一样，道德也是鉴于个别情况的创造性而不断得以发展的。"（Ⅰ，44）

按照康德的学说，判断力是作为特殊与普遍、现象与物自身之间的沟通桥梁。黑格尔承认康德判断力学说的思辨意义，但也认为在康德那里，普遍和特殊的关系未表现为真理，而是被描述为一种主观的东西。他在《小逻辑》第55节中说："康德的《判断力批判》的特色，在于说出了什么是理念的性质，使我们对理念有了表象，甚至有了思想。直观的理念或内在的目的性的观念，提示给我们一种共相，但同时这共相又被看成一种本身具体的东西。只有在这方面的思想里，康德哲学才算达到思辨的高度。席勒以及许多别人曾经在艺术美的理念中，在思想与感觉表象的具体统一中寻得一摆脱割裂了的理智之抽象概念的出路。另有许多人复于一般生命的直观和意志中找到了同样的解脱。——不过，艺术品以及有生命的个体，其内容诚然是有局限的，但康德于其所设定的自然或必然性与自由目的的和谐，于其所设想为实现了世界目的时，曾发挥出内容极其广阔的理念。不过由于所谓思想的懒惰，使这一最高的理念只在应当中得到一条轻易的出路，只知坚持着概念与实在的分离而未能注意最后目的的真正实现。"①

伽达默尔根据黑格尔的观点，反对康德有关规定判断力和反思判断力的区分。他写道："只有在纯粹理论上和实践上的理性训练中，我们才能讲到把个别事物纳入某个给定一般的归纳活动（康德的规定判断力）。但实际上这里本身就包含着某种审美的判断。这是康德所间接承认的，因为他承认事例对增强判断力的作用。当然康德也作了限制性的补充：'就知性认识的正确性和准确性而言，事例对之多少有所损害，因为只有在很少情况下，事例才恰当地满足规则的条件。'但是这个限制的反面显然告诉我们，作为事例而起作用的事情与仅仅作为这个规则的事情实际上还是有所不同的。真正公正地对待这种事情——不管这是否只是在技术性

---

① 黑格尔:《小逻辑》，贺麟译，商务印书馆1995年版，第144—145页。

的或实践的判断里存在——因而就总是含有一种审美的要素。就此而言，康德用作于判断力批判基础的关于规定判断力和反思判断力的区分，就不是一种无条件的区分"（Ⅰ,44—45）。

伽达默尔分析说，只有在实践理性，以及纯粹理性的训练中，我们才能谈到康德所谓"把特殊归在已知的一般之下"的规定性判断。但就如康德所言："就知性认识的正确性和准确性而言，事例对之多少有所损害，因为只有在很少情况下，事例才恰当地满足规则的条件。"这意味着，所经验的事情和已知的规则之间，毕竟有所不同。所以，"真正公开地对待这种事情——不管这是否只是在技术性的或实践的判断里存在——因而就总是含有一种审美的要素"（Ⅰ,44—45），具体情况因而对于普遍规则具有一种创造性。换言之，在实际的理解活动中，被给予的普遍性和要发现的普遍性实际上是很难区分的，人们对于特殊和普遍之间关系的认识，总像一种不可论证的机敏行为，即"抓住正确的东西，并对普遍性和道德规则的应用给出了规范"（Ⅰ,45），是依据具体情况去发展和补充一般规则的。

为了说明这种以特殊应用去发展一般的观念，伽达默尔再次援引审美判断力。他说："判断力活动的个别情况从不是一种单纯的情况，它不仅仅限于某种普遍规则或概念的特殊事例。它其实经常是一种'个别情况'，因为它并不是通过规则来把握。每一个关于某种我们想在其具体个别性里加以理解的东西的判断，就像它要求我们具有亲身所及的行为情境一样，严格地说就是一个关于某种特殊情况的判断。这无非只是表明，对情况的判断不是简单地应用它据此而产生的普遍事物的准则，而是这判断本身一同规定、补充和修正了这准则。"（Ⅰ,45）按照伽达默尔的观点，趣味正表现了这种判断力性质。一切道德判断都需要趣味从个别具体情况来规定、补充和修正本身尚不完全的道德规范，趣味是道德判断不可缺少的要素。他写道："趣味虽然不是道德判断的基础，但它却是道德判断的最高实现。视不合理的东西为反趣味的人，就有最高的确信去接受好的东西和拒绝坏的东西——其高水平就像我们最富有生机的感官所具有的选择或拒绝食物的那种确信一样。"（Ⅰ，45）

伽达默尔是从"应用"概念来说明由趣味而来的普遍概念与具体事物的关系。所谓的应用，就是把普遍的原则、道理或观点，亦即真理内容运用于诠释者当前的具体情况，或者说，在普遍真理与诠释者所面临的具体处境之间进行中介。伽达默尔强调，应用并非理解活动之外的随机使用，而是理解的本质，他说："我们已证明了应用不是理解现象的一个随后的和偶然的成分，而是从一开始就整个规定了理解活动。所以应用在这里不是某个预先给出的普遍东西对某个特殊情况的关系。研讨某个传承物的解释者就是试图把这种传承物应用于自身……为了理解这种东西，解释者一定不能无视他自己和他自己所处的具体的诠释学境遇。如果他想根本理解的话，他必须把文本与这种境遇联系起来"（Ⅰ，329）。只有当普遍概念落实在个别事物和具体处境上，人文学的真理意义才得以理解。就像《论语》中的记载，弟子问"仁"的地方很多，但孔子的回答都不相同，原因正在于"仁"并非抽象思考的概念，或是死板的道德条目，无法简单以定义框限，只能因材施教，根据弟子各自的实存境遇进行指点。人文学的真理概念不完整自足，总需要具体事物予以意的丰盈；这种因应处境变化的随机指点，无法遵奉某一规则方法作为圭臬，其实需要一种特殊精神所造就的判断力。如此，我们又回到了亚里士多德的实践智慧。

根据伽达默尔的分析，趣味这一概念正是希腊人文主义的组成要素。希腊的伦理学，不论是毕达哥拉斯学派和柏拉图派的适度伦理学（Massethik），还是亚里士多德所创造的中庸伦理学（Ethik der Mesotes），在某种深层而广泛的意义上都是好的趣味伦理学。可是我们现代人对这一点却认识不到，因为我们通常在趣味概念里看不到理想的规范要素，而且往往受关于趣味差异的相对主义—怀疑主义的论证的影响。尽管康德也强调趣味作为反思判断力的作用,但当他把趣味概念限制于审美领域,却放弃和忽视了趣味那种从特殊去确立、发展和补充一般的认识方式,从而把趣味经验和审美判断力在法律和道德领域内的活动从哲学的中心排除出去。按照伽达默尔的看法,这种康德式的趣味观念只能影响人文科学或精神科学的自我理解,因为康德所放弃和忽视的东西正是语文学—历史学借以生存的东西。伽达默尔写道:"当语文学—历史学研究试图在自然科学之外以'精神科学'名义从方法上确立自身时,只有从这种所放弃的东西中才能取得对自身的完全的自我理解,现在——由于康德的先验研究——要去承认传承物(语文学—历史学研究正是从事于培养和研究这种传承物)自身特有的真理要求这条道路被阻塞了。由此精神科学的方法特征就在根本上丧失了它的合法性。"(Ⅰ,46)

伽达默尔曾指出:"亚里士多德在解释德行和正当行为的特征时所说的最后一句话常常是'出自内心的行为'或'真诚的表达方式':在伦理实践中可以被教导的东西虽然是'表达方式',但这种表达方式超出了某个一般框架之外就不是合适的。关键的东西是把握正确的细微差别。"(Ⅰ,45,注71)这显示了伽达默尔的一个根本观点,精神科学,例如法律和道德知识,都是通过具体情况的应用而得到创造性的补充和发展,"法官不仅应用法律于具体事件中,而且通过他的裁决对法律的发展做出贡献。正如法律一样,道德也是鉴于个别情况的创造性而不断得以发展的"(Ⅰ,44)。因此他认为,美并不是只有在自然和艺术领域内,作为美和崇高东西的判断才是创造性的,自然和艺术中的美,应当被那弥漫于人的道德现实中的美的整个广阔海洋所充实。

按照伽达默尔的观点,康德自己通过他的审美判断力的批判所证明和想证明的东西,是不再具有任何客观知识的审美趣味的主观普遍性,这必然剥夺了精神科学的真理要求,甚至剥夺了精神科学自身的"科学"名称。他说康德所创造的新美学所包含的主观化倾向确实开创了新纪元,"一方面由于它不相信在自然科学的知识之外有任何其他的理论知识,从而逼使精神科学在自我思考中依赖自然科学方法论;另一方面由于它提供了'艺术要素''情感''移情'作为辅助工具,从而减缓了这种对自然科学方法论的依赖"(Ⅰ,47)。后一点表面上看起来似乎对艺术科学有一种承认,其实是在把艺术科学纳入主观化的道路并否认艺术科学自身的真理要求。尽管伽达默尔同意康德关于审美判断不是概念知识的看法,但他却不能容忍康德由此得出艺术科学没有真理要求的结论,他争辩说:"这与保留概念性认识的真理概念相关吗?难道我们不能承认艺术作品有真理吗?"(Ⅰ,47)

简短结论

至此我们已对伽达默尔为确立精神科学正确自我理解而预先提出的四个人文主义基础概念作了解释。按照伽达默尔的分析,教化、共通感、判断力和趣味是人文主义传统留给我们的最基本的要素,这些要素正是精神科学进入科学之列最根本的东西,精神科学将在这些要素里找到它自身不同于自然科学的认识方式和真理源泉。教化实际上是精神科学的本质,即通过不断返回过程把自己存在的可能性展示出来,在异己的东西里认识自身并重新回到自己的存在家园。共通感是一种共同性的感觉,是所有人中存在的一种对于合理事物和公共福利的共同感觉,是一种人类的健全感觉,它揭示了精神科学判断的基础不是抽象原则或概念,而是一种共同感觉,一种社会的道德的共在。尽管共通感不能进行逻辑证明,但它具有一种不是逻辑证明结果的确实性。判断力是共通感的基础,它不是简单地依据某个普遍概念或规则对个别具体事物进行判断,而是在个别具体事物中现出一般和个别的统一。趣味由判断力所规定，或者按照康德的说法，趣味就是一种审美判断力，因而在趣味的认识方式中，关键的并不是普遍的准则，而是具体的情况，具体情况对于普遍准则具有一种独特的创造性。按照伽达默尔的看法，如果我们正确掌握这四个重要的人文主义要素，那么精神科学不同于自然科学的另一种认识方式和真理要求就会明确展示出来。

按照伽达默尔的看法，教化、共通感、判断力和趣味本是先于美学的传统概念，只是在康德的美学里，这些概念被极大地狭隘化，它们原始的丰富意蕴丧失了。不过即使这样，这些早期传统仍在康德的美学中残存着。因此，当精神科学——这是在康德美学基础上发展的——现在发现它们大多没有自我证明，我们没有必要去拒绝康德的美学，我们只需要学会去倾听在康德美学中仍活着的传统的声音，这正是本节标题"审美领域的超越"的含义。康德美学虽然阻止我们承认艺术的真理要求，但它却开启了通往艺术真理源泉的道路。因此伽达默尔并不拒绝康德的美学，而是想在康德美学中倾听到更多于他所说的东西。这种"更多于的东西"就是在美学里仍可找到的一种不同于自然科学的认识方式和真理要求，正是这种独特的认识方式和真理要求才能确立精神科学为科学。

以上伽达默尔分析了西方人文主义传统的四个主要观念，"教化"乃是人生活于历史社会中，以异化为前提而不断返回自身的运动，其结果则是"共通感""判断力""趣味"等能力的建立，它们不但是一种个人能力，同时也是一种社会质量；人们因而一方面领会了社会之共同的价值与福祉，一方面也从中形成独立思考的判断能力。伽达默尔认为，通过社会传统的教化，无须科学方法的介入，人们也能理解人文学的真理意义。

一个可供参照的例子是中国先秦的"诗教"传统。先秦诗、乐为一，诗即是歌词乐语，专指后来称为《诗经》的《诗三百》。若据《尚书》《论语》《礼记》等古籍所言，可知今日视为艺术领域的音乐和诗歌，于时乃是现成的、共通的文化资产，作为周代人文养成的必要教材，其目的则如《礼记·经解》所言："其为人也，温柔敦厚，诗教也"，是要人们在异己的诗乐的熏染中，培养内在情感道德与外在行为言语之双重意涵上的质量，以契合礼乐文化中"和"的价值理想。一个经过诗教的人，意味着拥有温柔敦厚的社会质量，这在先秦社会中，不仅是一种理念的养成，更是包含美感功用在内的具体社会政治实践，它往往发生在邻国交接的外交场合，人们普遍"赋诗言志"，援引既存的诗句来作为外交辞令——这也让我们联想到维柯对强调修辞学和口才对于人文学传统的重要意义。《左传·襄公二十七年》有则饶富意味的故事，显示了在共通的诗教传统中，一个真正具有趣味判断的人的先见之明。故事开始于郑伯设宴款待外交使臣赵孟，宴会中，随行的臣子一一赋诗，表达对于赵孟的欢迎之意。大臣中，子展赋《召南·草虫》，表示见到赵孟的喜悦倾慕；伯有则赋《鄘风·鹑之奔奔》，诗云"人之无良，我以为君"，暗讽国君的无良失德。我们明白这些大臣作为知识分子，必然明了当时的文化氛围，并熟悉《诗三百》中的个别诗篇；如此，选择哪首诗来赋，就必须取决于个体在当前的具体情境中，如何关联特殊诗句与普遍价值理想间的判断力。于此，子展做出了一次"绝妙的讲话"，意味着他说出正确的东西，能在当下的具体处境中，发现《草虫》诗中温柔敦厚的社会理想；相反，伯有引诗暗指国君"无良"，看似符合诗歌美刺的社会效用，其实却是忽略了具体情境的考虑，所以赵孟即以"床笫之言不踰阈"作为回答，认为犹如画眉之乐不出闺阁，议论国政也不当选择外交场合。如此，伯有显然与礼乐文化的共通感受相悖，未能认识真正关键的东西，而做出适切的判断。故事最后还记载了赵孟听诗后的预言，他看出子展身居高位，却仍保持谦和的内在质量，当可家族绵延；反之，伯有"诗以言志，志诬其上，而公怨之，以为宾荣"，必将自招祸患。显然，赵孟是真正具有"良好趣味"的人，在诗教传统中熏习的共通感受所带来的确定感，让他拥有理解事物发展关键的先见之明。

第二节 康德的批判所导致的美学主观化倾向

a）康德关于趣味和天才的学说

这里我们首先要对伽达默尔在本节标题里所说的康德的批判所导致的美学"主观化倾向"（Subjektivierung）一词作些解释。此词也可译为"主体化倾向"，以避免"主观化"一词通常的消极否定意义。不过，如果我们译为"主体化"，也会使人仅注意其褒义而忽略其贬义。首先我们需知道，伽达默尔在这里主要不是赞扬康德的美学主观化倾向，而是想超越这种倾向，这也正是这一章总标题"审美领域的超越"的意思。为什么伽达默尔说康德的美学有主观化倾向呢？这来自康德对趣味或审美判断力的解释。按照康德的解释，趣味不提供任何关于其对象的知识，所以趣味判断是主观的，即不是客观的，例如当我们说"花是美的"，这一判断并不是关于花而是关于一种主观的情感，即我在看到花时所引起的一种愉悦情感。由于康德把趣味或审美判断力规定为一种主观的情感，从而康德也就否认了趣味或审美判断力具有概念规定，我们绝不能从某个概念或某种普遍标准出发得出趣味或审美判断。康德认为审美判断并不开始于任何概念的规定，也不通过任何概念的规定而进行判断，正如审美判断并不结束于某个概念的普遍性一样，它也不开始于任何概念的普遍性。康德在《判断力批判》里这样写道："凭借概念来判断什么是美的客观的趣味法则是不能有的。因为一切从下面这个源泉来的判断才是审美的，那就是说，是主体的情感而不是客体的概念成为它的规定根据。寻找一个能以一定概念提出美的普遍标准的趣味法则，是毫无结果的辛劳，因为所寻找的东西是不可能的，而且也是自相矛盾的。"[①] 正是基于

---

① 康德:《判断力批判》, 第17节, 见《康德著作集》, 第 X 卷, Suhrkamp taschenbuch Wissenschaft, 1978 年版, 第149页; 参阅中译本, 上卷, 宗白华译, 商务印书馆1987年版, 第70页。

这一点，伽达默尔认为康德的美学乃是一种主观化倾向，他写道："康德为证明趣味领域内这种批判的合理性所付出的代价却是：他否认了趣味有任何认识的意义。这是一种主观性原则，他把共通感也归结为这一原则。"（Ⅰ,49）

α）趣味的先验特征

上面我们已经论述了康德否认了趣味有任何认识的意义，但是，按照伽达默尔的看法，尽管康德否认了趣味或审美判断力的认识意义，他却并未否认趣味的普遍效用性。因为按照康德的看法，趣味或审美判断力尽管是主观的情感，但它们却与其他的感觉不同，它们不是私有的，它们有一种要求任何人都同意的普遍效用。例如当我说"我感到头晕"，我这样说时并不期望或要求你也感到头晕；但是当我说"这花是美的"时，我就不仅期望你或任何其他人也理解这一判断，而且我还期望我这一判断能得到你或其他人同意并分享它，即使事实上没有一个人能同意，我也仍以为每一个人都会同意。这就是趣味或审美判断力的普遍有效性要求。在这里趣味或审美判断就像认识判断的真理要求一样，尽管它们不是一种经验的普遍性，但它们却想规范每一个人。伽达默尔写道："康德把美学建立在趣味判断上顺应了审美现象的两个方面，即它的经验的非普遍性和它对普遍性的先天要求。"（Ⅰ,48—49）

伽达默尔在这里讲到"趣味自身的概念里就包含了不盲目顺从和简单模仿主导性标准及所选择样板的通行价值。在审美趣味领域内，样板和范例虽然有其特权作用，但是正如康德所正确指出的，这种作用并不在于模仿的方式，而在于继承的方式。"（Ⅰ,48）这里康德把模仿与继承加以区分。按照康德的观点，艺术和科学不同，科学乃是按照已被认识了的法则机械模仿而进行的，反之，艺术在于天才的创造，他说艺术"并不是遵守科学的或机械模仿的规则所能做到，而只有主体的天才禀赋才能产生出来。按照这些前提，天才就是：一个主体在他的认识诸机能的自由运用里表现着他的天赋才能的典范式的独创性。"① 因此康德得出结论说:"照这个样式,天才的产品(即归属于这产品里的天才而不是由于可能的学习或学校的)不是模仿的范例(否则作品上的天才和作品里的精神就消失了),而是继承的范例,它是对于另一天才唤醒他对于自己的独创性的感觉,在艺术里从规则的束缚解放出来,以致艺术自身由此获得了一种使才能由以作为典范式的而显示出来的新的规则。"②

康德曾把趣味或审美判断力的这一先天要求说成来源于它们的共同性,他说:"感觉(愉快的和不快的)的普遍传达性,不依赖概念的帮助,亦即不顾一切时代及一切民族关于一定对象的表象这种感觉的尽可能的一致性……这趣味来源于一切人们在判定对象所赖以表现的形式时都取得一致的深藏着的共同基础。"③ 在康德看来,审美判断的经验非普遍性并不反对它们基于某种共同性,只是这种共同性既不是经验的共同性,也不是概念的共同性。康德认为这种共同性乃是一种超越经验普遍性的先天因素。对这一点,伽达默尔曾这样写道:"康德在研讨有关趣味基础性东西时发觉一种超越于经验普遍性的先天因素,他本人曾把这一点作为一种精神性的惊异去加以感受"(Ⅰ,48),"一旦问题涉及到审美判断时,在趣味中不是个别的偏爱被断定了,而是一种超经验的规范被把握了"(Ⅰ,48)。

因此我们可以看出,康德关于趣味或审美判断力的规定实际上包括

---

① 康德:《判断力批判》,第 49 节,见《康德著作集》,第 X 卷,Suhrkamp taschenbuch Wissenschaft,1978 年版,第 255 页;参阅中译本,上卷,宗白华译,商务印书馆 1987 年版,第 164 页。
② 同上书,第 164—165 页。
③ 康德:《判断力批判》,第 17 节,见《康德著作集》,第 X 卷,Suhrkamp taschenbuch Wissenschaft,1978 年版,第 149 页;参阅中译本,上卷,宗白华译,商务印书馆 1987 年版,第 70 页。

了两个方面：一方面是它们的经验的非普遍性；另一方面是它们对普遍性的先天要求。美国学者魏斯海默（Joel C. Weinsheimer）在其《伽达默尔的诠释学》里曾把康德审美判断力这一双重性质称为"确定的不定性"（definitive indeterminacy）。说它是确定的，因为它是确实的而不能加以拒绝的，尽管它不能被证明，但它的确实性却制约一切人；它之所以是不定的，因为它并不对对象做出任何概念规定，正如它不开始于任何概念性的共同的普遍性一样，它也不结束于某个概念性的共同的普遍性。审美判断的经验非普遍性和它们共同性的先天要求相统一，它们的经验非普遍性并不反对它们基于某种共同性，只是这种共同性既不是经验的普遍性，也不是概念的普遍性。

这里伽达默尔对康德提出的问题是：我们如何解释这种使审美判断的普遍共同性得以可能的东西。伽达默尔认为，要正确解释这一点，我们必须又回到审美判断的认识意义问题上来。尽管康德否认审美判断的这种认识意义，但是他却说过审美判断的对象对我们认识能力具有一种合目的性，也就是说，审美判断在目的上有助于激励想象力和知解力的自由活动。他说，一个关于客体的合目的性的审美判断，虽然不基于对象的现存的任何概念，而且也不供应任何概念，但"当对象的形式（不是作为它的表象的素材，而是作为感觉）在单纯对它反省的行为里被判定作为在这个客体的表象中一个愉悦的根据（不企图从这个对象获致概念）时，这愉悦也将被判定为和它的表象必然结合在一起，不单是对于把握这形式的主体有效，也对于各个评判者一般有效。这对象因而唤起美，而那通过这样一个愉悦来进行判断的机能（从而也是普遍有效的）则叫作趣味。因为既然愉悦的根据仅仅被安置在一般反省中的对象的形式里面，从而不在对象的任何感觉里面，并且也不对任何有意识的概念产生任何联系，那么在主体的判断力一般（即想象力和知解力的统一）的经验运用中的规律就只跟在诸先验条件普遍有效性的反省中的客体的表象相一致。既然对象和主体诸机能的相一致是偶然的,那么它就生起了主体诸认识机能的关于对象的合目的性的一种表象。"① 伽达默尔认为这里是康德美学之关键,他写道:"康德主张在主体意识里存在有一种先天地与审美对象相联系的愉悦情感。众所周知,康德把这种愉悦情感建立在合目的性基础上,对于我们的认识能力来说,对象的表象一般都具有这种合目的性,这种合目的性是想象力和知解力的一种自由游戏,一种与认识根本相应的主观关系,它表现了对于对象的愉悦情感的根源。这种合目的性—主观性的关系,就其理念而言,实际上对于所有人都是一样的,因而这种关系是普遍可传达的,由此它确立了趣味判断的普遍有效性的要求。"(Ⅰ,49)这里我们特别要注意"这种合目的性是想象力和知解力的一种自由游戏"这一句话,这实际上是从康德关于审美判断乃是一种想象力和知解力的统一的观点而来,只是在康德后来的论述中,这一点被忽视了并为这种观点设立了许多障碍。伽达默尔认为,如果我们认真扫除他关于这种统一的障碍,那么我们是可以超越康德美学的。

在康德看来,最能表现美感的先验性质的是合目的性概念,他说:"一物的合目的性,乃至于它在我们知觉里被表象着,也不是客体自身的性质(因为这样一种性质不能被知觉),虽然它可以从物的认识里推断出来。所以合目的性是先行于对客体的认识的,甚至于为了认识的目的而不用它的表象时,它仍然直接和它结合着,它是表象的主观方面的东西,完全不能成为知识的组成部分。所以对象之被称为合目的性,只是由于它的表象直接和愉快及不快结合着;而这个表象自身是一个合目的性的美学表象。"② 但是康德又认为合目的性确立了趣味判断的普遍有效性的要求,他说,一个关于客体的合目的性的审美判断,虽然不基于对

---

① 康德:《判断力批判》,导论,见《康德著作集》,第 X 卷,Suhrkamp taschenbuch Wissenschaft,1978 年版,第 100—101 页;参阅中译本,上卷,宗白华译,商务印书馆 1987 年版,第 28—29 页。
② 同上书,第99—100页;参阅中译本,上卷,宗白华译,商务印书馆1987年版,第28页。

象的现存的任何概念,而且也不供应任何概念,但"当对象的形式(不是作为它的表象的素材,而是作为感觉),在单纯对它反省的行为里,被判定作为在这个客体的表象中一个愉快的根据(不企图从这个对象获致概念)时,这愉快也将被判定为和它的表象必然地结合在一起,不单是对于把握这形式的主体有效,也对于各个评判者一般有效。这对象因而唤起美;而那通过这样一个愉快来进行判断的机能(从而也是普遍有效的)唤起趣味。"①

按照伽达默尔的观点,尽管康德在他的趣味学说还保留了趣味和社交性之间古老的联系,例如康德曾说"一切美的艺术的入门,在它意图达成完满性的最高程度的范围内,似乎不是设立规则,而是在于使内心能力通过人们所称的古典人文科学的预备知识而得到陶冶,大概因为人文主义一方面意味着共通感,另一方面意味着能够使自己最内心的东西能够普遍地传达。这些特质集合起来构成了适合于人类的社交性,以便把人类和兽类的局限性区别开来。"② 但是这种趣味的培养在《判断力批判》里,却只是在"趣味方法论"这一标题下附带地加以研究,因为康德所感兴趣的,"仅在于有一个审美判断力的自身原则,因此,对康德来说,重要的只是纯粹的趣味判断。"(Ⅰ,50)

β)关于自由美和依存美的学说

在康德那里,对于感性想象力和知性理解力统一的一个障碍是来自他关于自由美(pulchritudo vaga)和依存美(pulchritudo adhaerens)的区分。当康德讨论纯粹的趣味判断和理智的趣味判断之间的差别时,他提出

---

① 康德:《判断力批判》,导论,见《康德著作集》,第 X 卷,Suhrkamp taschenbuch Wissenschaft,1978 年版,第 100—101 页;参阅中译本,上卷,宗白华译,商务印书馆 1987 年版,第 28—29 页。
② 康德《判断力批判》,第 60 节,见《康德著作集》,第 X 卷,Suhrkamp taschenbuch Wissenschaft,1978 年版,第 300 页;参阅中译本,上卷,宗白华译,商务印书馆 1987 年版,第 204 页。

了自由美和依存美的区分。所谓自由美,乃是摆脱任何概念规定的美;反之,所谓依存美则是依赖于某个概念规定的美。康德在《判断力批判》里写道:"有两种美,即自由美和依存美。前者不以对象应该是什么的概念为前提,后者则是以这样的一个概念并以按照这个概念的对象的完满性为前提。前者叫作此物或彼物的(为自身而存在的)美,后者是作为附属于一个概念的(有条件的美)而赋予那些隶属于一个特殊目的的概念之下的对象。"① 按照康德的看法,自由美由于不依赖于对象应是什么的概念,因而是纯粹的趣味判断;反之,依存美由于依赖于对象应是什么的概念以及对象按照概念的完满性,因而是理智的趣味判断。康德由此认为,只有不依赖于对象的概念的自由美或纯粹趣味判断才是真正的审美判断。

自由美和依存美的区分,见康德《判断力批判》第 16 节 "一个对象如果在某个确定的概念的制约下称为美的,则这个鉴赏判断就不是纯粹的"。在此一节,康德论述了自由美是不以任何对象的概念为前提,事物本身就是美的,例如花就是自由的自然美,它不需要依附什么概念,同样,许多鸟类,海产贝类也本身是美的,它们绝不依照概念按目的而规定,而是自由地自身给人以愉悦。康德甚至认为音乐里的无标题的幻想曲,以及壁纸上的蕨叶饰也都属于这种自由美。判断自由美的鉴赏判断是纯粹的,因为它们不假定任何一个目的概念为前提。反之,一个人的美,一匹马或一建筑物的美,则是以一个目的概念为前提,它们则是属于依存美,判断依存美的鉴赏判断不是纯粹的,而是应用的。

伽达默尔认为,康德这种关于自由美和依存美的区分实际上 "乃是一个对于艺术的理解来说极其致命的学说"(Ⅰ,50),因为凡是有概念或目的规定出现的地方——这不仅仅在诗歌领域,而且在一切关于情境的

---

① 康德:《判断力批判》,第 16 节,见《康德著作集》,第 X 卷,Suhrkamp taschenbuch Wissenschaft,1978 年版,第 146 页;参阅中译本,上卷,宗白华译,商务印书馆 1987 年版,第 67 页。

表现艺术中——都被康德作为"对审美愉悦的限制"而加以排除了。伽达默尔写道,尽管康德曾经援引了花朵、阿拉贝斯克壁纸和无标题音乐作为自由美的例证,但"这却间接地证明了所有下面这些东西都表现了某个'在特定的概念下的客体',因而只可以算作依存的、非自由的美:这些东西包括诗歌、造型艺术和建筑艺术整个领域,以及所有我们不是像看装饰花纹那样只看到其美的自然事物。在所有这些情形中,趣味判断都被破坏和被限制了"(Ⅰ,51)。康德这种把艺术作为概念或目的规定支配的依存美的观点,我们可以援引康德在《判断力批判》后面所提出的自然美和艺术美的区分来说明。按照康德的观点,自然美指一种无认识目的的美的形式,而艺术美则指我们关于事物的一种美的表象。康德这样写道:"为了评判一个自然美作为自然美,我们无需预先有一个关于对象应当是怎样一种物品的概念。这就是说,我们不需要知道那物质的合目的性(这目的),而那种无目的认识的单纯的形式在评判里才自身令人愉悦。但是,如果那对象作为艺术的作品来呈现给我们,并且要作为这个来说明美,那么就必须首先有一个关于那物应是什么的概念作为基础,因为艺术永远先有一目的作为它的起因(和它的因果性):一物品的完满性是以多样性在一物品内的协调一致成为一内在的规定性作为它的目标。所以评判艺术美必须同时把物品的完满性考虑在内,而在自然美作为自然美的评判里根本没有这问题。"① 按照这种自然美和艺术美的区分,如果我们仅以纯粹趣味判断——即无认识意义的审美判断——作为美学的基础,那么除了那种仅作为无目的的认识的单纯形式这种自然美之外,就不可能有任何真正的艺术美,因为艺术美正如康德所说的,永远先有一目的作为它的起因。

---

① 康德:《判断力批判》第 48 节,见《康德著作集》,第 X 卷,Suhrkamp taschenbuch Wissenschaft,1978 年版,第 246—247 页;参阅中译本,上卷,宗白华译,商务印书馆 1987 年版,第 157 页。

自然美和艺术美的区分见康德《判断力批判》第48节。按照康德的观点，自然美指一美的物品，反之，艺术美指我们关于物品的一个美的表象。他说："评定一个自然美作为自然美，不需预先从这对象获得一概念，知道它是什么物品，这就是说，我不需要知道那物质的合目的性（即目的），而是那单纯形式——不必知晓它的目的——在评判里自身令人愉快满意。但是，如果那物品作为艺术的作品而呈现给我们，并且要作为这个来说明为美，那么，就必须首先有一概念，知道那物品应该是什么。因艺术永远先有一目的作为它的起因（和它的因果性），一物品的完满性是以多样性在一物品内的协调一致成为一内面的规定性作为它的目标。所以评判艺术美必须同时把物品的完满性包括在内，而在自然美作为自然美的评判里根本没有这问题。"[①]

不过，按照伽达默尔的看法，上述这一结论似乎并不完全符合康德的原意，一个明显的事实是，康德对于人们纹身或教堂使用特定装饰并不反对。文身和教堂装饰确是使人感到愉悦，对它们加以禁止显然可以说是对审美愉悦的损害。那么为什么康德对此不加以反对呢？伽达默尔解释说，这显然是因为康德从道德立场出发，把这种对审美愉悦的损害相反视为有益的举动。因为按照康德的观点，自然美的事例显然不应是用来说明本来的美，而只是确保这样一种看法，即自由美的愉悦不是一种对事物的完满性的判断。由此我们可得出结论，本来的真正的美应当是这两种美的统一。伽达默尔由此总结说："这样一种统一总是在'基于某个概念的观察'不排斥想象力的自由的地方出现的。康德可以把下面这一点描述为审美愉悦的一种合理条件，即没有一种争执是随着目的规定而出现的。这里康德并不自相矛盾。正如自为地形成的自由美的孤立化是一种人为的做法一

[①] 康德；《判断力批判》，第48节，见《康德著作集》，第X卷，Suhrkamp taschenbuch Wissenschaft，1978年版，第246—247页；参阅中译本，上卷，宗白华译，商务印书馆1987年版，第157页。

样,我们也能够而且必须超越那种纯粹趣味判断的立足点,我们只要说:关于美的论述确实不存在于某个特定的知性概念被想象力机械地感性化的地方,而是只存在于想象力与知解力更自由地相协调的地方,即存在于想象力能够是创造性的地方。但是,想象力的这种创造性的造就并非在它绝对自由的地方是最丰富的,而是在想象力活动于某个游戏空间里的地方才是最丰富的。而且这样一种游戏空间与其说是被知性的统一欲作为界限而对想象力设立的,不如说是知性的统一欲为促进想象力而预先规定的。"(Ⅰ,52)

这种以想象力和知解力的统一来解释美的观点并不是康德本人得出的,而是我们从他的思想发展过程而合理推知的。不过伽达默尔认为,即使这样,我们在康德美学里也可找到进一层的论据,这就是康德关于美的理想的学说。康德曾根据温克尔曼(J. Winckelmann,1717—1768)和莱辛(C. E. Lessing,1729—1781)的观点,即只有人的形象才能达到由某种目的概念所固定的美,提出美的理想只在人的形象中才能得到表现。按照康德的观点,这种美的理想就是"伦理情操的表现"。康德说,如果没有这种表现,对象一般就不会使人愉悦。按照康德这一美的理想学说,显然审美判断就不能只是一种单纯的趣味判断,因为单纯的趣味判断不能体现理想的美。因此伽达默尔写道:"下面这一点将被证明是这一学说的富有意义的结论:某物要作为艺术作品而使人愉悦,它就不能只是富有趣味而令人愉悦。"(Ⅰ,52—53)伽达默尔认为,如果我们进一层探讨康德的美的理想学说,我们就会认识到康德美学绝不只是一种基于纯粹趣味判断的形式主义美学。

γ)美的理想的学说

康德关于美的理想的学说是建立在规范观念(Normalidee)和理性观念(Vernunftidee)或美的理想的区分的基础之上的。所谓审美的规范观念,康德是这样解释的,即"这是一个个别的直观(想象力的),代表着我们（对人的）的判定标准，好像判定一个特殊种类的动物那样"；反之，所谓理性观念或美的理想，则是"把人类不能感性地表现出来的目的作为判定人类的形象的原则，而人类的这些目的通过这形象作为它们的现象而被启示出来"。① 因此，审美的规范观念存在于一切自然种类中，这种观念作为"所有单个个体的种类形象"的一种想象力直观形象而出现，如美的动物。这样一种规范观念的表现之所以令人愉悦，并不是因为美，而只是因为"这种表现与决定这一种类中的一物能是美的条件不相矛盾"。这种表现不是美的原始形象（Urbild），而只是正确性的原始形象。反之，在人的形象中，除了这种规范观念外，还存在着一种理性观念，即一种"表现道德伦理情操"的真实的美的理想。在这种对人的形象的表现中，所表现的对象与在这种表现中作为艺术性内容向我们表达的东西乃是同一个东西，除了已经在所表现事物的形象和外观得到表现的东西，就不存在任何其他的内容。如果用康德的话来说，即对这种所表现的美的理想的理智上和功利上的愉悦并没有被排除在审美愉悦之外，而是与这种审美愉悦结合在一起，这也就是说，"只有在对人的形象的表现中，作品的整个内容才同时作为其对象的表达向我们显现出来"（Ⅰ，54）。

规范观念和理性观念（美的理想）的区分见康德《判断力批判》第17节"论美的理想"，康德说："这里有两点：第一，是审美的规范观念，这是一个个别的直观（想象力的）代表着我们对人的判定标准，像判定一个特殊种类的动物那样；第二，理性观念，它把人类的不能感性地被表象出来的诸目的作为判定人类的形象的原则，诸目的通过这形象作为它们的现象而被启示出来。一个特殊种类的动物的形象的规范观念必须从经验中吸取其成分，但是，这形象结构的最大的合目

---

① 康德：《判断力批判》，第17节，见《康德著作集》，第 X 卷，Suhrkamp taschenbuch Wissenschaft，1978年版，第151页；参阅中译本，上卷，宗白华译，商务印书馆1987年版，第71—72页。

的性,能够成为这个种类的每个个体的审美判定的普遍标准,它是大自然这巨匠的意图的图像,只有种类在全体中而不是任何个体能符合它——这图像只存在于评定者的观念里,但是它能和它的诸比例作为审美的观念在一个模范图像里具体地表现出来。"①

按照康德的观点,规范观念的表现之所以令人愉快,并不是因为美,而只是因为这种表现和决定这一种类中的一物能是美的那种条件不相矛盾。他说:"它(指规范观念)是从人人不同的直观体会中浮沉出来的整个种类的形象,大自然把这形象作为原始形象在这种族中做生产的根据,但没有任何个体似乎完全达到它,它绝不是这种族里美的全部原始形象,而只是构成一切美所不可忽略的条件的形式,所以只是表现这种族时的正确性。它是规则的准绳,像人们称呼波里克勒的持戈者那样(迈伦的牝牛可作例子)。正因为这样它也不能含着何种别的特性的东西;否则它就不是对于这种类的规范观念了。它的表现也不是由于美令人愉快,只是因它不和那条件相矛盾,这种类中的一物只在这条件之下才能是美的。这表现只是合规格而已。"②

由此伽达默尔推论道,所有艺术的本质就在于——正如黑格尔所表述的——艺术"在人类面前展现人类自身"(Ⅰ,54)。这不仅适合于人的形象,而且也适合于自然界的其他对象。伽达默尔说,"自然的其他对象也能够在艺术性表现中展示伦理观念,所有艺术性表现,不论是对景物的表现,还是对僵死自然的表现,甚至一种对自然的心领神会的观察,都可以达到这种表现"(Ⅰ,54)。不过,这种伦理情操的表现在自然事物那里只是一种借来的表现。反之,在人那里,则是人把这种观念带进了他自己的存在,而且因为人之为人,他才使这种观念得以表现。例如一棵由于不幸

---

① 康德:《判断力批判》,第 17 节,见《康德著作集》,第 X 卷,Suhrkamp taschenbuch Wissenschaft,1978 年版,第 151—152 页;参阅中译本,上卷,宗白华译,商务印书馆 1987 年版,第 71—72 页。

② 同上书,第 153 页;参阅中译本,上卷,宗白华译,商务印书馆 1987 年版,第 73 页。

的生长条件而枯萎的树木，对我们可以伤感地呈现出来，但这种伤感并不是树木自身感受到的伤感，反之，伤感的是人，它的伤感却是人自身感受到的伤感。我们可以说伤感的人，但不能说伤感的树木。艺术的本质就在于人类在自然事物面前的这种自我照面（Selbstbegnung），人在艺术中发现他自己，伽达默尔写道："艺术的使命不再是自然理想的表现，而是人在自然界和人类历史世界中的自我照面。康德关于美是无概念的令人愉悦的证明，并没有阻止这样一个结论，即只有那种意味深长地对我们讲述而感染我们（ansprechen）的美才引起我们的全部兴趣，正是这种对于趣味的无概念性的认识才超出了某种单纯趣味的美学。"（Ⅰ，55）

δ）自然和艺术中美的功利性

伽达默尔说："康德探讨了那种不是经验地而是先天地对待美的功利问题，这种关于美的功利的问题相对于审美愉快的非功利性的基本规定来说，就表现为一个新的问题，并且实现了从趣味观到天才观的过渡。"（Ⅰ，55）这里"功利"一词的德文是 Interesse，也可译为兴趣。康德探讨美的功利（兴趣）问题，可见《判断力批判》第 41 节。按照康德的观点，把某物评为美的鉴赏判断"必须不以功利为规定根据"，但他又认为"从这里不得出结论说，既然它是作为纯粹的鉴赏判断而给予的了，就不能有功利和它结合在一起。"[①] 他说："但这种结合却永远只能是间接的，这就是说，趣味必须首先把对象和某一些别的东西结合在一起被表现出来，以便那单纯对于对象的反思的愉快又能够和一个对于它的存在感到的愉悦连接起来（在这愉悦里，建立着一切的功利），因为在这审美判断里，就像在认识判断（对事物一般）里所说的那样：a posse ad esse non valet consequentia（从可能到存在推不出有效结果）。这种别的东西可以是某种

[①] 康德：《判断力批判》，第 41 节，见《康德著作集》，第 X 卷，Suhrkamp taschenbuch Wissenschaft，1978 年版，第 228 页；参阅中译本，上卷，宗白华译，商务印书馆 1987 年版，第 140 页。

经验性的东西也即人性中本具有的某一倾向，或某种知性的东西，即意志的能通过理性来先天规定的属性，这两者都可包含对一个对象的存在的愉悦，因而能够给予那单独地不考虑任何功利就已经令人喜欢的东西的功利提供根据。"①

按照伽达默尔的看法，美的合功利性问题乃是康德美学的一个难题，美的合功利性的意味对于自然和艺术来说，乃是另外一种意味，因此这里出现了自然美和艺术美的比较。伽达默尔说，我们从美的理想的学说中可以推断出艺术相对于自然美的优越性，因为艺术具有一种直接表现道德伦理情操的功能。反之，康德却强调了自然美相对艺术美的优越性。不过伽达默尔却认为，康德这种所谓自然美的优越性，不仅仅具有方法形式上的优越性，而且也具有一种内容上的优越性，因为美的自然能唤起一种直接的兴趣，即一种道德情操的兴趣，因而这里就导出了这样的思想，即"自然创造了那种美"。伽达默尔这里依据的，是康德《判断力批判》第42节，在那里，康德说："这种自然美对艺术美的优越性，尽管自然美就形式方面来说甚至于还被艺术美超越着，却仍然单独唤起一种直接的兴趣，是与一切对自己的道德情感进行过陶冶的人那经过净化和彻底化的思想境界相一致的。"② 因此在伽达默尔看来，当康德相反地强调自然美相对于艺术美的优越性时，其真实的意义乃是说自然美缺乏一种特定表现力，他写道："我们可以做出相反的推论，自然美相对于艺术美的优越性只是自然美缺乏特定表现力的反面说法。"（Ⅰ, 57），所以，与此相比较，艺术美比自然美更优越。

这里伽达默尔为了阐明艺术的本质而使用了一个富有特征的德文词

---

① 康德:《判断力批判》，第41节，见《康德著作集》，第 X 卷，Suhrkamp taschenbuch Wissenschaft, 1978 年版，第 228—229 页；参阅中译本，上卷，宗白华译，商务印书馆 1987 年版，第 140—141 页。
② 康德:《判断力批判》，第42节，见《康德著作集》，第 X 卷，Suhrkamp taschenbuch Wissenschaft, 1978 年版，第 233 页；参阅中译本，上卷，宗白华译，商务印书馆 1987 年版，第 144 页。

ansprechen，此词不仅有与人攀谈、讲话、请求和呼吁的意思，而且有使人感兴趣、深受感染以及被召唤的意思。如 Das Bild spricht mir an，意思就是这幅画在对我攀谈、讲话，从而感染我、召唤我。伽达默尔似乎是在这双重意义上使用此词的，一般可译为"对我们讲述而使我们感染"或"对我们攀谈而招呼我们"。因此，如果我们单纯译为对我们讲活，是不足以表现他的意思，特别当伽达默尔说艺术语言是一种 anspruchsvolle Sprache，即苛求甚严的、深深感染或招呼我们的语言时，情况更是如此。正是在这里，伽达默尔对艺术的本质作了如下经典论述："当然，艺术的意义也是依据于艺术能对我们讲述而使我们感染（ansprechen），艺术能向人类展示他们在其道德规定存在中的自己本身。但是艺术的产品只是为了这样与我们讲话而使我们感染（um uns so anzusprechen）——反之，自然对象并不是为了这样与我们讲话而使我们感染。……所以人们能够在此相反地看到艺术相对于自然美的优越性，即艺术的语言乃是一种苛求甚严且富有感染力的语言（anspruchsvolle Sprache），这种语言不是随便而含糊地提供情绪性的解释，而是以富有意味而确切的方式对我们讲话而使我们受到感染。"（Ⅰ，57）伽达默尔把艺术这一特征视为艺术的神奇和奥妙，他写道："艺术的神奇和奥妙之处正在于，这种特定的要求（Anspruch）对于我们的情绪来说不是一副枷锁，而是正确地为我们认识能力的活动开启了自由的活动空间。因此康德说，艺术必须要'作为自然去看待'，即无须显露规则的束缚而令人愉悦，他是完全正确的。我们并不注意所表现事物与所认识的实在之间的有目的的契合，我们也不想在这里看到所表现事物与哪个实物相类似；我们并不是用一个我们已很熟悉的标准去衡量所表现事物的愉悦意义，而是正相反，这个标准、这个概念以非限制的方式被'审美地拓宽了'"（Ⅰ，57）。

当康德把艺术定义为"某个事物的美的表象"时，他就考虑到下面这一事实，即丑的东西通过艺术的表现也可能成为美的。但是这一定义也只是指出艺术美的一个最低条件。按照康德的看法，艺术乃是比"某个事物的美的表象"更多的东西，它是审美理念的表现，也就是说，艺术是某种超出一切概念的东西的表现。这里康德引进了天才概念，天才是一种非理性化的直觉，它不同于科学技术领域的伟大发明能力，因为它摆脱规则或方法技巧的束缚，它使我们面对美的艺术作品，除了在该作品一度用过的形式中和在没有一种语言能完全达到的该作品影响的奥秘中去把握该作品的内容之外，不存在任何其他的可能性。天才是一种富有生气的精神的一种显现方式，相对于任何呆板的艺术规则，天才显示了自由的创造活力。因此康德把美的艺术定义为天才的艺术。

康德关于美的艺术是天才的艺术的论述见《判断力批判》第46节，在那里，康德写道："美的艺术不能为自己给出它应当据以完成其作品的规则。即没有先行的规则，一个作品就仍然绝对不能被叫作艺术，那么自然就必须在主体中（并通过主体各种能力的配合）给艺术提供规则，就是说，美的艺术只有作为天才的作品才是可能的。"① 什么叫天才？康德说："天才就是给艺术提供规则的天赋才能。即这种才能作为艺术家天生的创造性能力，它本身是属于自然的，所以我们也可以这样来表达，天才就是天生的内心素质，通过它自然给艺术提供规则。"②

正是在天才这里，伽达默尔强调了想象力在康德美学中的作用，即"在能力的活动中居领先地位的根本不是理解力，而是想象力"。因为天才完全就是这种富有生气的精神的一种显现方式。他写道："天才概念相应于康德在审美趣味上视为决定性的东西，也就是相应于感受力的轻快活

---

① 康德：《判断力批判》，第46节，见《康德著作集》，第 X 卷，Suhrkamp taschenbuch Wissenschaft，1978年版，第242页；参阅中译本，上卷，宗白华译，商务印书馆1987年版，第153页。
② 同上书，第241—242页；参阅中译本，上卷，宗白华译，商务印书馆1987年版，第152页。

动、生命情感的飞跃,而这些东西都是产生于想象力和理解力的相互协调,并停滞于美的出现。天才完全就是这种富有生气的精神的一种显现方式。相对于教书匠的呆板的规则,天才显示了自由的创造活动,并因而显示了具有典范意义的独创性。"(Ⅰ,58—59)

ε)趣味和天才的关系

这里,我们首先讨论康德关于天才和趣味的相互关系问题。由于属天才艺术的美的艺术作品仍处于美的主导观点之下,所以康德仍维护趣味在原则上的优先性。尽管天才的艺术使认识能力的自由活动成为可传达的,但情绪状态的可传达性以及快感的可传达性乃是趣味的审美愉悦的特征。因此相对于趣味的意义在自然美和艺术美里的普遍性,天才概念的意义只被限制于艺术美的特殊情形中。不过伽达默尔提醒我们,在康德那里"审美判断力批判"并不试图成为一门艺术哲学,艺术"从根本上否定了一种在艺术哲学意义上的哲学美学"(Ⅰ,61)。在康德美学里,天才规定艺术,但却不是以这种方式使艺术从它自己的自主性中退却而返回自然美领域。按照康德的观点,只有自然美,而不是艺术美,才能有益于目的概念在判断自然中的合法地位。正是出于这一点,康德认为纯粹趣味判断还是第三个批判的不可或缺的基础。"天才概念所成就的事只是把美的艺术的产品同自然美在审美上加以等同看待。甚而就是艺术也被在审美上加以看待,也就是说,艺术也是反思判断力的一种情形。有意识地——在这点就是充满目的地——被产生的东西不应涉及某个概念,而是要在单纯的判断过程中——完全像自然美一样——使人愉悦。'美的艺术是天才的艺术',这无非是说,对于艺术中的美来说,不存在其他的判断原则,除了在我们认识能力活动中的对自由情感的合目的性的尺度外,不存在任何其他的概念和认识尺度。"(Ⅰ,61)所以当康德说"美的艺术是天才的艺术"时,他仍是以对我们认识能力的合目的性为唯一标准,认为不论是自然美还是艺术美,"只有同样一种先天原则,这种原则完全存在于主体性中。审美判断力的自主性（Heautonomie）绝不为审美对象的自主有效性领域提供任何基础"（Ⅰ，61）。

综上所述，当康德把审美判断力看成纯粹趣味判断并从而否认审美判断的认识意义时，伽达默尔却在康德自己的论述中发现相反的东西：首先是在康德关于纯粹趣味判断的普遍有效性里发现共同性基础，即审美对象对于我们认识能力的合目的性，这种合目的性就是想象力和理解力的统一；其次，通过自由美和依存美的分析更进一步说明想象力的创造性并不是在它绝对自由的地方才丰富，正相反，而是需要理解力的补充；第三，通过美的理想学说更进一步说明艺术的本质是人在自然界和人类历史世界中的自我发现，唯有对我们讲述而深深感染我们的东西才是真正的美；最后，通过天才学说说明真正美的艺术乃是天才的艺术，不过，这无非只是说，对于艺术中的美来说，不存在其他的判断原则，除了在我们认识能力活动中的对自由情感的合目的性的尺度外，不存在任何其他的概念和认识尺度。自然或艺术中的美只有同样一种先天原则。

b）天才说美学和体验概念

α）天才概念的推广

如果我们公正地对待艺术美本身，即认为艺术不只是作为一般美的东西的特例，那么我们必须找到艺术能被视为艺术的立足点。为此目的，天才概念被康德的继承者（如席勒、费希特和谢林）认为是最有指望的。如果艺术正如康德所说的，主要是天才的艺术，那么从艺术的立足点来看，趣味和自然美就失去它们方法论上的优越性。特别是当人们看到，趣味在康德那里只是在理想上被认为是"确实而不可改变的形式"，那么天才就似乎比趣味在实际上更适合于永恒性。在历史中没有什么比这一事实更清楚，即趣味概念总是不断改变的，而天才显然随时间而永恒。伽达默尔说："天才概念远比趣味概念更出色地实现那种面对时间变迁而自身永不改变的要求。艺术上的奇迹，成功的艺术创造所具有的那种神秘的完美，显然都是超时间的。"（Ⅰ，63）趣味的标准似乎不是完全纯粹的，而是具有某种确定的内容，反之，天才的宽广内涵却足以适应任何性质的事物。相对于趣味回避古怪的非寻常的东西以及它选择的均一化，天才却表现了对于艺术作品的独创性。因此天才概念必须成为更广泛的概念，反之，趣味现象则必须贬低自身。天才概念必须代替趣味概念，趣味和判断力的立足点必须发展成为天才的立足点。

这种从趣味到天才的发展实际上在康德那里已经出现了。即使按照康德的看法，美的艺术就是天才的艺术，这对于趣味的判断功能来说绝不是无关紧要的。面对一部艺术作品，趣味首先是这样进行判断，即它是真正具有精神的，还是无精神的。康德说在评判审美对象时，要考虑精神的可能性，因而就是必须要考虑天才。另外他还说，没有天才，不仅美的艺术，而且一个正确判断这种美的艺术的趣味自身也不可能存在。特别是当他论及一种完美趣味的理念时，认为完美趣味将采取某个确定而不可改变的形式时，这种好的趣味将把握一切具有质量的艺术作品，也就确实把握一切由天才所创造的东西。这样我们就可看到这种完美趣味的理念实际上就是通过天才概念而得到界定的，因为在自然美领域要运用这种完美趣味的理念，将是困难的。对于园艺来说，可能还说得过去，但康德一贯是把园艺归入艺术美。在自然美，如风景的美面前，完美趣味的理念却完全缺乏立足之地。因此，只要趣味被用于其主要的对象即美的艺术上，那么趣味的立足点就会自然而然地过渡到天才的立足点。18世纪天才概念的发展实际上已使趣味概念失去了它的意义，相对于艺术作品来说，趣味的立足点只是一个次要的立足点。

所以在康德之后的德国唯心论里，康德作为艺术美的先验原则而提出的天才概念就被作为普遍的美学原则而加以运用。康德这句话"美的艺术就是天才的艺术"成了普遍美学的先验原理，艺术的立足点作为无意识的天才创造的立足点而成为包罗万象的，而且也包括了被理解为精神的产物的自然。美学的基础发生偏离，自然美的概念被抛弃或者被加以不同的理解。康德曾竭力描述的自然美的道德兴趣现在已让位于艺术作品里人的自我发现。在黑格尔的《美学》中，自然美只作为"精神的反映"而出现，自然美在他的整个美学体系中根本不是一个独立的元素。他不像康德那样说"自然美高于艺术美"，正相反，他说"艺术美高于自然美"，"根据'艺术的哲学'这个名称，我们就把自然美排除开了……艺术美高于自然美，因为艺术美是由心灵产生和再生的美，心灵和它的产品比自然和它的现象高多少，艺术美也就比自然美高多少。"① 当德国唯心主义者把天才和天才创造的立足点提升为一个普遍的先验立足点之后，也即当康德的趣味的缺乏规定（无定义）发展成天才的非理性即无意识的创造时，康德关于审美愉悦的"增强生命情感"的学说就促使天才概念发展成为一个包罗万象的生命概念，因为天才艺术不是从意识而是从生命获取它的源泉，从而天才艺术来源于体验。

β）"体验"一词的历史

这里伽达默尔首先对"体验"（Erlebnis）一词的历史作一些考察。他说这个词是在19世纪70年代才成为与"经历"（Erleben）这个词相区别的惯用词。在18世纪这个词还不存在，就连席勒和歌德也不知道这个词。这个词的最早出处似乎是黑格尔的一封书信，在此信中黑格尔写过"我的整个体验"一语。不过按伽达默尔的看法，即使这样，在19世纪70年代以前，这个词也只是个别出现，只有到了90年代这个词才突然一下子成为惯用词。体验（Erlebnis）一词显然是从动词"经历"（erleben）一词发展而来，经历首先指"发生的事情还继续生存着"（noch am Leben sein, wenn etwas geschieht）。由此出发，"经历"一词就具有一种用以把握某种

---

① 黑格尔：《美学》，第1卷，商务印书馆1986年版，第4页。

实在东西的"直接性"特征——这是与那种人们认为也知道,但缺乏由自身体验而来的证实的东西相反,因为后一种人们知道的东西或者是从他人那里获得,或者是来自道听途说,或者是由推导、猜测或想象出来的,而所经历的东西则始终是自我经历的东西,即直接所与。不过,"所经历的东西"这个形式也在下述意义上被使用,即在某处被经历的东西的继续存在的内容能通过这个形式得到表明,这种内容如同一种收获或结果,它是从已逝去的经历中得到延续、重视和意味的。因而"体验"一词有两方面意义:一方面是直接性,即直接所与,它来自活生生的存在,这种直接性先于一切解释、处理或传达而存在,并且只是为解释提供线索,为创造提供素材;另一方面是由这个直接性(所与)中获得的收获,即直接性留存下来的结果。前一方面指直接获得过程,后一方面指这样获得的东西的持续内容。综合起来说,即体验起源的直接性和它的持续的意味性。"体验"一词的这双重意义特别明显地表现在传记文学上。传记的本质,特别是19世纪艺术家传记和诗人传记的本质,就是从他们的生活出发去理解他们的作品。这种传记文学的功绩在于:对我们在体验一词上所区分的两方面意义进行传达,或把这两方面意义作为一种创造性的关系加以认识。如果某个东西不仅被经历过,而且它的被经历存在还获得一种自身具有继续存在意义的特征,那么这种东西就属于体验。狄尔泰那本论述歌德的自传性著作《体验与诗》就是以一种给人深刻影响的方式表述了这种关系。歌德自己曾说,他的诗像一场伟大的自白,而狄尔泰从生命出发去读这样的著作。这里两者都是体验,著作是持续的意味性,它产生于体验的直接性。

不过,以《体验与诗》作为书名的这一著作尽管是在1905年发表的,但该著作中所包括的狄尔泰关于歌德的论文却是1877年写的,因而其中关于体验一词的解释还只是一种前期形式,唯有在狄尔泰后来论述精神科学的著作中,体验概念才获得特殊的认识论意义。我们知道狄尔泰最主要的任务就是想为精神科学奠定认识论基础,而体验正可充当一切人文知识所唯一依据的根本材料。19世纪哲学的发展,一个根本的特征就是对启蒙运动的理性主义以及现代工业社会广大群众生活机械化的反抗。当施莱尔马赫反对启蒙运动的冷漠的理性主义而援引富有生命气息的情感,当谢林为反对社会机械论而呼吁审美自由,当黑格尔用生命(后期用精神)反抗实证性,这一切都表明是对现代工业社会抗议的先声。当狄尔泰提出生命哲学以表明其继承浪漫主义而对当代广大群众生活机械化进行反抗时,作为真正直接所与的体验概念正可充当一切精神科学的认识论基础。伽达默尔这样写道:"在解释历史对象时所追溯到的最初所与并不是实验和测试数据,而是意义统一体。这就是体验概念所要表达的东西:我们在精神科学中所遇到的意义构成物(Sinngebilde)——尽管还是如此陌生和不可理解地与我们对峙着——可以被追溯到意识中所与物的原始统一体,这个统一体不再包含陌生性的、对象性的和需要解释的东西。这就是体验的统一体(Erlebniseinheiten),这种统一体本身就是意义统一体。"(Ⅰ,71)

γ)体验概念

需要指出的是,当狄尔泰把这个意义统一体作为原始的意识统一体、作为直接的所与来认识时,他并未像同时代的实证主义者(如恩斯特·马赫)那样,把这种直接所与称为感觉,而是称为体验,这表明他的生命哲学与实证主义机械论有着根本不同。不过,从对直接所与的强调,也可以看出他们两者之间的联系。正如近代自然科学是从对非人的自然世界感到陌生而产生的,19世纪的精神科学也是从对历史世界感到陌生而发展的。如果自然科学(力学)鉴于对自然世界的陌生性而试图在自我意识概念里以及在发展成为方法的"清楚而明晰知觉"的确实性规则中奠定自己的认识论基础,那么19世纪的精神科学也正是鉴于对历史世界的陌生性而试图在自我意识概念里以及在作为直接所与的体验概念里奠定自己的认识论基础。伽达默尔写道："过去时代的精神创造物，即艺术和历史，不再属于现代的不证自明的内容，而是被抛掷给研究的对象或所与，从这些对象或所与出发，过去才可能让自身得到再现。"（Ⅰ,71）这里伽达默尔根据德文把研究的所与（Gegebenheit）与曾被抛掷的东西（Aufgegebene）加以等同，正试图说明狄尔泰以体验概念为认识论基础的生命哲学采取了一种"返回"或"再现"的形式："生命对狄尔泰来说，完全意味着创造性。由于生命客观化于意义构成物中，因而一切对意义的理解就是一种'返回（Zurückübersetzen），即由生命的客观化物返回到它们由之产生的富有生气的生命性中'，所以体验概念构成了对客体的一切知识的认识论基础。"（Ⅰ,71）

不过，伽达默尔在分析狄尔泰的体验概念时所强调的，不是它与近代自然科学在认识论方法论上倾向的一致性，而是强调它不同于近代机械论的开辟诠释学理解新视域的意义，也就是说，他不强调体验概念的认识论意义，而是强调它的诠释学意义。他说，正如在胡塞尔现象学里，体验统一体不被理解为某个自我的现实体验之流的一部分，而是被理解为一种意向关系，体验这个意义统一体乃是一种目的论的统一体，同样在狄尔泰这里，体验统一体也不应被理解为某个自我意识生命之流中短暂即逝的东西，而应被理解为整个生命永存的部分。这就是说，在体验概念里我们可听到的不只是时间中断的意义，而是与时间的整体相联系的意义。伽达默尔解释说："凡是能被称之为体验的东西都是在回忆中建立起来的，我们用体验这个词意指这样一种意义内涵，这种意义内涵是某个经验对于具有体验的人可作为永存的内涵所具有的……一切体验不是很快地被忘却，对它们的领会乃是一个漫长的过程，而且它们的真正存在和意义正是存在于这个过程中，而不只是存在于这样的原始经验到的内容中。因而我们专门称之为体验的东西，就是指某种不可忘却、不可替代的东西，这些东西对于领悟其意义规定来说，在根本上是不会枯竭的。"（Ⅰ,72—73）因此体验统一体绝不只存在于某个个人的短暂生命之中，而是存在于某种与生命的整体或总体的直接关系之中。正如施莱尔马赫所说的，每一种体验都是"无限生命的一个要素"。体验的意义绝不只是由原始所与的东西、它原来意指的东西所穷尽，它的意义乃伴随我们整个生命过程，并规定这种生命且被这种生命所规定。一种体验乃是一种事件或事件系列，尽管它用时间去规定体验的意义，但这种意义绝不是由原始的所与所穷尽；尽管一个体验破坏日常时间的连续性，但它的意义统一体却使要解释它就需要那种连续性。伽达默尔引用乔治·西默尔的说法，每一种体验都具有某种奇遇，奇遇绝不只是一种插曲，因为插曲是一串彼此并列的个别事件，这些个别事件不具有任何内在关系，反之，奇遇虽也打断了事物的正常进程，但它是积极的，并且与它所打断的进程发生很有意义的联系。这里伽达默尔强调体验概念具有分离和再合的诠释学循环结构：从例外到普通，从非常到正常，从非连续性到连续性。伽达默尔总结说："每一种体验都是从生活的连续性中产生，并且同时与其自身生命的整体相联。这不仅指体验只有在它尚未完全进入自己生命意识的内在联系时，它作为体验仍是生动活泼的，而且也指体验如何通过它在生命意识整体中消除而'被扬弃'的方式，根本地超越每一种人们自以为有的意义，由于体验本身是存在于生命整体里，因此生命整体此时也存在于体验之中。"（Ⅰ, 75）

正是从这里伽达默尔肯定审美体验不仅是一种与其他体验相区别的体验，而且也代表了一般体验的本质类型，他说："正如作为这种体验的艺术作品是一个自为的世界一样，作为体验的审美经历物也抛开了一切与现实的联系。艺术作品的规定性似乎就在于成为审美的体验，但这也就是说，艺术作品的力量使得体验者一下子摆脱了他的生命联系，同时使他返回到他的存在整体。在艺术的体验中存在着一种意义丰满（Bedeutungsfuelle），这种意义丰满不只是属于这个特殊的内容或对象，而是更多地代表了生命的意义整体。一种审美体验总是包含着某个无限整体的经验。正是因为审美体验并没有与其他体验一起组成某个公开的经验过程的统一体，而是直接地表现了整体，这种经验的意义才成了一种无限的意义。"（Ⅰ，75—76）审美体验正是在这种分离和再合的结构里表现了一般体验的本质。

c）体验艺术的界限，为譬喻恢复名誉

这样，我们就自然而然地理解了伽达默尔为什么把艺术称为体验艺术（Erlebniskunst）。按照伽达默尔的看法，他这里所谓体验艺术具有两重性：一方面指艺术从体验产生并作为体验的表现；另一方面，它是指那种专为审美体验所规定的艺术。审美体验正如上面伽达默尔所说的，总是包含着某个无限整体的经验，它直接地表现了这个无限的整体，所以审美艺术乃是一种无限意义的艺术。不过，这里我们需要问一下，这种"无限整体"究竟指什么，它是否指一种已结束了（已完成了）的整体？即使我们不说是自相矛盾，这种关于无限整体作为某种被体验的东西的说法究竟指什么？伽达默尔在这里看到了体验艺术的界限，他说体验艺术概念是由限制其要求的界限经验（Erfahrung der Grenze）所制约的。只有当一部艺术作品是体验的移置这一点不再是不言而喻的，并且这种移置应归功于某个天才灵感的体验这一点不再是不言而喻的，体验艺术概念才是轮廓清楚的。为了分析体验艺术的历史性，伽达默尔讨论了象征（Symbol）和譬喻（Allegorie）的区分。

对于希腊人，以及后来的歌德和19世纪的美学来说，经验无限物的一种方式——也许是唯一的方式——是通过象征。象征的意义可以通过与譬喻的对比来说明。譬喻的例子是"儿童是花朵"，这是用花朵来比喻儿童的朝气蓬勃和可爱，我国《易经》中所谓"设象以尽意"也可说是一种譬喻。象征的例子是闪电象征打雷、暴雨，或者咳嗽、盗汗、下午发烧是肺结核的象征。从词源上看，这两个词确实有某种共同的意义，即在这两个词中表现了这样的东西,该东西的含义(Sinn)并不存在于它的现象、外观或词文里,而是存在于某个处于它之外的所指(Bedeutung)里。某个东西这样地为某个别的东西而存在。两个东西的这种富有意义的关联不仅存在于诗歌和造型艺术中,而且也存在于宗教领域内,正是通过这种关联,非感觉的东西就成了可感觉的东西,神圣的东西成了世俗可喻的东西。不过譬喻和象征尽管有这种共同点,但它们之间存在有艺术的对立。按照伽达默尔的看法,譬喻和象征之间在艺术上的对立乃是上两个世纪哲学发展的结果,因为即使对于我们时代的美学和历史哲学起了决定性影响的温克尔曼也曾在相同的意义上使用这两个概念,而这种用法是与整个18世纪的美学的观点相一致的。

从古代关于这两个词的使用可看出,譬喻本来属于述说,即逻各斯(讲话)领域,因此譬喻起了一种修辞性的或诠释学的作用,它以某个其他东西来代替原来所意味的东西,或者说,这个其他东西使原来那个所意味的东西得到理解。反之,象征并不限制于逻各斯即讲话领域,因为象征并不是通过与某个其他意义的关联而具有它的意义,而是它自身的显而易见的存在具有意义。象征作为展示的东西,就是人们于其中认识了某个他物的东西。由此可见,象征并不是单单通过其内容,而是通过其可展示性(Vorzeigbarheit)起作用。在任何情况下,象征的意义都依据于它自己的在场,而且是通过其所展示的或表述的东西的在场而获得其再现性功能。在象征和譬喻这两者里,虽然都具有通过彼一物再现此一物的共同结构,并且都可能从有限的感性的事物过渡到无限的超感性的事物,但譬喻是通过某种东西被述说,如我们通过说花朵、马、牛来阐发另一东西的意义;反之,象征则是通过某种东西被显示,而这种东西与要阐发的东西的关系是一种本质与现象的关系,如光明与火焰、肺结核与其症状的关系。譬喻包含意义与意义的关系,而象征包含存在与意义的关系。前一种关系可以说是外在的人为的关系,而后一种关系则是内在的本质的关系。譬喻必须通过讲说其他东西，即通过语言来进行；反之，象征却无须通过讲说或语言，它可以绕过语言的直接途径而从存在到意义。

象征的特殊性是它的直接性和明显性，以及它蕴涵的意义的无限性，它表现了有限的象征与它代表的无限的意义的统一；反之，譬喻的特殊性质则是它的间接性和述说性，以及它蕴含的意义的有限性，它表现了有形象性的譬喻与它表示的无形象的东西的统一。象征作为无止境的东西（因为它是不定的可解释的）是绝对地与处于更精确意义关系中并仅限于这种意义关系的譬喻相对立，正是这一区别，启蒙运动时期的理性主义美学把象征与譬喻的对立理解为艺术与非艺术的对立，在这种美学理论看来，唯有象征才是真正的艺术。从康德的美学一直到谢林的艺术哲学和黑格尔的美学都是主张这一观点。当康德强调象征性的表现乃是图式性的表现的对立面，当谢林主张象征里"普遍性就是特殊性，而不是意味特殊性，特殊性就是普遍性，而不是意味普遍性"时，以及黑格尔说"艺术是理念的感性显现"时，就说明对于艺术作品或天才的创作具有本质特征的东西是，它们的意义是存在于现象本身之中，而不是任意被置于现象之中。

对象征的褒扬是与对譬喻的贬低相联系的。尽管在一开始，譬喻与象征由于未加以区分，人们还保留了譬喻的审美作用，以致像施雷格尔（Fr. von Schlegel, 1772—1829）那样的人当时还说"一切美都是譬喻"，然而一旦认清譬喻与象征的区别之后，对譬喻的贬低就构成了德国古典主义的中心任务。因为譬喻不是天才的产物，它依据于固定的传统和惯例，并经常只具有一种特定的可说明的意义，因此，一旦艺术的本质脱离一切独断论并能定义为天才的无意识创造时，譬喻在审美上就成为否定的要求。正如歌德的艺术理论所说，象征性是积极性的艺术概念，而譬喻则是消极性的艺术概念。而按照费舍尔（F.-Th. von Vischer, 1807—1887）的观点，象征作为人类精神的创造而具有其自身特有的实证性，它是现象与理念的完满和谐；反之，不和谐则被保留给譬喻，或者说被保留给神话意识。

按照伽达默尔的看法，19世纪天才说美学的体验美学这种抬高象征而贬低譬喻的观点，只是代表了一个历史阶段的看法。他说，如果我们认清这种观点的历史性，那么我们就能看到象征和譬喻这种作为艺术与非艺术的对立就只有相对的意义。他写道："我们从上述关于象征和譬喻的语词史的梗概中得出了一个实质性的结论。如果我们认识到'有机地生成的象征和冷静的合乎理智的譬喻'在天才说美学和体验美学中的联系，那么象征和譬喻这两个概念间的僵死的对立就失去了它的约束力。如果巴洛克艺术的重新发现，尤其是近几十年来巴洛克诗歌的重新发现，以及最近的艺术科学研究已经导致某种程度上对譬喻的恢复名誉，那么这种进程的理论基础现在也成为可说明的了。19世纪美学的基础是心灵的象征化活动的自由。但这是一种充分的基础吗？这种象征化的活动果真在今天也没有受到某种继续存在的神话的譬喻的传统的限制吗？如果我们认识到这一点，那么象征和譬喻的对立则又是相对的了，虽然这种对立由于体验美学的偏见而表现为绝对的。同样，审美意识与神话意识的差别也很难被视为某种绝对的差别。"（Ⅰ,86）事实上，在譬喻里，有限与无限的关系只有通过惯例和习俗才成为可能，而这不是只意味着通过语言，而且也意味着通过修辞和对话。作为意义与意义的关系，譬喻是对话中参与者之间的关系。譬喻的惯例不是直接创立的，而且它们通过时间，在与我们的祖先和我们同时代人的对话中而发展。传统是譬喻表象的条件，保持传统就是譬喻解释的一个功能。不管作为表象还是作为解释，譬喻显示了对传统的需要。伽达默尔在其《短篇著作集》里一篇名为"创作与解释"的论文中这样写道："这种艺术形式（譬喻）是可能的，而且是有诗意的，仅当那里已经保持了譬喻所属的解释视域的共同性。"[1]正由于在启蒙运动中，传统开始被认为是可疑东西的所在地，并把心灵的象征化活动抬高到完全自由的产物时，

---

[1] 伽达默尔：《短篇著作集》，第2卷，J. C. B. Mohr（Paul Siebeck）出版社1979年版，第13页。

这才为浪漫主义美学贬低譬喻而抬高象征准备了道路。按照伽达默尔的看法，心灵的象征化活动的自由归根到底是受到譬喻传统的持续生命的限制。

正是从这里伽达默尔认为体验艺术是有界限的，他要为譬喻恢复名誉。他写道："这样的问题的出现就包含对审美基本概念的某种根本性的修正。因为这里所涉及的显然不只是趣味和审美价值的再变迁问题。事实上，审美意识概念本身也是有疑问的——而且，审美意识概念所从属的艺术立足点由此也成了有疑问的。……我们所论述的对譬喻的新评价曾指明，就是在审美意识中，某种独断论的要素其实也是有其效用的。如果说神话意识和审美意识之间的区别不应是绝对的区别，那么，我们所看到的作为审美意识的创造物的艺术概念本身岂不也成了有疑问的吗？我们无论如何不能怀疑，艺术史上的伟大时代只是指这样的时代，在这些时代中，人们不受任何审美意识和我们对'艺术'的概念的影响而面对艺术形象，这种形象的宗教或世俗的生命功能是为一切人所理解的，而且没有一个人仅仅是审美地享受这种形象。一般审美体验概念是否能运用到这种形象上去，而不削弱这种形象的真实存在呢？"（Ⅰ, 86—87）

第三节　艺术真理问题的重新提出

a）审美教化质疑

本节伽达默尔转向对席勒审美教化观点的探讨。我们知道康德在论述美的社交性时曾指出，"趣味将发现我们的评判机能的一个从感官享受到道德情感的过渡"。[①] 康德在这里已预示了美有一种从感官享受到道德情感的转向。作为康德后继者的席勒正是在这方面开拓了他的美学新探讨。不

---

① 康德：《判断力批判》，第41节，见《康德著作集》，第Ⅹ卷，Suhrkamp taschenbuch Wissenschaft, 1978年版，第230页；参阅中译本，上卷，宗白华译，商务印书馆1987年版，第142页。

过，正如伽达默尔所指出的，"席勒在此本来可以以康德本人为出发点，但是，由于席勒把艺术说成是自由的一种练习，因而他与费希特的联系比与康德的联系要紧密得多。对于康德曾作为趣味和天才的先天性基础的认识能力的自由游戏，席勒是从费希特的冲动（本能）学说出发人类学地加以理解，因为游戏冲动（Spieltrieb）将会引起理性（形式）冲动和感性（质料）冲动之间的和谐。这种游戏冲动的造就就是审美教育的目的"（Ⅰ，87—88）。

席勒的《审美教育书简》一书写于1791年至1795年间。在此书中，席勒的基本出发点是：每一个人都有能力去实现理想的人性，代表这种真实人性的是国家。国家是客观的普遍的正常的形式，借国家这种形式，许多个别的人团结成为一个统一的整体。国家与个人的统一有两种方式：或者是由代表道德、法律和理智之类种族共同性的国家把个性否定掉；或者是由个人把自己提升到他的种族，也就是由感性的人提升到理性的人。理性要求统一，要求种族共同性；自然要求杂多，要求个性。人需同时服从这两种法令和权威。在这些对立面的冲突之中，审美教育所要做的正是实现这两者的调停与和解的要求，因为按照席勒的看法，审美教育的目的就是把欲念、感觉、冲动和情绪造就成本身就是理性的，因而理性、自由和精神也就解除了它们的抽象性，而与它们的对立面——自然——统一起来。从这里，席勒把趣味的先验观点转变为一种道德要求，并把这一点视为无上命令：你要采取审美态度！他说，"如果要把感性的人变成理性的人，唯一的路径是先使他成为审美的人"。

为了实现审美教育这一目的，席勒针对康德关于美是美的事物的观念的观点，进一步提出理想美是一个美的事物的美的形象显现，人要获得这种美的形象显现，就必须摆脱物质的束缚。美的欣赏是一种自由的欣赏、游戏的欣赏。他写道："狮子到了不为饥饿所迫，无须和其他野兽搏斗时，它的闲着不用的精力替自己开辟了一个对象，它使雄壮的吼声响彻沙漠，它的旺盛的精力就在这无目的的显示中得到了享受。"这种把艺术结合到游戏以及把艺术看成精力过剩的观念，可以说是席勒艺术观点的核心，尽管前一点显然是来自康德，但后一点却无论如何是席勒的创造。过剩精力首先表现于动物性的身体器官运动的游戏，由此上升到人所特有的想象力的游戏，"想象力在探索一种自由形式中就飞跃到审美的游戏"。席勒认为，审美的创造形象的冲动不知不觉地建立了一个第三王国，即欢乐的游戏和形象显现的王国。在这个王国中，人摆脱了一切关系网的束缚，从而获得一种精神的自由。

伽达默尔认为席勒这种观点具有广泛的结论，因为现在艺术作为美的现象的艺术是与实际的实在相对立，而且本身是由这种对立而被理解的。这样，艺术作为现象与实在的对立取代了传统关于艺术与自然的所谓积极互补关系。按照传统的看法，艺术的目的就是在自然所给予和提供的空间内去实现其补充和充实的作用，也即有意识地把自然改造成人为需要的东西。现在艺术被规定为与实在相对立的现象，自然就不再表现一种包罗万象的框架，从而艺术就成了一种特有的立足点，并建立了一种特有的自主的统治要求。伽达默尔写道："凡是由艺术统治的地方，美的法则在起作用，而且实在的界限被突破。这就是'理想王国'，这个理想王国反对一切限制，甚至反对国家和社会所给予的道德约束。"（Ⅰ,88）但是，既然道德的社会的和科学的实在现在已让与了非艺术的非理想王国，那么艺术本身就经历了一种相应的改变。

不过，当艺术作为现象与实在相对立时，尽管艺术的作用和权力被夸大了，艺术却因而也发生了偏向于非真实的转化。因为道德的社会的和科学的实在现在已归于非艺术的非理想王国，艺术就成了虚构、假象、非实在的代表。这样建立起来的美学可以叫作失望的美学。被认为是虚幻、魔法或梦幻的艺术王国只是暂时的，因为虚幻要被识破，魔法要失去其欺骗，而梦幻我们终于要从其觉醒。当我们所有幻觉都完结了，非理想王国又重新肯定了它的统治。如果艺术只是模仿艺术本身所不是的实在，也就是说，如果艺术的自主性只在于与实在的分离和对立，那么艺术总是朝向绝望走去。伽达默尔写道："所有上面称之为实在经验的变相的东西，其本质特征就是有一种失望经验必然地与它们相结合。因为只是假象的东西终究要被识破，虚构的东西要成为现实的，属巫术的东西要失去其巫术性，属幻觉的东西要被看透，属梦幻的东西，我们由之而觉醒。如果审美性的东西也在这个意义上是假象，那么它的效用——如梦幻的恐怖性——也只能在我们尚未怀疑现象的实在性的时候才存在，而随着我们的觉醒将失去它的真理。"（Ⅰ,89）

但是，我们真能在艺术中经验这种绝望吗？艺术难道真能被某种更真实的实在所证明吗？无论如何席勒不是这样认为的。他提出的审美教化理想就在于表明艺术本身的独立自主性。艺术作品不再从属于它的世界，审美教化意识不再隶属于它的共同体。"凡是审美地教化成的意识承认有'质量'的东西，都是它自身的东西。它不再在它们之中做出选择，因为它本身既不是也不想是那种能够衡量某个选择的东西。它作为审美意识是从所有规定的和被规定的趣味中反思出来的，而它本身表现为规定性的零点状态。对它说来，艺术作品从属于它的世界不适用了，情况相反，审美意识就是感受活动的中心，由这中心出发，一切被视为艺术的东西衡量着自身。"（Ⅰ,90）这样，审美意识完成了一种抽象，实现了艺术作品与世界的分离，艺术作品作为"纯粹艺术作品"而呈现。伽达默尔写道："由于撇开了一部作品作为其原始生命关系而生根于其中的一切东西，撇开了一部作品存在于其中并在其中获得其意义的一切宗教的或世俗的影响，这部作品将作为'纯粹的艺术作品'而显然可见。"（Ⅰ,91）

艺术作品与它的世界的分离包括双重的分离：欣赏者和创作者的审美意识与他们各自的世界相分离；艺术作品本身、纯审美的东西、作为艺术的艺术与它们各自的对象世界相分离。伽达默尔把审美意识所完成的这双重分离称为审美区分（ästhetische Unterscheidung）。这是一种单独从审美质量出发而进行的区分，而且这种区分是在审美体验的自我意识中实现的。审美体验所专注的东西只是真正的作品，而它撇开的东西则是作品里所包含的非审美性要素，如目的、作用、内容或意义。伽达默尔写道："作品的艺术本质必须与所有这些要素区分开来，这就正好给了审美意识这样一种本质规定，即审美意识乃是进行这种对审美意指物和所有非审美性东西的区分。审美意识抽掉了一部作品用以向我们展现的一切理解条件，因而这样一种区分就是一种特有的审美区分。它从一切内容要素——这些内容要素规定我们发表内容上的、道德上的和宗教上的见解——区分出了一部作品的审美质量，并且只在其审美存在中来呈现这种质量本身。同样，这种审美区分在再创造的艺术那里，也从其上演中区分出了原型（文学脚本、乐谱），而且由于这样，不仅与再创造相对立的原型，而且与原型或其他可能见解相区分的再创造本身，都能成为审美意指物。这就构成了审美意识的主宰性（Souveränität），即审美意识能到处去实现这样的审美区分，并能'审美地'观看一切事物。"（Ⅰ，91）

审美区分来自于席勒，席勒在其《审美教育书简》里认为审美教化理想应当包容一切具有"质"的东西，为了实现这种普遍性，他提出了两种抽象：一是使审美地教化了的意识从共同体抽象出来，以使一切确定的判断标准成为零；一是使艺术作品从其世界抽象出来，以致艺术作品成为一种"纯粹的"艺术作品。伽达默尔把这种双重抽象称为"审美区分"，它既使欣赏者和创造者的审美意识从他们各自的世界脱离出来，又使艺术作品从它们各自的对象世界脱离出来，最后使得艺术作品既脱离了它们的对象，又脱离了我们的观点，成为一种纯粹的抽象，因此伽达默尔说："由于撇开了一部作品作为其原始生命关系而生根于其中的一切东西，撇开了一部作品存在于其中并在其中获得其意义的一切宗教的或世俗的影响，这部作品叫作'纯粹的艺术作品'而显然可见。就此而言，审美意识的抽象进行了一种对自身来说是积极的活动。它让人看到什么是纯粹的艺术作品，并使这种东西自为地存在。这种审美意识的活动，我称为'审美区分'。"（Ⅰ, 91）

这样，审美意识就具有了同时性（Simultaneität），因为它要求一切具有艺术价值的东西都聚集在它那里，这也就是说，它把一切时代的艺术作品都带入同时性中，以至于一切时代的艺术作品对于审美意识都是同在的。这种艺术同时性的体现——我们几乎可以说是树立给审美意识的纪念碑——就是包罗万象的博物馆或图书馆。"审美教化意识作为审美意识而进行的'审美区分'，也为自己创造了一个特有的外在的存在。由于审美区分为同时性提供了场所，即文献方面的'百科图书馆'、博物馆、耸立的剧院、音乐厅等，审美区分也就显示了它的创造性。"（Ⅰ, 92）

不过，由于作品单独归属于审美意识，作品通过这种"审美区分"也丧失了它所属的地盘和世界，而艺术家也丧失了他在世界中的立足之地。这样不仅艺术作品与它的世界相分离，而且艺术家也与他的共同体相分离。艺术家为了保持自己的艺术独立性和自由性，他们具有吉卜赛人或其他社会遗弃者的性格，"自由的艺术家是没有任务感地进行创造的。他似乎正是通过他的创造的完全独立性而被标志的，并因而在社会上获得了某种局外人的典型特征，这种局外人的生活方式不是用公众伦理标准去衡量的。19世纪出现的艺术家生活放荡（Boheme）的概念就反映了这一过程。流浪人的家乡对于艺术家的生活方式来说就成了其类概念。"（Ⅰ, 93）但这种孤立的性格也给艺术家带来"社会拯救者"的头衔，伽达默尔写道："然而，'如鸟如鱼一般自由的'艺术家却同时受制于某种使他成为双重角色的使命，因为某个从其宗教传统中生发出来的教化社会对艺术所期待的，随即就要比在'艺术的立足点'上与审美意识相符合这一点多得多。浪漫派新神话的要求……给予艺术家及其在世界中的使命以一种新圣职的意识。艺术家就如同一个'现世的救世主'，他在尘世中的创作应当造就对沉沦的调解，而这种调解已成为不可救药的世界所指望的。"（Ⅰ,93—94）不过我们应当肯定，这种要求只能使艺术家在世界中遭到悲剧的命运，"因为这个要求找到的兑现，始终只是某种个别的兑现。"（Ⅰ,94）事实上，共同的意义（共通感）从不会在纯粹审美教化里形成，因为审美东西本身——在其纯粹性上——是以不能消解的异化和抽象为前提的。

b）对审美意识抽象的批判

这样，来到了审美意识批判，伽达默尔写道，"为了正确对待艺术，美学必须超越自身并抛弃审美特性的'纯正性'"（Ⅰ,98），因为所谓艺术的纯化过程无非只是一种排除过程。艺术本身，作为艺术的艺术，总是作为不是其他某物或完全不是任何事物的艺术。使艺术成为只是艺术的纯化过程最终必将使艺术本身失去了存在。当康德后继者理查德·哈曼试图更详尽分离审美特性和审美特性存在于其中的非审美关系并想只由审美特性领域中抽象出艺术概念时，审美区分发展到了极端。因为按照哈曼的观点，知觉的自身意味性（Eigenbedeutung）不同于知觉具有意味性（Bedeutsarnkeit）。具有意味性乃是对意义的第二次造就，这种造就把与某种特定意义的关联有意味地推到了不确定的领域。一个东西是"具有意味性的"（bedeutsam），就是说它的意义是未说出的、未认识的；反之，一个东西是"具有自身意味性的"，就是说它不是具有他物意味的、陌生意味的，从而它将根本断绝与那种可能规定其意义的东西的任何关联。难道这样一种"自身意味性"能证明审美知觉的纯粹性吗？

伽达默尔引用亚里士多德、格式塔心理学和现象学来指明知觉，即使是审美知觉，并不是自然而然的或原本是纯粹的。亚里士多德曾指出一切感觉通向某个普遍性的东西，即使每一个感觉都有其特定的范围，因而在此范围内直接给予的东西不是普遍的。情况也是如此，因为我们总是从某个普遍性的东西出发去观看或感知个别事物，例如把某个白的事物认作为某个人。审美的观看尽管并不是匆忙地把所观看的事物与某个普遍性的东西相关联，但这并不中断这种关系，例如把我们在审美上欣赏的某个白色现象仍然视为一个人。其次，新的心理学对所谓"刺激——反应"的纯粹知觉概念所进行的批判，也指明这种概念来源于一种认识上的独断论，由合适的刺激反应概念所定义的纯粹知觉只表现了某种理想的极限情况。事实上，我们听不到纯粹的声音，而总是听到街上的车、婴儿的啼哭；我们并看不到纯粹的颜色和形式，而总是看到面孔、小刀或烟圈。知觉始终是一种把某物视为某物的理解。"每一种把某物视为某某东西的理解，由于它是把视线从某某东西转向某某东西，一同视为某某东西，所以它解释了（artikuliert，整理了）那里存在的事物，并且所有那里存在的东西都能够再度处于某个注意的中心或者只是在边缘上和背景上被'一起观看'"（Ⅰ，96）。最后，这种从实用经验出发对纯粹知觉学说的批判后来被海德格尔转变成根本性的批判："逗留性的观看和觉察并不简单地就是对纯粹所看事物的观看，而始终是一种把某物视为某某东西的理解本身。'审美上'被观看事物的存在方式不是现成状态。凡涉及有意味性表现的地方，如在造型艺术的作品里，只要这种表现不是无对象的抽象，意味性对于所看事物的了解来说就显然是主导性的。只有当我们'认识到'所表现的东西，我们才能'了解'一个形象，而且也只有这样，所表现的东西才基本上是一个形象。"（Ⅰ，96—97）

这里伽达默尔所说"审美上被观看事物的存在方式不是现成状态"，是根据海德格尔的观点。海德格尔在《存在与时间》中说，"'看'不仅不意味着用肉眼来感知，而且也不意味着对一个处于现成状态的现成东西的纯粹感性的知觉。'看'只有这个特质可以用于'视'的生存论含义，那就是：'看'让那个它可以通达的存在者于其本身无所掩蔽地来照面"。[①]

---

① 海德格尔:《存在与时间》，德文版，图宾根，1979年版，第147页。

这也就是海德格尔所谓把某某视为（als）某某的理解（als）结构。对现成在手的东西的知觉——由于它需要的抽象力，表明它是推导的和次要的；即使它不是，这也不是我们观看艺术的方式。在观看艺术作品如一张绘画时，我们并不急于达到概念，我们并不说"啊，这是艺术家母亲的肖像"，然后走过去。我们实际上并不急于走过去，而是继续逗留，然后我们说"这是威斯特勒的母亲"。如果最后没有概念化，这正是我们与绘画打交道，把它还原为纯粹的形式和颜色的理由。即使关于审美知觉，"单纯的观看，单纯的闻听，都是独断论的抽象，这种抽象人为地贬低可感现象。感知总是把握意义。"（Ⅰ，97）因此，"只是在审美对象与其内容相对立的形式中找寻审美对象的统一，乃是一种荒谬的形式主义。"（Ⅰ，97）无表象的、无概念的、形式主义的抽象的艺术乃是：抽象的。这是抽象的产物，而不是更纯粹更原始的知觉的结果。知觉本源上：就不是纯粹的，因为它充满了外来的意义。它已经理解，而且这包含知觉解释某物为某物。艺术，纯知觉为艺术的艺术，已经比艺术更多。所以为了正确对待艺术，美学必须超越自身并抛弃审美特性的"纯正性"。

解释不是强加于艺术作品的陌生某物，艺术本身就已经是解释。这一事实说明了一种超越美学纯粹主义的方式。我们可以回忆，当康德自己超出纯粹趣味判断时，他提出了天才概念，试图通过天才概念的先验功能把艺术概念建立起来。对于康德来说，天才正是使艺术家区别于工匠的关键，因为艺术家的作品本身是完美的，没有目的的，它们是无止境可解释的，即使它们已实现了某种目的，对它们的解释也不会停止。但是正如伽达默尔所指出的，天才用以进行创造的梦游般的无意识的想象，只是一种虚无缥缈的浪漫主义情调。正如诗人保罗·瓦莱利[①]所说，即使在像达·芬奇的独特天赋中，手工艺、机械发明和艺术天才也是不可分割地统

[①] 保罗·瓦莱利（Paul Valery，1871—1945），法国诗人、评论家和思想家。

一在一起的。在观赏者寻求灵感、神秘情感和深邃意蕴的地方,创造者所看到的只是制作和能力的可能性和技巧的问题。因此天才概念基本是由观赏者的观点出发而构造的,这个古典时代的概念与其说是对创造者的精神,不如说是对评判者的精神才具有说服力。

如果情况正是瓦莱利所说的,我们又面临了一个问题,即什么是一部艺术作品呢?艺术作品与手工产品或一般制作物有什么区别呢?对于康德来说,艺术作品是被定义为天才的作品,艺术作品作为完美的出色物和典范的标志,就在于它为享受和观赏提供了一个源源不尽的逗留和解释的对象。享受的天才与创造的天才相适应。按照这种观点,艺术作品与一般制作物或工艺品不同,后者具有一种目的,但它们满足了规定给它们的目的后,制作活动就结束,制作物也就完成了;反之,艺术作品根本不会有这目的,因而它们不是可完成的。瓦莱利就是这样认为的,当他说艺术可以无止境地加以解释,因为如果它不服务于它的完美性可以得以规定的目的时,那么它本身本质上就是不完全的。他认为一切文学作品都是片断的,它需要读者去完成它们。但是如果读者事实上能够完成一首诗,那么这就是说他具有作者所缺乏的力量、权威和天才。很显然,如果我们想否认作者有天才,我们也将不会把天才转给读者。那么,如果艺术作品本身不是可完成的这一点成立的话,那么接受和理解的合适性应于何处衡量呢?按照伽达默尔的看法,理解的天才并不比创造的天才更能提供一个更好的指导。所以伽达默尔的结论说,"理解一个创造物(形式)的方式并不比其他理解方式更少合适性。并不存在任何合适性标准。这不仅是指诗人本身不具有这样一种标准——这一点天才说美学是承认的,实际上,对作品的每一次接触都有新创造的地位和权利——我认为这是一种站不住脚的诠释学虚无主义。"(Ⅰ,100)

如此迅速的否认声明在《真理与方法》里是极其罕见的。伽达默尔似乎让他自己和他的读者回忆某种不可忘记的东西。首先,艺术作品是

anspruchsvoll(苛求甚严且使人感染的),它们要求我们一定要认为它们是正确的,要求我们正确地解释它们;其次,解释是可能的这一事实必须先于多种解释问题被解释,如果每一种解释都必须作为一种新的创造,那么这是真的只是因为没有解释出现或能够出现。这包括了解释的不可能性。如果解释是可能的,那么它必须是作品的解释,适合于作品,因此作品不能是片断的。

伽达默尔也分析了诠释学虚无主义的困境——即不能解释"解释的可能性"。卢卡奇曾经提出艺术作品只是一种空间形式,其内容是由审美体验赋予它的,因而它是多种多样的可能的审美体验的会聚地。艺术作品的空和缺乏自我等同,包含这些经验的非连续性,因为它们只共同有一种对空的形式的关系。卢卡奇正确地看到,经验一部艺术作品就是进入一个自我包含的世界,经验艺术作品就是一场冒险。然而由于强调审美体验的例外性质,他把审美时间分解为一系列彼此无关的孤立点,以致像奥斯卡·贝克尔那样说"从时间上看,作品只属于瞬间存在,它现在是这部作品,它现在已不再是这部作品"。如果把美学建立在体验中,这就必然导致了绝对的瞬间性,艺术作品的自我等同性就成了泡影。因此,无论我们把艺术作品只认为是本质上不完全的(瓦莱利),还是本质上是空的(卢卡奇),我们都达到同一结果,即艺术作品的非连续性或单子艺术作品。

伽达默尔从伦理学观点召唤克尔凯郭尔的美学批判,以此来证明这种分裂的点彩主义不仅是在理智上是靠不住的,而且在人性上也是不能容忍的。他说,一旦我们学会像谢林主张的那样,在审美上表现自己,我们就不是完成,而只是刚开始。"艺术现象向存在提出这样一个任务,即面对个别审美印象应有动人表现的要求去获得自我理解的连续性,因为只有这种连续性才可能支持人类的此在。"(Ⅰ,101)对于伽达默尔,正如对于克尔凯郭尔一样,瞬间性不仅消除了艺术家自身的同一性,理解者或欣赏者的同一性，而且也摒弃了艺术作品的统一性。事实上我们正是从审美存在和审美体验的不连续性中去获取那种构成人类此在的连续性，即从非连续性中创造连续性。伽达默尔写道："艺术的万神庙并非一种把自身呈现给纯粹审美意识的无时间的现时性，而是历史地实现自身的人类精神的集体业绩。所以审美经验也是一种自我理解的方式。但是，所有自我理解都是在某个于此被理解的他物上实现的，并且包含这个他物的统一性和同一性。只要我们在世界中与艺术作品接触，并在个别艺术作品中与世界接触，那么这个他物就不会始终是一个我们刹那间陶醉于其中的陌生的宇宙。我们其实是在他物中学会理解我们自己，这就是说，我们是在我们此在的连续性中扬弃体验的非连续性和瞬间性。因此对于美和艺术，我们有必要采取这样一种立足点，这个立足点并不企求直接性，而是与人类的历史性实在相适应。援引直接性，援引瞬间的天才，援引'体验'的意义并不能抵御人类存在对于自我理解的连续性和统一性的要求。艺术的经验并不能被推入审美意识的非制约性中。"（Ⅰ，102—103）

在这里我们看到，伽达默尔一方面肯定艺术作品与艺术作品的非连续性是真实的，所以艺术的万神庙不是无时间地呈现给纯粹审美意识的整体，非连续性破坏同时性；另一方面他又肯定艺术是比纯粹艺术更多的东西，比象征更多，艺术是修辞和比喻，心灵作品从历史中和在历史内收集自己和同化自己，艺术是历史解释，它既是历史的，又需要解释。正如艺术比艺术更多，所以艺术的经验也比纯粹审美经验更多，它是一种自我理解的方式。当我们理解艺术时，我们是在解释我们自己；反之，为了解释我们自己，我们必须解释艺术。艺术作为例外的非常的东西提供自我理解所必需的另一个他者。然而，如果我们要理解艺术作品，艺术作品的世界不能是陌生于我们的世界，不能是我们只是被放逐的陌生宇宙。我们其实是在他物中学会理解我们自己的。伽达默尔写道："只要我们在世界中与艺术作品接触，并在个别艺术作品中与世界接触，那么艺术作品就不会始终是一个我们刹那间陶醉于其中的陌生的宇宙。我们其实是在艺术作品中学会理解我们自己，这就是说，我们是在我们此在的连续性中消除体验的非连续性和瞬间性。"（Ⅰ，102）

伽达默尔在这里反对诠释学虚无主义。诠释学虚无主义就是认为理解和解释的不可能性。按照瓦莱利、卢卡奇和奥斯卡·贝克尔等人的看法，艺术作品乃是瞬间存在，也就是当下存在，它现在是这部作品，但它现在已不再是这部作品，因此他们提出了一种绝对的瞬间性，这种瞬间性既消除了艺术家与自身的同一性、理解者或欣赏者的同一性，又摒弃了艺术作品的统一性。伽达默尔引证克尔凯郭尔从道德立场出发进行的审美批判，指出这种坚持纯粹的直接性和非连续性的学说的危害性和荒谬性，从而确定了诠释学的任务乃是从审美存在和审美经验的不连续性中去获取那种构成我们人类此在的连续性，即从非连续性中去创造连续性，他说"艺术现象向存在提出了这样一个任务，即面对个别审美印象应有动人表现的要求去获得自我理解的连续性，因为只有这种连续性才可能支持人类的此在。"（Ⅰ，101）事实上，我们正是在此在的连续性中扬弃了审美体验的非连续性和瞬间性。诠释学既使艺术作品有永恒的生命力，同时又充实和扩展了我们的此在。

因此，对于美和艺术，我们有必要采取这样一个立足点，这个立足点并不企求直接性，而是与人类的历史性实在相适应。援引直接性、援引瞬间的天才、援引体验的意义并不能抵御人类存在对于自我理解的连续性和统一性的要求，艺术的经验并不能被推入审美意识的非制约性中。这里伽达默尔说："这种消极的见解有积极的意义，即艺术就是认识，并且艺术作品的经验就是分享这种认识。"（Ⅰ，103）

伽达默尔毫不犹豫地使用了黑格尔的"扬弃"（Aufhebung）概念来解释从非连续性中创造连续性这一诠释学活动。诠释学是一种永恒的任务，一种历史的任务，它不预见任何终点。伽达默尔并不低估诠释学循环所包含的双重困境——即当笛卡尔的自我等同、自我表现和自我确定（作为解释的基础和标准）被抛弃而产生的基本矛盾。在这个没有反思、没有反映、我只能直接用我的眼睛看到我自己的非笛卡尔世界里，艺术黑暗之镜正是知识和真理的源泉。艺术是真理之源，是理解艺术、正确理解艺术的动力。然而要正确理解艺术，我必须已经理解了我自己，而只有通过艺术我才能这样做。

与黑格尔一样，伽达默尔肯定艺术是与历史不可分的。虽然康德否认艺术的任何真理要求，黑格尔的美学却是"世界观的历史，即真理的历史"（Ⅰ，103）。对于黑格尔来说，艺术作为真理已经超出主观性领域，不可否认这表现了超出康德主观主义的进展。然而黑格尔对艺术真理要求的承认本身却是由下述事实调节的，即广博的哲学知识和概念要求超过了艺术要求。对这种概念的占上风，其实康德早已反对了，艺术不是前哲学思想的形式。艺术提供的世界的历史多样性并不表现向"真"艺术的进步，正如不表现向"真"哲学的进展。当我们在其所有多样性中解释艺术，我们并不想立于这种多样性之上或之后。我们不能超越艺术进入某种更真的王国。我们并不期望真理可以在某其他地方发现，而只是在这里，即在作品本身，在它们的不可超越的多样性之中才可期望发现真理。

承认艺术的真理要求已经表现了在艺术经验的非主观性方向迈进了一步；但是，只要我们认为真理是行动、成就，或拥有意识或理解，那我们就必须超出它所包含的主观意义。为此目的，伽达默尔采用了海德格尔的哲学问题："什么是自我理解的存在，由于这个问题，哲学也就从根本上超越这种自我理解的视域。"（Ⅰ，105）伽达默尔用他自己的语言表述这个问题："我们对待艺术经验，不是追问它自身认为是什么，而是追问这种艺术经验真正是什么，以及什么是它的真理，即使它不知道它是什么和不能说它知道什么……我们在艺术经验中看到了一种对作品的真正的经验，这种经验并不使制作它的人有所改变，并且我们探问以这种方式被经验的事物的存在方式。"（Ⅰ，106）艺术经验的真正性是由这一事实指明，即它改变了经验它的人，它改变了理解主体。但艺术一定是什么，它改变我们的自我理解，什么是解释的存在，如果它在理解艺术过程中改变了？哪一种真理不是拥有一个经验着的主体，因为它改变了这个主体？通过提出这些问题，伽达默尔希望理解那种在艺术中可找到的真理。艺术真理并不属于意识，而是意识属于艺术真理。如果它可以成为理解的，这就是艺术真理：关于艺术（about art）的真理乃是它是真的，艺术真理就是关于真理的真理，即真理不是拥有意识。

伽达默尔用着重点表现这消极洞见："所有与艺术语言的照面就是与某种未完成的事件的照面，而且这种照面本身就是这种事件的一部分。"（Ⅰ，105）这句话很难翻译，伽达默尔把经验艺术和解释艺术称之为照面（Begegnung），即来到它的对面，面对它，某物对我们发生，或我们发生于某物中。我们在艺术中面对的东西是语言、谈话或讲话。这样做就是来到事件对面，事件即历史和命运的发生，即什么对我们发生。在与艺术语言的照面中对我们发生的事件是不封闭的、打开的、揭示的、不结束的、未终止的、不确定的。不封闭事件对立开放的东西就是艺术语言认作是的事件。照面属于语言事件，在语言事件中被把握——它并不停止发生。

伽达默尔写道，"这就是针对审美意识及其真理问题的失败而必须加以强调的东西"（Ⅰ，105）。显然，他意指关于真理已经说了某种东西。艺术经验是真理经验，但真理经验并不是我们具有的某物，真理不是我们在方法论证明中获得的东西或拥有的东西。艺术真理不是隶属主体的对象，而是主体所隶属的某物，主体不能控制的东西。这个某物是事件、真理事件，我们得到它是因为我们属于它。正是因为我们的艺术经验属于艺术并是艺术的部分，真理事件在艺术语言里并不停止，艺术继续意义。如果审美区分使作品与解释分离，使作品和解释与真理分离，那么伽达默尔在这里预期和下一节要解释的东西就是统一它们的方式，即一种关于艺术、真理和解释的思考方式，这种方式首先将解释多种多样解释这一事实；其次，所有各种解释对作品都是真的；第三，作品可以多种多样被解释，多种多样真的，而不分解为片断或空的形式。这其实是一项很难以对付的哲学任务。伽达默尔写道："如果我们想知道，在精神科学中什么是真理，我们就必须在同一意义上向整个精神科学活动提出哲学问题，就像海德格尔向形而上学和我们向审美意识提出哲学问题一样。我们将不能接受精神科学自我理解的回答，而必须追问精神科学的理解究竟是什么。探讨艺术真理的问题尤其有助于准备这个广泛展开的问题，因为艺术作品的经验包含着理解，本身表现了某种诠释学现象，而且这种现象确实不是在某种科学方法论意义上的现象。其实，理解归属于与艺术作品本身的照面，只有从艺术作品的存在方式出发，这种归属才能得到阐明。"（Ⅰ,106）

第二章　艺术作品的存在论及其诠释学的意义

第一节　作为存在论阐释入门的游戏

a）游戏概念

第二章的主题是艺术作品的存在论（Ontologie）。Ontologie 按照原意本是研究存在的学说，即亚里士多德所谓的研究事物是其所是的学说，过去我们一般翻译为本体论，以表明它研究的是与现象相对立的本体。近来由于对海德格尔的研究日益热烈，国内学者大多采用"存在论"来翻译此词，以表示海德格尔研究存在的哲学与传统哲学的区别。按照海德格尔的看法，任何存在论，如果它未首先充分地澄清存在的意义并把澄清存在的意义理解为自己的基本任务，那么，无论它具有多么丰富多么紧凑的范畴体系，它归根到底仍然是盲目的，并背离它本来的意图。因此他的《存在与时间》就是试图重新唤醒对存在问题的意义之领悟，他说他这本书的目的就是"要具体地探讨'存在'意义的问题"。[①] 对于伽达默尔来说，存在意义的探讨就是存在方式的研究，因此本章说艺术作品的存在论，我们可以理解为研究艺术作品的存在方式。

[①] 海德格尔:《存在与时间》，德文版，图宾根，1979年版，第1页。

伽达默尔认为，揭示艺术存在方式这个奥秘的线索不应是作为艺术的艺术，因为正如我们前面所说过的，作为艺术的艺术并不能推出自明之理，而是排除非艺术，区分非艺术。审美区分的特征就在于艺术对象与解释主体及其世界的分离，而按照伽达默尔的看法，这种对立丝毫不能解释任何需要解释的问题，它既不能说明艺术的真理，也不能说明解释（Interpretation）的 inter（关系），即我们称之为"再结合"（reunion）的可能性。这种主客二分观点主张真理只在主体性中或只属于主体。按照这种观点，审美理解就是这样一门艺术科学，它产生关于艺术的真理，而不能承认艺术的真理，因为要被承认的艺术真理不能只属于主体，它同时也应属于客体，这样一来，势必就要破坏主客二分观点。所以，为了承认艺术的真理，我们必须排除主客二分观点，或者说我们必须提供主客的再结合或再统一。伽达默尔关于艺术是游戏的想法正是服务于这种既解构的（破坏性的）又建构的（建设性的）双重作用。

游戏（Spiel）一词是现代哲学发展的一个关键概念。众所周知，维特根斯坦在其后期哲学中曾以游戏概念来刻画语言的根本性质，认为语言就是一种游戏，从而阐明语言的开放性和工具性，使语言成为人类生活形式的一部分。按照维特根斯坦的看法，所谓语言游戏就是指我们原本使用符号的方式，这些方式比我们使用高度复杂的日常语言的符号的方式要简单。语言游戏是儿童刚开始使用语词的语言形式，研究语言游戏就是研究语言的初始形式或初始语言。"语言游戏"这一词主要是突出这一事实：语言的使用和用法通常是某种较广泛的活动或"生活形式"的组成部分，语言的意义是不能离开所有那些它可用于其中的环境。他曾经说"我把语言与活动这两者交织在一起而组成的整体称为'语言游戏'。"[①] 伽达默尔关于艺术游戏的看法是否受了维特根斯坦的影响，我们还不能先下结论，但有一点却是明确的，即伽达默尔关于游戏概念的想法与后期维特根斯坦

---

① 维特根斯坦：《哲学研究》，第7节，德文版，1958年版，第5页。

的思想具有一致性,伽达默尔自己在1985年撰写的"在现象学和辩证法之间——一种自我批判的尝试"中,曾这样写过:"我在该书(指《真理与方法》)中先是讨论艺术游戏,然后考察了与语言游戏有关的谈话的语言基础。这样就提出了更宽广更有决定性的问题,即我到底在多大程度上做到了把诠释学向度作为一种自我意识的对立面而显露出来,这就是说,在理解时不是去扬弃他者的他在性,而是保持这种他在性。这样,我就必须在我业已扩展到语言普遍性的存在论观点中重新召回游戏概念。这就使我把语言游戏和艺术游戏(我在艺术游戏中发现了诠释学典型现象)更紧密地相联系。这样就显然容易使我按照游戏模式去考虑我们世界经验的普遍语言性。在我的《真理与方法》第2版的前言以及我的'现象学运动'这篇论文的结尾中我都已经指出,我在30年代关于游戏概念的想法同后期维特根斯坦的思想具有一致性。"(Ⅱ,5)

不过,我们应当知道,游戏概念本身却是近代美学的一个主要概念,特别是在康德和席勒的美学里。当康德把审美认为是"不涉及利害的观照"时,当席勒把美的欣赏认为是一种"物质以上的盈余(过剩)"的欣赏时,审美活动就与游戏密切联系在一起了。席勒曾说:"在令人恐惧的力量的王国与神圣的法律的王国之间,审美的创造形象的冲动不知不觉地建立起一个第三种王国,即欢乐的游戏和形象显现的王国,在这个王国里它使人类摆脱关系网的一切束缚,把人从一切物质的和精神的强迫中解放出来。如果在权利的力量的王国里,人和人以力相遇,他的活动受到了限制,如果在职责的伦理的王国里,人和人凭法律的威严相对,他的意志受到了束缚;那么在美的社交圈子里,在审美的王国里,人就只需以形象的身份显现给人看,只作为自由游戏的对象而与人对立。通过自由去给予自由,这是审美的王国中的基本法律。"[①]从这里我们可看出,游戏在近代美

---

① 席勒:《审美教育书简》。译文见朱光潜著《西方美学史》,下卷,商务印书馆2011年版,第106—107页。

学里指一种精神的自由活动,能力的自由活动,即一种主体性的活动。这种观点在19世纪更加得以发展,游戏被认为是一种代替真理的德性,被指定是对缺乏真理德行的东西的一种补偿。所以在尼采、维特根斯坦以及德里达那里,游戏被用来避免提出真理问题或明显地破坏真理要求。

因此,当伽达默尔在《真理与方法》里使用游戏概念时,他是非常有意识地和明确地使自己与康德、席勒以来的近代美学关于游戏的主观性质区别开的。他说:"我们选取曾在美学中起过重大作用的概念即游戏这一概念作为首要的出发点。但是重要的是,我们要把这一概念与它在康德和席勒那里所具有的并且支配全部新美学和人类学的那种主观的意义分割开。如果我们就与艺术经验的关系而谈论游戏,那么游戏并不指定向关系(主观态度),甚而不指创造活动或鉴赏活动的情绪状态,更不是指在游戏活动中所实现的某种主体性的自由,而是指艺术作品本身的存在方式。我们在对审美意识的分析中已经看到,把审美意识看成面对某个对象,这并不与实际情况相符合。这就是游戏概念为什么对我们来说显得重要的原因所在。"(Ⅰ,107)

按照伽达默尔的看法,游戏是艺术作品的存在方式,其意思就是说在艺术经验里我们所遭遇的东西就如在游戏中我们所遭遇的东西,也就是说,我们经验艺术的方式乃是一种游戏方式。对于这种把艺术作品的存在方式等同于游戏的说法,我们首先要消除通常习以为常的看法,我们通常总是认为,游戏就是主体在进行游戏,如我在玩骰子,我就是进行游戏的主体,游戏的主体是游戏者;另外,我们还认为游戏只是一种不严肃的行为,即一种随心所欲而不负责任的玩。伽达默尔首先对此两种误解进行反驳。他说,单纯是游戏的东西并不是严肃的,但游戏活动却与严肃的东西有一种特有的本质关系,这不仅是因为在游戏活动中游戏具有"目的",而且游戏本身就具有一种独特的甚而是神圣的严肃。他写道:"使得游戏完全成为游戏的,不是从游戏中生发出来的与严肃的关联,而只是在游戏时的严肃。谁不严肃地对待游戏,谁就是游戏的破坏者。"(Ⅰ,108)游戏的存在方式绝不允许游戏者像对待一个对象那样去对待游戏。如果游戏要成为真正的游戏，我们就不能轻率地玩弄游戏。游戏的这种严肃性，伽达默尔以游戏具有的一种秩序结构来解释，他说"游戏显然表现了一种秩序（Orderung），正是在这种秩序里，游戏流动的往返重复像出自自身一样展现出来……游戏的秩序结构好像让游戏者专注于自身，并使他摆脱那种造成此在的真正紧张性的主动者的使命"（Ⅰ，110）。我们只要想一下奥林匹克运动员就可知道，他们实际上是被游戏本身秩序结构的一种严肃性所支配。

为了证明游戏的主体不是游戏者，游戏独立于那些从事游戏活动的人的意识，伽达默尔首先从"游戏"一词的比喻用法加以说明。按照他的看法，一个语词的原本意义最好通过它的比喻用法来了解。所谓比喻用法，就是把某个语词转用到它本来并不隶属于的领域。伽达默尔认为，这种比喻性的使用在我们研究某一语词的意义上具有一种方法论上的重要性，因为在它本来并不隶属于的领域内，语词的"真正的'本来的'意义往往就会一下子清晰地表现出来"（Ⅰ，108）。从转用的角度看，如我们可以讲到光线闪烁（Spiel des Lichtes）、波浪起伏（Spiel der Wellen）以及滚珠轴承中的机械零件的转动（Spiel des Maschinenteils）等等，从所有这些游戏一词的转用例子（它们可以译为光线游戏、波浪游戏、机械零件游戏）我们可看出，游戏活动总是指一种不断进行的来回或往返重复运动，这些运动绝不能有一个使其中止的目的。由此伽达默尔得出游戏活动根本不能理解为一种人或主体进行的活动，游戏者并不是游戏的主体。他写道："诚属游戏的活动决没有一个使它中止的目的，而只是在不断的重复中更新自身。往返重复运动对于游戏的本质规定来说是如此明显和根本，以至于谁或什么东西进行这种运动倒是无关紧要的。这样的游戏活动似乎是没有根基的。游戏就是那种被游戏的或一直被进行游戏的东西——其中绝没有任何从事游戏的主体被把握。"（Ⅰ，109）按照伽达默尔的看法，游戏的原本意义乃是一种被动式而含有主动性的意义（der madiale Sinn）。如果我们非要说有主体，那么"游戏的真正主体显然不是那个除其他活动外也进行游戏的东西的主体性，而是游戏本身"。（Ⅰ，109）

从这里伽达默尔肯定了游戏相对于游戏者之意识的优先性，他写道："这里，游戏相对于游戏者之意识的优先性基本上得到了承认。事实上，假如我们从游戏的被动见主动的意义出发，心理学家和人类学家要描述的那种游戏活动的经验也得到了新的阐明。游戏显然表现了一种秩序，正是在这种秩序里，游戏活动的往返重复像出自自身一样展现出来。属于游戏的活动不仅没有目的和意图，而且也没有紧张性，它好像是从自身出发而进行的……游戏的秩序结构好像让游戏者专注于自身，并使他摆脱那种造成此在真正紧张感的主动者的使命。这也表现在游戏者自身想重复的本能冲动中，这种本能冲动在游戏的不断自我更新上表现出来，而游戏的这种不断的自我更新则铸造了游戏的形式。"（Ⅰ，110）由此伽达默尔得出一切游戏都是一种被游戏过程（alles Spielen ist ein Gespieltwerden）。他写道："一切游戏活动都是一种被游戏过程。游戏的魅力，游戏所表现的迷惑力，正在于游戏超越游戏者而成为主宰……谁试图，谁实际上就是被试图者。游戏的真正主体并不是游戏者，而是游戏本身。游戏就是具有魅力吸引游戏者的东西，就是使游戏者卷入到游戏中的东西，就是束缚游戏者于游戏中的东西。"（Ⅰ，112）

按照伽达默尔的看法，当我们研究人类的游戏活动时，我们也应当看到它不同于一般游戏的特征，他说，对于人类的游戏来说，富有特征的东西是它游戏某种东西（es etwas spielt），这就是说，游戏所隶属的活动秩序（运动结构）具有一种游戏者所选择的规定性。游戏者首先通过它想要游戏这一点把他的游戏行为明确地与他的其他行为区分开来；其次是游戏者具有进行选择的自由，他可以选择这一游戏而不选择那一游戏。不过，伽达默尔认为，即使人类游戏有这些不同的特征，但从根本上说，人类游戏也不是一种主体的自由活动,因为人类游戏的自由并不是不要担风险的。他说:"游戏本身对于游戏者来说其实就是一种风险。我们只能与严肃的可能性进行游戏……游戏对于游戏者所施以的魅力正存在于这种冒险之中。我们由此享受一种做出决定的自由,而这种自由同时又是要担风险的,而且是不可收回地被限制的。"(Ⅰ,111—112)其次,人类游戏不仅游戏者参与其中,而且还有一个他者也参与其中,根本不存在任何单纯的自为的游戏。他写道:"尽管它(指人类游戏)无须有一个他者实际地参与游戏,但它必须始终有一个他者在那里存在,游戏者正是通过这个他者进行游戏,而且这个他者用某种对抗活动来答复游戏者从自身出发的活动。"(Ⅰ,111)例如球类游戏,其永存性就在于球的自由周身滚动,球仿佛由自身做出了令人惊异的事情。第三,人类游戏需要活动空间,但这种活动空间不单纯是表现自身的自由空间,而是一种特意为游戏活动所界定和保留的空间,游戏就是牺牲自由和接受限制,因此人类游戏都给从事游戏的人提出了任务,游戏的人好像只有通过把自己行为的目的转化到单纯的游戏任务中去,才能使自己进入表现自身的自由之中。

由此伽达默尔得出,人类游戏的存在方式就是自我表现(Sich-ausspielen),他说,人类游戏最突出的意义就是自我表现,即人类游戏表现自身,玩自身。他写道:"游戏的存在方式就是自我表现,而自我表现乃是自然的普遍的存在状态……游戏最突出的意义就是自我表现。"(Ⅰ,113)不过,由于游戏者不是游戏的主体,人类游戏的这种自我表现并非是目的,因此我们宁愿说"游戏任务的自我交付实际上就是一种自我表现。游戏的自我表现就这样导致游戏者仿佛是通过他游戏某物即表现某物而达到他自己特有的自我表现。"(Ⅰ,113—114)

所有表现活动按其可能性都是一种为某人的表现活动。从表面看,游戏并不是为某人而表现,但如果我们考察一下宗教膜拜仪式或戏剧(Schauspiel直译为观赏游戏),我们就会看到游戏是为观众表现了其意义整体。伽达默尔说:"宗教膜拜仪式中的神的表现,游戏中的神话的表现,也不仅是这种意义上的游戏,即参加活动的游戏者全部出现在表现性的游戏中,并在其中获得他们的更好的自我表现,而且也是这种意义上的游戏,即游戏活动者为观众表现了某个意义整体。这实际上根本不是缺乏那个能变游戏为观赏的第四堵墙,我们宁可说,通向观众的公在(Offensein)共同构成了游戏的封闭性。只有观众才实现了游戏作为游戏的东西。"(Ⅰ,114—115)特别是像戏剧这样的游戏,尽管它具有一种完全自身封闭的世界,但它却好像敞开一样指向观众,在观众那里它才赢得它的完全意义。因此伽达默尔认为,游戏本身是由游戏者和观赏者所组成的整体,"事实上,最真实感受游戏的,并且游戏对之正确表现自己所意味的,乃是那种不参与游戏,而只是观赏游戏的人。在观赏者那里,游戏好像被提升到了它的理想性。"(Ⅰ,115)

这样,游戏者参与游戏的方式现在不再是由他们完全出现在游戏里这一点来决定的,在这整个观赏游戏中,应出现的不是游戏者,而是观赏者。这就是在游戏成为观赏游戏时游戏之作为游戏而发生的一种彻底的转变,这种转变使观赏者处于游戏者的地位。只是为观赏者——而不是为游戏者,只是在观赏者中——而不是在游戏者中,游戏才起游戏的作用。游戏是为观赏者进行表现,即使我们看一下家庭或室内音乐——这似乎是拒绝一切观赏者的场所——我们也可看到它仍是为观赏者而表现。伽达默尔说,"艺术的表现按其本质就是这样,即艺术是为某人而存在的,即使没有一个只是在倾听或观赏的人存在于那里。"(Ⅰ,116)

艺术作品的存在方式是游戏。从上述关于游戏的本质规定,我们可以对艺术作品简短地做出如下理解:首先,面对艺术作品我们思考的对象不是审美的意识,而是艺术经验以及由此而来的关于艺术作品的存在方式,因此"艺术作品绝不是一个与自为存在的主体相对峙的对象……艺术作品其实是在它成为改变经验者的经验中才获得它真正的存在。保持和坚持什么的艺术经验的'主体',不是经验艺术者的主体性,而是艺术本身。"(Ⅰ,108)其次,艺术的经验不是主体的经验,因为主体在艺术经验中改变自身,同样,它也不是对象的经验,因为主体之所以改变,仅当它不对象化艺术作品,艺术经验是主客体的再结合和再统一。第三,正如游戏是为某某的再现(representation—for),艺术也是为某某的再现,正如游戏需要观众,艺术表现也需要观赏者,艺术只是作为为我们再现的东西,它才具有意义。第四,艺术作品的存在方式是描述自我理解的方式,历史、经验、表象、语言和真理,都是这种自我理解的形式。第五,艺术作品被理解,这意味着它可以许多方式被理解,而这些理解既不是误解,也不是另一作品的理解。艺术作品不是规则书,而是它的游戏,游戏必然包含在有限限制内无限变化的自由。

b)向构成物的转化与彻底的中介

伽达默尔在上节里说,当游戏成为观赏游戏即戏剧时,游戏作为游戏发生了一个彻底的转变,即观赏者处于游戏者的位置,游戏只是为观赏者而不是为游戏者,只是在观赏者中而不是在游戏者中而进行。伽达默尔实际上是用这种转变来说明从游戏到戏剧或一般艺术的转变。不过,这里我们应当注意,不要因此而把戏剧或一般艺术设想为某种可以在观赏者的意识中找到的东西。正如戏剧不可能在游戏者或表演者的意识中找到一样,戏剧同样也不可能在它的观赏者的意识中找到。戏剧为了成为戏剧,它必须被表演、上演,这表示它所意指的东西不是表演者的所有物。但是,表演或上演必须对观众开放,这却不能说它的意义属于观众。正如伽达默尔所说,正如游戏者或表演者属于游戏或戏剧的整个意义一样,观众或观赏者也属于游戏或戏剧的整个意义:游戏或戏剧不是属于他们,而是他们属于游戏或戏剧。游戏或戏剧与任何个别主体(不管是表演者还是观赏者)的分离,伽达默尔称之为"向构成物的转化"(Verwandlung ins Gebilde),

他写道："我把这种促使人类游戏真正完成其作为艺术的转化称之为向构成物的转化，只有通过这种转化，游戏才赢得它的理想性，以致游戏可能被视为和理解为游戏。只有至此，游戏才显示出好像与游戏者的表现行为相脱离，并且存在于游戏者所游戏之物的纯粹现象之中。"（Ⅰ，116）

为了理解这种从游戏到艺术的转化过程，伽达默尔使用了两个概念：一是构成物（Gebilde），一是转化（Verwandlung），因此我们需要先对这两个概念作一些解释。首先，我们应了解转化不同于一般所说的变化（Veränderung）。对于变化，我们通常总是认为在那里发生变化的东西同时又作为原来的东西而存在，变化只是指一物的性质发生了改变，而作为性质的支撑体的该物依然存在，用亚里士多德的实体和偶性的区别来说，变化乃属于实体的偶性领域，而不属于偶性所属的实体领域。反之，转化则是指某物一下子和整个地转变成了另外一物，这另外一物作为被转化成的东西则代替了原来的某物而成为真正的存在，相对于这种真正的存在，该物原先的存在就不再是存在了。另外，转化也不是指一种从一物过渡到另一物的渐变过程，它乃是一种一下子的整体突变，因为彼一物的存在正是此一物的消灭。因此，当伽达默尔说向构成物的转化时，我们应理解他是指早已存在的东西不再存在，而现在转化成的东西才是真实的存在。从游戏到观赏游戏或一般艺术的转化，就是说原先的游戏不再存在，而"现在存在的东西，在艺术游戏里表现的东西，乃是永远真实的东西。"（Ⅰ，117）

从游戏到戏剧或艺术的转化的根本标志就是游戏与游戏者、表演者和观赏者的主体性相脱离。游戏与游戏者的表现行为相脱离，并不意味着游戏依赖于观赏者。游戏的本质就在于指向表现（Darstellung），而此种指向并不意味着这样一种依赖性，即只有通过当时的表现者或观赏者，也就是说，只有从正表演的人或正观看的人出发，而不是从作为该作品的创作者而被称为该作品的真正作者的人即艺术家出发，游戏才获得其意义的规定，伽达默尔说，"其实游戏只有在所有艺术家面前才具有一种绝对的自主性"（Ⅰ，117）。这显然是一种彻底的转化，这种转化所形成的绝对自主性就是艺术游戏具有了作品（Work）特质、产品（ergor）特质的标志。这样，我们来到了"构成物"（Gebilde）这一概念。

Gebilde 显然是动词 bilden（形成）的第二分词，直译是"所形成的东西"。我们在本编一开始曾讲到教化（Bildung）概念，当一个人经历 Bildung，他就被教化（gebildet），这时他就会把他自己与他直接的欲望和目的分开，成为一个摆脱了直接性和个别性而上升到普遍性的人。这也可以说他发生了一个彻底的转化，从原来的人完全转化为一个新人。现在伽达默尔把 Gebilde 用于游戏向艺术的转化。当游戏被再现时或被解释时，它也发生转化，形成一个意义的 Gebilde，我们把它译为"构成物。"① 按照伽达默尔的看法，当游戏被再现时，原先的游戏就是不再存在的东西，而转化所形成的构成物才具有真实的存在。构成物这词表示游戏已离开它原先的起源，它能够在任何时间任何地方被任何人所游戏，它变成了可不断重复的和不断发展的形式。它的本质就是开放性。伽达默尔写道："原先的游戏者就是不再存在的东西——这样，诗人或作曲家都可算在游戏者之列。所有这些游戏都不具有一种特有的自为存在……如果我们从游戏者出发去描述他们的游戏活动是什么，那么游戏活动显然就不是转化，而是伪装，谁伪装，谁就不愿被认出，而是想表现为另一个人，并且被视为另一个人。"（Ⅰ，117）按照伽达默尔的看法，游戏者在游戏时总是不愿让自己被认出，而是想表现为另一个人，并且被人视为另一个人，他希望在别人的眼里他不再是他本人，这种表现表面上看来似乎是伪装，但其实是一种转化。他说："游戏本身其实是这样一种转化，即在那里从事游戏的人的同一性对于任何人来说都不继续存在，每个人只是探问，什么是被表演的

---

① 英译本将 Gebild 译为 structure，似乎不完全符合原意，因为 structure 指事物自身所具有的结构、纹理，并不是形成物或构成物。

东西，那里什么东西被'意味'。游戏者（或者诗人）都不再存在，所存在的仅仅是被他们所表演的东西。"（Ⅰ，117）在游戏转化成构成物时，游戏就在自身中找到了它的尺度，并且不按照任何外在于它的东西去衡量自身。"所以，某种戏剧的行为——完全类似于宗教膜拜行为——简直是作为某种依赖于自身的东西而存在在那里。"（Ⅰ，117）

按照伽达默尔的观点，向构成物的转化就是向真实事物的转化，它不同于使用巫术的变幻，变幻总是期待着解巫咒语，并且要回转到原来的东西；反之，转化本身就是解救，它并不回转到原来的东西，而是转化到新的真实的东西。这里出现了一个问题，即什么是"实在"？对于转化来说，原先的东西并不是真正的存在，唯有它转化成的东西才是真正的存在，即实在，但是因为转化一直在进行，这种实在也就是不断在变化，它成为一种面对未来的可能性。伽达默尔说："'实在'（Wirklichkeit）就是处于这样一种可能性的未来视域中，这种可能性是人们既期待又担忧的，但无论如何仍是未被确定的。"（Ⅰ，118）从这种实在观点出发，构成物具有一种独立而超然的存在方式，它是永远不可能完全实现的，正是在它不断的转化中，它才真正实现它自身。因此，作为构成物的艺术作品的世界也永远是一个不断转化的世界，每个人正是通过这个世界才认识到存在的东西究竟是怎样的事物。

这里涉及到艺术的认识功能。为了证明艺术的认识功能，伽达默尔援引了以模仿概念为一切艺术基础的古代艺术理论。按照这种古代理论，模仿（Nachahmung）具有认识意义，即艺术家让他所模仿的东西以他如何见到这个东西的方式存在于那里。因而，尽管模仿需要有技巧，但这种技巧对于艺术家来说，只是附带的兴趣，模仿的真正本质乃是认识，即再认识所模仿的东西。"我们在一部艺术作品中所真正经验到的和所指望得到的，其实是这作品的真实性如何，也就是说，我们如何在其中更好地认识和再认识事物和我们自己本身。"（Ⅰ，119）这里的问题是：模仿的这种再认识是否就是已经认识的东西又重新地被认识。看来情况绝不是这样，否则我们为什么要模仿呢？实际上，模仿的再认识绝不只是原先认识东西的重新认识，而是一种比原先认识更多的再认识。伽达默尔写道："再认识所引起的一种快感其实是这样一种快感，即比起已经认识的东西来说有更多的东西被认识。在再认识中，我们所认识的东西仿佛通过一种突然醒悟而出现并被真实地把握，而这种突然醒悟来自完全的偶然性和制约这种东西的情况的变异性。这种被本质地把握的东西被认作某种东西。"（Ⅰ，119）这一点完全适用于戏剧或一般艺术，戏剧或一般艺术作为一种再现或再认识，就是舍弃了所有那些纯属偶然的非本质的东西，例如表演者自身的个别存在。表演者完全消失在对他所表演的东西的认识中，而他所表演的东西却通过他的表演而被提升到有效的真理中。伽达默尔说："因为是对真实事物的认识，所以表现的存在就比所表现的素材的存在要多得多，荷马的阿希里斯的意义要比其原型的意义多得多。"（Ⅰ，120）

因此古代美学的模仿概念不仅包含所再现的东西的存在，而且也包含它的真实的存在。模仿和再现不单单是描摹性的复现（Wiederholung），而且也是对本质的认识。模仿和再现不只是复现，而且也是展现（Hervorholung）。展现显然包含与展现人的本质关联，他如何展现以及他从什么立场展现。举例来说，本质的表现很少是单纯的模仿，谁要模仿，谁就必须删去一些东西和突出一些东西，因为他在展示，他就必须夸张，而不管他愿意不愿意。正是因此，柏拉图曾在他的理念论中把删去（aphairein）和突出（synhoran）联系在一起，以说明模仿具有删去和突出这两种功能。模仿和再现不仅是复现而且是展现，这就意味着模仿和再现的东西与所模仿和所再现的东西之间有一种存在间距，正是这种存在间距才使模仿和再现具有存在论的意义。

但现在的问题是，这种存在间距是否说明模仿和再现的东西落后于所模仿和所再现的东西，也就是说，模仿和再现这种带有删去和突出的展现活动是否是一种不真实的认识关系？众所周知，柏拉图就坚持这种落后性，他认为摹本（Abbild）与原型（Urbild）之间存在有间距，而且摹本对原型具有或多或少的落后性，他并且从这里出发，把艺术游戏里的模仿和再现作为模仿的模仿和再现的再现而列入第三等级。关于这第三等级我们需要解释一下：按照柏拉图的看法，我们需要区分三种东西，即理念、事物和作为事物摹本的艺术。例如床有三种：第一种是床之所以为床的那个床的理念；第二种是木匠根据床的理念所制造出来的个别的床；第三种是画家模仿个别的床所画的床。所以在柏拉图的哲学里存在有三个世界，即理念世界、现实世界和艺术世界，它们之间的关系是，艺术世界是由模仿现实世界而产生，现实世界是由模仿理念世界而产生，而理念世界是唯一的本体世界。理念世界是第一性的，现实世界是第二性的，而艺术世界是第三性的，因此柏拉图把艺术说成是"摹本的摹本""影子的影子"，它"和真理隔三层远"。柏拉图这种观点在美学发展史上影响很大，以至于直至康德以来的美学都坚持这样一种看法：尽管模仿作为再现具有一种卓越的认识功能，是对真实事物的认识，但这种对真实事物的认识却不是对事物本质的认识。正是基于这一点，近代美学走向一条主观化的道路。

按照伽达默尔的看法，美学的这种主观化倾向，我们可以通过游戏作为艺术作品的存在方式来解决。游戏显然只有在游戏活动中才能是游戏，游戏活动本身绝不是可以与游戏相分离的某种附属的东西、偶然的东西、多余的东西。游戏活动把游戏带到存在。同样，艺术作品的存在就在于它的再现之中，艺术作品不能与它的再现相分离，再现就是它的存在方式，正是在再现中，艺术作品才来到它的存在。模仿和再现与所模仿和所再现之物的存在间距正是所模仿和所再现之物的组成部分，而不是模仿者和再现者的主观性部分。伽达默尔写道："艺术作品并不是与它得以展现自身的机缘条件的'偶然性'完全隔绝的，凡有这种隔绝的地方，结果就是一种降低作品真正存在的抽象。作品本身是属于它为之表现的世界。戏剧只有在它被表现的地方才是真正存在的，尤其是音乐必须鸣响。所以我的结论是，艺术的存在不能被规定为某种审美意识的对象，因为正相反，审美行为远比审美意识自身的了解要多。审美行为乃是在表现活动中出现的存在事件的一部分，而且本质上属于作为游戏的游戏。"（Ⅰ，121—122）这一点在存在论上的结论就是，戏剧以及被理解为戏剧的艺术作品绝非一种游戏借以自由实现自身的单纯规则图式或行为法则。戏剧的游戏活动不要理解为某种游戏要求的满足，而要理解为作品本身进入存在的活动。所以对于这样的问题，艺术作品的本质存在是什么，我们可以回答说，这种本质存在只在于被再现的过程（Gespieltwerden），只在于作为艺术作品的再现活动中，显然在其中得以再现的东西乃是它自身的本质存在。

我们现在可以用审美无区分（die ästhetische Nichtsunterscheidung）来表述这种观点。前面我们曾经批判了审美区分，即欣赏者与欣赏对象的区分、戏剧与观赏者的区分、审美存在与审美意识的区分，现在我们可以说这些东西之间乃是无区分。在诗人所创造的东西，在模仿中被模仿的东西，被表演者所表演的东西，以及被观赏者所认识的东西，显然就是同一个东西，即被意指的东西，诗人的创造活动与表现者的再现活动绝不能与这种被意指的东西相区别。因此我们可以说，模仿性的表现把艺术作品的真正要求带到了具体存在，作品与表现之间绝没有区分。伽达默尔写道："我们可以更确切地说：表演的模仿性表现把文学创作所真正要求的东西带到了具体存在。某种作为人们在艺术游戏中所认识的真理统一体的双重无区分，是和文学创作与其素材、文学创作与表演之间的双重区分相符合的。如果我们从起源上去考察一下作为一部文学创作基础的情节，那么这种区分是脱离文学创作的实际经验的，同样，如果观赏者思考一下表演背后所蕴含的观点或作为这种表演的表现者的成就，那么这种区分也是脱离戏剧表演的实际经验的。而且，这样一种思考就已经包含了作品本身与它的表现之间的审美区分。但是，在某人面前所表演的悲剧的或喜剧的场面究竟是在舞台上还是在生活中出现——我们只是观赏者,那么正如我们所看到的,这一问题对于这种经验内容来说,甚至是无关紧要的。我们称之为构成物的东西,只是这样一种表现为意义整体的东西。这种东西既不是自在存在的,也不是在一种对它来说是偶然的中介中所能经验到的,这种东西是在此中介过程中获得了其真正的存在。"(Ⅰ,122—123)

伽达默尔在《真理与方法》第2版序言里关于这种审美无区分更明确地这样讲道:"诚然,在一部艺术作品最初设定的世界关系和它在此后变化了的生活环境中的继续存在之间似乎要有区分,但是最初的世界和后来的世界的分界线究竟在哪里呢?最初的生活意蕴是怎样转化为对文化意蕴的反思经验呢?在我看来,我在这里首先提出的'审美无区分'这一概念是完全正确的。这里根本没有什么明确的分界,理解的运动不可能囿于审美区分所规定的反思快感中,我们应当承认,一尊古代神像——它不是作为一种供人审美享受的艺术品过去被供养在神庙内,今天被陈列在现代博物馆中——即使当它现在立于我们面前,仍然包含它由之而来的宗教经验的世界。这有一个重要的结果,即这尊神像的那个世界也还是属于我们的世界。正是诠释学的宇宙囊括了这两个世界。"(Ⅱ,7)

审美无区分无疑带来再现的多种可能性。正如游戏的本质在于它不断的重复往返运动,艺术作品的再现也具有多种多样的可能性,不仅历时性多样性,而且也是共时性多样性。这里是否是一种相对主义呢?从表面上看,构成物具有多种多样的表现或实现,相对于那种主张唯一正确的表现或实现的观点来说,确实是一种相对主义,但这种相对主义却不是主观任意的相对主义,因为构成物具有多种多样的表现或实现,但这多种多样的表现或实现绝不是主观的任意的,正如游戏者的观点并不是封闭在其自认为的意见的主观性中,而是实实在在地存在于这多种多样的表现或再现之中。同样,艺术作品的多种多样的再现并不是一个关于观点的单纯主观的多样性的问题,而是一个关于作品自身存在的可能性的问题,作品仿佛把其自身陈列于它的多种多样的方面之中。例如在审美活动中，我们可以从这样一些方面去观察一幢建筑物：这建筑物是怎样展现它自身的，它周围环境怎样。这里可能出现一些变异，但如果我们把表现中可能出现的变异认为是任意的或主观的，那么我们就忽视了艺术作品本身的制约性。伽达默尔说："作品本身的这种制约性以一种自身特有的和直接的方式制约了每一个解释者，并且不允许解释者通过对原型的单纯模仿而减轻自己的责任。"（Ⅰ，125）"实际上，表现中出现的可能变异全部服从于'正确的'表现这一批判性的主导标准。"（Ⅰ，124）这种作品本身的制约性，我们可以用现代戏剧的传统来解释。这种传统是以一次上演、一个角色的创造或一次音乐表现的实践而开创的。这里不存在任何随意的安排，而只有一种由不断遵循范例和创造性改变所形成的传统。每一种新的尝试都必须服从这种传统。

不过，按照伽达默尔的看法，尽管作品本身具有这种制约性和这种作为典范支配再现的传统，但这里不是一种被动地受制约性支配或盲目地服从传统，我们应当在这里看到再现的自由创造性。伽达默尔写道："虽然由伟大的演员、导演或音乐家所创造的传统总是作为典范而有效，但它并不是自由创造的一种障碍，而是与作品本身融合在一起，以致在促进每个艺术家的创造性的再塑造方面，对这种典范的研讨并不比对作品本身的研讨来得少。再创造的艺术具有这样的独特性，即它所要从事的那些作品对于这种再塑造是明显地开放的，并且因此使艺术作品的同一性和连续性显而易见地向着未来敞开了。"（Ⅰ，124）因此，再现就是再创造。伽达默尔写道："解释在某种特定的意义上就是再创造（Nachscharren），但这种再创造所根据的，不是一个先行的创造行为，而是所创造的作品的形象，解释者按照他在其中所发现的意义使这形象达到表现。因此历史化的表现，如用古代乐器演奏的音乐，就不是像它们所要求的那样是如实的。它们由于作为模仿的模仿而处于'与真理隔着三层远'（柏拉图语）的危险中。"

（Ⅰ，125）很显然，"与真理隔着三层远"在柏拉图那里是具有消极而否定的意义，但在伽达默尔这里却具有积极而肯定的意义。

因此，对于相对主义的批评，我们可以这样来答复：就作品的意义，尤其是作品的存在者相对于再现和再创造这一点而言，伽达默尔的观点应该说具有相对主义性质，因为作品的存在、意义和真理是开放的和自由的。但如果说相对主义是指艺术作品只存在于作者、表现者和观赏者的主观精神中，它是期待经验主体为其充实意义的空洞形式，那么伽达默尔的观点又不应是相对主义。如果我们非要说这是一种相对主义，那么我们只能说它是一种绝对的相对主义。绝对的相对主义首先指作品的存在、意义只存在于它的再现和解释中，再现和解释是艺术作品存在和意义的来临；其次指这些再现和解释不可能在任何个别意识中找到，再现者和解释者在再现和解释时，他们是在被再现和被解释，自身属于艺术作品的连续生命中；最后指存在有诸多真的再现或解释，而这些再现和解释只属于作品本身，而不属于再现者或解释者。艺术作品的存在、意义和真理尽管是多种多样的并且在时间上不断发展的，但其中并不缺少绝对的成分，因为艺术作品作为构成物本身就具有这种不断向未来开放的可能性，构成物的实在就是不断向未来开放的可能性。

相对主义批判的一个重要出发点，即认为只有一种表现才是唯一正确的表现。事实上，这是一个未经批判的前提。伽达默尔写道："鉴于我们的历史存在所表现的有限性，那种认为唯一正确的表现的观念似乎具有某种荒谬的东西。"（Ⅰ，125）每一种表现和解释都可以成为正确的表现和解释这一事实，我们可以用中介活动（Vermittlung）和作品本身的不分离来证明。在这里伽达默尔提出"彻底的中介"（die totale Vermittlung）。何谓彻底的中介呢？这就是说，中介的元素作为中介的东西而扬弃自身，也就是说，作为这种中介的再创造并不成为核心的东西，核心的东西乃是作品通过再创造并在再创造中使自身达到了表现。例如一幢古代建筑物或雕塑作品耸立于现代生活之中，尽管这样一种现代的呈现并不是核心的东西，但这也不能相反地说，我们为了把握作品本身而必须抛开这些生命之联。伽达默尔说："作品存在于这些生命关联本身之中。作品产生于过去时代——作品正是作为过去时代延续下来的文物耸立于现代之中——这一事实还远没有使作品的存在成为某种审美的或历史的意识的对象。作品只要仍发挥其作用，它就与每一个现代是同时的。"（Ⅰ，125—126）作品尽管经历变迁，但在变迁中它却没有丧失自己的同一性。"作品自身存在于所有这些变迁之中，所有这些变迁都属于它，所有变迁方面都与它同时共存。"（Ⅰ，126）

c）审美存在的时间性

我们已经看到，Gebilde（构成物）是伽达默尔用作艺术作品的可重复性的语词：作品并不具有构成物（形式），而本身就是构成物。这意味着永恒性的东西是作品的整体而不是作品里某种结构要素。无论这个整体如何在重复过程中发生变化，但它并不分解为许多可以任意相加的方面或元素，任何部分或方面的综合既不是必要的，又不是可能的，因为作品在每一部分都是整个地存在。正如伽达默尔所说，作品自身存在于所有这些变迁方面，所有这些变迁方面都属于作品，所有变迁方面都与作品本身同时共存，这样就提出了审美存在或艺术作品的时间性问题。

通常的观点是艺术作品的无时间性，即艺术作品永远是现在性和同时性，但按照伽达默尔的看法，这种无时间性需要用与它本质上相关的时间性联系起来加以理解。因为无时间性首先是一种辩证的规定，这种规定一方面立于时间性的基础上，即来自于时间性；另一方面又处于与时间性的对立之中。过去奥地利艺术史家泽德尔迈尔（Hans Sedlmayr, 1896—1984）曾用两种时间性——即一种历史的时间性和一种超历史的时间性——来规定艺术作品的时间性，但这一试图实际上并未超出无时间性的辩证规定，因为超历史时间性只存在于历史的时间性之中,真正的时间性只呈现于历史存在的现象时间之中,无时间性就是变迁或改变中的永恒。

众所周知,正是海德格尔才真正揭示了时间性的本质,他的代表作《存在与时间》就是试图阐明存在本身只有在时间中方能展现出来。正是因此,时间被海德格尔称之为存在本身得以展现的境域(Horizont);而本真的时间性乃是过去、现在与将来的三位一体。海德格尔写道:"只有这样一种存在者,它就其存在来说本质上是将来的,因而能够自由地面对它的死而让自己以撞碎在死上的方式反抛回其实际的此之上,也即,作为将来的存在者就同样源始地是曾在的,只有这样一种存在者能够在把继承下来的可能性承传给自己本身之际,承担起本已的被抛状态并在当下为'它的时代'存在。只有那同时既是有终的又是本真的时间性才使命运这样的东西亦即本真的历史性成为可能。"[①] 伽达默尔正是依据海德格尔这种对于时间性的存在论阐述,批判泽德尔迈尔所谓神圣的时间性,他写道:"把艺术作品的真正的时间性规定为'神圣的时间'并使它从正在消失着的历史时间中分离出来,实际上仍然是人类有限的艺术经验的一个简单的反映。只有一种《圣经》里的时间神学才有可能讲到某种'神圣的时间',并且从神学上确认艺术作品的无时间性和这种'神圣的时间'之间的类似。没有这种神学的确认,讲'神圣的时间'就掩盖了真正的问题。这问题并不在于艺术作品的脱离时间性,而在于艺术作品的时间性。"(Ⅰ,127)

那么,什么是审美存在的时间性呢?

伽达默尔的答复是:"我们的出发点是:艺术作品是游戏,也就是说,艺术作品的真正存在不能与它的表现相脱离,并且正是在表现中才产生构成物的统一性和同一性。艺术作品的本质就包含对自我表现的依赖性。这意味着,艺术作品尽管在其表现中可能发生那样多的改变和变化,但它仍

[①] 海德格尔:《存在与时间》,德文版,第385页。

然是其自身。这一点正构成了每一种表现的制约性，即表现包含着对构成物本身的关联，并且隶属于从构成物而取得的正确性的标准……只要表现是指构成物本身的表现，并且作为构成物本身的表现被判断，表现就被认为是变形（Entstellung），表现就是以一种不可摆脱的无法消除的方式具有复现同一东西的特质。这种复现（Wiederholung）当然不是指把某种东西按原来的意义复现出来，即把某个东西归于原本的东西。每一种复现对于作品本身其实是同样本源的。"（Ⅰ，127—128）

为了进一步阐明艺术作品的这种时间性，伽达默尔以节日庆典（Fest）的时间经验为例。节日庆典活动显然是重复出现的，我们可以把这种重复出现的节日庆典活动称为它的重返（Wiederkehr）。但是，重返的节日庆典活动既不是另外一个庆典活动，也不是原来的庆典活动的单纯返回，而是一种在变化中的永恒性、差别中的同一性。伽达默尔写道："如果我们把节日庆典活动的重返与通常的时间及其向度的经验相联系，那么这种重返就表现为一种历史的时间性。节日庆典活动是一次次地演变着的，因为与它同时共存的总是一些异样的东西。不过，虽然有这种历史改变面，它仍然是经历这种演变的同一个节日庆典活动。"（Ⅰ，128）

对于节日庆典活动的本质来说，它的历史关联是次要的。作为节日庆典活动，它并不是以某一种历史事件的方式而成为某种同一的东西，但是，它也并非由它的起源所规定，以致节日庆典活动只是在从前存在。当节日被重复庆典而发生的改变并不表示某个别的节日现在被庆祝，我们不能说"节日庆典活动本来是具有某种性质并以某种方式被庆祝，以后它演变为其他的性质和其他的方式，再以后又演变为其他更不同的性质和方式"，实际上，原来的节日庆典并未遭受改变，改变不是在起源之后而出现，而本来就属于起源，起源本身就已经包含以后的改变和差别。节日庆典活动的本质乃是它经常是一种异样的活动。正是由于它经常是作为另外一种东西而存在，它才在某种比所有属于历史的东西更彻底的意义上是时间性的，只有在变迁和重返的过程中它才具有它的存在。

节日庆典活动仅仅由于它被庆祝而存在，同样，作为观赏游戏的戏剧也是由于为观赏者表现自身而存在。正如节日庆典活动并不是在庆祝者的主观性中有其存在一样，艺术作品的存在也绝不单纯是观赏者的诸多体验的交点。正相反，观赏者的存在是由他在那里的"共在"（Dabeisein）所规定的。共在不是同在（Mitanwessenheit），而是参与（Teilhabe）。谁共在某物，谁就是参与某物（Bei—der-Sache-sein）。在这里，共在概念有如基督教里的共享（Kommunion）概念，共享就是对基督救世行为本身的参与。基督教徒通过共享而参与基督拯救或救世行为，同样，艺术作品的观赏者通过共在而参与艺术作品的意义规定。伽达默尔写道："我们的出发点是，作为艺术游戏组成部分的观赏者的真正存在，如果从主体性出发，就不能恰当地被理解为审美意识的一种行为方式。但这并不是说，甚至连观赏者的本质也不能从那种我们所强调的共在出发来描述。共在作为人类行为的一种主体活动而具有外在于自身存在的性质。"（Ⅰ,131）按照伽达默尔的看法，外在于自身的存在乃是完全与某物共在的积极可能性。因此，这样一种共在具有忘却自身的特性，而且构成观赏者的本质，即忘却自我地投入某个所注视的东西。陶醉于艺术作品的观赏者不同于由于好奇心而观看某物的人，作为艺术游戏向观赏者表现的东西并不穷尽于瞬间的陶醉，而是包含有对观赏者的持久欲求，即一种连续不断地中介过去与现在的要求，此即为艺术作品的共时性（Gleichzeitigkrit）。

伽达默尔在这里似乎在引证语词史上一个事实，即不论中文还是外文，都有把分有理解为共有（共享），如希腊文 Methexis，德文 Teilhabe，既是分有又是共享，陈康先生曾说："乙和甲同有什么，即乙和甲分有什么。"我们一般把它们译为分有和参与，参与即是共享。同样，《易传》"参天两地而倚数，观变于阴阳而立卦"，张载在其《易说》说："一故神，二故化，此天之所以参也。"庞朴先生一分为三,一中有二,而二为一,故三(参与)。伽达默尔在此所讲"共时性"(Gleichzeitigkeit)和"共在"(Dabeisein)就是想表示它们不是绝对的"同时性"(Simultaneität)和"同在"(Mitanwessenheit)。伽达默尔说:"无论如何,'共时性'是属于艺术作品的存在。共时性构成'共在'的本质。共时性不是审美意识的同时性。因为这种同时性是指不同审美体验对象在某个意识中的同时存在和同样有效。反之,这里的'共时性'是指,某个向我们呈现的单一事物,即使它的起源是如此遥远,但在其表现中却赢得了完全的现在性。所以,共时性不是意识中的某种给予方式,而是意识的使命,以及为意识所要求的一种活动。这项使命在于,要这样地把握事物,以使这些事物成为'共时的',但这也就是说,所有的中介被扬弃于彻底的现在性中。"(Ⅰ,132)

共时性不同于同时性(Simultaneität)。同时性指不同审美体验对象在某个意识中的同时存在或同样有效;反之,共时性乃指某个向我们呈现的事物,无论它起源于如何辽远,在其表现中却具有完全的现在性。克尔凯郭尔曾从神学上阐明这种共时性,他说共时性并不是同时存在,而是表述了向信仰者提出的这样一种任务,即把两个完全不是同时出现的事物——即自身的现在与基督的拯救——彼此联系在一起,并且是这样彻底地中介它们以使后者被经验为是现在的,即不是某种处于辽远过去的事情。反之,审美意识的同时性则是共时性的对立面,并且还掩盖和隐藏了共时性所提出的这一任务。按照这种共时性,艺术作品永远是过去与现在的中介,它是在差别和改变中保持永恒。艺术作品的第一次出现、第一次发表、第一次舞台上演或第一次解释,只是要不断重复的东西的首次重复,它并不比第二次或任何一次以后的重复更有真实性或真正性。正如我们庆祝节日本身,而不是庆祝它的第一次庆典。不管艺术作品的起源如何辽远,艺术作品与它被理解的每一个时代完全是共时的,它并不使理解者或解释者转入另一时代或另一世界。伽达默尔说:"这就是观赏者自身的世界的真理,他在其中生活的宗教世界和伦理世界的真理,这个世界展现在他面前,他在这个世界里认识他自己。"(Ⅰ,133)观赏者所处于的绝对瞬间同时也既是忘却自我又是与自身的调解。使观赏者脱离他自身的东西,同时也把观赏者的整个存在交还给了他。

对艺术作品的认识是一种再认识,然而这种再认识是间接而迂回的,我们是在某种我们已经从之返回的或再回到的某物中再认识我们的世界。已经有一个已旅行过的路线,一种已进行过的远足和一种已经完成的任务。这样一个路线必须被旅行,这首先指明艺术作品的当代性不是解释者意识对一切时代的同时性。艺术作品对解释者的呈现不是一种被给予的直接性,而是一种要被完成的直接性;艺术作品必须被履行。履行任务就是以这样一种方式中介作品,以致媒介并不与所中介的东西相区别。过去必须被造成对现在呈现,因为它的表现(在场)和直接性不是被给予的。艺术历史的工作必须是精确的,因为我们不与一切时代是同时的。

要理解另一时代需要工作,然而它是允许我们理解我们自己时代的这同一工作。正如伽达默尔所说,我们庆祝节日本身,而不是庆祝它的第一次庆典;艺术作品使我们不是到另一个世界,而是到我们自己的世界。但是我们确实需要认识我们自己的世界,我们的世界只有在再认识和重复中才是可认识的。这一事实指明我们对我们自己的世界并不比对任何其他世界有更多的在场(present)。这种直接性也是要通过中介而完成的任务,它也要工作,一种艺术工作。一定有一种从我们自身出来的 ecstasis(神往),一种进入另一个过去的世界的远足,但这种远足,当我们达到了,我们发现其他世界和时代乃是我们自己的世界和时代。来到我们自己世界本身需要进入陌生世界的旅行,而进入陌生世界的旅行也是一种返回到我们自己世界的旅行,因为我们的同一性不是所与,而是任务,不是自我观念的统一,而是与过去的再结合。当我们解释艺术作品,我们解释我们自己;正如作品是在解释时才来到存在,我们自己也是在解释中来到存在。

审美存在对表现的依赖性,并不意味缺乏或缺少自主的意义规定,这种依赖性乃属于审美存在自身的本质。观赏者就是我们审美游戏即艺术作品的本质要素,这一点可用亚里士多德关于悲剧的定义来说明,在亚里士多德的悲剧定义中,观赏者的心灵态度明确地被包含在悲剧的本质规定之中。

d)悲剧的例证

艺术对观赏者的作用,这可以从亚里士多德关于悲剧的定义中看出,因而亚里士多德关于悲剧的理论我们可以看作一般审美存在的结构的例证。在亚里士多德的悲剧理论中,悲剧性是一种基本现象,一种意义结构,这种基本现象和意义结构不仅存在于悲剧艺术作品以及其他艺术种类如史诗中,而且也存在于生活中,"只要生活中存在着悲剧性,悲剧性就根本不是一种特殊的艺术现象。"(Ⅰ,134)正因为此,最近的一些艺术研究者主张悲剧性原是一种非审美的要素,它是一种生活领域内的伦理学—形而上学现象,这种现象只是从外面进入审美艺术领域内的。

亚里士多德关于悲剧的理论最重要的一点,就是在他关于悲剧的本质规定中包括了对观看者的作用。观看者一同被包含在悲剧的本质规定中这一单纯事实,正好把我们前面关于观赏者本质上归属于游戏所讲的东西解释清楚了。观赏者隶属于游戏的方式使艺术作为游戏的意义得到了呈现。所以观赏者对观赏游戏所持的距离并不是对某种行为的任意选择,而是那种在游戏的意义整体里有其根据的本质关系。悲剧就是作为这种意义整体而被经验的悲剧性事件过程的统一体。我们可以观看悲剧到其不可避免的结尾而不能做有关它的任何事情,因此"作为悲剧性被理解的东西只需要被接受。"(Ⅰ,135)

虽然我们不能对悲剧做什么,但悲剧却对我们做了某种事情。亚里士多德把悲剧对观看者的效果称为 eleos(怜悯)和 phobos(畏惧),以及它们的净化(catharsis)。eleos 和 phobos 这两个词,正如伽达默尔所理解的,它们并不指主观的情感，而是指悲剧英雄的存在状态以及观众的存在状态，它们是当我们被所发生事情的巨大力量所压倒并分裂自身而出现的神移（ecstasis）的条件。伽达默尔说："传统上用'怜悯'和'畏惧'来翻译这两种情感，可能使它们具有一种太浓的主观色彩。在亚里士多德那里，eleos 与怜悯或历代对怜悯的不同评价并不完全相关。phobos 同样也很少被理解为一种内在的情绪状态。这两者其实是突然降临于人并袭击人的事件（widerfahrnisse）。"（Ⅰ，135）按照伽达默尔的解释，eleos 就是由于面临我们称之为充满悲伤的东西而使人感到的不幸或哀伤（Jammer）；而 phobos 则是这样一种战噤（Kaelteschauer），它使人血液凝住，使人突然感到一种战憟，这种战憟是由于我们看到某人迅速走向毁灭并为之担忧而突然来到我们身上的。"哀伤和担忧都是一种'神移'，即外于自身存在（Ausser-sich-sein）的方式，这种方式证明了在我们面前发生事件的威力。"（Ⅰ，135）

对于亚里士多德所说的"净化"，伽达默尔也作了新的解释，他说，"哀伤和战噤的突然降临表现了一种痛苦的分裂，在此分裂中存在的是一种与所发生事件的分离，也就是一种对抗可怕事件的拒绝接受。但是，悲剧性灾祸的作用正在于这种与存在事物的分裂得以消解。就此而言，悲剧性灾祸起了一种全面解放狭隘心胸的作用。我们不仅摆脱了这一悲剧命运的悲伤性和战噤性所曾经吸住我们的威力，而且也同时摆脱了一切使得我们与存在事物分裂的东西。"（Ⅰ，136）净化就是观众从神移返回到他们自己，由于他们回到了面对真实事物，这个事物被承认，被接受，从而他分享了一种肯定，伽达默尔说："因此悲剧性的哀伤表现了一种肯定，即一种向自己本身的复归。"（Ⅰ，136）

但究竟是什么被肯定呢？这不是某种道德世界秩序的合理性或正义，完全相反，凡存在有合理性或正义的地方，凡罪过的债务完全被偿还了的地方，是不存在有悲剧的。所谓悲剧过失论对现代悲剧来说，并不是一种合适的解释。在现代悲剧里不可能也不允许有一种对过失和命运的完全主观化的做法。无疑，罪恶是实在的，但悲剧在于惩罚大大超过应得的惩罚。古代悲剧的命运力量在现代悲剧里起了作用。悲剧命运的力量正表现在罪过和命运之间的不可比例，意志和结局之间的不可比例，内容和即使强有力的东西也免除不了的意义之间的不可比例。地球上伟大的人（如我们）卷入那些大于他们的事件之中，那些表现认识、感觉、行动在面对所发生事情的巨大性时的渺小性的事件之中。在悲剧里，真理不能被回避，只能被承认，因为真理是某种我们无能为力的东西。伽达默尔写道："因此，我们必须再重复这一问题，即在悲剧里究竟是什么东西为观看者所肯定了呢？显然，正是那种由某种过失行为所产生的不均衡性和极可怕的结果，才对观看者表现了真正的期待。悲剧性的肯定就是这种期待的实现。悲剧性的肯定具有一种真正共享的性质，它就是在这些过量的悲剧性灾难中所经验的真正共同物。观看者面对命运的威力认识了自己本身及其自身的有限存在。经历伟大事物的东西，具有典范的意义。对悲剧性哀伤的赞同并不是对这种悲剧性过程或那种压倒主人翁的命运公正性的认可，而是指有一种适用于一切形而上学的存在秩序。'这事就是这样的'乃是观看者的一种自我认识的方式，这观看者从他像任何人一样处于其中的迷惑中重新理智地返回来。悲剧性的肯定就是观看者自身由于重新置身于意义连续性中而具有的一种洞见力。"（Ⅰ，137）

在观看悲剧时，是突然降临观看者身上的震惊和胆战深化了观看者与自己本身的连续性。悲剧性的哀伤出自观看者所获得的自我认识。观看者在悲剧性事件中重新发现了他自己，因为悲剧性事件乃是他自己的世界，他在悲剧里遇到这个世界，并且通过宗教的或历史的传承物熟悉这个世界。观看者与悲剧作品的接触就是与自身的接触。这不仅适合于观看者，而且也适合于剧作家、诗人。正如苏福克利斯并不比奥狄普斯更多能摆脱历史的要求一样，剧作家或诗人也不比他们所创造的主人翁更有自由地创造作品。这标志自由创造的界限。伽达默尔写道："对于作者来说，自由创造始终只是某种受以前给出的价值判断所制约的交往关系的一个方面。尽管作者本人还是如此强烈地想象他是在进行自由创造，但他并不是自由地创造他的作品。事实上，古代模仿理论的一些基本东西直至今日仍然存在着。作者的自由创造乃是某种也束缚作者本人的普遍真理的表现。"（Ⅰ，138）这一点尤其明显地表现在悲剧里，悲剧揭示了历史要成为共同命运的坚决要求，艺术家如他的观众一样被这种共同命运所束缚。他的自由不是摆脱历史的自由，而是认识那种也束缚他的共同历史世界的自由。艺术的世界"从不会只是一个吸引演员、雕塑家或观看者的属于魔术、陶醉或梦幻的陌生世界，作品始终是属于演员、雕塑家或观看者自身的世界，演员、雕塑家或观看者由于在这个世界更深刻地认识了自己，从而自己更本质地被转移到这个世界中去。作品永远保持一种意义连续性，这种连续性把艺术作品与人类实际存在的世界（Daseinswelt）联系在一起，并且即使教养社会的异化了的意识也从没有完全地摆脱这种意义连续性本身。"（Ⅰ，138）

最后，伽达默尔由此得出结论说："什么是审美存在呢？我们在游戏概念以及那种标志艺术游戏特征的向构成物转化的概念上，曾经试图指明某种普遍性的东西，即文学作品和音乐作品的表现或表演乃是某种本质性的东西，而绝不是非本质的东西；在表现或表演中所完成的东西，只是已经属艺术作品本身的东西：即通过演出所表现的东西的此在（Dasein）。审美存在的特殊时间性，即在被表现中具有它的存在，是在再现过程中作为独立的和分离的现象而存在的。"（Ⅰ，138—139）

第二节　美学和诠释学的结论

a）绘画的存在论意义

伽达默尔在上一节讨论艺术作品的存在论及其诠释学的意义，先是从作为存在论阐释入门的游戏着手，讨论游戏概念、构成物概念、审美存在的时间性以及作为例证的悲剧。这一节的主要观点是针对抽象审美意识所作的审美区分——艺术作品与它的解释或再现相分离，提出审美无区分，即艺术作品与它的解释或再现相统一。他的论证是：因为艺术是游戏，而游戏乃是被游戏，所以，正如游戏如果离开它的被游戏就不存在，艺术作品（如戏剧）如果离开它们的再现或舞台的解释也就不存在，因此，再现、表演或解释对于艺术作品和音乐作品乃是某种本质的东西，伽达默尔说："在表现或表演中所完成的东西，只是已经属艺术作品本身的东西，即通过演出所表现的东西的此在。"（Ⅰ，139）我们也可以看出，这一节的主要论证方式乃是一种指向未来的形式：艺术作品的存在意义是在它以后的不断再现或解释的过程中，艺术作品是对未来的再现或解释开放，即对未来开放。

但这种观点是否具有普遍有效性呢？也就是说，这种观点是否适用于一切种类的艺术作品？一个明显的反例是，上面我们所讨论的艺术作品主要是一种可以再现或表演的艺术作品，伽达默尔把这种艺术称为"流动性艺术"（transitorische Künsten），即一种可不断再现的表演型艺术（performing arts），如文学作品和诗歌可以不断被读，戏剧可以经常上演，音乐作品可以重新演奏。但是除了这种表演型的艺术外，还存在有非流动性的艺术，即非表演型的艺术，例如绘画、雕塑以及一般造型艺术作品，对于这些作品，显然我们无须通过它的再现、表演作为媒介，我们可以直接地欣赏和认识它们。换句话说，流动性艺术是一种再创造的艺术，再创造（Reproduktion）属于艺术作品的本质；反之，非流动性艺术则不是一种再创造的艺术，再创造不属于艺术作品的本质。正是在这里，审美意识的审美区分似乎又找到了它的地盘，因为在这些非表演型的艺术作品里，变异和再创造不属于艺术作品的本质，我们可以直接地、即无须某个进一步的中介而把这些作品作为其本身来经验，从而使作品本身与它的再创造相脱离。

审美区分尤其会援引"绘画"作为例证。近代的框板画（Tafelbild）不限于某个具体的时间或固定的场所，而是通过包围它的框架而完全自为地呈现自身。这意味着框板画包含了绘画与它的世界的分离，绘画与它的历史的分离，以致绘画可以无须任何中介而在任何地方和任何时间让我们直接观看，也就是说，绘画可以无须任何中介而自由地转入任何世界。伽达默尔说："绘画本身显然根本不具有我们在文学作品和音乐作品里所强调的那种对于中介的客观依赖性。"（Ⅰ,139—140）所以绘画似乎标志着绘画本身与它的再创造或再现的区分，或更一般地说，与我们接近它的个别条件的区分。绘画的这种自身的完整性和直接性显然否定了历史中介工作，它可以说是已经在场的，它的展现既无须历史的研究，也不需再创造，所以绘画在审美意识看来，正是它的审美区分的例证，正如伽达默尔所说，"绘画似乎完全证实了审美意识的直接性。绘画好像是审美意识的普遍性要求的有力证人"（Ⅰ,140）。这正是伽达默尔在本节的出发点，即"我们有必要进一步探讨绘画的存在方式，并且追问我们通过游戏来描述的审美特性的本质规定是否对于探讨绘画本质的问题有效"（Ⅰ,140）。

按照伽达默尔的观点，审美意识所做的审美区分乃是一种双重的区分，它其实包括了两个方面：一是作品与它的再现或解释的区分；一是作品与它所表现的东西的区分。如果艺术可以完全被理解为表现，那么艺术不仅可以被再现，而且它表现某种东西。如果说在流动性艺术里我们讨论的，是作品与它的再现或解释的区分，那么在非流动性的艺术里，我们就必须讨论作品与它表现的东西的关系，即与它的世界、它的起源、它的过去的关系。因此我们可以看到，在本章前一节关于游戏作为存在论阐释入门的讨论里，伽达默尔似乎是采取了一种指向未来的论证形式，即对未来开放；而在现在这一节里，伽达默尔似乎采取了一种指向过去的论证形式，也就是说，对艺术作品的世界、起源或过去进行开放。

为了便于理解伽达默尔关于绘画的存在方式的论述，我们首先需回忆一下柏拉图的理念论，特别是他关于原型（Urbild）和摹本（Abbild）的学说。按照柏拉图的观点，第一性的东西，最根本的东西，即真理，乃是理念（eidos），而现实的事物则是理念的摹本，例如床的理念是第一性的东西，而现实的木制的床乃是床的理念的摹本。因此理念我们可以说是原型，而现实的事物则是原型的摹本。按照柏拉图的看法，原型与摹本的关系不仅存在于理念和现实事物之间（这是原型与摹本的第一级关系），而且也存在于现实事物与现实事物的画像之间（这是原型与摹本的第二级关系），因为现实事物的画像显然是以现实事物作为原型的摹本，画与现实事物之间显然也是一种摹本与原型的关系。不过，由于事物本身是理念的摹本，所以严格说来，绘画乃是理念的摹本的摹本，正是从这里，柏拉图提出艺术"与真理隔着三层远"。伽达默尔关于绘画的存在方式的探讨或对绘画概念的分析就是以柏拉图的这种原型与摹本的关系为主线，他说："我们在对绘画概念的分析中，只涉及两个问题：其一是绘画（Bild）在哪些方面不同于摹本（Abbild），这就是说，我们在探讨原型（Ur-bild）问题；其二是绘画与其世界的关系是怎样从这里得出的。"（Ⅰ,141—142）

为了阐明绘画与一般摹本的区别，伽达默尔首先从"表现"（Darstellung）概念出发。显然，表现概念不仅属于流动性艺术（再现型艺术、表演型艺术），而且也属于非流动性艺术（非再现型艺术、非表演型艺术）。只不过在流动性艺术里，表现呈现了双重性，不仅艺术作品的创作是表现，而且它们的再现，如舞台上的演出，也是表现；而在非流动性艺术里，表现则是单指艺术作品的创作，即它表现了某物。表现显然不同于摹本，摹本只是原型的抄本，它本身不是独立存在和自为存在的，真实性只是在原型，而原型，即摹本里所摹绘的东西，具有一种不依赖其摹本的真实存在。反之，表现则不是这样，表现所表现的事物绝不是处于表现之外，而是与表现相统一的事物，或者说，事物正是通过表现才成为真实的事物。离开了表现，所表现的事物乃是非真实的事物。伽达默尔说：

"在表现游戏里所呈现的世界并不像一个摹本那样接近于实在的世界，而是存在于这个实在世界被提升的真理之中的世界。表现，例如舞台上的演出，更不是这样的摹本，在此摹本之外，戏剧的原型本身还保留其自为的存在。"（Ⅰ，142）因此，表现虽然像摹本一样，也是一种模仿，但在表现中，所谓模仿既不是指摹绘（摹本），也更不是指所表现物的显现（现象），表现所表现之物就是该物自身。伽达默尔说："没有作品的模仿，世界就不会像它存在于作品中那样存在于那里，而没有表现，作品在其自身方面也就不会存在于那里，因此所表现事物的存在完成于表现之中。"（Ⅰ，142）

　　表现与摹本的区别，我们还可以从另一个方面来理解。摹本的本质除了摹绘原型外，不再具有任何其他的任务，因此摹本的合适性标准乃是人们在摹本上认出原型，但这也意味着，摹本的本质规定性就是扬弃自身的自为存在，并且完全服务于传介所摹绘东西这一目的。简言之，摹本具有自我消失的本质规定性。我们可以用镜中之像（Spiegelbild）来解释这种自我消失或自我扬弃的规定性。镜中之像显然不具有任何自为存在，它的存在需依赖于原型的在场，并且只是为看镜子的人而存在，只是为这些人反映出他们所看的事物，一旦人们从镜中看到了所看的事物，镜子的使命也就完成了。尽管摹本相对于镜中之像来说，它不像镜中之像那样处于原型之外，它具有自身的存在权利，但摹本并不想成为任何其他独立的东西，它只想成为表现某物的工具，并且它唯一的功用就在于使人对这样的事物进行辨认，一旦这一任务完成了，它的功用也就完成了。伽达默尔写道："摹本是作为手段而起作用，并且像所有手段那样，通过其目的的实现而丧失其作用，就此意义而言，摹本扬弃其自身。摹本是为了这样扬弃自身而自为地存在着。摹本的这样自我扬弃就是摹本本身存在上的一种意向性的要素。如果在意向上有变化，例如当我们想把摹本与原型加以比较，按其类似性去评价摹本，并在这一点上要把摹本从原型中区分出来时，摹本就表现出其自身的假象，这就像每一种不是被使用而是被检验的其他手段或工具一样。但是，摹本并不是在比较和区分的这种反思活动中具有其真正作用的，它的真正功用在于通过其类似性指出了所摹绘的事物。因此，摹本是在其自我扬弃中实现自身的。"（Ⅰ，143）

反之，表现就不是这样，表现并不是达到目的的手段，它也不会在其目的达到后就自我消失。在表现中，显现的图像与所表现之事物在存在论上不可分离。当摹本通过它的自我消失或转让它的权利给原型来实现它的作用时，表现却通过它的表现与所表现之物更紧密地联系在一起。伽达默尔说："表现其实总是本质性地与所表现的事物联系在一起，甚至就包含在所表现的事物中。"（Ⅰ，143）正因为此，表现并不像摹本那样通过自我消失来展现所表现之物，而是通过自己的自我存在来肯定所表现之物。绘画就是这样一种表现。因此，凡属绘画的东西一般就不是在其自我扬弃或自我消失中获得其规定性，因为它们不是达到目的的手段。绘画本身就是所意指的东西，它与它所表现的事物构成统一体，它的关键就在于它所表现的东西如何在其中表现出来。这也就是说，绘画的本质特征是"绘画的不可替代性，它的不可损害性，它的'神圣性'"（Ⅰ，144）。绘画表现了图像与所表现事物的存在论上的不可分离性，图像并不要求自己为了使所摹绘物的存在而扬弃自己本身，正相反，图像是为了让所摹绘物存在而肯定其自身的存在。在这里，绘画与镜中之像形成鲜明对比，镜中之像只是一种单纯的假象（Schein），也就是说，它没有任何真实的存在，在其短暂的存在中只被理解为某种依赖于其所反映的东西，而绘画却具有某种自身特有的存在。伽达默尔说："绘画的这种作为表现的存在，因而也就是在其中它与所摹绘物不相同的东西，与单纯的摹本不同，给予绘画以成为一幅绘画的积极标志。……这样一种绘画就不是一种摹本，因为它表现了那种如果没有它就不是如此表现的东西。"（Ⅰ，144—145）

因此，与摹本不同，表现总是在某种本质的意义上与在表现中达到表现出的原型相联系，表现是比摹本还要多的东西。尽管表现也是图像，而不是原型本身，但这并不意味着任何消极的东西，并不意味着任何对存在的单纯削弱，而是意味着某种自主的实在性。所以作为表现的绘画与原型的关系完全不同于一般摹本与原型的关系，绘画中所表现的东西就是原型本身；如果绘画中所表现的东西不存在于别处而只存在于绘画中，那么这意味着原型不存在于别处而只存在于它的绘画中。原型不能与它的表现或绘画相分离，因为表现在本质上和本源上属于原型。"无区别乃是所有绘画经验的一种本质关系。"（Ⅰ，144）如果说我们并未看出绘画的原型，那么这是因为我们在绘画中看到原型本身。正如游戏是游戏的玩它自身的游戏，绘画也是原型自身的显现，原型的自我表现。伽达默尔写道："这不再是任何单方面的关系。绘画具有某种自身特有的实在性，这对于原型来说，相反地意味着，原型是在表现中达到表现的，原型是在表现中表现自身的。但是这不一定是说，原型为了显现而依赖于这种特殊的表现。原型可以以不同于这种表现的其他方式来表现自身。但是，如果原型是这样表现的，那么这种表现就不再是一种附属的东西，而是属于它自身存在的东西。每一种这样的表现都是一种存在事件，并一起构成了所表现物的存在等级。原型通过表现好像经历了一种在的扩充（Zuwachs an Sein）。"（Ⅰ，145）

这里我们应理解"的"这个第二格词的特殊作用。当我们说原型"的"模仿或原型"的"表现，这个"的"字绝不是一般所说的附属形容词，而是指某种原型通过自身正在做的东西。模仿和表现都是原型自身的自我行动或自我表现，因此模仿和表现就不像摹本那样需通过取消自身来肯定原型，而它自身就是所表现物的自成物。在这里我们可以说表现与原型的无区分，表现乃是原型自身的形成活动，或者说，绘画乃是原型自身形成的事物。在这里伽达默尔援引了中世纪新柏拉图主义的流射说来阐明这种通过表现而经历的在的扩充，他说绘画的独特内容从存在论上说可以被规定为原型的流射（Emanation des Urbildes）。新柏拉图主义的流射说是主张万物乃是上帝的流射物，但上帝所流射的东西只是一种剩余物、多余物，因此流射出的东西所从之流射的东西——即上帝——并不因为进行这种流射而削弱自身，也就是说，原始的"太一"尽管从自身中流出"多"，而自身却没有任何减少，而是相反更为丰富，更为充满。基督教神学的典型例子是道成肉身的学说，作为抽象圣父的上帝并不因为具体圣子基督的降生而削弱自身，正相反，圣父通过圣子的降生而更丰富。按照伽达默尔的看法，希腊教父们依据基督教学说拒斥旧约圣经对形象的敌视时，就已经运用了这种新柏拉图主义的思维方式，正是在这种对形象禁律的克服过程中，我们看到了那种使造型艺术在基督教西方得以发展的决定性事件。

因此对于伽达默尔来说，绘画的存在论虽然是以原型与摹本的存在论关系为基础，但是柏拉图主义关于摹本与原型关系的观点并没有穷尽我们称之为绘画的东西的存在论意义。伽达默尔认为，要理解绘画的存在方式，我们最好通过宗教律法概念，即"代表"（Repräsentation）一词去阐明。Repräsentation原来的意思是指表现、再现，但通过基督教的道成肉身学说而经历了一场新的意义转变。Repräsentation不再指摹绘或形象表现，而是指替代，如果某人替代另一个人，也就是说，Repräsentation指使某某在场，让某某展现（Gegenwärtigseinlassen）。伽达默尔说，如果现在我们用这一概念的这一内涵来理解绘画，那么"绘画就必然有一种本质的变形，一种几乎可以说是原型与摹本的存在论关系的颠倒。因此绘画就具有一种对原型也有影响的独立性。因为严格说来，只有通过绘画（Bild），原型（Urbild）才真正成为原始的绘画（Ur-bild，即原型），也就是说，只有从绘画出发，所表现物才真正成为绘画性的（bildhaft）"（Ⅰ，146—147）。

这一点我们可以通过所谓肖像画（表象绘画）清楚看到，君主、政治家、英雄是怎样展示和表现自身的，这在绘画中是得以表现的，尽管这不是说所表现的人物通过绘画获得了某种新的更真实的显现方式，而是指，正是因为君主、政治家、英雄必须展现自身，必须进行表现，所以绘画才获得其自身的实在性。但当君主、政治家、英雄展现自身时，他们自身必须满足绘画向他们提出的期望（Bilderwartung），只是因为他们是这样在展现自身中具有存在，所以他们才在绘画中专门得以表现；他们不能避免在绘画中被表现出来——而且由于这种表现规定了我们关于他们而具有的形象，所以他们最终必须是像他们的画像所规定的那样来展现自身。统治者是被他的形象所统治，他是他的形象的创造物。伽达默尔说，这样一来就出现了矛盾：原始绘画（Ur-bild）只有通过被绘画（bild）才成为绘画（Bild）——而绘画（Bild）却无非只是原型（Urbild）的显现（Erscheinung）。宗教绘画可以作为这种观点的典型例证，对于上帝的显现实际有效的，乃是这种显现唯独通过语词和形象才获得其形象性。在宗教绘画里，形象不是某种所摹绘事物的摹本，而是与所摹绘事物有存在论联系。绘画不能理解为某种审美意识的对象，而应理解为一种存在事件。原型是通过艺术的表现而存在的，原型就是绘画所表现的东西，这意味着绘画是原型的自己的存在可能性，原型通过绘画表现而来到它自己的存在，在绘画里，原型经历异化和返回运动：它表现自身为某种他物，然而正是在这种自我异化中它来到它自己的存在。

从上述伽达默尔关于绘画存在论的论述中，我们可以推出，艺术——不仅是流动性艺术，而且也是非流动性艺术——绝不是像审美意识所认为的那样是存在的摹本，而是存在的表现，艺术与存在相统一。伽达默尔写道："艺术一般来说并在某种普遍的意义上给存在带来某种形象性的补充。语词和形象并不是单纯的模仿性的说明，而是让它们所表现的东西作为该物所是的东西而完全地存在。"（Ⅰ，147—148）艺术作品不是由于与某种理念的关系而被规定为一种需要模仿的、再次给出的存在，而是像黑格尔所说的，应规定为理念本身的显现。Urbild 经历了 Bildung 并通过

Bildung，世界本源地来到存在。艺术作为游戏，这本身就是一种存在事件，艺术无疑包含了与其世界不可分离的本质关系。

b）偶缘性和装饰品的存在论根据

绘画的存在论揭示了"绘画其实包含了一种与其世界不可分离的联系"，这与所有艺术史家的结论，即我们不可能使艺术作品与它的本源世界相分离，不谋而合，只是经历了一个较为漫长的过程。不过，这种迂回却是必要的，因为审美意识曾认为自己与艺术史相对立，它主张作为纯艺术的艺术作品正是与它的世界和时代分离的产物，从而纯美学的对象是与艺术史不相干的。不过，艺术史家的结论虽然在这一方面与审美意识不相符合，但在另一方面，艺术史研究似乎又与审美意识有某种伙伴关系。我们知道，审美意识的审美区分是一种双重的区分，不仅作品与它的世界区分，而且作品也与我们的世界区分。尽管艺术史研究否认了前一种区分，但它却从历史主义的立场出发肯定了后一种区分。艺术史研究试图通过使艺术作品离开我们现在的世界而重新置入它自己的原始世界，也就是它区分了原本的解释和最近的中介的解释。艺术史研究里的这种历史主义观点实际上本身也是很成问题的，如果艺术作品事实上需要艺术史家将它放回到它自己的原始世界，那么艺术史家的这种活动本身就证明了艺术作品与它的原始世界的分离，而这却正是艺术史家所反对的。因此，或者是艺术作品本身一直保留它的原始世界到我们的世界中，或者是艺术史是不可能的。

如果艺术作品确实不是像纯粹美学所要求的那种脱离具体现实的抽象存在，那么艺术作品与它的世界的不可分离的关系就包含了与它的原始世界的关系以及与任何后来的世界的关系，而且，原始的世界与后来的世界彼此相联系，因为艺术作品与它原始世界的一切关联都是由艺术史家根据他自己的世界而阐明。艺术史家的活动类似于流动性艺术（表演型艺术）

里的再现（Representation）的中介关系。即使对于非流动性艺术（如绘画、雕塑），艺术史家也是履行这种中介作用，把非流动性艺术作品（本是在它们自己的世界里）表现给我们（转入我们的世界）。艺术作品的原始世界以及它后来的再现（表演、解释）都是艺术作品的本质规定，在任何情况里，艺术作品都存在于创造、再现和解释的具体情况里。正如伽达默尔所说的，游戏者是被游戏的存在，游戏的主体乃是游戏本身，同样，艺术史的主体不是艺术史家，而是艺术作品本身。如果艺术史不是艺术史家对艺术作品所做的东西，那么艺术作品本身就表现了它的原始世界并属于这个世界。艺术作品在时间上属于它的世界，伽达默尔称之为作品的偶缘性（Okksionalität）；而作品在空间上属于它的世界，伽达默尔就称之为作品的装饰性（Dekoration）。

按照伽达默尔的定义，偶缘性就是作品的意义和内容是由它们得以被意指的境遇（Gelegenhit）所规定的，或者说，"意义是由其得以被意指的境遇从内容上继续规定的"（Ⅰ,149）。伽达默尔列举的偶缘性的例子是肖像画、献诗以及戏剧中的当代典故。很显然，这些东西有一个共同的特点，即它们都具有一种具体的指称关系，肖像画是某一个人的画像，献诗是献给某一个人的诗，典故显然也是指称当时的一个事件。按照伽达默尔的看法，偶缘性乃是作品本身要求的一部分，而不是由作品的解释者硬加给作品的，例如肖像画在其自身的画像内容中就包含对原型的关系，这不仅指肖像画是按照这个原型绘制的，而且肖像画本身就是原型的画像。这一点特别明显地表现在肖像画与一般绘画的模型之间的区别上：一般绘画的模型绝不是绘画自身要求的一部分，如果一幅绘画把模型作为个性来表现，或者我们在一幅绘画中认识了模型，那么这幅绘画就会是一个失败的艺术作品；反之，肖像画就需要我们认识它所表现的人物，画愈有个性，它将愈是成功的作品。伽达默尔写道："模型和肖像画的区别就使这里所说的偶缘性的意思清楚了。这里所指的偶缘性显然是存在于一部作品本身的意义要求之中，它不同于所有那些能在作品里被观察到的和能由作品推出的违反这种要求的东西。一幅肖像画是想作为肖像画被理解，甚至在其与原型的关系几乎被绘画自身的形象内容所压倒之时，它也仍然如此。这一点在那些根本不属肖像画、但如人们所说却包含肖像画特征的绘画中表现得尤为明显。这些绘画迫使我们去探讨在绘画后面可以被看到的原型，因而这些绘画的内涵就比那种只是要消失的图式的单纯模型的意思要多得多。同样的情况也出现在文学作品中，文学作品可以包括文学性的肖像画，而没有必要成为伪艺术的影射小说的轻率的牺牲品。"（Ⅰ，150—151）

与审美意识的观点相对立，在伽达默尔看来，偶缘性不是附属的东西，而是属于艺术作品本质的东西。他写道："一部艺术作品是如此紧密地与它所关联的东西联系在一起，以致这部艺术作品如同通过一个新的存在事件而丰富了其所关联东西的存在。绘画中所把握的东西，诗歌中所交流的东西，舞台上所暗示的对象，这些都不是远离本质的附属性东西，而是这种本质自身的表现。我们上面关于一般绘画存在论意义所说的东西，也包括这种偶缘性要素，所以，在所说的这些现象中所遇到的偶缘性要素表现自身为某种普遍关系的特殊情形，这种普遍关系是与艺术作品的存在相适应的，即从其达到表现的'境遇'出发去经验某种对其意义的进一层规定。"（Ⅰ，152）

偶缘性在流动性艺术即再创造艺术中有明显的表现。舞台戏剧表演、音乐表演为了存在都期待境遇，并且通过其所遇到的境遇而规定自身。戏剧所指称的意义，戏剧所唤醒的反响，所有这一切都是通过演出而完成。因此每一次演出都是一个事件，但不是一个与作品相脱离的自行出现和消失的事件——作品本身就是那种在演出事件中所发生的东西。伽达默尔说："作品的本质就在于它是如此具有'偶缘性'的，以致演出的境遇使作品里存在的东西得以表达并表现出来。"（Ⅰ，152）正由于偶缘性，再创造艺术如戏剧作品和音乐作品在不同时代和不同境遇中的演出必然是一种改变了的演出，作品本身就是那种在不断变化的条件下不同地呈现出来的东西。"今日之观察者不仅仅是以不同的方式去观看，而且他也确实看到了不同的东西。"（Ⅰ，153）因此艺术作品与境遇的关系不是一次性而实现，而是一个不断连续的过程，甚至就连肖像画也是独立于其与原型关系的一次性的，而且在超越这种关系时也在自身中同样包含了这种关系。在这里，肖像画可以说只是绘画的普遍规定的极端情况。正如我们以前所说，每一幅绘画都是一种在的扩充，而且本质上被规定为再现。伽达默尔说："绘画不仅仅是图像，或者甚而不仅仅是摹本，绘画乃属于所表现的人的现时存在（Cegenwart），或者所表现的人的现时记忆（das gegenwärtige Gedächtnis）。这就构成了绘画的真正本质。"（Ⅰ，153）就此而言，肖像画就是这类绘画的特殊情形。肖像画的真正评判者并不是最熟悉它的人，也不是所表现的人自身，因为一幅肖像画根本不想像它在这一个或那一个最熟悉它的人的眼中所看到的那样去再现它所表现的人。在这里肖像画必然展现一种理想性，只是这种理想性并不脱离个人性和偶然性，它所表现的还是一个个人而不是一个类型。

偶缘性再次表明了表现（Darstellung）是艺术作品的存在方式，作为表现的艺术作品必然是一种存在事件。为了进一层理解绘画的真正本质，伽达默尔分析了两种表现形式，即象征（Symbol）和符号（Zeichen）。象征的本质可以说是纯粹的指代（das reine Vertreten），而符号的本质则是纯粹的指示（das reine Verweisen）。指示和指代虽然都可以说是使不在场的东西在场，但指示是让某种非在场的东西成为在场的，而指代尽管也是让某个不在场的东西成为在场的，但这种不在场的东西本身实际上是在场的，因而是表现了那种实际上是在场的东西的在场。绘画的本质似乎正是处于这两个极端之间，伽达默尔写道："在绘画的本质中就存在某种具有这两种功能的东西。绘画的表现活动包含对绘画所表现东西的指示要素。我们已经看到，这种要素在诸如以与原型的关系为本质特征的肖像画这样的特殊形式中得到最明显的表现。然而一幅绘画并不是符号,因为符号无非只是其功能所要求的东西,并且符号的这种功能乃是从自身去指出什么。"(Ⅰ,157)这也就是说,绘画除了作为符号具有指示功能外,还必须有另一种更重要的功能,因为"不论是符号,还是广告画,都不是绘画,符号不可以这样吸引人,以致它使人们停留在符号本身中,因为符号只是使某种非在场的东西成为在场的,并且是以这样的方式,使得非在场的东西单纯成为被意指的东西,因而符号不可以通过其自身的形象内容而使人逗留不前"(Ⅰ,157)。所有符号都具有某种图式或抽象的东西,它们并不想展现自身而只是想展现非在场的东西。反之,绘画绝不是这样,绘画只是通过它自身的内容去实现它对所表现事物的指示功能。"我们由于专注于绘画,我们就同时处于所表现的事物之中。绘画通过让人逗留于它而成为指示的。因为正如我们所强调的,绘画的存在价值正在于它不是绝对地与其所表现的事物分开,而是参与了其所表现事物的存在。我们已说过,所表现事物是在绘画中达到存在的,它经历了一种存在的扩充。但这就是说,它是存在于绘画中,只是由于一种审美反思——我称之为审美区分——才抽象掉了原型在绘画中的这种在场。"(Ⅰ,158)所以绘画与符号的区别具有存在论基础。绘画并不是消失在其指示功能里,而是在其自身存在中参与了它所摹绘的东西的存在。

这种存在论的参与(Teilhabe)不仅适用于绘画,而且也是一般称之为象征的东西的属性。伽达默尔说:"不管是象征,还是绘画,它们都不指示任何不是同时在它们本身中现时存在(在场)的东西。"(Ⅰ,158)这里我们也必须把绘画的存在方式与象征的存在方式加以区分。在象征与符号之间存在一种明显的差别,即象征更接近于绘画,象征的表现功能并不是像符号那样单纯地指示某种非在场的东西,象征实际上是表现那种实际是在场的东西的在场。例如古代来访者的信物(tessera hospitalis)是过去生活的遗物,通过它的存在证明了其所展示的东西,也就是说,它使逝去了的东西本身再度成为在场的。同样，宗教性的象征不仅起了作为标记的作用，而且这些象征的意义也被所有人理解。只是由于所象征的东西本身是在场的，它才能在象征中成为在场的。因此象征与符号不一样，它本身不是作为工具，它本身与所象征的事物同样都受到尊敬，如十字架、旗帜，它们指代了所尊敬的事物，而所尊敬的事物就存在于这些象征之中。在这一点上，象征与绘画是相近的，无论象征还是绘画，它们所表现的东西本身都是现时在场的。不过，绘画与象征也有区别，象征尽管通过其纯粹的此在和自我展现而实现其指代功能，但象征自身对于它所象征的东西却并未说出什么，象征并不意味着对其所表现的东西的一种存在的扩充。尽管象征所表现的东西在象征中成为在场的，但所表现物自身的存在在内容上却不是由于象征而规定。象征只是单纯的替代者，是代表（Representanten），它们是从它们所表现的东西那里接受其再现的存在功能的；反之，绘画尽管也是代表，但它是通过自身，通过它所带来的更多的意义去代表的。在绘画中所表现的东西，即原型，"是更丰富地存在于那里，更真实地存在于那里，就好像它是真正的存在一样。"（Ⅰ,159）

所以，绘画的本质就处于符号与象征之间的中间位置，它的表现既不是一种纯粹的指示，也不是一种纯粹的指代。正是这种介于符号与象征之间的中间位置使绘画提升到一个完全属其自身的存在等级。伽达默尔说："艺术性符号和象征都不像绘画那样是从其自身的内容出发而获得其功能意义的，它们必须被认作符号或象征。我们把它们的这种指称功能的起源称之为它们的创建（Stiftung），而在属绘画的东西中则不存在这种意义的创建，这一点对于我们所探究的绘画的存在价值的规定来说，则是具有决定性意义的。"（Ⅰ,159—160）创建就是指符号或象征功能的诞生。符号和象征之所以具有指示功能和指代功能，就在于我们预先创建了它们与所指示物和所指代物之间的关系。符号的指示意义首先依赖于符号的创建，例如交通标志符号的意义依赖于交通法规的颁布；同样，象征的指代功能也依赖于象征的创建，王徽、旗帜、十字架本来是无意义的东西，正是创建或设立才赋予它们以意义。

正是在这里，我们看到艺术作品与一般符号和象征的区分。符号和象征的意义依赖于创建，而艺术作品的意义则不依赖于创建，因为它本身就已经是一种构成物（Gebilde）。伽达默尔写道："一部艺术作品并没有把其真正意义归功于这样一种创建，即使它事实上是作为宗教绘画或世俗纪念碑而被创建的，它也不会这样。给予作品以其目的规定的公开的落成仪式或揭幕典礼也没有将其意义给予作品。作品其实在被赋予作为纪念物的功能之前，就已经是一种与其自身作为形象的或非形象的表现的指称功能相联系的构成物。"（Ⅰ,160）纪念碑的落成和揭幕典礼只不过是实现了一种在作品自身内容本身中就早已有要求的功能。艺术作品自身就具有这种功能规定。"艺术作品乃属于它们的存在本身，因为它们的存在就是表现。"（Ⅰ,160）

伽达默尔引证了一种特殊的艺术形式，这种艺术形式在体验美学里是不受重视的，这就是建筑艺术。建筑艺术是一种其自身固有的内容超出其本身而指向了某种由它并为它所规定的关系整体的艺术形式。一个建筑物显然是受两种方式规定，一方面受其必须在某个整体空间关系中占据的位置所规定，另一方面受其应当服务的目的所规定，简言之，建筑物既应当服务于某种生活目的，又必须适应于自然的和建筑上的条件。一个完美的建筑物之所以被称为杰作，不仅是因该建筑物以一种完美的方式实现了其目的规定，而且也因该建筑物的建成给市容或自然环境增添了新的光彩。建筑物正是通过这种双重的方式表现了真正的存在扩充。如果一个建筑物是一件真正的艺术作品，它就不只是表现为艺术地解决了某个由它本来所从属的目的要求和生活要求所提出的建筑任务，而且它是以这种方式把握这些要求，即使建筑物的现时显现完全与它原本的目的不同，这些要求仍是显然可见的。建筑物借以从属于生活要求的目的规定，是不能与建筑物本身相脱离的，所谓自在的建筑物只是一种纯粹的抽象。例如往日的大建筑纪念物在现代快节奏生活以及在现代设立的建筑群中的出现，就提出了一种在石块上对过去和现在进行综合的任务。建筑艺术作品并不是静止地耸立于历史生活潮流的岸边，而是一同受历史生活潮流的冲击，即使富有历史感的时代试图恢复古老时代的建筑风貌，它们也不能使历史车轮倒转，而必须在过去和现在之间从自身方面造就一种新的更好的中介关系。建筑艺术揭示了艺术作品这样一种本质，即没有过去与现在的中介，一件艺术作品就根本不具有真正的"在场"（现时性）。

这里我们进入了装饰性。建筑艺术完全具有空间形式。空间就是囊括了所有在空间中存在之物的场所，因此建筑艺术包括了所有其他表现形式，即所有造型艺术，所有装饰物以及需要场所的诗歌、音乐、戏剧和舞蹈的表演。建筑艺术由于包括了整个艺术，它就使自身的观点到处适用，这种观点就是装饰观点（Dekoration）。装饰的本质就存在于它造就了两种中介，它既把观赏者的注意力吸引到自身上来，满足了观赏者的趣味，同时又把观赏者从自身引进到它所伴随的生活关系的更大整体之中。

按照这种装饰观点，我们可以看到审美意识的偏见最明显地表现在建筑艺术上，因为按照这种偏见，真正的艺术作品就是那种外在于一切空间和一切时间而在体验过程中成为某个审美体验对象的东西。这里我们可以看到，装饰概念与真正艺术作品的这种所谓对立，显然是基于艺术作品起源于天才灵感这一看法。人们往往说，装饰性的东西不是天才的艺术，而是工匠的技巧，因而仅仅是装饰性的东西不能分享艺术作品的性质。与此看法相反，伽达默尔说，装饰性概念事实上必须摆脱这种与体验艺术概念相对立的关系，我们必须在艺术作品的存在方式中去找寻装饰物的根据。装扮的东西、装饰的东西按其原本的意义完全是美的东西，所有作为装扮和进行装饰的东西都是由它们与它们所装扮的东西、所依赖的东西、作为它们穿戴者的东西的关系所规定的。它们并不具有自身特有的审美性内涵，这种内涵只是在后来由于它们与所装饰东西的关系才获得一种受限制的条件，正如康德所说，装饰只有当它与所装饰者一致并相适应时才是装饰。装饰品乃是所装饰物的自我表现。伽达默尔说："对于装饰品来说，它们一定属于表现。但是，表现乃是一种存在事件，是再现。一个装饰品、一种装饰图案、一尊立于受偏爱地方的雕像，在这同样的意义上都是再现的，有如安置这些东西的教堂本身也是再现的一样。"（Ⅰ, 164）

我们现在需要把上面两小节内容作一总结：伽达默尔探讨美学和诠释学的存在论根据，是从所谓非流动性艺术即非表演型艺术开始的，因为像戏剧、舞蹈和音乐这些属表演型的艺术的再现是中介过去与现在，这是充分清楚的，困难是在于像绘画、雕塑、建筑以及一般造型艺术这些非表演型艺术。为此，伽达默尔试图通过偶缘性和装饰物概念从时间和空间这两方面来揭示非表演型艺术与它们的世界的关联，从而阐明它们的再现也是过去与现在的中介。这些艺术作品的原始世界也是由于与现在相关才被保留，并且是由现在所中介。它们给予人们一种并不只是过去了的历史，而是它们自己的历史，因为这种历史仍活在它们里面，对它们讲话并改变它们。由于时代改变了，所以它们必须改变——但不是因为它是唯一现在的，更不是因为它是过去，而是因为它是过去与现在的中介，并为了继续进行这种中介而必须不断改变。无论是绘画还是建筑物，它们都是在不断更新和再创造中存在和保持的。所以非表演型艺术也和一切艺术一样，都不是纯艺术。这样它们就有助于我们关于审美特性存在方式的探讨，伽达默尔说："我们用 Repräsentation（表现、再现）所意指的东西，无论如何乃是审美特性的一种普遍的存在论结构要素，乃是一种存在事件，而不是一种体验事件。体验事件是在艺术性刹那间出现的，而且总是只在观赏者的情感中重复着。从游戏的普遍意义出发，我们曾经在这一事实中认识到表现或再现的存在论意义，即'再创造'（Reproduktion）乃是创造性艺术作品本身的原始存在方式。现在我们已经证明了绘画和雕塑艺术，从存在论上看，一般都具有同样的存在方式。艺术作品的独特存在方式就是存在来到了表现（ein Zur-Darstellung-Kommen des Seins）。"（Ⅰ，164—165）

c）文学的边界位置

前面我们已经说过．当伽达默尔说某物是一种存在论事件时，他是指某物是在再现中来到存在，存在论事件就是在再现中来到存在的过程。在非流动性艺术或非表演型艺术里，除了绘画、雕塑和建筑这类造型艺术外，还有一种特殊的艺术形式，它既非绘画，又非造型艺术，但范围相当宽广，这就是文学（Literatur）和文学作品。文学和文学作品是否也具有与其他艺术同样的存在方式，这就是伽达默尔在本节所要探讨的，正如他在本节一开始所说，"我们为艺术所提出的存在论观点是否也可应用于文学的存在方式，现在似乎成了一个需要认真考察的问题。从表面上看，这里似乎并不存在任何能要求其自身存在价值的表现"（Ⅰ，165）。

伽达默尔在这里为什么说文学从表面上看似乎不存在任何能要求其自身价值的表现呢？我们可以这样来理解，在以前的讨论里，游戏是指文学创作过程（Dichtung），而不是指文学作品（Ltentur），游戏不是在手写本或书本里而是在它们的玩的过程中找到。抒情诗和叙事诗是再创造艺术，这可以明显地表现在口头的解释里，然而小说就显然不是这样，它依赖书本的艺术形式，尽管书可以不断地印刷，但文字都是一样，它无法表现为再创造艺术，这里文学作品似乎是一种自我等同的对象。另外，文学作品的阅读（Lektuere）似乎也是一种纯粹内在性的心理事件，在阅读中，我们似乎完全脱离一切境遇和偶缘性，这里文学作品又似乎是一种自我等同的主体，即读者的拥有物。无论是作为自我等同的对象，还是作为自我等同的主体，文学和文学作品都似乎背离艺术作品的存在论性质，从而它们就似乎不存在任何我们要求其自身存在价值的表现。

与这种看法相反，伽达默尔坚决肯定文学同样也能被理解为一种存在论事件，即在再现中来到存在的过程。首先他认为文学和文学作品不可能是脱离接受者或读者而独立存在的客体，文学此在并不是某种已疏异了的存在的死气沉沉的延续，好像这种存在可以作为与它的体验实在同时发生的东西提供给后代。伽达默尔说："文学其实有一种精神性保持和传承的功能，并且因此把它的隐匿的历史带进了每一个现时之中。从亚里山大语文学家所创立的古代文学构造法则开始，'古典作品'的复制和保持的整个结果，乃是一种富有生气的文化传统，这种传统不只是保存现存的东西，而且还承认这种东西为典范，把它们作为范例流传下来。在所有的趣味变迁中，我们称之为'古典文学'的整个范围一直作为一切后来人（直至古代和现代莫须有之争的时代以及其后的时代）的永恒范例而存在。"（Ⅰ，166）其次，伽达默尔坚持阅读尽管可以分为有声朗读和无声阅读，但这两者并不存在严格界限，"所有理解性的阅读始终是一种再创造、表演和解释"（Ⅰ，165）。正如游戏的本质在于被游戏，阅读的本质也就是被阅读，或者说，作品读，读者被读，而且作品是世界的阅读、作品的被阅读。小说在被阅读中就具有一种同样原始的存在，有如被行吟诗人朗诵的史诗，或被观赏者观看的绘画一样，书本的阅读同样是一种使阅读内容进入表现的事件。由此伽达默尔推出结论说："只有从艺术作品的存在论出发——而不是从阅读过程中出现的审美体验出发——文学的艺术特征才能被把握。阅读正如朗诵或演出一样，乃是文学艺术作品的本质的部分。阅读、朗诵或演出，所有这些都是我们一般称之为再创造东西的阶段性部分，而这些再创造的东西实际上表现了一切流动性艺术的原始存在方式，并且对于一般艺术存在方式的规定提供了典范证明。"（Ⅰ，166）

从文学文本作为历史范例和阅读作为再创造过程这两方面，伽达默尔得出文学作品不属于作者，也不属于读者，而是属于世界。文学中介诸世界，它永远是按照现在去表现过去和过去的意义，它始终是过去与现在的中介。属于一个世界的文学——"世界文学"（Weltliteratur）——不仅揭示了过去被见的东西,而且也揭示了现在仍可被见的东西;它不只是要学习或要写的文学史中的材料,而且也是要被现在所理解和学习,甚至在远离作品起源的世界里被理解和学习。伽达默尔写道:"属世界文学的作品,在所有人的意识中都具有其位置。它属于'世界'。这样一个把一部属世界文学的作品归于自身的世界可能与生育这部作品的原始世界相距非常辽远。毫无疑问,这不再是同一个'世界'。但是,即使这样,世界文学这一概念所包含的规范意义仍然意味着:属于世界文学的作品,尽管它们所讲述的世界完全是另一个陌生的世界,它依然还是意味深长的(eloquent,即有说服力的)。同样,一部文学译作的存在也证明,在这部作品里所表现的东西始终是而且对于一切人都有真理性和有效性。因此情况绝不是这样,即世界文学乃是那种按作品原本规定构造该作品存在方式的东西的一种疏异了的形式。其实正是文学的历史存在的方式才有可能使某种东西属于世界文学。"(Ⅰ,167)

通过作品属于世界文学这一特征,文学现象被带到了一个新的视点中,因为即使只有那种以其自身价值可以列入文学创作或语言艺术作品行列中的文学作品才可以被承认属于世界文学。但从另一方面看,文学概念确实也远远比文学艺术作品概念来得宽广,所有语言传承物或文本都参与了文学的存在方式——这不仅指宗教的、法律的、经济的、官方或私人的各种文本,而且也指这些传承下来的文本被科学地加以整理和解释的著作,也就是整个精神科学。按照伽达默尔的看法,只要科学探究与语言有本质的联系,那么所有科学探究都具有文学的形式,因为所有文学作品——不仅是文学艺术作品,而且任何其他文字作品——都具有一种深层的共同性,即语言乃是使内容意义得以发挥之物,所以"正是一切语言性的东西的可书写性(Schriftahigkeit)才使得文学具有最宽广的意义范围。"(Ⅰ,167)在文学概念中,不仅包括了文学艺术作品,而且也包括一切文字作品,文学是艺术和科学融合之地。

在伽达默尔看来，语言和文字最具有精神的理解性，没有什么东西有如文字和语言这样是纯粹的精神踪迹，也没有什么东西有如文字和语言这样指向理解的精神。在对文字和语言的理解和解释中，某种陌生的僵死的东西转变成了绝对亲近和熟悉的东西，没有一种往日的传承物能在这方面可与文字和语言相媲美。伽达默尔写道："往日生活的残留物，残存的建筑物、工具、墓穴内的供品，所有这些都由于受到时间潮水的冲刷而饱受损害——反之，文字传承物，当它们被理解和阅读时，却如此明显地是纯粹的精神，以致它们就像是现在对我们讲述一样。因此阅读的能力，即善于理解文字东西的能力，就像一种隐秘的艺术，甚至就像一种消解和吸引我们的魔术一样。在阅读过程中，时间和空间仿佛都被抛弃了。谁能够阅读传承下来的文字东西，谁就证实并实现了过去的纯粹现时性。"（Ⅰ, 169）

文学的宽广意义使我们对于所有文本都能说，它们只有在理解过程中才能实现由无生气的意义痕迹向有生气的意义的转换。正如我们在对艺术作品的探讨里所看到的，艺术作品是在其所获得的表现中才实现的，艺术作品的意义是随着观赏者的接受而完成的，而表现属于艺术作品的意义事件；也正如我们在对文学作品的探讨里所看到的，文学作品是在对其阅读过程中才实现的，文学作品的意义是随着读者的接受而完成，而阅读属于文学作品的意义事件。我们现在也必须对所有文本作如此的探讨，即所有文本的意义都是在理解过程中才实现，文本的意义是随着理解者的接受而完成，而理解属于文本的意义事件。这一课题正是诠释学的根本问题，也是《真理与方法》第二部分的中心内容。作为第一部分向第二部分的过渡，伽达默尔讨论了诠释学历史上两种不同的诠释学任务，即重构和综合。

d）作为诠释学任务的重构和综合

"研讨对文本理解的技术的古典学科就是诠释学。"（Ⅰ, 169）如果说诠释学在过去是一种限制于对宗教文本和文学文本理解的辅助学科，那么伽达默尔在这里对诠释学作了一个最宽泛的理解，文本在这里不仅包括宗教文本和文学文本，而且也包括哲学、法律、经济、历史学等所谓精神科学的文本，特别是还应当包括所有艺术和美学的文本。按照伽达默尔的看法，每一部艺术作品——不仅是文学作品——都必须被理解，理解本质上属于每一种艺术，他认为美学必须被并入诠释学中，他说"美学必须被并入诠释学中，这不仅仅是一句涉及到问题范围的话，而且从内容上说也是相当精确的。这就是说，诠释学必须反过来这样被规定为一整体，以致它可以正确地对待艺术经验。理解必须被视为意义事件的一部分，正是在理解这一事件中，一切陈述的意义——包括艺术陈述的意义和所有其他传承物陈述的意义——才得以形成和完成。"（I，170）

我们知道，诠释学这一原本古老的神学和语文学的辅助学科正是在 19 世纪经历了从特殊诠释学到普遍诠释学的重要发展，诠释学从而成为为整个精神科学奠定基础的重要学科。自此之后，诠释学从根本上已超出它原来的实用目的。诠释学的对象不仅包括宗教和文学文本，而且也包括一切精神的客观化物：法律的、哲学的、经济的和历史的文本，以及历史遗留下来的其他遗物和遗迹。这些东西由于时间的流逝而变得与我们陌生和疏异，使我们面对传承物有一种失落感，因而需要我们对它们重新进行解释。伽达默尔写道："不只文字传承物是生疏的，需要重新更正确地加以同化，而且所有那些不再直接处于其世界而又于该世界中并对该世界进行表述的一切东西——这就是说一切传承物，不管是艺术还是往日的其他精神创造物：法律、宗教、哲学等等——都脱离了它们原来的意义，并被指定给了一个对它们进行解释和传导的神灵。"（I，170）这个神灵就是古希腊的诸神信使赫尔默斯（Hermes），从而从赫尔默斯演变而来的诠释学（Hermeneutik）一词首先就指一种"面对传承物的某种失落和疏异化的意识。"（I，171）

在这种意义上,由艺术现象提出的诠释学任务就是努力克服这种失落和疏异化,对过去与现在进行调节和整合。伽达默尔写道:"艺术从不只是逝去了的东西,艺术能够通过它自身的意义在场(Sinnpräsenz)去克服时间的距离。"(Ⅰ,171)为了进一步弄清艺术的调节和整合的性质,特别是这种调节和整合是否意味着过去与现在的差别的消失,伽达默尔探讨了在艺术解释中所出现的两种不同的诠释学任务。

首先是施莱尔马赫的重构说(Rekonstmkton)。按照施莱尔马赫的看法,由于传承物远离了它的原始境遇和原来的世界而变成不可理解的陌生物,所以诠释学的任务就是重构这种原始境遇和重建这个原来世界,其方法就是我们必须详尽地收集关于作品、作者、原来读者和听众,以及当时情况的历史知识,以便重构出作品的原始世界和作者原来的意思。施莱尔马赫之所以持这种重构说,是因为他认为一旦艺术作品的原来关系并未历史地保存下来,艺术作品也就由于脱离这种原始关系而失去了它的意义,他说:"一部艺术作品也是真正扎根于它的根底和基础中,扎根于它的周围环境中。当艺术作品从这种周围环境中脱离出来并转入到交往时,它就失去了它的意义。它就像某种从火中救出来但具有烧伤痕迹的东西一样。"(Ⅰ,171)

从这里我们可以清楚看出,施莱尔马赫重构说的立足点是:意义就是艺术作品原来所从出的世界所规定和给予的,因而对艺术作品的意义的把握就是对其原本的世界的重建。伽达默尔写道:"如果我们知道并承认艺术作品不是审美体验的永恒对象,而是属于一个完满地规定其意义的'世界',那么随之而来的结论似乎就是:艺术作品的真实意义只有从这个'世界',首先是从它的起源和发祥地出发才能被理解。"(Ⅰ,171)因此,按照施莱尔马赫的观点,对艺术作品所属的"世界"的重建,对原本艺术家所意指的意义的复制,以原本风格进行的表演,所有这些历史的重构手段都是对艺术作品的真正意义的揭示。伽达默尔说:"按照施莱尔马赫的看法,只要历史知识追溯出了原始的情况和原本的东西,历史知识就开辟了弥补所丧失的东西和重建传承物的道路。所以诠释学的工作就是要重新获得艺术家精神的出发点,这个出发点将使一部艺术作品的意义得以完全的理解,这正像诠释学通过努力复制作者的原本创作过程而对文本所做的工作一样。"(Ⅰ,172)简言之,诠释学的任务就是努力复制作者的原本创作过程,重构作品的原始世界和作者的原本意义。

按照施莱尔马赫的观点,历史重构就是解释者将自己置于原作者的整个创作活动中,通过想象从思想上、心理上和时间上去"设身处地"地体验原作者的思想,因而诠释学的理解在施莱尔马赫看来无非只是对原来生产品的再生产,对已认识的东西的再认识,真正的理解活动就是对原来产品的第二次创造。这就是施莱尔马赫诠释学的根本观点。这一观点正是以后历史主义的出发点,例如狄尔泰就特别提出"移情"(Einfühlung)来强化施莱尔马赫这一观点,他认为,"正是在移情或转换的基础上产生了理解的最高形式,在这种理解中,精神生活的总体处于再创造或再体验的活跃状态之中。"[①]

但这里的问题是,这样一种对作品原本世界和作者原来意义的重构,或对作品原本世界和作者原来意义的返回,是否真是对艺术作品真正意义的揭示呢?伽达默尔明确地把这一问题提出来了,他说:"对于一部流传下来的作品借以实现其原本规定的诸种条件的重建,对理解这部作品来说,无疑是一个重要的辅助工程。但是我们必须要追问,这里所获得的东西是否真正是我们作为艺术作品的意义所探求的东西,以及如果我们在理解中看到了一种第二次创造,即对原来产品的再创造,理解是否就正确地得以规定呢?"(Ⅰ,172)。对于这个问题,伽达默尔明确地给以否定的回答。他认为,随着时间的流逝,过去永远是不可返回的,因而历史的重

[①] 见《狄尔泰全集》,第7卷,"对他人及其生命表现的理解";参阅《理解与解释》,洪汉鼎编,东方出版社2001年版,第103页。

构无非只提供了一个想象的僵死的东西,他写道:"这样一种诠释学规定归根结底仍像所有那些对过去生活的修补和恢复一样是无意义的。正如所有的修复一样,鉴于我们存在的历史性,对原来条件的重建乃是一项无效的工作。被重建的、从疏异化换回的生命,并不是原来的生命。这种生命在疏异化的延续中只不过赢得了派生的教化存在。新近广泛出现的趋势,即把艺术作品从博物馆中再放回到其规定的本来之处,或者重新给予纪念建筑物以其本来的形式,只能证明这一点。甚至由博物馆放回到教堂里去的绘画或者按其古老状态重新修复的建筑物,都不是它们原本所是的东西——这些东西只成了旅游观光者的意愿。与此完全一样,这样一种视理解为对原本东西的重建的诠释学工作无非是对一种僵死的意义的传达。"（Ⅰ,172）

施莱尔马赫的重构说的无能使我们来到了黑格尔的综合说（integration）。在黑格尔看来,艺术作品或其他传承物已经不可挽回地离开了它们的原始世界,有如水果从树上掉了下来而不再是那个有机体的部分一样,它们绝不能通过所谓历史的重构而被放回原来的世界中,有如掉下来的水果绝不能重新被放回树上一样。他认为这种所谓的重构至多只能给予我们一种朦胧的回忆。他写道:缪斯的作品"现在就是它们为我们所看见的那样,是已经从树上摘下来的美丽的果实,一个友好的命运把这些艺术品给予了我们,就像一个姑娘端上了这些果实一样。这里没有它们具体存在的真实生命,没有长有这些果实的树,没有土壤和构成它们实体的要素,也没有制约它们特性的气候,更没有支配它们生长过程的四季变换。同样,命运把那些古代的艺术作品给予我们,但却没有把那些作品的周围世界给予我们,没有把那些作品得以开花和结果的伦理生活的春天和夏天一并给予我们,而给予我们的只是对这种现实性的朦胧的回忆。"（Ⅰ,172—173）这里黑格尔极清楚地说明,所有对艺术作品的重构或复制,其无效性就如同水果不能被放回原来的树上一样,我们通过历史重构所获得的所谓历史关系，其实并不是活生生的真实关系，而是单纯的表象关系，因而历史重构乃是一种外在的抽象的活动，它并不能重新产生活生生的生命。他说:"这种活动类似于从这些果实中擦去雨珠或尘埃，并且在环绕着、创造着和鼓舞着伦理生活的现实性的内在因素上建立了它们的外部存在、语言、历史性等等僵死因素之详尽的架构，这并不是为了让自身深入生活于它们之中，而只是为了把它们加以表象式的陈列。"（Ⅰ，173）当然，黑格尔并不否认对往日的艺术作品采取这种历史态度也是一个合理的工作，正相反，他也肯定了艺术史研究的原则，只不过这一原则正如所有历史的活动一样，乃是一种外在的抽象的活动。

那么，艺术作品的诠释学任务是什么呢？黑格尔认为，我们应当以综合说取代重构说，也就是说，历史的理想重构应转变为对于过去的思维态度。按照黑格尔的看法，只要精神看到了自身在历史中以一种更高的方式表现出来，那么面对过去艺术作品的真正精神的思维态度就不是一种外在的活动。在进一步描述那位端上了从树上摘下的果实的姑娘时，黑格尔继续写道:"但是，正如那位把摘下来的果实捧出给我们的姑娘超过那个提供它们的条件和元素、树木、空气、日光等等并且直接生长出它们来的自然界，因为她是以一种更高的方式把所有这些东西聚集到具有自我意识的眼神和呈递的神情的光芒之中；同样，把那些艺术作品提供给我们的命运之神也超过了那个民族的伦理生活的现实性，因为这个精神就是那个外在于艺术作品中的精神的内在回忆——它是悲剧命运的精神，这命运把所有那些个别的神灵和实体的属性集合到那唯一的万神庙中，集合到那个自己意识到自己作为精神的精神中。"（Ⅰ，173—174）

黑格尔与施莱尔马赫不同，他认为理解的本质并不在于对过去事物的重构或返回，而是在于过去与现时生命的思维性沟通，正是在这一基础上他建立了他的作为绝对精神最高形式的哲学。在哲学的绝对知识中，精神的那种自我意识就完成了，那个精神，正如上述引文中所说，"以一种更高的方式"在自身中把握了艺术的真理。伽达默尔这样写道:"因此对于黑格尔来说,正是哲学,也就是说,精神的历史性的自我渗透,才实现了诠释学的使命。哲学是历史意识的自我遗忘的最极端的对立面。对于哲学来说,表象的历史态度转变成了对于过去的思维态度。这里黑格尔说出了一个具有决定性意义的真理,因为历史精神的本质并不在于对过去事物的修复,而是在于与现时生命的思维性沟通。"(Ⅰ,174)

正是在这一点上,黑格尔在根本上超过了施莱尔马赫的诠释学观念,因为按照施莱尔马赫,艺术作品的意义是其原始世界和原作者所规定的,因此艺术作品的理解就是重构艺术作品的原来世界和作者的原来意义,以消除现在与过去的差别;反之,黑格尔却认为,艺术作品一旦脱离了其原始的世界,其意义就在于现在对原始意义的参与,因而艺术作品的理解不是消除过去与现在的差别,而是过去与现在的沟通。沟通意味着不存在任何对过去的直接的接近或返回,而是现在对过去的参与,也就是过去只作为现在,作为它被现在表现而存在。过去不是它过去所是,而是它现在所是。接近的媒介不是返回,而是现在的再现;过去不是僵死的,而是活生生的,这种活生生就是活在我们自己的自我再现。历史意识和审美意识将过去对象与我们现在分开,试图使我们不进入过去或使过去脱离现在,以期客观地像对象过去所是那样来理解过去对象,因而违背了艺术和历史中的真理,所以伽达默尔最后说:"只要我们去探讨艺术和历史中展现出来的真理问题,艺术真理问题就迫使我们进行对审美意识和历史意识的批判。"(Ⅰ,174)这种批判就引导我们来到了《真理与方法》的第二部分,即对历史主义的批判。

本部分提示:

按照伽达默尔的看法,艺术的存在论真理观念依据于艺术经验是一种认识。但这并不是显然的。艺术真的与认识没有距离吗?艺术难道不掌管一个特殊的"审美的"领域,这领域处于认识的对面或与认识相竞争并与认识不等同吗?按照伽达默尔的观点,这类问题乃是康德所造成的缩小认识概念的结果。《真理与方法》一开始所进行的富有特征的概念史分析就说明,在前批判时代认识概念曾是被非常广泛地理解的,以至于"机敏"(Takt)、"共通感""判断力"和"趣味"这四种作为人类特殊能力的概念都具有一种认识功能,这些大多与社会生活相关的概念首先确保某种认识方式,它们与道德和生活世界的关联证明它们有一种高层次意义。如果没有共同体形成的判断力,人的共同生活是不可想象的。这种共同体形成的判断力包含一种规定经验(Empirie)的规范(Norm),但这规范却不可还原为对合规律性的认识或一种按普遍的先给予的原则进行的判断。在趣味里涉及一种先天有效的原则,但这原则却不能用理由和证明来证实。这里伽达默尔依据他所特别偏爱的 *Phronesis*(实践智慧)模式,即亚里士多德完全作为特有知识加以理解的伦理知识。《真理与方法》一开始就进行的这种概念分析,显然就有这样一种纲领性的特征。伽达默尔旨在美学和诠释学史上揭发那些在19世纪使观念方式主观化得以发展的命中注定的转向的成见。伽达默尔足够历史地思考,以便知道这种主观化过程(他也承认其功绩)并不能如此容易地被克服。但我们必须认识这种转向并使前批判观念世界的诠释学遗产发挥作用,以便确保精神科学里真理问题的实际宽度。在这里,伽达默尔强调:在人的科学里涉及的不是一种通过方法论确保的真理,而是涉及一种前科学的和科学之外的真理。

伽达默尔在《判断力批判》里发现真理概念狭窄化的决定性转折点。当康德把美学建立在趣味判断上时,虽然他正确地对待了现象的两方面,即现象的经验的非普遍性和现象的先天的普遍性要求(Ⅰ,48)。但这样一种双重意义却不符合以前两个批判所提出的认识标准,因为趣味判断既不具有经验上可证明的普遍有效性,又不具有可说明的有内容的先天原则。

因此康德不得不把趣味作为主观原则处理，拒绝它有任何认识意义①。康德的这一判断以后在精神科学和美学上发生重大影响。传达关于普遍人性知识的精神科学，因为掌管一个共同体建立的并因而受制约的传统，因而丧失了它的基础。如果它依据含糊的经验的共同意义，它就不可再提出认识要求。因此它必须依赖那种与它本性不符的"现代自然科学的方法论标准"（Ⅰ，29），以便维护它那种愈来愈成为怀疑的科学性格。伽达默尔试图摧毁精神科学这种根本颠倒的和自我毁灭的自我思考并提出为这门科学重新夺回真理问题的任务。

康德哲学对于美学的重大影响，一定要引起我们注意。趣味的主观化似乎并未曾对艺术观有如此致命的影响。完全相反，美学在康德这里，好像得到一种重要的哲学意义，如果我们不说鲍姆加登以前的工作的话。伽达默尔不拒绝康德美学的这种贡献。但是他一方面批评基于这一基础的思想，按照这种思想，艺术作为主观的愉悦不需要再提出认识要求，另一方面批评19世纪天才美学排除艺术的真理要求所引起的巨大影响。康德曾经把前两个批判的先验基础推进到紧缩认识概念。伽达默尔正想扩大这种概念，以致他能为艺术的经验要求有效性。我们上面已经看到，伽达默尔想抵制康德那里对经验概念的限制，并且援引了黑格尔。伽达默尔所力求的认识概念的扩大与经验概念的扩大紧密地联系在一起，这种联系可以从真理的挑战来思考：艺术作品就是经验与认识，因为在艺术作品里真理生发事件显露出来。

---

① 但要弄清审美判断怎样能提出必然性要求（《判断力批判》，A146=B148）以及如何剥夺了认识价值，这是困难的。康德认为一种想象方式（没有直观）可以称为认识（A254=B257），因在那里可发现一种模拟的，即象征的认识。可是，通常关于"思想"与"认识"之间，或"规范的"观念与"构成的"观念之间的区分——康德经常援引这种区分来驾驭理性——表明，反思判断力的"象征的"认识包含真理，只是这种真理的表达超出概念的知性认识的表达。《判断力批判》是与一种要驱逐第一批判限制的认识概念相扭斗，康德有时就讲过这种认识概念的伟大作用（第49节）。最后，自由的想象力——远在规定想象力之前——似乎是真理之地。

按照伽达默尔的看法，真理向度在后康德的美学里根本未出现。黑格尔当然是突出的例外。但在黑格尔那里，艺术的真理关系也被否认，因为艺术在哲学思想里是被扬弃的（Ⅰ，104），尽管下面我们将表明，伽达默尔的艺术观从根本上说是依据于黑格尔的基础。现在我们只需要强调艺术的认识功能在后康德的美学里被丧失。例如在席勒那里，艺术与真理被确信为分离的。按照席勒的观点，只有逻辑才与真理相关，而美学只归美的领域所有，但是美取不出真理的。① 美只服务于培育情绪的自由，而且它的重要的教育作用也就在这里。美学从而逐渐发展成为一种独立自主的领域，这导致艺术作品与其产生世界的脱离。由于通向认识的道路被截断了，美学就只剩下为其保留的领域进行创造。艺术作品成了一种特殊的"审美的"产品，艺术经验成了"审美的"体验。审美意识属于美的显现的世界（席勒）并创造一个特有的外在的此在。按照伽达默尔的看法，这种艺术理解基于一种抽象作用，他把这种抽象作用称之为"审美区分"（ästhetische Unterscheidung）。在这种抽象里，意识指向作品里的纯粹审美体验，而"它所撇开的东西则是作品里所包含的非审美的要素：目的、作用、内容意义"（Ⅰ，91）。简言之：审美区分看不见艺术作品的真理要求。

伽达默尔想提出的关键点，我们可以理解为"回到黑格尔"，因为没有人有如黑格尔如此尖锐地看到艺术的精神作用。黑格尔辩证法做出了真理与历史的中介，这是一种贯穿于《美学讲演录》里的直观："美学由此（在黑格尔那里）就成为在艺术之镜中反映出来的世界观的历史，即真理的历史。这样，正如我们所表述的，在艺术经验本身中为真理的认识进行

---

① F. 席勒：《关于人的审美教育的书信》（1975 年），第 21 封信："美不提供任何个别的结果，不论是对知性还是对意志，它不实现任何个别的目的，不论是智力的还是道德的，它发现不了任何单一的真理，它无助于我们完成任何一项义务；总而言之，美既不善于建立性格，也不善于启蒙头脑。"

辩护这一任务就在原则上得到了承认"（Ⅰ，103）。完全像黑格尔一样，伽达默尔也想重新赢回艺术对精神的教化（Bildung）的作用。① 但这样一来，艺术不是精神性的东西负担太重了以及黑格尔后继者所鼓动的美学自主性不是就没有了吗？黑格尔关于艺术终结理论所导致的艺术作品精神性质的消融不是被视为一种使眼睛从艺术的特殊"审美物"中解放出来的进展吗？黑格尔学说的这种积极结论曾引起法国美学家米克尔·杜夫伦（Mikel Dufrenne）的注意："事实似乎是，审美反思在今天处于一种有特权的历史观之上；这是一种艺术繁荣的观点。黑格尔预告的艺术之终结，以及随之而来的对他更重要的上帝之死和绝对知识之开启，也许意味着某种真实艺术的新诞生。这无非只是说艺术只说自身。我们最终的自由观今天才能如此尊敬过去的著作，好像它们不属于它们同时代人，而且自由观变成美学对象"。② 伽达默尔并不否认19世纪曾对艺术的繁荣有贡献并是美学史上一个"特别卓越时期"。但他不同意杜夫伦在这里所明确提出的审美区分。按照伽达默尔的看法，审美的东西不可以被过分风格化成为艺术作品的一种特权要素。艺术从负担过重的精神性中解放出来确实导致一种"轻松感"。但伽达默尔想把艺术的真理可能性强大重力归还给艺术。在这里，黑格尔可以作为这种重新归还向度的主要代表。

为此，伽达默尔接受了黑格尔重要的综合（Integration）观点（Ⅰ，170）。这里当然不是指一切知识形式在绝对知识里的综合。但它涉及一切经验在进行经验的意识的自我理解中的综合。海德格尔在《存在与时间》里教导说，此在以理解的方式存在，因为它在它的存在里与它自己的存在打交

---

① R. 罗蒂的对美国伽达默尔接受富有特征的书《哲学与自然之镜》（普林斯顿，1979年版）试图在伽达默尔的教化概念里找寻一种新的解放的只从"教诲"（edification）出发的真理概念的基础，这种真理概念应当是一种认识论的野心。但正如罗蒂所想到的（第359页），伽达默尔强调艺术真理的认识论性质说明伽达默尔并不想玩弄"教诲"或"教育"以对付"知识"。

② 米克尔·杜夫伦：《审美经验现象学》，巴黎，1953年版，第11页。

道。这种理解对存在的关系，伽达默尔以黑格尔方式理解为综合过程。在每一经验里，主体都以任一方式在探寻它自身。他作为有限的和历史的存在，每一经验对他来说就成为自我认识。"首先与艺术照面就属于综合过程，这过程被赋予了存在于传承物中的人的生命"（伽达默尔："美学与诠释学"，见《短篇著作集》，第2卷，第2页）。综合就是把艺术作品给予我们的任务，因为它好像"综合"我们在它的游戏里。

黑格尔关于艺术里真理与历史的中介任务被伽达默尔重新加以强调，其方式是，黑格尔所宣布的艺术过去性质（Vergangenheitscharakter）论点被一种重新强调艺术真理要求的当代性（Gegenwärtigkeit）所替代。换句话说：它涉及艺术作品的无时间性和时间性之间的关系（Ⅰ，126）。为了强调艺术里尚未失掉的真理向度的现实性，伽达默尔筹划了一种基于克尔凯郭尔共时性（Gleichzeitigkeit）概念的"审美存在的时间性"（Zeitlichkeit des Ästhetischen）。这里特别强调了今天到处未反思就被应用的术语"要求"（Anspruch）。"真理要求"（Wahrheitsanspruch）的讲法究竟意指什么？要求指某种持存的东西（Bestehendes），正因为是持存，所以它在任何时间都能被提出（Ⅰ，131）。由于其持存，要求具有一种可能教导我们什么的权威性：要求在招呼我们或对我们讲话（der Anspruch spricht uns an）。正是在这种被招呼或对我们讲话过程（Angespruchenwerden）里我们经验了对我们所说的东西的"现实性"。由于历史所召回的东西对我们说了某种东西，它就失去了一个死的过去的特征，而对我们成为生生不息的现在。艺术作品的共时性讲法就指这意思："共时性（……）在这里是指，某个向我们呈现的单一事物，尽管它的起源是那样辽远，但在它的表现里却获得了完全的现在"（Ⅰ，132）。这里绝非意指不同审美体验的同时性（Simultaneität），有如当时作品在现代审美体验里移情或重构。完全相反，正是略去了作者的体验和意见，才可能产生艺术作品与它的观察者之间的真正共时性（eigentliche Gleichzeitigkeit），因为传承下来的意义的真理使自己作为本质的东西发挥作用。历史与真理之间出现的不是一种审美的中介，而是实际的有内容的中介。真理生发事件的挑战在发挥作用，这挑战导致对同时性的确认：当时所说的东西今天在它的表现里还保留它的有效性，因为它传达给我们一种认识。在事件特征上艺术与它的现在性挑战，并使一种对认识概念进行更广泛而正确的规定成为必需。

完全像在黑格尔那里一样，艺术和知识中的真理的中介被突出了。但在伽达默尔这里，关键并不是去—回忆（Er-innerung，使内在化）在所有这些艺术形式里被压制的精神活动，而是涉及与人的有限性和开放性相联系的认识方式："通过一部艺术作品里所经验到的真理是用任何其他方式不能达到的，这一点构成了艺术维护自身而反对任何推理的哲学意义"（I, 2）。艺术宣告一种其他方式不能发现的特有的真理。我们上面说过，这种否定的—缺乏的规定引起事件生发概念（Geschehensbegriff）。现在我们必须往前走一步，以便能"肯定地"把握艺术真理。艺术的经验揭示"更多的"意义。所以它的真理可以从意义开启（Sinneröffnung）概念来把握。因此真理照面（Wahrheitsbegegnung）必须被理解为意义充满（Sinnerfüllung，意义实现）。诠释学把这种关于真理作为充满（实现）的思想归功于胡塞尔现象学。在现象学里，充满（实现）相应于某种意向性（intentionalität）。但由于意向性在海德格尔诠释学里的改变和彻底化，意向性失去了其精确的规定。艺术的意义内容被综合到我们的自我理解之中。在艺术作品里与我们照面的并在其他地方绝不可经验到的东西，却在我们的自我知识里被取得了。审美经验是一种自我理解方式（I, 103）。但这样一来，那种伽达默尔似乎想从美学中排除出去的主观主义要素不是在这里起作用了吗？为了排除这种误解，柏拉图的"参与"（Teilhabe）概念被引进了。我们并不"生产"在艺术作品里被发现的意义，而是参与这种意义："艺术就是认识，对艺术作品的经验就是分享（参与）这种认识"（I, 103）。所以这绝不意味主观主义。也许讲一种"生存论的"（existenziellen）动机更恰当。尽管伽达默尔试图根据后期海德格尔避免存在主义表达方式，但他很明确地说，艺术现象为存在（Existenz）提出任务（Ⅰ，101）。伽达默尔所使用的术语，如Angesprochensein（被招呼状态）、Aussersichsein（外在于自身状态，Ⅰ，130）和Betroffenheit（被触动或被遭受状态，《短篇著作集》，第2卷，第6页），强化了他的哲学思考的生存论特征。所以，我们确实在与一种未说出的生存主义（Existenzialismus）打交道——这就是依据克尔凯郭尔"共时性"（Gleichzeitigkeit）概念所教导的东西，这种生存主义统治了伽达默尔整个真理问题。因此伽达默尔诠释学常常被称之为生存论诠释学（Existenzialhermeneutik）或存在诠释学（Existenzhermeneutik）。的确，按照伽达默尔的看法，真理追求是生存论上（existentiell）被规定的，但这不能是哲学诠释学关于真理问题的最后话语。哲学诠释学发展了那种想丰富和超越生存论词汇的概念性。与卡尔·雅斯贝斯相反，伽达默尔提出这一观点，即"为了与科学的真理（这是匿名的、普遍的和强制的）相对立，光铸造Existenzwahrheit（生存真理）这一对立概念"是不够的（《短篇著作集》，第1卷，第56页）。诠释学思考为真理问题开放了一个新的、包罗万象的并不可误解为主观主义的视域。因此，伽达默尔哲学不可还原于一种海德格尔的生存论解释或生存主义误解——这是人们常指责萨特的话，以便避开与他的思想的争论。真理主要不应从主体出发，而应像黑格尔和柏拉图那样从"理念或理型"出发来理解，这理念我们在艺术作品里接触到。Das Noetische（直观认知的东西）必须从事物，而不是从此在来规定。

这种思想使伽达默尔走向艺术作品的"存在论"（Ⅰ，141）。艺术作品刻画了一种什么样的存在方式呢，假如它能对我们成为当下（在场）的？主导概念是表现（Darstellung）概念：只有就艺术作品被表现而言，艺术的存在论真理内容才发挥作用。艺术作品只有在其现实化里才具有真正的存在、Energeia（能量）。表现作为自主的存在者出现。"绘画"（Bild）不只是指称另一东西的摹本（Abbild），而是一种表现过程，由于这种表现过程，相对于原型（Urbild），一种特有的此在被赋予它的陈述力。但这绝不意味绘画脱离了它的原型，而是相反，正是在摹本里，原型才达到它自身。通过表现，被表现的东西经验了一种"存在的扩充"（Zuwachs an Sein）（Ⅰ，144），同时也获得"更多的"意义。由于得到表现，被表现的东西被赋予了一种新的意义和当下（在场）。

艺术作品的游戏具有一种特有的存在，因为它被视作真理生发事件。阐明艺术作品这种存在论结构乃是重新获得诠释学存在论向度的第一个范例性步伐。艺术作品的存在论化（Ontologisierung）——由于这种存在论化，作品和表现的不可分的统一得到展示——具有一种追溯的、准备性的特征，因而只可以在诠释学的普遍的存在论的意义的观点上被理解（Ⅰ，478）。在这种重新获得存在论向度的过程中，伽达默尔显然强调了参与真理（Teilhabewahrheit）。柏拉图的理型就是这种存在论化后面的主动机。艺术的真理经验就是某种类似参与 Kalon（美）、Agaton（善）或 Alethes（真）的东西。理型作为显现之物（Erscheinende）使自己清楚可见。众所周知，柏拉图曾规定美的理型为"最恍然闪现之物（Hervorleuchtendste，ἐκφαινεστάτον）。①我们应当回忆古希腊的 κάλον（美）包含一个比我们现代美概念更广泛的语义学域（Ⅰ，481）。伽达默尔借助"审美的"观察来到真理问题。美的领域和真的领域之间的界限不是如此容易划出

---

① 《费德罗篇》，250d7。参阅 H.-G. 伽达默尔：《柏拉图与亚里士多德关于善的观念》，海德堡，1978年版，第72页。这里伽达默尔的论证在于检验亚里士多德对善的理型的批判。《巴门尼德对话篇》的柏拉图被引出，以便证明柏拉图自己就怀疑理型世界的存在论（Chorismus）。善并没有被分享的存在，它只表示"善在一切善的事物中的在场"（第85页）。善逃入美中（《菲利普斯篇》，64e）应当对此提出证据。重要的只是，作为美的某物显现着。只有这种"*dynamis*"（动力）才被授与"存在"。超越的某物与作用于我们的某物作为在者被认识。理型不是物化（Verdinglichung）。即使理型——所谓作为"对象"——被"直观"，显现着的理型的力也仍是本质的 Ereignis（自成事件）。这种对柏拉图理型说的辩护解释了伽达默尔对存在论化（Ontologisierung）的偏爱（尽管他经常谴责这种存在论化），而不太多去思考"存在论化"指什么，它为何不可以被思考。

的——这证明例如伽达默尔的修辞学的处理必须被还原到它的真理价值。艺术模式对于参与真理的整个发展是主导的。柏拉图理型问题遗产在海德格尔辩证法里经验了一种新的转变。被参与的显现东西现在作为历史过程被把握，因为真理的动化（Dynamisierung）与概念的历史是同等的。但真理作为"要显现出来的东西"（Herausscheinende）则是直到海德格尔才被强调。显现（Scheinen）的经验是被那种躲避（Entzug）的经验所陪伴，以致真理同时就具有揭蔽和遮蔽的结构。

同样，伽达默尔把真理也理解为无蔽（Unverborgenheit）：真理生发事件在于某种被遮蔽的东西显然可见（Sichtbarmachen）。在艺术作品里与我们照面的是一种对在者的特殊揭示（Entdecktheit），而且这无非只是一种本源的显然可见（Sichtbarmachen）。① 为了正确对待这种认识方式，伽达默尔致力于为艺术解释里的模仿概念恢复名誉。对象通过其艺术性的表现被改变，众所周知，这曾是柏拉图艺术批判的基础。由于艺术创造了一个新的假象世界，所以它远离对象的真理。伽达默尔想提出这种改变的真理要素来反对柏拉图。按他的看法，转变为构成物（Gebilde）就是转变为真的东西（Ⅰ,117）。模仿总是改变，但是这样的意思，在这改变中对象被认识，并且作为像我们已熟悉的对象被认识。模仿在其认识意义里被理解为重新回忆（Wiedererinnerung）②。柏拉图的ἀνάμνησις（重新回忆）与μίμησις（模仿）相关。什么是重新认识的诠释学本质？在重新认识中，已认识的东西重新被认识，即对自己作为总是已经被认识的东西、因而被遮蔽的东西重新被认识。但在这里比任何时候已认识的东西有

---

① G. 博姆："关于图象的诠释"，见《诠释学与科学》，v. 博姆/伽达默尔编辑出版，法兰克福，1978年版，第444—469页，从这里继续引到伽达默尔的诠释学美学，他说，图像里的显然可见表现一种本源方式的真理生发事件，这种方式可追溯至思想的前史（第469页）。
② 关于这种模仿解释可看《真理与方法》，第108—109页；《短篇著作集》，第2卷，第22—23、176、233页；第4卷，第231—239页；《美的现实性》，斯图加特，1977年版，第47、62页。

更多的东西被认识，因为只有在重新认识里，它才作为它所是的东西被认识。在艺术里，熟悉的东西比任何以前都"更本真地来到此"（Ⅰ，119）。这种本真性——由于这种本真性，本质的东西被看见了——伽达默尔用柏拉图和胡塞尔的尖锐语言称之为"本质认识"（Wesenserkenntnis）（《短篇著作集》，第2卷，第22—23页）。文学艺术的 μίμησις（模仿）并不指单纯的"模仿"，而是类似第二生命的东西，即某种对事物的后解释（Nachinterpretation）。μίμησις是创造过程，在意义建立（引出新的理解可能性）的意义上的 ποίησις（创制）①。

由于艺术被模仿概念所引导，所以艺术提出一种对事物的本源性的本质认识。伽达默尔以此发展了海德格尔关于在者在艺术作品里本源开启着的无蔽的思想。但伽达默尔从他的方法论立场出发坚持认识概念，以便证明艺术的认识方式和以后（模仿概念富有成果地被应用于其的）精神科学的认识方式的合法性。在艺术中涉及一种独立自主的认识道路：重新认识并不是单纯的在第一次认识之后的第二次认识，而是某种性质上不同的东西（《短篇著作集》，第4卷，第231页）。它将更高的认识可能性带给我们（《短篇著作集》，第2卷，第176页）。因为我们的认识是有限的和不完成的，所以关键在于我们的认识得到提高。某种新的东西的产生和出现必须被视为真理要素。获得的意义扩充被综合到我们在此世界安身过程中，并且具有一种突出的定向作用："艺术……是一种重新认识的方式，在艺术中随着重新认识，自我认识以及与世界的熟悉被深化了"（同上，第23页）。这不是说，只有和谐的东西和有秩序的东西才具有艺术性质。熟悉性不只是指我们与世界之间轻松的（gelassene）、无问题的持续性

---

① 关于 μίμησις 与 ποίησις 的关系，可参看 P. 利科的《活的隐喻》，第56页。在他的《诠释学的冲突》，上引书，第163页以下，利科通过明确地返回亚里士多德的模仿概念解释当代相当多的美学面对模仿概念的窘迫与距离，μίμησις（模仿）对于亚里士多德来说并不是简单的复制，而是一种创造性的仿造，但在当代美学里，模仿概念却被它们误解为单纯地对现成的听候人差遣的实在的复制。

（Kontinuität）。伽达默尔完全考虑到艺术的批判作用，他托庇于阿多诺的美学理论的近处："艺术作品使我们感到的熟悉性，同时以谜一般的方式使习惯的东西令人吃惊和倒塌。它不只是'这是你'，它以一种快乐的有结果的惊异发现的东西。——它也说给我们'你必须改变你的生活'"①。否定性一直还是伽达默尔经验概念的核心思想，一种他与阿多诺从黑格尔那里继承的真理理解。

虽然伽达默尔与阿多诺之间不太容易进行比较，但在他们两人思想里，黑格尔的辩证法概念则是居首要地位：一切精神形式最终被吸收入知识里。艺术的辩证法的、不会带到逻辑概念的收获就是阿多诺为何赋予艺术以自主性的根据。正是因为审美的东西处于一种与社会否定的关系里，所以审美的东西相对社会实在具有一种特有的独立性。正是通过其否定性，艺术才可能辩证地综合在知识里。尽管我们前面看到，按照伽达默尔的看法，艺术的综合任务构成拒绝艺术有自主性的理由，但阿多诺要求艺术的自主性并不是伽达默尔批评的自主性，因为阿多诺绝不涉及一种在"审美区分"里的全然愉悦②。所设定的艺术的自主性可能让审美东西的刺激性的否定性成为乌托邦的表现（布洛赫）。但是，伽达默尔不是这样强调否定性以有利于抬高他从柏拉图那里继承来的辩证法对话要素：艺术的辩证法特征假定了谈话形式，即一种"我们所属的"谈话形式③，同时连续性中的不连续性应被采取。两位思想家在强调艺术的认识作用方面是共同的（引自格朗丹：《诠释学真理？——论伽达默尔的真理概念》，洪汉鼎译，商务印书馆，2015 年版，第 156—170 页）。

---

① 伽达默尔：《短篇著作集》，第 2 卷，第 8 页。最后一句出自里克的诗"太古时代的 Torso Apollos"。
② Th. W. 阿多诺，上引书，第 27 页："市民愿意艺术快乐而生活苦行；反之它可能是更好"。关于阿多诺与伽达默尔的比较现在可参阅 P. Ch. Lang：《诠释学—意识形态批判—美学——论伽达默尔与阿多诺以及现实美学问题》，迈森海姆/格兰，1981 年版。
③ 这是伽达默尔常引用的一首荷尔德林的诗：《真理与方法》，第 360 页；《短篇著作集》，第 1 卷，第 111、118、160 页。

第二部分

真理问题扩大到精神科学里的理解问题

第一章　历史的准备

这一部分首先使我们面临一种扩大或展开,即从艺术的经验转入一般理解的经验,也就是说,从艺术作品所获得的认识和真理经验转入一般人文科学或精神科学的认识和真理经验。伽达默尔试图在这里构造一种真正的诠释学经验以及与这种经验相适应的认识和真理的理论,简言之,即试图构造一种一般诠释学经验理论。①

所谓历史的准备,就是指诠释学过去所发展的历史为我们今天构造真正的诠释学经验理论所作的准备。这里我们首先对伽达默尔所说的"过去"作一解释。伽达默尔在《真理与方法》出版后5年于"诠释学与历史主义"一文中曾说了这样一句话:"我深信,我们确能从古典作家学到某种东西。"(Ⅱ,423)这可以说是伽达默尔诠释学的第一和最终原则。在《真理与方法》里,这一原则就构成该书的基本前提,伽达默尔一切论点都旨在为这一原则找出合法根据。说我们确能学到某种东西,这明白表示我们不能达到完全知识,不管是关于我们的世界还是关于我们自己,总存在有某种仍需要我们学习的东西;而且说我们必定有某种特别需从古典作

---

① 这一种诠释学经验理论的基本特征,我们将在本书附录中以"哲学诠释学的基本特征——伽达默尔《真理与方法》一书梗概"为名给出。

家学习的东西，这意味着，为了救治现在的缺陷而向未来迈进，我们将必须返回到过去，在过去的宝藏中找寻解决的方案。我们之所以不抛弃古典作家或超越他们，这是因为我们从过去所学习的东西并不只是某人以前所思和所做的东西，它不是某种过去是真而现在不是真的东西。如果它只是过去真的而不是现在真的，那么我们就不会向它学习。因此，我们必定有某种真的东西要从历史学习，任何想忽视、抑制或拒绝这一真理的历史解释理论都遭到伽达默尔的怀疑。拒绝过去的真理要求明显或不明显地造成自我夸大，它并不表示解释如何可以正确地被实行，它反而说明解释为什么一定不能完全承担。

说现在人有某种真的东西需向过去学习，这包含沉思的三部分结构：过去与现在是被真的东西所中介和综合。这首先表示没有任何对过去的接近不预先假定过去的真理要求，但这并不是说真理存在于过去，因为过去的真理要求就是过去人所要说的东西关涉于现在并对现在人诉说。如果它不是这样，那么它就不是真的。其次，如果过去的真理不存在于过去，那么历史学家就没有任何必要去重构历史像它过去所是那样，但这并不是说过去的真理就能脱离现在，因为过去的真理即使在现在也被我们认为是真理。所以，如果我们必定需向过去学习的真理必然也是某种关涉现在的东西——假如它事实上是某种我们必须学习的东西的话——那么任何现在的怀疑或抑制最终乃是否认过去的真理要求是真的。伽达默尔做出的惊人的结论是，把过去历史地重构为过去——这就是说，把过去重构为与现在中介相反的东西——乃是历史学的错误。与此相反的表述是：我们只有当被过去的真理要求所中介，我们才能接近过去，并且因为这种要求是一种对我们的要求，所以我们接近过去的唯一途径就是通过现在与过去所分享或所能分享的东西。我们的现在、我们与过去人的差别不是理解过去真理的障碍，而是根本条件，并且这种真理至少部分是：我们所接近的过去总是我们自己的过去，因为我们隶属于过去。

第一节　浪漫主义诠释学及其在历史学中的应用质疑

a）诠释学在启蒙运动和浪漫主义时期之间的本质转变

这里首先是在重新考察诠释学历史。我们为什么说伽达默尔是在重新考察诠释学历史呢？这是因为伽达默尔自己试图重新写出一个不同于狄尔泰（W. Dilthey）所阐述的诠释学历史。1900 年，狄尔泰曾发表一篇论述诠释学历史的论文"诠释学的起源"。他说现代诠释学乃是"从独断论中的解放"[①]，他认为近代诠释学，特别是宗教改革时期诠释学和施莱尔马赫普遍诠释学在诠释学里完成了一个重大革命，这革命不仅在于从特殊诠释学到普遍诠释学，而且还标志着现代诠释学从独断论的古典诠释学里解放出来而走向自由的诠释学。对于狄尔泰这一看法，伽达默尔是不同意的，他写道："假如我们认识到以跟随黑格尔而不是施莱尔马赫为己任，诠释学的历史就必须有全新的着重点。它的最终完成不再是历史理解摆脱一切独断论的先入之见，而且我们也将不能再按照狄尔泰跟随施莱尔马赫所描述的方式来看待诠释学的产生。我们必须从狄尔泰所开创的道路走向新的道路，并找寻另一种不同于狄尔泰的历史自我理解所追求的目的。"（Ⅰ, 177）

α）浪漫主义诠释学的前史

为了理解伽达默尔与狄尔泰关于诠释学历史的这种不同看法，我们先简略地按照伽达默尔的观点回溯一下诠释学的历史。诠释学（Hermeneutik）作为宣告、翻译、阐明和解释的技术，在古希腊时代就已经存在了。赫尔默斯（Hermes）本是希腊神话中诸神的信使，他给人们传递诸神的消息和指令。他的传达显然不是单纯的报道，而是解释诸神的指令，并且将诸神的指令翻译成人间的语言，使人们可以理解，因此诠释学引申为一种关于理解和解释的技艺学。"诠释学"作为书名第一次出现是在 1654

[①] 狄尔泰："诠释学的起源"，见《狄尔泰全集》，第五卷，莱比锡与柏林，1924 年版，第 326 页。

年，作者是 J. 丹恩豪尔（Dannhauer）。自古希腊以后，诠释学就沿着两条路线，即神学的诠释学和语文学的诠释学加以发展。神学诠释学指一种正确解释《圣经》的技术，早在西方教父时代就出现了这方面的思考，例如奥古斯丁的《论基督教学说》。因为基督教教义学的任务就是由于犹太民族的特殊历史和《新约圣经》中耶稣的泛世说教之间的紧张关系而被提出来的。在宗教改革时期，新教神学家为了维护自己对《圣经》的理解，转向《圣经》的文字研究，并试图用诠释学这一工具对教会学的传统及其对《圣经》经文的独断论解释展开批判，此后神学诠释学就成了神学内一个不可缺少而具有漫长历史的学科。语文学诠释学也最早出现于古希腊罗马时代，当时所谓考证法（ars critica）就是一种简单的语文学诠释学，不过其最重要的发展乃是从法国古典主义到德国古典时期，特别是克拉登尼乌斯（Chladenius）①、沃尔夫（Chr.Wolff）②和迈耶尔（C.Fr.Meier）等人所促进的。语文学诠释学主要根据古代语法学和修辞学发展一种关于解释和理解的方法学。按照伽达默尔的看法，神学诠释学和语文学诠释学都经历了同样的发展过程，这种发展终于导致了普遍诠释学的产生，从而开始了我们今天所谓诠释学发展的第一阶段，即以施莱尔马赫和狄尔泰为代表的传统诠释学。

伽达默尔为什么要反对狄尔泰关于现代诠释学是从独断论中的解放这一观点呢？按照伽达默尔的分析，独断论解释有两方面意思：独断论解释从贬义上说是强迫的解释，就这意味错误的解释而言，伽达默尔几乎不想去捍卫它。然而如果强迫的意指我们不得不接受一种解释，这实际是对

---

① 克拉登尼乌斯（Johann Martin Chladenius，1710—1759），德国哲学家、语文学家、浪漫主义诠释学先驱，其著作《对合乎理性的讲话和著作的正确解释导论》（1742年）是德国启蒙运动时期最重要的一部诠释学著作。
② F. A. 沃尔夫（Friedrich August Wolf，1759—1824），德国古典学者，现代语文学奠基人，其成名作《荷马引论》（1795年）首次提出了现代形式的"荷马问题"，按照他的看法，《伊利亚特》和《奥德赛》是由多数作者口述、后来才从艺术上加以统一的。这一理论为现代人开拓了理解史诗传统和诗歌起源的道路。

解释是否正确或错误并未说什么。即使独断论解释常常是错误的，我们仍需要问我们被什么东西所强迫。我们究竟是被什么东西所强迫而对某个别文本给出某个别解释呢？我们可能回答说，被一种解释传统，即一种教条所强迫。但说传统解释事实上都是错误的，这完全是不清楚的，甚至说它们的强迫是外在于文本的，也是不清楚的。但也许独断解释与其说表示我们把一种解释强加于文本，还不如说我们被强迫入一种解释。而且我们还必须追问，什么促使我们这样做？这种强迫力乃是一种非把文本理解为真的——即与我们所知道的真理可共度的——压力。我们把文本与我们的信念、我们的教条、我们的解释传统加以综合。不管是好还是坏（应该说它并不总是坏），独断论解释乃是一种综合过程，因为它接受了文本的真理要求，甚至当这种解释认为文本说的东西是假而加以拒绝时，文本的真理要求反被证明正确了。

的确，只有把我们的教条（传统）强加于文本，我们的教条（传统）本身才能被检验和被证伪（如果必要的话）。因此想解放解释的尝试将阻碍综合工作，而综合工作正是解释的根据和我们接近过去的条件。通过把解释的真理与它解释东西的真理分开，造成把过去与现在分离，用精确名称说，它剥夺了解释的合理性。正相反，独断论解释是想把过去理解为仍是真的、仍有力量的努力，并且仅当过去本身是错误的、不再有力量，是一种我们毫无什么可学的死的残迹时，这种解释才自动成为错误解释。听起来可能奇怪，伽达默尔认为独断论解释在某些方面是必不可少的，甚至是值得采取的。

当路德①为捍卫唯独《圣经》（sola scriptura）原则以反对特里恩特派

---

① 马丁·路德（Martin Luther, 1497—1560），德国基督新教派神学家、欧洲宗教改革运动发难者，路德新教创始人。路德新教的基本思想是所谓"因信称义"学说，认为人要获得上帝的拯救，不在于遵守教会规条，而在于个人内心的信仰。梅兰希顿（Philipp Melanchthon），德国基督教新教神学家、教育家。与马丁·路德同为欧洲宗教改革运动领袖。

神学家①坚持传统对理解的必要性时,他拒绝了第一种意义上的独断论解释——即以独断的传统即教父传统强加于解释。然而他反抗它们的权威性乃是因为他肯定了第二种意义上的独断论解释,因为他确实旨在把《圣经》理解为真的。问题是这两方面是否能分开。路德的原则是《圣经》可以按照它的文字意义(sense)并通过自身被解释。但是这种意义并不是在任何部分里都可直接接近的,所以为了达到这一点,部分必须用整体的意义(meaning)来理解。这样一种解释程序不管怎样都假定了《圣经》本身是一整体,而这种假定要得到合法性,唯一通过教父传统,而这种传统正是路德要抛弃的。在这方面和其他方面,狄尔泰不难看到宗教改革诠释学并不完全使自己从传统和独断论偏见解放出来,情况无疑就是这样。

按照狄尔泰的观点,部分光用整体来解读,这是不够的。让解释从《圣经》统一这一教条中解放出来,需要《圣经》像所有其他文本那样,在其创作的大历史脉络中被解读。在狄尔泰看来,不是个别文本,而是历史整体才是个别元素找到其意义的全部关联物。"诠释学仅当从服务于一种教义学任务——对于基督教神学家来说,这是一项新教福音的任务——转向历史推理法作用时,它才获得自己真正的本质。"(Ⅰ,181)"旧有的以整体来理解个别的解释原则现在不再关系到和限制于教义的独断论统一,而是涉及到全部的历史实在,而个别的历史文献正构成这种实在整体的部分。"(Ⅰ,180—181)所以狄尔泰把历史学家看作为一种解释历史这一大部头著作的全知的语文学家,而其他人,尤其是专家,只看到部分而看不到全体,但是我们必须问,究竟什么确保历史的整体性呢?历史

---

① 特利恩特宗派(Tridentinum)指 1546—1563 年特利恩特宗教会议形成的宗派,其宗旨称之为特利恩特会议信纲,1564 年由教皇庇护四世公布。主要内容有:肯定《尼西亚信经》包含教会基本信仰,肯定《通俗拉丁文本圣经》的真实性;肯定"原罪"教义及公教会所作的正统解释;谴责马丁·路德新教派"因信称义"学说及其对"恩宠"的"谬解"。

本身真的包括比任何文本更整合的统一吗？狄尔泰自己在其统一的历史概念里是否可能受不认可的（黑格尔的）传统所独断地指导呢？

　　无论如何，对于狄尔泰来说，这是非常明显的，即诠释学只有当它从教条束缚中解放出来并作为一种历史工具论、一种无偏见的方法而出现，诠释学才可能独立。伽达默尔说，狄尔泰对于诠释学起源的研究发展了一种明显一致的、按照近代科学概念是令人信服的关系，即"诠释学必须使自己解除一切独断论的限制，解放自己，以便使自己能提升到历史研究原则的普遍意义。"（Ⅰ，180）对于神学来说，这种从过去真理要求的解放意味着圣经的解释不再是基督福音的宣告；而对于语文学来说，这种解放意味着古典作品的解释不再是模仿和仿效，因为古典作品已失去了它们作为典范的意义。原先的语文学的考证术（ars critica）是以未加反思的古希腊罗马文化的典范性为前提的，而现在的语文学诠释学则必须摧毁这种以古希腊罗马文化为典范的要求。① 在摆脱为教条服务和变成一种普遍的解释工具论中，诠释学仅起一种作为单纯指导理解的作用，一种帮助理解克服偶然问题和障碍的作用。诠释学愈来愈增加了普遍性和规则性的说明，而丢弃了具体的偶然的和历史的东西，这种随施莱尔马赫而开始的诠释学理论给自己制定了这样一个任务，即规定什么使理解一般得以可能的，而不管理解是在什么具体境域进行的。

　　施莱尔马赫在某种对神学和古典语文学都是共同的东西里寻找理解的基础，他不把这基础放置在基督教人道主义所宣导的地方，即在古典文化和基督教文化所共同分享的内容里，正相反，他把它放置在不涉及任何内容共同分享的理解程序里，也就是说，不放置在其实质内容理解上，而是放置在理解方法上。每当理解可能性产生了，这个程序或方法就总起作

---

① 伽达默尔说："就语文学和神学这两条路线而言，它们都经历了同样的发展过程，这种发展终于导致建立普遍诠释学的想法，对于这种普遍诠释学来说，传承物的特殊典范性不再表现为诠释学任务的先决条件。"（Ⅰ，181—182）

用。对于施莱尔马赫来说,误解的可能性是普遍的。阻碍直接理解和促成误解的距离和陌生化并不限于遥远过去所撰写的文字文本,它们也出现于当前的会话里。构造一种普遍理解理论的基本理由就是作为人的个体性结果的误解的普遍可能性。在强调个体性所产生的异化时,施莱尔马赫表明了他拒绝那种认为人类分享一种共同本性的观念。所以,共通感和共同信念不能指导理解或为理解可能性提供基础。对于施莱尔马赫来说,理解并不表示找寻一种共通感或可分享的内容,正相反,理解在于规定他人如何通过重构他的意见的起源而达到他的意见。

  伽达默尔认为,施莱尔马赫在这里已从根基上误解了理解。理解按其本质不应是对作者意图的单方面的理解,而应是对作品的真理内容的理解。伽达默尔说:"让我们从这一命题开始:'理解首先指相互理解'。理解首先是相互达到一致。所以人们大多是直接地相互理解的,也就是说他们相互了解直到取得相互一致为止。理解也总是对某物的理解。相互理解就是对某物的相互理解。"(Ⅰ,183)正相反,对于施莱尔马赫来说,理解不是相互理解,而是某人理解他人——即单方面的理解。理解不是对于一个共同关心的主题达到理解,而是无关他人所关注的东西而理解他人。我们可以具体分析施莱尔马赫这种理解观点:当你我关于某个共同关心的主题进行讨论时,你关于这个共同主题说出了你的意见,在尝试理解你的这种意见时,我并不努力通过援引被讨论的主题——这也是关涉我的共同对象——而理解它。我只是想去规定你如何能达到这样一种意见,我试图发现你得以相信这个观念的过程或你之所以想表现它的动机。我不再关涉内容,而是关涉起源和动机——不是关注你意味的东西,而是关注你意指它这一事实。但是,按照伽达默尔的看法,即使我成功地重构了那种使你导致这意见的心理学过程和动机,从而我可能理解了你,但我仍不能达到关于主题的理解。不涉及他人意指的东西,而是在他人他在性中重构他人,并不是像施莱尔马赫所想的那样属于理解程序;完全相反,按照伽达默尔的观点,这是抛弃那种想达到理解,达到对共同关心的主题的分享意义的尝试。因此,得知他人的变化是理解失败的症象,而不是理解成功的原则。对于伽达默尔来说,理解是交往(communication):它或者是关于共同关心东西的共同意义的表现,或者是达到这种共同性的尝试。

斯宾诺莎似乎预期了施莱尔马赫的观点,因为他也认为,为了理解圣经里不易理解的段落,我们必须理解作者的思想。为了理解作者而不是我们所想的东西,我们不能使用我们自己的成见,而宁可虚空我们心灵的成见。作者的意义是否符合我们自己的意见,这不是主要的,因为我们只涉及规定他的陈述的意义,而不是它们的真理。然而对于斯宾诺莎,显然并不是所有《圣经》段落都是不易理解的,他描述的方法是局部性的,而不是像施莱尔马赫所认为那样是普遍的。它仅在直接理解被中断的地方才起作用;只在圣经不能直接地被理解为真的地方,我们才进行历史解释。同样,对于克拉登尼乌斯来说,解释也是一种偶然的而不是普遍的必要性。我们解释历史著作仅当我们不理解它们——这就是说,解释和理解不是一回事,并且解释总是一种例外的活动。但当我们在解释时,按照克拉登尼乌斯的看法,我们的标准并不是作者的意义(meaning),而是"对事物的理解(Sachver—staendnis),即有关实际事物的见解。"(Ⅰ,186)对于克拉登尼乌斯来说,"完善地理解一位作者和完善地理解一次讲话或一篇著作并不是同一回事。理解一本书的标准绝不是知道它的作者的意思。"(Ⅰ,187)作品可能意指的东西要比它们作者所意想的东西更多。诠释学的任务也不是最终去理解这些更多的东西,而是理解作品本身的真实的、客观的内容,即使在克拉登尼乌斯把意义限制于作者的意图的地方,他也不使这种意图与真理分开。

施莱尔马赫对于诠释学前史所做的是怎样一种彻底的变革,这可以通过考察他区别于斯宾诺莎和克拉登尼乌斯的方式来评价。当不易理解性对于斯宾诺莎来说是引起游览历史的偶缘问题,对于克拉登尼乌斯来说是一个需要重新注意所讨论对象的偶缘问题时，而施莱尔马赫却认为不易理解性乃是常规，是一种作为永久必要性的进入历史的迂回之路，而且这种迂回之路并不指向共同所关心的对象，而是指向讲话者或写作者的主观性。对于施莱尔马赫来说，既然误解是常规，既然误解的可能性是使解释成为必要的东西，所以理解和解释是不可分开的。它们不是两种活动而是一种活动。解释是避免那种从每一种无规则的理解尝试而自动产生的误解的艺术，因为理解是自然而然和自身必然会失败的，所以它需要解释规则系统的帮助，而这些规则系统的应用是不管我们解释的内容是真或假，是深刻还是平庸。

这里伽达默尔对诠释学前史的说明，就今天的研究来说，可能只代表一种观点。为了便于读者全面理解，我们作如下补充：

关于诠释学的词源学意义，学术界存在有两种看法，一种是海德格尔和伽达默尔的看法，希腊词 Hermeneutike，其动词是 hermeneuein，名词是 hermeneia，从词源学上说，该词是从词根 Hermes（希腊文 hermeios）引申而来。Hermes 即赫尔默斯，本是希腊神话中诸神的一位信使的名字，他不但有双足，而且足上有双翼，因此也被人称为"快速之神"，过去德国火车头上常有他带上翅膀的鞋作为装饰。赫尔默斯的任务就是来往于奥林匹亚山上的诸神与人世间的凡夫俗子之间，迅速给人们传递诸神的信息和指令。然而，由于诸神的语言和人间的语言不同，因此赫尔默斯的任务或者说使命就是一种类似于我们现代的翻译工作，即把诸神的意旨和命令翻译成人间的语言并对其进行传达，不过要做好翻译，赫尔默斯需要具备两个条件，即他能理解或懂得神的旨意和指令，并能对其进行解释，用另一种语言把其传达出来，因而赫尔默斯的工作就具有双重性：一方面理解神的意旨和命令，将神的意旨和命令从一种陌生的语言翻译成人们熟悉的语言；另一方面还要解释神的指令，把神的意旨和命令所包含的意义阐明出来，从而为凡人所知晓并接受、服从。因此，Hermeneutik 最基本的含义就是通过理解和解释把一种意义关系从一个陌生的世界转换到我们自己所熟悉的世界。对此伽达默尔在"古典诠释学和哲学诠释学"一文中曾这样写道:"赫尔默斯是诸神的信使,他把诸神的旨意传达给凡人——在荷马的描述里,他通常是从字面上转达诸神告诉他的消息。然而,特别在世俗的使用中,hermeneus(诠释)的任务却恰好在于把一种用陌生的或不可理解的表达的东西翻译成可理解的语言。翻译这个职业因而总有某种'自由'。翻译总以完全理解陌生的语言,而且还以对被表达东西本来含义的理解为前提。谁想成为一位翻译者,谁就必须把他人意指的东西重新用语言表达出来。'诠释学'的工作就总是这样从一个世界到另一个世界的转换,从神的世界转换到人的世界,从一个陌生的语言世界转换到另一个自己的语言世界。"(Ⅱ,92)海德格尔在《走向语言之途》这一后期著作中也明确说,诠释学在词源上是与希腊诸神的信使赫尔默斯相联系,不过他又说:"诠释学并不意指解释,而最先是指带来福音和消息",[①]似乎在这里与伽达默尔有些不同。对于海德格尔与伽达默尔这一把赫尔默斯作为诠释学之词源的观点,近年有人提出异议,例如卡尔·凯伦依(Karl Kerenyi)曾认为诠释学一词与赫尔默斯并没有任何语言学或语义学的关系,见他为《希腊基本概念》(苏黎世,1964年)所写的诠释学词条。另外,H.E.哈索·耶格尔(Hasso Jaeger)在其一篇论文"诠释学前史研究"(见《概念史档案》第18期,1974年)里也说,把诠释学认为是从赫尔默斯而来,乃是一种无根据的虚构,按他的看法,诠释学肇始于约翰·孔哈德·丹恩豪尔的《圣经诠释学或圣书文献解释方法》(1654年)一书,诠释学乃是17世纪在亚里士多德逻辑学的基础上发展起来的一门科学理论。

另一种看法是德国宗教理论家G.艾伯林(Ebeling)在其主编的《历史和现代的宗教辞典》里提供的。艾伯林在其主编的《历史和现代的宗教辞典》里对"诠释学"一词作了这样的考证:诠释学的希腊词hermeneuein在古代希腊至少有如下三种意义指向:(1)说或陈述(aussagen, ausdruecken),即口

[①] 海德格尔:《走向语言之途》,伯斯克出版社1959年版,第122页。

头讲说;(2)解释或说明(auslegen, erklaeren),即分析意义;(3)翻译或口译(uebersetzen, dolmetschen),即转换语言。按照艾伯林的看法,诠释学既可能指某种事态通过话语被诠释,又可能指被说的话通过解释被诠释,同时也可能指陌生语言通过翻译被诠释,但不论哪一种意义指向,其目的都是"带入理解"(zum Verstehen bringen)或"促成理解"(Verstehen vermitteln),例如在宗教里,诠释学作为促成上帝与人之间相互理解的方式,其中就有三种:福音预告(Verkuendigung),解释(auslegen)以及口译(dolmetschen)。① 美国诠释学研究者R.E.帕尔玛(Palmer)曾对艾伯林这种观点作这样的解释: hermeneuein 和 hermeneia 具有如下三个基本意义指向:(1)用语词大声表达,即说话(to say);(2)说明,即解释(to explain)一种境况;(3)翻译(to translate),如翻译外国语言。这三种意义都可用英语动词 interpret 来表示,然而,每一种都构成诠释的一个独立而又重要的意义。以此观之,诠释学在希腊文和英语用法里,可指示三个不同的东西:一是口头陈述,另一是合理说明,再一是以另一种语言所做的翻译。此三种意义指向都是使得某种外来的陌生的在时空和经验中分离的东西,成为熟悉的、现时的和可理解的东西,因而某种需要陈述、说明或翻译的东西就能被"带入理解"。②

β)施莱尔马赫的普遍诠释学设想

施莱尔马赫的普遍诠释学是从这样一个观念开始的,即"陌生性的经验和误解的可能性乃是一种普遍的现象。"(Ⅰ,182—183)相对于非艺术性的讲话和口头的讲话(这些讲话具有一种富有生气的直接理解意蕴)来说,艺术性的话语和文字固定下来的话语对我们具有陌生性,因而容易产生误解。施莱尔马赫区分了两种诠释学实践,一种是宽弛的诠释学实践,

---

① 参阅《历史和当代的宗教》(*Die Religion in Geschichte und Gegenwart*, J.C.B. Mohr(Paul Siebeck), Tuebingen, 1959), 第3卷, 第243页。
② 帕尔默(R.E. Palmer):《诠释学——施莱尔马赫、狄尔泰、海德格尔和伽达默尔的解释理论》(*Hermeneutics: Interpretation Theory in Schleiermacher, Dilthey, Heidegger and Gadamer.* Evanston, Ⅲ., 1969),第一部分。

一种是严格的诠释学实践,前者的前提是,理解是自发出现的,而后者的出发点则是,凡是自发出现的东西都是误解。按照施莱尔马赫的看法,诠释学的真正工作就是这种严格的诠释学实践,因此施莱尔马赫给诠释学下的定义就是:"诠释学是避免误解的技艺。"(Ⅰ,188)

施莱尔马赫是通过如下步骤发展普遍诠释学的:首先把理解过程与被理解的东西区分开来;其次是区分他人意义的理解和辩证的理解,即对事物、讨论主题的理解。所以对他来说,要被理解的东西不被认为是真理,而被认为是作者生命的部分、作者个性的表现,这种个性需要重构和解释,以便弄清这一讲话如何与作者生命、作者生命这一部分如何与整体相联系。施莱尔马赫区分两种解释技艺,语法的解释技艺和心理学的解释技艺,语法解释是通过文本的语言规则进行解释,其中特别是所谓从部分到整体、从整体到部分的诠释学循环,而心理学解释"归根到底是一种预感行为,一种把自己置于作者的整个创作中的活动,一种对一部著作撰写的'内在根据'的把握,一种对创造行为的模仿。这样,理解就是一种对原来生产品的再生产,一种对已认识东西的再认识,一种以概念的富有生气的环节、以作为创作组织点的'原始决定'为出发点的重新构造。"(Ⅰ,191)

施莱尔马赫诠释学旨在对一个表达式的产生过程进行重新产生,而不是旨在表达式意指什么——即表达式的内容,因为他认为表达式是一种审美形式。在这方面施莱尔马赫是跟随康德这一看法,即艺术作品是主体性的自由构造,它不受它所表现的对象的限制。在施莱尔马赫看来,一切表达式都具有这种审美性质,所以它们可以不通过它们中被想的东西,而只是通过讲话者或写作者的自由主体性而被理解。这就是说,它们可以用心理学分析来理解。审美表达式的认识价值是微不足道的,所以解释它们的标准不是作者和解释者关于共同对象的一致性,而是心理学地重构作者的天才精神,作者的个性被认为是与解释者的个性相反的东西。解释者并不在试图理解他自己或他的世界,甚至也不在试图理解他自己的生命和作者的生命,而是唯一想理解作者曾想的东西以及这想法如何形成的。但是,即使这种重构成功了,解释者也已经放弃想理解任何有关他自己的真理的尝试。

伽达默尔写道:"按照施来尔马赫的看法,凡在需要克服时间差距的地方,就有一种特别的任务。施莱尔马赫把这任务称之为'与原来读者处于同一层次'(Gleichsetzung mit dem ursprünglichen Leser)。但是,这种'同一层次的操作',即从语言方面和历史方面建立这种同层次的活动,在他看来,只是真正理解活动的一种理想的先决条件,因为他认为,真正的理解活动并不是让自己与原来读者处于同一层次,而是与作者处于同一层次,通过这种与作者处于同一层次的活动,文本就被解释为它的作者的生命的特有表现。"(Ⅰ,195)因此一切理解的最后根据就一定是与作者的"一种同质性的预感行为(ein divinatorischer Akt der Kongenialität),这种行为的可能性依据于一切个性之间的一种先在的联系。"(Ⅰ,193)

施莱尔马赫把部分—整体原则不仅应用到语法解释,而且也应用于心理学解释。不仅每一个语法单元必须用整个讲话的语境来加以理解,而且这讲话本身也必须根据作者整个精神生活的背景来加以理解。如果整体不预先通过某种独断设定的限制来规定的话,解释过程将是无限的——这就是说,在任何给定的瞬间是暂时的。然而施莱尔马赫却想象一种通过预期奇迹有可能的完全理解状态,例如作者的个性因为解释者把自己转到作者的视域而成为完全清楚的时候。虽然作者的精神是唯一的,不能归属于任何其他框架,然而由于解释者的相应精神,它却成为可理解的。他的这一精神就是预期精神,一种允许转入作者精神的突发洞见。解释的预期乃是一种使作者的他在性可接近但不被解释者同化的艺术——这就是说,没有任何比较或求助于统一他们两者的共同本性。

虽然预期包含对创造过程的再创造,但这两者——创造和再创造——却不是等同的。在施莱尔马赫的表述里它们如何非常不同是十分明显的。

解释的目的是"比作者理解他自己更好地理解作者。"（Ⅰ,195）按照伽达默尔的看法,近代诠释学的全部历史就表现在对这一命题的各种不同的解释中（Ⅰ,195）。这一命题是施莱尔马赫把天才说美学应用于他的普遍诠释学的结果。因为表达式是天才精神的创造,所以它主要是无意识的创造;并且因为再创造依赖于那种明显提供给解释者的原本创造的原则,所以再创造过程将比原来的创造更多有意识,因而该创造可以在"更好"意义上被理解。伽达默尔写道:

"让我们更详细地考察施莱尔马赫这种建立同层次性活动（Gleichsetzung）的意思。因为这种活动当然不能意指简单的同一化。再创造活动本质上总是与创造活动不同的。所以施莱尔马赫主张,我们必须比作者理解他自己更好地理解作者——这是以后一再被重复的一句名言,近代诠释学的全部历史就表现在对它的各种不同的理解。事实上,这个命题包含了诠释学的全部问题。……施莱尔马赫把理解活动看成对某个创造所进行的重构。这种重构必然使许多原作者尚未能意识到的东西被意识到。显然,施莱尔马赫在这里是把天才说美学应用于他的普遍诠释学。天才艺术家的创造方式是无意识的创造和必然有意识的再创造这一理论得以建立的模式。"（Ⅰ,195—196）

在某种程度上伽达默尔同意"天才创造学说在这时完成了一项重要的理论成就,因为它取消了解释者和原作者之间的差别。"（Ⅰ,196—197）伽达默尔写道:"创造某个作品的艺术家并不是这个作品的理想解释者。艺术家作为解释者,并不比普通的接受者有更大的权威性。就他反思他自己的作品而言,他就是他自己的读者。他作为反思者所具有的看法并不具有权威性。解释的唯一标准就是他的作品的意蕴,即作品所'意指'的东西。"（Ⅰ,196）被设想为无意识的天才的作者并不完全理解他自己,所以他的自我理解不能是正确解释的标准。他只是许多解释者中间的一个,而他们所有人都是同等的。然而对于伽达默尔来说,正是这种权威同等性却阻碍了任何关于解释者方面能"更好"理解的说法，正如我们不能说作者方面能更好理解一样。① 施莱尔马赫所要求的解释者的卓越性在伽达默尔看来似乎是一种无根据的自我夸大，即使这种说法在施莱尔马赫之前已出现过。② 但对于诠释学来说却完全是新的。人文主义者常常试图模仿、仿效甚而超过古典作家，但他们之所以这样做，是因为他们认为这些人的作品是典范，是内容和形式的范例——也就是说，是事物真理的提供者。但在施莱尔马赫表述里所展示的自信是从这一事实推出的，即他的诠释学不仅可应用于具有规范要求的古典作品和《圣经》，而且也可应用于任何其他事物——没有真理要求的甚至没有意义要求的表达式。诠释学在成为一种普遍的诠释学时，它成为一种方法，也就是不依赖于内容。施莱尔马赫甚至也不要求解释者在内容方面，即所讨论的问题方面的理解卓越性。但是因为，如果诠释学要是普遍的，它必须无视内容和强调不受讨论对象真理限制的自由无意识创造，所以施莱尔马赫容易为他的有名表述而沾沾自喜。

---

① 关于"更好"理解问题，利科曾这样写道："我认为揭蔽与占有之间的联系是诠释学的试金石，它将要求克服历史学家的短视，又对施莱尔马赫原来的想法保持相信。比作者本人理解他自己还更好地理解作者，在于揭示了在作者的谈话中所包含的超出他自己生存境遇的有限视域的揭蔽力量"（"文本的模式"，见《社会研究》，第38期［1971］，第558页）。如果"更好"指这种意思，那么伽达默尔和利科并无什么差别，虽然伽达默尔反对"更好理解"看法所蕴含的进展含义。

② 解释者应比作者理解他自己还更好地理解作者，这句诠释学名言一般认为出自施莱尔马赫和狄尔泰，实际上应该说最早出自康德。康德在他的《纯粹理性批判》中讲到柏拉图的"理念"一词的意义时，曾这样写道："我在这里并不想从文字上研究这位杰出哲学家对这一词所理解的意义，我只想说，当我们把一个作者在日常谈话里或者在著作中关于他的对象所表述的思想进行比较时，发现我们甚而比作者自己理解他还更好地理解他。这并不是稀奇之事，由于他没有充分规定他的概念，他有时所说的乃至所想的就会和他的本意相违。"（《纯粹理性批判》，"先验辩证篇"，第1卷第1节，"论一般概念"，A314）康德之后，费希特也论述过，后者为了发挥康德哲学的主观能动精神，强调实践理性高于一切，曾提出"体系的发明者是一回事，而体系的解释者和跟随者则是另一回事"。

施莱尔马赫从局部的偶缘的诠释学转向普遍诠释学究竟有怎样巨大的意义，我们可以从这一事实看出，即在使解释从教义和传统中解放出来并使解释转为独立程序的过程中，施莱尔马赫旨在一种对《圣经》教义独断论的非独断的解释和对古典传统的非传统的解释。但这意味着，教义独断论和传统的真理是被那种指定去产生正确解释它们的处置程序本身所否认。"不管是神圣《圣经》的拯救真理还是古典作品的范例性，都不可能对这种既能在每一种文本中去把握其生命表现又能忽视该文本所说东西的真理的处置程序发生影响。"（Ⅰ，201）但是，这种真理难道不是首先引起解释的东西吗？难道真有必要去使诠释学成为这样普遍的以致可能认为它的最高成就是对错误的真理解释和对胡说的明显解释吗？这确实是"更好理解"这一看法所导致的结果。但是这确实不是作为神学家的施莱尔马赫所设想的究竟如何进行《圣经》解释的。我们只能大概推出他之所以想使《圣经》真理不确定乃是因为他认为这种真理是一种给定物，一种先于解释并指导解释的教条或传统。伽达默尔认为这是任何解释者的情况：没有文本能自身和离开传统而被理解。即使圣经也当然不可能是真的，但反过来也说明，施莱尔马赫理论实际是在实践上弄错了它所想理解的东西：因为它作为一种方法原则不仅怀疑文本的真理而且也怀疑文本的真理要求，而这最终是心理学解释的结果。

b）浪漫主义诠释学之后的历史学派
α）面对整个世界史理想的困境

19世纪德国历史学派肇始于与黑格尔历史哲学的决裂。我们知道，黑格尔的历史哲学是强调哲学对历史的本质作用，唤起历史的能动性，从而使历史完全成为哲学的表现。但是，把历史视为观念的纯粹表现，这将必然否认历史本身的独立存在，因而随着19世纪经验科学的发展而出现的历史学派就试图使历史独立于任何预设的目的论，使历史只表现自身，历史的价值只属于历史本身。因此，正如施莱尔马赫把诠释学从独断论的教条中解放出来，使之成为一种解释方法的普遍诠释学一样，19世纪德国历史学派的诠释学努力也被用来使历史研究脱离黑格尔的历史哲学，使之不成为一种哲学，而成为一门经验科学。或者我们可以简单地说，正如施莱尔马赫使文本解释脱离独断论，使之成为一种解释方法论一样，德国历史学派也力图使历史研究脱离黑格尔，使之成为一门经验科学。

这里我们需谈一下历史理解问题与施莱尔马赫诠释学的联系。从表面上看来，这两者似乎没有什么联系，施莱尔马赫诠释学着重理解特殊文本，它在巨大的历史脉络中只为这一目标服务，而历史学家似乎与语文学家相反，历史不是理解个别文本的工具，而是相反，文本是理解整个历史的工具，文本自身并无价值，它们就像是过去时代遗留下来的缄默无言的残渣瓦砾一样，只是作为认识历史实在的源泉，即中介的材料。但是如果我们仔细地考察的话，在施莱尔马赫普遍诠释学与历史学派之间也存在一种连续性。个别文本是用来构造历史整体，因为它是这个整体的部分，正如一个语句是一个文本的部分。伽达默尔说："历史学派用以设想世界史方法论的基本格式实际上并不是别的格式，而只是那种适用于每一个文本的格式。这就是整体和部分的格式。"（Ⅰ，202）语文学的兴趣与历史学的兴趣尽管有差别，但它们却是相互隶属的，历史学解释可以被用来作为理解某个既存文本的工具，它在文本中只是注意那种作为历史传承物整体一部分的单纯原始材料。正如狄尔泰所看到的，这意味着，普遍历史是一种可实现的理想，因为"不仅原始数据是文本，而且历史实在本身也是一种要加以理解的文本"（Ⅰ，202），有如笛卡尔所说，自然是一本大书。对于世界史全部历程的理解只能从历史传承物本身才能获得，历史被历史主义加以文本化了（textualized），而这正是语文学诠释学的要求，即文本的意义则文本本身才能被理解。所以，"历史学的基础就是诠释学"（Ⅰ，203）。

历史学派是在反对黑格尔那种以绝对精神的发展来说明世界史的所谓历史哲学而出现的。与黑格尔那种先天构造世界史做法决裂仿佛是历史学派的出生卡。历史学派对黑格尔以目的、顶点或历史完美性来构造的历史目的论观点的反抗包含这样一个前提，即与黑格尔的思想相反，在历史之外并不存在有任何理解历史的立场。历史学派坚持说，历史仅只能从自身内部来理解。但是这也是语文学诠释学的前提：文本成为可理解的仅在于来回注意它的整体和它的部分——这就是说，只是内在地而不是援引任何外在于历史的东西。"对于历史科学来说，其实并不存在任何历史的终结和任何超出历史之外的东西。因此，对于世界史全部历程的理解只能从历史传承物本身才能获得。"（Ⅰ，203）所以这种普遍世界历史学对黑格尔哲学的反抗也促使诠释学紧紧跟随语文学。

然而，如果历史是扩大的文本，那么它具有怎样一种整体性呢？一部小说或一首诗有一开端和一结尾，一部自传开始于出生和终止于死亡，并且过去文明的历史也具有一个结束期。但是，究竟是什么标志普遍历史的统一和完成以致它可以是有意义的或本身可理解的呢？存在有任何这样一历史整体以使部分能在其语境中被明确理解吗？从理论上考察，对此问题有三种不同的回答：

（1）黑格尔以绝对观念来答复这个问题。他设想历史的终点和完成是绝对观念在历史中的实现，因此绝对观念可以赋予历史以意义。但是，如果历史事实上永远不会达到这一终点，这不就取消了历史学家自身的职责吗？我们不再有任何理由去研究历史，因为黑格尔所谓历史的完成在于它的"课程"已经被学完了。所以对黑格尔的反抗使历史学家相当犹豫不决：就历史真理仍是要学习而言，历史必然是未完成的；但仅就历史是整体而言，它的任何部分才能最终被理解。所以新黑格尔派普遍历史的根本问题就是，鉴于尚未给出的整体，理解究竟如何是可能。在对黑格尔关于历史是哲学、是理念实现的观点的反驳中，兰克、德罗伊森和狄尔泰论证说，理念永不能完全或完美地表现于历史之中，它绝不能使表达式成为最终概念清晰，也从不独立于它于其中被表现的具体情况。毋宁说，它总是无法摆脱地束缚于它的脉络中，以致要理解任何理念就先要理解它的历史——这就是说，要先进行历史研究。

（2）温克尔曼以开端完美性来答复这一问题。当黑格尔认为历史是一种具有达到终点的时间完全性的进展，从而以目的论来设想历史时，温克尔曼认为我们也可以不同于黑格尔的目的论方式来回答，即我们可以认为历史是从开端完全性的倒退和下落。这里相对于黑格尔不断上升到终点的历史进展观，出现了从起点不断下落的历史倒退观。温克尔曼利用古代经典作为典范，批判已从古代大堕落的现代。但是，因为他在历史里旨在发现希腊艺术的特殊性和这种特殊性的原因，所以他把古典艺术不仅认为是标准，而且也认为是唯一而不可重复的，因而古典艺术是与现代不连续的，现代不能复制古典的成就，即使它可能想这样做。在这个意义上，温克尔曼的古典主义正如黑格尔的绝对唯心主义一样，包含一个仍处于历史之外的理解历史的标准——只是这个标准被体现在历史"之前"，而不是像黑格尔那样体现在历史"之后"。

（3）赫尔德的观点。典范性和不可重复性——这是温克尔曼关于历史遗产的观点，也是他之后许多人的观点。但是，要超出人文主义崇尚古典文化的偏见，我们必须像赫尔德那样把一切时期都认为是"经典的"——即每一时期都具有它自己的完美性。这种优异性的民主化表示历史被构造得既不是上升的又不是下落的。没有任何时期可以通过它的先驱或后继里所体现的标准来批判，因为每一时期都有它自己唯一的标准。"正是人类存在在时间中的展开才具有它自身的创造性。正是人类的丰富充满和多种多样才能使人类自身在人类命运的无限变迁中不断达到高一级的实在。历史学派的基本前提可能就是这样被表述的。"（Ⅰ，206）然而，这里存在有两个问题。首先，同质优异性观念实际架空了任何内容的优异性。它不再是质的优异性，而是量的优异性，因为它是"以最大的多样性这一形式观念为其基础。"（Ⅰ，206）在变化和价值之间没有必然的联系。的确，优异性的变动正是优异性的消除。而且，众多性这一形式理想的空洞性明显表现在这一事实，即没有任何东西能反对它，因为任何东西都是变化的特例。第二个问题是历史的普遍化需要每一时期有一明确价值，然而这种坚持变化的观点却使历史统一成为问题，怎么会有明确的价值呢？情况似乎是，为普遍历史所付出的代价乃是它片断化于不连续单元的多样性之中。

β）兰克的历史世界观

面对这三种观点，兰克[①]以这种方式讲到历史融贯一致和连续性问题："每一种真正世界史的行为从来就不只是单纯的消失，而是能在当代匆匆即逝的瞬间去发展某种未来的东西。因此这种行为本身就包含一种对其自身不可毁坏的价值的完全而直接的感觉。"（Ⅰ，206）这种行为是指向未来的，这表明兰克事实上并没有离黑格尔很远，因为他们两人都从目的论看待历史的统一。但在兰克这里，这种统一并不是那种在历史里实现自身的理念，他的目的论是没有目的的。世界历史行为所产生的未来不是时间里的任何特殊点，毋宁说，这种行为在一种意义上创造了时间。它的创造历史在于：它具有一种持久的效果（Wirkung），这种效果既构成行为的本来意义（meaning）和价值意义（significance），又允许历史学家把整个事件系列理解为隶属于这种行为的历史并因而是统一的。真正属于世界史的行为不只是历史的（historical），而是具有重大历史性的（historic）。重大历史性的

---

① 兰克（Lecpold von Ranke，1795—1886），德国历史学家，19世纪德国历史学派的代表人物之一。重要著作有《16和17世纪罗马教皇的教会和国家》（1834—1836年）、《德国宗教改革史》（1839—1847年）、《17和18世纪普鲁士史》（1847—1848年）、《16和17世纪法国史》（1852—1861年）和《16和17世纪英国史》（1859—1869年）等。兰克试图从一种历史的观点来解释各个时代的冲突，他认为历史是由个人、各民族和各国家分别发展起来的、综合在一起形成文化的过程。

行为在如下两个意义上是有重大意义的：它是有重要价值的（significant）并且创造系列的统一；它创造历史，并且（这是一回事）使历史融贯一致。

兰克虽不主张历史发展有如黑格尔所说，背后有一绝对精神的先天目的，但却认为历史联系仍具有一种目的论的结构。他说："真正世界史的行为并没有任何可在它之外被发现和被把握的目的。就此而言，并没有一种先天认识的必然性支配历史。但是，历史联系的结构却是一种目的论的结构。"（Ⅰ，207）为什么呢？关键在于"先行东西的意义正是由后继的东西所决定。"（Ⅰ，207）就如第一次世界大战的意义，是因为有了第二次世界大战的缘故。事件的意义往往会因后来的事件的产生而有所改变，因此一件事物是否成功或失败，或者一件事物是否有意义或无意义，皆凭后来的事件来决定。他说："继后的东西把刚才先行的东西的后果和性质置于明亮的共同的光亮之中。"（Ⅰ，207）所以，兰克说"历史的本体论结构虽然没有目的，但却是目的论的。"（Ⅰ，207）

这样一种目的论当然不能用哲学概念来证明，它并不使世界史成为一种先天的系统。这样一种目的论其实是与行为的自由相协调的。兰克把世界历史行为称之为"自由的场景"，这是因为历史的决定就表现在这些场景中，凡自由地行动的地方，都有某种决定做出来。自由在于力量，并且这种行动是具有世界历史意义的，因为自由在它们那里被表现为创造的力量。但是，这是谁的力量呢？兰克写道："自由之旁存在着必然性，必然性存在于那种已经被形成的东西而不能又被毁灭的东西之中，这些东西是一切新产生的活动的基础。已经生成的东西构成了与将要生成的东西的联系。"（Ⅰ，208）个人自由是受必然性所限制的——即受过去的持续效果的限制，因为过去规定了自由可进行的境遇和方向。所以，如果自由是产生未来的力量，那么它将被将来到的东西所限制，因为未来也是一种必然性的形式，它必然改变我们的计划和观点。对于兰克来说，一种行为是具有重大历史性的这一事实并不意味着它表现了个人意愿、欲望和意向的力量。主体性不是历史里的力量。所以我们必须再问,究竟什么是这种力量的中心地?黑格尔把它放在精神中,但兰克不能接受这一观点。对于兰克来说,历史力量就是政治国家,他称它们为"真正的精神存在"和"上帝的思想",以表明它们不是人类任何设想的产物(Ⅰ,211)。

虽然兰克不认为历史具有哲学系统的统一性,但仍认为历史具有一种内在的联系。自由之旁,存在着必然,也就是"力",两者彼此相继、互为制约。历史持续创造,但自由之背后有其约束与限制。伽达默尔认为,自由与力的对立统一关系,即可连结黑格尔所揭示的力的辩证法。赫尔德曾认为,力只存在于它的外现中,外现不仅仅是力的抉择,而且也是力的实在,而黑格尔则认为,力是比其外现更多的东西。力具作用潜能,不仅是某特定结果之因,也是产生这结果的能力。所以不同于结果的存在方式,力具有"犹豫",即表现自己于其中的东西的不可决定性,从而表现力的自为存在。因此,力不能从外现来量度或认识,而只能从内在方式来被经验。他说:"经验力的东西也是一种内在知觉。内在知觉是力的经验方式,因为按其自身本质而言只与自身相关联"(Ⅰ,209),对此,伽达默尔显然认同黑格尔的看法,认为黑格尔在《精神现象学》中令人信服地证明了"力的思想在生命的无限性中的辩证的扬弃过程,生命是与自身相关联,并居于自身之中。"(Ⅰ,209)①

力与自由以其对抗性的辩证关系,从形式上看,可说力本源于自由,并受制于自由,从内容上看,已经生成的东西不是简单地被抛弃,它就

---

① 黑格尔在《精神现象学》中说:"这个单纯的无限性或绝对概念可以叫作生命的单纯本质、世界的灵魂、普遍的血脉,它弥漫于一切事物中,它的行程不是任何差别或分裂所能阻碍或打断的,它本身毋宁就是一切差别并且是一切差别之扬弃,因此它自身像血脉似的跳动着,但又没有运动,它震撼着,但又沉静不波。它是自身等同的,因为它里面的诸差别是循环往复的,它们是差别,但是又没有差别。因此这种自身等同的本质只是与自身相关联。"(黑格尔:《精神现象学》,上卷,贺麟、王玖兴译,商务印书馆1962年版,第110—111页)

是一切新产生的活动的基础,由既有东西作为基础,就其统一的联系中形成新的活动,兰克说:"已经生成的东西构成了与将要生成的东西的联系。"(Ⅰ,210)这亦可说是自由源于力,又被力所限制、约束。历史的力是一种产生连续性的活动,是一种"正在生成的总和"(eine werdende summe),如此,方能拒绝先天构造世界史的要求,而完全立基于经验的基础之上。"正在生成的总和"这种说法,意味着世界史即使未完结,也仍是一个整体,但问题来了,构成总和的基本条件是什么呢?兰克认为,即被构成的统一体,已先行造就它们的总和关系。对此,伽达默尔并不认同,他认为历史的统一理念并非这样的形式设定,而是独立于对历史的内容性理解。历史形成一种统一性,其构成条件虽然并未给出明确答案,但在历史学派那里,却已被视为历史研究的基本前提。

如何构成世界史的统一性,这是一个重要的问题。伽达默尔认为,即使历史实在被设想为力的活动,这种思想也不足以使历史的统一成为必然的。作为道德现象的历史世界虽然可以提供大量的范例,但并不具有统一性,所以赫尔德和洪堡所引导的东西,即丰富多彩的人类现象之理想,也建立不了真正的统一性。所以当兰克讲到历史发展"值得称许的连续性"时,只能视为是他的一种方法论的幼稚性表现,因为他以此所意指的东西根本不是这种连续性结构本身,而是在这种发展中所形成具有内容的东西。"正是最终从历史发展的极为多样的整体中形成的某种唯一的东西,即通过日耳曼—罗马民族的开创而遍及整个地球的西方文化世界的统一性,引起兰克的赞赏。"(Ⅰ,212)不过,伽达默尔虽然认为兰克已涉及到内容性的意义,即是世界史曾经在连续的发展中开创了这种西方文化世界,但却未认识到这绝不是历史意识所把握的单纯经验事实,而是历史意识本身的条件。这里伽达默尔发展他的思想,"历史学家所使用的力、权力、决定性的趋势等等概念,都想使历史存在的本质成为可见的。"(Ⅰ,211)但这些概念总是不完全的表象,因此"表现事件意义的,不是行动者的计划和观点，而是效果历史，效果历史使得历史的各种力成为可认识的"。（Ⅰ，211）作为历史发展的承担者的历史力，并非类似单子论的个人主体性，"一切个体化其实已经被相反的实在所影响，因而个体性不是主体性，而是富有生气的力。"（Ⅰ，211）如此看来，造就历史的关键个体，其实非纯粹的主体，而是已受效果历史影响的表现。

伽达默尔写道："兰克说：'已经生成的东西构成了与将要生成的东西的联系。'这句很含糊的话明显地表现了什么东西构成历史实在；正要生成的东西虽然是自由的，但它所出自的这种自由每一次都是通过已经生成的东西，即自由得以活动的环境，而得到其限制。历史学家所使用的力、权力、决定性的趋势等等概念都想使历史存在的本质成为可见的，因为这些概念隐含着这样的意思，即历史里的理念总是只有一种不完全的表象。表现事件意义的，不是行动者的计划和观点，而是效果历史，效果历史使得历史的各种力成为可认识的。作为历史发展的真正承担者的历史力，并不是类似于单子论的个人主体性。"（Ⅰ，210—211）

但是由于兰克反对黑格尔的绝对观念学说，回避黑格尔把历史还原为一种思辨概念的尝试，从而又迫使这位反对黑格尔的历史学家进入一种同时是神学和美学的自我思考。我们已经接触过前一种思考。在历史学家是一个思考国家的人方面，正是他思考"上帝的思想"。这种神学的自我解释为兰克所肯定，他写道："我自己对上帝——假如我敢于这样说的话——是这样想的，即上帝——因为在上帝面前不存在时间——是在人类整体里通观整个历史人类并发现任何事物都具有同样价值。"（Ⅰ，214）所以上帝自身就是历史学家——或者相反地说，历史学家就是上帝，因为历史学家注重事物整体并宣告它是善。"所以历史学家的意识表现人类自我意识的完美性。"（Ⅰ，214）历史使之成为可能的、它所等待的和为之准备的，乃是历史学家的降临。

同时它也是审美的：认为一切时间都是善的历史学家的意识接近那种把一切时期艺术带入同时性的审美意识，以致它以同样的技巧理解一切作品，用同样的宽宏大量评价一切作品。正如审美意识让自身脱离时间性，兰克说，历史学家也试图取消他自己，并从高处公正地和在永恒范型下观看一切。所以兰克把历史学家不仅认为是诸上帝，而且也是艺术家、超然的诗人，他无所不知地从高处吟唱世界史之歌——好像他自己不是其中的行动者。这种神学和美学的混合是兰克试图摆脱黑格尔唯心主义的结果。但是伽达默尔问道，这种混合是否就是黑格尔称之为艺术宗教的东西，本身是绝对精神的一种形式吗？按照伽达默尔的看法，兰克的观点实际上会使我们得出这样的结论："历史学家乃是属于那种黑格尔曾称之为艺术宗教的绝对精神的形式。"（Ⅰ，216）

这里我们最后来到了兰克最为引人注意的思想，即历史学家愈能够认识每一种现象特有的不可毁灭的价值，也就是说，愈能够历史地去思考，他的思想就愈接近上帝的思想。伽达默尔说："如果历史学派不想抛弃它自身特有的本质，即把自己视为继续进行的研究，它就必须把自身有限的受限制的认识与某种上帝的精神联系起来，因为对于上帝的精神来说，事物是在其完美性中被认识的。这里无限理解（das unendliche Verstehen）这一古老的理想被应用于历史的认识。所以兰克写道：'我自己对上帝——假如我敢于这样说的话——是样想的，即上帝——因为在上帝面前不存在时间——是在人类整体中通观整个历史的人类，并且发现任何人都具有同样价值'。"（Ⅰ，214）按照兰克的看法，历史学家的认识不是一种概念性的意识，历史科学的最终结果是"对万物的共同感觉、共同认识"（Ⅰ，215）。正是在这种泛神论的观点里我们才能理解兰克所说他想消除自身这句著名的话。兰克所说的这种消除自身，并不是真正消除自己，而是把自我扩充成某个内在宇宙。因为对于兰克来说，自我消除乃是一种实际参与的形式。我们不可以从心理学上主观地理解参与（Teilhabe）这一概念，而必须从更为根本的生命概念出发去思考参与概念。因为所有历史现象都是大全生命的显现，所以参与历史现象，就是参与生命。"对于历史学家来说最为重要的东西是，不让实在与概念相关，而是在任何地方都达到这样一个要点，即'生命在思想着以及思想在生存着'。历史生命的诸现象在理解过程中都被视为大全生命的显现、上帝的显现。"（Ⅰ，215）施莱尔马赫只讲到过更好理解，但兰克的被神化了的历史学家的理解才是神圣的。

γ）在 J. G. 德罗伊森那里历史学和诠释学的关系

德罗伊森的历史学的哲学意义在于，"他试图把理解概念从它在兰克那里所具有的交织着美学和泛神论的含糊性中解脱出来，并表述它的概念性的前提。"（Ⅰ，216）当兰克的泛神论把上帝视为直接表现于一切历史生命里的，把历史学家视为通过移情而直接分享那种生命的时候，德罗伊森却分辩说，这种分享不是直接通过移情，而是间接地通过研究而取得的。这是一种与其说是与无所不在的上帝还不如说是与其他自我、自主个人的分享。使这些自主自我对于历史学家是可理解的东西乃是他们表现自己——在语言和在诸如家庭和共同体、教会和国家等的其他公共生活形式之中。作为公共的，这些表现是使历史理解成为可能的东西，因为它们也是个体自我自身参与历史的方式。作为私有的欲望和理智，这种自我并不成为历史的。这种特殊的历史理解既不需要个人的同情理解（兰克），又不需要心理学解释（施莱尔马赫），因为这样的个人只有当他们表现自身，并在追求伟大的共同目标中成为主动的，因而参与德罗伊森称之为历史的道德力量时，他们才成为历史中的要素。在某种意义上说，并不存在有历史个人，因为个人并不成为历史的，除非他不再是一个人。正是理解道德力量、伦理共同性领域的尝试，才使历史学家不去注意其他孤立的自我。

理解概念性的第一个前提是表达（Ausdruck）概念。表达是可理解的，首先是因为它已经是公共的。但是公共的生命不只是历史学家的对象:他必须自身也参与公共生命。正如他要理解的其他人是通过他们参与共同生活才成为历史性的,[①] 同样,历史学家也必须提高自身超出其自己的个体性。他要成为全面的人,不是由于英雄般的脱离、审美的抽象或自我消灭,正相反,他之所以超出自己的片面性,仅由于把自己包含于他自己的时代和地点的公共生命之中——即在他自己的传统之中。参与他自己的传统而不是怀疑他自己的传统,正是使理解对历史学家成为可能的东西,这不仅是因为他抬高了他自己的特殊性,而且也因为这些传统,最终是西方文明传统,归根到底是与那些可被理解的其他自我的传统是一个传统。力不再像在兰克那里那样是大全生命的一种原始的和直接的表现,而只是存在于这种传统的中介过程中,并且只通过这种中介过程达到历史实在。因此我们也不能像兰克所理解的那样,把这种历史认识理解为一种像在伟大史诗诗人那里出现的审美上的自我忘却和自我消失。在这里,德罗伊森想到了理解运动于其中的诸种中介过程。"历史学家是由其对某个特定的伦理领域、其祖国、其政治主张和宗教信仰的隶属所规定和限制的。但是,他的参与(历史)正依据于这种不可抛弃的片面性。在他自己历史存在的具体条件内——而不是悬空在事物之上——他向自身提出了要全面公正的任务。"(Ⅰ,219)"他的公正就是,他试图去理解。"(Ⅰ,219)

理解概念性的第二个前提是探究(Forschen)概念。德罗伊森关于历史性认识的名言是"探究性地理解"(forschend verstehen)。德罗伊森说:"我们不能像自然科学那样使用实验手段,我们只能探究,并且除了探究外不能做任何别的。"(Ⅰ,220)这里不仅包含一种无限性的中介过程,而且也包含一种最终的直接性。德罗伊森在这里如此意味深长地与理解相联

[①] 伽达默尔说:"处于特殊追求和目的的偶然性中的个别人并不是历史的要素,个别人之所以成为历史要素,只是由于他提升自身到道德共同体的领域并参与了这种共同体。通过人类共同工作而形成的这些道德力的运动构成了事物的发展。"(Ⅰ,218)

结的探究概念，应当作为这样一种任务的无限性的标志，这种任务使历史学家不仅脱离了由你我之间的同情和爱所产生的完美和谐，而且也与艺术家创作的完美性完全分开。只有在对传承物的"无休止地"探究中，在对愈来愈新的原始资料的开启中，以及在对这些原始资料所做的愈来愈新的解释中，历史研究才不断地向理念迈进。不过，对于德罗伊森来说，探究概念一定还有另一个要素是重要的，因为光强调理解所必需的研究的无限性，还不能把历史科学与自然科学区分开来，这里一定有另一种无限性不同于未知世界的无限性。德罗伊森的想法似乎是这样的，如果探究的东西本身永远不能成为可见的，那么探究就具有一种不同的、仿佛是质上的无限性。为了认识，历史研究是在探究某个总是不同的、新的东西，即传承物，它的答复从不像实验那样具有一种我们自己眼睛所看清的那种明确的单义性。正如伽达默尔所说，"历史学家通过传统的无限中介而与他的对象分开"（Ⅰ，221），因而使理解成为可能的中介也阻止理解是直接的。

但是对于德罗伊森来说，理解总是在最终取得成功。"虽然历史学家不能像明确掌握实验那样观看他们的'对象'，但他们与他们的'对象'却是联系在一起的，只不过他们是通过他们的方式，即通过道德世界的可理解性和熟悉性，与其对象相联系，这种联系方式完全不同于自然研究家与其对象的联系方式。"（Ⅰ，221）这种理解的成功是因为那些作为历史材料而存在的表达（Ausdruck），乃是与我们同质的，德罗伊森说："面对人、人的表达和人的形式，我们是并且感觉我们是在本质的相同性（Gleichartigkeit）和相互性（Gegenseitigkeit）之中。"（Ⅰ，221）对于自然认识来说，被认识的东西是规律性的东西；而对于历史学家来说，被认识的东西则是道德力量，在道德力量里，历史学家找到了他们的真理。历史创造意义，它是有意义的和可理解的。

通过表达概念，历史实在被提升到意义的领域，因而在德罗伊森的方法论自我分析中，诠释学开始统治历史研究，成为历史学的主角。德罗伊森采取施莱尔马赫的原则，即个别讲话是要用整体来理解，而整体是从个别来理解的。他之所以这样做，是因为他分享了施莱尔马赫这一假定，即历史是像文本一样全部可理解和内在有意义的，并且正如文本理解一样，历史理解的顶点乃是"精神的当下"（geistige Gegenwart）（Ⅰ, 221）。在这里，德罗伊森似乎也用美学诠释学来设想历史：历史学家的目的是理解表达——历史共同体的公共的和交往的表达——而不是事物本身，不是真理。历史学家追求的目的也是从断篇残简的传承物中去重构伟大的历史文本。

第二节　狄尔泰陷入历史主义困境

a) 从历史学的认识论问题到为精神科学奠定诠释学基础

在狄尔泰的著作里，这种美学诠释学和黑格尔历史哲学之间的对立达到了顶点，这里表现为经验和思想、经验主义和唯心主义的对立，简言之，即生活与真理的对立。伽达默尔写道："的确，我们在兰克和德罗伊森那里已经发现他们都同样存在着一种唯心主义态度和经验主义态度之间的冲突，但是在狄尔泰这里，这种冲突变得特别尖锐。因为在狄尔泰这里，已经不再是单纯地以一种经验主义的研究态度去继续古典主义—浪漫主义精神，这种继续着的传统反而由于有意识地重新采用先是施莱尔马赫的后是黑格尔的思想而被过量充塞了。"（Ⅰ, 222）为什么会这样呢？因为历史学派那种典型的哲学和经验两栖立场之冲突，并没有由于狄尔泰想建立一个认识论基础的尝试而被消除，反而由于狄尔泰这一尝试变得更为尖锐，因为狄尔泰为自己制定的任务就是，在历史学派的历史经验和唯心主义遗产中间建立一个新的认识论上可行的基础。

正像康德提供纯粹理性批判一样，狄尔泰也想提供历史理性批判。康德的目的是双重的：首先摧毁形而上学作为自然的纯粹理性构造（即无须求助于经验）的要求；其次是证明了有这样一个领域可以理性地理解自然——例如，自然可以用属于自然科学本质的数学构造来理解。同样，狄尔泰积极的意图是捍卫和合理化历史学是一门科学的要求。他的批判的意图是反对黑格尔——他认为黑格尔是形而上学家漫长队伍中的最后一位。黑格尔在任何事物（包括历史）中分辨出理性后并肯定了思想与事物、观念与存在的普遍可相比性。世界是合理性的，世界史就是理性的历史、哲学的历史。历史对精神之所以是可理解的，是因为历史乃是精神的表现。因此，为反对这种对世界史的纯粹理性构造，狄尔泰重新肯定了经验的必要性。不过，这种重新肯定却使历史的可理解性也成了问题，有如自然的可理解性对于自然科学成为问题一样。"如果历史被认为与自然一样，并不是精神的显现方式，那么人的精神怎样能够认识历史就成了一个问题，正如通过数学构造方法去认识自然对于人的精神也是一个问题一样。"（Ⅰ，225）所以相对于康德答复纯粹自然科学如何是可能的这一问题，狄尔泰必然试图对历史经验怎样可能成为科学这一问题进行答复，他需要解答的问题是经验如何能是历史科学的基础——也就是说，经验如何使历史成为可理解的。

与新康德派的批判哲学不同，狄尔泰在这里并没有忘记历史科学中的经验是某种根本不同于自然认识领域内的经验的东西，承担历史世界构造的东西，绝不是新康德派那种在价值关系中出现的事实，历史世界的基础其实只是那种属于经验本身的内在历史性（die innere Geschichtlichkeit）。狄尔泰认为，要使历史成为可理解的，就需要使历史成为融贯一致的生命过程。"内在历史性是一种生命的历史过程，它的范例不是确定事实，而是那种使回忆和期待成为一个整体的奇特组合，我们把这种组合称之为经验，而且由于我们做出经验，我们获得了这种组合。所以，尤其是痛苦的实在经验给予见解正趋成熟的人的那种苦难和教训，才最先形成历史科学的认识方式。历史科学只是继续思考那种生活经验里已经被思考的东西。"（Ⅰ，225—226）狄尔泰在这里认为他已找到一种特殊而有效的历史科学的出发点，并且已经克服了那种使兰克和德罗伊森方法论反思混乱不堪的矛盾性，即"不存在一种普遍的主体，而只存在历史的个人。意义的理想性不可归入某个先验的主体，而是从生命的历史实在性产生的。正是生命自身在可理解的统一性中展现自身和造就自身，正是通过个别的个人，这些统一性才被理解。"（Ⅰ，227）这就是狄尔泰分析的不言而喻的出发点。但是与康德不同，狄尔泰认为对历史的综合理解，与对自然的综合理解相反，是由两个理由产生的：第一，历史的主体与客体之间存在有内在同一性；第二，历史对象——即历史经验本身——内存在有融贯一致性。对于第一点，狄尔泰在维柯这一论点里找到支持，即历史因为是人创造的所以历史比自然更可理解，正如狄尔泰所说的，"历史科学可能性的第一个条件在于这一事实，即我自己就是一个历史存在，研究历史的人就是创造历史的人"（Ⅰ，226）。不过，这个陈述是有歧义的，一方面它意味着历史学家具有如他所研究的人同样的本性，这种历史主体和客体之间的同构型使历史认识成为可能而无须把陌生的范畴强加于客体之上；另一方面，这个句子也意味着历史学家本身是历史性的，他本身就在创造历史，而不管他是否真在创造历史。正如伽达默尔后来所说的，历史学家自身的历史性既使狄尔泰的历史科学成为可能，又使狄尔泰的历史科学成为有问题的。

  按照狄尔泰的看法，允许对历史的理解的第二个条件乃是在历史研究对象——即经验——里的融贯一致性或内在连续性。如果历史学家并不把陌生的统一强加于他的材料，那是因为他们研究的对象已经就是统一的。狄尔泰把单个个人的经验取为历史研究的基本对象，如果他能证明这种经验是融贯一致的，那么历史科学的基础就被打下了。这个基础并不像自然科学的情况那样在于这样的原子事实，这些原子事实必须相互关联，被组合然后转为意义。经验从一开始就是意义和联系的经验，个人生命的连续性不是因果系列而是一种结构。经验围绕个别有意义经验组织自身，正如一首乐曲围绕乐旨被组织一样。个人经验他生命的整体和统一，并不像经验一系列在进行的事件，因为这些事件要成为一个整体必须等待它们的结果。个人经验这种生命为一个表现在每一部分里的整体，因为每一部分（如符号）属于整体。正是这种融贯一致的个人自己的经验才促使和允许历史学家应用诠释学的部分——全体原则。个人生命对他来说的意义也是对历史学家的意义，因为历史学家"只是继续思考那种在生活经验里已经被思考的东西"，这种思想的连续性就是历史知识的基础。

狄尔泰的表述在这方面的问题是，这种为历史科学所构造的基础是太狭窄了。虽然个人自身可能经验意义，并且历史学家也可能经验这种意义，然而，使这种意义性（meaningfulness）成为一般历史的基础，却不相称地强调了自传和传记。历史学家比传记作者的高明之处正在于他涉及了比个人生命更大的单位——即涉及人民和社会制度。虽然这些东西也可能是整体，但它们的整体性、融贯一致性和意义却不被经验为像那种被任何生活于它们之中的个人所经验的东西。只有历史学家才能看到整体——但他这方面的特殊优点却破坏了历史学家的经验和他所写的人民的活生生的经验之间的连续性，而正是这种连续性才可能首先在认识论上合理化历史知识。这里的问题就"从构造个人生命经验里的联系到根本不为任何个人所体验和经验的历史联系的转变"（Ⅰ，228），也就是从精神科学的心理学基础到诠释学基础的转向，或者说从心理学诠释学到历史诠释学的转向。为与黑格尔斗争，狄尔泰必须肯定不存在有经验历史的先验主体，只存在历史的个人。但现在为了解释任何历史个人不能理解的更大整体的理解可能性，狄尔泰不得不设置一个"逻辑的"经验主体以代替那些实际的个人的主体，并由于这一步他又不得不回到思辨唯心主义。的确，狄尔泰常常都站在这一方面，因为他的历史理论的基础就是主体与客体的同一性，而这种同一性正是唯心主义的前提。

狄尔泰曾经在胡塞尔的《逻辑研究》里找到他的观点的证明和解释。胡塞尔曾经指明意识本身乃是一种它总是对某物意识的关系。狄尔泰以前称之为结构性关系（Strukturzusammenhang）的东西，他现在按照胡塞尔称之为意义（Bedeutung）。说经验是内在有意义的，就是说它不是由随后被整合的原子感觉材料所组成，我们宁可说关系先于它所关涉的元素，所以关系不能分解为元素。对于狄尔泰来说，意义不是一个逻辑概念，而是被理解为生命的表现，从胡塞尔的《逻辑研究》可推知"生命本身，即这种流逝着的时间性，是以形成永恒的意义统一体为目标"（Ⅰ, 230）。生命产生意义，并且生命产生思想。这样他讲到"生命的形成思想的工作"（Ⅰ, 232）。然而，就历史的目的是产生观念和概念而言，他再次吸收了黑格尔派的历史——即历史被设想为精神的出现。"今天我们必须开始于生命的实在"，狄尔泰以此表示与黑格尔的对立。但是当他把这个实在特殊化为语言、习惯、家庭和国家时，狄尔泰列举的东西正是黑格尔构成客观精神的那些公共设施。所以伽达默尔批评说："我们发现狄尔泰在后期愈来愈紧密地依赖于黑格尔，并且在他早期讲'生命'的地方改讲'精神'。他只是重复黑格尔自己曾经说过的概念的发展。"（Ⅰ, 232）

不过，狄尔泰还把艺术、宗教和哲学也包括到生命的产物中。对于黑格尔，这些不是客观精神的形式，而是绝对精神的形式，这意味着，它们是直接真理的形式。反之，对于狄尔泰，不论是哲学还是艺术或宗教，都只是生命的表现：哲学不是知识，而是表现，并且它所表现的东西就是生命；艺术和宗教也只被认为是特别透明的、特别明显的生命形式，它们被理解是当它们被转回到它们所由之产生的精神生命之中。哲学、艺术和宗教是理解生命特别有用的工具，并且正是生命才可以被理解。但是谁理解生命呢？哲学、艺术和宗教还原于生命表现难道不是意味着它们被还原到对历史学家有利的事上了吗？它们是达到历史学家自身就是目的的工具。因此，由于把哲学以及艺术和宗教带回到实在生命，狄尔泰把哲学置于历史的庇护之下。绝对精神的最高形式不是哲学，而是历史主义。历史意识在狄尔泰那里占据了绝对精神在黑格尔那里的位置。正是在历史学家的思想里，历史的全部内容和意义才被认识和体现。伽达默尔写道："就历史意识把历史的一切所与理解为它们所从之产生的生命的表现而言，历史意识扩大成为无所不包。'生命在这里把握生命'。就此而言，全部传承物对于历史意识来说就成为人类精神的自我照面。历史意识把那些似乎保留给艺术、宗教和哲学的特殊创造的东西吸引到自身上来。不是在思辨的概念认识里，而是在历史意识里，精神对于自身的认识才得以完成。"（Ⅰ, 233—234）不过，使历史学家提高到这种虚假的卓越性的东西正在于他把意义与生命等同，从而使生命与真理脱离，因为把观念还原到它的起源，重构它的源泉，就是否认它的真理要求，但这种要求却是它要向历史学家诉说的要求——至少是按他的水平，也许还超出这一水平。

但这就意味着黑格尔是基本正确的：真正理解历史表现的唯一道路是完整无缺地保持它的真理要求，而不是像施莱尔马赫和狄尔泰那样，重构它的过去，重新把它放入它原来的关系之中。过去之所以能被理解，仅当它不仅被理解为生命的表现，而且也被理解为真理的表现；而要做到这一点，它一定就要与我们自己的思想，与现在和未来进行综合。在试图摆脱黑格尔思辨形而上学时——这种形而上学力求把一切历史都看作思想史——历史主义把一切思想都看成历史的形式。但在把历史抬高到哲学之上的过程中，历史主义者仅仅使历史转化为艺术，尤其是新康德主义的艺术。当黑格尔把艺术视为绝对精神的形式，也即真理的形式时，历史主义却把艺术视为表现和意义，而不视为知识和真理。这就是新康德派美学所说的是艺术的东西：即与真理脱离的生命表现。把历史抬高到哲学之上，历史也就被还原于美学。

即使假定艺术作品是人的精神的自由创造——这一假定伽达默尔认为

根本不正确——历史就能以这种方式被理解了吗？事实上，狄尔泰和维柯在说历史是人所创造的，人是以艺术家创造艺术作品的方式创造历史这些论点时，似乎是犯了严重错误。显然，历史创造人正如人创造历史一样，但这种观念也包含在狄尔泰的这一原理中，即历史学家之所以能够理解是因为他自身是历史性的。但这种历史性难道不也是一种对客观性的阻碍吗？用伽达默尔的话说："意识的历史条件性对于意识是在历史知识中臻于完全实现的这一点难道不是表现一种不可克服的限制吗？……历史意义关系的经常变化难道不是排斥任何可达到客观性的知识吗？历史意识最终不也就是一种乌托邦式的理想，本身包含着内在矛盾吗？"（I，235）

b）在狄尔泰关于历史意识的分析中科学和生命哲学的冲突

狄尔泰却不这样认为。他求助于结构概念，正如上面已经说过，他的这一求助意味着：第一，历史经验可以根据自身而不援引某种外在标准而被理解；第二，部分—整体格式可以被普遍化用于一切历史研究。第一种可能性意味着历史不发生改变，历史学家自身不是这种改变的部分；第二种可能性意味着（这是一回事）可以被理解的整体是固定的和规定的。所以历史学家一定可以克服他自己历史境遇的限制，并且按照狄尔泰的看法，事实上正是历史感觉（historical sense）才使历史学家能这样做——克服他的偏见，摆脱他的个别性，并历史地理解一切事物。伽达默尔说："狄尔泰曾经不倦地思索这一问题。他的思索总是为了这样一个目的，即尽管认识者本身是受条件制约的，他总把对历史条件所制约的东西的认识证明为客观科学的成就。由其自身中心来构造其统一性的结构学说就是服务于这一目的的。某种结构关系可以从其自身中心出发来理解，这既符合古老的诠释学原则，又符合历史思维的要求，即我们必须从某个时代自身来理解该时代，而不能按照某个对它来说是陌生的当代标准来衡量它。"（Ⅰ，235）当然，狄尔泰知道历史理解事实上是有限的，但他认为它原则上却是无限的。任何时代的历史学家原则上有可能理解任何过去的东西，因为由他自己的传统、习惯和制度所给予他的限制只具有一种主观的性质。这就是说，根本有可能摆脱它们，并达到历史对象本身的知识。历史学家的有限性不是他存在种类的结果，它毋宁说是历史的偶然性和一种可补救的有限性。伽达默尔写道："对于狄尔泰来说，有限性的意识并不指意识的有限化和局限性。有限性的意识其实证明了生命在力量和活动方面超出一切限制的能力。所以它正表现了精神的潜在的无限性。当然，这种无限性借以实现自身的方式不是思辨，而是历史理性。因为历史理解在精神的整体性和无限性中具有其稳固的根据，所以历史理解可以扩及一切历史所与，并且成为真正的普遍的理解。狄尔泰在这里追随一种古老的学说，这种学说认为理解的可能性在于人类本性的同构型。狄尔泰把我们自己的体验世界看作是这样一种扩充的单纯出发点，这种扩充在富有生气的变迁中，通过重新体验历史世界而获得的东西的无限性去补充我们自身体验的狭隘性和偶然性。"（Ⅰ，236）

按照狄尔泰的看法，有限性可以通过完全化（perfecting）历史感觉而加以救治，但不是通过思辨哲学。对于黑格尔，绝对知识是在现在的自我意识中领会全部历史真理，而对于任何想解释研究过去必要性的理论来说，现在的这种无限性必须被否认。"这其实就是为什么需要历史经验的理由，因为人类意识不是无限的理智，对于无限的理智来说，一切事物都是同时的和同在的。"（Ⅰ，238）但历史是必不可少的这一事实却意味着"意识和对象的绝对同一性（这就是说全部客观知识）对于有限的历史意识来说在原则上是不可达到的"（Ⅰ，238）。用黑格尔的话说，狄尔泰的二难困境就是：就人类意识是无限的而言，历史研究是客观的，但不是必要的；就意识是有限的而言，历史研究是必要的，但不是客观的。

直到最后，狄尔泰也未解决这个问题。他的永久重心是证明历史知识的客观性以反对相对主义的控告,特别是通过表明历史学家如何可能摆脱他自己的历史条件来证明这一点。正如伽达默尔所说:"无论如何,这一点是明确的,即狄尔泰并不认为,有限的历史性的人受制于特殊时空关系,对精神科学认识可能性乃是一种根本的损害。历史意识应当实现这种对自身相对性的超越,以使精神科学认识的客观性成为可能。"(Ⅰ,238)但他这种重心最终无非只导致证明历史条件一般来说是可避免的,因而历史研究同时也是非必要的。按照狄尔泰的看法,使历史客观性成为可能的,乃是诸历史不再是历史的直接表现。它们并不只是使过去在一种朴素的同化中迎合前历史时代的现在类型,它们并不仅是继承和传递传统。毋宁说,历史学家对他自己的传统和他研究的传统采取一种反思的有距离的态度,他不只是有意识的而且是自我意识的,因为历史客观性需要两者并使客观性成为可能的自我知识也成为可能。伽达默尔说:"尽管历史意识所从之产生的历史生命的基础是如此不可消解,历史意识仍能历史地理解它自身那种采取历史态度行事的可能性。因此它不像在胜利地发展成为历史意识之前的意识那样,它不是某种生命实在的直接表现。它不再把它自己生命理解的标准简单地应用于它所处的传统上,并且以朴素的同化传统的方式去继续发展传统。它宁可对自身和它所处的传统采取一种反思的态度,它从它自己的历史去理解自身。历史意识就是某种自我认识方式。"(Ⅰ,239)

狄尔泰从自然科学的实验方法获得了某种启示,日常生活中的经验或观察本来是非常主观偶然的,但是自然科学通过实验方法有意识地控制经验和观察,从而使它们摆脱了主观偶然性,因此狄尔泰在自然科学的实验方法中发现了精神科学客观性认识的途径。伽达默尔写道:"在狄尔泰的思想里,绝不存在一种精神科学方法论对自然科学程序的单纯外在的适应,相反,他在这两者之中发现了一种真正的共同性。实验方法的本质是超出观察的主观偶然性,由于凭借这种方法,自然规律性的知识才成为可能的。同样，精神科学也努力从方法论上超越由于所接近的传统而造成的自身的特殊时空立场的主观偶然性，从而达到历史认识的客观性。"（Ⅰ，240）如果历史学家上述那种反思的距离、客观的距离不是历史学家强加于历史的态度，那么狄尔泰就必须表明，反思和历史自我意识是在历史生活本身中产生的。他论证说，正如任何其他事物一样，使历史学成为科学的客观性本身就是历史的产物："生命本身指向反思……生命本身中就存在知识，甚至表明体验特征的内在存在也包含某种生命返回自身的方式。"（Ⅰ，239）这里生命客观化自身，使自身成为客观的。同样，"在语言、习惯和各种法律形式中，个人总是已经使自己超出其特殊性。个人生存于其中的那种伟大的道德世界，表现了某种固定的东西，在这固定的东西上他能面对他的主观情感的匆匆易逝的偶然性去理解他自身。正是这种对于共同目标的献身，这种全力以赴致力于共同体的活动，'人们才摆脱了特殊性和短暂性'。"（Ⅰ，240）人类生命以这些方式使自己超越，因为它追求永恒的客观性、确实性和真理。生命追求科学和自我分离。这样，历史科学家在使自身与生命分离的过程中所做的无非只是生命自身所做的事。

显然，对于狄尔泰来说，生命和知识的关系乃是一种原始的所与，所以正是生命自身产生了真理。伽达默尔深深同意这一前提：生命不断地克服它自己的相对性，他说："这一点使狄尔泰立场经受得住一切从哲学方面而来的攻击，尤其是那些唯心主义反思哲学可能用来反对历史'相对主义'的论据。"（Ⅰ，240）但狄尔泰对于相对主义问题的怀疑这一事实却说明他最终不能接受他自己生命哲学与唯心主义相反的结论，并且这部分是因为他总是被唯心主义早期形式所影响，即笛卡尔的形式。一方面，正如我们所看到的，生命产生确实性和真理；另一方面，并且这对于狄尔泰思想是根本的，生命不管怎样都必须使自身达到某种真理。但这两个前提却生了问题。这里确实性所意指的正是笛卡尔所意谓的。问题不仅是生命导致反思，正如伽达默尔所想的，而且对于狄尔泰，反思还导致普遍怀疑。

的确，某些怀疑是从它们自身产生的。但历史学家的普遍反思性等于普遍怀疑——这就是说，普遍怀疑历史真理，正如我们在笛卡尔的《第一沉思集》里发现了的。这种包罗万象的怀疑不是生命的产物，而是方法的产物。对于笛卡尔来说，确实性是从通过怀疑一切被相信的东西的疑虑和重构真理为不可被怀疑的态度中产生的。这里什么被疑虑呢？对于历史学家，"这里不再是说哲学偏见可以通过那种按笛卡尔方式建立的认识论基础加以克服，而是说生命的实在性、伦理、宗教和实证法律的传统被反思所摧毁，并需要一种新秩序"（Ⅰ, 242）。所以历史学家的确实性不是那种从生命中产生的确实性，而是在与生命对立中建立的确实性。历史学家的客观性条件是他不再把历史而是只把历史主义认为是真理的源泉。历史主义的真理是在与过去的真理相对立之中被建立起来的，关于历史主义的真理就是它摧毁过去。它否认和证伪历史经验——历史学家的经验和他所研究对象的经验——所真正是的东西：真理的经验。

关于确实性，伽达默尔曾这样说道："事实上，确实性有许多非常不同的类型。通过怀疑而进行证实所提供的确实性乃是一种不同于直接的生命确实性的类型。由于直接的生命确实性，一切目的和价值都出现于人类意识中，假如它们提出了绝对要求的话。但是，科学的确实性完全不同于这种在生命中获得的确实性。科学的确实性总是具有某种笛卡尔主义特征。它是某种批判方法的结果，而这种批判方法只想承认不可怀疑的东西。所以这种确实性不是从怀疑及对怀疑的克服所产生的，而总是先于任何被怀疑的过程。正如笛卡尔在其著名的论怀疑的《沉思集》里试图提出一种像实验一样的人为的夸张的怀疑法，以便使自我意识得到根本宁静一样，方法论科学也从根本上对我们一般能怀疑的东西表示怀疑，以便以这种方式达到它的结论的确切性。"（Ⅰ, 243）

狄尔泰从历史经验转到理解过去的历史方法，这种方法不仅保留笛卡尔的方法而且也保留浪漫主义美学的方法。通过浪漫主义诠释学，狄尔泰成功地掩盖了经验的历史本质和自然科学的认识方式之间的差别，使精神科学的认识方式与自然科学的方法论标准相协调。因为浪漫主义诠释学"根本不注意经验本身的历史本质，它假定理解的对象就是那种要被解释并在其自身意义上被理解的文本"（Ⅰ，244）。所以每一次与文本的接触，对于浪漫主义诠释学来说，就是精神的一种自我照面。每一个文本既是非常陌生的，因为它提出了一个任务；又是非常熟悉的，因为该任务的根本可解决性已被确定，即使我们对于文本其他情况都不知道，而只知道它是文本、著作、精神。正如我们在施莱尔马赫那里所看到的，他的诠释学模式是那种在你我关系中可实现的同质性的理解。理解文本与理解你一样，都具有达到完全正确性的同样可能性。解释者与他的作者是绝对同时性的。语文学方法的胜利就是：把过去的精神理解为当代的精神，把陌生的东西理解为熟悉的东西。狄尔泰完全被这种胜利所感染。他说，历史中的一切东西都是可理解的，因为一切东西都是文本，所以，对历史过去的探究最后被狄尔泰认为是解码（Entzifferung），即可以通过部分—整体模式进行解释。

但是，以部分—整体程序进行的解释不是一种经验，因为它假定理解者不是其部分的整体。它是一种方法，一种无名称的程序，一种可被任何人在任何情况下应用于任何事物的理解形成方法。它之所以可被应用于历史在于历史是纯粹的意义，正如一本书不少可读性是因为精神的表现不少透明性。狄尔泰以这种方式支持了黑格尔，不管他怎么不自愿和未意识。但历史经验，按照狄尔泰所给予的基本意义，它既不是一种程序，也不是一种方法。尽管我们可以从历史经验推导一般的经验规则，但是，它的方法论价值却不是一种可以明确概括一切正发生事情的规则知识的价值。所以精神科学的知识并不是归纳科学的知识，而是一种完全不同种类的知识。狄尔泰为精神科学所建立的生命哲学基础以及他对一切独断论的批判本来就是试图证明这点，但由于支配他认识论的笛卡尔主义表现得如此强烈，以致在他那里，历史经验的历史性反而没有起真正决定性的作用。

最后，狄尔泰指望历史方法来确立真理——不是指望历史经验，不是指望那些由于有限性而永远需要历史以理解它们和真理的人的有限的有条件的经验。就我们把人的有限性视为达到真理的阻碍而言，我们就已经丧失了有限性，因为真理是：人是历史性的、受条件制约的和有限的。方法就是试图否认这个真理以及它包含真理的真理——即真理正是在有限的历史的经验中产生。这不是相对真理，而是绝对真理——是在这种意义上，即没有真理比它是相对的更绝对。但是，在无限的意义上，它不是绝对的。它是有限的，在于总存在有某种其他要被认识的东西，某种比历史所提供的要更多的东西。因为历史即使被设想为过去，它也并不停止。它对现在保持影响并与现在综合。历史学家本身是历史曾意指东西的部分。任何想通过方法工具使自己摆脱其历史最终必导致误解历史。因为，如果他确实是历史所意指东西的部分，那么通过抛弃他自身本是的部分来成为客观的尝试，就将使他的历史本身成为部分的、不完全的，并在这个意义上是主观的。如果真理是我们属于历史，那么关于历史是客观的唯一道路不是去客观化历史，不是像主体反对客体那样坚决反对历史。理解历史的唯一道路是隶属于历史。这就是历史经验所是的东西，这就是为什么这种经验是真理的源泉的原因。不存在有重构过去或返回过去的方法，这毫无必要。我们已经隶属于历史。

伽达默尔对狄尔泰的工作最后作了如下总结："毫无疑问，这并不满足历史学派的目的。浪漫主义诠释学及其所基于的语文学方法，并不足以作为历史学的基础。同样，狄尔泰从自然科学借用来的归纳程序概念也不是令人满意的。历史经验，按照狄尔泰所给予的基本意义，既不是一种程序，也不是一种无名称的方法。的确，我们可以从它推导一般的经验规则，但是，它的方法论却不具有可以明确概括一切正发生事情的规则知识的价值。经验规则其实需要使用它们的经验，并且基本上只在这种使用中才是它们所是的东西。鉴于这种情况,我们必须承认,精神科学的知识并不是归纳科学的知识,而是具有一种完全不同种类的客观性,并且以完全不同的方式被获得,狄尔泰为精神科学所建立的生命哲学基础以及他对一切独断论的批判,甚至包括对经验主义的批判,曾经试图证明这一点。但是,支配他的认识论的笛卡尔主义却表现得如此强烈,以致在狄尔泰这里,历史经验的历史性并不起真正决定性的作用。"(Ⅰ,245—246)

第三节　通过现象学研究对认识论问题的克服

a）胡塞尔和约尔克伯爵的生命概念

狄尔泰的根本问题,正如伽达默尔所理解的,是属于认识论的:狄尔泰想从认识论上证明人文科学的特殊方法论,以使人文科学处于与自然科学同等重要的地位。所以他讲到客观性和生命的关系,按照狄尔泰的观点,生命本身提升自己到客观性、确实性和固定性;但是,这种固定的、永恒的有效性的出现也是对生命的反抗,因为生命本是不断成长和运动的,也就是说具有历史的。一方面,狄尔泰有目的地让独立的哲学概念返回到历史;另一方面,他又把历史学家客观性的基础置于历史之外,用一种本身不是历史而是超历史的历史方法:思辨的、绝对的和黑格尔派的。这样狄尔泰就陷入了内在矛盾之中。

当胡塞尔从认识论之外进入现象学时,他就向克服这种复杂的认识论问题迈进了一步。胡塞尔的主要成就是意向性理论,伽达默尔说:"意向性研究意味着一次决定性的突破,它根本不是像狄尔泰当时所认为的那种极端的柏拉图主义"(Ⅰ,247),因为"在意向性(Intentionality)概念内,那种在自我意识的内在性和我们关于世界知识的先验性——这是基于认识概念及其理论构造——之间所独断设定的裂隙从根本上被克服了"。对于现象学来说,没有一个对象不是已经与一个主体相关联并由一个主体所构成的。即使自然也不是一种与主体没有关联的对象，自然科学的对象，因为它也是一种精神的构造；同样，精神也是这样的对象，心理学的对象，因为意识所意指的东西或所意向的东西并不是某种包含在其自身内的东西，不是心理的内容。我们宁可说，意识乃是主体与客体的关联，它总是对某物的意识。当我正在讲或写或思某物时，"我所想的东西"事实上并不以任何整个心理分析所能规定的方式存在于我的心灵里；我所想的东西，我所意指和意向的东西从不是存在于我心灵里的东西，而是对于其他任何人是"外在于那里的"。对于伽达默尔和胡塞尔来说，这一事实是根本的：对作者精神本身的分析正是失却作者所想的东西。心理学分析由于离开所意指东西的真理，所以必然是不完全的。说意识是意向性的，这意指它意向某个对象。意识所意向的东西，它对之有意识的东西，不是某种心理的存在，而是一切可能经验的理想统一。它被意指为客观的。因此作者的意向不可能被限制于作者精神的界限内。

当胡塞尔通过先验还原把其注意力从客体转向主体时，他发现存在有一种现象、表现方式或所与方式，并不是意向行为的对象。"每一种体验（Erlebnis）具有以前和以后的隐含的边缘域（Horizonte），并最终与以前和以后出现的体验的连续统相融合，以形成统一的体验流（Erlebnisstrom）。"（Ⅰ，249）用视觉作模拟：与注意对象即视觉焦点一起，存在有一种视觉领域，即边缘域。对象被包含在这样一种边缘域之内，这种领域不仅包括注意（或意向）焦点，而且也包括不是焦点的东西，即那种不被对象化然而在不同领域内能成为意向对象的东西的外围。凡在这种视觉模拟遭破坏的地方，就是胡塞尔描述边缘域不是空间的而是时间的地方。每一种经验的界限，每一个呈现给我们的东西，都逐渐进入以前和以后——这就是说，它们出现于过去和未来的经验之中，正好像它们出现于一切经验的统一之中，即时间的连续统一之中。

从胡塞尔关于时间意识的分析中，伽达默尔推出如下结论。单一的经验，甚至单一个体的复合经验，都不是最终的现象学材料。它们总是包含比它们中所意向的东西（即被呈现的东西）更广的时间边缘域。"每一种这样的意向性体验却经常包含这样一种东西的双向空的边缘域，这种东西在它那里并非真正所意指的，但按其本质，一种实际的意义在任何时间却可指向这种东西。"（Ⅰ，249）例如，我总是有可能使某物被你注意，而这物你以前却从未注意，即使它置于你的视域内。因为你未曾注意它，所以好像是你现在才第一次看见它，然而，因为它存在于你的视域内，它也似乎是熟悉的，你认识它。胡塞尔试图用边缘域概念在整体连续性中捕捉一切有限的意见意向性。伽达默尔说："边缘域不是僵死的界限，而是某种随同变化而继续向前移动的东西。所以，与构成体验流统一性的边缘域—意向性相适应的，乃是一种在客观对象方面同样广泛的边缘域—意向性。因为所有作为存在着的所与的东西都是在世界里被给予的，所以它们也连带着世界边缘域。"（Ⅰ，250）例如，边缘域可应用于对历史文献和艺术作品的解释，我们可能以这样一些虽然不符合作者所想的（通常意义）但是正确的方式去解释它们。边缘域概念表示：艺术作品，正如任何经验一样，总意指比作者自觉所想的更多的东西。当解释者指出这种多余的东西，他并不证明他比作者更优越，多余的东西原则上是可为作者自身所承认的，并且解释者意指的也比作者所想的更多。他的解释也具有边缘域，因此开放解释，开放与以前和以后的整合。

　　边缘域是描述语境的另一种方式。它包括一切我们并不直接知道的东西和一切我们事实上必须保持无知（假如有注意焦点的话）的东西。但是，我们的边缘域也是那种使意识对象得以理解的语境。这种边缘域可以说是一种匿名的，即不是以任何个人的名义所完成的意向性，正是通过这种意向性，无所不包的世界边缘域才被构成。胡塞尔为了反对那种包括可被科学客观化的宇宙的世界概念，他有意识地把这种现象学的世界概念称之为"生活世界"（Lebenswelt）。按他的看法，这种生活世界绝不是固定的、僵死的、不变的，而是活动的、流动的和时间性的。而且生活世界乃是"这样一种世界，我们在其中无忧无虑地自然处世，它对我们不成为那种对象性的东西，而是相反表现了一切经验的预先给定的基础"（Ⅰ，251）。在胡塞尔看来，生活世界也是由先验主体性所构成，但不是我们特别构成生活世界，它也不是有意识所意向的。毋宁说，这个世界是匿名的、隐含的、先于一切意识行为的。伽达默尔写道："这个世界边缘域在一切科学里也是预先设定的。因而比一切科学更原始。作为边缘域现象，这个'世界'本质上与主体性相关联，而这一关联同时意味着，这一世界是'在流逝的当时性中存在的'。生活世界存在于永久的相对有效性的运动中。"（Ⅰ，251）

这里出现几个问题。生活世界是我们作为历史存在所生活于其中的大全世界，它是一种历史世界。但这是在什么意义上说的呢，假如存在这样一种诸多世界的历史，它是否是大全呢？这种诸多世界的全体观念，就这些世界是由主体性连续所构成的而言，是没有意义的。相对主义的幽灵又出现了。正如伽达默尔所说的："生活世界这一概念是与一切客观主义相对立的。它本质上是一个历史性概念，这概念不意指一个存在宇宙，即一个'存在着的世界'。事实上，一个无限的真实世界的观念甚至也不能在历史经验中、从人类历史世界的无限进展中被有意义地创造出来。……这里我们不能避免这样的结论，即鉴于其中所包含的经验的历史性，一种可能的诸历史生活世界的宇宙的观念是根本不能实现的。过去的无限性，首先是历史未来的敞开性，是不可能与这样一种历史性宇宙的观念相并容的。胡塞尔明确地指明了一结论，而不害怕相对主义的'幽灵'。"（Ⅰ，251—252）

生活世界同时是一个共同的世界，并且包括其他人的共在，但作为一个个人的世界，它怎样证明自己的正当性呢？对于胡塞尔的构成（Konstitution）观念来说，这种正当性提出了一项最为困难的任务，从而使这一观念蕴含一种悖论。现象学还原被认为是摆脱一切先于构成行为的所与，并且这种还原包含生活世界的先验所与。但这或者表示还原消除了主体性本身，因为它不可分地被整合进生活世界；或者表示生活世界事实上不是一切构成行为的基础。胡塞尔采取第二种观点。他的目的在于比笛卡尔还笛卡尔化。所谓现象学还原，不仅是被消除的哲学偏见，而且也是先所与世界的全部。不是笛卡尔的自我，而是先验主体性的原始自我，才是绝对的。相对于这种原始自我，其他的一切都是相对的。"先验主体性是'原始自我'，而不是'某个自我'。对于这种先验主体性来说，预先给予的世界的基础被废除了。它是绝对的非相对者，而一切相对性，甚至包括探究的自我的相对性，都与这个绝对的非相对者相关。"（Ⅰ，252）胡塞尔甚至还超出笛卡尔，他发现自己是在黑格尔的怀抱之中。

胡塞尔自己是意识到他接近唯心主义的。他拒绝把客体与主体对立起来，他宁可把客体设想为永远与主体相关的，并不断地包含任何其他的东西。胡塞尔特别在"生命"这一概念中强调了作为一切客观化物源泉的被先验还原的主体性。伽达默尔写道："在'生命'这一名称下有着胡塞尔在批判以往一切哲学的客观主义朴素性时强调为他自己成就的东西。他认为，他的成就在于揭示唯心论和实在论之间通常认识论争执的虚假性，而以主体性和客体性的内在协调代替这种争执为主题"（Ⅰ，253）。伽达默尔还说："胡塞尔想说的东西是，我们可以不把主体性看成客观性的对立面，因为这样一种主体性概念本身可能被客观地思考。为此，他的先验现象学试图成为'相关关系的研究'。但这就是说，关系是首要的东西，而关系在其中展开的'项极'是被关系自身所包围，正如有生命的东西在其有机存在的统一性中包含着它的一切生命表现一样。"（Ⅰ，253）但尽管与唯心主义有这种接近，胡塞尔却不认为生活概念是在思辨唯心主义里发展起来的，即使在对生活世界的分析中，他也不这样认为。所以胡塞尔仍把自我意识与世界对立起来，这一点在他证明先验主体性如何构成本身是生活世界组成部分的其他主体时所遇到的困难中可以完全清楚地被看到。"你"（thou）就是一个完全笛卡尔式的问题，正如胡塞尔清楚知道的。但就胡塞尔像笛卡尔一样开始于把他人认为是知觉对象，这种对象只能是尔后才成为像我自己那样的其他主体而言，胡塞尔在某种程度上假定了他人的陌生性（alterity）——即世界对生命和意识的陌生性。

在伽达默尔看来，不论是狄尔泰试图从内在于生命的反思性导出历史世界的构造，还是胡塞尔试图从'意识生命'里推出历史世界的构成，生命概念都过多地受到那种最终由意识所与而进行推导的认识论模式的影响，因此生命概念的思辨内容实际上在他们两人那里都未能得以发展。狄尔泰只是为了反对形而上学思想而利用了生命观点，而胡塞尔则绝对没有把此概念与形而上学传统，特别是与思辨唯心论相互联系的想法。

然而，正如胡塞尔自己的研究所表明的，生命不是自我意识的对象。不过，生命如何能被自我意识所认识——非客观地——这非常清楚地表现在狄尔泰的朋友和通信人约尔克伯爵（Grafen Yorck）的论文中。这位瓦尔登堡的庄园主虽然不是专业学者，但在他与狄尔泰的通信里却表现了非凡的思想，伽达默尔说："在约尔克伯爵的大胆而自信的思考里，不只是很明显地表现了狄尔泰和胡塞尔两人共同的倾向，而且也表现了他的思想更优越于他们两人。"（Ⅰ，256）正如约尔克伯爵所理解的，生命既包括生物学的生命又包括自我意识的生命，因为这两种生命都在于 Urteilung（原始分化），即生命的结构。Urteilung 可以翻译为最初的分化，但它也关涉到判断（Urteil），即有意识的判断。在生物学生命领域内，Urteilung 是自我肯定，达尔文的一切生物为生存而反对一切生物的竞争；它是一种分化，但也是一种在适应里完成的共同生命的创造。在意识生命里，也存在一种分为自我的东西和他物的东西的分化。自我意识的判断使自我从那种它所对之有意识的东西里脱离出来并这样分化它们，但是它所脱离的东西乃是它们的统一，因为先于脱离的乃是自我入世界和离世界的筹划（投射)。约尔克暗示的东西是,自我意识具有像生物学生命同样的结构,因为自我意识正如生物学生命一样,乃是一种生命的形式。

在这里约尔克肯定了黑格尔《精神现象学》里一个基本的见解,这个见解也是《真理与方法》的一个根本观点:"生命是被这样的事实所决定的,即有生命的事物使自己区别于它在其中生存并与之保持联系的世界,并且继续使自己保留在这种自我区分的过程之中。有生命物的自我保存,是通过把外在于它的存在物投入它自身之中而产生的。一切有生命的东西都是靠与己相异的东西来滋养自身。生命存在的基本事实是同化。因此区分同时也是非区分。异己者被己所占有。"(Ⅰ,257)同样的情况也适合于自我意识。"自我意识的存在在于:自我意识知道使所有东西成为它的知识的对象,并且在它所知的一切东西里认识它自己。因此,自我意识作为知识,它是一种自身与自身的区分;但作为自我意识,它同时又是一种合并,因为它把自己与自己结合在一起。"(Ⅰ,257)因此,所有生命的存在仅在于它的那种搜寻食物和同化食物、离开和会合、异化和占有、自我区分和自我整合的循环结构。按伽达默尔的看法,"约尔克伯爵却在黑格尔的精神现象学和胡塞尔的先验主体性现象学之间架设了一座一直被人忽视的桥梁"(Ⅰ,258)。

最后,伽达默尔得出结论说:"黑格尔以辩证的方式从生命推导出自我意识,他是完全正确的。有生命之物事实上绝不可能被对象意识、被企图探究现象法则的理智努力所真正认识。有生命之物不是那种我们可以从外界达到对其生命性理解的东西。把握生命性的唯一方式其实在于我们内在于它。……正是在这种对生命的内在感觉中过去的生命才唯一地被经验到。"(Ⅰ,257)这里伽达默尔引证了黑格尔的观点,黑格尔在描述生命和自我意识的内在自我客观化过程时说:"通过现象,意识就可以直观进现象界背后的超感官界。这两个极端,一端是纯粹的内在世界,另一端是直观这纯粹内在世界的内在世界,现在合拢在一起了。它们两方面作为两个极端以及作为不同于它们两极端的中介,现在都消失了。这个遮蔽着内在世界的帷幕因而就撤销了,而出现的乃是内在世界对于内在世界的直观。"[1] 总而言之,就历史学家理解历史而言,没有历史学家是客观的,因为只有从他自己生命出发,过去的生命才是可理解的。理解的条件就是同化和整合。

  伽达默尔肯定说黑格尔在这方面是完全正确的,在前面他常暗示这一点。在我们进入《存在与时间》所达到的那种历史顶点之前,让我们先简短地考察一下黑格尔对伽达默尔的诠释学历史的作用。正如伽达默尔在其历史观一开始就明确说的,他计划从黑格尔的综合观点而不是从施莱尔马赫的重构观点来研究诠释学的起源。因为在伽达默尔看来,"思辨唯心论比施莱尔马赫及其所开创的诠释学提供了更好的可能性。因为在思辨唯心论中,所与概念和实证性概念都遭到了根本的批判"(Ⅰ,246)。因此,黑格尔代表了伽达默尔评判从兰克到狄尔泰的历史学派以及胡塞尔现象学的标准。既然他们中没有一个人公正对待黑格尔已经提出的生命概念(这部分是因为历史学派有意识地反对黑格尔历史即哲学的观点),生命就开始与真理分离了。不再被看成是哲学的历史开始被视为艺术,一种没有真理要求的审美对象,这与历史传记变成历史科学乃是同一过程。不管黑格尔有什么缺陷,他并未犯这种还原的错误:对于黑格尔来说,历史就是真理的历史,精神在宗教、艺术和哲学里进入绝对自我意识的回到家的历史。

  不过,黑格尔绝不是一根伽达默尔可以用来迫使反黑格尔者投降的棍棒。这是因为,首先,历史学派事实上对黑格尔有一种矛盾的态度;其次,因为伽达默尔同样也采取这种态度。伽达默尔能一而再地指出,对黑格尔的背叛永不会成功,因为历史学家和历史学方法论者既反叛黑格尔又热爱黑格尔。如果历史变成了一个文本,并因而被认为是精神的纯粹表现时,那么历史也被认为是黑格尔的精神的历史。而且,如果历史被视为是

---

[1] 黑格尔:《精神现象学》,上卷,贺麟、王玖兴译,商务印书馆1962年版,第114页。

生于那种一切时间对之都是现在的自觉有意识的历史学家所决定的东西，那么历史就不会少于黑格尔式的。因为黑格尔也把历史描述为一种自我意识——一切历史对之是全在的——兴起。胡塞尔的现象学使先验自我意识成为绝对的不相关的，正如黑格尔所做的。但是，虽然历史主义和现象学都不能贯彻对思辨唯心论的批判，因为他们带有这种思辨唯心论，但他们两者都知道这种思辨唯心论需要进行批判。对一切过去的研究唯一和根本的理由就是现在的缺乏、自我在场的缺乏以及自我意识的缺乏。就黑格尔认为绝对自我意识已经或不久会被完成，就他的反对者吹捧自我意识为历史方法或现象学方法而言，他们所有人都同样遗忘了历史。对于伽达默尔来说，历史，包括诠释学的历史，并不是自我意识完成的顶点，相反，历史乃是限制自我意识的东西。精神并不对自身呈现。这解释了精神需要通过过去手段来理解自身，然而这种自我在场的缺乏却表明历史不只是我们用作为达到增加自我意识这一目的的工具；我们之所以缺乏自我在场，理由乃是我们自己就是历史的创造物、历史的存在。历史不仅是认识而且是存在的方式，并且它是通过存在才是认识的方式；存在既是一切自我意识的根据，又是那种想通过自我意识去使我们认识的东西和我们所是的东西分离这一尝试的限制。①

b）海德格尔关于诠释学现象学的筹划

海德格尔的《存在与时间》的基本观点是，对世界的认识是不能与在世界中的存在相分离的，主体不能与客体相分离。Dasein（此在），人的存在，即在此之存在；我们可以说，此在存在的此就是在世界中。但世界不是一个围场，此在在世界中并不是像一把椅子在一个房间里，而是像一列火车在运动中或某人处于爱之中。正如某人是由于在爱而处于爱之中一样，所以在世界之中存在并不是此在存在于何处，而是此在所是的东西，

---

① 参阅魏海默的《伽达默尔诠释学：〈真理与方法〉解读》，第155—161页。

即它的存在。海德格尔用"境缘性"(Befindlichkeit)这一概念来刻画此在的生存论特征。Befindlichkeit(境缘性)来自于 befind sich(处于),当我们说此在处于世界之中(befind sich in der Welt),此"处于"也可写成 befinde sich,即发现自己,因此此在处于世界之中,也可理解为在世界中发现自己,按世界来理解自己。这样,世界不是本质、观念或自我意识的对象,而是一种事实;此在作为在世存在而存在,此在不能超越世界而变成一种纯粹的意识,这被称之为此在的事实性。对此在的解释就是事实性的诠释学(Hermeneutik der Faktizitaet)。这种事实性,即认识在世界之中的所处,并不是那种可以通过抬高自我意识而最终被克服的对认识的主观限制。毋宁说,它是一种存在方式,它不是一种需要被克服的限制,因为事实性不是认识的负担而是认识的条件。简言之,人的存在也必然是有限的;虽然这个事实不是令人高兴的原因,但它确实不是不快、失望或悲叹的机缘。

对于海德格尔这一通过事实性诠释学超越狄尔泰和胡塞尔认识论的本体论转向,伽达默尔是这样评价的:"在'事实性诠释学'这一名称下,海德格尔把胡塞尔的存在论现象学及其所依据的事实和本质的区分同一种矛盾的要求加以对照。现象学探究的存在论基础,应当是那种不能证明和不可推导的此在的事实性,即生存,而不是作为典型普遍性本质结构的纯粹我思——这是一种既大胆而又难以实现的思想。"(Ⅰ,259)尽管按照伽达默尔的看法,事实性这一概念也曾为胡塞尔提出过,"胡塞尔能够把'在世界中的存在'承认为先验意识的境域意向性问题,因为先验主体性的绝对历史性必定能证明事实性的意义"(Ⅰ,259),特别是胡塞尔在晚期关于"危机"的著作里所作的分析,我们可以看到"这些分析相应于海德格尔的革命性和论战性的新开端"(Ⅰ,259)。但是,海德格尔毕竟有不同于胡塞尔的独特伟大之处,他在当代哲学里彻底完成了一次存在论的根本转向,伽达默尔写道:"当海德格尔致力于从绝对时间性去解释存在、真理和历史时,其目的不再是与胡塞尔一样的,因为这种时间性不是'意识'的时间性或先验的原始自我的时间性。虽然在《存在与时间》的思想展开过程中,最初让人觉得好像只是一种先验反思的增强,好像达到了某个高级的反思阶段,时间被显示为存在的领域。但海德格尔指责胡塞尔现象学的先验主体性在存在论上的无根据性,却似乎正是通过重新唤起存在问题而被消除。凡称为存在的东西,应当由时间境域来规定。所以时间性的结构显现为主体性的存在论规定。但是情况还不只是这样。海德格尔的论点是:存在本身就是时间。这样一来,近代哲学的全部主观主义——事实上如我们不久将指出的,形而上学(这是被作为在场者的存在所占据)的全部问题境域,就被毁于一旦。此在是关系到其存在,此在首先是通过存在理解而与其他在者相区别,这些论点正如在《存在与时间》里所表现的,它们并不构成某个先验探究必须以之为出发点的最终的基础。它们而是讲到一个完全不同的基础,只有这个基础才使所有存在理解得以可能,这个基础就是:有一个'此'(Da),一种在的开显,也就是说,一种存在者和存在的区分。这个指向这一基本事实即'有'这个的问题,虽然本身就是一个探究存在的问题,但是在所有迄今探究存在者存在的问题里必然从未想到的一种方向上,被形而上学所提出的探究存在的问题所掩盖和隐蔽了。"(Ⅰ,261—262)按照伽达默尔的看法,海德格尔的诠释学现象学以及他对此在历史性的分析,其目的是为了重新提出存在问题,而不是为了建立某种精神科学理论或克服历史主义先验论。由于他这种提问的深刻性,他才能摆脱狄尔泰和胡塞尔对于精神科学基本概念的研究所曾经陷入的那种困境。例如,狄尔泰试图从生命出发来理解精神科学并以生活经验为出发点,但他这一努力是与他所坚持的笛卡尔式的科学概念根本不兼容的,因此他不能完成他自己选择的任务,即为精神科学奠定认识论基础,并使之与自然科学处于同等地位。同样,胡塞尔对于生活世界和无名称的意义建立的分析给予精神科学的客观性以一个全新的背景。但他未认识到,一旦我们返回到"有作为的生命"时,自然与精神的对立就不是最终有效的,因为无论精神科学还是自然科学,都必须从普遍生命的意向性的作为，即从某种绝对的历史性中推导出来。

　　海德格尔的事实性诠释学既肯定黑格尔关于自我意识是从历史生命产生的论点，又否认黑格尔关于生命的历史可以被认为是一种实现或完成自我意识的进展过程的论点。历史既不描述合理性或自由的发展，又不追溯精神独立性的产生过程。历史并不克服自身或使自身成为多余。所以海德格尔论证和彻底发挥了不仅是黑格尔的一个方面，而且也是反黑格尔的历史学派的一个本质的前提——即生命优于意识。历史不能被超越，因为它不只是某种我们应研究的东西。不管我们研究或不研究历史，我们都是历史性的。我们是历史性的，这不仅是历史研究的合理根据，而且也是历史研究的条件。在自觉的历史研究出现之前，历史就是我们已经理解的东西。对仅从存在而来的对历史的最原始理解使自觉的研究成为可能并先于自觉的研究。与黑格尔、历史学派，甚至与胡塞尔现象学根本不同，海德格尔肯定地说，正是因为这种历史在先性，绝对精神、普遍的历史方法和存在的先验还原乃是根本无法实现的。

　　海德格尔的现象学既不是认识论，因为它并不试图增强理解的基础；又不是一种研究形式，因为它并不试图确立那些使理解可以建立起来的事实。毋宁说，海德格尔的现象学是一种诠释学，因为它使理解成为首要的并试图领会理解，解释此在已经理解的东西。此在是这样一种存在，存在对之乃是一种问题（insue）。我们之所以原则上可能在诠释学上（确实只在诠释学上）达到存在的意义，只是因为此在已经理解它意欲成为的东西。伽达默尔说："理解并不是像狄尔泰所认为的那样，是在精神老年时代所获得的人类生活经验的顺从理想，同时也不是像胡塞尔所认为的那样，是相对于'非反思生活'（Dahinleben）素朴性的哲学最终方法论理想，而相反地是此在——即在世界之中的存在——的原始实现形式。在理解按照各种不同的实践兴趣或理论兴趣被区分之前，理解就是此在的存在方式，因为理解就是能存在和'可能性'。"（Ⅰ，264）此在理解的东西不是对象而是意义。当此在理解它自身存在的意义时，它就把它自身不理解为一个对象，某种存在之物，而是把它理解为它意欲成为的东西，此在能是的东西，它理解自身为能存在——也就是说，可能性和历史。另外，这些可能性不是独立的对象，而是此在自身的可能性，它的筹划和设计：它理解它自己的理解。此在解释自身；此在的扩大的理解，来到具有它所能是的东西，乃是它的历史。在这种意义上，理解就是此在自身所能是的东西。理解不是一种领会的能力，不是一种自觉主体的活动，而是一种存在方式，一种特殊的此在方式——此在从不存在而永远要存在。此在从不存在（自我表现），这意味着它总是要被解释，总是对解释和未来进行开放。

　　对海德格尔来说，这就是理解本质的东西。不管理解是否历史的理解或自然的理解，它总是对自身的理解，对它自身存在和筹划可能性的理解。所以很清楚，如此设想的理解不能是像（例如）狄尔泰所追求的人文科学的特殊方法。它既不是一种方法又不是人文科学特有的。然而就海德格尔指出存在的意义是时间，理解是指向过去和未来以及现在而言，他的思想给予历史理解以一新的向度。现在我们不再需要去求助于同情、历史同感或心理转换以作为使历史理解成为可能的东西，我们也不必去设定一种共同本性以作为统一过去和现在的东西。伽达默尔说："面对对此在的这样一种生存论分析的背景，以及这种分析对于一般形而上学的要求所带来的一切深远的和不可测量的后果，精神科学的诠释学问题就突然显得很不一样。本书就是致力于探究诠释学问题这种新的方向。由于海德格尔重新唤起存在问题并因此超越了迄今为止的全部形而上学——这不只是指形而上学在近代科学和先验哲学的笛卡尔主义里所达到的顶峰——因而他不仅避免了历史主义的绝境，而且还获得了一种根本不同的新立场。理解概念不再像德罗伊森所认为的那样是一种方法论概念。理解也不是像狄尔泰在为精神科学建立一个诠释学基础的尝试中所确立的那样，只是跟随在生命的理想性倾向之后的一种相反的操作。理解就是人类生命本身原始的存在特质。如果说米施曾经从狄尔泰出发，把'自由地远离自身'认为是人类生命的一种基本结构，所有理解都依赖于这种基本结构，那么海德格尔的彻底存在论思考就是这样一个任务，即通过一种'对此在的先验分析'去阐明此在的这种结构。他揭示了一切理解的筹划性质，并且把理解活动本身设想为超越运动，即超越存在者的运动。"（Ⅰ，264）

对认识者和被认识物、现在和过去共同的东西乃是两者都是历史地存在并因而隶属于历史。在这种意义上，隶属于历史的东西不具有反抗历史或摆脱历史的本性或永恒的基质。它是作为它能是的东西，作为可能性，作为未来而存在。但是存在不能摆脱历史，这也意味着（这同样也是根本的）它是作为它曾是的东西而存在。伽达默尔说："向其能存在（Seinkönnen）筹划自身的此在总是已经'曾在过'（gewesen）。这就是被抛状态的生存论环节的意义。"（Ⅰ，268）这种曾存在（Gewesenheit）对于伽达默尔来说，标志事实性的一种特殊意义。伽达默尔写道："事实性诠释学的根本点及其与胡塞尔现象学的先验构成性探究的对立就在于：所有对其自身存在的自由选择都不能回到这种存在的事实性。任何促使和限制此在筹划的东西都绝对地先于此在而存在。"（Ⅰ，268—269）此在被抛掷于那种不是它的创造的先存在的世界之中，它自己理解的所有筹划乃是它被抛入的那个传统的筹划，从此传统而来的筹划。另一方面，当海德格尔说抛掷属于筹划，就是表示我们理解历史是当我们把历史不理解为已过去的现在，而是理解为我们自己的可能性、我们自己的未来。同样，用伽达默尔的话说，筹划与被抛状态相联系，这意味着理解属于传统。这些传统不是外在于理解和歪曲理解的主观因素，以致理解将需要通过少传统些才成为更客观些。理解属于传统，理解就是传统自身所能是的东西。传统也有它的可能性：传统所能是的东西，它自己的可能性，就是它的理解。传统作为它的历史解释而存在。

第二章 一种诠释学经验理论的基本特征

第一节 理解的历史性上升为诠释学原则

a）诠释学循环和前见问题

α）海德格尔对理解前结构的揭示

正如伽达默尔并未提出一种新的美学一样，他也未提出一种作为新的更可靠的理解方法的新的诠释学。他暗示说，我们已经有的方法就其可能性已是足够了；如果说没有人曾使理解完全方法论化，那是因为完全的方法论化是不可能的。归根结底，不存在有任何理解方法和任何这样普遍规则的形式化系统，以致如果严格应用的话，我们就能避免误解，确保客观性或排除那种总是标志理解历史性的对意义的特定猜测、预告和筹划。这并不只是一种缺陷。理解过程不只是完成它所能的一切规范化，它先于方法化就已经处于好的次序之中。但是，如果说伽达默尔不提出一种新的改进的理解方法是因为没有什么必要，那么就出现了一个问题：他究竟要提供什么，《真理与方法》究竟想实现什么目的？

伽达默尔写道，承认理解历史性的结果在于纠正那种"经常所进行的理解用以理解自身的方式，并使之从不恰当的调整方式中纯化出来"（Ⅰ，270）。因此伽达默尔想纠正的不是正在进行的理解实践，因为这已经处于好的秩序中，而只是我们对理解的理解方式，但他又写道："这是一种最多只间接地有益于理解技巧的过程。"（Ⅰ，270）初看起来，这是非常有问题的说法，一方面正如我们已说过的，伽达默尔并不提出而且也不想提出方法论建议，因为他看不到有何必要非要改变理解实践。但是既然如此，那么究竟什么是《真理与方法》的需要呢？另一方面，要使理解方法论化，这不仅是没有必要，而且也没有可能。但是，这却意味着《真理与方法》——不管它的见解如何有效——却不能具有任何实践的结果，即使它想有这种结果。就它是一部关于我们不能做什么的书——也就是说，就它涉及的是那种超出我们愿望和行动而与我们一起发生的东西而言——《真理与方法》即使是正确的，也是无结论的。因为尽管它是正确的，却没有什么要去做。

然而，伽达默尔暗示说，这只是就理解而言。反之，在我们对理解的理解方式中我们却有某种东西要做而且确有修正要做，这种方式就是当我们解释时我们设想我们正在做的东西的方式。不是解释而是我们的解释概念需要改变。但伽达默尔真想把理解与自我理解分开吗？（这里显然存在一个明显的二难推理：如果改变解释者的自我理解而不改变他的实践是可能的，那么这只能是因为自我意识并不支配解释实践。这的确是伽达默尔的根本论点之一：说理解方法论化最终是不可能的，乃是另一种说法的方式，即自我意识最终不控制理解。但是，如果（不管正确或错误）我们关于我们正做的东西的概念本质上不影响解释实践，那么我们就没有任何必要去修正这种概念，即使这种概念是错误的，修正是可能的。

然而，事实是自我理解不可避免地被包含在理解之内，即使它并不支配理解过程①。伽达默尔在回答贝蒂时写道："唯一科学的做法就是承认实

---

① 关于这一点伽达默尔讲得很清楚，他说："正如哲学诠释学与我们自己的自我理解之间的关系一样，对理解经验的高级理论意识与理解的实践也同样是不可分离的。"（《科学时代的理性》，MIT 出版社 1981 年版，第 112 页）

际的情况，而不是从应该如何和可能如何出发进行思考。"（Ⅱ，394）在目前情况下我们必须承认的东西就是理解并不由自我理解所指导，并且这不是因为自我理解外在于或超越于理解，它没有控制能力，而是因为自我理解内在于理解。伽达默尔强调说，"所有理解最终都是自我理解……在任何情况下都是：谁理解，谁就理解他自己，谁就知道按照他自身的可能性去筹划自身"（Ⅰ，265）。理解永远包含筹划自身。因此我们所理解的东西就是我们自身，因而我们如何理解我们自己将对我们理解其他事物发生影响。因此在《真理与方法》里提出的改变我们的自我理解至少在能力方面不是不可得出结果的。

一切理解都是自我理解——这是海德格尔诠释学循环的观点，它并不描述解释应当是什么，更不是解释应当不是什么，而是解释经常总是什么。在这里，伽达默尔首先引证海德格尔对诠释学循环的论述，即"循环不可以被贬低为一种恶性循环，即使被认为是一种可以容忍的恶性循环也不行。在这种循环中包藏着最原始认识的一种积极的可能性。当然，这种可能性只有在如下情况下才能得到真实理解，这就是解释理解到它的首要的经常的和最终的任务始终是不让向来就有的前有、前见和前把握以偶发奇想和流俗之见的方式出现，而是从事情本身出发处理这些前有、前见和前把握，从而确保论题的科学性。"（Ⅰ，270—271）并说海德格尔这里说的，首先并不是要求一种理解的实践，而是描述那种理解性的解释得以完成的方式。这是怎样一种理解得以完成的方式呢？那就是："对前筹划（Vorentwurf）的每一次修正是能够预先做出一种新的意义筹划；在意义的统一体被明确地确定之前，各种相互竞争的筹划可以彼此同时出现；解释开始于前把握（Vorbegriffen），而前把握可以被更合适的把握所代替，正是这种不断进行的新筹划过程构成了理解和解释的意义运动。"（Ⅰ，271—272）

我们知道，诠释学循环在古典诠释学里是一条重要解释规则：要理解语句，我们先要理解其中的语词，但是要理解语词，我们又必须先理解语句，同样，要理解文本，我们先要理解其中的语句，但是要理解语句，我们又必须先理解文本。在古典诠释学家看来，解释总是处于这种循环之中。但海德格尔在这里所阐述的，古典诠释学的这一诠释学循环却有某种本质的转变，即循环不仅是指研究对象里的语词与语句、语句与文本之间的循环，而且也指理解主体与理解对象之间的循环，这也就是说，理解是我们自己的一些前结构与理解对象的内容的一种相互对话和交融的结果。对此伽达默尔曾写道："诠释学循环在海德格尔的分析中获得一种全新的含义。迄今为止的理论总把理解的循环结构局限于个体与整体的形式关系的范围内，亦即局限于它的主观反思：先对整体作预测然后在个体中作解释。按照这种理论，循环运动就仅仅围绕文本进行并在对文本完成了的理解中被扬弃。这种理解理论在一种预感行为中达到顶点，这种预感行为完全从作者的角度着想，并由此而消除掉文本所具有的一切陌生和疏异性。海德格尔则正相反，他认为对文本的理解一直受到前理解的前把握活动所支配。海德格尔所描写的不过就是把历史意识具体化的任务。这项任务要求人们意识到自己的前意见和前见，并努力把历史意识渗透到理解的过程中，从而使把握历史他者以及由此运用的历史方法不只是看出人们放置进去的东西。"（Ⅱ，61）另外，他还更富有哲理地写道："与此相反，海德格尔对诠释学循环的描述和生存论上的论证，表现了一种决定性的转折。19世纪的诠释学理论确实也讲到过理解的循环结构，但始终是在部分与整体的一种形式关系的框架中，亦即总是从预知推知整体，其后在部分中解释整体这种主观的反思中来理解循环结构。按照这种理论，理解的循环运动总是沿着文本来回跑着，并且当文本被完全理解时，这种循环就消失。这种理解理论合乎逻辑地在施莱尔马赫的预感行为学说里达到了顶峰。这种预感行为，一个人完全把自身置身于作者的精神中，从而消除了关于文本的一切陌生的和诧异的东西。与此相反，海德格尔则是这样来描述循环的：对文本的理解永远都被前理解的前把握活动所规定。在完满的理解中，整体和部分的循环不是被消除，而是相反地得到最真正的实现。"（Ⅰ,298）这样，"这种循环在本质上就不是形式的，它既不是主观的，又不是客观的，而是把理解活动描述为传承物的运动和解释者的运动的一种内在相互作用。"（Ⅰ,298）所以，按照伽达默尔的看法，理解的循环"不是一种'方法论'的循环，而是描述了一种理解中的本体论的结构要素。"（Ⅰ,299）

显然，这是一种新的理解循环，或者说新的理解的诠释学循环，伽达默尔说："我们将必须探究海德格尔从此在的时间性推导理解循环结构这一根本做法对于精神科学诠释学所具有的后果。"（Ⅰ,270）这个后果的结论就是："谁想理解某个文本，谁总是在进行一种筹划。一旦某个最初的意义在文本中出现了，那么解释者就为整个文本预先筹划了某种意义。一种这样的最初意义之所以出现，只是因为我们带着对某种特定意义的期待去读文本。做出这样一种预先的筹划——这当然不断地根据继续进入意义而出现的东西被修改——就是对这里存在的东西的理解。"（Ⅰ,271）

理解就是筹划，理解所筹划的东西就是先行于文本的期待。期待好像是"过早行动"，因为它们在达到整个意义之前为文本预期了这种意义。解释者预先筹划的东西是他已经理解的东西——即在开始之前的东西。他试图做出的意义是已经为他所熟悉的意义，他把这种意义作为可能性而提出。这种筹划的意义就是他自己的可能性，因为他已经筹划了它；它是他于其中已经认识他自己的道路的世界的一部分，它是某种他能理解和确实理解的东西。因此解释者筹划的东西是他自身，他自己理解的可能性。但是，如此筹划的意义也被筹划为文本的可能性，即文本能够意指的某种东西，如果它是这样，他将已经理解了它。这就是说，如果解释者仅被动地等待意义而没有预期意义，将没有什么会出现。理解就好像那样一些比赛一样，这些比赛开始仅当比赛已经是在进行时。

但理解不像比赛，在理解时我们可能开始于这样一种由于筹划了一种不适应文本的意义而完全是在错误方向进行筹划的进程。然而，我们也不可能因为完全无方向的进程而避免错误指导，因为这完全排除了理解。解释的客观性不在于避免前概念而在于确认前概念；任意的不适当的前概念不是由它们是前概念这一事实而刻画其特征的，而只是由它们确实未做出什么这一事实而刻画其特征的。用文本来确证也是一种自我确认，所以批判的问题是文本如何可能破坏我们不适当筹划的魔法并为适当的筹划给出地盘。

我们常常开始于熟悉性假定。不管施莱尔马赫怎么说，我们自然而然总是假定文本将是可理解的，而不是相反。我们并不开始于谨防误解，而是根据某种假定的意义共同体进行我们的筹划。例如就语言来说，我们预期正常的用法，除非我们有理由认为它是非正当的才不这样预期。这些理由在于"我们对文本感到不满的经验——不管是因为文本不产生任何意义或者是因为文本的意义与我们的期待不相协调"（I，272）。如果有这种经验，我们就可选择，或者判定文本是混乱不清的或者修正我们的期望。

对于语言是真的东西同样也适合于被意指的东西。但这里任务更困难，因为当我们试图理解某文本时，我们之所以这样做是因为我们筹划的期待之一乃是该文本有某种东西要对我们诉说，而这种东西又不是我们已经知道和已经熟悉的。然而，我们仍必须开始于筹划熟悉的东西。我们并不取消我们自身（如兰克所提出的）或者怀疑我们关于所意指事物的信念。但是，因为我们已经认为文本要说些某种新的东西，我们就带着对未期待东西的开放去阅读。我们并不顽固坚持我们的前概念，而是准备修正它们——并且这不是因为我们准备相信任何东西，也不是因为我们只想知道作者关于主题所说的东西，而是因为我们是想知道它和学习它。这样，"诠释学任务自发地变成了一种对事实的探究"（I，273），而不是单纯的意见研究。伽达默尔写道："如果我们更仔细地考察这种情况，那么我们将会发现，即使见解也不能随心所欲地被理解。正如我们不能继续误解某个用语否则会使整体的意义遭到破坏一样，我们也不能盲目地坚持我们自己对于事情的前见解，假如我们想理解他人的见解的话。当然，这并不是说，当我们倾听某人讲话或阅读某个著作时，我们必须忘掉所有关于内容的前见解和所有我们自己的见解。我们只是要求对他人的和文本的见解保持开放的态度。"（Ⅰ,273）我们主张我们自己的意见也可被证明不成立，并使它们处于危险之中，这不是因为我们中立于它们，完全相反，而是因为我们也被关涉。诠释学的任务就是以它的主体方式去理解文本，因为文本是某种关涉我们的东西。伽达默尔说："这种开放性总是包含着我们要把他人的见解放入与我们自己整个见解的关系中，或者把我们自己的见解放入他人整个见解的关系中。"（Ⅰ,273）正是因为这一理由，我们的开放并不意味着我们使自己表现为一种等待铭刻的空白的石板。因为我们被关涉和被关注，所以我们的接受性表示我们正想使文本的意义与我们此前的前概念（因为我们意识它们）加以整合并把它们带入观点中，同化它们到文本所启示的东西上。只有当我们不是不被关心的（不是无偏见的），我们才能采取——并且文本给予——开放，以致我们的前见出现于开放，因而我们才能理解事情本身。

然而，事情本身只能根据适合的筹划、恰当的前见才被理解。如果认为任何前见就它是前见而言就不可能是恰当的，换句话说，如果认为全部理解任务就是摈除前见和完全不是前见的筹划，那么这是因为我们自己仍分享了启蒙运动的前见，特别是这样一种根本前见："启蒙运动的基本前见就是反对前见本身的前见，因此就是对传统权力的剥夺"（Ⅰ,275）[①]。按照伽达默尔的看法，前见概念本是指一种判断，"它是在一切对于事情具有决定性作用的要素被最后考察之前被给予的。在法学词汇里，一个前

[①] 反之，哈贝马斯论证说："伽达默尔关于传统证明前见正确性这一前见否认了反思的力量，但后者证明自身能拒绝传统的要求。反思消除本质性，因为它不仅肯定而且破坏独断力量。权威与知识并不互相会合。"（见哈贝马斯，"评伽达默尔《真理与方法》"，见 Dallmayr 与 McCarthy 编：《理解与社会研究》，Notre Dame 大学出版社 1977 年版，第 356 页）

见就是实际终审判断之前的一种正当的先行判决"（Ⅰ,275）。传统总是具有前见性的,因为传统在任何研究之前起作用并先于研究结果的方法论证明。但前见即前判断具有这种在先性这一事实实际上对它是否正确或错误未说什么,也就是对它是否符合事实未说什么。"'前见'其实并不意味着一种错误的判断。它的概念包含它可以具有肯定的和否定的价值。"（Ⅰ,275）一个前见可能完全是正确的,但启蒙运动认为所有前见（即所有由传统预先规定的前判断）皆是错误的,因为它是想把那些曾经得到方法认可的判断称之为正确的。唯一的确实性是从方法论确证而来,任何未得到怀疑检验的确实性被认为不仅不确实,而且至少暂时是错误的。

β）启蒙运动对前见的贬斥

这种真理与方法的等同使历史学家陷入窘境。因为,或者是对传统的历史研究必须被认为仅是意见的研究或根本错误的研究,或者历史学家必须怀疑他的前见,因而与他自己的传统决裂以便理解它们。在任何情况里,客观的历史研究都否认历史本身是真理的源泉。但是,问题并不限制于启蒙运动,它经过浪漫主义时期还进入我们自己的时代。当启蒙运动认为历史是理性从教条和迷信中的进展性解放——是逻各斯对神话的征服,而浪漫主义却把价值建立在神话中和把智慧建立在迷信中,并且仅因为过去是过去了的而珍爱过去。伽达默尔说："所有启蒙运动的批判现在通过浪漫主义对启蒙运动的这个反光镜大踏步地前进了。对理性完满性的信仰现在突然地变成了对'神话的'意识的完满性的信仰,并且在思想堕落（原罪）之前的某个原始乐园里进行反思。"（Ⅰ,278）正是因为浪漫主义颠倒了启蒙运动关于过去与现在的评价,所以它不怀疑启蒙运动的基本图式是正确的,即历史已经确实从神话运动到逻各斯。不过浪漫主义者认为这种运动不是进步而是倒退,是从原始完美的堕落。

启蒙运动的普遍倾向就是不承认任何权威和神话,把一切都放在理性的审判台面前。所以，书写下来的传承物、《圣经》以及所有其他历史文献，都不能要求绝对的有效性，传统的可能的真理只依赖于理性赋予它的可信性，因此不是传统，而是理性，表现了一切权威的最终源泉。反之，浪漫主义却把某种特有的价值归给过去和传统，并且甚至承认过去和传统具有无法替代的优越性，对理性的信仰现在变成了对神话的信仰。不过在伽达默尔看来，不论启蒙运动，还是浪漫主义，他们都分享了同一个前提，即传统与理性的对立，伽达默尔说："浪漫主义和启蒙运动都分享了这一格式，并且通过浪漫主义对启蒙运动的反对，这一格式被僵化成为一种不可动摇的前提。"（Ⅰ，278）

所以产生了倒转时间的浪漫主义尝试，产生了重构过去和返回往昔时代的尝试。但这种尝试本身只是保持启蒙运动特有的神话与理性的乐观对立。① 浪漫主义者所追求的原始智慧只是启蒙运动所回避的原始愚笨的反面形象。甚至浪漫主义的权威神话与诗神话、我们先驱共同的无意识与现代天才的自由创造、或自然状态与文明状态的对立，也保留了启蒙运动关于理性与神话区分的乐观主义看法。然而，虽然浪漫主义者认为历史并不描绘从神话到理性的进展，这确实是正确的，但历史也不描绘任何进展。没有这种上升，也没有这种下降——确实完全没有这种分化——曾经出现过。在过去，正如在现在一样，传统与理性正如它们一直的情况一样，总是不可分离地联系在一起。

虽然19世纪的历史科学是从浪漫主义对启蒙运动的反动里而发展起来的，但它们却以这两个时期共同的一种假定为前提——即不管是好

---

① 罗蒂也对理性和传统之间的抽象对立提出怀疑："17世纪关于一个'哲学家'应是什么样子的诸多看法，以及启蒙时代关于'合理的'应是什么意思的诸多看法，都认为伽利略是绝对正确的，而教会是绝对错误的。提出在这些问题上有合理的分歧之可能——不只是理性与迷信间你死我活斗争的可能——是会危及'哲学'概念本身的。因为这危及了找到'一种发现真理的方法'这种看法，而这种看法曾把伽利略和牛顿的力学当作典范学科。"（《哲学与自然之镜》，普林斯顿大学出版社1979年版，第328页）

或坏，开启了理性与传统之间的分化。"如果说所有传承物——在理性面前传承物表现为不可能的东西即荒谬的东西——只能被理解为历史性的，即返回到过去时代的想象方式，这对于启蒙运动来说是一种被确定的事实，那么随着浪漫主义而产生的历史意识就意味着启蒙运动的一种彻底化。因为对于历史意识来说，反乎理性的传承物这一例外情况变成了普遍的规则。既然通过理性一般可达到的意义是如此少地被人相信，所以全部过去，甚至归根到底，全部同时代人的思想最终也只被理解为'历史性的'。"（Ⅰ,280）因此，浪漫主义对启蒙运动的批判本身最后在启蒙运动中告终，因为它本身发展成为历史科学并把一切东西都纳入历史主义的旋涡之中。对一切前见的根本贬斥——这使新兴自然科学的经验热情与启蒙运动结合起来——在历史启蒙运动中成了普遍的和彻底的倾向。

但是，这里正是哲学诠释学开始其批判的关键，"消除一切前见这一启蒙运动的总要求本身被证明是一种前见，这一前见不仅统治了我们人类本性，而且同样支配了我们的历史意识，而扫除这一前见就必然为某种正当理解有限性开辟了道路"（Ⅰ,280）。如果传统在文艺复兴时期事实上有时却不是不起作用的，那么这是因为理性如它经常所是的那样，仍是受传统影响的。这也意味着启蒙时代理性主义关于我们要摆脱一切前见的这一方法论要求是未曾实现的，也是不能被实现的，因为理性主义的要求本身也是一种前见，并且是错误的前见。理性不是绝对的和无限的。它不是它自身的操纵者，毋宁说，理性是历史性的，它不能使自己完全摆脱前见、传统以及由于它不能脱离它的历史而必须具有的具体条件。所以我们不能像狄尔泰那样来理解历史，好像历史是由自由的人为的事件和主观的经验这些基本单元所组成的。历史先于个体经验并对个体经验有一种先规定的影响。"其实历史并不隶属于我们，而是我们隶属于历史。早在我们通过自我反思理解我们自己之前，我们就以某种明显的方式在我们所生活的家庭、社会和国家中理解了我们自己。主体性的焦点乃是哈哈镜。个体的自

我思考只是历史生命封闭电路中的一次闪耀。因此，个人的前见比起个人的判断来说，更是个人存在的历史实在。"（Ⅰ，281）①

　　为了牢固地树立理解的前见观点，伽达默尔转向对启蒙运动和浪漫主义的批判。启蒙运动曾以批判前见为出发点。它们区分前见为两种，一种是由于人的威望而来的前见，另一种是由于过分轻率而来的前见。按照启蒙运动者的看法，这两者皆由于我们未正确使用理性，轻率是我们错误地使用自己理性，而权威则在于我们根本不让自己的理性被使用，因此他们认为任何前见，不论是权威还是传统，都应加以批判。浪漫主义尽管与启蒙运动不同，它承认权威和传统的力量，但它仍分享了启蒙运动的前提，认为权威与理性相分离。伽达默尔说："浪漫主义分享了启蒙运动的前提，而只是颠倒了对它的评价，因为它认为只有古老的东西才有价值，例如'哥特式的'中世纪，欧洲基督教国家共同体，社会的封建等级结构，但也有农民生活的简朴性和接近自然。"（Ⅰ，278）不过，伽达默尔在浪漫主义与启蒙运动的相反观点的对立中却看到它们两者的统一，并由于这种统一导致历史学派的产生，他写道："浪漫主义的伟大成就——唤起早先的岁月，在民歌中倾听民众的声音，收集童话和传说，培养古老的风俗习惯，发现作为世界观的语言，研究'印度的宗教和智慧'——所有这些都促进了历史研究，而这种历史研究缓慢地、一步一步地把充满预感的重新苏醒转变为冷静枯萎的历史认识。历史学派正是通过浪漫主义而产生的，这一事实证明了浪漫主义对原始东西的恢复本身就已立于启蒙运动的基础上。19世纪的历史科学是浪漫主义最骄傲的果实，并把自己直接理解为启蒙运动的完成，精神从独断论束缚中解放出来的最后一步，以及通向客观认识历史世界（通过现代科学，认识历史世界与认识自然处于同等的地位）的步骤。"（Ⅰ，279—280）浪漫主义的复古倾向可以与启蒙运动要求历史

---

①　伽达默尔在别的地方用海德格尔的语言来说明这一观点："这种黑暗（此在的"Da"）不仅是一种与光亮世界相对立的黑暗；我们对自己来说是黑暗的，这意味着我们存在。它共同构成我们此在的存在。"（伽达默尔：《短篇著作集》，第4卷，图宾根，1977年版，第82页）

精神科学实在性的基本倾向相联系，随着浪漫主义而产生的历史意识意味着启蒙运动的彻底化，浪漫主义对启蒙运动的批判本身最后在启蒙运动中告终。历史学派既是浪漫主义的产物，又是启蒙运动的完成。

这里正是哲学诠释学尝试必须开始于其批判的关键。消除一切前见这一启蒙运动的总要求本身被证明是一种前见，这一前见不仅统治了我们人类本性，而且同样支配了我们的历史意识，而扫除这一前见就必然为某种正当理解有限性开辟了道路。

b）作为理解条件的前见

α）为权威和传统正名

伽达默尔做出的惊人的结论是，从启蒙时代理性主义观点来看似乎是理解障碍的前见却是历史实在本身和理解的条件。所以摒除前见，不管它是否成功，都将最终是摈除历史——历史学家所要去理解的历史。但是历史学家之所以不能使自己摆脱前见，因为他正如他所研究的那些人一样，乃是隶属于历史并是历史的创造物。这个事实并不可悲，因为正是历史本身才使历史学家有前见，因此历史学家的前见乃是他得以接近历史的手段。认识和存在在这里是统一的。我们之所以能认识历史是因为我们是历史性的。

历史就是使我们有前见的东西，如果存在有历史所产生的任何知识，那么这种知识就是有前见的知识。但是如果这种知识和前见的结合可以不只是一种矛盾，那么一定存在有由历史所产生的合法的正当的恰当的前见。这就是说，历史一定是产生真理的。所以伽达默尔重新考察前见以便规定前见合法性的基础。笛卡尔曾区分两类前见：即由轻率而产生的前见和依赖于权威而产生的前见。轻率是在运用理性时产生错误，而权威按照笛卡尔的观点却在于完全不用我们的理性。我们前面已看到，理解的筹划本性部分意指我们常常必须"迅速跃到结论"，并由于这种理由，我们的结论尽管最初是"轻率的"，却经常随着理解进行而被修正。但是，权威这第二个源泉却是产生较少暂时而更多持久的前见的，正是此理由，伽达默尔在这里表现了兴趣。

对于笛卡尔来说，信仰权威并不是误导我们理性的使用，而是完全排除了我们理性的使用。对于伽达默尔来说，问题是这种理性和权威的抽象对立是否合理。承认权威是对理性自由的一种限制，还是理性自由的表现呢？难道一切对权威的服从都是盲目的吗？伽达默尔认为这种对权威的服从至少可以被清楚看到，它不同于盲目的无理性的服从命令。虽然它无疑是一种前见的源泉，但权威"最终不是基于某种服从或抛弃理性的行动，而是基于某种承认和认识的行动——即认识到他人在判断和见解方面超越自己，因而他的判断领先，即他的判断对我们自己判断具有优先性……权威依赖于承认，因而依赖于一种理性本身的行动，理性知觉到它自己的局限性，因而承认他人具有更好的理解"（Ⅰ，284）。因此，服从权威不是非理性的，"权威的真正基础也是一种自由和理性的行动，因为上级更全面地了解情况或具有更多的信息，也就是说，因为上级具有更完善的认识，所以理性才从根本上认可上级有权威"（Ⅰ，284）。在某些情况里我们确实可能把服从权威视为对我们自己理性的有限性的更加有理性的承认。

不是一切事情都可以由理性来构造或甚而重构的，并且承认这一事实乃是最合理性的——有如笛卡尔在把道德性从整个他用理性重构的一切真理中排除出去时他自己所做的。道德的真理依赖于权威，但这是一种无名称的权威，而不是任何人或任何群体的权威，这种无名称的权威就是传统。伽达默尔说："我们可以在浪漫主义对启蒙运动的批判中找到支持。因为存在一种浪漫主义特别要加以保护的权威形式，即传统。由于传统和风俗习惯而奉为神圣的东西具有一种无名称的权威，而且我们有限的历史存在是这样被规定的，即因袭的权威——不仅是有根据的见解——总是具有超过我们活动和行为的力量。"（Ⅰ，285）道德原则无疑是前见，但它们并不因此而是错误的。① 什么是它们合法性的基础呢？道德的真实有效性大部分是而且总是从传统中推导出来的。它们是自由地被采纳，但完全不是由一种自由的见解所创造或建基于理性之上。毋宁说，正是"道德的实在性大多都是而且永远是基于习俗和传统的有效性。道德是在自由中被接受的，但绝不是被自由的见解所创造，或者被它们自身所证明。其实，我们称之为传统的东西，正是在于它们没有证明而有效"（Ⅰ, 285），道德是从传统获得它们的合法性。道德原则虽然不是理性地被建立的，但接受它们却不是非理性的，因为在传统和理性之间不存在绝对的对立。同样，传统与自由也不是对立的。传统并不来自惰性，它们并不是强加于我们而不管我们愿不愿意。它们其实是被保持。即使最大的暴力革命，它保留的东西远比它改变的东西多，如此主张的传统之所以被保持，不是因为它们在革新推动中被忽视，而是因为它们被记住、被肯定、被拥抱和被培养。保守行动并不比革命行动更少自由，即使它们很少惹人注目。伽达默尔写道："传统经常是自由和历史本身的一个要素。甚至最真实最坚固的传统，也并不因为以前存在的东西的惰性就自然而然地实现自身，而是需要肯定、掌握和培养。传统按其本质就是保存，尽管有历史的一切变迁，但它一直是积极活动的，但是保存是一种理性活动，当然也是这样一种难以觉察的不显眼的理性活动。正是因为这一理由，新的东西、被计划的东西才表现为理性的唯一的活动和行为。但是，这是一种假象。即使在生活受到猛烈改变的地方，如在革命的时代，远比任何人所知道的多得多的古老东西在所谓改革一切的浪潮中仍保存了下来，并且与新的东西一起构成新的价值。

---

① 伽达默尔提到伯克（E. Burke）是一个摆脱启蒙运动反对前见这一前见的人（Ⅰ, 277）。从下面一段引自伯克《反思：论前见的仿效》的原文可看出，伯克离开那种把前见和错误加以等同的看法如何远："我足够大胆地承认，不是丢掉我们所有的旧成见，而是珍爱它们到非常程度，我们毫不羞愧地说，我们珍爱它们，正是因为它们是成见。它们愈是压迫多，它们愈是盛行，我们就愈多珍爱它们。"（《反思：论前见的仿效》，引自魏海默的《伽达默尔诠释学：〈真理与方法〉解读》，耶鲁大学出版社1985年版，第171页。）

无论如何，保存与破坏和更新的行为一样，是一种自由的行动。"（Ⅰ,286）

如果我们能以这种方式看到传统最终不能与自由或理性相对立，或许我们将更愿承认传统在历史研究中的作用，而不认为传统总是某种可以随时随地以客观性和方法名义要加以消除的东西。伽达默尔说："在我们经常采取的对过去的态度中，真正的要求无论如何不是使我们远离和摆脱传统。我们其实是经常地处于传统之中，而且这种处于绝不是什么对象化的行为，以致传统所告诉的东西被认为是某种另外的异己的东西——它一直是我们自己的东西，一种范例和借鉴，一种对自身的重新认识。在这种自我认识里，我们以后的历史判断几乎不被看作为认识，而被认为是对传统的最单纯的吸收或融化。"（Ⅰ,286—287）我们并不怀疑传统会产生错误前见；但如果传统也会产生正确的前见，那么所谓从全部前见的解放将必然意味着这些真理也被取消。如果传统是可产生正确的前见，那么它也就可产生真实的知识。"因此，在所有历史诠释学一开始时，传统和历史学之间的抽象对立，历史和历史知识之间的抽象对立就必须被消除。"（Ⅰ,287）这也就是说，我们认识历史正如我们认识传统一样——不把它们认作对我们是或必须是陌生的对象。尽管我们是非对象地、非自我意识地，甚至是素朴地认识历史，然而我们却认识它。历史研究也参与这种传统继续存在的和过去非反思地持存的素朴性，甚至在历史学家是自觉的地方，他也仍准备甚至渴望去倾听传统。他要让传统对他说些什么东西，而他转而又把这些东西诉说给他的读者。所以他传承和贯彻那种他以新的光来照亮的传统。

"现代的历史研究本身不仅是研究，而且是传统的传递。"（Ⅰ,289）历史研究传递传统是在这一意义上，即历史学是传统得以传承的手段或工具。但历史研究所传达的东西不是某种其他东西或工具所包含的对象。历史学本身就隶属于它所传承的传统。这就是说，历史研究是在第二种意义上传承传统。不仅存在有研究所研讨的传统，而且也存在有指导历史探究和促进历史探究的传统。这后者是历史学家自己时代的传统。历史研究是在它中介时代和传统以及整合两者这一意义上进行中介或传承的。让我们反思一下，我们显然不难看到吉本（E.Gibbon, 1737—1794）的《罗马帝国兴衰史》是在18世纪写下的而不是像神圣家族绘画那样产生于中世纪，但为什么人们仍阅读吉本呢？现代历史学家确实具有更多和更为精确的事实供自己支配，但为什么这些事实的积累却不使《罗马帝国兴衰史》成为多余和不重要的呢？事实上我们承认有许多事情，这些事情虽然已有确切的证明，但它们却并不因为我们对这些事情研究的进展而成为过时。伽达默尔认为，这种现象的原因就在于这些事情并不是探究的目的和目标，我们感兴趣的乃是这些事情是怎样描述给我们的。伽达默尔写道："显然我们不能简单地用我们量度研究价值和重要性的标准来作为我们问题的基础。实际上，只是由于那个能把事情正确描述给我们的人，该事情才对我们真正表现出重要性，所以，虽然事情确实是我们的兴趣所在，但事情只是通过它得以向我们呈现的方面而获得它的生命。我们承认事情有在不同的时间或从不同的方面历史地表现自身的诸不同方面，我们承认这些方面并不是简单地在继续研究的过程中被抛弃，而是像相互排斥的诸条件，这些条件每一个都是独立存在的，并且只由于我们才结合起来。"（Ⅰ, 289）。并且还说："我们的历史意识总是充满了各种各样能听到过去反响的声音。只有在这些众多的声音中，过去才表现出来。"（Ⅰ, 289）《罗马帝国兴衰史》之所以没变成微不足道，乃是因为吉本用以呈现帝国的方面乃是我们想和必须认识的东西的部分，因为对于启蒙运动来说，他处置它的那些方面，不管是好还是坏，乃是罗马帝国本身的方面。

我们这里所讨论的问题显然不是18世纪历史学的特殊贡献或特殊缺陷。对传统的历史研究总是由现在及其兴趣所推动。没有任何人会怀疑这一点，即使他反对它。但是，如果对过去的研究确实总是由现在推动的并中介的，那么历史学就永不能用自身同一对象的进展或发展来理解。伽达默尔得出结论说，"显然，我们不能在适合于自然科学的意义上——即研究愈来愈深入到自然里面——讲到精神科学的固定的研究目的。其实，在精神科学里，致力于研究传统的兴趣被当代及其兴趣以一种特别的方式激发起来。研究的主题和对象实际上是由探究的动机所构成的。因此历史的研究被带到了生命自身所处的历史运动里，并且不能用它正在研究的对象从目的论上加以理解。这样一种'对象'本身显然根本不存在"（Ⅰ，289—290）。① 不过这里我们必须注意，伽达默尔所写的并不是说历史对象不存在，而是说它不是自在存在。这种对象在关系和中介中确实存在，而且只在这地方它才存在。过去总是而且只是在与未来的关系中存在。因为这种理由，不存在有历史研究要指向的或它能得以被评价的客观对象本身。

我们最好的历史学，我们珍爱并不断阅读的历史著作，启示了过去事件的诸方面，而这些方面之所以成为可见的，仅是相对于和由于完全脱离那些事件的时间，即历史学家自身的时代。如果我们继续阅读这些历史著作，这不是因为如此启示的方面是错误的，完全相反，伽达默尔认为，这是因为它们乃是过去本身的方面，并不少于它们得以呈现的历史学家时代的方面，说吉本如果较少是他时代的人，较少受启蒙运动怀疑基督教的影响，或较少被这种前见推动而撰写《罗马帝国兴衰史》，他就将是一位很优秀的历史学家，这能是正确的吗？情况似乎应该是，如果他曾完全是客观的，他将完全不会被激动去承担这一计划，他也将不会撰写出杰出的历史，他所写的将完全是非历史。所以历史的对象不是曾经存在的东西，而宁可说是相对于现在而曾经是的东西。不管好或坏，这种中介描述了历史是如何实际被写出，而不是描述它应当如何写。但这些必然是相对立的

---

① 伽达默尔还说："当自然科学的对象可以理想地被规定为在完全的自然知识里可以被认识的东西时，如果我们说某种完全的历史知识，就是毫无意义的，并且正因为这种理由，我们也根本不可能讲到这种研究所探讨的'对象本身'。"（Ⅰ，289—290）

吗？虽然对于历史主义来说，过去与现在的动的关系似乎阻碍对过去的认识，但伽达默尔却力图使我们把中介不视为要被修正的缺点，而视为某种事实上是积极的创造性的认识，尽管这不是客观的知识。

β) 古典型的例证

伽达默尔在证明了前见可以是积极的和肯定的，启蒙运动关于理性和权威的对立观点是不正确的以及传统并不是与理性对立的，而且可能是合法前见的源泉之后，他探讨了人文主义关于权威和传统支持合法前见的杰出模式，即古典型（Klassische）概念。伽达默尔说："一种像古典型概念这样的规范性的概念何以可能保持一种科学的正当性或重又获得这种正当性，这自然要求一种细致的诠释学思考。"（Ⅰ, 290）

像吉本这种由于时间而继续存在的近代历史著作，我们也称之为古典型，这就把我们带向了这样一种思考。在把这些书称之为古典型时，我们至少有这样一种含义，即它们分享了古代经典著作的某种性质。然而这种性质显然是与它们何时被撰写无关的，这样一来，问题就是古代经典著作是否因为它们被写于古代而成为古典型的。对于黑格尔来说，古典型是一个时期概念，是一个指称"古典"艺术风格完美的描述词，这种风格在古典的"象征的"刻板和巴洛克的"浪漫的"消解之间描述了一种尺度和丰富的短暂的和谐。古典艺术时期是过去的这一事实对黑格尔来说暗示了艺术时期本身是过去的，哲学时期来到成熟。即使这种结论似乎过于草率，这部分也是因为对我们甚至对黑格尔来说，古典型——当它称谓一个历史时期——并不只是称谓这时期；就它描述某些风格特征时，它描述了远比此更多的东西。

古典型是一种规范概念。虽然历史主义的理想是要把过去的规范要求承服于历史理性的要求，然而古典型仍保持一种评价词汇，它包含一种价值判断和古典著作的积极价值，它不只是一种风格或一个时期的描述词。古典著作的价值不是一个现在已过去和失落的时代的价值，它也不是一个如此完美以致它成为超历史和永恒的时代的价值。古典型并不是表示某种历史现象的特征，而是表示历史存在本身的一种特殊方式。伽达默尔说："古典型之所以是一种真正的历史范畴，正是因为它远比某种时代概念或某种历史性的风格概念有更多的内容，不过它也并不想成为一种超历史的价值概念。它并不是表示一种我们可以归给某些历史现象的特性，而是表示历史存在本身的一种独特方式，表示那种——通过愈来愈更新的证明——允许某种真的东西来到存在的历史性保存过程。"（Ⅰ，292）这里伽达默尔利用了德语 Bewahung（保存）与 Bewährung（证明）在构词方面的类似性，把两个根本不同的意思结合在一起。历史存在就是在保存中（Bewahung）而得到证明（Bewährung）的存在。这种保存不只是贮藏，而是不断地置于检验证明，检验什么东西在证明自身中让某种真的东西（ein Wahres）进入存在。古典型完全不像历史思考方式想使我们相信的情况，即某物得以有古典型称号的价值判断乃是被历史反思的批判所破坏的。伽达默尔说："古典型概念里所包含的价值判断通过这种批判实际上获得了某种新的真正的合法性：古典型之所以是某种对抗历史批判的东西，乃是因为它的历史性的统治、它的那种负有义务要去传承和保存价值的力量，都先于一切历史反思并且在这种反思中继续存在。"（Ⅰ，292）古典型的规范价值在于它是真理的源泉，是历史真理的源泉。历史研究最终的成功不是处于古典著作"之后"或从上面解释它们，因为在古典型里来到存在的真理先于历史研究，并通过研究和在研究过程中持续存在。古典型东西的历史学不仅是研究，因为它也是检验、证明和参与古典型东西的真理，所以古典型东西并不自在存在，它的真理并不自在持存，而只是通过这种历史的参与，即与历史学家的现在不断进行中介。为此理由，古典型东西对我们所说的东西不只是关于过去的陈述，而且也是告诉现代人的真理。古典型的东西就是那种经过不同时代检验而保存其真理的东西。

我们可以以"经典的古代"为例来说明这种情况。如果我们把希腊化时期贬低为古典主义衰败没落的时代，这是非历史主义的，德罗伊森曾正确地强调了希腊化时期在世界史上有重要地位并对于基督教诞生和发展有重要意义，但是假如并不存在一种偏爱古典的前见，那么德罗伊森大可不必作这种辩护。所以从根本上说，古典型完全不是客观主义的历史意识所使用的描述性风格概念，它实际上就是一种历史存在，而历史意识本身则是隶属于这种历史存在并服从于这种历史存在。伽达默尔说："我们所谓古典型，乃是某种从交替变迁时代及其变迁的趣味的差别中取回的东西——它可以以一种直接的方式被我们接触，但不是以那种仿佛触电的方式，后一种方式我们有时用来刻画当代艺术作品特征……古典型其实乃是对某种持续存在东西的意识，对某种不能被丧失并独立于一切时间条件的意义的意识，正是在这种意义上我们称某物为"古典型的"——即一种无时间性的当下存在，这种当下存在对于每一个当代都意味着同时性。"（Ⅰ，293）

"古典型"概念中首先存在的是规范性概念，但是，就这种规范通过回顾与某种实现和表现它的一度曾有的过去整体相关联而言，这种规范总是已经包含了某种历史地表现它的时代声调。所以我们看到，随着历史反思在德国的兴起，一种历史性的时期或时代概念从那种在温克尔曼意义上被认作古典型的东西分离出来，以便指称某种内容上完全特殊的风格理想，同时以一种历史描述的方式指称某个实现这一理想的时期或时代，最后伽达默尔以黑格尔所说的话，即古典型乃是"那种自身有意蕴并因此也解释其自身的东西"（黑格尔：《美学》，第2卷，第3页；也见伽达默尔《真理与方法》，Ⅰ，294），得出结论说，"古典型之所以是被保存的东西，正是因为它意指自身并解释自身，也就是以这种方式所说的东西，即它不是关于某个过去东西的陈述，不是某种单纯的、本身仍需要解释证明的东西，而是那种对某个现代这样说的东西，好像它是特别说给它的东西。我们所谓'古典型'的东西首先并不需要克服历史距离——因为它在其经常不断的中介中就实现了这种克服。因此,古典型的东西确实是'无时间性的',不过这种无时间性乃是历史的存在的一种方式"(Ⅰ,294—295)。

这就是古典型的定义。首先它是历史的,这意味着古典型东西存在于它的那些历史的表现之中,这些表现即它自己的表现并隶属于它。[①]但当在解释时,古典型东西从它的世界对我们说某种东西,尽管我们理解的仍属于那个世界,但那个世界却属于我们的世界。因此被认作古典型的著作对某个意识到历史距离的发展了的历史意识提出了历史性的认识任务,历史意识的目的不再是像古典主义者那样以直接的方式要求古典的范例,而是把古典范例认作为一种只可从其自身时代去理解的历史现象,但是在这种理解中总是涉及到比单纯历史地构造作品所属的过去世界更多的东西。一切历史解释中所发生的东西,不只是在对古典东西的解释中发生的东西,而是一种原先世界和现在时代的中介。这样,我们将不能把历史运动认为只是事件的运动,而对它们的理解乃是外在的和无关的,毋宁说,理解或有效的认识是从历史并在历史中得到的,其改变也是这样,这种改变不是由于历史学家的主观性而发生的可治疗的偶然的结果,它宁可说是由于他存在的方式而产生,即由于他自己是历史性的和隶属于传统而产生。

这种古典型概念的解释唤起了一个普遍的问题,这个问题就是:过去和现在的这种历史性的中介。当浪漫主义诠释学把人性的同质性取为它的理解理论的非历史性的基石,并因此把同质性的理解者从一切历史条件性中解放出来时,历史意识的自我批判最后却发展成不仅在事件过程中而且也同样在理解中去承认历史性运动。"理解甚至根本不能被认为是一种主体性的行为,而要被认为是一种置自身于传统事件(过程)中的行动,在

[①] 尧斯批评伽达默尔的古典型观念及其"一种自我行动的传统的幻觉",见《走向接受美学》,明尼苏达大学出版社,1982年,第63页以下。

这行动中过去与现在不断地进行中介。"（Ⅰ,295）

伽达默尔上面引用的黑格尔那句名言，即经典乃是"那种自身有意蕴并因此也解释其自身的东西（das sichselbst Bedeutende und damit auchsich selber Deutende）"。伽达默尔在他的一篇"巴赫与魏玛"的论文里对这种经典意蕴作了这样的解释：

"约翰·谢巴斯提安·巴赫乃是德意志音乐伟大经典家的第一人。这句话并非当作风格史（stilgeschichtliche）的说法来理解。经典概念较诸作为一种风格概念另有一个更深层的意义（此一概念在其历史发源地，亦即所谓的古典时代以外的用法本来就大有方法上的问题）。根据黑格尔一句亦可堪称经典的话，经典乃是"那种自身有意蕴并因此也解释其自身者"。如果我们将这句话置于历史的向度下来考虑的话，那么它便深具说服力了。因为它不可能是说，这种自我意蕴乃是艺术作品的某种本质特征，以致它在无历史的永恒中始终不渝地讲说自己（作为作品特质的这种自我意蕴就好似作品在没有历史的永恒之中始终不渝地陈述其自身）。它毋宁是对一部作品或一位大师得以经历所有历史变迁的那种取之不竭的力道（Mächtigkeit）所作的判断。对于每一个时代而言，荷马、索福克勒斯、但丁、莎士比亚、歌德、巴赫和贝多芬对我们诉说的东西，显然都是一种普遍人性（Allgemein Menschliche）。然而什么是普遍人性呢？那些让我们所有人觉得是人性的东西，其本身乃是由我们所搜集并保留在我们意识中的这些伟大人性作家的话语来规定的。我们自己同时将它们自其现象的历史单一性与消逝性中加以纯化，直到我们将其纯粹的本质看作我们自己的本质、人性的本质。因此，经典并非一成不变的东西，而是日新又新、不断给我们赢得最新的当代的东西。就如歌德与席勒，亦如贝多芬与巴赫。因为这位伟大的托马斯教堂领唱者的音乐也带有一种对我们而言取之不竭的当代性，即便它也是一个君主时代的表现，一个你我陌生、使用着笃信宗教的语言的时代，而不像我们这个怀疑的，或者决然任意的世界。

比起贝多芬或歌德与席勒来说，这一点能适用在巴赫身上是更令人惊异的。因为那几位展现近代创造性天赋的天才人物以自身开启了一连串从不间断的影响、好评与继承，进而正式地将我们纳入其世代流传的环节当中。是的，他们自己乃是有意识地以其作品与活动来树立新的典范。他们鼓舞了怀有巨大自信的创造意识。相反地，约翰·谢巴斯提安·巴赫虽也获得相当的敬重与声望，却很快地被当时与后世的人们所遗忘。更快的则是他对自己的遗忘，因为他以漫不经心的挥霍态度一再地创造新作品，让人聆赏，然后堆置一旁，就像对一个可靠的工匠而言，每一件都是可以透过重新的辛劳与成品来取代似的。尽管如此，他仍然在一个创造性的，且至今未歇的再发现过程中名列于德意志音乐不朽的经典大师之中，并且随着时间在全世界赢得了内在的力道。如此一来，"巴赫与魏玛"这个题目也转化为一个既针对这位声调大师的形象，同样也针对我们自己的问题。他是如何，或者更确切地说：他怎么会成为经典大家，成为我们时代一个有制约力的当代以及吾人文化之未来的保证（Unterpfand）？"①

我们要补充的是，当施莱尔马赫说"我们应当比原作者更好地理解他的作品"时，也说明经典的真正本质，正如康德说的："但是，一个思想者能够让（译注：诠释者）比自己'更好了解'自己，这不是思想者本身拥有任何的缺陷，让他应该接受比较低的评价，而是反而标示了思想者的伟大（Doch dies, da ein Denker "besser" verstanden werden kann, als er sich selbst verstand, ist durchaus kein Mangel, der ihm hinterher an gerechnet werden dürfte sondern das ist ein Zeichen seiner Grösse）。"经典作家思想的伟大说明了经典自身意蕴，而能让后人更好地理解，说明了经典自身意涵是在以后的不断解释中得以展现的。

正是"经典型或古典型"的这种无时间性的当下存在，体现了历史存在的一种普遍的本质，即历史存在是这样一种存在，它通过变化而形成自身，它不可避免地既是他者又是自身。任何经典都不可能具有永远不变的固定意蕴，它的意蕴都是通过不断的解释而展现。规范性与历史性，普遍性与特殊性，本质性与变异性是辩证地统一在一起，我们绝不可能找到没有历史性的规范性，没有特殊性的

---

① 伽达默尔：巴赫与魏玛，见《短篇著作集》，第2卷，第76—78页；亦见《伽达默尔著作集》，第9卷，第144—145页。

普遍性或没有变异性的本质性，我们找到的只是在历史性里展现的规范性，在特殊性里展现的普遍或在变异性里展现的本质性。经典的这种本质，对于世界各民族来说，这就各自形成了一个互有区别的漫长的精神传统，我们可以称之为民族文化特征或文化传统。

c）时间距离的诠释学意义

但是，虽然历史学家隶属于传统，我们却没有理由认为历史学家隶属于他正在力求去理解的传统，以致他可以完全摆脱他的前见并自然而然地来到正确理解。完全相反，我们必须假定他研究的传统和他所隶属的传统之间的区别——不过，即使我们作了这一假定，一方面我们并不认为误解是自动从这种区别而来，因为这两种传统绝不是完全没有联系的；另一方面我们也不认为这种区别自动地使解释者成为客观的，让要被理解的传统成为对象。解释者不是客观的，因为他所隶属的传统使他具有前见。所以，如果误解事实上不是自动的，那么要使真实前见——那些产生真实理解的东西——从错误的前见中摆脱出来的问题仍继续存在。

但这不就是一个方法论问题吗？完全不是，如果方法意指制止前见，因为我们这里正在考察的问题包含分辨前见，而不是消除前见。但也存在有一种使用前见的方法，这就是注释学的部分—整体方法，这就是所谓诠释学循环。这种循环方法源自于古代修辞学，并且被近代诠释学从讲话技巧转用于理解的技术。用这种方法，解释者在他达到整体之前关于整体筹划了一种期待或预期——这种期待或预期因此是一种前见。理解的运动经常就是从整体到部分，再从部分返回到整体。理解的任务就是要在各种同心圆中扩大这种被理解的意义的统一性。施莱尔马赫曾经把这种部分与整体的诠释学循环区分为客观的（即语法的）和主观的（即心理学的）两方面。一方面，正如个别的词从属于语句的上下文一样，个别的文本也从属于其作者的作品的系列，而这作者的作品系列又从属于相关的文学整体；

另一方面，同一文本作为某一瞬间创造性的表现，从属于其作者的内心生活整体，而该作者的内心生活又从属于该时代的精神。理解只有在这种客观的和主观的部分—整体双重循环中才能得以完成。

按照伽达默尔的看法，诠释学循环在施莱尔马赫和海德格尔之间有一个重要区别，即在施莱尔马赫那里，诠释学循环只存在于理解对象方面，即文本或作者方面，它绝不涉及理解者或解释者，这种循环只是一种客观方面的循环，反之，在海德格尔那里，诠释学循环则指理解对象与理解者之间的循环，它是一种主观与客观之间的循环。伽达默尔写道："海德格尔对诠释学循环的描述和生存论上的论证表现了一种决定性的转折。19世纪的诠释学理论确实也讲到过理解的循环结构，但始终是在部分与整体的一种形式关系的框架中，亦即总是从预先推知整体，其后在部分中解释整体这种主观的反思中来理解循环结构。按照这种理论，理解的循环运动总是沿着文本来回跑着，并且当文本被完全理解时，这种循环就消失。这种理解理论合乎逻辑地在施莱尔马赫的预感行为学说里达到了顶峰。通过这种预感行为，一个人完全把自身置于作者的精神中，从而消除了关于文本的一切陌生的和诧异的东西。与之相反，海德格尔则是这样来描述循环的：对文本的理解永远都是被前理解的先把握活动所规定。在完满的理解中，整体和部分的循环不是被消除，而是相反地得到最真正的实现。这样，这种循环在本质上就不是形式的，它既不是主观的，也不是客观的，而是把理解活动描述为传承物的运动和解释者的运动的一种内在相互作用。"（Ⅰ, 298）并说海德格尔这种"理解的循环一般不是一种'方法论的'循环，而是描述了一种理解中的本体论的结构要素。"（Ⅰ, 299）

支配我们对某个文本理解的那种意义预期，并不是一种主观性的活动，而是由那种把我们与传承物联系在一起的共同性所规定的，而这种共同性是在我们与传承物的关系中、在经常不断的教化过程中被把握的。伽达默尔在这里提出一个"完全性的前把握"（Vorgriff der Vollkommenheit）概念。什么叫作完全性的前把握呢？伽达默尔说它"也是支配一切理解的一种形式的前提条件。它说的是，只有那种实际上表现了某种意义完全统一性的东西才是可理解的"（Ⅰ，299）。按照伽达默尔的解释，当我们阅读一段文本时，我们总是先对该文本有一个完全性的预期，正是在这种完全性的预期指导下我们开始了对文本的理解。伽达默尔说："这种支配我们一切理解的完全性的先把握本身在内容上每次总是特定了，它不仅预先假定了一种内在的意义统一性来指导读者，而且读者的理解也是经常地由先验的意义预期所引导，而这种先验的意义预期来自于与被意指东西的真理的关系。"（Ⅰ，299）例如，我看一封友人的来信，总是首先把写信人所写的东西认为是真的（当然并不是把他的特殊见解认为是真的），同样，我们根据从我们自己的先行关系中所获得的意义预期理解传承下来的文本。不过，解释者的完全性预期是不断地随着更多部分进入观点而被修正，直到所有部分被综合为止。在这一点上，循环是封闭的，解释是完全的，真正的整体通过自身而没有前见地被理解。由于这种方法，即使我们并不开始于一个无前见的状态，但至少我们终结于一个无前见的状态。

从表面上看，这似乎是一种方法，但伽达默尔坚决否认如此描述的诠释学程序乃是一种方法。它不是一种我们可以选择去应用或不应用的程序，或者对这种程序还有更好或更坏的其他程序。我们确实不想循环地进行理解，但没有别的方法。它不是一种应用于理解的方法，而是理解自身。我们不能不筹划整体。所以筹划行动不是主观的，如此筹划的内容也不是主观地被规定的。我们并不选择我们的前见，因为我们发现它们在我们身上乃是先于自觉选择而存在的东西。然而这种对意识的在先性并不使它们成为主观的，因为前见不是来自私有的下意识，而是来自共同的传统。所以诠释学理解不是一种方法。

理解也不能用部分和整体来正确地解释，这种解释不是欧几里得式的、几何学的和形式的。我们正试图理解的东西不只是形式——不只是部分与整体——而是内容与意义。然而，甚至这也是不正确的，因为我们正试图理解的内容不只是作者的意义，好像它被包含在作者的心中，我们所试图理解的东西乃是真理。伽达默尔说："完全性的前判断不仅包含了文本应当完全表现其见解这一形式要素，而且也意指文本所说的东西就是完满真理。"（Ⅰ，299）理解不是对作者意图的理解，而是一种对共同真理的分有。"只有当把作者所说的东西认为是真的这种试图失败了，我们才力图——心理学或历史学地——把文本'理解'为另一个人的见解。"（Ⅰ，299）错误的或不可理解的是他人的意义，而真理同样也属于我们，所以真理出现问题时不仅包含他人的意义，而且也必然包含解释者本人的意义。我们的筹划来自于我们与正被说的东西（而不是与形式）的先在的关系，与涉及我们和我们希望理解其真理的主题的先在的关系。所以我们确实筹划了一个整体，但这整体不是形式的整体，而是整体的真理。伽达默尔说："理解首先意味着对某种事情的理解，其次才意味着分辨并理解他人的见解。因此一切诠释学条件中最首要的条件总是前理解，这种前理解来自于与同一事情相关联的存在。正是这种前理解规定了什么可以作为统一的意义被实现，并从而规定了对完全性的前把握的应用。"（Ⅰ，299—300）

不过，我们必须要问，在理解中究竟是什么样的整体真理被筹划。对于伽达默尔，让我们回忆一下，理解主要是达到相互理解的试图。因此在一切理解中被预期的整体乃是当理解对象与理解者这两部分在所与论题上达成一致时的创造的整体，它是这两部分的统一。伽达默尔说："诠释学必须从这种立场出发，即试图去理解某物的人与在传承物中得以语言表达的东西是联系在一起的，并且与传承物得以讲述的传统具有或获得某种联系。"（Ⅰ，300）历史理解就是努力在过去和现在这两个传统之间达到有意义的一致、实质上的一致。因此这个整体显然不是过去传统自身的整体。被筹划的整体不是那个坚持反对解释主体的客体的自主性，因为这在一开始就破坏了理解是两个部分统一的这一目的，并否认了被说的东西也关涉解释者。过去不被理解为一种有如事物本身可以内在地被理解这种意义上的封闭的圆圈。它只在关系中被理解，因为理解过去意指在过去和现在之间达到相互理解。伽达默尔写道："实际上存在着一种熟悉性和陌生性的两极对立，而诠释学的任务就是建立在这种两极对立上。"（Ⅰ，300）

因为诠释学被认为是一种方法，所以筹划一个整体也意指预期一种界限。这是这样一种整体，当它最后被实现了，它将标志解释的完成和停止，以及我们前见的最后克服。当我们说"现在我最后理解了"，确实表明我们具有启蒙运动的经验。然而我们自己的理解物，正如我们先驱的理解物一样，显然都是确定的，从不是最后的话。这种缺乏终极性并不必然表示我们已忽略了某个部分或不能理解整体。正相反，原则上我们可能完全不遗漏任何东西，然而如此完成的整体理解将不只是对整体自身的理解，而是一种达到与整体的理解——一种结合的理解和一种诸传统的结合。所以在达到相互理解时，我们的传统和我们的前见必然仍在起作用。理解并不意指消除期望，而是意指期望的满足，期望合适于整体。但整体已被理解这一事实并不表示解释业已停止。循环并不以这种方式而封闭，以致理解只围绕圆圈转或重复回溯，因为已经实现和修正我们期望的整体也能够实现其他的期望。即使一个时代能对于它的传统做出穷尽无遗的理解，它也不能完全穷尽它的传统所能是的东西，因为这些东西是在继后的时代才开始被理解的。

"这样一种理解概念当然完全破坏了浪漫主义诠释学所设定的范围。"（Ⅰ，302）如果理解总是意指达到相互理解，那么它总是包含两个——并且是两个不同的——参与者。理解不是一个部分应当理解另一部分，而是它们两者应当在它们之间达成理解。伽达默尔写道："传承物对于我们所具有的陌生性和熟悉性之间的地带，乃是具有历史意味的枯朽了的对象性和对某个传统的隶属性之间的中间地带，这个中间地带就是诠释学的真正位置。"（Ⅰ，300）按照伽达默尔的看法，诠释学现在所关心的东西不是个人及其意见，而是事情的真理，所以文本就不被理解为单纯生命的表现，而是被严肃地放置在它的真理要求中。在理解一个文本时，如在政治外交或集体谈判中，心理转换不是目的。文本理解的标准不是恢复作者的意义，而是发现共同的意义，即与解释者一起分享的意义。这种意义从不唯一地依赖于作者，就好像它从不唯一地依赖于解释者一样。"文本的意义超越它的作者，这并不是暂时的而是永远如此的。因此理解就不只是一种复制的行为，而始终是一种创造性的行为。"（Ⅰ，301）而且，我们之所以不想复制作者的意见，是因为我们试图把他所说的理解为真理，而不理解为他的意见的表现，因为真理总是也关涉到我们的。理解意指关于所讨论事情的真理达到理解。但如此理解的真理从不等同于作者的意义这一事实却不表示解释者具有比作者更好的理解，这里我们看到伽达默尔与施莱尔马赫的分歧：当施莱尔马赫认为我们可以比作者自己更好地理解作者的作品时，伽达默尔却说："实际上，理解并不是更好理解，既不是由于有更清楚的概念因而对事物有更完善的知识这个意思，也不是由于有意识的东西对于创造的无意识性所具有基本优越性这个意思。我们只能说，如果我们一般有所理解，那么我们总是以不同的方式在理解，这就够了。"（Ⅰ，302）对于伽达默尔来说，不同的理解（Andersverstehen）比更好的理解（Besserverstehen）更表现了理解的真理。

理解是一种创造性的活动，因为达到相互理解包含中介、整合和同化——并且同化需要差别。历史的区分解释了理解是创造性的而不是复制的这一事实。正如理解的目标不是朝向作者意图的心理转换，同样，理解的目标也不是在时间上转入前此的时代。时间距离在此获得了诠释学的创新意蕴，它不是空洞的虚空，而是充满了习俗和传统的连续，充满我们筹划和前见的基础。另外，时间距离不是要克服的障碍，因为它是理解创造性的基础。理解创造的东西就是知识，而时间距离以积极或消极的方式支持认识。伽达默尔写道："现在，时间不再主要是一种由于其分开和远离而必须被沟通的鸿沟，时间其实乃是现在植根于其中的事件的根本基础。因此，时间距离并不是某种必须被克服的东西。这种看法其实是历史主义的幼稚假定，即我们必须置身于当时的精神中，我们应当以它的概念和观念，而不是以我们自己的概念和观念来进行思考，并从而能够确保历史的客观性。事实上，重要的问题在于把时间距离看成是理解的一种积极的创造性的可能性。时间距离不是一个张着大口的鸿沟，而是由习俗和传统的连续性所填满，正是由于这种连续性，一切传承物才向我们呈现出来。在这里，无论怎么讲一种事件的真正创造性也不过分。"（Ⅰ，302）

首先，时间距离医治了我们称之为笛卡尔方法的缺点。如果我们事实上能预先消除我们所有前见以及由之而产生的错误，那么在一种意义上我们能客观地理解任何事情；但这样一来我们将不需要理解任何事情，因为已经摆脱了错误。但是在另一种意义上我们又不能理解任何事情，因为理解的条件是筹划，而筹划是前见在起作用。在这方面时间距离起帮助作用，因为它过滤了局部的和有限的前见。我们回想一下古代的原则，即一部艺术作品的真正价值在其作者和作者对之讲述的一代人去世之前是不能被理解的。原始的听众并不比作者更具有正确理解的标准，因为那些听众是鉴于一种不自觉的并无法控制的前见对作品表示赞同或反对。时间距离具有消除这些时代前见并让作品的性质和价值像它们真的那样展示的效果。但这种效果能被带到消除一切前见的完满状态吗？原来听众的死，不管是重要还是部分的，却不能在观念上被概括为对作品的一切兴趣的死亡和后一代的无动于衷。当作品已成为离奇古怪的，除了历史兴趣外，一切兴趣都失去，有如死的一样，历史理解就绝不会达到它的完成。

如果历史兴趣不仅是纯粹猎奇，那么它也是被关注的。时间距离确实具有消除前见和那种模糊过去的直接性错误的效果,但这工作从不是完成了的,而且,如果理想的距离从不就是那种使对作品的一切兴趣都消除的距离,那么时间距离还可具有重新阐明作品意义的积极作用。伽达默尔说:"时间距离除了能遏制我们对对象的兴趣这一意义外,显然还有另一种意义。它可以使存在于事情里的真正意义充分地显露出来。"(Ⅰ,303)也就是说,时间距离"不仅使那些具有特殊性的前见消失,而且也使那些促成真实理解的前见浮现出来"(Ⅰ,304)。时间距离并不消除一切前见,而是把真的前见从假的前见中分离开来,这种分离工作不是解释者使用方法而能做的,而是时间和时间距离作出这种分离。不过要指出的是,这种过程是一种无止境的过程或无限的过程。伽达默尔说:"对一个文本或一部艺术作品里的真正意义的汲舀是永无止境的,它实际上是一种无限的过程。这不仅指新的错误源泉不断被消除,以致真正的意义从一切混杂的东西中被过滤出来,而且也指新的理解源泉不断产生,使得意想不到的意义关系展现出来。促成这种过滤过程的时间距离,本身并没有一种封闭的界限,而是在一种不断运动和扩展的过程中被把握。"(Ⅰ,303—304)

解释者确实参与这一过程。伽达默尔几乎不认为我们仅可忽视我们的前见,让它们无意识地控制我们。无论伽达默尔怎样满足于一般的前见是理解的条件,有些前见是正确的、真实的和真正的理解的条件,然而我们可以强调说,伽达默尔完全不怀疑有些前见也是误解的原因,而避免这些前见确实是自觉理解的责任。但在错误前见能被避免之前,它们一定是有意识造成的,这是在它们被激动和被刺激的时候而发生的。现在,如果我们不关注他人在说什么,如果我们认为他只是在发表他的意见,而对他的这种意见我们(像一个对病人的分析家)只想去理解,那么他所能说的就根本没有什么东西会刺激我们。正相反,只有当我们关注所说的东西,只有当我们承认他人的真理要求并认为他涉及到某种与我们也有关的事情时——只有当事实上他是在对我们诉说时——我们才能被激动,我们的前见才能被唤到意识。一个前见成为有意识的，这并不表示它是错误的，也正因这理由它也不单被放置一边。关键在于，如果我们依靠方法并主张一种无动于衷的冷漠超然态度，那么我们就完全不曾消除我们的前见，而是普遍地肯定它们，因为我们使它们免受激怒，使它们摆脱威胁。所以，即使我们有错误前见，我们仍安全。只有当我们被关注，我们的前见才能引起质疑，使我们唯一有兴趣的就是真理。因为这种理由，我们不能使真的（正确的）解释与真理的解释分开。所以，如果不承认过去的真理要求，我们就根本不可能激起我们的前见，根本不可能区分真前见和假前见，因而根本不可能达到对过去的正确理解。

本节有两个概念要注意正确理解。首先是"完满性前把握"概念，按照伽达默尔的看法，这一概念是支配一切理解的一种形式的前提条件。对于此概念，我们一定要把握两个基本要点：(1)"完满性前把握"这一概念的意义有两个基本要点，一是内在的意义，即"只有那种实际上表现了某种意义完全统一性的东西才是可理解的"（Ⅰ,299），也就是说，先假定文本的意义是内在统一的，即它的内容是融贯的、不矛盾的、一致的；二是超越的意义，即那种"预期来自于与被意指的东西的真理的关系"（Ⅰ,299）的意义，也就是说，先假定文本所说的东西是完全的真理，即文本讲述完全真理。(2)完满性前把握虽然是我们理解文本必不可缺少的，但它不会通过解释而完全取得，它总是一种"前把握"，而不是一种真理标准。它会不断地随着更深入的理解而有更多部分被修正，直至所有部分被综合为止。许多批评家反对伽达默尔这一完满性前把握观念，认为这是对文本的一种"善良愿望"，反而会忽视了文本所具有的对立和矛盾。其实这完全误解了伽达默尔的意思。"完满性前把握"概念，对于伽达默尔来说，只是作为文本解释的可能任意性和持异性的对立力量。哲学诠释学不追求"完满性"的理想，它只是理解的先验前提。

其次是"时间距离"概念，这是伽达默尔用以检验我们前见是否正确以及区分真前见和假前见的重要概念。不过，关于此概念的作用，伽达默尔在《真理与方法》1978年第四版与1986年第五版有不同的提法。伽达默尔在1978年以前的版本里是这样写的："只有这种时间距离才能使诠释学的真正批判性问题得以解决，也就是说，才能把我们得以进行理解的真前见与我们由之而产生的误解的假前见区分出来。"而在1986年的新版本里，伽达默尔将这段话改为："时间距离常常能使诠释学的真正批判性问题得以解决，也就是说，才能把我们得以进行理解的真前见与我们由之而产生误解的假前见区分开来。"（Ⅰ，304）显然，这里关于时间距离的作用有所改变，而且伽达默尔还加上一个注，说"这里我已经删减了原来的正文：正是距离——而不只是时间距离——才使这种诠释学任务得以解决"（Ⅰ，304）

d）效果历史原则

下面这两点是不可分开的：历史学家如果不让他自己的前见起作用，他就不能承认他人的真理要求；而且历史学家如果不承认他人的真理要求，他就不能让他自己的前见去冒险。关于过去的真理，不管它究竟是怎样，是不能与过去的真理即它对我们真正说的东西区分开的，它们两者不多不少只是通过真前见的手段而真正被理解的东西。所以一切理解，不管是正确的还是错误的理解，都是带有前见的。历史的主体（历史学家）不是一个自在主体，不是一种纯粹的意识，因为他是带有历史的前见；但历史的对象也不是自在客体，因为它是由真前见所认识的东西。历史就是一个与另一个的统一，因为历史存在于它的历史之中，而且只存在于真的历史之中。历史的实在性（Die Wirklichkeit der Geschichte）是历史与对历史的理解的统一，伽达默尔把这种统一称之为效果历史（Wirkungsgeschichte）。伽达默尔写道："一种真正的历史思维必须同时想到它自己的历史性。只有这样，它才不会追求某个历史对象（历史对象乃是我们不断研究的对象）的幽灵，而将学会在对象中认识它自己的他者，并因而认识自己和他者。真正的历史对象根本就不是对象,而是自己和他者的统一体,或一种关系,在这种关系中同时存在着历史的实在以及历史理解的实在。一种名副其实的诠释学必须在理解本身中显示历史的实在性。因此我就把所需要的这样一种东西称之为'效果历史'。理解按其本性乃是一种效果历史事件。"（Ⅰ,304—305）

效果（Wirkung）涉及到作用或影响（Wirken）,涉及到实现（Verwirklichen）,以及涉及到实在（Wirklichkeit）。效果历史就是历史实在,因为它是实现的历史。实在的东西在活动或起作用（Wirken）——也就是说,它进行实现自身和产生自身的活动。某物如何产生的历史,或进行实现它自身活动的历史,就是效果历史。因此效果可指转换意义上的活动。历史是效果历史,这在于它活动某物或对某物起作用：它影响并具有效果。历史的效果——它的实现、它的实在——就是历史本身。正是因为这种理由,历史本身总是存在于关系之中：与它的效果的关系,因而也是与后来的历史、事件过程的关系。一个事件的后果和效果的历史不是某种不同于事件的历史的东西,而是事件本身的历史,它自身的历史。因为历史是一种实现过程,所以一个事件可以被理解为只有当它的结果被理解了它才真正存在。在历史的效果之中存在有那些对理解的效果,即前见。对于历史理解来说,我们可以推知,真前见可以被定义为那些本身正是那种我们想理解的历史的效果的前见。所以理解的理想就是它的实在：它不是客观的而是有前见的——由历史本身所造成的。历史理解之所以可能是由于它隶属于它所理解的效果历史并是这一效果历史的部分。

按照伽达默尔的看法,当我们力图从对我们的诠释学处境具有根本性意义的历史距离出发去理解某个历史现象时,我们总是已经受到效果历史的种种影响。效果历史这一原则假定历史是一种纯粹的未中断的连续性,以致每一过去的效果都使每一现在有前见,任何时代之所以能理解任何其他时代仅因为利用（发挥）已由过去时代传承给它的前见。的确,伽达默尔肯定人类是有限的，意识本身受效果历史的影响并是其部分，理解总是具有某种历史的前见。但这并不表示它是带有任何历史的前见，或因此历史的融贯（它与现在理解的连续性）可以被认为是一种先于理解的所与。正是在这里，伽达默尔对历史客观主义作了批判，他说："历史客观主义虽然通过其批判方法从根本上消除了与过去实际接触的任意性和随意性，但是它却以此安然自得地否认了那些支配它自身理解的并非任意的根本性前提，因而就未能达到真理，实际上尽管我们的理解有限，这种真理仍然是可达到的。"（Ⅰ, 306）历史客观主义倒很像那种统计学，因为统计学正是通过让事实说话、外表像有客观性而成为最佳的宣传工具，不过，它的这种客观性实际上是依赖于对它的探究的正当性。

　　在一切理解中，不管我们是否明确意识到，这种效果历史的影响总是在起作用。凡是在效果历史被天真的方法论信仰所否认的地方，其结果就只能是一种事实上歪曲变形了的认识。凡在人们由于信仰方法而否认自己的历史性的地方，效果历史就在那里获得认可。但是，单是效果历史并不足以解释我们如何可能理解那些历史学家并未已经参与的传统。所以一定存在有效果历史意识（Wirkungsgeschichtliches Bewusstsein）。这一术语不仅表示意识是受历史影响的这一事实，而且它也是对这一事实的意识。它是自我意识的。效果历史意识其实乃是理解活动本身的一个要素，不管我们自己是否意识到，凡在我们取得正确提问的过程中，它就已经在起作用。伽达默尔首先用处境（Situation）意识来解释效果历史意识，他说："处境这一概念的特征正在于：我们并不处于这处境的对面，因而也就无从对处境有任何客观性的认识。我们总是处于这种处境中，我们总是发现自己已经处于某个处境里，因而要阐明这种处境，乃是一项绝不可能彻底完成的任务。这一点也适合于诠释学处境，也就是说，适合于我们发现我们自己总是与我们所要理解的传承物处于相关联的这样一种处境。对这种处境的阐释，也就是说，进行效果历史的反思，并不是可以完成的。但这种不可完成性不是由于缺乏反思，而是在于我们自身作为历史存在的本质。所谓历史地存在，就是说永远不能出现于自我认识之中。"（Ⅰ,307）正是因为这一理由，我们经常可能更多地意识到我们自己的历史境遇，即理解得以产生的境遇。这里伽达默尔又用视域（Horizont）概念来解释处境："一切有限的现在都有它的局限。我们可以这样来规定处境概念，即它表现了一种限制视觉可能性的立足点。因此视域概念本质上就属于处境概念。"（Ⅰ,307）视域就是看视的区域，这个概念一方面表示我们从某个立足点出发去观看一切，另一方面又表示我们能超出这个视域看到它的界限。理解的境遇就是我们的视域，它既标志我们可能从某一特殊观点出发去观看任何东西，但它也表示我们能超出我们直接立场去观看它的界限。"一个根本没有视域的人，就是一个不能登高远望的人，从而就是过高估计近在咫尺的东西的人。反之，'具有视域'，就意味着不局限于近在眼前的东西，而能够超出这种东西向外去观看。（Ⅰ,307—308）获得一种视域意味着我们获得一种远视（far-sightedness），这远视虽然有限制，然而却不只是目光短浅。

　　这里出现一个问题，所谓获得一种历史视域是否意指把我们自身置于某个过去传统的视域之内，以致我们只以这个传统视域的眼光从它自己的角度去理解这个传统呢？完全不是，获得一种历史视域绝不是这种意思。我们不是能存在于任何地方、任何时代，而是只能存在于我们自己的时代、我们自己的视域之内，并且没有任何时间魔力器能使我们转换到任何其他地方和时代。这里伽达默尔分析德文"自身置入"（Sichversetzen）这一概念，他说这一词不是丢弃自己，将自己置于考察之外，而是带入自己（sich-selber-mitbringen）。他写道："理解一种传统无疑需要一种历史视域。但这并不是说，我们是靠着把自身置入一种历史处境而获得这种视域的。情况正相反，我们为了能这样把自身置入一种处境里，我们总是必须已经具有一种视域。因为什么叫作自身置入呢？无疑，这不只是丢弃自己。当然，就我们必须真正设想其他处境而言，这种丢弃是必要的。但是，我们必须也把自身一起带到这个其他的处境中。只有这样，才实现了自我置入的意义。例如，如果我们把自己置身于某个他人的处境中，那么我们就会理解他，这也就是说，通过我们把自己置入他的处境中，他人的质性，亦即他人的不可消解的个性才被意识到。"（I，310）因此，这样一种自身置入既不是一个个性移入另一个个性中，也不是使另一个人受制于我们自己的标准，而总是意味着这两者共同向一种更高的普遍性的提升，这种普遍性不仅克服了我们自己的个别性，而且也克服了那个他人的个别性。伽达默尔认为上述"视域"这一概念正好表示了这一意思，他说，"获得一个视域东西，这总是意味着，我们学会了超出近在咫尺的东西去观看，但这不是为了避而不见这种东西，而是为了在一个更大的整体中按照一个更正确的尺度去更好地观看这种东西"（I，310）。

另外，按照伽达默尔，说我们应置自身于另一时代或采取另一人的立场，这不仅是不可能，而且也是不可想的。如果那样，我们将丧失时间距离的益处；并且由于采取了作为另一人立场的另一个立场，我们将丧失我们自己而使另一个立场成为不可接触和批判的基点。"由于我们是从历史的观点去观看传承物，也就是把我们自己置于历史的处境中并且试图重建历史视域，因而我们认为自己理解了。然而事实上，我们已经从根本上抛弃了那种要在传承物中发现对于我们自身有效的和可理解的真理这一要求。就此而言，这样一种对他者的异己性的承认——这使他者成为客观认识的对象——就是对他的真理要求的一种基本的中止。"（I，309）客观化他人的观点证明我们并不分享它，并确保我们将不分享它；但只有我们分享的东西才能是真的。仅他人自身是不具有真理的，因为没有任何真理使得我们会不相信它——与它一起。如果客观化某物意指我们应外在于它，我们不分享它或必然相信它，那么就不能有任何关于真理的客观知识。

所有真理的知识都是分享的知识，所有历史真理的知识都是分享的真理。这个事实表示一切历史理解作为历史认识的条件都设置了一个单一分享的包括诸时间的视域。虽然能够有并常常是两个不同的视域，即历史学家的视域和他要理解的那个传统的视域，这并不意味着它们是或应当是彼此分离的。这并不意指除了历史学家需要把他自己置于另一个视域之内——这就是说，试图把他人所说的东西理解为真的这一意义之外，还在任何其他意义上要把他自己也置于另一个视域之内。伽达默尔说："视域其实就是我们活动于其中并且与我们一起活动的东西。视域对于活动的人来说总是变化的。所以，一切人类生命由之生存的以及以传统形式而存在于那里的过去视域，总是已经处于运动之中。引起这种包围我们的视域进行运动的，并不是历史意识，正是在这种视域中，这种运动才意识到自身。"（Ⅰ，309）只要我们不断地检验我们的所有前见，那么现在视域就是在不断形成的过程中被把握的。这种检验的一个重要部分就是与过去的照面，以及对我们由之而来的那种传统的理解。正如没有单纯的过去的视域一样，也没有单纯的现在的视域，视域永远是过去与现在的综合。真理总是意味着从历史学家自己的观点来看，在他自己的视域内以及在他人的视域内是真的东西。所以，"理解其实总是这样一些被误认为是独自存在的视域的融合过程。"（Ⅰ，311）伽达默尔把这称之为"视域融合"（Horizontverschmelzung）（Ⅰ，312）。理解总是筹划一种分享的统一过程中。

但是，两个视域的自主性和稳固性也不是事先给予的。我们自己的视域经常是处于形成过程中，尤其是通过我们与过去的照面。它并不保持稳固，它的界限也永远不是一个像把我们永远封闭其中的圆圈。当我们理解过去，我们并不只是非思考地应用我们个别的标准，好像它们永远有效；我们也不自动地认为它们是明显错误或假的而拒绝它们。其实，所谓达到分享的理解"总是意味着向一个更高的普遍性的提升，这种普遍性不仅克服了我们自己的个别性，而且也克服了他人的个别性"（Ⅰ，310）。效果历史意识，即对我们自己理解是受历史影响的意识，乃是对我们具有一种视域并在某特定境遇里进行理解的意识。由于意识到这一事实，历史学家不假定过去与现在的同一，而是假定这两者之间存在有一种紧张关系。"诠释学的任务就在于不以一种朴素的同化去掩盖这种紧张关系，而是有意识地去暴露这种紧张关系。"（Ⅰ，311）如果能有同化和一种分享的理解，那么历史学家就必须应用他自己的标准，然而如果他并不朴素地掩盖过去与现在的紧张关系和差别性，如此应用的标准就不能只是那些事先给出的标准。历史学家既不能假定为他已经熟悉的标准是正确的和可明确地应用于过去，也不能假定那些过去的标准是正确的和可明确地应用于现在，所以这是一切理解——即在陌生和熟悉之间找出共同意义——特有的应用问题。

第二节 诠释学基本问题的重新发现

a）诠释学的应用问题

视域融合，即过去视域与现在视域的融合，实际上就是一种应用。伽达默尔首先从诠释学史上把应用作为诠释学三大要素之一进行分析：对于古老诠释学分为理解和解释这两个要素的传统区分，J.J.雷姆巴哈（Rambach）的虔诚派诠释学补充了第三个要素，即应用（application）。因此在诠释学史上就出现了三种技巧：即理解的技巧（subtilitas intelligendi）、解释的技巧（subtilitas explicandi）和应用的技巧（subtilitas applicandi）。伽达默尔并不想僵化这三分法，完全相反，他肯定地说，在诠释学里事实上存在有三种要素。正如伽达默尔所描述的，在浪漫主义诠释学的种种缺点中有一个是它忽视了解释者的历史性，以及这种历史性所需要的过去与现在之间的对立关系，所以它也忽视了这种对立关系最明显表现的应用问题。

我们回忆一下，在克拉顿尼乌斯的早期浪漫主义诠释学里，解释是一种偶然性的活动，其意义是当理解不是直接而自然而然时，解释仅由于这些偶然情况而需要。因为这一理由，在克拉顿尼乌斯看来，解释与理解不是一回事。反之，施莱尔马赫浪漫主义诠释学的假定是：误解，而不是理解，才是自然而然的。所以，凡可能有理解时，就一定有解释。理解从不是直接的，而是经常由解释居间促成的；既然经常是这种情况，所以理解是与解释不可分开的。伽达默尔赞同这个结论，虽然不是由于同一的理由：按照他的观点，误解正如理解一样，也是由居间促成的。但是，按照伽达默尔的看法，因为浪漫主义诠释学把理解和解释结合成一个统一体，从而第三个要素——应用——被忽视和被贬低到诠释学里一种从属和次要的位置。他写道："正如我们所看到的，诠释学问题是因为浪漫派认识到理解和解释的内在统一才具有其重要意义的。解释不是一种在理解之后的偶尔附加的行为，正相反，理解总是解释，因而解释是理解的表现形式。……但是，理解和解释的内在结合却导致诠释学问题里的第三个要素即应用与诠释学不发生任何关系。"（Ⅰ，312—313）伽达默尔的目的并不是想返回到虔诚派的三重区分，也不是想继续保持浪漫主义诠释学的两重区分的统一（合二而一）。他只是提出诠释学最好在一种整合的意义上被理解为理解、解释与应用的三位一体学说，他说："这样，我们似乎不得不超出浪漫主义诠释学而向前迈出一步，我们不仅把理解和解释，而且也把应用认为是一个统一的过程的组成要素。这倒不是说我们又回到了虔诚派所说的那三个分离的技巧的传统区分。正相反，因为我们认为，应用，正如理解和解释一样，同样是诠释学过程的一个不可或缺的组成部分。"（Ⅰ，313）

按照伽达默尔的看法，这种应用要素实际上早在诠释学的发祥初期就存在，赫尔默斯不仅是诸神的翻译者，而且也是要把诸神的命令作为真理要求人们加以服从的指导者。正如伽达默尔所说："我们首先可以诉诸已经被遗忘的诠释学历史。早先,人们认为,诠释学具有一种使文本的意义适合于其正在对之讲述的具体境况的任务,乃是一件理所当然的事。那位能够解释奇迹语言的上帝意志的翻译者,是执行这一任务的原始典范。而直到今天,每一个翻译者的任务就不只是重新给出他所翻译的那位讨论对手所真正说过的东西,而是必须用一种在他看来对于目前谈话的实际情况似乎是必要的方式去表现这个人的意见,在这种谈话里,翻译者只把自己处理为两种讨论语言的认识者。"(Ⅰ,313)

我们已经看到,在伽达默尔的讲述里,从施莱尔马赫到狄尔泰的历史诠释学把历史理解为一种审美的文本、一种文学著作,因此历史学主要是从语文学借用其方法。但是在诠释学的历史上,除了这种语文学的诠释学外,还存在一种法学的诠释学和一种神学的诠释学。法律和《圣经》的解释不像文学的解释,它们不能仅援引部分—整体程序来解释,因为即使这个过程完全被实现,整体本身被理解,理解也不是完全的。法学诠释学和神学诠释学着重的是使卓越文本的意义适合于其正在对之讲述的具体境况,它们必须把各自所研讨的文本用于当前的情况,并以对当前情况似乎是必要的方式去表现文本的意义。理解法律和《圣经》意指在与现在的关系中理解它们,因为除非它们能被应用于当前情况否则我们就不理解它们。法律和《圣经》对某种其他东西看来是外在的应用,其实乃是我们内在地理解它们所意指东西的部分。显然在法学的与神学的诠释学里,应用是与解释性的理解结合在一起的,并与解释性的理解不可分开。

"语文学诠释学同法学的和神学的诠释学原先所形成的紧密联系依赖于这样一种承认,即承认应用是一切理解的一个不可或缺的组成要素。不仅对于法学诠释学,而且对于神学诠释学,在所提出的文本(不管是法律文本,还是福音布道文本)这一方和该文本被应用于某个具体解释时刻(不管是在判决里,还是在布道里)所取得的意义这另一方之间,都存在一种根本的对立关系。一部法律将不能历史地理解,而应当通过解释使自身具体化于法律有效性中。同样，一份宗教布道文也不能只被看成是一份历史文件，而应当这样被理解，以致它能发挥其拯救作用。在这两种情况里，都包含这样的事实，即文本——不管是法律文本，还是布道文——如果要正确地被理解，即按照文本所提出的要求被理解，那么它一定要在任何时候，即在任何具体境况里，以不同的方式重新被理解。理解在这里已经总是一种应用。"（Ⅰ，314）

法律和《圣经》不能只是审美地或只是历史地理解，因为它们对现在的要求，它们要被应用的要求乃是它们本质的部分。任何忽视这种要求的理解都一定是抽象的和简化的。但是，既然历史主义和美学都以消除传统的规范要求为前提，所以法学的和《圣经》的传统曾都被放到诠释学的边缘地带去，而且被文学传统所产生的更安全、更可控制的以及更少强迫的模式所替代。但是重新统一它们却表示我们并不安稳于文学。因为它太施加要求，因而只有通过被应用才能被解释。如果法律和《圣经》不能只是审美地或历史地被解释，那么这是因为我们也误解了艺术和历史。因为它们太施加了真理要求和对我们的要求，这种要求当艺术和历史的解释与法律和《圣经》的解释重新结合时就变得非常明显。但是这种重新结合之所以可能，仅当我们承认一切解释性的理解里都包含有应用。

法律和《圣经》的要求是强迫的，它是一种位于高处的要求。解释什么具有这种规范要求从不只是包含强加我们自己的标准。解释者并不只是允许他的前见无检验地乱跑，他也不只是应用他自己先有的前标准，因为法律和《圣经》本身就是应用于解释者及其境遇的规范和标准。应用是相互的。法官应用他的理解于法律——这就是说，他试图按照他对于当前情况最好的想法去理解法律；但是他也应用法律于他的理解，因为他需要援引法律而不是单靠他自己的理解去理解当前情况。法律真正被理解是当它被真正应用于情况，同样《圣经》被理解是当它在布道时被带回特殊场合情况。援引当前境遇表示在法律或《圣经》文本被写时的意义和它被应用于特殊境遇特殊情况时所达到的意义之间总存在一种对立关系。应用的境遇是不断改变的和不断更新的，如果被应用的文本不能独立于它被应用的特殊境遇而被理解，那么它在任何境遇里一定是以一种新的不同的方式被理解。伽达默尔说："在这两种情况里，都包含这样的事实，即文本——不管是法律还是布道文——如果要正确地被理解，即按照文本提出的要求被理解，那么它一定要在任何时候，即在任何具体境况里，以不同的方式重新被理解。理解在这里已经总是一种应用。"（Ⅰ，314）在这里，仅当文本每次都以不同的方式被理解时，文本才可以说得到理解，这已表明了历史诠释学的任务，即它必须深入思考存在于共同事情的同一性和理解这种事情所必须要有的变迁境况之间的对立关系。这样，被浪漫主义诠释学推到边缘的理解的历史运动表现了适合于历史意识的诠释学探究的真正中心问题。理解与其说是认知意识借以研讨某个它所选择的对象并对之获得客观认识的方法，毋宁说是这样一种以逗留于某个传统进程中为前提的活动。"理解本身表明自己是一个事件。"（Ⅰ，314）

贝蒂曾在他的《一般解释理论》里区分了三种解释：认知的（recognitive）解释、再现的（reproductive）解释和规范的（normative）解释。它们可以根据指导它们的兴趣来区分：认知解释的目的存在于自身之中，即为理解而理解，如一般语文学诠释学；再现的解释旨在交往某种经验，如音乐戏剧的表演；而规范的解释是想为行动提供指导，如法学诠释学和神学诠释学。但是伽达默尔坚决反对这种把统一的理解过程分为三个不同形式的做法，他说："如果我们把神学的解释与法学的解释加以结合，并相应给予它们一种规范的功能，那么我们对此一定要回忆起施莱尔马赫，这个人与此相反地把神学的解释同一般的解释——这种一般的解释对于他来说就是语文学—历史的解释——最紧密地结合起来。事实上，认知的功能和规范的功能之间的裂缝贯穿于整个神学诠释学，并且可能很难通过区分科学认识和随后的教导性应用而被克服。显然，这同样的裂缝也贯穿于整个法学的解释。因为对一条法律原文的意义的认识和这一法律条文在具体法律事件里的应用，不是两种分离的行为，而是一个统一的过程。"（Ⅰ，315）例如，如果我们肯定认知解释是与规范解释分开的，理解先行于应用，文本首先是在自身中被理解，并且只是后来才在关系中被理解，但这只是肯定在某个点上法律和《圣经》并不应用，而这个它们不应用的点正出现于我们自己对它们的理解中。因此说法律的应用是后于理解法律这一论点乃是我们自己的理解免除法律——即法律不应用于我们自己理解这一要求。但这种免除不正是对法律的误解和完全不是法律完美理解的条件吗？理解不是破坏法律的例外，因为它也承服于法律。另外，再现的艺术，如音乐戏剧，只有通过演出才有它们的真正存在，但这种再现的解释也不是一种孤立的解释方式，如果不理解原文的本来意义，并且在自己的再现和解释中不表现这种意义，那么没有人能演一出戏剧、朗诵一首诗歌或演奏一曲音乐。同样，假如在把原文翻译成可感的现象中没有注意到那种由于他自己时代的风格愿望而对风格上正确再现的要求加以限制的另外的规范要素，也就没有人能实现这种再现的解释。因此伽达默尔得出结论说："在认知的解释、规范的解释和再现的解释之间所强加的这种区分是毫无根据的，这种区分只能表明这三者乃是一个统一的现象。"（Ⅰ，316）

这样，我们就有了从法学诠释学和神学诠释学来重新规定精神科学的诠释学这一任务了。历史的理解不仅在思想上而且在实践上皆承服于历史和传统，它永远是一个有限的历史的存在的理解。伽达默尔对人的有限性的肯定蕴含理解总是要联系到具体的历史境遇、特殊情况：它总是被应用的理解，即使应用并不是解释者的自觉目的。因此，要被理解的文本的自我同一和该文本所应用和被理解的不同情况的众多性之间存在有不可逾越的对立关系。说这种对立关系是不可调和的，意指它不能被消解为同一（理解与理解之间的同一或理解与对象之间的同一），对立关系不能被表现为无关系（理解本身独立于对象本身）。对于有限的理解，有相似而没有同一，有差别而不是无关系，这两个对立词是互补的。当伽达默尔说，如果文本完全被理解，那么它是不同地被理解（应用于不同的情况），他也就已经蕴含了这样的意思，即文本是相似地被理解，因为所有差别都包含相似，反之亦然。我们相似地理解同时又是不同地理解。

b）亚里士多德诠释学的现实意义

如果一切理解都包含有应用，如果每一个处于不同境遇的解释者都将以不同的方式理解同一个文本，那么理解和解释是否具有真理性？为了证明理解和解释的这种诠释学真理性，伽达默尔转向了亚里士多德的伦理学，伽达默尔说："如果诠释学问题的真正关键在于同一个传承物必定总是以不同的方式被理解，那么从逻辑上看，这个问题就是关于普遍东西和特殊东西的关系问题，因此理解乃是把某种普遍东西应用于某个个别具体情况的特殊事例。这样一来，亚里士多德的伦理学对我们来说就获得了一种特别的意义。"（Ⅰ，317）伽达默尔之所以通过亚里士多德伦理学来解释诠释学，是因为伦理学正如诠释学一样，包含有应用知识的问题。这是否表示过去被理解是当它归入现在，有如一般伦理规则被理解是当它关涉个别事例？或者这是否是一种对伦理学应用和历史学应用的误解？

柏拉图和苏格拉底把善（arete）与知（logos）等同，即德行与知识等同。这种等同意味着一般道德原则的知识、正确行为的永恒理念本身就是关于如何在它支配的特殊道德情况中行动的知识。但从根本上说，柏拉图和苏格拉底这种观点是主张在这些所正确理解的情况里不存在有任何改变或区别，因为正确的道德理解只在于选择和应用某永恒道德观念于当前情况，把这情况作为这种不可改变的一般情况的例证。这样一种伦理学观念其实否认了历史和差别的实在。亚里士多德也肯定道德行为需要知识和包含知识，但伽达默尔认为亚里士多德伦理学特别适合于诠释学，因为亚里士多德所描述的道德知识并不与历史和生成过程分开，而是本身就包含在它们里面的。尽管亚里士多德的《尼各马可伦理学》并没有涉及诠释学，但伽达默尔说："今天使我们感兴趣的东西正是在于：他（亚里士多德）在那里所讨论的并不是与某个既成存在相脱离的理性和知识，而是被这个存在所规定并对这个存在进行规定的理性和知识。"（Ⅰ，317）

问题是道德知识究竟是关于什么的知识。它不是关于客体的知识或对象性的知识。我们不只是注目于事情，我们也不想只是知道发生什么事情或决定什么将是正确的反应。道德的情况并不像一个对象那样是与试图理解它的人分开的，因为它表现了理解它的人必须自己要做出的选择。它需要一种决定，不只是知识而是行动和涉及（involvement）。在这个意义上，亚里士多德的 Ethos（伦理，习俗）不同于 Physis（自然），它属于一个自然规律不起作用的领域，然而它又不是一个完全没有规则支配的领域，而是一个可以改变人的规章制度和人的行为方式，并且只在某种限制程度上具有规则性的领域。伽达默尔说："正如亚里士多德所描述的，道德的知识显然不是任何客观知识，求知者并不只是立于他所观察的事实的对面，而是直接地被他所认识的东西所影响。道德知识就是某种他必须去做的东西。"（Ⅰ，319）因为同样的理由，成功的道德决定和行为中所包含的知识不能只是理论的，不能只是关于道德规则自身的沉思知识。

这里为了便于读者理解，我们先简单地介绍一下亚里士多德在其《尼各马可伦理学》一书中所提出的人类认识事物和心灵表达真理的五种能力或知识形式：纯粹科学（episteme）、技术或应用科学（techne）、实践智慧（phronesis）、理论智慧（sophia）和神性智慧（nous）。其中关于纯粹科学、技术或应用科学和实践智慧的区分尤为重要。纯粹科学主要指数学一类的精确科学，其研讨的对象是不可改变的必然的事物，它具有逻辑演绎和推理证明的科学形式。技术或应用科学处理的对象则是可改变和可制作的事物，其本质在于生产或制作，而生产或制作本身不是目的，而是手段。实践智慧研讨的对象虽然也是可改变和可创建的事物,但它的本质却是一种不同于生产或制作的践行,而且实践智慧的践行本身就是目的,实践智慧考虑的是对人类的整个生活有益的事。在亚里士多德看来,实践智慧作为一门特殊的知识类型,它既不同于纯粹科学,也不同于单纯的技术或应用科学。实践智慧不同于纯粹科学,是因为它研讨的对象不是不可改变的东西,而是可改变的并且是我们能做到的东西,因而它无需严格的科学推理程序和严密的证明形式。对于它来说更重要的乃是关于具体的特殊事物的知识和经验,只有通晓特殊事物并具有丰富经验的人才能具有实践智慧。与单纯追求真理的纯粹科学不同,实践智慧所关心的乃是在人的具体生活中去实现对于人类整个生活有益的最大的善。另一方面,实践智慧也不同于技术或一般应用科学,尽管它们两者都以可改变的事物为对象,但技术的本质仅是生产或制作东西,而实践智慧的本质则是践行,是人类自身的行为:技术只是工具或手段,其目的存在于制作或生产之外;反之,实践智慧的践行本身就是目的,它关心人类自身的价值和意义。技术或应用科学只是把所学到的原理或规则简单地运用于具体事物,如盖房、做鞋,它既可学习又可传授;反之,实践智慧既不能学习又不能传授,它需要的是实际生活的经验和特殊事物的知识。

道德知识不是纯粹科学知识(epistemic knowledge),有如纯粹数学的知识那样——也就是说,纯粹科学知识本质上是脱离任何应用的。反之,道德知识正是在应用过程中获得的,并且这个应用完全不像应用的数学。因为数学只可以被应用于那些与它自身不改变的规则相一致的东西;但道德知识——支配道德行为的知识——必须被应用于历史生命,而历史生命并不总是同一的而是不同的。如果历史的区别是实在的,那么关于一种自我同一的伦理共相的知识就永不会充分得足以规定在任一特殊事例中什么是正确的。如果我们并未得到正确的道德决定,这就意味着被包含的知识不是自我同一的而是不断改变的。对于苏格拉底和柏拉图来说,这种说法乃是矛盾，因为实在的知识总是关于永恒物的永恒知识。但是如果真是这样，历史就或者是非实在的，或者是不可认识的。反之，伽达默尔通过亚里士多德而提出的观点是，历史是可以产生实在知识的，而这种实在知识因为历史不同而可应用，并且因为历史被应用而不同。"从道德知识与这类数学知识的这种区别来看，精神科学确实不能学到任何东西，相对于这样一种'理论的'科学，精神科学宁可与道德知识紧密联系在一起。精神科学就是'道德的科学'。精神科学的对象就是人及其对于自身所知道的东西。但是人是作为一个行动者而认识自身，并且他对于自身所具有的这样一种知识并不想发现什么东西存在。行动者其实是与那种并不总是一样，而是能发生变化的东西打交道。在这种东西上他能够找到他必须参与行动的场所。他的知识应当指导他的行动。"（Ⅰ，319—320）

就道德知识在本质上是被应用而言，它与其说是靠近那种不涉及应用的科学知识（episteme），还不如说是更接近于技术（techne）。技术正如伦理学一样是应用的知识；它是制造某物的手艺人的知识。手艺人具有这个事物被设想是什么以及它要服务于什么目的的一般观念，并且他按照这种观念指导他的工作。除了这种关于他工作目的的观念外，手艺人还有对于完成这些目的是必要的手段的实践知识。这种如何进行的知识可以通过经验（这并不改变它仍是技术和知识这一事实）而获得，或者说，技巧可以通过技术教育而获得。伽达默尔提醒我们，这种教育不是理论的，虽然在德语用法里它被称之为理论的（theoretisch）。技术教育本质上是指向应用，因此这样所获得的知识不是纯粹的，而是已经被束缚于应用，而且被那些对其使用有经验的人所教授。道德知识也是某种处于纯粹理论和纯粹经验之间的东西。单是经验、被经验或具有漫长经验，本身并不充分得足以产生正确的道德决定；在经验之前一定也有什么是正确的知识以指导这些决定。然而这种先行知识不能被纯化为一种可脱离经验的普遍规则，因为道德知识也包含具体情况的知识。它需要经验。虽然技术也需要经验，但道德知识——实践智慧（phronesis）——显然是某种不同的东西。我们并不是像手艺人制造某物那样在道德上塑造我们自己。这种差别的理由首先是我们塑造我们自己。实践智慧，其中包含有道德智慧，永不是那种本身即是目的的纯粹的、理论的科学的知识，它也不是那种通过手段应用于作为目的的其他事物的技术知识。它其实是应用于自身的知识、自我知识。在它那里，手段与目的是结合在一起的。

在这里，伽达默尔谈到了道德知识与技艺知识的三大区别：

1）我们能够学习一种技艺并能够忘记这种技艺，但我们却不能学习道德知识也不能忘记道德知识（Ⅰ，322）。技艺人能立于他的技艺知识的对面并选择他的技艺知识，我们却不能立于道德知识的对面以致我们能够接受它或不接受它，有如我们能够选取或不选取一种实际能力或技艺那样。我们其实总是处于那种应当行动的人的情况中，并且因此也总是必须已经具有某种道德知识。面对某个道德决定的人也总是开始于一个一般观念。但是在伦理学中，这些观念不是手艺人那种关于事物形式、目的或用途的观念，而是什么是普遍正确的观念。道德行为的理想可以而且正在家庭、学校里被教导，并且在不具名的传统与习俗中被教导。既然这种教育是在做出决定或取得经验之前很长时间就进行了，所以如此灌输的道德理想就必然是一种前见。现在我们应完全明白，承认这样一种前见并不完全意味着它是错误的。没有道德前见，就没有道德的决定。这种决定就是应用，并且我们只能应用一种在决定之前我们就已经具有的知识。然而，因为道德决定必须是我们自己的决定，所以盲目服从宗族的命令已经失去了它的伦理性质，而且，如果它不仅是冲动，道德行为一定考虑到首先需要决定的特殊情况。当手艺人所要制造的事物的观念可以完全事先被规定（这就是大量产品有可能的原因）时，道德上正确东西的观念却不是可以完全独立于那种需要我判定什么是正确的情况而规定的，伽达默尔说："人对于他应当做什么所具有的观念，也就是他的正当和不正当的概念，他的庄重、勇敢、尊严、忠诚等概念（所有这些概念在亚里士多德的美德范畴里都有它们的相应词），虽然在某种意义上都是人所注目的理想观念，但它们与那种要制作的对象的计划对于手艺人所表现的理想观念乃有某种区别。例如，属正当的东西并不是可以完全独立于那种需要我认为是正当行动的情况而规定的，而手艺人意欲制作的东西的观念则是完全被规定的，并且是被它所意欲的作用所规定的。"（Ⅰ，322—323）如果说我们没有大量的道德产品，这意味着，即使我们的伦理原则、我们的道德前见是正确的，它们却不能无思考地被强加于任何情况。因为既存在有避免打仗的勇气，又存在有从事战争的勇气；既有使自己谦卑的高贵，又有不屈服的高贵；既有不服从的高尚，又有服从的高尚。正确的选择不能预先或不依赖于特殊情况而被决定，因为情况本身部分地决定了什么是正确的。

　　由于这种理由，什么是正确的不能明确被编入法典。这情况同样适合于什么是公正，不管法律怎么写。确实，如果能有法律的统治而没有人的统治，那么法律一定是预先设立的，并对一切人开放，因为它们应用于一切人。除非法律事先被给出，否则不会有法律的判决，而只有个人的判决——因此没有公正。然而没有这样的方式事先特殊化法律以便排除判决的需要。不仅必须有一个判定事实问题的陪审团，而且也必须有判定法律问题的法官——而且总是有这样的问题。一个不进行判决或进行空洞判决或急速判决的法官常是太严格或太宽大地应用法律。当犯人根据技术性细节被减轻责任或法官不承认减轻事宜时，我们常倾向于从法官的手中去判断和把它写入法律。但是，虽然法律总是可以更完全地被制定，但它不能这样完美地被制定以致使公正自然而然或判绝不必要。事先写下的法律必然是一般的，而一般的东西是不完美的，因为它需要联系特殊情况的解释和判断。只有当一般法律和个别案例被一起考虑时，公正才能完美地被服务。

伽达默尔说亚里士多德对于 epieikeia 即公道的分析就清楚表明了这一点（Ⅰ，323）。我们知道，亚里士多德在其《尼各马可伦理学》中曾把法律上的公正与日常伦理生活中的公道加以对比，他说："公道虽然是公正，但并不是法律上所谓的公正，而是对法律公正的纠正。其原因在于全部法律都是普遍的，但在某些特殊场合里，只说一些普遍的道理不能称为正确。就是在那些必须讲普遍道理的地方，这也不见得是正确的，因为这法律针对大多数，虽然对过错也不是无知的……如果法律是一种普遍的规定，并且在这里有可能出现一些普遍规则所不掌握的情况，那么在立法者有所忽略并由于简单化而出现失误的地方，对立法者的过错进行纠正就是正确的。如果立法者本人在场，那他自己会考虑这种情况，如果他已知道了这种情况，他自己就会把缺少的规定放入法律之中，因此公道就是公正，而且优于某种形式上的公正——这种公正当然不可以理解为绝对公正，而是由于其普遍性而带有缺点的公正。纠正法律普遍性所带来的缺陷，正是公道的本性，因为法律不能适应于一切事物，对于有些事情是不能绳之以法的，所以应当规定某些特殊条文。对于不确定的事物，其准则也不确定，正如罗斯博斯岛的建筑师的弹性规则，这种规则不是固定不变的，而是与石块的形状相适应，条文对事物也是如此。"① 亚里士多德把完美的公正观念称之为公道，这是最普遍的法律，因为它支配所有关于纳税、抢劫、财富或其他的特殊法律。然而公道的法律从未被建立，我们也没有任何理由要这样做，因为这种法律虽然完全普遍，但也是完全同语反复和空洞无物的：公道只是说公正应是公正。然而我们却知道这是什么意思，它说的是具有最高重要性。它说明公正不能靠法律文字来维持，如果在某一特殊情况里法官不坚持法律的严格性，然而他可能容忍更高的法律、更普遍的法律，即公道的法律。如果这种法律事实上不是空洞的，那

---

① 亚里士多德：《尼各马可伦理学》，1137b 13—33。

么这是因为公道的普遍性是由个别事例的具体性来实现的。所以最普遍的法律也是最具体的法律。

2）手段与目的的关系。对于技艺来说，目的在手段之外，因而可以不择手段地去追求目的，但对于道德实践来说，目的绝不能在手段之外，手段本身就包含目的，因而就不会不择手段地去追求目的。凡在有技艺的地方，目的明确，关于手段的知识也能预先获得，因而我们能够很快找到手段并达到目的，反之，我们在道德知识里却找不到这种明确的目的和手段区分，它需要一种自我协商。道德知识正如实践智慧一样，它具有模棱两可性，它有时更多地与目的相关联，有时则更多地与达到目的的手段相关联。在道德知识时，不存在任何服务于达到道德目的的单纯合目的性的考虑，而手段的考虑本身就是一种道德的考虑，并且自身就可以使决定性目的的道德正确性得以具体化。正因为如此，在道德知识里区分知识和经验是毫无意义的，虽然在技艺方面我们可以做出这种区分。"因为道德知识本身就包含某种经验，并且事实上我们确实看到，这种知识或许就是经验的基本形式。"（Ⅰ，328）手艺人之所以必须修改他的计划并把这种修改了的计划用于个别事例，是因为他发现了障碍和困难，所以他或者是随便地做它们或者是满足于低劣产品，在这两种情况下，他先有的关于所要制造东西的知识不是随着应用过程而改进。与此相反，把法律应用于个别案例的法官却不能"随便地做"法律或案例，而且也不能因为公正不易做到而满足于"低劣产品"。完全相反，案例必须在法律之内被理解，正是因为在法律之内，所以他必须发现适合于该情况的较好法律。法官决定法律问题。他是在法律应用于个别情况里决定法律本身，这表明在任何应用过程中，关于什么是合法的和公正的知识是不断被规定、改进和被完善。

凡在判决是必要时，凡在规则的应用并无规则可循时，规则所指的东西（对它的解释）将与该规则被应用的事例不可分开，并部分是由这些事例所规定的。道德知识正如法律知识一样，需要判断：应用规则的技巧

（对技巧是没有规则的）。判断之所以需要，是因为普遍规则与个别事例之间总有某种对立关系，所以虽然判断总是必要的，但它从不充分得足以认识一般规则。因为在判断行为里，不仅是一般被应用于个别，而且个别也被应用于一般：它们相互补充。这种判断不是一种冲动而是经过慎重考虑的，它不能只是把个别归于一般之下，它需要两者的平衡，它需要自我反思和考虑。这就是实践智慧，一种规定正确应用的反思考虑的德行。

3）道德考虑的自我认识具有某种与自身的卓越关系。伽达默尔说，在亚里士多德关于实践智慧的分析中，我们还可知道谨慎的考虑这一德行还存在有同情的理解，同情的理解是作为一种道德德行的变形而被亚里士多德引入的，理解指一种道德判断能力。只有当我们判断某人能置身于那个去行动的人的整个具体情况中时，我们才赞扬某人的理解。所以这里不是关于某种一般的知识，而是关于某个时刻的具体情况的知识，因而这种知识在任何意义上都不是技艺知识。如果一个具有世界知识的人，只是对一切事物有认识，而对其中行动的人的具体情况没有认识，他就对这些行动的人没有正确的理解，他要对此有理解，只有当他满足一个前提，即他亦在做正当的行动，他也与他人一起被结合到这个共同关系中。具有理解的人并不是无动于衷地站在对面去认识和判断，而是从一种特殊的使他与其他人联系在一起的隶属关系去一起思考，好像他与那人休戚相关。这样伽达默尔讲到亚里士多德所举的两种道德考虑方式，即洞见和宽容的必然联系，他说："当某人以正当的方式做出正确的判断，我们说他是有洞见的。凡是有洞见的人，都乐意公正对待他人的特殊情况，因而他也最倾向于宽容或谅解。"（Ⅰ，328—329）很显然，这完全不是某种技艺知识。

伽达默尔在亚里士多德关于实践智慧的描述里找到了一种解决诠释学应用问题的方法。不管我们是把解释者的前见认为是要被应用于个别文本的一般，或把文本认为是要被应用于解释者个别情况的一般，在这两种情况里，应用对理解来说都不是附属的，因为这一理由，应用也不是多余的和失真的。正如对实践智慧的分析所表明的,一般不能事先被理解,对个别的应用也不能是事后的,因为不仅个别隶属于一般之下,而且一般也隶属于个别之下。所以一般不是可以先认识的先给予的共相,因为一般是不断地由个别而规定,即使它也规定个别,在这种意义上,我们也可以说,应用非但不是多余的,而且还是创造的。如果我们想知道解释者是应用他自己到文本还是把文本应用于他自己,回答总是双方面的。伽达默尔说:"我们已经证明了应用不是理解现象的一个随后的和偶然的成分,而是从一开始就整个地规定了理解活动。所以应用在这里不是某个预先给出的普遍东西对某个特殊情况的关系。研讨传承物的解释者就是试图把这种传承物应用于自身。但是这也不意味着传承下来的文本对于他是作为某种普遍东西被给出和被理解的,并且以后只有为特殊的应用才利用它。其实,解释者所寻求的不过是理解这一普遍的东西,即文本,也就是说,他只想理解某一传承物所说的东西,即构成文本的意义和意思的东西。但是,为了理解这种东西,他一定不能忽视他自己和他自己所处的具体的诠释学境遇。如果他想根本理解的话,他必须把文本与这种境遇联系起来。"(Ⅰ,329)

c)法学诠释学的典范意义

如果我们对诠释学的历史进行考察,那么我们就会发现存在有两种类型的诠释学,即独断型的诠释学和探究型的诠释学。独断型的诠释学旨在把卓越文献中早已众所周知的固定了的意义应用于我们所意欲要解决的问题上,即将独断的知识内容应用于具体现实问题上。神学诠释学和法学诠释学是它的典型模式。前者研讨《圣经》的教义以便回答人们宗教信仰的问题和良心问题,后者则研讨法律条文的意义以便按法律条文对个别案例进行裁决。在独断型诠释学里,任何独断的解释不是真与假的问题,而是好与坏的问题。这种诠释学是实践性的,而不是理论性的。探究型的诠释学则是以研究或探究文本的真正意义为根本任务，其重点在于把陌生文本的语言转换成我们现在的语言，把其陌生的意义转换成我们所熟悉的意义。语文学诠释学和历史诠释学是它的主要模式，其对象是古代作家如荷马和其他作者的作品。与独断型诠释学不同，这些作者不是神，而是人，因而没有那种我们必须绝对信仰和服从的神性灵光。探究型诠释学就是重构作品的意义和作者原初所想的意义，这种重构可能正确或不正确，因此相对于独断型诠释学，任何探究型诠释学有真和假，这种诠释学不是实践性的，而是理论性的。

在19世纪，由于近代自然科学的发展以及其对认识论的影响，人们似乎普遍认为只有探究型诠释学才可以提升为一种客观的科学方法论，而诠释学只有当它以这种探究方式被扩建成为一门关于文本理解和解释的一般理论时，它才获得其真正的规定性。按照这种观点，神学诠释学必须脱离独断论，而法学诠释学则必须被排除在诠释学之外。伽达默尔对这一情况曾作了这样的描述："因为情况似乎是：要走向现代精神科学方法论，我们必须脱离任何独断论的束缚。法学诠释学之所以脱离整个理解理论，是因为它有一种独断论的目的；反之，正是由于松解了与独断论的联系，神学诠释学才与语文学—历史学方法结合了起来。"（Ⅰ，330）伽达默尔对这种看法当然是坚决反对的，因为这种观点否认了作为理解、解释和应用三位一体学科的诠释学。所以，为了达到把四种解释——法律解释、《圣经》解释、文学解释和历史解释——重新结合于一种统一的诠释学里这一目的，伽达默尔探究了独断论兴趣和历史学兴趣之间的差别是否能僵化为对立面。

伽达默尔写道："在这种情况下，我们需要对法学诠释学和历史诠释学之间的区别具有特别的兴趣，并且必须探究那些法学诠释学和历史诠释学都在研讨同一对象的情况，也就是探究那些法律文本在法学内被解释并且历史地被理解的情况。这样，我们将探究法学史家（Rechthistoriker）

和法律学家（Juristen）对于同样给出的有效的法律文本各自采取的态度……因此我们的问题是：独断论的兴趣和历史学的兴趣之间的区别是否是一种明确的区别。"（Ⅰ，330—331）

　　就法律来说，问题是法官的独断论的应用性的理解是否最后能与法学史家的探究性的理解区分出来。如果不能，那么法官就是某种历史学家，正如历史学家就是某种法官一样。按照一般情况，法官是从现存的情况出发，并且是为了现存的情况而理解法律的意义。反之，法学史家则没有任何他要从之出发的现存情况，他只是纯历史性地研究法律的意义。当然，法官必须知道法律意指什么，这包含它的原始意义。如果自法律制定以来没有什么改变，那么理解它的现时意义也就是理解它的历史意义。但是，如果没有这种直接的未改变的连续性，那么法官就既不能建立一个新的法律，也不能废除旧的法律。他不能忽视当前的情况，不管这种情况是如何不同于原来法律制定者所面临的情况。正相反，在理解仍起作用的法律时，他必须知道过去与现在之间的紧张关系。他必须知道情况的改变，并由于意识到这种改变，他必须规定法律如何在现在被理解和应用。法官几乎不能只是一个历史学家，因为由于他的职责，他几乎不能承担把公正下移到历史兴趣的这种奢侈。伽达默尔说："法律学家（法官）经常是研讨法律本身。但法律的规范内容却必须通过它要被应用的现存情况来规定。为了正确地认识这种规范内容，他们必须对原本的意义有历史性的认识，并且正是为了这一点，法律解释者才关注法律通过法律实践而具有的历史价值。但是他不能使自己束缚于例如国会记录告诉他的当时制定法律的意图。他必须承认以后所发生的情况变化，并因此而必须重新规定法律的规范作用。"（Ⅰ，332）

　　反之，法学史家没有这种应用工作或责任。但法学史家没有法官的实践这一事实是否使他比法官更有权威和更客观呢？情况似乎也不是，但是这一事实也不使法学史家少些客观性，因为他也进行判断，虽然不是在法庭上。作为历史学家,他的目的是想建立这种法律的原始意义。这目的并不表示他能忽视应用,因为原来的应用在部分上规定了原始的意义。但是,即使他必须考虑原始的应用,原始的应用也正如原始的意义一样,一定与法律现在所面临的应用有区别。伽达默尔说:"法学史家不能满足于用法律的原本应用去规定该法律的原本意义。作为历史学家,他将必须公正地对待法律所经历的全部历史变迁,他将必须借助于法律的现代应用去理解法律的原本应用。"(Ⅰ,331)历史学家是差别的确保人,因为他的理解过去的任务包含有揭露过去与现在所谓的同一。如果它们是同一的,就不会有历史学任务本身,就不会有法学史家,而只有法官。因为过去与现在不是同一的,法官既不能忽略历史的改变,又不能满足于只是一个历史学家。但是历史学家也不能,因为法官主要关注现在,他必须在现在与过去的对立关系中观看现在。因为历史学家主要关注过去,所以他必须在与现在的对立关系中观看过去。绝对没有一种理解过去与现在之间区别的方式而不假定一种对过去可以与之区别的现在的理解。不存在有所谓关于法律本身原始意义的理解。所谓原始意义本身不多不少只是一种非—现在的意义,但这种否定也包含与现在的中介。历史学家正如法官一样,必须在现在与过去的差别中关注现在;就他本质上是关注现在而言,他不唯独是历史学家。

历史学家的判断是在使过去与现在相区分中进行的,但这种区分是一种关系,因此区分不能绝对化为无关系。历史学家必须使过去与现在关联以便规定它的区别,并且在这样做时,他被涉及到应用。伽达默尔说:"在我看来,诠释学境况对于历史学家和法律学家似乎是同样的,因为面对任何文本,我们都生活于一种直接的意义期待之中。我们绝不可能直接地接触历史对象而客观地得知其历史价值。历史学家必须承担法律学家所进行的同样的反思任务。"(Ⅰ,332—333)法学史家具有比法官更宽广的眼界,因为他不仅关注仍起作用的法律,而且也关注那些不再起作用的法律。在这些法律有效性的丧失过程中就已经存在了区别。然而指出这些法律与现在没有任何关系,这并不是历史学家的胜利。相反,正是在这些似乎具有纯粹历史兴趣的事情中我们特别清楚地看到,历史学家的任务不只是区分而是认清关系,在那种似乎是无关系的地方找出相似性和确立关系。"想从法律的历史起源情况去理解法律的历史学家,根本不能无视该法律在法律上的连续作用。这种连续作用可能对他们呈现了他们在历史传承物上所提出的问题。……历史理解的真正对象不是事件,而是事件的意义,当我们讲到某个自在存在的对象和主体对这个对象的接触时,就显然没有正确地描述这种理解。其实,在历史理解中总是包含这样的观念,即遗留给我们的传承物一直讲述到现在,必须用这种中介(Vermittlung)加以理解,而且还要理解为这种中介。"(Ⅰ,334)意义(significance)就是可应用性(applicability):对于历史学家来说,应用——与现在的关系——不仅是达到区分目的的工具,而且本身就是目的。在认清那种现在不再起作用东西的作用里,历史找到它的理想。所以,伽达默尔把法学诠释学认为是独断论兴趣和历史兴趣统一的模式,因而也是整个诠释学统一的模式,他说:"法学诠释学其实不是特殊情况,而是相反,它正适合于恢复历史诠释学的全部问题范围,并因此重新产生诠释学问题的古老统一性,而在这种统一性中,法学家、神学家都与语文学家结合了起来。"(Ⅰ,334)

法学诠释学可能性的本质条件是,法律对于法律共同体的一切成员都具有同样的约束力。理解隶属于传统,正如应用(例如惯例、先例)隶属于法律的意义。解释的任务就是使法律具体化于每一个特殊情况,这也就是应用的任务。这里虽然包含法官具有创造性的法律补充行为,但法官正如法律共同体的每一个成员一样,他也要服从法律。一个法治国家的观念包含着,法官的判决绝不是产生于某个任意的无预见的决定,而是产生于对整个情况的公正的权衡。法律不是由立法者一劳永逸地制定出来的。法律被"制定"就是当法官作用它，应用它，所以没有一种法律知识排除先例，即法律先前的应用的知识。在肯定先例的应用中，法官规定了法律，不仅是它过去是什么，而且也是它现在是什么和将来是什么。他修正法律不是由于制定了新的法律，而是在理解已经起作用的法律的过程中。这种修正显然不是外在于法律。正是通过理解这种法律本身，法律才被改变。法官不能在法律之外建立他的理解，因为他也承服于法律，不仅是在他私人生活中，而且也特别在他的公开的和官方的判决中。他的理解本身是由高于他的法律所支配。他的判决之所以能有公正，只是因为他承认这种高性并这样被制约，以致即使在修改法律时，他的解释也属于法律并是法律自身的解释。他的理解是法律，这是因为他的理解属于法律，而不是因为它是任意一种自认法律的理解的表白。的确，我们只有在专制制度下才能使法律与对法律的理解区分出来，因为在专制制度里，专制者高居于法律之上并能以他所喜爱的任意方式理解法律。但这意味着他根本不理解法律。①

　　理解是必要的，仅在有法律统治的地方，这种统治表示法律有普遍约束力，不仅对被告而且对理解它的法官。法律也应用于法官，因为没有这种自我应用，就没有法律的统治，并且没有对法律的理解，有如专制者的情况那样。没有应用，也就没有任何理解。应用改变，理解也改变，但是（除了专制制度外）法律就是那些本身隶属于法律的人对该法律的理解：正是因为理解属于法律，所以法律才改变。法学诠释学正是那种把对传统的隶属性描述为精神科学理解条件的模式——也就是说，是那种理解传统只是由于隶属于传统的方式的模式。隶属于传统并不是限制理解的条件，而是使理解成为可能的条件。解释者对于文本的隶属性类似于视点对于某

---

① 伽达默尔说："法学诠释学可能性的本质条件是，法律对于法律共同体的一切成员都具有同样的约束力。凡在不是这种情况的地方，例如在一个专制统治者的意志高于法律的专制主义国家，就不可能存在任何诠释学，'因为专制统治者可以违反一般解释规则去解释他的话'。"（Ⅰ，334）

幅画的透视的隶属性。这并不是说我们应当找寻这个视点并取作我们的立足点，而是说进行理解的人并不是任意地选取他的视点，而是发现他的位置已被事先给定了。伽达默尔主张，这情况适合于任一传统。理解不是外在于传统，而是因为它包含自我应用，理解属于传统。所以对传统的理解本身就是这种传统中的一个事件，一个传统借以进行的事件。正是以这种方式，理解本身可以正确地被理解。一切对传统的理解都是自我应用、自我理解；一切自我理解都是对某种传统的理解，通过这种理解传统也被继续。理解创造它自身也是由其创造的传统，因为它是创造性的，所以理解——即使它是对整体的理解——把其自身加到要被理解的整体里。因为这种理由，自我理解总是可以被完成的。

这种理解模式不仅包括法学的诠释学，而且也包括神学的、哲学的和历史的诠释学。尽管伽达默尔说牧师的布道与法官的判决不同，它不是对所要解释的文本进行创造性的补充，《圣经》具有远远超过解释它的人的思想的绝对优先性，但正如布尔特曼所说"《圣经》的解释与所有其他文献一样，应当遵循同样的理解条件"（Ⅰ，336）。正如施莱尔马赫曾经有意识地想把神学诠释学归入普遍诠释学一样，布尔特曼这句话的意思是，没有特别的《圣经》诠释学。然而他也认为《圣经》的理解以与《圣经》所说的东西的关系为前提。正如伽达默尔所肯定的，"它假定了《圣经》的话是对我们说的，并且只有那些被允许去听这种讲话的人——不管他是持信仰态度还是持怀疑态度——才理解"（Ⅰ，338）。但是，如果没有特殊的《圣经》诠释学，同样的情况也一定适合于任何《圣经》、任何文献，就好像适合于任何法律一样——即理解普遍地包含应用。法官在理解法律的过程中将法律应用于他自身，因为他承认法律高于他自己的理解，这种对权威的承认完全适合于神学家解释上帝的话。

但是，在语文学和文学批评领域，似乎没有这种对"高于"的承认，因而没有必然的自我应用。这种明显缺乏的理由是，正如历史学挪用语文学的方法，文学研究也开始与文学历史等同并因而成为一般历史学的下属学科。由于这种看法，文学批评就只是试图理解文学艺术家过去写什么，而不理解它的真理。为了达到这一目的，它必须消除批评家的前见，以使他的理解对文本没有任何影响；而且同样，文本也不允许对他的理解有任何影响。所以双边的应用在观念上被排除了。然而在文学批评和一般历史学之间仍存在一种紧张关系，伽达默尔说："在历史学家和那些只是为了美和真的缘故而想理解文本的语文学家之间存在一种天然的对立关系。历史学家是从文本自身没有陈说因而不需要包含在文本所意指的意义中的东西出发来进行解释。"（Ⅰ,342）历史学家总是把文学文本作为工具，通过它们去观看某种这些文学文本只是其部分或表现的更大东西。从历史学家的观点来看，文学批评赋予个别文本以太多的确实性和太多的自主性。正如狄尔泰所看到的，"语文学想在各处看到圆满完成的此在"（Ⅰ,341）。不过，虽然语文学家承认典范的东西具有一种作为范例的力量，但是在他每一次树立典范的工作中总已经包含这样一种理解，即不再自发地接受这些典范，而是对它们作了选择并知道对它们负有义务。因此他自身与范例的这种关系经常具有继承的性质。正如继承不只是单纯模仿一样，语文学家的理解也是一种事件性质，而这正是因为这种理解不是单纯的自发接受，而是包含了应用。伟大著作虽然仍保留（显然不显著的）可以遇到的标准的特质——不仅是形式和修辞的模式，而且也是真理的模式，但语文学家不是自然而然把这些标准应用于自身，好像这些标准是所与的和特许的标准，而是因为他承诺于它们并认为自己被它们所束缚。"语文学家仿佛是在不断编织一张由传统和习俗提供给我们的大网"。（Ⅰ,343）他的理解本身就是它所隶属的传统中的一个事件，而且因为它包含自我理解，他的理解还是这种传统的进一步发展。

但是，如果因为文学史承认高于它自身的要求并包含应用因素从而可以被同化为法学的和神学的诠释学，那么这仍保留了一个一般历史学的问题。历史学家并不肯定伟人著作对任何人具有一种规范的有效性，更不用说它们对他施加一种要求他并不承认个别古典作品的真理要求，即使是历史的古典作品。但他确实像倾听艺术古典作品那样倾听历史古典作品，因为它们正如所有遗物一样乃是历史的表达。"表达所表达的东西不只是表达中应当得以表达的东西，即它所意指的东西，而首先是那种不是应得以表达而是在这种言辞和意见中一起得以表达的东西，即那种几乎可以说是表达'暴露'的东西。在这种广泛的意义里，'表达'概念所具有的内容远远超过语言学的表达概念。它其实包括了我们为理解一切事物而必须返回的一切东西，同样又包括了使我们有可能进行这种返回的东西。解释在这里不是指被意指的意义，而是指被隐蔽了的而且必须要揭示的意义。"（Ⅰ，341）古典作品所表现的常常超过它们所意指或意想的东西，正是在这种超过里历史学家期望发现真理。历史学家等着听文本所表述的超出作者自己所想表述的意思。历史学家是从一种距离来询问文本，并且保持他的卓越性和怀疑态度。他不能信赖那些是他先驱的历史学家，或接受他们所说的真理。因为如果他这样做，他自己的劳动将成为多余。伽达默尔说："历史学家的基本原则是：传承物可以用一种不同于文本自身所要求的意义来进行解释。"（Ⅰ，342）历史学家总是返回到传承物的背后，返回到传承物给予表达的意义的背后，以便探讨那种传承物不是自愿表达的实在。如果说历史学探索历史文本的病状，那么历史学家是像那种不完全被病人的判断所束缚的生理学家，或者是像那种把病人自己的诊断作为要在比病人知道的更大范围里被解释和被理解的病状来看的分析心理学家。

　　这种更大范围最终就是历史学提供的所有表达整体。历史学家并不信赖任何个别文本所说的东西，事实上，他更多地信赖那些不是文本而自身又没有意图的遗物，这些遗物作为征象告诉他某种关于过去的事情。但是，正是就非—文本也可以被解释和理解为表达而言，历史学家不得不阅读任何东西，好像它们是某种像文本的东西。历史学家的文本就是所有下属文本的整体,并且历史理解就是语文学——的确,不是伟大著作的语文学,而是伟大历史著作的语文学。这曾是狄尔泰的结论,伽达默尔也肯定这一结论。但是,虽然狄尔泰批评语文学把文学著作磨圆成自我包含的整体,然而当他把历史学同化于语文学时,他犯了同样的错误。狄尔泰把历史视为那种允许完全理解和允许历史学家完全立于其之外的完整整体。这种距离就是他的客观性。他不接触历史,历史也不接触他:没有应用。然而很显然,伟大历史著作并不对任何历史学家的阅读隐藏。它是太伟大、太变化多端,以致任何人很难在一瞥中完全理解它。所以它常常保持一种筹划的整体,这种筹划包含历史学家的前见。它包含把他自己应用于历史。即使假设他筹划了一个真前见,因而像整体真是那样理解整体,但对于历史学家前辈是真的东西也对他自身及其自己的历史也是真的。它也变成了一个更多的文本、一个更多的表达,这种表达的历史仍可以被撰写,它在历史自身中也变成一个更多的事件。所以历史学家不仅把他自己和他的前见应用于历史,而且历史也应用到他身上。每一种历史研究属于历史,这不仅在于它属于过去与过去的前见,而且也在于它属于未来,因为它总是仍要被解释。历史的理解就是历史本身。

  这就是黑格尔的结论,伽达默尔也肯定了它。但是,虽然他们两人主张理解历史本身就是历史,黑格尔却把历史视为理解的历史、理性的历史,在绝对精神透明的自我在场中所完成的自我意识的发展的历史。对于黑格尔来说,历史属于理解;而对于伽达默尔来说,理解属于历史。伽达默尔这种结论的理由是这样,正是因为理解本身是历史中的一个事件,所以它扩大历史,发展历史,继续进行历史:理解创造历史。即使它是整体的理解,它也增加自身并使自身与整体整合,整体因而总是保持要被理解。历史必然超出对历史的理解,因此在完成的理解里没有克服历史或降低历史。精神是有限的,不是绝对的,正是因为精神总是存在于创造历史、创造自我意识的条件的过程中,因而就是存在于把完美自我意识的完成无限定地推迟到未来的过程之中。

　　应用或者就是把现在理解"加"到要被理解的过去事件上，或者就是把现在历史"加"到现在理解上：这是前见的作用和效果历史的基础。所以应用也是把现在理解加到未来历史（这总是要被理解的）的过程。但是，我们真能说把未来历史应用到现在理解之上吗？这确实就是筹划所是的东西：在它实现之前对可能性、对现在起作用的未来的预期。被筹划的东西是前见、传统、已经熟悉之物，但它被筹划为可能性，不是既成物。正如我们所说过的，筹划的理解乃是一种过早行动：它在跑之前跑，因此它总是必须赶上自身。如果这对于一切理解都是真的，那么就不只是伟大的历史著作才超出对它的理解。"所有的读都包含一种应用，以致谁读某个文本，谁就自身处于他所理解的意义之中。他属于他们理解的文本。"（Ⅰ，345）他把他自己的理解加到文本上。因此伽达默尔继续写道："在读某个文本过程中他所得知的意义线索必然被中断于一个开放的不确定性之中。"（Ⅰ，345）这个圆之所以不是封闭的，是因为他并不完全理解的文本方面正是他贡献给它的部分。"他可能承认，而且必须承认，未来的世代将以不同的方式理解他在文本中所曾读到的东西。"（Ⅰ，345）但是这种区别不一定只是不同方式。如果他对文本的读是先行的，那么未来世代将必须理解的东西正是他对文本的理解：他曾加给文本的东西，自我应用就是未来解释的可能性。"凡是适合于每一个读者的东西，也适合于历史学家。只是历史学家是研讨整个历史传统，如果他想理解这个传统，他必须把这个传统与他自身现在的生命联系起来，并且他以这种方式使整个历史传统对未来保持开放。"（Ⅰ，345—346）理解本身就是历史传统中的一个事件，并且正如每一事件一样，它为未来理解给予机会，好像未来是从过去产生的。如果理解根本就是历史中的一个特殊事件，那么这只是因为在筹划它已经理解的过去传统过程中，理解把它不筹划为只是熟悉的继续，而是筹划为一种它尚未理解的可能未来。

这里我们看到了语文学和历史学之间所存在的一种内在的一致性，但我们既不是在历史学方法的普遍性中，也不是在以原来读者取代解释者的客观化做法中，更不是在对这种传统的历史批判中看到这种一致性，而是相反地在它们两者都履行的同样一个应用任务中看到了这种一致性。如果语文学家以我们所说的方式理解所与文本，即理解文本中的他自己，那么历史学家也理解他自己发现的世界史本身这个大文本，并且也理解这个大文本中的他自己。应用绝不是把我们自身首先理解的某种所与的普遍东西事后应用于某个具体情况，而是那种对我们来说就是所与文本的普遍东西自身的实际理解。理解被证明是一种效果，并知道自身是这样一种效果。这样，语文学诠释学与历史诠释学这两者都在效果历史意识中找到它们的真正基础，而这一基础正是法学诠释学所奠定的，因此"如果我们在语文学家和历史学家的所有诠释学活动中认识到效果历史意识，那么诠释学学科的古老统一性又重新恢复了它的权利"（Ⅰ，346）。

第三节　对效果历史意识的分析

a）反思哲学的界限

历史之所以永远而且必然超过对历史的理解，是因为理解承服于和隶属于正在进行的历史过程。显然，我们可能意识到这一事实。伽达默尔把这种意识称之为效果历史意识：即对意识是受历史影响的意识。历史学家研究的也是效果历史，他知道每一事件都受历史所影响，每一事件都具有一个前史，而不是从无中（ex nihilo）而来；他也知道事件也影响历史，每一事件都具有后史，而不是消失到无之中（ad nihilum）。在探究一个事件的前史和后史时，历史学家研究的不是某种其他的东西，而正是该事件本身的历史。所以，如果历史学家是在研究一部作品，那么他就不仅关注那种被表现给他的东西，而且也关注那种渐渐转变为以前和以后、过去和将来的时间视域。但是，如果历史学家认识不到同样的情况也适合于他自己和他自己的著作，那么他这种意识还不能说是效果历史意识。伽达默尔说："效果历史意识不是探究一部作品所具有的效果历史，即不是探究一种仿佛是作品遗留在后面的痕迹——效果历史意识其实是作品本身的一种意识，因此是它本身产生效果。"（Ⅰ，347）效果历史意识其实就包含在效果本身之内，它不是一种历史学家和语文学家可有可无的意识。不仅是由于对历史对象的意识，而且也是由于自我意识和自我理解，历史学家才达到这样一种意识。

但是，这种自我意识是否意味着历史不再能够对历史学家施以直接影响而任何事物都受此意识所影响？伽达默尔说："当我们讲到效果历史意识时，我们是否不认为自己被束缚于那种消除一切直接关系——我们指效果——的内在的反思性呢？我们是否不会被迫承认黑格尔是正确的，以及我们必须不把黑格尔所认为的那种历史和真理的绝对中介关系认为是诠释学的基础呢？"（Ⅰ，347）这里就是意识的所谓反思结构问题，效果历史意识既然作为意识，它是否也具有这种反思结构呢？如果这种反思结构存在，这将似乎说正是效果历史意识阻止了历史学家本身成为效果历史因素。黑格尔为这一理由争辩说历史是意识的一种因素：历史消解于对历史的思想，完美的历史知识在于整个过去与现在在思想上的融合，历史与真理的绝对融合。正如我们前面所注意的，伽达默尔并不完全忽略这一事实，即他的观点与黑格尔的观点具有许多共同点，他也拒绝把历史从理解和真理中分离出来。但虽然有这种相似性，伽达默尔也似乎赞成那种针对黑格尔的类似批判——即忘掉了那种不能被归于意识的实际的物质的东西。他说："我们这里所说的效果历史意识是这样来思考的，即作品的直接性和优越性在效果意识中并不被分解成单纯的反思实在性，即我们是在设想一种超出反思全能的实在性。"（Ⅰ，348）伽达默尔在这里是以这样一种方式设想效果历史意识，以致影响和被影响的意识不消融为只是反思的实在，只是思想。我们宁可说，伽达默尔所想要理解的实在标志反思全能的界限。历史超出对历史的反思理解；然而按照伽达默尔的观点，历史也产生真理。这两个命题合在一起表明真理超出任何对真理的理解。这种主张是一个很奇特的立场。然而真理对理解、反思和自我意识的超越却正是排除真理与方法的等同。

我们可以使伽达默尔立场的奇特性更明显：他想理解超越理解的实在。当我们试图摧毁黑格尔关于真实和理想、实在和理解的辩证同一时，常常出现这种悖论。如果伽达默尔力求规定反思的界限，那么他就与黑格尔关于反思不能有界限的证明相抵触。① 因为为了规定某物是一个界限，我们必须已经超过它，正如我们知道一个栅栏是一个界限是当我们看到了它之外的东西。反思在认识到一个栅栏是一个界限时就已经超越了这个栅栏；如果同样的情况也适合于一切界限，那么反思本身就是无界限的——即无限的。因此不能存在本质上处于反思之外的实在，也不能存在必然超出历史理解的历史。正如伽达默尔所说，如果肯定相反的，那么就是主张理解永不是完全的，而总是部分的，相对于那个部分的。然而就理解永不是完全的这一论点要求自身是全部真理而言，它却是自我反驳的。

相对主义尽管被人所批评，但却没人从这种批评中认识到最真实的东西。伽达默尔写道："尽管我们能够很清楚地论证每一种相对主义的内在矛盾性——但是，正如海德格尔所说的，所有这些得胜的论证本身却具有某种使我们不知所措的突然袭击的尝试。尽管这些论证似乎是有说服力的，但它们仍抓不住关键的东西。虽然在使用它们时，我们可能被证明是

---

① 黑格尔对康德"物自体"的著名批判就是这种证明："理性由于做出这种限制并区分现象和物自体，其实也证明这种区分乃是它自己的区分。在做出这种区分时，理性绝不达到对它自身的限制，而是通过它做出这种限制而完全自在地存在。因为这意味着理性已经超出了这种限制。使一个限制成为限制的东西，其实总是同时包含被限制所界限的东西所限制的东西。限制的辩证法是：只有通过它扬弃自身才存在。"（Ⅰ，348）

正确的，但是它们本身并未表现出任何富有价值的卓识洞见。"（Ⅰ，350）说怀疑论或相对主义论点一方面是正确的，另一方面又反驳自己，这虽然是一个不可反驳的论证，但究竟有什么成果呢？以这种方式被证明得胜的反思论证其实又回到了原来的论证，因为它使我们对一切反思的真理价值产生怀疑。这里受到打击的不是怀疑论或取消一切真理的相对论的实在性，而是一般形式论证的真理要求。

一个命题在反思上是自我反驳的这一事实并不必然表示这一命题是错误的，而只是表示它不能反思地被理解。完全可能所有的克里特人都是说谎者，即使一个克里特人这样告诉我们。正如伽达默尔在《诠释学与历史主义》一文中告诉我们的："虽说矛盾性是一种出色的真理标准，但可惜它在诠释学事务中却不是明确的标准。"（Ⅱ，421）如果一个命题不能没有自相矛盾而反指自身这一事实实际上并不证明这命题是无意义的或错误的，那么反思作为真理标准量度的可靠性就成为有疑问的。如果不是所有真理都能被反思所理解，那么这就意味着有些真理超出反思的理解，这样我们又回到伽达默尔的立场。肯定这一立场确实可能是自相矛盾的，但相反的立场，如果从同样纯粹逻辑的形式的观点看，也不是更好的立场。就它假定本是成问题的反思的可靠性而言，它是一种循环。伽达默尔在这里并未把黑格尔哲学贬低为空洞的形式逻辑，他说："在这种哲学里所研讨的问题并不是反思的形式主义，而是我们自身也必须坚持的同样事情。"（Ⅰ，351）特别是在《精神现象学》里黑格尔研讨的不仅是发现那种可以通过构造一种形式的逻辑的论证而能学习的东西，而且也是发现那种从历史和经验中曾经学得的东西。即使在黑格尔看来，这两种东西最终是同一种东西，并且是先于它们最终是不同的东西。正是在此时期内，在历史时间内，纯粹的自我沉思不是充分的，而经验因而是不可避免的。

因此，在伽达默尔看来，我们必须从黑格尔的观点以及与黑格尔相区别的观点这两方面来规定效果历史意识的结构。"旨在达到自我认识的精神知道自身与陌生的'实证东西'相分裂,并且必须学会使自身与这种实证东西相和解,因为它把这种实证东西认作为自己的和家乡的东西。由于精神消除了实证东西的坚固性,所以它与自身达到了和解。就这种和解乃是精神的历史性工作而言,精神的历史态度就既不是自我反映,也不是对它所经历的自我异化单纯形式的辩证的取消,而是一种经验实在的并且本身也是实在的经验。"(Ⅰ,352)

b)经验概念和诠释学经验的本质

伽达默尔说诠释学现象,即理解文本和解释文本的现象,不是一个方法论问题,它并不涉及使文本像所有其他经验对象那样承受科学探究的理解方法,而是属于人类的整个世界经验,并把诠释学理解称之为诠释学经验,而且说"效果历史意识具有经验的结构"(Ⅰ,352)。为了深入理解伽达默尔这种诠释学经验,我们需要对伽达默尔所说的"经验"这一概念有正确的理解。按照伽达默尔的看法,经验概念尽管我们都很熟悉,但却是"我们所具有的最难以理解的概念之一"(Ⅰ,352)。我们知道,在自然科学中,经验概念对归纳逻辑起了重要作用,它属于一种认识论的解释图式,按照这种图式,一切经验只有当它们被证实时,才是有效的,因而经验的有效性依赖于可重复性,这就意味着经验丢弃了自己的历史并取消了自己的历史。因此,正如狄尔泰指责英国经验论缺乏历史教养一样,这种来自自然科学的经验概念乃是一种片面的抽象。胡塞尔也曾经试图从意义起源学上返回到经验的起源并克服科学所造成的理想化,他给出了一个经验的谱系,认为作为生命世界的经验是在科学理想化之前就存在的。不过,按照伽达默尔的看法,不论是狄尔泰还是胡塞尔,他们都未对经验概念做出正确的分析。狄尔泰仍是从科学出发,因而最终还是未注意经验的内在历史性;而胡塞尔由于强调作为严格科学的哲学,从而使知觉作为某种外在的指向单纯物理现象的东西而成为一切连续的经验的基础,因而把精确科学经验的理想化世界投射于原始的世界经验之中。

经验的归纳理论是培根首先建立起来的。培根曾区分两种归纳：一种是预期法，另一种是自然解释法。前者是对日常经验的草率概括，认为只要未出现相反的事例，我们就可认为它是有效的。例如，只要我们未发现黑色的天鹅，我们就可以认为天鹅都是白色的。后者是通过按方法进行的实验而一步步完成的，培根称之为实验的方法。这种方法一方面超出简单枚举法的被动性和草率性；另一方面又阻止精神为所欲为，从而使认识者按部就班地从特殊东西上升到普遍东西。伽达默尔说："实验在培根那里并不总是指自然科学家的一种技术性的活动，即在孤立的条件下人为地引出事件过程并使之得以量度。实验其实是而且首先是对我们精神的一种巧妙的指导，阻止它纵情于草率的概括，并使它自觉地改变它对自然的观察，自觉地面对最遥远的、表面上最不同的事例，以致它可以学会以一种逐渐的和连续的方式，通过排除过程去达到公理。"（Ⅰ，354）按照伽达默尔的看法，培根用这种自然解释法，即对自然的真实存在的专门解释来与那种预期法，即那种对日常经验的草率概括相对立，从而"以一种预示方法论研究新时代的方式彻底地动摇了那种在当时仍被人文主义经院哲学所主张的基于简单枚举法的归纳理论"（Ⅰ，354）。不过，培根的方法论总的来说是令人失望的，这一方面是因为他的这些建议太含糊和太一般，以致在应用于自然研究时很少成效；另一方面，则正如伽达默尔所说，"这一位反对空疏的辩证和诡辩的学者本身也总是深深陷入在他所攻击的形而上学传统及其辩证的论证形式中。他那种通过服从自然而达到征服自然的目的，那种攻击和强迫自然的新态度，以及所有那些使他成为现代科学先驱的一切，只是他的工作的一个纲领性的方面，而这方面他的贡献很难说是不朽的"（Ⅰ，355）。但是，伽达默尔认为，尽管培根有此缺陷，他那种遵照方法来使用理性的观点却表述了那样一种与科学目的没有任何目的论关联的经验生命环节。例如他说人的精神总是天生地倾向于记住肯定的东西和忘记否定的东西,这实际上使我们把那种承认目的论为知识成就唯一标准的原则认为是片面的。另外,在他说人的精神与语言习惯的关系也是一种被空洞的传统形式所混淆的知识形式(市场假象)时,他实际上揭示了语言是先于一切经验而存在的,语言是经验本身的积极条件和指导。

为了更进一步揭示经验的真正本质,伽达默尔在分析经验概念时,区分了三个阶段或提出三个见证人:(1)亚里士多德对归纳的科学经验概念的批判;(2)黑格尔关于经验的历史性分析;(3)埃斯库罗斯的"通过痛苦而学习"。

(1)亚里士多德在《后分析篇》附录里曾经典地描述了一种统一的经验是怎样通过许多个别的记忆而从许多个别的知觉推导出来的:"正如我们所说的,从感觉产生记忆,从对同一个事物的多次的记忆产生出经验。因为数量上虽然是多的记忆却构成一个单一的经验。并且经验——当作灵魂中的整体,即与多相符合的一,在所有多中同一表现的一致性——提供了创制和科学的出发点:创制在变动世界里,科学在事实世界里。这些能力既不是作为确定的完全发展了的东西天生就有的,也不是从其他在高知识水平上发展的能力而推得的,它们是来自于感觉。例如,在战争中发生的逃亡情况,如果有一人站住了,那么另一个人也站住,再一个人也站住,直到原来的情况恢复。"[①] 按照伽达默尔的分析,亚里士多德这里讲到一种共相(普遍性)的统一,但这种共相不是科学的共相或概念的共相,而是经验的共相。科学和技术是以概念的共相为出发点,而经验的共相则是介于概念共相与个别知觉之间。伽达默尔写道:"这是一种什么样的统一呢?显然,这是一种共相的统一。但是,经验的共相不等于科学的共相。按照亚里士多德的看法,经验的共相其实是在许多个别的知觉和真

---

① 亚里士多德:《后分析篇》,19-100a3-14。另见"洛伊布古典丛书"1960年出版的《亚里士多德后分析篇和论辩篇》,第257—259页。

正的概念共相之间占据了一个显然是不确定的中间位置。"（Ⅰ,356）什么是经验的共相呢？经验的共相怎样过渡到概念（逻各斯）的共相呢？显然，按照科学的观点，经验必须是确实的，而且个别的经验必须表现同样的规则性。也就是说，经验具有某种先在的普遍性，以致它能上升为普遍的东西。但是，亚里士多德所讲的经验与此不同，伽达默尔说"我们应当注意，亚里士多德所讲的经验的共相无论如何绝不是概念的共相或科学的共相"（Ⅰ,357），因为按照亚里士多德的观点，经验实际上存在于个别的境遇之中，"经验总是只在个别观察里才实际存在。经验在先在的普遍性中并不被认识"（Ⅰ,357）。因此经验不是确实的，而是需要不断证实的，经验的本质就在于"只有在它不被新的经验所反驳时才是有效的"（Ⅰ,356），"经验对于新经验的基本开放性正在于这里——这不仅是指错误得以更正这种一般的意义，而且也指这样的意思，即经验按其本质依赖于经常不断的证实，如果没有证实，经验必然会变成另外一种不同的东西"（Ⅰ,357）。

怎样理解经验的本质在于它不被新的经验所反驳呢？亚里士多德把某人所做的许多观察与逃亡的军队作比较，一个士兵逃亡，另一个士兵逃亡，这样得出逃亡的军队。同样，在普遍的逃亡中第一个士兵停下来，接着第二个士兵停下来，则整个军队都停下来。按照亚里士多德的观点，这里得出的经验的共相是通过记忆从许多特殊的观察中得出的，而不是靠抽象作用而得出的概念的共相，因此经验的统一性或普遍性不像科学的统一性或普遍性那样是可预期的和可分析的。伽达默尔写道："经验的产生是这样一个过程，对于这个过程没有一个人能支配它，并且甚至不为这个或那个观察的特殊力量所决定，而在这个过程中所有东西都以一种最终不可理解的方式被彼此组合整理在一起。"（Ⅰ,358）亚里士多德的描述实际上阐明了这样一个获取经验的特有过程，即"经验是突然地、不可预见地，然而又不是没有准备地从这个或那个对象获得，并且从那时直到有新的经验为止都是有效的，即不仅对这个或那个事例，而是对所有这类东西都起决定性作用的"（Ⅰ,358）。这里有几个要点：1）经验是突然降临的，它不可为我们所预见或所支配；2）经验的联系不可理解，即是"无规则的普遍性"；3）经验一经产生，除非有新经验反驳，否则都是有效的。正如逃亡的军队，我们不能预期，不能说何时逃亡结束，但只要经验一经产生，逃亡就是有效的。因此我们不能建立发展经验普遍性的方法。不过，按照伽达默尔的看法，亚里士多德自己并未意识到这点，他在这里作了一个假设，即在观察中作为共相而出现的东西，就是它们中共同的东西，伽达默尔说："对于亚里士多德来说，概念的共相是一种存在论上的在先东西。亚里士多德之所以能兴趣于经验，只是因为经验对于概念的形成有贡献。"（Ⅰ,358）按照伽达默尔的观点，这一假定显然是错误的，它实际上忽略了经验产生的真正过程。伽达默尔说："这个过程事实上是一个本质上否定的过程。它不能简单地被描述为典型普遍性的不中断的发展。这种发展其实是这样产生的，即通过连续的错误的概括被经验所拒绝，以及被认为典型的东西被证明不是典型的。"（Ⅰ,359）。例如，亚里士多德论证在战争中逃亡的情况，他不说"有一个人逃亡了，另一个人逃亡了"，而是说"如果有一个人站住了，那么另一个人也站住，再一个人也站住，直到原来的情况恢复"，即用的是反证法，典型普遍的东西是逃亡，却用相反的东西即"站住"来证明。这里伽达默尔区分了两种经验：一种是符合或支持我们以前经验的经验（肯定的经验）；另一种是不符合或推翻我们以前经验的经验（否定的经验）。伽达默尔把前一种经验说成是"那些与我们的期望相适应并对之加以证明的经验"，而后一种经验伽达默尔说是"我们所'做出'的经验"（Ⅰ,359）。伽达默尔认为，相对于第一种经验，第二种经验即否定的经验是更有创造性的经验，因为通过这种经验，我们推翻以前的假定，认识到我们的错误。伽达默尔写道："后一种经验，即真正意义上的经验，总是一种否定的经验。如果我们对某个对象做出一个经验，那么这意味着，我们至今一直未能正确地看事物，而现在才更好地知道了它是什么。所以经验的否定性具有一种特殊的创造性的意义。经验不单纯是一种我们看清和做了修正的欺骗，而是我们所获得的一种深远的知识。"（Ⅰ,359）通过否定的经验，我们对我们以前已知道的东西（共相）有更好的知识，这种否定可以说是一种肯定的否定，伽达默尔称之为"辩证的经验"。

（2）为了论证这种辩证的经验，伽达默尔引证了黑格尔。黑格尔的贡献不仅是认识到经验的否定性，而且揭示了经验的历史性。伽达默尔写道："对于经验的辩证要素最重要的见证人，不再是亚里士多德，而是黑格尔。在黑格尔那里，历史性要素赢得了它的权利。"（Ⅰ,359）黑格尔把经验设想为"正在行动的怀疑论"（Ⅰ,359），而且还指出我们不能两次"做出"同一个经验，即强调经验的唯一性或一度性。我们知道，按照自然科学家的理解，经验的本性正在于它的不断被重复和被证实，只有通过重复，经验才被取得。反之，在黑格尔看来，作为被重复的和被证实的经验就不再成为新的经验。当我们说已有一个经验，就是说，我们占有了它，我们现在只可以预见以前不曾期待的东西，因为同样的东西对于我们不能再变成一种新的经验。伽达默尔写道："只有某个其他的未曾期待的东西才能对某个占有经验的人提供某种新的经验。所以正在经验的意识已经颠倒了它的方向——即返回到它自身。经验者已经意识到他的经验——他是一个有经验者，这就是说，他获得了一个某物对他能够成为经验的新的视域。"（Ⅰ,359）按照黑格尔的观点，什么是自在之物，这只能从它对于经验着的意识怎样表现而被知道；也就是说，经验着的意识有这种经验：对象的自在性是为我们而存在。特别是黑格尔对经验的分析——这分析曾引起海德格尔特别的兴趣，黑格尔说经验就是指替意识产生出新的真实对象的东西，他写道："意识对它自身——既对它的知识又对它的对象——所实行的这种辩证的运动，就其替意识产生出新的真实对象这一点而言，恰恰就是人们称之为经验的那种东西。"（Ⅰ, 360）在这里，正如海德格尔和伽达默尔所说，黑格尔是想对经验的普遍本质作某种陈述，他不是辩证地解释经验，而是相反地从经验的本质来思考什么是辩证的东西。按照黑格尔的看法，经验具有一种倒转意识的结构。"经验本身的真实本质就在于这样倒转自身。"（Ⅰ, 360）经验的原则包含一个规定，为了要接受或承认某个内容是真的，我们必须自身出现在那里，用黑格尔的话来说，就是"发现那一内容与我们自身的确实性相结合和相统一"（Ⅰ, 361）。经验概念就是指这种与我们自身的相结合和相统一首先被确立，这就是意识所发生的倒转，即在陌生的东西中、在他物中认识自身。按照黑格尔，意识的经验运动不仅在任何情况下都是意识的倒转，而且这种运动也必然导致一种不再有任何他物或异己物存在于自身之外的自我认识，也就是说，经验就是自我认识。

不过，伽达默尔也在这里批评黑格尔，因为对于黑格尔来说，意识的经验运动既然必然导致一种不再有任何他物或异己物存在的自我认识，而自我认识就成为最高的东西，从而黑格尔用以思考经验的标准就是自我认识的标准，"经验的本质在这里从一开始就被用某种超出经验的东西来设想"（Ⅰ, 361）。这样，经验上升为科学，而经验的辩证运动就以克服一切的经验而告终。伽达默尔对黑格尔这种观点反驳说，意识的经验在辩证运动中并不导致绝对知识，因为"经验本身从来就不能是科学。经验永远与知识、与那种由理论的或技艺的一般知识而来的教导处于绝对的对立之中"（Ⅰ, 361）。经验并不造成知识的封闭，经验并不寄希望于最后实现目的，而是永远超出这种目的而对未期待的东西、可能性和未来进行开放。因此，经验的真理经常包含与新经验的关联。因此，我们称之为有经验的人乃是指对新经验永远开放的人，有经验的人就是彻底非独断的人。伽达默尔写道："有经验的人表现为一个彻底非独断的人，他因为具有如此之多经验并且从经验中学习如此之多东西，因而特别有一种能力去获取新经验并从经验中进行学习。经验的辩证运动的真正完成并不在于某种封闭的知识，而是在于那种通过经验本身所促成的对于经验的开放性。"（Ⅰ，361）这样，经验概念就具有一种新的性质，经验不只是指某一事物给予我们的教训，而是指属于人类历史本质的整个经验，这种经验是我们必须经常获取而且没有人能避免的经验，"经验作为整体不是任何人能避免的东西"（Ⅰ，362）。经验可以说是期望的落空，或失望的经验。伽达默尔写道："这种意义上的经验其实包含了各种各样期望的落空，并且只是由于这种期望落空，经验才被获得。说经验主要是痛苦的和不愉快的经验，这并不表示一种特别的悲观，而是可由经验的本质直接看出来。正如培根已经知道的，我们只是通过否定的事例才获得新的经验。每一个名副其实的经验都与我们的期望相违背。"（Ⅰ，362）诠释学经验是在否定和失望中迈向新的经验，这与自然科学不同，自然科学的经验可以说是在肯定和满足中重复自己的预期，前者是开放的，创新的；后者则是守成的，封闭的。伽达默尔说："所以人类的历史存在都包含一种根本的否定性作为本质要素，而这种否定性在经验和洞见的本质关系中显露出来。"（Ⅰ，362）经验产生洞见，所谓洞见不仅是指对某一情况有更好的认识，而且更主要的是它经常包含从某种欺骗我们的东西的返回。就此而言，洞见总包含某种自我认识的要素，并且表现了我们在真正意义上称之为经验的东西的某种必然方面。洞见最终是人类存在本身的某种规定。

（3）经验本质的第三个见证人是埃斯库罗斯。伽达默尔认为，埃斯库罗斯不仅发现了"通过痛苦而学习"这一公式，而且也认识到这一公式中那种表现了经验的内在历史性的形而上学意义。"通过痛苦而学习"不只是意味着我们通过灾难而变得聪明，或对事物的更正确的认识必须通过迷惑和失望而获得，它的更重要的意义在于：人应当通过痛苦而学习的东西，不是这个或那个特殊的东西，而是对人类存在界限的洞见，对人类与上帝之间界限的绝对性的洞见。人被限制于处境中，他无法主宰经验，经验降临时，否定原来的知识，使人失望，因而了解经验的人，也了解他是一个有限的人。在经验中，人同时经验到他的有限性，伽达默尔说："经验就是对人类有限性的经验。真正意义上的有经验的人是一个对此经验有认识的人，他知道他既不是时间的主人，也不是未来的主人。这也就是说，有经验的人知道一切预见的界限和一切计划的不可靠性。"（Ⅰ，363）按照伽达默尔的看法，经验的真理就是承认人的有限性。经验对于意识的结果不是个别意识内容的永恒有效性（如在亚里士多德），也不是最终产生绝对知识（如在黑格尔），而是意识发现它自身的有限性。伽达默尔写道："真正的经验就是这样一种使人类认识到自身有限性的经验。在经验中，人类的筹划理性的能力和自我认识找到了它们的界限。"（Ⅰ，363）说任何事物都能改变，任何事物都有时间，任何事物都能任意地重新出现，这只能被证明是一种幻觉。对存在东西的承认乃是对这样一种界限的洞见，"在这界限内，未来对于期望和计划仍是开放的——或者更彻底地说，意味着有限存在的一切期望和计划都是有限的和有限制的。真正的经验就是对我们自身历史性的经验"（Ⅰ，363）。对于伽达默尔来说，诠释学经验从根本上说就是对我们人类自身的有限性的认识，从而人对于生活的变迁和实际的事务更为开放。

至此伽达默尔完成了对经验概念的分析，并达到一个对于探究效果历史意识的本质很有启发的结论。效果历史意识作为一种真正的经验形式，一定反映了经验的普遍结构。效果历史意识就是诠释学经验，因此我们必须在诠释学经验中找出上述经验分析中已认识的那些要素。诠释学经验与传承物有关，传承物是可被我们经验之物，但它们却不是一种我们通过经验所认识和所支配的事物，而是语言，在这方面，传承物就像是一个"你"那样自行讲话。一个"你"不是对象，而是与我们发生关系，这样伽达默尔分析了三种我与你的关系——这里我是诠释者，而你是我所诠释的对象——以此来说明我们三种不同的诠释学经验。

（1）我与你的第一种最低级的关系是你被经验为一个类的成员，你被期望按照我通过经验学会的规则去行动。这种我对你的经验，伽达默尔说是"人性认识的形式"，如用科学方法进行的诠释，文本被理解为普遍规律的特例。当我观察你时，我可以观察你的行动，以获得一些有关人类行为的原则，并且通过这一原则，我就可对人类的行为做出推论。这里我们看到一种类似于自然科学家观察事物的方式，在这种我与你的关系中，你只是一个手段，以让我达到我的目的。但是，正如康德所批判的，"我们不应把他人只作为工具来使用，而应当经常承认他们本身就是目的"（Ⅰ，364），因此这种我与你的关系乃是一种不正确的关系。如果把这种关系用于诠释学现象，即把诠释的对象作为工具，并以对方法的素朴信仰为基础，那么，为了获得一种普遍而客观的知识，我们就显然必须排除诠释者的历史性，使自己脱离那种曾使自己具有历史性实在的传统的继续影响。伽达默尔说这是一种模仿自然科学方法论的陈词滥调，因此它不是一种真正的诠释学经验，而是"使诠释学经验的本质失去了固有的光泽"（Ⅰ，365）。

（2）我与你的第二种关系是，我承认你是另一个主体，而不是典型的一个对象。在这种关系中，我明白你不是一个物，而是一个人，每人都有他自己的见解，不过我也固守我自己的立场，双方都固执己见，都要求对方接纳自己的意见。按照伽达默尔的分析，这种我与你的关系从根本上说，不是一种直接的关系，而是一种反思的关系，即你只是被认为投射于我的反思意识，我是从自身出发去理解你，甚至还要求比你理解自己还更好地理解你，你事实上丧失了对我提出要求的直接性。你被理解了，其实你只是从我的观点出发被理解。在伽达默尔看来，虽然这第二种我—你关系比第一种关系有进步，认为你是人而不是物或工具，但我只肯定我而排斥你，这样就对他人保持一种距离，我是在我与你的交互关系之外去认识你，而这正如伽达默尔所说的，"谁在这样一种交互关系之外反思自己，谁就改变了这种关系，并破坏了其道德的制约性"（Ⅰ,366）。这种我—你关系表现在诠释学现象上，就是历史意识的诠释学方式。在历史学研究中，历史意识不要求从对象中获得普遍规则，而只是找寻某种历史一度性的东西，而且认为我们必须摆脱现在和前见，纯客观地了解过去，不让传承物在现在和前见中来理解，而只让它在过去中生存。这种不承认自己被历史性——前见与现在境遇——所统治的人将不能看到历史性光芒所揭示的东西。所以伽达默尔说，正如上述谁在这样一种交互关系之外反思自己，谁就改变了这种关系，并破坏了其道德的制约性一样，"谁在与传统的生命关系之外来反思自己，谁就破坏了这种传统的真实意义。试图理解传统的历史意识无需依赖于方法上是批判的工作方式来接触原始资料，好像这种工作方式可以保证它不把自己的判断与前见相混淆似的。历史意识实际上必须考虑自己的历史性。正如我们已经表述的，立于传统之中，并不限制认识的自由，而是使这种自由得以可能"（Ⅰ,366—367）。

（3）第三种真正的也是最高级的我—你关系是：我以完全开放态度承认你是一个人，真正把你作为你来经验，我不仅不忽视你的要求，而且我还要倾听你对我所说的东西。这样，与第二种关系不同，双方都不固执己见，而是彼此开放，每一个人都对他人陈述的真理可能性开放。伽达默尔说："谁想听取什么，谁就彻底是开放的。如果没有这样一种彼此的开放性，就不能有真正的人类联系。"（Ⅰ,367）这种我—你关系用于诠释学现象，就是效果历史意识的诠释学经验，在这种经验中，诠释学态度既不把过去或文本当作可归入原则的对象，或规则的典型表现，也不把过去看成现在不可分享的他者，而是让过去或传统对今天讲话。伽达默尔把这种彼此相互开放也称之为彼此相互隶属，他说："彼此相互隶属总同时意指彼此能够相互听取，如果两个人彼此理解了，这就不是说，一个人'理解'

即通观了另一个人。同样'听取某人'也不只是指我们无条件地做他人所想的东西。谁这样做，我们就称他为奴隶。所以，对他人的开放性包含这样一种承认，即我们必须接受某些反对我自己的东西，即使没有任何其他人要求我这样做。"（Ⅰ，367）按照伽达默尔的看法，这就是与诠释学经验相符合的东西，我不仅承认传统要求的有效性，而且我也承认我自己的历史性、现在境遇与前见对理解传统的必要性。对他人的认识依赖于对自己有限性的承认。伽达默尔说："谁以这种方式对传统实行开放，谁就看清了历史意识根本不是真正开放的，而是相反，当它'历史地'读它的文本时，它总已经先行地和基本地弄平了传统，以致我们自身认识的标准从未被传统提出问题。"（Ⅰ，367）这里我们想起了历史态度一般进行的朴素比较方式，弗里德里希·施莱格尔曾说过："所谓历史批判的两个基本原则是平常公设和习惯公理。平常公设是：一切伟大的善的和美的东西都是或然的，因为它们是异常的，至少是可疑的。习惯公理是：事物必须到处都像它们对我们所呈现的那样，因为这对于一切事物都是这样自然。"（Ⅰ，367）与此相反，效果历史意识超出这种适应和比较的朴素性，因为它让自身经验传统并对传统所具有的真理要求保持开放。"诠释学意识并不是在它的方法论的自我确信中得到实现，而是在同一个经验共同体中实现。"（Ⅰ，367）按照伽达默尔的看法，这经验共同体通过区分受教条束缚的人和有经验的人，从而使诠释学意识得以真正实现，他认为这就是"我们现在可以更精确地用经验概念来刻画效果历史意识特征的东西"（Ⅰ，368）。

c）问题在诠释学里的优先性

α）柏拉图辩证法的范例

任何一个知道他仍有某种东西需学习的人是意识到他的有限性和他的界限。但是诠释学意识如何逃避黑格尔关于界限辩证法的论证——即意识在意识到界限时总是超出界限,以致界限意识本身证明自身是无界限的和无限的?伽达默尔注意到经验在于否定,经验的完成并不是获得完美的知识,而是完全有经验。这种完成所包含的对经验的开放在于不确定的否定(indeterminate negation)。有经验意味着知道我们的限制,但具有这种知识却不意味着我们知道某种确定的事物。完全相反,有经验,对经验开放,意识有限性,都意味着知道我们并不知道,即对我们呈现问题的结构。伽达默尔说:"显然,在所有经验里都预先设定了问题的结构。如果没有问题被提出,我们是不能有经验的。承认事情是不同的,不是像我们最初所想的那样,这显然预先假设了这样一个问题在进行,即该事情是这样还是不是这样。"(Ⅰ,368)

在苏格拉底的对话中,伽达默尔认识到一种经验完成的范例,因为苏格拉底提出不确定否定的模式,即著名的 docta ignorantia(博学的无知或无知的博学),这是一种不知的知的模式,这种模式逃避黑格尔界限辩证法。伽达默尔说:"经验本质所包含的开放性从逻辑上看就是这种非此即彼的开放性。开放性具有问题的结构。正如经验的辩证否定性是在完满经验的观念里得到它的实现——因为在完满经验的观念里我们意识到我们的绝对有限性和有限存在——同样,问题的逻辑形式和问题所包含的否定性也是在某种彻底的否定性即无知的知识中得到它的完成。"(Ⅰ,368)如果我们开始于苏格拉底而不是黑格尔的辩证法,我们可以暂时用过程而不是用结果来理解经验。苏格拉底由于知道他自己无知,所以他提出问题。由于在确定知识里经验来到一种位置,假定了一固定状态并采取了陈述的形式,苏格拉底和他的对话者的对话表现了提问和回答过程。一个陈述或肯定无疑是一种回答,但它是一种对问题已被忘记的东西的回答,陈述掩盖了它是对先在问题的答复。它掩盖了问题的先在性,因而也掩盖了问题的过去,即它所以产生的谈话过程。而且,如果陈述要求是一个确定的回答,它将封闭未来,因为确定的回答是一个排除进一步提问的回答。过去和未来的关闭正是伽达默尔所谓"有经验"或"对经验开放"所意指的反面。所以为了解释经验的开放性,伽达默尔肯定了过程对于状态的优先性,问题对于陈述的优先性。

经验是否定的,这意味着经验在于发现某物不是我们所想的,不是我们所期待的。但在达到这种结论和做出这种否定陈述之前,在肯定东西和否定东西之间有一个犹豫瞬间,在被证实的所期待的稳定过程和改变这过程的否证(disconfirmation)之间有一个中介状态。在这阶段,我们不确定和怀疑我们正在考察的事物是否这种方式或那种方式。这里正是开放的关键,假如我们认识到我们不知道,以及这种开放采取问题的形式。一个开放的问题就是一个未得到确定回答的问题,它是这样一种使某物开放和启示某物的问题。如果一个开放的问题暗示了确定的回答,那么它就是一个假问题。但这里我们必须注意,因为我们通常所谓启示所意指的东西是完全的规定、完全的知识,这正好与这里所想的相反。当某物通过一个开放的问题被带到开放,它的开放性在于它可以是这样或那样这一事实。事物的开放性在于它总是不确定的可能性。

真正的问题区别于教育学的和修辞学的问题,是在于它们不仅明显而且实际上启示某物是有问题的并使它进入可能性和开放阶段。然而这样做的问题本身不是模糊或不清楚的,也不是完全不确定和空洞的。伽达默尔说:"问题辩证法的进行方式乃是问和答,或者更确切地说,乃是一切通过提问的认识的过道。提问就是进行开放。被提问东西的开放性在于回答的不固定性。被提问东西必须是悬而未决的,才能有一种确定的和决定性的答复。以这种方式显露被提问东西的有问题性,构成了提问的意义。"(Ⅰ,369)另外他还说:"问题的开放性并不是无边际的,它其实包含了由问题视域所划定的某种界限。没有这种界限的问题乃是空的问题。"(Ⅰ,369)问题是由视域所束缚和规定的,在这种视域内,开放性在于事物是这种方式或那种方式的可能性,但每一个这种可能性必须事先被规定，它们的规定性标志问题视域的界限。"提问既预设了开放性，同时也预设了某种限制。"（Ⅰ，369）问题的开放性之所以不是无限的，是因为它包含的无非只是在改变和确定之间的非确定性或犹豫不决。一个修辞学问题给出它自己的回答，一个教育学问题蕴含它回答的方向但也留有距离让学生为了达到回答必须去走。说开放的问题不是无限开放的，这意指它也是一个指导的问题和给出方向，但它的开放性在于它指导达到几种可能回答的几种可能方向。

正如苏格拉底对话所说明的，问题的本质在于问题有意义，而意义指方向的意义。伽达默尔说："问题的本质包含：问题具有某种意义。但是，意义是指方向的意义。所以，问题的意义就是这样一种使答复唯一能被给出的方向，假如答复想是有意义的、意味深长的答复的话。问题使被问的东西转入某种特定的背景中。问题的出现好像开启了被问东西的存在。"（Ⅰ，368）因为问题提出方向，所以提问比回答它们甚至更为困难。而且认清某物的可问性远比关于该物做出自信肯定还更为困难，这是来到认识我们并不知道的困难，它不能通过方法而成为容易。"并不存在一种方法能使我们学会提问，学会看出成问题的东西。"（Ⅰ，371）但这是否就是笛卡尔方法，即对任何可疑事物的完美性提出的怀疑和疑问的方法？伽达默尔在这里并未讲这一问题，但他的回答显然蕴含了。普遍的问题，没有限制和没有视域的问题，是没有任何可能的回答的。一个真正的怀疑正是不被制造的怀疑。我们并不作为一般原则、纲领或方法而提出它，它是外在于我们的控制而提出来的，有时甚至不管我们的控制。真正的提问正如真正的怀疑一样，乃是对我们出现的。它们对我们发生而不是我们所做的某物。

苏格拉底辩证法是一种提问艺术，但它并不在于一种提出问题的方法、放置问题的技巧或回答问题的技巧，它其实在于保持开放以便问题仍能对回答者和提问者同样出现。伽达默尔说："在苏格拉底—柏拉图的辩证法中，提问的艺术被提升为自觉的处理方式。……作为提问艺术的辩证法被证明可靠，只在于那个知道怎样去问的人能够掌握他的问题，也就是说，能够掌握开放的方向。"（Ⅰ,372）对这种问题不断出现的开放、对提问事件的开放就是诠释学意识，就是效果历史意识。解释者并不消除他的前见，他是让它们去冒险。他并不肯定他的教条或文本的教条，而是让它们去经受挑战和被提问。甚至他的回答也保持这种询问的性质。它们是对一个确实是先在的问题的回答，然而它们却不使该问题成为一个封闭的问题，而是开放它。"提问艺术就是能继续提问的艺术，但也就是说，它是思考的艺术。它之所以被称之为辩证法，是因为它是进行某种真正谈话的艺术。"（Ⅰ,372）要进行谈话，首先要求谈话者双方彼此不相互发生抵触。因此，谈话必然具有问和答的结构。谈话艺术的第一个条件是确保谈话伙伴与谈话人一起在进行。提出谈话艺术的人并未想终止谈话于某个最终陈述（bon mots），即使他能这样做，因为这样做势必会终止谈话；完全相反，谈话艺术在于能进行、继续进行。因为这一理由，谈话并不蕴含那种相互竞争直到一个克服另一个的肯定句的选择。正如游戏的目的是玩游戏，谈话的目的只是进行谈话；独断论的陈述，那些对讨论不开放的陈述总是被排除的。但如果它是一个两个对话者想达到某个相互理解的实质性的讨论，那么他们就不能回避争论问题或使该问题犹豫不决，他们不只是进行讨论，而且还指导它进行。如果讨论被指导，它就被导向某种方向和某种目的。然而正如苏格拉底那样，即使一个人指导谈话或成为讨论领导人，如果该谈话要保持是一谈话而不是讲课，那么讨论领导人自身必须是一个参与者。他必须准备重视他人的意见，甚至加重他的分量，以及允许他自己的意见被挑战。事实上我们讲谈话中的"伙伴"是说，在真正的谈话中，没有一个真是领导者，两者都是交替地进行谈话。指导谈话意指使自己处于两个对话者被导向的主题的方向之下。伽达默尔说："进行谈话，就是说，服从谈话伙伴所指向的论题的指导。进行谈话并不要求否别人，而是相反地要求真正考虑别人意义的实际力量。因此谈话是一种检验的艺术。"（Ⅰ，373）谈话的主题就是两人要理解的东西，正是凭借这种主题，他们两人才达到相互理解。进行谈话的，是这种共同的主题，而不是对话者。但是，它们如何能被一种并不可达到的相互理解或一种并不存在的共同主题所指导呢？我们不可以认为它是被给予的，因为它的缺乏首先促成谈话。然而我们必须假定共同主题的相互理解是可能的，因为这种可能性促成对话者参与谈话。也许这双重的促成最好地刻画了谈话的本质：由于缺乏和区别而从后面被推动，但也由于可能性和期待而从前面被推进。

谈话的目的不是建立我们原本的意见，而是发现谈话主题的真理。这要求我们不固执自己的意见，而承认他人见解有可能的正确性。伽达默尔说："因为凡是想认识某种东西的人，不能满足于单纯的意见，也就是说，他不能对那些有疑问的意见置之不顾。讲话者总是一直被要求着，直到所讲的东西的真理最后出现。"（Ⅰ，373）伽达默尔引证苏格拉底对话的创造性的助产术，即那种像助产士一样使用语言的艺术，在其真理中所出现的东西是逻各斯，这种逻各斯既不是我的又不是你的，它是这样远远地超出谈话者的主观意见，以致谈话的引导者自身也经常是无知的。伽达默尔描述诠释学任务就是这样一种辩证的谈话，他说："把诠释学任务描述为与文本进行谈话，这不只是一种比喻的说法，而是对古老东西的一种回忆。"（Ⅰ，374）这是这样一种任务：它不是自动地发生。然而开放谈话不能机械化和方法化。解释者是被拖进与历史文本的谈话，如果该历史文本说了什么有趣的事，什么涉及到他的事的话，被拖进的解释者不再处于一种距离或不再只是作关于文本的肯定，而是致力于与文本的谈话。他对文本提出问题并这样使文本进入谈话，发挥它并解释它。但使文本进入谈话，这意味着它不再是由陈述句组成，而是由回答和提问组成。诠释学的任务就是使固定的肯定转入谈话，并使逝去的固定的过去返回到历史过程中。

β）问和答的逻辑

诠释学现象本身包含谈话的古老性质和问答的结构。伽达默尔说："某个传承下来的文本成为解释的对象，这已经意味着该文本对解释者提出了一个问题。所以解释经常包含着与提给我们的问题的本质关联。理解一个文本，就是理解这个问题。"（Ⅰ，375）谁想寻求理解，谁就必须反过来追问所说的话背后的东西，他必须从一个问题出发把所说的话理解为一种回答，即对这个问题的回答，所以我们只有返回到所说的话背后，通过取得问题视域才能理解文本的意义：这个文本是对什么问题的一个回答。但是每一个问题包含几种可能的回答；并就文本依赖于它所处理的问题而言，它不仅具有陈述和肯定的观点，而且也具有未肯定的意义可能性的视域，而这些意义可能性乃是那些超出文本中所陈述的解释可能性，也就是说，命题的意义必然超出命题本身所说的东西。伽达默尔由此得出结论说："精神科学的逻辑是一种关于问题的逻辑。"（Ⅰ，375）

不过，关于问题的逻辑，即问和答的逻辑，我们只能从 R.G. 科林伍德那里得到某些启示。为了反对英国哲学家那种抽象的命题分析理论和忽视历史性的理解理论，科林伍德说，每一句子的意义是由它所答复的问题所规定的，它不能没有理解那个问题而被解释，我们只有在理解文本是对其回答的问题之后才能理解该文本。科林伍德是历史学家，为了把这种问答逻辑应用于历史学，他说，只有当我们重构了有关人物的历史行动所回答的问题时，我们才能理解历史事件。例如特拉法尔加之战，如果我们想理解这场战役的进程，那么我们必须了解战胜一方指挥官纳尔逊的真正计划，在科林伍德看来，"理解这次战役进程和理解纳尔逊在战役中所进行的计划，乃是同一个过程"。（Ⅰ，376）不过，按照伽达默尔的看法，尽管科林伍德提出了问答逻辑，但他对这一逻辑的理解却是成问题的，因为他没有区分事件本身所应回答的问题和行动者所意图的计划问题。他往往把这两个根本不同的问题混为一谈，以致得出这样的结论：如果我们理解了行动者的意图，我们就理解了事件的意义。伽达默尔写道："事实上我们不能不看到，问和答的逻辑在这种情况里必须重构具有两种不同回答的两个不同的问题。某个重大事件进程的意义问题和这个进程是否按计划进行的问题。显然，只有当人的计划与事件的进程实际上都一样重要时，这两个问题才会同时发生，但这是一个我们不能把它作为方法论原则加以维护的前提……科林伍德把问答逻辑应用于诠释学理论的做法，现在由于这种推断而变得意义含糊不清。我们对于以文字形式传承下来的东西本身的理解并不具有这样一种性质，即我们能够在我们于这种文字传承物里所认识的意义和它的原作者曾经想到的意义之间简单地假定一种符合关系。正如历史事件一般并不表现出与历史上存在的并有所作为的人的主观思想有什么一致之处一样，文本的意义倾向一般也远远超出它的原作者曾经具有的意图。理解的任务首先是注意文本自身的意义。"（Ⅰ，377—378）在伽达默尔看来，我们则必须坚持这一点："我们所想加以重构的问题首先并不涉及作者的思想上的体验，而完全只涉及文本自身的意义。"（Ⅰ，378）按照伽达默尔的看法，一切历史主义的错误就在于未分清文本被意欲是其回答的问题和文本实际是其回答的问题，事件本身进程的哲学问题和事件行动者意图的历史问题。

在伽达默尔看来，对于理解文本意义的真正诠释学经验来说，重构作者事实上曾经想到的意图乃是一项简化的任务，正是历史主义的诱惑才使我们把这种简化视为科学性的美德，历史主义遵循我们在自然认识中所熟悉的认识理想，认为只有当我们能够人为地重构一种过程时，我们才理解这个过程。因此真正的诠释学经验必须认为，历史传承物只有在我们考虑到它由于事物的继续发展而得到进一步基本规定时才能被理解，同样文学文本和哲学文本的意义也都是通过事件的继续发展而得以规定。伽达默尔说："在这两种情况里，都是通过事件的继续发展，传承物才获得新的意义方面。通过在理解中强调，文本被带进某个真正进程之中，这正如事件通过其继续发展被带入真正进程之中一样。这正是我们所说的诠释学经验里的效果历史要素。理解的每一次实现都可能被认为是被理解东西的一种历史可能性。我们此在的历史有限性在于，我们自己意识到在我们之后别人将以不同的方式去理解。"（Ⅰ，379）对于同一部作品，其意义的充满正是在理解的变迁之中得以表现，正如对于同一个历史事件，其意义是在发展过程中继续得以规定一样，所以，以原作者意见为目标的诠释学简化，正如把历史事件还原为当事人的意图一样，乃是一种不正确的方式。

对我们讲述什么的传承物，如文本、作品、遗迹等，本身对我们就提出了一个问题，开启与文本的谈话意指理解文本是其回答的这样一个开放的问题。为了回答这个向我们提出的问题，我们这些被提问的人就必须着手去提出问题。所以伽达默尔说："理解一个问题，就是对这问题提出问题（问这问题）。理解一个意见，就是把它理解为对某个问题的回答。"（Ⅰ，381）如果它是一个开放的而不是封闭的问题，那么文本给出的回答就不是确定的，甚至它的回答提出一个问题，而且是仍对讨论开放的问题。使文本对讨论开放意指使它的主题对解释者的努力开放。它成为对解释的开放，由于解释，谈话继续得以进行。但这并不完全意味着解释者提供文本自身不能提供的确定回答。正相反，对于解释者来说，进入谈话意指他并没有回答而是像文本一样被关注于去找寻回答。他并未做出肯定陈述而是提出问题。另外，就文本提出解释者并未已经有回答的问题而言，文本是问了一个关于他的问题。文本询问了一个真正的问题，它的真实性在于它也涉及到解释者这一事实。问题的重复性被认识是当解释者对文本提出一个问题，而由于这个问题他转而又被置于问题之中。伽达默尔说："真正的理解活动在于：我们是这样重新获得一个历史过去的概念，以致它同时包括我们自己的概念在内。我在前面曾把这种活动称之为视界融合。我们可以同意科林伍德的说法，即只有当我们理解了某物是其回答的问题，我们才理解该物，并且这样被理解的东西确实不能让其意义同我们自己的意见分开。

重构那些把文本的意义理解为对其回答的问题其实变成了我们自己的提问。因为文本必须被理解为对某个真正提问的回答。"（Ⅰ,380）

这样，文本提出的问题与解释者自己的提问融合为辩证的游戏，这种游戏伽达默尔称之为视域融合。解释的探究总是超出作者所想的东西，因为解释者虽然很彻底地思考作者所想的东西，但他不能不注意作者认为理所当然东西的可疑性，从而把以前是既成的东西转入问题之中。但正如历史事件不能被还原为参与者的希望、欲望和意向一样，意义——如果它是一历史事件——也不能被还原为作者的意向。历史阻止我们的预见实现并改变我们的计划。它是在成与未成之间的事情。历史是愿望和结果之间的间隙，意向和意义的非同一。因此独断论肯定的结局总是不成熟的，因为意义处于过程之中，对解释开放。这种本质不是从作者的失败得出，而是从意义的本性推得：意义永远在被实现之中。所以解释是在成为这种实现意义过程中找到它的目的，在这过程中它没有成为独断论，也不要求它是完全的实现。一方面，具有诠释学意识的解释者知道文本并没有最终的话，因为他把他自己的话加入两个对话者进行的谈话之中，但另一方面，他也知道他自己也将没有关于文本的最终的话，这绝不是他的目的。另外，他之所以需要文本是为了让他自己的前见去冒险，为了指出他自己认为理所当然的东西的可疑性，所以提问为他揭示了新的可能性并通过融合他的视域与文本的视域而扩大他自己的视域。由于知道他不知道，认识到他的有限性，承认他没有第一个话和最终的话，解释者坚持自身对历史开放，这就是说，对继续的真理事件的开放。伽达默尔说："谁想理解，谁就可能如此强烈地对于所意指东西的真理犹豫不决。他可能如此强烈地偏离事情的直接意见转而考虑深层的意义，但并不把这种深层意义认为是真实的，而只是把它当作有意义的，以致真理可能性仍处于悬而未决之中——进入这样一种悬而未决之中，就是提问的特有的和原始的本质。"（Ⅰ,380）

在伽达默尔看来，科林伍德提出的问答逻辑，如果真正理解的话，它既结束了牛津实在论者关于古典哲学家所谓永恒问题的谈论，又结束了新康德主义所谓的问题史概念。这里，伽达默尔把提问（Frage, question）和问题（Problem, problem）加以区分。Frage 是具体的、不断发展的、有生命力的，而 Problem 则是空疏抽象的、僵死的、超出历史之外的。伽达默尔说："问题（Problem）并不是那种呈现自身并因而可以从其意义起源处获取其回答模式的真正提问（Frage），而是我们只能丢下不管和只能用辩证法方式加以处理的意见抉择。"（Ⅰ,382）提问既不会有永恒的问题，又不会有同一的问题。因此牛津实在论关于永恒问题的谈论是错误的，同样，新康德主义关于问题史的概念也是不恰当的，因为问题史概念错误地假定了问题的同一性，"我们重新认识的问题，其实并不简单就是在一次真正提问中被理解的同一问题。我们只是由于自己的历史短见才会把它当成相同的问题。我们藉以设想问题真正同一性的所谓超立场的立场，乃是一种纯粹的幻觉。"（Ⅰ,381）因此新康德主义的问题史就是历史主义的冒牌货，凭问答逻辑来进行的对问题概念的批判，必然摧毁那种认为问题的存在犹如天上繁星一样的幻觉，而"问题史只有在它承认问题的同一性是一种空疏的抽象并使自身转为提问时，才可能是真正的历史。"（Ⅰ,381）

我们在诠释学经验结构中所揭示的这种问和答的辩证法，可以进一层规定诠释学的效果历史意识。这种问和答的辩证法使理解关系表现为一种类似于某种谈话的相互关系。虽然一个文本并不像一个"你"那样对我讲话，但我们这些寻求理解的人必须通过我们使它讲话。不过，这样一种在理解上使文本讲话，并不是一种任意的出于我们自己根源的做法，而本身就是一个与文本中所期待的问答相关的问题。期待一个回答本身就已经预先假定了，提问的人从属于传统并接受传统的呼唤。伽达默尔说，"这就是效果历史意识的真理"（Ⅰ,383）。经验历史的意识由于放弃完全领悟的幻想，所以它对历史经验是敞开的。

解释者最好把他自己理解为是一个继续不断进行谈话的参与者，他不是独断论地灌输他自己的概念，而是使他自己的概念开放，因为他知道它们已经具有而且将具有历史，谈话是概念形成的过程，是来到相互理解和达到共同意义的过程。但是，这种共同概念被形成的连续过程是在对话语言内产生的。达到对共同对象的相互理解的前提既不是共同的本性也不是特殊的同情能力，而只是语言。伽达默尔在这里把理解中所发生的视域交融说成是语言的真正成就。不是共同对象首先被自在认识，然后达到共同的理解，完全相反，共同对象并不存在于先于对话者共同理解的任何地方。他们的理解也不是首先达到，然后被放入话语中，完全相反，相互理解是在谈话本身中被达到。"这种对事物的理解必然通过语言的形式而产生，但这不是说理解是事后被嵌入语言中的，而是说理解的实现方式——这里不管是涉及文本还是涉及那些把事物呈现给我们的谈话伙伴——就是事物本身得以语言表达。"（Ⅰ，384）使某物得以表述的语言绝不是这一个谈话者或那一个谈话者可以任意支配的财产，"每一次谈话都预先假定了某种共同的语言，或者更正确地说，谈话创造了某种共同的语言。"（Ⅰ，384）正如希腊人所说的，中间放着某种事物，这是谈话伙伴所共有的，我们彼此可以就它交换意见。对于某物达成相互理解，就意味着在谈话中有某种共同的语言被构造出来了。达到共同理解，达到共同意义，依赖于参与者能交流的共同语言的完成。伽达默尔写道："谈话中的相互理解不是某种单纯的自我表现和自己观点的贯彻执行，而是一种使我们进入那种使我们自身也有所改变的公共性中的转换。"（Ⅰ，384）这种公共性就是共同语言。所以在《真理与方法》最后一部分，伽达默尔把他的注意力从提问在谈话中的作用转到使理解成为可能的一般语言。

本部分提示：

本部分分两章，包括两方面内容：一是诠释学的历史，二是哲学诠释学的基本特征。

1. 诠释学与历史。

伽达默尔首先针对狄尔泰关于现代诠释学起源于施莱尔马赫"从独断论中的解放"提出自己不同的看法,他说:"假如我们认识到以跟随黑格尔而不是施莱尔马赫为己任,诠释学的历史就必须有全新的着重点。它的最终完成不再是历史理解摆脱一切独断论的先入之见,而且我们也将不能再按照狄尔泰跟随施莱尔马赫所描述的方式来看待诠释学的产生。我们必须从狄尔泰所开创的道路走向新的道路,并找寻另一种不同于狄尔泰的历史自我理解所追求的目的。"(Ⅰ,177)为什么伽达默尔会这样认为呢?

这里我们先说一下狄尔泰的观点。狄尔泰在其"诠释学的起源"中,把现代诠释学的发展说成是"解释从独断论中的解放"。文本解释起源于希腊教育制度,但按狄尔泰的说明,诠释学在解释方法制定方面的发展却是一直到宗教改革时期以及他们对天主教会在解释《圣经》里的权威的攻击的时候才开始。在这一时期,路德教徒 M. 弗拉西斯(Flacius)曾批判天主教会在解释《圣经》中所谓晦涩部分时对传统的强调,并主张《圣经》可以根据自身作为上帝的话语被理解。这种对特里恩特教会的攻击已经展示了狄尔泰认为是现代诠释学理论基本原则的东西:文本可以根据自身而不是根据教义被理解,因而理解不需要教条(独断),而只需要解释规则的系统应用。狄尔泰进而认为弗拉西斯第一次表述了诠释学循环这一思想:因为天主教会学说不再是《圣经》意义的指导,所以对《圣经》的理解宁可基于对其个别部分的理解来建立,但同时某个指导对这些个别部分的意义显然也是需要的,它们本身必须根据整个《圣经》的目的和构成来加以理解。因此人们主张,《圣经》解释必须在一循环之内运动,它的个别章节和段落可以根据整体意义而被理解,而对整体的理解则要根据对这些个别部分的理解才能完成。

尽管弗拉西斯对推翻特里恩特派解释教规有重要意义,但狄尔泰说,弗拉西斯自己的方法也有缺点,因为他忽略了《圣经》不同部分被写时的不同历史情况。事实上，新教派的《圣经》解读只是假定《圣经》构成统一的自我一致的整体，因此狄尔泰也指出，第二次"神学诠释学"步伐就是批判这一解读本身也是一种教条。这一步伐的重要性可以表述另一诠释学原则:《圣经》的个别章节现在可以根据语境和语言用法的差异来理解。这一原则允许 G.F.迈耶尔（Meier）扩大宗教诠释学的原则到古典文本的语文学研究，并最终允许施莱尔马赫表述了可用于一切话语（Rede）的一般解释理论原则。不仅古典的文本和《圣经》，而且所有写下的作品和讲过的话语，都可以通过精确表述的理解方法加以精致而详尽的研究。这样，按照狄尔泰的看法，诠释学理论可以成为人文科学或精神科学（Geisteswissenschaften）的基础，成为接近一般意义——不仅是文本的意义而且也是各种符号和象征、社会实践、历史行为和艺术作品的意义——的方式。

伽达默尔对此诠释学历史深表怀疑，怀疑这种对诠释学发展——即通过成功地克服独断论的前见和假定而造成的发展——的说明。狄尔泰视为解释从独断论中解放的东西其实标志了一种致命的"本质的转变"（Ⅰ,181—182）。对于伽达默尔来说，诠释学从施莱尔马赫经过路德维希·冯·兰克（ludwig von Ranke）和约翰·库斯道夫·德罗伊森（Johann Gustav Droysen）的历史学派到狄尔泰自身的发展，确实表现了一种实证主义误解，即把理解与方法论上确保的"笛卡尔式"的确实性等同。因此，正如他所指出的，这种"浪漫主义诠释学"既不能把握理解（Verstehen）的结构也不能把握理解在精神科学中的作用。

按照伽达默尔的看法，施莱尔马赫的浪漫主义诠释学对诠释学的发展确实起了很大的推进作用，一方面他把理解与解释等同，解释不是一种在理解之后的偶尔附加的行为，而是相反，理解就是解释，解释就是理解的表现形式，进行解释的语词和概念同样也被认为是理解的一种内在要素，从而使诠释学从偶然边缘位置进入哲学的中心，另一方面，他对以往各种诠释学进行总结，把零散而片段的观察概括为一种系统的方法论，这可以说是诠释学的一大发展。但从整个诠释学的发展来看，施莱尔马赫普遍诠释学也有重大缺陷：首先，由于他特别强调对作者意图或意见的理解，从而把对真理内容的理解与对作者本人的理解分开，以致认为理解或解释就是重新表述和重新构造原作者的意见或心理状态，致使诠释学传统本来所具有的真理内容的理解消失不见，更何况原有的应用功能也消失不见。其次，他把理解和解释看作是对作者意图的重构，这实际上把理解和解释看成一种客观的静观的认识，从而仍陷入笛卡尔的主—客对立之中。因此伽达默尔在《真理与方法》中把这种重构说与黑格尔的综合说加以比较，并对施莱尔马赫提出这样的问题：这里所获得的东西是否真正是我们作为艺术作品的意义所探讨的东西？如果理解只是一种第二次创造，即对原来产品的再创造，理解是否就正确地得以规定呢？伽达默尔认为，显然这是与对过去生活的修补和恢复一样无意义，因为被重建的，从异化中唤回的生命并不是原来的生命。反之，黑格尔通过女神以自我意识的眼神呈现给我们从树上摘下的水果，尽管这些水果失去了它生长的树木、空气、日光和土壤等生长条件，却是活生生的给予我们现实性的水果，因为"历史精神的本质并不在于对过去东西的修复，而是在于与现实生命的思维性沟通"（Ⅰ，174）。第三，诠释学传统本来具有理解、解释和应用三大要素，但由于施莱尔马赫把理解与解释内在结合，从而把第三要素即应用技巧从诠释学中排除出去，致使诠释学完全从本来所具有的规范作用变成一种单纯的方法论，按照伽达默尔的看法，诠释学自古就具有一种使文本的意义和真理运用于正在对之讲话的具体境况的任务，赫尔默斯这位能解释上帝旨意的诠释者就是执行这一任务的原始典范，他说："直到今天，每一种翻译（解释）者的任务就不只是重新给出他所翻译的那位讨论对手所真正说过的东西，而是必须用一种在他看来对于目前谈话的实际情况似乎是必要的方式去表现这个人的意见。"（Ⅰ，313）用我国传统哲学的话来说，它失去了"主敬以立为本，穷理以致其知，反躬以践其实"的内外修身的持敬功夫。

按照伽达默尔的观点，当代诠释学的根本转变不应是施莱尔马赫从特殊诠释学到普遍诠释学的转变，而是从方法论诠释学到本体论诠释学的转向，或者说，从认识论到哲学的转向。狄尔泰以诠释学为精神科学奠定认识论基础这一尝试，使诠释学成为精神科学（人文科学）的普遍方法论，但在海德格尔对此在进行生存论分析的基础本体论里，诠释学的对象不再单纯是文本或人的其他精神客观化物，而是人的此在本身，理解不再是对文本的外在解释，而是对人的存在方式的揭示（Auslegung），诠释学不再被认为是对深藏于文本里的作者心理意向的探究，而是被规定为对文本所展示的存在世界的阐释。海德格尔把他这种诠释学称之为"事实性诠释学"（Hermeneutik der Faktizitaet）或"此在现象学"（Phänomenologie des Daseins），此在现象学意指一种存有论的诠释学，它不是那种文本解释的诠释，而是指事物自身对自身的诠释，这种诠释在海德格尔看来是最根本的解释行为，它使事物自身从隐蔽状态中显现出来。海德格尔写道："现象学描述的方法论意义就是阐释（Auslegung），此在现象学的逻各斯具有诠释的（hermeneuein）特性。通过诠释存在的本真意义与此在本己存在的基本结构就向居于此在本身的存在理解宣告出来。此在现象学就是就诠释学这个词原始意义来说的诠释学。据此，诠释学就标志着阐释工作"（海德格尔：《存在与时间》，Max Niemeyer 出版社，蒂宾根，1979 年，第 37 页）。在海德格尔看来，这种诠释学不同于以往任何诠释学，它是另一种意义上的诠释学，它是对此在的存在之阐释，它是对具体存在的生存性的分析，它阐明了一切存有论探究之所以可能的条件。这样一种诠释学就被规定为现象学诠释学，而这种对此在的生存论分析就被规定为"基础存有论"（Fundamentalsontologie）。

此在的生存论分析，此分析也可称之为对此在的解析、阐释或解释。

此在存在于世界之中，我们也可以这样说，此在处于世界之中（befinde sich in der Welt），此"处于"也可写成 be-finde sich，即发现自己，因此，此在处于世界之中，也可理解为在世界中发现自己，按世界理解自己，这就是海德格尔所说的此在的第一个生存论特征，即 Befindlichkeit（境缘性）。境缘性意味着此在存在方式的被动性，如我们说"一个电视报道者处于事情的中心"，也就是说他被包围在事情的中心，它涉及到一个在某种所与情况里的个人，而这个人是被抛进这种情况之中。这样就出现了 Geworfenheit（被抛状态），我无法避免地被抛进境遇里。境缘性表现了此在存在方式的两个被动方面：一方面此在总是已经处于它曾一下子被抛入其中的某种境遇中；另一方面此在通过它的所处（Befinden）对境遇采取某种情绪态度（empfindlich）（如畏）。但境缘性还有积极的方面，这就是此在的第二个生存论特征，即理解（Verstehen），因为我们不仅被抛入一个境遇中，而且我们还在对自己进行筹划（Entwurf），因为此在是能在（Koennen-sein），其存在对之乃是一个问题，它在自己的存在中向可能性筹划自身，而这种筹划正是被抛状态的对立面。因此我们可以说此在"被抛在筹划的存在方式中"（Dasein ist in die Seinsart des Entwerfens geworfen），此在的存在方式是"筹划着的被抛状态"（entwerfende Geworfenheit）或"理解着的境缘性"（verstehende Befindlichkeit）。这种主动与被动的双重性，海德格尔曾用一句话来表示：sich-vorweg-schon-sein（in-der-Welt）als Sein-bei（在已经在世的存在中先行于自身），他写道："此在是那种为的就是存在本身而存在的在者。这个'为的就是……'在理解的存在机制中得到了解释。这种理解即是向最本己的能在筹划自身的存在，而这种最本己的能在就是此在一向为其之故而如其所是地存在着的东西。此在在其存在中总已经和它本身的一种可能性合在一起了。……向最本己的能在的存在从存有论上却是说，此在在其存在中已经先行于它自身了。此在总已经'超出自身'，并非作为对另外一个它所不是的存在者行为，而是作为向它自己本所是的能在的存在……先行于自身的存在，说得更充分一些就是：在已经在世的存在中先行于自身"（同上书，第 191—192 页）。此在是在世存在，因为它关注他的生存（verhält sich zu seiner Existenz），而且是在开启它的意蕴的背景上（auf dem Hintergrund einer Erschlossenheit seiner Bedeutsamkeit）关注他的生存。这就是此在的筹划着的被抛状态或理解着的境缘性。

这样，海德格尔对理解概念作了重新诠释。理解按施莱尔马赫的看法，是一种深度的移情，与作者的思想取得一致，而按狄尔泰的看法，理解不同于说明，它是深入到个体内心的行为，如理解一幅画、一首诗、一个事实，不同于科学的说明，它是把握生命的表现。现在在海德格尔这里，理解完全不是这样，理解就是在一个人生存的生活世界脉络中去把握他自己存在可能性的能力，理解并不是进入他人境遇的特殊能力，也不是在更深意义上把握某种生命表达的能力，而是此在在世存在的一种基本方式。境缘性的理解（befindliche Verstehen）和理解着的境缘性就构成此在的基本生存论环节。理解作为此在的原始存在方式，而不是此在的行为方式。如果像狄尔泰认为那样，理解指其他种种可能的认识方式之一种，如说是某种与"说明"（Erklaeren）不同的认识方式，那么海德格尔认为"这种意义上的理解就必须和'说明'一道被解释为是那种共同构成此之在的原始的理解在生存论上的衍生物"。这样，理解已超出主—客二分格式，认识变成理解的一个派生形式。我们可以对海德格尔的理解和解释概念总结为三点：(1) 对于每一生存论行为，理解乃是存有论上最基本的行为以及先行于所有生存论行为的行为；(2) 理解总是联系到未来，这是它的筹划性质（Entwurfscharakter），但这种筹划需要有一个基础，即 Befindlichkeit，即在一个人所处世界的位置的领域内揭示此在的具体可能性；(3) 解释不是某种在理解出现之后而发生的东西，理解就是解释，解释无非是把理解中所筹划的种种可能性整理出来。这种理解观点正是哲学诠释学的出发点，正如伽达默尔所说："我认为海德格尔对人类此在的时间性分析已经令人信服地表明，理解不属于主体的行为方式，而是此在本身的存在方式"（Ⅱ，440），并说他的诠释学概念"正是在这个意义上使用的"（Ⅱ，440）。

这种转向的完成则是伽达默尔的哲学诠释学。诠释学哲学就是这样一门关于人的历史性的学说：人作为"在世存在"总是已经处于某种理解境遇之中，而这种理解境遇，人必须在某种历史的理解过程中加以解释和修正，伽达默尔说："理解从来就不是一种对于某个所与对象的主观行为，而是属于效果历史，这就是说，理解属于被理解东西的存在"（Ⅱ，441）。

2. 哲学诠释学的基本特征

伽达默尔的《真理与方法》一书的副标题是"哲学诠释学的基本特征"。究竟何谓哲学诠释学的基本特征呢？该书艺术、历史和语言三大结构部分的划分往往使我们忽略了这一根本问题。其实，这些基本特征主要是在本部分第二章集中论述的。我们可以把这些基本特征概括为十大概念，即诠释学循环、前理解、事情本身、完满性前把握、时间距离、效果历史意识、视域融合、应用、问答逻辑和诠释学对话。伽达默尔在《真理与方法》第二部分第二章里把这些基本特征说成是"一种诠释学经验理论的基本特征"。这里我们首先必须要理解伽达默尔为什么要说哲学诠释学是"一种诠释学经验理论"。对于伽达默尔来说，经验不同于认识，自然科学是认识，但人文科学属经验。伽达默尔说："经验本身从来就不能是科学。经验永远与知识、与那种由理论的或技艺的一般知识而来的教导处于绝对的对立之中。经验的真理经常包含与新经验的关联。因此，我们称为有经验的人不仅通过经验而成为那样一种人，而且对于新的经验也采取开放的态度。他的经验的完满性，我们称为'有经验的'人的完满存在，并不在于某人已经知道一切并且比任何其他人更好地知道一切。情况其实正相反，有经验的人表现为一个彻底非独断的人，他因为具有如此之多经验并且从经验中学习如此之多的东西,因而特别有一种能力去获取新经验并从经验中进行学习。经验的辩证运动的真正完成并不在于某种封闭的知识,而是在于那种通过经验本身所促成的对于经验的开放性。"(Ⅰ,361)开放性既包括我们已有经验的有限性,又包括未来经验的无限性,因此哲学诠释学的最根本的性质就是我们必须理解到我们认识的有限性与无限性的辩证法。上述十个概念均包含此种不同开放的经验性质。

这十个概念的分析和阐明见本书附录"哲学诠释学的基本特征"。

第三部分

以语言为主线的诠释学本体论转向

"能被理解的存在就是语言。"（Ⅰ，478）这个语句表述了《真理与方法》最后一部分并且也是整本书所指向的基本结论之一，即理解的范围和诠释学的范围是与语言的包罗万象的普遍性同时并存的。如果我们跟随伽达默尔导向肯定这一结论的路径，那么我们将可以更清楚地明白这个语句所蕴含的意思。

但是在详尽考察这个语句之前，我们已经可能听到后期海德格尔著作的许多说法，尤其是他那有名的"语言是存在之家"这一警句的反响。伽达默尔也引用了曾使海德格尔神魂颠倒的斯坦芬·格奥尔格（Stefan George）的话："语词破碎处，无物存在。"（Ⅰ，493）而且，当伽达默尔说"这种对事物的理解必然通过语言的形式而产生，但这不是说理解是事后被嵌入语言中的，而是说理解的实现方式就是事物本身得以语言表达"（Ⅰ，384）时，我们不能不回忆起海德格尔关于荷尔德林的讨论。在这些地方以及许多其他方面伽达默尔受惠于海德格尔是非常明显的，他也丝毫不想掩盖这一事实。

的确，海德格尔对伽达默尔语言观念的影响是这样普遍，以致当伽达默尔写道"对于谈话的语言性在所有理解里所具有的这种重要意义的认识，我们应当归功于德国浪漫主义学派"（Ⅰ，392），我们感到某种惊奇：为什么伽达默尔不把语言对一切理解的重要性的认识归功于海德格尔而归功于德国早期浪漫主义学派呢？其实伽达默尔在这里是根据历史发展的事实而提出他的看法的：承认语言在理解中具有优先性之基础是由德国浪漫主义奠定下的，虽然这些基础的发展是后来被海德格尔以及其他人所推进的。我们回忆一下，海德格尔在《存在与时间》中就曾直接利用狄尔泰和约尔克伯爵的诠释学，但伽达默尔把他自己的源泉置于更早的时候——置于浪漫主义，并且主要是指施莱尔马赫。因为施莱尔马赫在他的书里早就明确地说过："诠释学预先假设的一切东西不过只是语言"，而伽达默尔在此部分一开始就把这句话作为一个题词加以引用（Ⅰ，387）。不过这里也存在一个问题，因为在《真理与方法》第二部分里，施莱尔马赫的诠释学曾被伽达默尔描述为一种原始的错误转向，它使人文科学转向方法主义并脱离正当的自我概念。为了直接反对施莱尔马赫关于理解在于重构他人意见源泉的理论，伽达默尔写道："我们不能把本文所具有的意义等同于一种一成不变的固定的观念，这种观念只向企图理解的人提出这样一个问题，即对方怎么能持有这样一种荒唐的意见？"（Ⅰ，391）既然施莱尔马赫的诠释学观点被认为是一种片面的错误的观点，那么伽达默尔为什么又在此第三部分里把他关于语言的观点与施莱尔马赫联系起来呢？

当我们认识到伽达默尔"能被理解的存在就是语言"这一最高结论与出自浪漫主义学派最后领导人物施莱尔马赫的这样一句名言"诠释学预先假设的一切东西不过只是语言"是非常接近的，我们就可能看出他们两人是如何紧密相联系的。在这两个命题之间出现一种视域融合。我们没有什么必要去肯定这两个命题是同义的，它们显然是有差别的，例如"存在"（Sein）并不等同于"一切东西"（Alles）①，但是它们却又是紧密相关联的。说这两个命题是明显有差别，并不阻止它们是明显相似的，即使我们坚持差别。我们也想到了伽达默尔关于解释者如果完全理解他乃是不同的理解这一原则。毫无疑问，施莱尔马赫并不想提出任何本体论命题，但是伽达默尔也不想去重构施莱尔马赫这一想法。

伽达默尔对存在的关注显然是由海德格尔而来。当伽达默尔阅读施莱尔马赫时，他是通过他自己的前见，特别是通过海德格尔去"回读"（back-read）他。然而我们却不应太仓促地得出结论说，伽达默尔因此犯了轻信地和非历史地现代化他的浪漫主义先驱的错误。尽管海德格尔与施

---

① 伽达默尔在这个问题上似乎是犹豫不决的，一方面，他写道，"芝诺不再能坚持存在学说的哲学意义并把'存在'理解为'一切东西'"（《短篇著作集》，第3卷，第247页）；另一方面，他又写道，"诠释学原则只是意指我们应当试图理解一切能被理解的东西。这就是我以'能被理解的存在就是语言'这个命题所意指的东西"（《哲学诠释学》，加利福尼亚大学出版社1976年版，第31页）。

莱尔马赫之间的距离大得可任我们想象，但这种距离并不只是空无一物，它是充满了传统的连续性。正如伽达默尔属于海德格尔的传统一样，海德格尔的意义解释核心，特别是存在意义解释，也使他与狄尔泰的诠释学传统有联系，而狄尔泰却是在施莱尔马赫那里找到他的指导者。正如他们每一个人都对诠释学历史有贡献，他们每一个人也改变这种历史并因而也改变诠释学究竟为何物。效果历史原则从属于诠释学历史正像它从属于任一其他历史一样，这原则表示的是，一个历史事件意指它现要意指的东西。任何人都不怀疑历史事后认识和回顾追溯——即等某一事件的结果和后果变成清楚时这后来时候的观点——的优点，但这些事后认识优点乃是由"回读"——即用其未来去读过去——而形成的。当一个事件具有达到历史学家自己时代的后果时，历史学家正是由于他自己的时代而必须回读过去。

让我们考虑一个历史回读的简单例子：英国印花税法①曾为美国革命准备了道路。这种关于法令行动的效果历史的肯定句并未说什么国会议员所意想的东西，它只是说这法令为以后的美国革命打下了基础。同样，说施莱尔马赫诠释学为狄尔泰、海德格尔和伽达默尔打下基础，并未表示任何关于施莱尔马赫的意向，而只是表示施莱尔马赫这种诠释学在诠释学史上发生的东西，即这种诠释学以后发展而出现的东西。文本是历史事件，所以文本必须被历史地，即用它现在变成的东西来理解。伴随施莱尔马赫"诠释学预先假定的一切东西不过只是语言"这一命题而发生的东西，就是它曾来到意指"能被理解的存在就是语言"。毫无疑问，施莱尔马赫的命题是对于另一些解释开放，但伽达默尔的解释是通过回读而形成这一事实本身并不充分得足以证明它是误解。完全相反，伽达默尔的理解正如任

---

① 英国印花税法（British Stamp）指英国政府于1765年颁布对北美殖民地征收直接税的法令，该法令规定殖民地的法定文件的商业凭证等都需要加贴印花税标票。但此法令于下一年（1766年）被迫废除。

何历史学家的理解一样，是基于回顾追溯和事后认识：这是它之所以是正确的条件。

使施莱尔马赫达到语言是诠释学基本前提这一结论的一系列推理首先包括他认为误解是自然而然的这一想法。按照施莱尔马赫的看法，时代一直在改变，而我们最普遍而自然的情况是忽视这种改变并把我们自己时代的标准应用于过去，所以误解自然而然出现。除非我们人为地用方法，尤其是用换位和重构方法去控制我们的理解，否则我们所达到的只是误解而不是正确的理解。正是基于这一看法，施莱尔马赫认为诠释学只是一门方法论学问，它的任务只是通过方法的控制去避免误解，正如他所说，"诠释学是一门避免误解的技艺"（Ⅰ，189）。伽达默尔同意施莱尔马赫关于时代改变以及回读是自然而然的看法，但他争论说，回读不仅是自然而然的，而且也是不可避免的和没有任何方法论可救治的。按照伽达默尔的看法，回读不仅是不可避免的，而且也是合适的，因为我们自己标准的应用虽然能够而且确实也造成误解，但却是视域融合的条件，它是来到理解和达到作为解释本身目的的相互一致的条件。我们当代标准的应用是解释本身的条件而不总是导致误解，误解并不比理解更自然而然。

这使我们达到导致施莱尔马赫承认语言在诠释学里的优先地位的第二个前提：因为理解不是自然而然的，凡理解出现的地方，它一定包含有解释。在施莱尔马赫之前，正如我们在斯宾诺莎和克拉登尼乌斯那里所看到的，人们曾经认为解释只有在那些偶然的情况里，即缺乏直接的自然的理解的情况里才是必要的。因为凡是明显而清晰的东西一定可以清楚地和直接地被理解，只是对那些不明显和不清楚的，因而不能直接理解的东西才需要解释。施莱尔马赫与此看法相反，他认为理解永远不是直接的而相反总是由解释促成的，因为时代在不断改变，在不同的时代我们需要通过不断的解释才能达到理解。因而施莱尔马赫以及他之后的狄尔泰都坚持这一看法，即理解和解释是不可分开的，或者说任何理解都是解释，反之亦然。

伽达默尔确实赞同这一观点。他与施莱尔马赫的差别只在于这一事实，即施莱尔马赫认为解释是受方法论指导的理解，而对于伽达默尔来说，理解是由效果历史意识所指导，效果历史意识是对那种力图扩大其视域的历史有限性的意识，而同时又承认这种视域不能通过方法论被消除或扩大到无限性。但这两位思想家都同意一个基本观念：理解就是解释。

理解等同于解释，可能受到两方面的反驳：一方面，人们可以反驳说解释先于理解，因为解释是达到理解目的的手段，例如贝蒂就说过，解释是"旨在和目向理解的过程"。① 不过按照伽达默尔的看法，这种反驳也存在问题。既然没有任何其他手段，既然理解的目的除非通过解释手段否则不能实现，那么我们不可能把手段与目的分开，而且，实现理解的过程（achieving understanding）并不标志解释停止，因为总有更多的东西需要进一步理解。如果理解并不结束，那么这表示理解发生在正在进行解释的过程之中，而不是在此过程之后。另一方面，人们也可能这样反驳解释与理解的等同，即解释并不先于而是后随理解。这里理解被设想为一种私有的心理活动，这活动一旦完成就被表现于一种公开的解释之中——例如舞台上演出。按照这种观点，解释的表现重构了认识的理解并预先假定了理解是其条件。这种立场的问题是，如果我们首先理解然后解释，那么我们一定可能没有解释而有理解。但这只是以另一种方式说理解是直接的和自然而然的，这种看法的前提是时代不改变，但是，如果历史改变是真实的，那么就不会有任何理解过去而没有解释的。我们绝不是首先理解然后从前所与的供应物中选择解释的语言去表现那种理解。理解与解释的不可分性其实蕴含着解释——为理解找语词——就是理解本身。所以施莱尔马赫结论说"诠释学预先假设的一切东西不过只是语言"。②

---

① 埃米里奥·贝蒂："作为精神科学普遍方法论的诠释学"，见《当代诠释学》，见《理解与解释——诠释学经典文选》，洪汉鼎编，东方出版社2001年版，第128页。
② 本节参阅魏海默的《伽达默尔诠释学：〈真理与方法〉解读》，第213—219页。

第一节 语言作为诠释学经验之媒介

伽达默尔这一节的标题是"语言作为诠释学经验之媒介",重点就是说明整个理解过程乃是一种语言解释过程,从而语言是谈话双方得以相互了解并对某事取得一致意见的核心。

我们必须回忆前面所强调的,对于伽达默尔来说,理解绝不是重新领会他人的原始意见或重构他人的原本观念,理解乃是与某人在某事上取得相互一致意见,理解总是相互理解(Verständigung)。例如我们对于某一作品的理解,就是与作品的作者在某事上取得相互一致意见,与作者达成相互理解,因此伽达默尔说:"所谓理解某人所说的东西,就是在语言上取得相互一致意见,而不是说使自己置身于他人的思想之中并重新地领会他人的体验。"(Ⅰ,387)这样一种取得相互一致的理解过程,按照伽达默尔的看法,乃是一种语言过程,他写道:"这整个理解过程乃是一种语言过程。理解的真正问题以及那种巧妙地控制理解的尝试——这正是诠释学的主题——在传统上都归属于语法学和修辞学领域,这一点绝不是没有理由的。语言是谈话双方得以相互了解并对某事取得一致意见的核心。"(Ⅰ,387)

为了证明语言是理解的核心和媒介,伽达默尔讨论了翻译,因为在翻译中最好表现了语言是如何作为理解的媒介而起作用的。我们都有一种普遍的理解经验,即当相互理解受到阻碍或变得困难的时候,我们才最清楚地意识到一切理解所依赖的条件。因而伽达默尔说,"在两个操不同语言的人之间只有通过翻译和转换才可能进行谈话的这样一种语言过程就特别具有启发性"(Ⅰ,387)。在需要翻译的谈话中,翻译者必须把所要理解的意义置入另一个谈话者所生活的语境中。由于这种意义应当在一种新的语言世界中被人理解,所以这种意义必须在新的语言世界中以新的方式发生作用。因此"一切翻译就已经是解释(Auslegung),我们甚至可以说,翻译始终是解释的过程,是翻译者对先给予他的语词进行的解释过程"(Ⅰ,388)。

翻译典型地表现了视域融合过程。在对某一文本的翻译中,不管翻译者如何力图进入原作者的思想感情或设身处地地把自己想象为原作者,翻译都不可能纯粹是作者原始心理过程的重新唤起,而是对文本的再制作。这种再制作一方面需要传达原本语词的意义,另一方面又需要用新的语言展示这种意义。伽达默尔说:"在对某一文本进行翻译的时候,不管翻译者如何力图进入原作者的思想感情或是设身处地地把自己想象为原作者,翻译都不可能纯粹是作者原始心理过程的重新唤起,而是对文本的再制作(Nachbildung),而这种再制作乃受到对文本内容的理解的引导,这一点是完全清楚的。同样不可怀疑的是,翻译所涉及的是解释(Auslegung),而不只是重现(Mitvollzug)。"(Ⅰ,389)一个很明显的例证是,在任何翻译中,我们都需要进行一种突出重点的活动(Überhellung)。翻译者不可能把原文中的所有意义都表现出来,原文中模棱两可和含糊不清的意义,翻译者都要避免,他要明确表示他自己的观点和立场。当他这样做时,他实际上是在把他自己的视域和他自己的理解带入原文的翻译中。我们不能把文本所具有的意义视同一种一成不变的固定观点。在重新唤起文本意义的翻译过程中,翻译者总是把他自己的思想和理解带入此过程。在翻译中得以阐明的东西既非仅仅是原文的意见,也非仅仅是翻译者的意见,而是一种共同的意义。

在翻译中,视域融合明显表现为语言融合。正如普通谈话一样,谈话的双方既要坚持各自的意见又要考虑对方的观点,这样才能在一种不引人注意的但并非任意的观点交换中达到一种共同的理解。伽达默尔说:"谈话中的相互理解既包括使谈话伙伴对自己的观点有所准备,同时又要试图让陌生的相反的观点对自己产生作用。如果在谈话中这种情况对谈话双方都发生,而且参加谈话的每一方都能在坚持自己理由的同时也考虑对方的根据，这样我们就能在一种不引人注意的但并非任意的观点交换中（我们称为意见交换）达到一种共同语言和共同意见。"（Ⅰ，390）同样，在翻译中，翻译者必须固守据以翻译的自己母语的权利，但同时也必须让外语对自己发生作用，甚至可以说，必须让原文及其表达方式对自己发生作用。凡存在真正翻译的地方，原来的词不是被抛弃，而是被融合进翻译者的语言之中。翻译者的任务就是在他自己的语言源泉内发现与原来语句可共度的表达式，他在这样做时，他不仅使用了他自己的语言源泉，而且同时也扩大它们，使它们也融合了以前所没有的意义成分。正如普通谈话里所成就的是一种共同的观点，在翻译中所成就的也是一种共同的语言。伽达默尔写道："只有当翻译者能把文本向他揭示的事情用语言表达出来，他才能惟妙惟肖地再制作，但这就是说，他必须找到一种语言，但这种语言并非仅仅是翻译者自己的语言，而且也是适合于原文的语言。"（Ⅰ，390）简言之，翻译过程就是一种"力求获得一种共同语言"的过程。

伽达默尔在这里把翻译这样一种特殊的语言解释过程加以推广，认为一切谈话和文本解释都有这样一个不言而喻的前提，即谈话者双方或解释者与文本都操同一种语言，他说："只有当通过相互谈话而在语言上取得一致理解成为可能的时候，理解和相互理解的问题才可能提出来。"（Ⅰ，388）翻译与一般理解文本之间只存在量的差别而不存在质的差别。理解某一文本时，我们必须把它的意义翻译进我们自己的语言视域内，因此"翻译者的再制作任务同一切文本所提出的诠释学任务并不是在质上有什么区别，而只是在程度上有所不同"（Ⅰ，391）。

当然，这并不是说，面对文本的诠释学境况完全等同于两个谈话者之间的境况。在文本中所涉及的是"继续固定的生命表现"（德罗伊森语），这种生命表现应当被理解，这就是说，文本的理解必须要考虑文本本身的意义。伽达默尔说，正如口译者在谈话中只有参与到所谈论的事情之中才能达到理解一样，解释者在面对文本时也有一个不可或缺的前提条件，即他必须参与到文本的意义之中。不过，按照伽达默尔的看法，正如谈话只有通过两个谈话者之中的一个谈话者即解释者，另一个参加者即文本才能说话一样，同样，文本理解也只有通过解释者，文本的文字符号才能变成意义，只有通过这样重新转入理解的活动，文本所说的内容才能表达出来，这里伽达默尔指出了一个非常重要的观点，即文本的意义只有通过解释者才能得以呈现。伽达默尔写道："文本表述了一件事情，但文本之所以能表述一件事情，归根到底是解释者的功劳。文本和解释者双方对此都出了一份力量。"（Ⅰ，391）因此，我们不能把文本所具有的意义等同于一种一成不变的固定的观点。在理解中所涉及的完全不是一种试图重构文本原义的所谓的历史理解，而是理解文本本身，这也就是说，在重新唤起文本意义的过程中，解释者自己的思想总是已经参与了进去。当然，解释者自己的视域起了决定性的作用，但这种视域却又不像人们所坚持或贯彻的那种自己的观点，它乃是更像一种我们可发挥作用或进行冒险的意见或可能性，并以此帮助我们真正占有文本所说的事情，伽达默尔说："在这种谈话中得到表述的事情，并非仅仅是我的意见或我的作者的意见，而是一件共同的事情。"（Ⅰ，392）

根据翻译和文本理解的例证，伽达默尔最后得出如下结论："语言就是理解本身得以进行的普遍媒介。理解的进行方式就是解释。……一切理解都是解释，而一切解释都是通过语言的媒介而进行的。这种语言媒介既要把对象表述出来，同时又是解释者自己的语言。"（Ⅰ，392）理解过程首先是在语言媒介里所发生的事情，它通过语言媒介而进行，因而我们在解释文本的情况中可以称之为谈话的乃是一种真正历史的生命关系。理解的语言性是效果历史意识的具体化。

a）语言性作为诠释学对象之规定

语言和理解的本质关系首先是以这种方式来表示，即传承物的本质就在于通过语言的媒介而存在。因此最好的解释对象就是具有语言性质的东西。具有语言性质的传承物可以分为两种：口头讲话的传承物和文字固定的传承物。按照伽达默尔的看法，文字固定的传承物作为诠释学对象更具有重要的意义。

首先，伽达默尔探讨了一般语言传承物和其他非语言性质的传承物（例如雕塑、文物、遗迹）的区别。显然，语言传承物在直观的直接性方面不如雕塑、文物、遗迹，雕塑、文物、遗迹可能使我们一看就理解它的意思，但语言传承物却缺乏这种直接性，我们需要先理解语言，然后才能理解语言传承物的意义。另外，语言的传承物在一种特殊意义上是明确的传承性的，因为它只是流传地存在。语言的传承物（不管是口头的还是文字的）与过去的遗物和遗迹不一样，在它不被流传的时候就消失不见。不过，按照伽达默尔的看法，只是流传地存在的语言传承物虽然比过去遗物更少物理的直接性，但这种缺陷的后果却是一种优点，即语言的传承物不怕时代和改变，而是随着时代和社会的变迁而兴旺成长。语言传承物并非只是些留存下来的东西，我们的任务只是把它们仅作为过去的残留物加以研究，正相反，我们永远需要对它们重新解释。伽达默尔写道："语言传承物是真正词义上的传承物，这就是说，语言传承物并非仅仅是些留存下来的东西，我们的任务只是把它们仅作为过去的残留物加以研究和解释。凡以语言传承物方式传到我们手中的东西并不是残留下来的，而是被递交给我们的，也就是说，它是被诉说给我们的——不管它是以神话、传说、风俗、习俗得以生存的直接重说的形式，还是以文字传承物的形式。在文字传承物中，其文字符号对一切懂得阅读它们的读者都是同样直接确定的。"（Ⅰ，393）这里存在有一种语言的观念性（Idealität，或译理想性），所谓观念性指语言具有这样一种内蕴，我们可以用不固定的变动的意义来规定。语言的观念性使一切语言性的东西超越了其他以往残存物所具有的那种有限的和暂时的规定性，因此语言传承物绝不是那种作为以往时代证据的手书,而是记忆的持续。正是通过记忆的持续,传承物才成为我们世界的一部分,并使它所传介的内容直接地表达出来。凡我们取得语言传承物的地方,我们所认识的就不仅仅是些个别的事物,而是以其普遍的世界关系展现给我们的以往之人性本身。因此,如果我们对于某种文化根本不占有其语言传承物,而只占有无言的文物,那么我们对这种文化的理解就是非常不可靠的和残缺不全的。

其次,伽达默尔探讨了口头语言和文字语言之间的区别。口头语言一般都带有声音、语调和讲话人的情感以及表达方式等心理因素,口头语言总是与其具体的实现过程相联系;反之,文字语言由于通过书写而与这些具体实现过程相脱离,文字语言中的意义完全是脱离一切传达情感和心理因素的纯粹自为的东西。口头语言与文字语言之间的差别有如演出与剧本之间的差别一样,演出需要具体的场地和时间以及演员声音、动作的形象表现,反之,剧本则不需要这些具体实现过程,它在任何地方和任何时间都存在。

与口头语言相比,文字语言显然是第二性现象,文字的符号语言总要归结到真正的讲话语言。但是,语言能够被书写这一点对于语言的本质却绝非第二性的。语言之所以要被书写,是因为讲话本身加入了它得以进行的具体和偶然的因素,而在文字里是与这种具体偶然因素相脱离的。伽达默尔说:"传承物的本质以语言性作为标志,这一事实显然在传承物是一种文字传承物的情况中达到其完全的诠释学意义。语言在文字中是与其实现过程相脱离的。以文字形式传承下来的一切东西面对一切时代都是同时代的。"(Ⅰ,393)因此在伽达默尔看来,"文字性(书写)绝不只是对于口述传承物的发展在质上并无改变的纯粹偶然的情况或纯粹的补充"(Ⅰ,395)。作为一种观念物的书写传承物由于与声音和讲话相分离,以致它不依赖于作者和他的原始读者的生命而有它自己的独立的生命。文字的意味性与讲话的意味性不同,它不需要作者在场,作者虽死它仍存在。即使一个文本，如一段文字，是对特殊的接受者而说的，但它的意义却不能被限制于当时听话者所理解的东西。因为作为文字，它是为任何时代和任何人可理解的，而不管在阅读它的时候是什么情况，它好像成为一个公共的财产，每一个时代和每一个能阅读它的人的财产。书写文字可以被复印、复制和无限地重复，因为它具有一种独立于作者和他原来听众生活的意义自主性。因此，"我们将不把某一文本理解为某个生命的表达"（Ⅰ，396）。凡在我们理解的地方，那里文字作品所述内容的意义就完全不依赖于我们是否把它理解为原来作者思想的表现。书写文字的观念性使意义脱离作者和读者的心理，所以书写传承物的意义不能从心理学上加以解释。

法国哲学家利科关于文本（书写固定的话语）高于话语（口头讲话）的论述可以作为伽达默尔这里观点的补充。这种书写固定化对话语所发生的变化，利科曾称之为书写对话语的革命。按照利科的看法，这种书写对话语的固定必然引起话语发生变化，因为本来说话人与听话人之间的单纯关系现在插入了第三者即书写人，而且通过书写人的文本又产生了第四人即阅读者，这必然引起原先关系的变化：本来听话人的理解由于前理解不同就可能与说话人的意图不一致，现在书写人的理解更可能与说话人的意图以及原来的听话人的理解不一致，最后，阅读人的理解不仅与原说话人的意图和原听话人的理解可能不一致，而且与书写人的理解也可能不一致。文本虽然是书写固定的话语，但文本并不等于某种以前谈话的铭写，说与写之间有根本差别，这种差别使文本离开话语的条件。利科以"间距化"（distanciation）这一概念来概括话语一旦成了文本所发生的变化。他说这一概念表现为四种基本形式：第一种形式的间距化是通过所说话的意义达到对于说话事件的超越。这使书写中被铭写下来的意义超出原先话语的指称。这种被铭写之所以得以可能，是由于说话行为的"意向性的外在化"（intentional exteriorisation），这就是说，说话行为的构成性特征可以通过各种语法的和句法的方法被实现在书写之中。这就是说，locutionary act（以言表意行为）外化自身于语句的表达内容中，而 illocutionary act（以言行事行为）和 perlocutionary act（以言取效行为）可以通过各种语言方法被实现。第二种形式的间距化涉及被铭写的表达与原说话之间的关系。当在口头话语中，说话主体的意图与所说话的意义经常重合，而在书面话语中则根本不存在这种重合。"文本的生涯摆脱了它的作者所生活的有限视域。文本所说的东西现在多于作者意想要说的东西"，因此文本指称的东西不再与作者意指的东西一致，这样文本的意义与作者心理的意义就有了不同的命运。第三种形式的间距化是指在被铭写的表达与原听众之间存在的类似上述的那种差异。在口头话语中，听者是由对话关系来规定的，反之，书面话语则是说给未知的听众，并潜在地说给任何能阅读的人。文本使自身解除了它生产的社会的和历史的条件，使自己面对无限制的阅读。第四种形式的间距化涉及文本从直指的指称（ostensive reference）的限制中的解放。当口头话语的指称最终是由具体境遇明确规定时，而在书面话语中，这种明确的规定不再存在。利科用海德格尔的话说，书写文字的指称"不再是对话所指的 Umwelt（周遭世界），而是我们已读、理解和爱的每一文本的非直指的指称所筹划的世界"。因此产生了这样一种可能性，即文本具有一个与口语指称范围不同的意义范围，这个意义范围是在解释过程中得以揭示的。

　　前两种形式的间距化，即通过所说话的意义使说话事件黯然失色，以及所说话的意义与言谈主体的意图的分离，意味着文本的客观意义乃是某种不同于文本作者的主观意图的东西。从这点出发，利科得出了与赫施这样的文学批评家观点直接相反的结论，即"正确理解的问题不再能通过简单地返回所谓作者的意图就可以解决"。间距化的后两种形式对于解释理论也同样重要。利科看到，书面话语不受对话者和对话境遇的约束，可能会引起两种对文本的态度：一方面，读者可能悬置或中止关于文本指称范围的任何判断，把文本的指称范围看作是一个完全无世界的和自我封闭的实体；另一方面，读者可能抛弃这种悬置，力图阐明文本的非直指的指称。前一种态度是结构主义观点所采取的，结构主义者试图用文本的内在关系来解释文本。因此结构主义者提出了一个新奇而富有成效的说明类型，这个类型不是来自于自然科学，而是来自于语文领域本身。然而利科重述他以前对列维·斯特劳斯的批判，认为任何这样的说明都以某种形式的理解为前提，而这种形式的理解是不能被还原结构分析的。而作为前提的理解形式涉及读者对文本可能采取的第二种态度。因为读者可能寻求的，不是某种隐藏在文本后面的东西，而是某种在文本前面暴露出来的东西；不是文本的内在结构，而是指向可能世界的东西。在这个层次上，理解文本就是从它的所指运动到它的意义，从它所说的东西运动到它所说的是关于什么的。

利科进一步认为，由此产生一个更根本的变动，首先，"书写使文本相应于作者意图的自主性成为可能"（利科：《诠释学与人文科学》，剑桥大学出版社，1981年，第142页）。利科写道："有时我想说，阅读一本书就是把它的作者看作已经死了，是死后发表的书。因为只有当作者死了时，此书的意蕴关联才会如其本然所是的那样完整。作者不再回应，剩下的就只有阅读他的作品。"（同上书，第150页）其次，文本不仅标志文本主体的死亡，而且也标志文本新读者的涌现。文本的读者现在不再是固定的，而是不固定的未知大众，文本潜在地说给任何能阅读的人。第三，文本不仅标志着文本主体的死亡以及新读者群的产生，而且也意味着对文本与它所意指的世界关系的重新理解。当文本取代了话语，语言对世界的指称关系则经历了一场大变动。当在说话时，说话者不仅出现在某个他者面前，而且也出现在某个境遇中，即话语的环境和氛围。正是在与这种环境氛围的关系中话语才具有完全的意义。话语的所有语词，不论是指示词、时空副词、人称代词，还是动词时态，都是用来将话语停泊在它周围的具体实在中，话语的意义都回到这一实在的指称。我们可以说意义消失在指称之中，而指称消失在显示的行为中。但是，当文本取代了话语，情况就与此完全不同了，上述那种具体的环境与氛围，那种具体的实在，现在不再存在，文本成了自由之身，利科说："任何文本，随着它与其世界的关系的消隐，就获得了自由，并将自身投入到与其他文本的关联中。这种与其他文本之间的关联取代了在活泼的言谈中所指的环境实在。这种文本与文本间的相互关联，就在作为我们言谈所及的世界的消隐中，促成了文本或文学的'准世界'。"（同上书，第152页）最后，按照利科的说法，文本失去了原先话语的指称,却有了对该话语的新的不同意义。他说:"这就是影响话语本身的大变动,当指称向着显示行为的运动被文本截断的时候,语词开始在事物面前消退;而书写语词成为了自为的语词。"(同上书,第149页)按照利科更进一步的说法,随着原指称关系的消失,文本"不仅在操作的层次上来到世界,而且还在胡塞尔用'生活世界'和海德格尔用'在世存在'这些表达式所指的那个层次上来到世界。"(同上书,第141页)

这种书写固定化对话语所发生的变化,就表现在话语意义的改变,利科曾以文本的意义必须"建构"来说明这种改变,他说:"我们为什么必须'建构'文本的意义呢?第一个理由,因为它是被书写下来的:处于文本与读者之间不对称关系中,伙伴中的一个对两者讲话。把文本带到语言总是某种不同于倾听某人和倾听他讲话的事情。另外,阅读类似于由书面乐谱记号所支配的音乐作品的演奏。因为文本是一种不再由其作者的意图赋予活力的意义的自主空间;文本的自主性,由于丧失了这种基本的支持,从而把书写转交给读者的单一解释。第二个理由在于,文本不仅是某种被书写的东西,而是一部作品,也就是说,它是一个单一的整体。作为一个整体,文学作品不能简化为个别的可理解的句子的系列,相反,它是能以几种方式建造的主题和目的构造物。部分对于整体的关系是不可避免的循环的。"(同上书,第174—175页)

"语言在其文字性中获得其真正的精神性。"(Ⅰ,394)文字固定的文本作为一种完全与话语现实分离和脱离的观念物(ideal),乃具有一种自我陌生性,而对这种自我陌生性的克服,就是对文本的阅读。通过阅读我们直接接近过去瞬间,这不是部分地接近残余物和片断,而是接近整体。当这个整体用书写手段被传达时,过去获得永恒的精神性质,因为它可为每一个现在和每一个能阅读的人所得到。但是,比仅仅为读者可得到还更多的是,书写传承物还依赖于此后的读者,因为文字如果不被解释是没有意义的。文本的精神除非在每一次对它的解释中被赋予有血有肉,使之成为具体和实在的，否则它是空洞无意义的。文本自身是沉默无言的，它需要解释者为它讲话；解释者必须用他自己的语言讲话，用现在的语言讲话。正如一面镜子一样，文本给予解释者以最清晰可能的过去形象，但这是一种视觉形象，除非解释者看进（look into）镜子——即解释文本，否则它不存在。如果没有现在的参与，书写的过去消失不见。所以书写语言的读者将不会也不必返回到过去，因为在阅读时"钻研陌生语言和文学的读者每时每刻都保持着返回自身的自由运动，因此他们总是这样地同时处于一切地方"（Ⅰ, 394）。"所谓文学其实都与一切时代有一种特有的同时性。所谓理解文学首先不是指推知过去的生活，而是指当代对所讲述的内容的参与。"（Ⅰ, 395）理解的意识并不是重复某些以往的东西，而是参与了一种当前的意义。通过文字，过去脱离了具体现实，被抽离、被异化为一种纯粹精神性的存在，这种存在使它成为永恒的并与每一个现在共存。① 伽达默尔写道："语言在文字中是与其实现过程相分离的。以文字形式流传下来的一切东西相对于一切时代都是同时代的。在文字传承物中具有一种独特的过去与现代并存的形式。"（Ⅰ, 394）

在讲话时，如果我们并不理解某种讲给我们听的东西，我们可以要求讲话者加以解说。但是在解释某一文本时，如果我们自己不提供这种解说，那么就没有任何这样的解说会出现。当讲话通过语词、口音和指明它讲时的情况去解释自己时，书写语言却由于缺乏这些帮助而无助于理解，正如柏拉图所正确看到的。书写文字无法抵御错误解释。然而柏拉图自己

---

① 利科解释说："在活生生的讲话里，话语（discourse）实例具有转瞬即逝事件的特性。事件出现又消失。这就是为什么有一个固定化的问题和铭记的问题。……这种铭记尽管有其危险，却是话语的目的。……书写实际上固定什么？不是讲话事件，而是讲话中的'所说的内容'。"（《诠释学与人文科学》，第198—199页）伽达默尔与利科的区别仅在于，伽达默尔认为书写脱离和离开事件，所以书写必须在一种新的讲话行为中"再事件化"（re-eventualized），以便成为完全有意义的。对两人进行全面比较，可参阅基克兰德（krikland）的"伽达默尔与利科：文本的范例"，见 Graduate faculty Philosophy Journal 6(1977)，第131—144页。

却是一位文字作者,他以这样一种方式书写以致苏格拉底对话里的思想顺序遵循一辩证法过程:思想被发展到逍遥学派关于事物本身揭示自身的过程。书写文字的无帮助性的对立面是书写语言摆脱了它的源泉的偶然性而遵循事物本身的踪迹。书写文本的读者不必担忧由于讲话者的特殊心理情况或直接听众的特殊历史情况而产生的主观性,它的源泉的特殊性永远不会因为文本残存了它们而规定一个由文字永远固定的文本的意义。它形成新的关系并获得新的听众。

伽达默尔写道:"柏拉图在文字的无助性中显然发现了一种比讲话所具有的还更严重的弱点,当他要求辩证法以帮助讲话的弱点时,他却声称文字是毫无希望的,这当然是一种讽刺性的夸张,借助这种夸张柏拉图掩盖了他自己的文字作品和他自己的艺术。实际上书写与讲话所遇到的麻烦是相同的。正如在说话中存在着现象的艺术和真正思维的艺术——诡辩术和辩证法——的相互对应,同样也存在相应的两种书写艺术,其中一种书写艺术为诡辩术服务,另一种为辩证法思维服务。确实存在着一种能够帮助思维的书写艺术,归属于这种艺术之下的就是理解的艺术,它给书写下来的东西提供同样的帮助。"(Ⅰ,396—397)为什么文字通过理解艺术会为辩证法思维服务呢?一切文字性的东西都是一种异化了的话语,它们都要求能从自身出发被唤入讲说的语言中,也就是说,它们都需要把符号转换成话语和意义,这种转换实际上就提出真正的诠释学任务,即所说内容的意义应当根据对文字符号的解释而重新表达出来。我们上面知道,唯有通过理解,我们才能对文字符号进行解释,只有通过理解,原本只是表露作者思想的文本现在才获得了新的生命。理解并不是重复某些以前的东西,而是参与了一种当前的意义。对于一个读者来说,被书写的东西总是似乎直接针对他而说的。伽达默尔写道:"文字的特殊弱点,亦即文字相对于生动的谈话更加需要帮助这种弱点也有其另外的一面,即它使理解的辩证任务加倍清楚地显露出来。……正因为文字的固定化使陈述的意义同陈述的人完全分离，所以它就在进行理解的读者中重新获得它的真理要求的辩护人。读者就在它的作用中得知向他诉说和他所理解的东西。读者所理解的已经不仅是一种陌生的意思——它总已经是可能的真理。这就是通过把所说的东西与说话者相分离，通过文字所赋予的永久持存性而成为显然可见的东西。"（Ⅰ，398）

伽达默尔对文字语言的强调正好与施莱尔马赫对口头语言的强调形成鲜明的对比。按照施莱尔马赫的看法，口头语言由于与其实现的具体过程和心理因素相联系，因而远比与具体实现过程和心理因素相脱离的文字语言更具有诠释学的重要性，也正因为此理由，施莱尔马赫在他的诠释学理论中强调了心理学解释。反之，伽达默尔认为文字语言对于诠释学经验更具有中心的意义，因为文字同书写人或作者的具体境遇相分离，从而它达到一种自身的此在，他写道："正是施莱尔马赫才降低了文字的固定性对于诠释学问题所具有的本质重要性，因为他在口头讲话中——这是他真正所完成的工作——发现了存在着理解问题。我们前面已经讲过，施莱尔马赫带进诠释学中的心理学转向如何关闭了诠释学现象原本有的历史向度。实际上，文字性对于诠释学现象之所以具有中心的意义，只是因为在文字中同书写者或作者的分离就如同某个收信人或读者的姓名的分离一样，达到了一种自己的此在。以文字形式固定下来的东西因此就在一切人眼前提升到一种意义域之中，而每一个能阅读它的人都同时参与到这个意义域之中。"（Ⅰ，395—396）

伽达默尔关于阅读的观点值得我们重视，这里我们作一些提示：

我们有两种方式接触艺术作品，一是阅读，二是再现。但伽达默尔认为，阅读与再现不同，只有阅读而不是再现，才是艺术本身真正的体验方式，他说："我必须坚持以下观点，即正是阅读，而不是再现，才是艺术作品本身真正的经验方式，而这种经验方式则把艺术作品规定为艺术作品。……实际上，阅读正是一切与艺术照面的进行方式。"(伽达默尔:《真理与方法》,Ⅱ,17)伽达默尔认为,阅读这种与艺术照面的进行方式,它不仅存在于文本中,而且也存在于绘画、雕塑和建筑中。

再现是通过声音或颜色对原作品的一种新的实现,而在阅读中,文字固定物的意义实在则是在意义进程本身中得到实现,因此阅读时理解的实现不同于再现,它不是以一种新的感性现象来实现。阅读是一种特有的、在自身之内得到实现的意义进程(Sinnvollzug),即使朗读在他人看来也是再现和表演,但就朗读本身也是一种内部实现的意义进程。因此阅读就自然而然地成了诠释学和解释的中心,伽达默尔说:"我们自然可以深信活生生的话语所具有的优先地位,存在于谈话中的语言的本源性。然而阅读却指示了一个更为宽广的范围。"(同上)

要理解这种意义进程,我们先要知道文本是书写固定的话语,书写固定话语不同于摄影机固定话语的视觉场景,也不同于录音机固定话语的音响效果,它是通过文字固定话语的意义而形成的。话语与文字本身没有任何视像或声音的相似,唯有意义是它们的联结点。但这种意义固定却造成书写对话语的革命,作为意义的文本超越作为事件的话语,在话语被固定的文本中,没有原来的主体(作者),没有原来的听众,也没有原来的境遇,从而产生文本对相对于作者意图的自主性,以及文本有面对无限读者的可能性。如果说文本在此是处于"解除语境状态"(decontextualize),那么阅读就是重新赋予文本以主体、听众和语境,即所谓"重构语境状态"(recontextualize)。这是利科在其文本诠释理论中的分析。

和利科一样,伽达默尔也认为语言和文字总是与其实现过程相脱离的,它们对于一切时代都保持一种同时代性,因而最具有精神的理解性,他说:"语言在文字中是与其实现过程相脱离的。以文字形式传承下来的一切东西对于一切时代都是同时代的。在文字传承物里具有一种独特的过去与现代并存的形式,因为现代的意识对于一切文字传承物都有一种自由对待的可能性。进行理解的意识不再依赖那种所谓使过去的信息传达到现代的传说,而是在直接转向文字传承物中获得一种移动和扩展自己视域的真正可能性,并以此在一种根本深层的度向上使自己的世界得以充实。对文字传承物的精神占有(Aneignung)甚至超过了那种在陌生语言世界中进行漫游和历险的经验。钻研陌生语言和文学的读者每时每刻都保持着返回自身的自由运动，因此他们总是这样地同时处于一切地方"。（Ⅰ，393—394）

文字传承物并不是某个过去世界的残留物，它们总是超越这个世界而进入到它们所陈述的意义领域。正是语词的理想性使一切语言性的东西超越了其他以往残存东西所具有的那种有限和暂时的规定性。在对文字和语言的阅读中，也就是在对文字和语言的理解和解释中，文字和语言的某种陌生性得到克服，某种陌生的僵死的东西转变成了绝对亲近和熟悉的东西。在这方面，没有一种往日的传承物能在这方面可与文字和语言相媲美。伽达默尔说："往日生活的残留物、残存的建筑物、工具、墓穴内的供品，所有这些都由于受到时间潮水的冲刷而饱受损害——反之，文字传承物，当它们被理解和阅读时，却如此明显地是纯粹的精神，以致它们就像是现在对我们讲述一样。因此阅读的能力，即善于理解文字东西的能力，就像一种隐秘的艺术，甚至就像一种消解和吸引我们的魔术一样。在阅读过程中，时间和空间仿佛都被抛弃了。谁能够阅读传承下来的文字东西，谁就证实并实现了过去的纯粹现时性。"（Ⅰ，169）

不过，伽达默尔认为，这种意义进程也是受对象制约的，他用"综合""中介"或"参与"等概念来表明这种真正的意义实现过程。伽达默尔说：

"一切阅读都会超出僵死的词迹而达到所说的意义本身，所以阅读既不是返回到人们理解为表达事件的原本的创造过程，也不会把所指内容理解得不同于从僵死的词迹出发的理解，这就表明，当某人理解他人所说的内容时，这并不仅是一种意指，而是一种参与，一种共同的活动"（Ⅱ，19）。

谁通过阅读把一个文本表达出来，谁就把该文本所具有的意义指向置于他自己开辟的意义宇宙之中。伽达默尔说："所有理解性的阅读始终是一种再创造和解释。"（Ⅰ，165）阅读就是一种解释，被阅读的文本得到一种存在的增长或存在的扩充，这种扩充给予作品一种完全的现在性（Gegenwärtifkeit）。

正如艺术作品是在其所获得的表现中才实现的，艺术作品的意义是随着观赏者的接受而完成的，而表现属于艺术作品的意义事件，同样，文学作品是在对其阅读过程中才实现的，文学作品的意义是随着读者的接受而完成，而阅读属于文学作品的意义事件。伽达默尔曾把阅读的出现看成语文学本质的转变，是修辞学传统到诠释学的重大转向，他说：

"在说明诠释学的作用之前，让我们回忆一下 17 世纪末与 18 世纪初的原始情况，并不是不重要的，因为修辞学与诠释学之间有一种深层的内在的聚合。在近期的研究中，我发现了从修辞学传统到诠释学这个值得注意的转向，这一转向当然是与阅读相对于说话的新优势，与古腾堡时代与宗教改革时期人们开始私人阅读《圣经》并不再只是为了宗教礼拜是紧密相联系的。在此一时期，人们的兴趣从讲话与对讲话的书写转向对所书写东西的理解与解释。这是与威登堡的路德的一个朋友和追随者梅兰希顿有关，梅兰希顿重新把亚里士多德的整个哲学传统引进新教学派中。在他关于修辞学的讲演中，他在一开始就发展了亚里士多德与讲话的作用的某种东西，然而他同时也说，我们需要规则、模式以及良好的论证（全都有赖于修辞学传统之助），这不仅是为了赞成一场好的谈话，而且也是为了阅读和理解已被展开的论证。这里我们遇到了修辞学与诠释学的转折点"（伽达默尔："怀疑诠释学"，载于《诠释学与展望》，G.Shapiro 与 A.Sica 编，Amhurst: University of Massachusetts Press，1984 年，第 55 页）。这里伽达默尔以历史的实例引证了从话语到书写，从书写到阅读的革命。

一切文字的东西实际上是更主要的诠释学对象，文字文本的理解现象再次证明：理解的意义视域既不能完全由作者本来头脑中的想法所限制，也不能由文本原来写给其看的读者的视域所限制。通过文字固定下来的东西已经同它的起源和原作者的关联相脱离，并向新的关系积极地开放。像作者的意见或原来读者的理解这样的规范概念实际上只代表了一种空位（eine leere Stelle），而这空位需不断地由具体理解场合所填满。

b）语言性作为诠释学过程之规定

不只是被理解的东西、被解释的对象在于语言，而且理解本身也是一种语言过程。伽达默尔说:"我们由此进入语言性和理解之关系得以表现的第二层领域。不仅是传承物这种优越的理解对象是具有语言性的,就是理解本身也同语言性有着根本的联系。"(Ⅰ,399)简言之,诠释学始于语言,进行于语言和终止于语言。

伽达默尔据以出发的命题仍是:理解就是解释。由于解释是通过语言而进行的,因此理解作为解释就在于找出语词和概念去解释某文本或历史事件的意义。但问题是我们所找出的语词和概念究竟是属于我们现在所熟悉的语词和概念,还是单纯属于过去世代的语词和概念。按照伽达默尔的看法,不论是现在的语词和概念,还是过去的语词和概念,都对理解造成威胁。如果用现在的语词和概念解释过去,那么过去就无意识地被归属于现在所熟悉的语言里,历史过去隶属于现在的统治。如果现在参考坐标本身是由不可见的前见所统治的话,那么我们对过去的理解就必然是一种误解。反之,如果我们采用过去的语词和概念以及抛弃现在的语词和概念,那么我们只是抛弃理解的尝试,有如施莱尔马赫的重构所试图做的。一首诗的理想解释不是复制它,完全相反,复制根本不是解释。因此一方面,让过去隶属于现在将导致误解;但另一方面,返回过去也将导致毫无理解。

针对后一种情况,伽达默尔特别批判了历史主义所谓客观性理想,他说:"要人们在历史的理解中排除自己的概念而只在被理解时代的概念中进行思维,那么他的天真就真的不可救药了。这种要求听起来就像历史意识一贯的要求,其实对每个有思考能力的读者来说只表明为一种天真的幻想。这种要求的天真性并不在于说历史意识的这种要求和决心是不可能实现的,因为解释者不可能完全达到把自己排除掉的这一理想,而这将总是还意味着,这种理想只是我们必须尽可能地接近的合理的理想。历史意识想从某个时代本身的概念出发理解这个时代的这一合法要求所真正意味的却完全是另外的意思。……如果历史意识为了要达到理解而想排除掉使理解唯一可能实现的东西,那它就搞错了。所谓历史地思维,实际上就是说,如果我们试图用过去的概念进行思维,我们就必须进行那种在过去的概念身上所发生过的转化。历史地思维总是已经包含着过去的概念和我们自己的思想之间的一种中介。企图在解释时避免运用自己的概念,这不仅是不可能的,而且显然也是一种妄想。所谓解释正在于让自己的前概念发生作用,从而使文本的意思真正为我们表述出来。"(Ⅰ,400)

因此,使得正确理解得以可能的唯一办法就在于语言融合,它既不是单纯的现在语言和概念,也不是单纯的过去语言和概念,而是这两种语言和概念的融合。这种语言融合正是我们前面分析诠释学经验时所已经阐明的视域融合。只有语言融合这一过程才使文本说什么,对我们讲说和告诉我们某种我们并不已经知道的东西。"文本应当通过解释而讲话。如果文本或书籍不讲其他人也可理解的语言,那么它们就不可能讲话。"(Ⅰ,401)古老的文本不讲一种可理解的语言,这标志需要解释的理解;因为它讲一种不可理解的语言,只是重复和复制这种语言并不使它得到任何更多的理解。然而,它讲一种语言这一事实却意指它确实能被理解——假如它被翻译的话。语言的融合——不只是在翻译本身中而是在任何解释的理解中——并不抛弃现在的语词和概念,因为只有这种语言学框架才是可理解的。现在的语言永远是唯一的理解语言,不过语言融合并不表示过去概念下属于任何现在概念,因为融合是双方的。"所谓历史地思维实际上就是说,如果我们试图用过去的概念进行思维,我们就必须进行那种在过去的概念身上所发生过的转化。历史地思维总是已经包含着过去的概念和我们自己的思想之间的一种中介。"(Ⅰ,400—401)如果语言被融合于这样一种中介之中,那么双方都不保留它们所曾是的东西。某种东西在它们双方出现,这一事件——本身是一历史事件——就是历史理解。

如果我们把中介只认为是建立过去与现在之间的关系,那么我们就能足够容易看出理解如何改变以及为何改变。解释必须使固定的文本对活动的现在讲话。当时代改变和文本语言又成为无声的和不可理解的，那么解释必须在新语言中找出一些语词以使文本能再次对新时代讲话。如果解释是建立关系并且关系随着被关系物的改变而改变，那么，"绝不可能有一种所谓正确的'自在的'解释"（Ⅰ，401），因为"传承物的历史生命力就在于它一直依赖于新的占有（Aneignung）和解释（Auslegung）。正确的'自在的'解释也许是一种毫无思想的理想，它认错了传承物的本质。一切解释都必须受制于它所从属的诠释学境况"（Ⅰ，401）。但是，这种作为关系的中介概念却可能直接导致相对主义——固定的过去的意义相对于改变着的现在。当伽达默尔明确否认唯一正确解释的可能性时，他也就可能否认了历史过去及其语言和意义的确定性。

为此，伽达默尔进一步解释了他所谓过去与现在的中介。显然他不把过去与现在的中介认为是一个代替另一个的关系，而认为是两者的融合。在融合中，两个事物混杂在一起，交织在一起，而且成为不可分开的。把历史理解认为是融合，这表示历史学家的解释与这个解释所解释的历史对象成为一个东西，并且这种统一过程是语言学的这一事实本身同时指明融合如何是可能的和理解为何不是相对的。我们已经看到在朴素的解释里，历史学家的语词和概念是无自我意识地被使用的，好像它们自明地是可应用的和易懂的。相反，在高级的解释里，解释者的谈话宇宙变成有意识的，它的界限变成明显的以及它最初明显的合适性变成可疑的。如果这并不表示他能够或者应当抛弃它，那么他必须自觉地修改他的语言和更改他的概念，并通过与他要理解的那个其他宇宙进行同化和融合去扩大他的谈话宇宙。就这种改动保持一种明显的解释者语言的变形而言，融合在某种程度上说是失败的和不完全的。我们仍能区分两种东西：解释和它所解释的东西。这就是说，解释仍坚持它自己独特的存在。但是，如果真正的理解出现，解释者的语言并不使人注意它自身，而是使人注意它所意指的东西。解释并不建立它自己的所谓相对于文本的意义的第二种意义,也就是说,并不是我们首先理解文本的原始意义,然后创造另一第二种意义作为第一种意义的解释。这种二元论标志解释的失败,是因为被表达的意义并不是与解释的意义不同的。伽达默尔写道:"所谓理解某一文本总是指:把这一文本运用到我们身上。我们知道,尽管某一文本总是肯定可以作另外的理解,但它就是在以前表现为其他面目的同一件文本。于是一切解释的真理要求根本不是相对的这一点就显得很清楚了。因为一切解释本质上都同语言性相适应。理解通过解释而获得的语言表达性并没有在理解者和被解释对象之外再造出第二种意义。进行解释的概念在理解中根本不是主题性的,而是注定要消逝在由它们解释地表达出来的内容之中。听起来这种说法有点矛盾,即一种解释只有在它能以这种方式让自身消逝才是一种正确的解释,而它同时又必须以注定要消逝的形式表现出来。理解的可能性就依赖于这种进行中介的解释的可能性。"(Ⅰ,401—402)完美的中介乃是一种在其中中介消失的中介。正确的解释是透明清晰的并因此不能与它解释的东西相区分的解释。这种非区分就是融合,就是理解。它听起来似乎很悖理,它出现的标志乃是它消失并应当是不可觉察地消失,但这种以解释不可觉察地消失作为正确解释的界定,却更深一层揭示了理解的本质,即"理解的可能性就依赖于这种进行中介的解释的可能性。"(Ⅰ,402)

这里伽达默尔关于完美的中介乃是一种在其中中介消失的中介的观点,即认为一种解释只有在它能以这种方式让自身消失才是一种正确的解释,而它同时又必须以注定要消失的形式表现出来,我们必须正确理解。有些人认为伽达默尔这里是主张语言消失,因为语言乃是中介,既然中介要消失在它所中介的东西里,那么语言必然也要消失在它所理解的东西里。这种看法是不正确的,因为如果没有语言,那也就没有理解,理解与语言是统一的。语言作为诠释的中介，一方面表示事物无法直接呈现于诠释者，它要通过语言才能把它的意义呈现出来，另一方面也表示诠释者无法直接理解事物，它要通过语言才能理解事物的意义。因此理解和语言是无法分离的。没有语言，事物的意义无法呈现，理解也不能完成。伽达默尔在这里所说的解释让自身消失，乃是"正确的解释是透明清晰的并因此不能与它解释的东西相区分的解释"。这里可参阅稍后关于"语言无意识并未中止成为说话真正的存在方式"（Ⅰ，409）。即使我们在讲说语言，我们自己的语词从观点后退并隐藏自身在表达所意指事物的过程中，但我们并不能没有语言。

伽达默尔以直接产生理解和不存在明显解释的情况为例。按照斯宾诺莎和克拉登尼乌斯的看法，凡在直接的自发的理解的地方，不需要解释，其实他们未认清这种直接的自发的理解中存在有潜在的解释。既不是先有理解然后引出解释，也不是先有解释然后引出理解，伽达默尔说："解释是潜在地包含在理解过程中。解释只是使理解得到明显的证明。解释不是借以引出理解的一种手段，相反，解释倒是进入被理解的内容之中。"（Ⅰ，402）凡是我们须理解和解释语言性文本的地方，以语言为媒介的解释就清楚地表明理解到底是怎么一回事："理解就是这样一种对所说的东西进行占有的过程，以使它成为自身的东西"（Ⅰ，402）。语言的解释就是一般解释的形式。即使解释的对象不具有语言的性质，并非文本，而是一件绘画作品或者音乐作品，那里也还存在有解释，我们只要不被那些虽说不是语言性的，但实际上却以语言性为前提的解释形式搞混淆就行了。例如我们可以通过对比的手段来说明一些问题，比如我们可以把两幅画并列在一起，或依次朗读两首诗，从而使其中的一幅画或一首诗对另一幅画或另一首诗进行解释。在这种情况中，语言的解释似乎是示范性地展示，但这实际上意味着这种展示乃是语言性解释的另一种形式。因此，"理解和解释以一种不可分解的方式彼此交织在一起"（Ⅰ，403）。

解释概念不仅被应用于科学的说明（explanation），而且也被应用于艺术的再现（reproduction），例如音乐或戏剧的演出。艺术的再现不是在原作品之外的第二种独立作品，而是让艺术品真正达到它的实现。从诠释学来看，音乐或戏剧通过演出或表现而得到的解释与通过阅读对文本的理解并没有什么原则的区别，同样，在艺术作品通过再现而得到的解释与语言学家对其所做的解释之间也没有什么原则的区别。伽达默尔说："从诠释学来看，音乐或诗歌通过演出而得到的解释与通过阅读对文本的理解并没有什么区别：理解总是包含着解释。语言学家所做的工作同样在于使文本变得可以阅读和理解，也就是说，确保我们正确阅读和理解文本。因此，在一件作品通过再创造而得到的解释与语言学家所做的解释之间并无原则差别。"（Ⅰ,403）进行再创造的艺术家尽管可以把语言学家以语词所做的解释的正当性认为是无足轻重的，并作为非艺术的解释加以否认，但他绝不可能想去否认再现性的解释从根本上说也具有这种正当性。再现性的艺术家必然也希望自己的观点是正确的、令人信服的，他也不会否认自己与眼前的文本之间的联系，但这种文本也就是给科学的解释者提出任务的文本。因此，进行再现性的艺术家绝不可能从根本上反对以下说法，即他自己的以再现性解释表现出来的对作品的理解可以被重新理解，也即可以通过解释而得到证明。这种解释不是意义的新创造，它作为一种解释又将重新消逝并在不断的理解中保持它的真理性。

然而非语词的艺术似乎最明显地对解释等同于理解提出怀疑。当我们面对非文字的艺术作品，我们最喜欢求助于难以语言表达的原则。"语言不能表达……"是我们经常想到的一句话——这并不表示作品是无意义的或不可理解的。正相反，用这句话我们想说我们确实理解了作品并且我们的理解超出了语言表达它的可能性。非语词的艺术提出的困难，它对理解和解释语言统一提出的反驳，伽达默尔把它是作为这样一个一般语言的问题——即我们如何可能用语言去表达事物——来处理的。非语言艺术并未提出任何不是被大多数人所已经提出过的关于不可用语言表达的特别问题。确实存在有许多情况，显然不只是在艺术解释里，我们感到日常语言的表达能力的限制。然而这种所谓"语言不能表达"的情况难道不正是我们刚才所说的直接产生理解和不存在明显解释的情况吗？没有任何能理解的东西自然而然是不可言喻的；如果我们确实理解某物，那么这是当我们能说我们所理解的东西。思想、语言和事物乃是不可分离的统一物。

正是这种统一的完整性解释了翻译的困难。我们自己语言的非常透明性和对事物的完美合适性反过来说似乎不可能有任何其他语言能具有这同样的合适性。语言与事物之间这种联系的紧密性似乎使理性束缚于一种语言和被一种语言所束缚。这样一来，所谓语言与事物之间的内在统一性就似乎成了一种"诠释学丑闻"，因为，假如我们以这样的方式被关闭在我们所说的语言中，那么我们怎么可能去理解一种陌生的语言呢？伽达默尔说："面对着艺术品动人心魄的存在，用语言去把握它向我们诉说的内容这个任务显得好像是从毫无希望的远方所进行的一项无止境的工作。"（Ⅰ，405）这样就能激起一种对语言的批判。即我们的理解欲望和理解能力总是不断地超出业已达到的任何陈述。但按照伽达默尔的看法，仅此一点也无法改变语言性所具有的根本优越性。语言的多种多样性清楚地说明理解的无限性，并且事实上语言的普遍性与理性的普遍性同步。如果一切理解都与其可能的解释处于一种必然的等值关系，如果理解根本就没有界限，那么理解在解释中所经验到的语言性把握也必然会在自身中具有一种克服一切限制的无限性。他说："我们有必要识破这种论证过程的假象。实际上我们历史意识的敏感性所证明的恰好相反。理解和解释的努力总是有意义的。在这种努力中显示了理性借以超越一切现存语言观之限制的占优势的普遍性。诠释学经验是调整的经验，思维的理性正是通过这种调整经验而摆脱语言的樊笼，尽管理性本身乃是语言性地构造出来的。"(Ⅰ,406)翻译虽然是困难的,但总是可能的;如果翻译太难操作,那么我们可能这样彻底地学习外语以致使它成为我们自己的语言,而翻译也就不再需要了。但甚至这两种选择也不是可达到的,不存在对一种语言的界限,也不存在它不能越过的界限以致理解将不可避免地束缚于它之中。"尽管每一种语言都与其他语言千差万别,但它为何还能说出它想说的一切东西?"(Ⅰ,406)诠释学就在于使这种语言能说其他语言同样想说的东西。这就是说,诠释学是某种语言的表达能力借以被扩大,它的讲话宇宙被扩张的过程本身。通过诠释学,一种语言开始能说某种它以前不能说的东西。

最后,伽达默尔认为,现代语言科学和语言哲学据以出发的语言概念是不符合实际的。尽管现代语言概念以一种语言意识为其前提,相对于古希腊的语言概念,它有了一种增加的意识和更高的发展,但"从古希腊时期对语言的完全无意识开始一直走到了近代把语言贬低为一种工具"(Ⅰ,407—408)这一过程却是一种错误的发展,这一发展可以说是从语言无意识经由语言意识再到低估语言价值的发展。现代语言科学和语言哲学力图把语言作为对象本身来意识和研究,按伽达默尔的看法,这是不可能的。研究这样的语言和研究语言本身意指它必须被纯化,必须与它所意指的事物相分离,结果它变成了没有内容的形式或与内容相对立的形式。卡西尔把它称之为象征形式。当索绪尔把语言认为是一系列纯差别——即没有差异词的差别——时,这种形式主义达到顶峰。如果语言作为一种形式差别系统可以不涉及它被使用于其中的谈话和它被应用于其中的情况而被研究,那么这表示了形式不受它们所表达的内容所影响。我们选择它们,使用它们,然后把它们放回到同样的地方,直到再需要时又选择它们为止。这就是说,作为一种形式系统的语言的对象化导致一种天真的工具主义。

伽达默尔论证说,语言不是工具,因为它与工具不同,它并不像工具那样能离开它的使用而存在。他写道:"如果我们想把与理解相连的语言性从所谓语言哲学的偏见中解放出来,我们就必须考虑到这一点。解释者运用语词和概念与工匠不同,工匠是在使用时拿起工具,用完就扔在一边。我们却必须认识到一切理解都同概念性具有内在的关联,并将拒斥一切不承认语言和事物之间内在统一性的理论。"(Ⅰ,407)除了在讲语言和应用语言于事物中所蕴含的东西外,没有更客观的科学,没有更高级的语言意识。但是,能够讲表示能够说我们意指的东西和不再去想语词本身。尽管语法家、语言学家、语文学家和语言哲学家在工作,但"语言无意识并未中止成为说话真正的存在方式"(Ⅰ,409)。即使我们在讲说语言,我们自己的语词从观点后退并隐藏自身在表达所意指事物的过程中,但我们却不能没有语言。当语言是透明的和自我隐藏的,当它不启示自身而是启示它的对象时,语言是最自身的(most itself)。如果语言根本没有界限,那么语言"绝不是纯粹的对象,相反,它包括了一切可以成为对象的东西"(Ⅰ,408)。正如胡塞尔所指明的,一切意识都是对某物的意识。伽达默尔提出的论点是语言超出意识及其控制,因为语言是对任何对象进行意识的条件。

本节最后,伽达默尔讲道,如果我们认识了语言与理解之间的根本联系,那么我们就不可能把语言哲学所说的那种从语言无意识经由语言意识再到低估语言价值的发展认为是对历史过程的正确的描述,因为这种发展既不适合语言理论的历史,也更不适合于活生生的语言生命本身。伽达默尔说:"存在于讲话之中的活生生的语言,这种包括一切理解,甚至包括了文本解释者的理解的语言,完全参与到思维或解释的过程之中,以致如果我们撇开语言传给我们的内容,而只想把语言作为形式来思考,那么我们手中可思考的东西就所剩无几了。"(Ⅰ,409)为了更深入地认识这一点,伽达默尔让我们把注意力转向希腊和中世纪,那里关于语言与事物的统一关系给我们提供了很重要的观点。

第二节 "语言"概念在西方思想史上的发展

a）语言与逻各斯

伽达默尔在本节里研讨语言的起源和历史,试图通过对"语言"一词起源的研究,进一步阐明语言与事物的内在统一性。在语言历史方面,伽达默尔主要研究语言从古希腊到中世纪的发展史。伽达默尔说:"让我们把注意力转向希腊人,当语词和事物之间统治一切的统一性在他们眼中显得问题百出、疑虑重重时,他们对于我们称为语言的东西还没有找出一个词汇。我们还将把注意力转向中世纪的基督教思想,它从教义神学的兴趣出发重新思考了这种语词和事物统一的神秘性。"(Ⅰ,409)

语词与事物之间的内在统一性对于一切远古的时代是这样理所当然,以致某个真正的名称即使不被认为是这个名称的承载者的代表的话,它也至少被认为是这个名称的承载者的一个部分。希腊文"语词"一词是 onoma,而 onoma 包含有名称和名字或称呼的意思。名称乃由于某人这样被称呼或他的名字就这样称呼,所以才成其为名称。名称附属于它的承载者。名称的正确性就是通过某人这样称呼而得到证明,因此名称似乎属于存在本身。不过,这种原本无争论的观点却在希腊哲学时期引起了极大的怀疑。伽达默尔说:"希腊哲学正是开始于这样的认识,即语词仅仅是名称,也就是说,语词并不代表真正的存在。(Ⅰ,409)对语词的相信和对语词的怀疑就是希腊启蒙思想家对于语词与事物之间关系所得出的两种相反理论。相信语词的人主张语词与事物是统一的,我们可以谈论语词的正确性;反之,怀疑语词的人则主张语词与事物是不统一的,语词是由人随意给出并可以随时予以改变的,我们不能谈论语词的正确性。

伽达默尔对于这一问题的讨论是从柏拉图的《克拉底鲁篇》开始的。在他看来,柏拉图的《克拉底鲁篇》正是产生于上述对语词怀疑的历史背景，而且这部著作在思想的深度和认识的完整性方面可以代表整个希腊时期对这问题所达到的思维顶点。柏拉图在《克拉底鲁篇》里讨论了两种关于语词与对象之间关系的极端理论，即约定论和自然主义摹写论。约定论主张语词是符号，通过一种约定，符号指称对象，语词与对象之间除了一种约定关系外并没有任何符合或相似的关系。反之，自然主义摹写论主张语词是其对象的摹本或形象，每一概念完全精确地是它所指称的对象的图画。

这两种理论，我们可以这样来解释：这两种理论都开始于对象。一旦我们具有对象，我们一方面可以说语词被给予它，或另一方面说语词为对象被发现。在前一种情况里，对象被给予了一个名称。它是被取名，正如一个刚出生的婴儿本来并没有名字，以后才给他取了一个名字，而且是特别为他创造的一个名字，这名字后来可以随意改变。但在第二种情况里，语词不是创造的和给予事物的，而是为事物被发现的。我们在各种语词中发现有一语词适合于某一对象，并专门选择该语词来指称该对象。前一种情况就是约定主义理论，它的合适性标准是因袭性，即众人同意或约定；反之，后一种情况就是自然主义摹写理论，它的合适性标准不是因袭性，而是自然相似性。伽达默尔说："在柏拉图的《克拉底鲁篇》中所讨论的两种理论试图用不同的方式规定语词和事物的关系。传统的理论认为，通过协定和实践所取得的单义性的语言用法就是语词意义的唯一源泉。与之相反的理论则主张语词和事物之间具有一种自然的相符关系，而正确性这个概念所指的就是这种相符关系。"（Ⅰ，410）约定主义观点显然可以解释语词的多样性和变易性，但却不能解释语词的正确性和非正确性；反之，自然主义摹写理论虽然可以正确地处理某些语词是正确的而另一些不是正确的，然而却不能正确地处理语词的改变性和多样性。伽达默尔把这两种理论称之为约定主义理论和相似性理论，他说："约定主义的局限在于：如果语言要想存在，我们就不能任意地改变语词的含义。……反之，相似性理论的局限同样也是明显的：我们不可能看着所指的事物而想着对语言进行批判，说语词并没有正确地反映事物。"（Ⅰ，410）

尽管柏拉图在《克拉底鲁篇》里对这两种观点都提出置疑，并未肯定其中任一理论，但他也未绝对否定它们，因为他分享了这两种理论的共同前提，即事物相对于语言的先在性。不论是约定论还是摹写论，它们都开始于无语词的对象，似乎先有无语词的对象，然后才有名称。伽达默尔在书中这样写道："对语词的这两种解释都从语词的此在和使用存在（Zuhandensein）出发，并让事物作为事先意识到的自为存在。因此这两种解释从一开始就起步太晚。所以我们必须追问，当柏拉图指出了这两种极端的论点内在的无根据性时，他是否想对这两种论点的共同前提提出疑问。在我看来，柏拉图的意图是很清楚的……柏拉图想用当时关于语言理论的这种讨论指出，在语言中，在对语言正确性的要求中，是不可能达到实际真理的，因此我们必须不借助于语词而纯粹从事物自身出发认识存在物。"（Ⅰ，410—411）这里伽达默尔实际上在批评柏拉图，因为按照伽达默尔的看法，语言与事物的关系实际上是一种内在的统一关系：理解事物就是倾听事物所说的语言。因此，既根本没有先于语言的事物，也根本没有离开事物的语言，所以柏拉图主张我们必须不借助于语词而纯粹从事物自身出发去认识存在物，乃是错误的。按照伽达默尔的看法，柏拉图不仅是在《克拉底鲁篇》，而且就是在他以后超出《克拉底鲁篇》讨论范围的地方，①也都未认识到语词与事物的真正统一关系，他的语言观点始终是

---

① 例如在第七封信的附录中，柏拉图把语言说成是一种具有可疑性的外在因素。正如事物的感性现象一样，语言乃属于突出自身的表面之物，真正的辩证法家必须对它弃置不顾："理念的纯粹思维，即所谓的Dianoia，作为灵魂同自己的对话因而是沉默的。"另外在《智者篇》里，柏拉图说："逻各斯就是从这种思维出发通过嘴而发出的声音之流。声音的可感性并不要求自己的真理性。"（参见《真理与方法》，Ⅰ，411）

"语言是工具,是对来自于原型、事物本身这一类东西的描摹、制作和判断"(Ⅰ,412)。因此伽达默尔说:"柏拉图显然在语词和事物的真正关系面前退缩了。……柏拉图所谓的发现理念过程比起智者派理论家的工作还更为彻底地掩盖了语言的固有本质。"(Ⅰ,411—412)

不过,伽达默尔认为,尽管柏拉图并未赋予语言领域以独立的认识和真理功能,但在他试图越出这个领域而对语词的正确性进行探讨中却为我们正确解决这一问题提供了重要暗示。伽达默尔引证了柏拉图第七封信,他认为柏拉图在这封信里为了解决语词的正确性这一问题曾区分了语词和逻各斯。我们首先对伽达默尔这里所使用的逻各斯一词做些解释,逻各斯,按照最古老的西方哲学传统,是指话语和理性。在柏拉图的《智者篇》里,逻各斯显然与语句同义。他主张一个完整的逻各斯至少必须由一个名词和一个动词所组成,并且把与"一个人学习"和"泰阿泰德坐着"同义的希腊语句叫作逻各斯。伽达默尔在本节正是根据这种意义使用逻各斯的,正如他说苏格拉底"从真的逻各斯和假的逻各斯的区别出发,把逻各斯的成分,即语词也区分为真的和假的"(Ⅰ,412)。语词与逻各斯的区别,也就是语词与话语、命题或判断的区别,柏拉图在第七封信中通过苏格拉底是这样解释的:语词乃是一种具有可疑的含糊性的外在因素,它是事物的感觉现象;反之,逻各斯乃是沉默无言的对理念的纯思维——即灵魂同自己的对话——通过嘴而发出的声音之流。语词因为是单个的词而未形成判断,故无所谓真与假;反之,逻各斯因为是对话、话语或判断,故有真理要求。伽达默尔认为柏拉图在这里实际上非常深刻地认识到真理不可以在个别语词里找到,正如字母第一次成为有意义的是当它们被连接成一语词一样,语词第一次能成为是真的是当它们被组织成话语。不能有任何把真单元分解成它的元素的办法,因为只有当某种层次的组织已被达到,真理才会出现。所以苏格拉底是正确的,在个别语词里不存在真理。

但这不是因为真理外在于语言而有地方存在，而是因为真理属于话语。真理不能在字典里找到，这并不表示反对真理出现在语言里，因为真理不可以在个别语词里找到，而是在讲话和书写里找到。

按照伽达默尔的看法，如果我们从这种背景来考察《克拉底鲁篇》试图解决的关于名称正确性的争执，那么在那里讨论的理论就会突然具有一种超出柏拉图和他自己观点的兴趣。因为柏拉图笔下的苏格拉底证明无效的那两种理论并未在其完全的真理性中得到衡量。约定论把语词的正确性归结为一种称谓的给定，把它等同于用一个名称来给事物命名。对这种理论来说，名称中显然不存在有对实际知识的要求。当苏格拉底从真的逻各斯和假的逻各斯出发，把逻各斯的成分即语词也认为有真的和假的时，他实际上站在对立的立场，即自然主义摹写论立场，给予真名称和正确名称以一种"自然本性"。反之，自然主义摹写论或相似性理论认为任何语词都具有一种自然属性，从而语词本身具有真理性标准。当苏格拉底把这种名称的正确性归结为逻各斯的正确性，指出不是语词而是数——数的精确性只在于一种数都由它在数列中的位置而得到规定——才是认识论的真正范例时，这实际上动摇了相似性理论的根本原则。① 伽达默尔由此推出结论说，不论是约定论还是自然主义摹写论，都没有单方面的真理，这两种理论必须相互补充，他说："凡相似性原则不能适用的地方，约定论原则就必须作为补充而出现"（Ⅰ，413），反之亦然。

正如柏拉图在对这两种理论都不满意的同时却因为他的摹本与原型的形而上学模式而喜爱摹写理论一样，伽达默尔在批评这两种理论时，也着重指出自然主义摹写论所包含的语词与事物统一的卓越思想。当摹写论认为语词只有把事物表达出来，也就是说只有当语词是一种表现的时候，语

---

① 伽达默尔说："在表示数字的词中根本不存在相似性，因为数字并不属于可见和可动的世界，因此只有约定原则才对它适用。"（Ⅰ，413）

词才是正确的,这实际上已把语词处理为不是一种直接描摹意义上的摹仿手段,因为语词所发出的声音同事物绝无相似之处。当说语词是摹本时,已经表明语词除了表现它自身外还表达了某种其他的东西。①"语词是存在(ousia),这种存在就是值得被称为存在者(einai)的东西,它显然应由语词把它显现出来。"(Ⅰ,414)因此伽达默尔说:"当苏格拉底认为语词同绘画不一样,语词不仅具有正确性,而且具有真实性时,这就像在完全黑暗的真理领域中的一道闪电。语词的'真理性'当然并不在于它的正确性,也不在于它正确地适用于事物。相反,语词的这种真理性存在于语词的完全的精神性之中,也即存在于词义在声音中的显现之中。在这个意义上,我们可以说一切语词都是'真的',也就是说,它的存在就在于它的意义,而描摹则只是或多或少地相像,并因而——就事物的外观作衡量——只是或多或少地正确。"(Ⅰ,415)

这引导了伽达默尔在本节最后讨论了现代两种语言理论,即图像论和符号论。毫无疑问,伽达默尔在这里是以维特根斯坦为图像论的代表,而以卡尔纳普和逻辑经验论者为符号论的代表。图像论正如摹写论一样,认为语言是图像(eikon)或摹本,图像或摹本的特征就是自身类似于其原型,有着对存在的指称或指明;反之,符号论则认为语言只是符号(semeion),它没有任何存在的指称或指明。图像或摹本不可随意改变,而符号则可以随意改变。符号论也可叫作语言工具论,即主张语言是一种工具,它既服务于其目的,又可为另一种更好的工具所替换。按照伽达默尔的看法,在《克拉底鲁篇》里从作为图像的语言到作为符号的语言的转变过程中所包含的关于语言划时代的规定,导致17、18世纪的普遍语言

---

① 伽达默尔写道:"命名一个对象的语词之所以能按对象所是而命名,这是因为语词本身具有一种可以借命名所意指东西的意义,但是这并非必然包含一种描摹关系。在描摹的本质中肯定具有这一性质,即除了它表现自身之外,在它之中还表达了某种其他的东西。所以,纯粹的摹仿、'相像'总是已经包含了对摹仿和样本之间的存在距离进行反思的可能开端。"(Ⅰ,414)

设想①，同时也导致 20 世纪人工语言构造论，按这种理论，语言纯是技术服务的手段。

  反之，按照伽达默尔的观点，语言不是一种可以听凭意愿、欲望、意识或一般主观性支配的工具，这一点即使在莱布尼茨的普遍语言理想也能看出，因为这一理想是试图从第一概念出发而发展整个真概念系统，并指导对一切存在物描摹，使其同上帝的理性相符合。因此在这一理想中所蕴含的是，语言并非仅仅是指称整个对象世界的符号系统，语词并非仅仅是符号；相反在某种较难理解的意义上，语词似乎就是一种类似摹本的东西，语词以一种谜一般的方式同被描摹的对象相联系，它附属于被描摹的对象。伽达默尔说："实际上，我们从这种理想中看得很清楚，语言并非仅仅是指称对象整体的符号系统。语词并非仅仅是符号。在某种较难把握的意义上，语词几乎就是一种类似摹本的东西。我们只需要考虑一下纯人工语言的极端相反可能性，以便在这样一种混乱的语言理论中认识一种相对的合理性。语词以一种谜一般的方式同'被描摹的对象'相关联，它附属于被描摹对象的存在。"（Ⅰ，420）当现代符号论者试图根据莱布尼茨这种普遍语言理想建立人工语言系统时，他们实际上已经同语言的本质背

---

① 普遍语言（characteristic universalis）设想是 17 世纪西方思想家，特别是德国哲学家莱布尼茨提出的，威廉·涅尔夫妇在其《逻辑学的发展》一书中对这种思想的形成有这样一个一般说明："17 世纪的许多著作家提出了构造人工语言的建议，在莱布尼茨时代，这种思想特别在英国流行，在那里维尔金（Wilkins）和道尔加诺（Dalgarno）各自提出自己的系统。这些发明家的主要理由与现今提倡世界语的理由一样，即如果所有的人，或者至少所有有知识的人都有一种由他们支配的根据简单原则构造的并且有严格语法规则的语言，那么语言文流就会非常容易，传达思想就会更迅速。对于这种考虑，莱布尼茨并不是无动于衷的。因为他坚信确立全世界的和平和次序的重要性，他认为科学的进步依赖于不同民族的人们之间的理智合作。由此在一个时期他提倡使用一种基本的正规的拉丁语（这大概类似于上世纪初皮亚诺在他的《数学公式》中所用的拉丁变形符号）。但是他对构造理想语言的兴趣比这还广。他要求一种科学的语言，这种语言不仅有助于思想交流，而且也有利于思想本身，他把这种语言叫作哲学语言（lingna philosophical）或普遍语言（characteristic universalis）。"（[英]威廉·涅尔和马莎·涅尔：《逻辑学的发展》，张家龙、洪汉鼎译，商务印书馆 1985 年版，第 421 页）

道而驰。按照这种人工语言系统，符号本身没有任何意义，符号只有在使用符号的人那里才有意义，符号只与使用的主体相关，而不与事物相关。所以伽达默尔肯定说，正如艺术模拟理论一样，语言的图像理论反而在这方面有某种正确的成分，因为图像论主张图像或摹本并不是从使用它们的主体那里获得它们的指示功能或表达功能，而是从它们自身的实际内容中获得这种功能。图像论并不主张话语与其对象之间有某种可见的或可听的相似性，而只是表示话语与对象相互隶属。伽达默尔从未否认他的《真理与方法》第二部分一开始所引用的路德的名言"谁不认识某物，谁就不能从它的词得出它的意义"（Ⅰ,177），不理解某物的人就绝不能从语词引出意义。然而，伽达默尔认为相反的情况也是真的，在语词失败的地方不存在任何事物，正如格奥尔格所写的，"语词破碎处，无物存在"（Ⅰ,493）。没有对事物的理解而离开语言，没有对语言的理解而离开事物。语言和事物，它们是相互隶属的。

伽达默尔说："语言性和关于事物的思想是这样紧密相连，以致如果我们把真理的系统想象成一种存在可能性的先定系统，被操纵符号的主体所运用的符号则归属于这种系统，那么这种想法就是一种抽象。具有语言性的语词并不是由人操纵的符号，它也不是人们造出并给予他人的符号，语词甚至也不是存在物，人们可以拿起它并使其载以意义的理念性，以便由此而使其他存在物显现出来。这种观点从两方面看都是错误的。毋宁说意义的理念性就在语词本身之中，语词已经就是意义。但从另一方面看，这并不是说，语词先于一切存在者的经验而存在，它使经验屈服于自己，从而从外部加入到一个已经形成的经验之中。经验并非起先是无词的，然后通过命名才成为反思的对象，例如通过把经验归入语词的普遍性的方式而后才成为反思的对象。相反，经验的本性就在于：它自己寻找并找到表达出经验的语词。我们寻找正确的语词，这就是说，寻找真正属于事物的语词，从而使事物在语词之中表述出来，虽然我们坚持认为，以上说法并

不意味着简单的描摹关系——但只要语词仍然属于事物本身,语词就不是作为符号而在事后配列于事物的。"(Ⅰ,421)

人工语言格式的缺点,正像莱布尼茨的普遍语言设想一样,乃是它们预先假定了知识可以先于经验而被构造。①"然而一般来说,人类的不完善性并不允许有一种先天的正确知识,而经验则是不可缺少的。"(Ⅰ,420)我们不可先于经验获得语言。但是,如果说语言不是先于经验的,我们也不能说语言是后于经验的。正如上面所引,"经验并非起先是无词的,然后通过命名才成为反思的对象","经验的本性在于:它自己寻找并找到表达出经验的语词"(Ⅰ,421)。摹写理论的第一个优点是它承认说话与事物之间这种不可分离的相互相关性。第二个优点是摹本并不使我们在符号里发现的它自己的存在成为问题。一个纯符号是理想上意指而无存在;就语言被认为是符号而言,它自己的存在似乎总是一种被找到、被取代或只被隐藏的阻碍。但是,如果符号在忘却语言存在里找到它的理想,那么图像理论可服务为一种纠正的理论并提醒我们说,即使纯符号为了成为一符号也必须存在,并在这种存在里,符号就像摹本一样——摹本无论如何掩盖自身与其原型的区别——总是通过它自己的特征和它自己的存在传达意义。语言作为图像,就是意指的事物,即一种能被理解的存在。

当然,希腊哲学并未认识到语言与事物、说话与思想之间这种统一关系,相反,它在语言与思想之间强调思想对语言的优先性。鉴于诡辩论的泛滥,希腊哲学家甚至认为语言对思想的统治是那样强大,以致哲学的最根本任务就在于努力使自己摆脱语言。"希腊哲学家很早就开始在 Onoma(语词)中同搞错和弄混思维进行斗争,并且坚持经常在语言中实现的理念性。巴门尼德就已开始采取这种观点,他从逻各斯出发考虑事物的真理,到柏拉图转

---

① 阿佩尔写道:"在哥德尔之后,基于单一形式表述的科学语言的单一世界演算,即新莱布尼茨梦想,证明是乌托邦式的。"见布伯纳(Bubner)编:《诠释学与辩证法》,J. C. B. Mohr (Paul Siebeck), Tübingen,第 1 卷,第 100 页。

向'讲话'时则使这种观点臻于完成,亚里士多德把存在的形式指向陈述的形式也是遵循这种转向。因为理念的指向在这里被认作逻各斯的规定物,所以语言的本身存在就只能被认作为迷惑,而思想的努力就在于排除并控制住这种迷惑。"(Ⅰ,422)在伽达默尔看来,柏拉图《克拉底鲁篇》中所进行的对名称正确性的批判就已经表现在这个方向上迈出的第一步,而处于这个方向尽头的则是近代关于语言的工具理论和符号系统理想。

这一节我们要清楚伽达默尔关于符号、摹本和语词这三者之间差别的分析。首先,符号的本质在于,"它是在其运用功能中才有存在。正因为此,它的能力就唯一在于进行指示。"(Ⅰ,426)因此符号并不是那种使它自身含义发生作用的东西,同样它也无须具有与它所指示东西相似的含义。符号的意义纯在于人为的配列关系,因此符号的意义只有在同使用符号的主体相关时才出现。与符号的本质相反,摹本并不是从使用符号的主体那里获得它的指示功能或表达功能,而是从它自身的实际内容中获得这种功能,由于它的这种实际内容与它所描摹的东西相似,所以它指出或表达它的对象。因此,摹本可以从相似性标准得到评价,亦即看它能在多大程度上使并不在场的东西在当下表现出来。语词是既不同于符号,又不同于摹本的东西。伽达默尔说:"语词是否仅仅只是'纯符号',或者自身也具有某种'图像'这个合理的问题被《克拉底鲁篇》彻底地破坏了。"(Ⅰ,417—418)因为在《克拉底鲁篇》中,说语词是一种摹本的说法乃是荒谬的,至于语词是否是符号,《克拉底鲁篇》也只是作了消极的讨论,并未得出积极的结论。不过伽达默尔说,《克拉底鲁篇》的消极讨论,却对以后语言的反思发生了极大的影响,使得在整个语言的反思中,图像概念就被符号概念所代替,以致造成思维完全脱离语言而存在,思维根本地摆脱了语词的固有存在而把语词作为纯粹的符号,通过这种符号而使被指称物、思想和事物显现出来,以致语词和事物的关系就完全处于一种次要的地位。语词只是纯粹的传达工具,它通过声音媒介让所意指的东西显现出来和报道出来。伽达默尔说:"由此引出的结论就是:理想的符号系统——其唯一的意义就是单义的配列——让语词的力量这种本存在于具体历史发展着的语言中的偶然变化因素作为对它们有用性的单纯障碍表现出来。正是在这里产生了所谓普遍语言的理想。"（Ⅰ，418）在伽达默尔看来，把语言认作为符号，是完全错误的，因为语言不是僵死的，而是具有生命的。伽达默尔特别举出科学术语来说明这点，术语本是科学创立的一种语词，它所指的是一个确定的概念，因而它具有一种人工构造的性质。但是，谈话语言中的语词却是生动的和灵活的，因而术语这种对语言行使的强制行为，随着语言的生命而失去它的强制力量并转变成非符号语言。伽达默尔说："术语的使用同逻辑演算的纯符号语言不同，它总是融入一种语言的说话之中（虽说总是以陌生语词的方式）。根本不存在纯专业术语的谈话，而人工地、与语言精神相违背地造出的技术表述（现代广告世界的艺术表述即为一种代表）也总是要返回到语言的生命中去。"（Ⅰ，419）伽达默尔并举出康德的 transzendental（先验论的）和 transzendent（超验的）这一对概念以及"意识形态"概念内容的变迁作为说明。

b）语言与话语

虽然柏拉图逻各斯哲学包含想克服语言并因而忘却其存在的试图，但基督教的道成肉身（Inkarnation）的观念却重新肯定了语言的重要性，因为基督教义开始于基督降临，即话语变成肉体的道成肉身①。伽达默尔解释说，逻各斯哲学符合于柏拉图派和毕达哥拉斯派的具体体现（embodiment）观念，而这种观念完全不同于道成肉身，并暗含了一种不同的语言理论作为它的对应物。在具体体现里，灵魂保持一种与肉体相分离的同一性，它并不是变成肉体而是暂时地寄居在那里，并在移居过程中保留与它的每一个具体体现物的区别直到它最后完全摆脱它们。灵魂与肉

---

① 道成肉身，话语变成了肉，来源于《圣经·约翰福音》第一章称道（逻各斯）"太初与上帝同在"，"万物是凭着他造的"，以及"道成了肉身，住在我们中间"。按照基督教三位一体学说，圣父、圣灵与圣子是统一的一个东西。基督作为三位一体中的第二位，即圣子，在世界尚未造出之前，便与圣父同在，即上帝的道，亦即逻各斯，后因世人犯罪无法自救，被上帝差遣来到人间，通过圣母玛丽亚而取肉身成人。

体的关系类似于内容与形式,或事物本质与它的现象的关系。内容可以采取无限数目的形式,但它本身绝不是其中任何一种形式;事物本质可以有无限数目不同的现象,但它本身却不是其中任何一个现象。在希腊宗教里,这种具体体现观念表现为神并未变成人,而是以人的形式出现,神与人仍是两个东西。在现代符号理论里,具体体现观念最紧密地符合于意义的类型理论(the class theory of meaning),按照这种理论,一个语句的意义(它的命题)在于与该语句同义的一切语句的类所意指的东西。不是现实的语句,而是观念性的命题(如逻各斯)才是真理和错误的负载物,语句类里没有一个语句是命题,它只意指命题。命题本身是不可用语言表达的(ineffable)。

这里涉及到语言哲学关于语句(sentence)与命题(proposition)的区别。语句指一般符合语法的语言形式,它只是作为一种表达形式出现,如中文中的"今天下雨",英语中的"it rains today",德语中的"Es regnet",它们都是语句。命题指语句所表达的意义,例如上述三个语句,都表达同一个意义,即今天下雨。所以我们可以说,一个语句的意义即命题乃是与该语句同义的一切语句的类所意指的东西。

反之,在道成肉身观念里,话语变成了肉体。当上帝以人的形式向人显现他自身时,这种形式却不只是显现或表现,不只是一种或者隐藏或者启示不同于自身之内容的形式。伽达默尔在这里用一个自己杜撰的德文词Einkörperung(外入肉体)来对照说明道成肉身(Inkarnation)。Inkarnation其词义就是进入肉体,化身为肉体,说明灵魂与肉体合二为一。而所谓Einkörperung意指一种外入肉体,灵魂与肉体仍为两个东西。例如我们把水倒入杯中,水仍是水,杯子仍是杯子,这不同于把糖或咖啡倒入水中,因为这里水变成了糖水或咖啡。水倒入杯中就是一种外在化事件,类似于

Einkörperung。按照古老的思想，特别是柏拉图—毕达哥拉斯的观点，灵魂完全与肉体不同，当它进入肉体之前就已经有了自为的存在，而在它进入肉体之后，仍保持它的自为存在，以致肉体死了后，灵魂重新又获得真实的存在，这就是一种最典型的 Einkörperung（外入肉体）的观点。同样，在古希腊的神话中，诸神以人的形象出现，却未变成人，而是以人的形象向人显示自己，因为诸神总是保持自己超人的神性。这样我们就可看到一个很大的差别：当希腊的诸神以人的装扮出现时，基督教的学说则说上帝变成了人，即上帝人化（die Menschwerdung Gottes），而且认为这种人化并未减少其神性。当具体体现观念表示灵魂除非摆脱肉体否则不是纯粹的时，基督教义却认为"圣灵的现实性却在这种道成肉身中第一次得以完全实现"（Ⅰ，423）。圣灵不是由于道成肉身而减少自己，相反，而是圣灵通过它的道成肉身被实现。而且，基督降临乃是一个事件，正如一切历史事件一样，这一事件也是独一无二的。因此与脱离具体的逻各斯的观念性相反，基督教的道成肉身语词的学说坚持历史的实在。在道成肉身的事件中，话语被说出了，被口说了，并因此也被实现了，"话语变成了肉"（Ⅰ，423）。伽达默尔认为基督教道成肉身观念超出希腊形而上学思想而对语言本质的哲学反思做了重要贡献，他写道："基督教思想中这种最为重要的观念之所以对我们尤为重要，是因为在基督教思想中道成肉身同样是与话语的问题紧密相联系的，中世纪基督教思想所面临的最重要任务是对三位一体之秘密进行解释，而这种解释自教父时期以来并最终在经院哲学奥古斯丁主义系统的精心制作中一直依靠人类关于说话和思想的关系。因此，教义神学首先遵循的是约翰福音的前言。虽然教义神学是在试图利用希腊思想作为工具来解决自己的神学问题，但哲学思想却通过这种工具而获得一种希腊思想所不理会的度向。如果话语变成了肉，而圣灵的现实性只是在这种道成肉身中才得以实现，那么逻各斯就由此从同时也意味着它宇宙潜能的精神性中解放出来。拯救事件的一次性把历史对象引入西方思想，并把语言现象从它在意义理念性的沉溺中解脱出来，从而把自己提供给哲学反思。因为同希腊的逻各斯不同之处在于：话语是纯粹的事件"（Ⅰ，423），因而"当经院哲学在对希腊的形而上学进行加工时，语言现象比起在希腊人那儿时更为有力地起着作用"（Ⅰ，426）。

正是这种讲话行为或事件在这里引起我们的注意。如果说意义的类型理论类似于具体体现观念，那么道成肉身的最紧密的现代相关物就是言语行为理论（speech act theory）。类型理论取为其模式的是记述句、陈述句或肯定句，它们的意义处于本身不可语言表达的命题之中，语句与其意义即命题有着明显的区分。与这种类型理论相反，J.L.奥斯汀（Austin）的言语行为理论则把履行句（performative utterance，例如命令、允诺）作为其范例。这种范例实际上更概括，因为甚至陈述句和肯定句也需要被陈述和被肯定，所以它们也是履行句。当我们看到不存在有像不可语言表达的履行句那样的东西时，这两种理论之间的对立可以更明显。一个允诺变成了必须遵守的——这就是说，它第一次变成了一个诺言——是当它被说出时。它在讲话行为中被讲出、被履行和被成为肉体，并不是某种第二位附属的东西，而是它的意义的必要条件。说（saying）使语词成为肉体，使它成为具体，只有这样它才是实在的。做一个允诺行为就是诺言自身。讲话行为乃是一种既存在又意指的事件。

但是，为了理解在道成肉身里所暗含的思想与语言的关系，伽达默尔并不转到奥斯汀，而是转到奥古斯丁，特别是阿奎那。我们已经知道，教父时代关于道成肉身的神学思考是与后期希腊思想相联系的。基督教的话语（verbum）学说本是通过基督降临事实，即道成肉身这一独一无二的历史事实而区别于希腊的逻各斯学说。逻各斯并不产生，它是被固定的、永久的和永恒的。然而，我们在约翰福音序言里读到真正的拯救行为，即圣子的创生这种道成肉身行为，首先是通过话语来进行的，上帝以发出的话语而创造出一切。因此话语从一开始就与上帝同在——并且在这方面它像柏拉图的逻各斯一样是永恒的。这样就产生了一个问题：我们如何能使话语的永恒性与基督降临的历史性相一致呢？正是这种明显的矛盾才使伽达默尔的兴趣离开脱离具体的和非时间的逻各斯而转向了道成肉身的话语（Verbum），因为道成肉身真正提出了关于真理来临（这是伽达默尔自己的真理）的问题：如果真理是同一个真理，如圣父，那么真理如何能出现于时间里，如圣子呢？

Verbum，可译为语词和话语，原是指动词即动作的语词，因此也可译为生动的具体的话语。在这里伽达默尔把基督教的话语学说与古希腊的逻各斯学说加以对比，相对于那种静态的形式的抽象的逻各斯来说，基督教的话语学说却是动态的有内容的具体的。在希腊的逻各斯里，语言与思维是分离的，而在基督教的 Verbum（话语）里，正如道成肉身话语所表现的，语言与思想乃是统一的。所以伽达默尔的兴趣离开了希腊那种脱离具体境况的和非时间的逻各斯而转向了基督教的话语学说。

当教父们肯定三位一体并拒绝圣子是下属于圣父的学说时，他们也否认了话语下属于它所启示的东西，而伽达默尔（与柏拉图相反）也同样否认这一点。正像伽达默尔坚持思想与语言的统一一样，神学家也坚持圣父与圣子的统一。但是问题仍是说出的话语被隐含在时间、历史、多样性和众多性之中。所以，为了解释话语永远与上帝同在这一事实，教父们根据斯多葛派关于内在逻各斯和外在逻各斯的区别，区分了内在的、精神的或理性的话语和外在的、口说的有声音的话语。所谓外在话语，是指那些确定的与舌头相联系的话语，即发出声音的话语。因为同一个话语在不同的语言里有不同的发音，所以这种话语不能通过发声来表明自己的真实存在，因此按照奥古斯丁的看法，真正的话语是完全独立于声音的，"真正的话语，das verbum cordis（内心中的话语），是完全独立于这种感性现象的。话语既不可外在地表现出来，又不可用与声音的相似性去思考"（Ⅰ，424）。正是求助于与外在话语不同的内在话语，奥古斯丁和经院哲学家解释了三位一体的神秘的统一性。真实的话语，即说出事物本身怎样的话语，并没有自为的成分，并且也不想成为自为的存在。话语是在它的显示（Offenbarmachen）中有其存在。圣父与圣子的同本质的关系，正如思想与精神的内在话语的同本质的关系一样，它们是不可分的而不是同一的。①当奥古斯丁抬高精神话语并把口说的话语贬低为第二位重要性时，他保留了上帝唯一话语对于人们实际说的不完美的众多语言的卓越性。但是，他以这种方式却使话语（verbum）退回到沉默无言的非时间的逻各斯后面去了。伽达默尔在这里反问道："这里是否是用不可理解性来解释不可理解的东西？如果说有一种话语一直保持着作为思想的内在讲话而从不发声，那么它究竟是怎样的一种话语？……当我们面对我们语言束缚的不可扬弃性时谈论一种'内在的话语'，一种好像以纯理性语言所述说的话语时，这到底有什么意义？如果并没有任何实际有声音的话语，甚至也没有对这样一种话语的想象，而是只有由这种话语用符号所标明的东西，亦即所意指和思想的东西本身，那么理性的话语如何证明自己为一个真正的'话语'呢？"（Ⅰ，425）正如柏拉图一样，而且也由于柏拉图的影响，奥古斯丁并未正确对待话语的事实性和时间性，当话语被讲说时，这两种性质是最明显的。当然，伽达默尔同意思想并不束缚于任一特殊语言，因为我们总是可能扩大我们的语言或学习一种新的语言。然而思想总是出现在某种语言里，而语言总与某特殊的地点和时间相联系。

---

① 这里拉丁语系的西方语言本身有一自我矛盾。"They are indivisibly one, yet not identical."此句动词"是"（are）为复数，说明主词是两个以上东西，怎么又会是一个东西呢？再如德文"Gedanke und Wort sind Eins"，本要说思想与语词是同一个东西，可是用复数动词"是"（sind），却表明主词是两个东西。与此相反，我们中文却没有这种矛盾，动词"是"既可以用为复数，又可以用为单数。

基督教对话语的理解随着后期经院哲学吸收亚里士多德哲学而重又接近了古典希腊哲学的逻各斯概念。其中最明显的是托马斯·阿奎那。阿奎那也开始于内在的话语，但由于他系统地研究亚里士多德而受到柏拉图的间接影响，从而再次强调适合于解释三位一体的逻各斯概念。不过，我们必须看到，对于托马斯来说，话语（verbum）仍保留某种不同于逻各斯的东西。按照托马斯的看法，精神话语和思想本身即使是沉默无言的和不属于特殊语言的，但它们仍具有那种被奥古斯丁所忽略的时间特征。正如话语从不是单个的词而是次序系列一样，思想也不是直观的而是推论的（discursive）。因为有限的理解在一个单一的直观中并不领会它得以认识的东西，所以它需要思想或精神话语的训练。我们上面已经提到话语变成有意义和真实的仅当某种层次的组织被达到——也就是说，是在推论（discourse）之中。托马斯证明的东西是，这种推论性（discursiveness）以及它暗含的时间性和多样性，是人类理智有限状态所必要的。① 伽达默尔说："即使在托马斯那里，逻各斯和话语也并非完全相符。虽然话语并不是陈述的行为，并非那种把自己的思想不可收回地交付给另一个他者的行为，但话语的存在特性却仍然是一种行为。内在的话语总是同它可能的表述相联系。它被理智所把握的那种事实内容同时也为着可发出声音而被安置（在理智中所把握和安置的事物或者由于自身或者由于他物而在现象上具有一种相似性）。因此，内在话语显然并不是同某种确定的语言相关，它甚至根本不具有从记忆中产生的话语的浮现特性，相反，它是一直想到底的实际状况。只要它所涉及的是一种想到底的思维，那我们就可以在内在话语之中承认一种过程的因素，它是通过外在方式而行动。虽然内在话

---

① 参阅伽达默尔："海德格尔易引起争论的表述（'语言说'）表示的是语言先行于每一个别讲者，所以我们在某种意义上可以说……语言具有某种对于思想的虽然是受限制但确实是先给予的关系，'语言说'的合理的意义在我看来似乎可包含在新柏拉图这一重要观点里，即一个语词——但确实是思想的语词——是在话语和谈话中清晰地表达自身。"（《短篇著作集》，第 4 卷，第 169 页）

语并不是表述出来的话语，而是思想，但它是在这种自我讲话中所达到的思想的完善。内在话语由于表述了思想同时也可以说描摹了我们推论性的理智的有限性。因为我们的理智不能仅以一种思维的眼光把握它所知道的东西，所以它必须从自己产生出它所思考的东西，并且像一种内心的自我谈话那样把它置于自己面前。在这种意义上可以说一切思维都是一种自我说话（Sichsagen）。"（Ⅰ，426）

对于托马斯来说，圣子与圣父的关系，不仅有如精神话语与思想的关系，而且也有如在一推论中某思想（或话语）与其他思想（或话语）的关系。尽管推论性是有限状态的标志这一事实，托马斯仍认为它是三位一体的一种适当的譬喻（metaphor），因为它讲了争论问题的两个方面：圣子从一开始与圣父同在，然而圣子是来源于圣父。推论性可以揭示这两方面，因为它包含的次序不仅是一物继另一物之后的系列，而且是不相关的观念的结合。托马斯的推论思想的范例其实是三段论。这种模式抓住了思想的连续本性，即为了达到结论必须通过一系列前提而进行；然而三段论也表示结论从一开始就被蕴含在前提之中。圣子从圣父流出，正如结论从前提推出。

当阿奎那使三段论推理过程与新柏拉图主义的流射（emanation）概念发生联系时，他注意到话语（verbum）使自身区别于逻各斯的一个方面。伽达默尔说："托马斯试图用这种新柏拉图主义的概念像描写三位一体的过程那样来描写内在话语的过程性质。这样就出现了某些在柏拉图的逻各斯哲学中并未包含的东西。"（Ⅰ，427）流射是一种增殖过程，由于这种增殖，一个变成许多。当在柏拉图哲学（或黑格尔哲学）里，这种复多性是太一中某种衰退、蜕变或衰弱的标志，它需要重新整合；而在新柏拉图主义所解释的圣子从圣父流射出来的过程中却不包含任何这种缺陷，圣父并未因流射而减损自身，而是通过某种东西补充到自己身上而获得增殖。伽达默尔说："新柏拉图主义中的流射概念包含的意思很多，它并非仅指作为运动过程的流溢这种物理现象。它是最早出现的源泉的图像。在流射过程中,流射出其他东西的太一本身并未因此而受到损失或减少。这也适用于圣父产生出圣子,圣父并未因此而消耗掉自身的任何东西,而是把某些东西补充到自身中来。"(Ⅰ,427)圣父与圣子是二但也是一。圣子既与圣父是同一的又与圣父有差别;话语既与它所启示的东西是同一的,又与这种东西有差别。正如话语从一开始与圣父同在,然而又是独立的;同样,人的话语与它所意指的事物既不是同一的,也不是无关的,既不是先在的,又不是后于的。如果伽达默尔也认为在开始时是话语,这是因为他把一事物得以从另一事物产生的历史流射过程认为是一话语得以从另一话语产生的推论过程。这两种过程中都是从现实到现实的运动。我们上面已看到伽达默尔重新肯定语言的图像理论,在此理论里,一个存在物意指一个存在物。现在由于圣·托马斯的帮助,伽达默尔进一步把意义,原型与摹本的关系认为是过程。虽然这仍是具体物与具体物的关系,但这种关系却被理解为是一历史过程。原型到摹本的运动就是从现实物到现实物的推论流射。伽达默尔说:"因此,思维的过程及其产生并非一种改变的过程,也不是从潜能向现实的转化,而是一种从现实到现实的产生。话语并非在认识完成之后才产生,用经院哲学的术语说,话语并非是理智通过类(理念)而纳入形式之后才被构成,相反,话语就是认识过程本身。"(Ⅰ,428)

为了认识话语的过程因素,伽达默尔讲了托马斯·阿奎那关于人类话语与神性话语的三点区别。首先,与神性话语总是现实性的不同,人类话语在被实现之前只是潜在的。人类话语的进展是从潜在性(作为回忆)到现实性(真正反思经验对象)的经验进展,反之,神性话语的进展总是从现实性到现实性的理性进展。从人类话语这一特征得出的结论是,人类话语与其说是表达事物的工具,毋宁说是可以看到事物的图像或镜子。伽达默尔说:"话语就像一面镜子,在这面镜子中可以看到事物。但这面镜子的特殊性却在于，它从不会越出事物的图像。在镜子中映出的只是这映在其中的事物，因此整个镜子只不过映出它的图像。这个例子的深刻之处在于，话语在这里只是作为事物完善的反映，也就是被理解为事物的表达并超越了思维的道路，虽然话语的存在乃只是由于思维。"（Ⅰ，429）其次，与神性话语的完美性相区别，人类话语就其本质说是不完善的。人类话语的这种不完善性并不在于话语本身，而是在于人的精神或理智的不完善性。因为人类的精神或理智从不具有完全的自我在场，而是分散在各种意见中，所以人类的话语不能像神性话语那样是唯一的，而必然是多种话语。但是，人类话语的这种多样性并不是要我们去除人类的话语，而是说我们需要话语的多样性。伽达默尔说："话语的多样性并不意味着个别的话语因为不能完满地表达出精神所意指的东西就具有一种我们可以去除掉的缺陷。相反，正是因为我们的理智是不完善的，也即它并不能完满地居于它所知道的东西之中，所以它才需要话语的多样性。"（Ⅰ，429）最后，人类话语是不完善的，它不能把事物作为一个整体包含在自身之中，但这一点却有积极的后果，即人类话语可以在未来的经验中完成话语的精确性，这意味着人类思维可不断开辟通向新概念之路，而这正意味着人类精神的无限性。伽达默尔说："虽说人类思想的话语是指向事物的，但它却不能把事物作为一个整体包含在自身之中。于是，思维就不断开辟通向新概念的道路，并且本质上是完全不可能完成的。思维的不可完成性也有其相反的一面，即它积极地构成了精神的无限性，从而使精神不断地在新的精神过程中超越自己，并在其中找到通向愈来愈新的设想的自由。"（Ⅰ，429—430）

　　伽达默尔从对阿奎那关于神性话语和人类话语这三点区别中得出几个结论：首先，话语在经验里的具体化不是反思意识的行为。虽然语言可以说是思维过程的结果，思维和说话之间的内在统一性，容易导致话语的直接的非反思的特性被人误解，但其非反思的因素是绝不能被忽视的。实际上在话语的构成中，确立的并不是话语的反思活动，而是话语（理解）与事物本身（理解对象）的本质联系，这也就是说，确立了语言的事实性和客观性根本没有反思活动，因为话语所表达的根本不是精神，而是所意指的事物。"精神的内在话语并不是由某种反思活动构成的。谁思维某物，亦即对自己讲某物，这里某物就是指他所思维的东西，即事物。因此，如果他构成了话语，则他并非返身指向他自己的思想。"（Ⅰ，430）话语构成的出发点是那种充满精神的事情内容，寻找表达的思维并非同精神相关，而是同事情有关。因此话语并不是精神的表达，而是事情的表达。伽达默尔说："被思考的事情和话语是紧密联系的。它们之间的联系极为紧密，因此话语并不是在精神中作为第二位的东西列在事情的旁边，相反，话语是认识得以完成的场所，也即使事物得以完全思考的场所。托马斯指出，话语就像光一样，而颜色正是在光里才能被人看见。"（Ⅰ，430）

这里所谓话语的直接的非反思特性，是指话语无须反思（或反映、反射）思维或精神与事物的关系，话语本身就直接与事物发生关系。按照一般的语言哲学，话语乃是思维或精神的外在表现，它反映思维或精神与外在事物的关系，因此话语本身只是一种反映或反思。

其次，神的唯一话语与人的多种话语的区分掩盖了话语统一性和多样性的辩证关系。即使对于神的唯一话语来说，多样性概念也并非远不可及。虽然神性话语确实只是一种唯一的话语，它只是以拯救者的形态才来到世界，但只要它仍然是一种事件，它就必然与它在教会中的多样性表现有一种本质联系。作为福音，它的特性中已经指示出它宣告的多样性。"话语的意义同宣告事件不可分离。"（Ⅰ，431）"复活的基督和布道所讲的基督是同一个人。"（Ⅰ，431）反之，在人类话语中，话语的多样性和统一性更以一种新的光表现出来。人类的话语具有说话的特性，也即通过话语的多样性的组合而把一种意见的统一体表达出来,这正是柏拉图和亚里士多德之所以从逻辑的观点阐明逻各斯的本质结构的原因。但实际上,正如伽达默尔所说的:"以话语的多样性解释自身的话语的统一性,这使某些在逻辑学的本质结构中并未展开的东西展现出来,并使语言的事件性质(Geschehenscharakter der Sprache),亦即概念的构成过程产生作用。"(Ⅰ,431)

第三,人类理智推论性所揭示的有限状态本性在于这一事实,即有限的精神永不会达到完全的自我呈现(self-presence)。思想是推论的而不是直观上直接的,这意味着在结论能被达到之前总存在一种延迟(耽搁),一种要被穿过的路径。思想本质上是处于过程之中,总是走在路上,而且它必须总是推迟做出它的结论直到过程被展开。正如历史学家在能理解一个事件之前必须等待该事件的结果或后果,同样,推论思维本身也普遍存在一种推迟,虽然更一般的是同一的类型。等待(waiting),介于中间(being inbetween),已经开始但未曾达到,这是有限精神的条件。有限精神并不对它自身或它的对象呈现,而是有过程的和历史的——也就是说,依赖于过去和未来。虽然推论性暴露了思想的有限状态,但它也揭示了思想的无限自由,永远为进一步解释留有空间。人类的话语不是一而是多这一事实,思想的对象并不完全在任一它的概念中被认识这一事实,暗示了思想不断地向前到进一层的话语和概念,并给予思想以一种本质上是无限制的产生新话语和概念的自由。

c)语言与概念构成

与语言齐头并进的概念的自然构成并非总是跟从本质的秩序,相反却总是根据偶然性和关系而发生。这种概念的自然构成虽然在柏拉图的概念分析和亚里士多德的定义中已有了展现,但由于实体概念和偶性概念所规定的逻辑本质秩序的优越性却使语言概念的自然构成仅仅表现为我们有限精神的一种不完善性。伽达默尔试图在这一节里反其道而阐明一种与概念的逻辑构成过程完全不同的语言概念的自然构成过程。按照伽达默尔的看法，这一语言概念的自然构成过程是与基督教神学相联系的。他写道："当希腊逻辑思想被基督教神学所渗透时，某些新的因素产生了：语言中心，正是通过这种语言中心，道成肉身活动的调节性（即神与人中介）才达到它完全的真理性。基督学变成一种新的人类学的开路者，这种人类学以一种新的方式用神的无限性调解人类精神的有限性。我们称之为诠释学经验的东西正是在这里找到它真正的根据。"（Ⅰ，432）

正如我们所看到的，对于阿奎那来说，推论性（以及合理的思想本身）在亚里士多德的三段论里找到它的范例表现。但是，当伽达默尔考察语言与概念形成过程的关系时，他开始怀疑了这一假定，即逻辑，不管是演绎的还是归纳的，在这过程中起了主要作用。伽达默尔写道："亚里士多德以及跟随他的托马斯所教导的那种观点，即通过语言把自然的概念构成置于逻辑的本质结构之中，只具有相对的真理性。"（Ⅰ，432）如果我们与伽达默尔一样，认为思想是语言而不是逻辑，那么我们就可能看出演绎法和归纳法作为一般思维模式的不恰当性。显然，语词具有一种先建立的意义、一般的意义，这种意义先于它们用于个别事例就存在。所以语词对个别对象的应用似乎在于把个别归入一般概念之下，而这一般概念就是该语词的意义。以这种方式被认为是归入（subsumption）的应用符合于演绎的模式，但归入不允许概念的改变，而且不产生那种超出前提里已蕴含的概念的新概念。所以它不能解释概念来自何处或不断进行的概念形成过程——这种过程总是随着语言被用而出现。因为它集中注意对立面，所以演绎并不说明共相由个别而规定，意义依赖于语境，或通过个别讲话者在某特殊情况里把语词应用于具体事件而背后形成概念的过程，而这后一种过程正是伽达默尔所说的在其中可以找到真正根据的"诠释学经验的东西"。但是，演绎归入的不恰当性是否意味着归纳归入的恰当性呢？这种归入格式显然是描述那种由个别规定共相的概念概括过程。归纳模式与演绎模式不同，它不开始于概念而结束于概念，所以它的问题是相反的。这里，归纳假设的东西是起源于无词的无概念的经验，而经验乃是后来通过从许多这样的经验中抽象出共同的元素过程而获得概念语言。但是，这种观点把语词和概念的产生置于太后。我们实际上并不需要也不等待抽象过程就可找到某语词和概念表达共同经验的相似性，我们可以不知道人和狼都是哺乳动物或食肉动物而说人是一种狼，甚至在我们对于这两个事物共同的东西具有一个类属词之前，我们就能在比喻上通过把一物的名称转给另一物而联系它们。

伽达默尔这里的意思是说，通常我们说话总是似乎把所要意指的东西置于已有词义普遍性的语词中，但我们却不能把说话认作是这样一种把特殊事物置于普遍概念中的归类活动，因为说话的人是如此地指向对事物进行直观的特殊因素，以致他所说的一切都分有了他正在考虑的环境的特殊本质。另外，通过概念构成而被意指的一般概念自身通过每次的对事物的直观而得到充实，从而最终也产生了一种更适合于直观事物特殊性的新的更专门的语词。因此，说话尽管是以使用具有普遍意义的前定词为前提，但它同时又确实是一种语言的自然构成过程，语言的生命就通过这种过程而使自身继续发展。

演绎和归纳的不恰当性使伽达默尔相对于概念的逻辑构成过程而提出了语言的自然构成。概念的逻辑构成原则是必然性，其方法是归纳和演绎；反之，语言的自然构成原则则是经验，其主要方法是譬喻。语言的自然构成过程不同于概念的逻辑构成过程，它并不存在对共同性的反思，类的普遍性和分类的概念对于语言意识完全是风马牛不相及的，它乃是一种经验的扩展或扩展的经验。在这种扩展过程中，经验发觉相似性，是在转义中找到其表达的，因此譬喻则是其基本形式。例如柏拉图学院的接替者斯鲍锡普（Speusipp）曾经试图找出相似性以超越逻辑的普遍性，他到处找寻相似共同性，如与鸟类相符的是翅膀，与鱼类相符的是鱼鳍，试图以这种相似性来规定概念，正如伽达默尔所说，这种"发现共同性以及从多中看出这种辩证的能力在这里非常接近于语言的自由普遍性和语言的语词构成原则"（Ⅰ，434）。伽达默尔写道："这里就存在着语言意识的天才性，即它知道如何表达这种相似性。我们把这称作它彻底的譬喻，这种譬喻的关键在于要认识到，如果把某个语词转义的用法认为是非本质的使用，那么这就是某种与语言相异的逻辑理论的偏见。不言而喻，经验的特殊性是在这样的转义中找到它的表达，它根本不是某种通过抽象而进行的概念构成的结果。但同样不言而喻的是，通过这种方式（指譬喻，经验）同样也能达到对共同性的认识。所以思维就能够趋向语言为其准备的贮存，以达到自己的阐明。"（Ⅰ，433）

伽达默尔在这里举出某个语词转义用法乃是本质的使用的例子是柏拉图《斐多篇》中的"遁入逻各斯"。此句话是柏拉图《斐多篇》中苏格拉底说的，当苏格拉底在解释前苏格拉底学派人只是通过感觉去认识世界，从而产生不确定意见时，他说幸好现在我们有另一种认识方法，即"遁入逻各斯"，也就是说，不通过感觉而是通过理性去认识世界。苏格拉底并把这种方法称之为"第二次最佳航行"，以使用舵代替自然风，使船行驰。这显然就是一种语词转义的譬喻用法。

譬喻是概念形成（Bildung）的一种特殊语言性过程，因为当一个语词从一物转到另一物以致新物成为可理解的，概念就被改变和扩大。然而过程不只是语词的过程，因为正是语词被应用的新物才改变和扩大了概念，即语词的意义。譬喻（metaphor）是伽达默尔如此极端强调的应用的双方的和相互的本性的语言学基础。与此相反，归纳和演绎是非双方的、等级森严的和单向的：它们或者从个别到共相，或者从共相到个别，但不能同时是两者。反之，譬喻在于一种可双向的、摆动于两端的、循环的运动。如果书页（pages）像树叶（leaves），那么树叶也像书页。每一个都在另一个里引起共鸣，因而平衡了等级差别。当归纳和演绎是思维的纵向模式，涉及"高一层"共相和"低一层"个别时，譬喻转换则在水平上起作用。正如存在物与存在物的图像关系或实在物从实在物的流射一样，譬喻在同一平面上联系两个事物。说桌子有腿，并不是把桌子归入人体；说人体具有树干（躯干），并不是从人体与树之间抽象出共同的东西。譬喻既不是下降，也不是上升；既不是归入，也不是抽象，它是一种横向的运动。正如演绎一样，譬喻开始于一个概念，但这概念由于转换的应用而被改变；正如归纳一样，譬喻结束于一个新概念，但这是由于前面概念的变形。[①] 因为譬喻是水平的，所以它拉平了个别与一般、陌生与熟悉之间的差别。如果我们具有一非常特殊的经验，既新又奇特的经验，并且如果我们想把它所有新奇的东西表现为以前从未表现的那样，那么我们几乎自然而然地达到譬喻。但是，即使在诸如"树的页"（the pages of the tree）此类的奇特转换里，独特的也诉诸于熟悉的，单一的也诉诸于共同的。

譬喻的视域性质与它是一种独一无二的推论现象这一事实相关联。没有一个语词自身是譬喻的，而只是在与其他语词的结合中才是譬喻的。然而这不意味着语言自身是非譬喻的，因为语言也是推论的，并且不存在于个别的语词里，而是存在于它们被一起组成的不管是口说的还是书写的文本和语境里。在推论次序中每一语词修正、规定其他语词，而又被其他语词所规定。如果我们取文本和语境的相互解释的关系，那么它们中没有一个能没有另一个而被理解，正如诠释学循环标准说法一样，我们可能看到譬喻转换乃是这种不断继续的后—前波动的范式。当一个语词从一个指称

[①] 伽达默尔写道："对于譬喻理论，康德在《判断力批判》第 59 节里的说明在我看来仍是最深刻的，譬喻根本上不比较两个内容，而是将超出直观对象的反思转换到一个完全不同的概念，而对这个概念也许永不能有一个直观直接地与它相符合。"（《直观与直观性》，见《哲学新期刊》，18/19（1980），第 13 页）

域继续到另一个指称域,当树叶变成书页和书页变成树叶时,它们两者都不是无改变地被留下。因为这种相互性,要规定什么是主题和什么是手段,什么是文本和什么是语境,就变得困难而且最后还不可能。因为这同样的理由,最终我们不可能区分语言为原义的和譬喻的,因为原义的在于被忘却的譬喻,两个谈话领域被忘掉地融合成同一性。这句话已经表示了在譬喻里我们找到一种视域融合的模式,这种模式本身就是诠释学循环的另一说法。所以譬喻的转换(Übertragung)就是传承(Überlieferung)的语言类似物:两者都包含同一的继续过程,在这过程中,不仅概念被形成,而且共同意义也被形成。最后,正如在《真理与方法》里所表现的,诠释学指明譬喻的重要性是如何根本。

的确,如果我们再考察一下此书的前面几节,我们就能看到譬喻对于伽达默尔不仅是一个核心概念,而且也是一种思维方式。艺术被认为是游戏、戏剧和悲剧。每一个都是艺术的形象,并且(在回顾中更清楚)具有历史和真理。伽达默尔形象化的、有时甚至比喻的思维方式使《真理与方法》的内涵特别丰富,例如游戏、诠释学循环、视域融合,但也造成特别难以理解。例如,当他写游戏时,他完整地写了游戏并对于游戏理论本身做了重要贡献,然而同时读者也清楚地知道游戏完全不是他的主要意图,甚至当他不写其他东西时也是如此。在前一节论三位一体里我们感到同样的模棱两可性。阿奎那本来使用人的话语作为神的话语的形象,而伽达默尔似乎使用神的话语作为人的话语的形象。这就是说,他似乎相反地在阅读——甚而误读——阿奎那的譬喻,有如手段变成了主题一样。然而这是完全不清楚的,即伽达默尔取神灵仅作为人的譬喻。所有他对于人类有限状态的强调,即只命名他们思想的一个方面,对这一观念也发生不利影响。伽达默尔对神学家有直接兴趣,因为在这一段落和其他段落里他在写神学——而同时又撰写特殊的人的诠释学,难道不是对阿奎那同样相反的看法吗?

然而,我们仍未提到譬喻与诗的明显关系。伽达默尔主要想指明譬喻转换是一般语言的基本特征，而不是诗所特有的性质。讲话不是特殊的日常语言，也不是非常特殊的诗。当亚里士多德把譬喻归给诗学和修辞学时，这种划界已表示他对语言里先于逻辑形式化而出现的概念形成过程的怀疑。的确，亚里士多德的形而上学范畴是讲话的部分，在这范围内他暗示讲话与思想的统一以及语言先于逻辑。特别是在他的《后分析篇》最后一节里，他以一种最机智的方式阐明一般概念的自然构成是如何通过经验而实现的。按照亚里士多德的看法，语言的概念构成具有一种完全非教条的自由，因为从所遇到的经验中所看到的共同性并成为一般性的东西具有一种纯粹的前准备工作的特征，而这种前准备工作虽说处于科学的开端，但却并非科学。然而，由于亚里士多德的知识概念是受证明和逻辑次序的理想所支配的，结果是，对于亚里士多德来说，语言所做的概念预先工作，在它能被承认为知识之前，必须根据逻辑加以检验，逻辑必须区分专门的意义和转换的意义。以前构成语言生命之根据并构成它逻辑创造性的东西，也即天才而富有创造性地找出那种使事物得以整理的共同性的活动，现在却作为譬喻而被排挤到一边，并工具化为修辞学的形态。亚里士多德把譬喻和诗本身分配给语法学、修辞学和诗学，这指出语言被否认有认识的重要性。语言是由援引事物次序来判断（找到要求）的，而这是一种逻辑次序。伽达默尔写道："从根本上可以说，凡在语词取得一种纯符号功能的地方，则说话和思维之间的本来联系（我们的兴趣正在此）就会转变成一种工具式的关系。这种关于语词和符号之间改变了的关系正是科学的概念构成的全部基础，而且它对我们来说已经是这样不言而喻，以致我们甚至需要一种巧妙的回想才能记起，在科学的单一指称的理想旁边尚有语言本身的生命未加改变地继续存在着。"（Ⅰ，437）

显然，语言在其被说时并不是按逻辑的三段论模式形塑自身。同样清楚的，语言以一种似乎忘却事物次序的方式（这是科学地被规定的）在走它自己的路；只要这种次序仍保持作为判断所说语言的标准，它将现出有缺陷。日常用法不断地落后于科学的发现，而且不仅仅是因为传播那种首先仅为专家所有的知识需要时间。尽管哥白尼死后已有好几个世纪过去，但人们仍说太阳"升起"和"下落"。无视生物学的分类，花生仍是干果，树袋熊和熊猫仍是熊，蜘蛛仍是昆虫，海豚仍是（难道我们现在应当说，比喻地）鱼。难道鲸真的正当地、正确地被称为哺乳动物——或者说，生物学上精确的词汇只是表达一种观看它们的方式？难道"利维坦"更为精确吗？问题是语言与科学次序之间的不相符是否只是由于无知、迟钝，或是由于语言的惰性呢？

如果语言落后于科学确实是真的，那么语言常远走在前头也同样是真的。虽然同一星辰有许多名称，但其中不是所有名称都是科学的名称，例如有6个普通名词描述跑马，其中没有一个是科学名词。以譬喻作为语言创造性的一个方面，也具有这种远超出科学分类严格要求的东西而增加特殊"表达式"和概念的能力。我们只要想一下雪有无数爱斯基摩名字或骆驼有200个非洲名词，假如我们回忆一下，虽然只有两个生物学的种。语言的一般性是它明显缺乏科学次序的另一方面；但它的缺乏不只是缺陷，也是说明语言走它自己的路这一事实，因为它回答了它的讲话者的直接需要并表达了他们认为最重要的东西而不管科学的次序。[①] 伽达默尔写道："每一种语言以自己特有的方式对语词和事物所进行的划分到处都表现了一种最初的自然的概念构成，这种自然的概念构成同科学的概念构成系统相距很远。它完全遵循事物的人为方面，遵循人的需求和利益的系统。如果语言共同体只掌握所有事物的相同的本质的方面，那么对于一种语言共同体来说是某种事物本质的东西就能用另外的，甚至完全是另外种类的东西把它归属到一种统一的命名之中，这种命名同科学的本质概念及其属和种的归类系统根本不相符合，相反，同这种科学的属和种的归类系统相比，常常是偶然性引导着某个语词的一般意义。"（Ⅰ,439—440）

---

① 以上参阅魏海默的《伽达默尔诠释学：〈真理与方法〉解读》，第229—241页。

由此伽达默尔要我们重新回忆哲学史，他说，如果我们注意一下哲学史，那么我们就会看出，在科学的单一指称的理想旁边还有语言的生命未加改变地继续存在，也就是说，在概念的逻辑的、科学的构成过程之外，尚有语言的生动的、自然的构成。伽达默尔把这两种构成说成是追求概念的普遍性和追求实用的意义两种倾向，并认为人类语言的发展就是靠不断追求这两种倾向之间那种不能完全达到的平衡，他写道："追求概念的普遍性和追求实用的意义这两种倾向之间的平衡，是任何一种有生命力的语言都不可能完全达到的目标。因此，如果我们真实的本质秩序衡量自然概念构成的联系，并把它理解为纯粹的偶然，那么这就包含某种人为的并且违背语言本质的东西。实际上这种联系是通过必要而又合法的变化范围而产生的，正是在这种变化范围中，人类精神才能表述出事物的本质秩序。"（Ⅰ，440）最后，伽达默尔总结说："在中世纪的思想中，语言问题的神学重要性如何总是又回溯到思维和说话的统一性的问题，并由此使一种在古代希腊哲学中尚未想到的因素起作用。语词是一种过程，意义的统一性就在这种过程中达到完全的表达——正如在关于语词的思考中所考虑的，这种观点相对于柏拉图关于一与多的辩证法指明了某种新的因素。因为对于柏拉图来说，逻各斯本身只是在这种辩证法的内部进行运动，它只不过是理念所遭受到的辩证法。这里并不存在真正的解释问题，因为作为解释工具的语词和话语总是被思维的精神所超越。与此相反，我们在三位一体的思辨中发现，神成人的过程包含了新柏拉图主义关于展开，也即关于如何从一中产生的探究，从而第一次表明了语词的过程特征。"（Ⅰ，438）

通过把语言的创造性与把世界说进存在的神的创造性联系起来，库萨的尼古拉能积极地设想人的特殊表达方式和语言的多样性。正如我们已经说过，存在有两种创造世界的方式，即神性话语创造世界和人类话语创造世界：前者并非以一种具有时间顺序的创造思想和创造日来创造世界，反之，后者却只在时间的相继性中把握其思想整体。库萨的尼古拉在语词的属和种如何从感觉中形成并在个别概念和语词中展开的活动中发现一种类似于神性创造的理性活动。他不仅像阿奎那那样把人的语言理解为精神语词，而且也理解为实际所说的语言：他认为，即使这些——无论如何多——仍不只是一个真话语的分散和衰弱。当新柏拉图派流射说包含那种所谓在一增殖成多过程中的衰退性，当巴别尔故事把语言的分化解释为毁灭时[①]，库萨的尼古拉却说，人类有限状态的积极方面可以在语言创造性的多产力、语言根本不受限制以及概括新表达式和新概念的能力上表现出来。历史的变异、推论性、同物异名、声音的变化——所有语言多样性的例子——当从反对一种真的事物次序上看似乎是偶然的，这种次序似乎只对无限精神的不受时间限制的直观呈现。然而库萨的尼古拉却把语言的多样性认为是这种统一的逐渐展开或发展，一种继续到无限的解释过程，因为人的精神不是无限的，所以人的语言和诸语言都是这种统一的启示，但它们也遵循它的人的方面，并且这些是多。语言在各种不同的具体情况和历史境遇里表达和讲说人的交往的特殊需要、兴趣和利益。在规范对人是重要的事情时，语词和语言的区分找到了它的证明。这种多样性是偶然的，仅当人的有限性是这样时。在语言之内和诸语言之间的语词里有一系列的必要而合法的改变，然而所有这些变化都是在一个神圣次序对人的表现的不同方面揭示这个次序。即使语词之间的差异性表示一种关于事物的相应的差异性、变化或不精确性——为游戏留有余地——然而对库萨的尼古拉来说，思想与语言仍是与一个真理紧密相关。即使人类语言在本质上是不精确的，但这种不精确性并不排除在一切表达中都有一种事物本身（der forma）的反映。尽管语言变异的存在，但库萨的尼古拉并不回到相对主义。伽达默尔

---

① 巴别尔故事（the story of Babel）指《圣经》中的一个故事。据"创世记"记载，有一个巴别尔城，诺亚的后代拟在此建造一通天塔，上帝怒其狂妄，使建塔的人突然操不同的语言，"使他们的言语彼此不通"，从而此塔终未建成。巴别尔一词此后表示"变乱天下人的言语，使众人分散在全地上"，借喻语言混乱，事无终成。

写道:"正如人类的知识本质上是不精确的,也即可以允许有出入的,同样,人类的语言也是不精确的,允许有出入的。凡在一门语言中具有其固有表述的东西,则在另外的一种语言中也会有一种更粗疏、更冷僻的表述。因此,或多或少地存在着一种固有的表述。一切实际的命名在某种意义上都可以说是任意的,但它们却必然同相应于事实本身的自然表述相关。一切表述都是恰当的,但并非每一种表述都是精确的。"(Ⅰ,441)

这种语言理论的前提是,即使附有语词的事物也不隶属于人类认识逐渐趋近的前定的原型秩序,相反,这种秩序乃是通过区别和概括从事物的给定性中构成的。这样在库萨的尼古拉的思想中就产生了唯名论的转向。如果属和种本身就是理智存在物,那就很可以理解,尽管我们使用了不同语言中的不同的语词,但语词还是能够同它所表述的事物直观取得一致性。正因为所涉及的并不是表述的变化,而是事物直观的变化以及随之而来的概念构成的变化,所以这里涉及到一种本质的不精确性,这种不精确性并不排除在一切表述中都有一种事物本身的反映。伽达默尔最后说,对于库萨的尼古拉来说,正是一切人类语言中的事物联系,而非人类认识事物的语言束缚性才是根本的,因此,人类语言束缚性只是表现了一种光谱的折射,尽管在此折射中真理得以显现。

这一节伽达默尔考察了概念构成的前史,以说明在概念的逻辑构成的同时还存在有语言的自然构成。首先,柏拉图那种超越名称的要求虽然是以理念宇宙原则上独立于语言为前提的,然而,只要这种对名称的超越是作为辩证法,即作为一种对世界统一的洞见,作为一种从不同现象中找出共同性的观看,那么它所遵循的仍然是语言自身构成的自然方向。对名称的超越虽然说明事物的真理并非存在于名称中,但并非说,对于思维似乎就无须使用名称和逻各斯。柏拉图认为,作为事物之真正存在的理念只能通过这种语言中介才被认识。柏拉图学院的接替者和柏拉图主义者斯鲍锡普就是这样强调概念的自然构成,认为比喻发现共同性超越于类逻辑意义上的普遍化。"从一个领域到另一个领域的转换不仅具有一种逻辑功能,而且还同语言的彻底比喻相吻合。"(Ⅰ,434)以致亚里士多德说"好的转换就意味着认识共同性"(《诗学》,22,1459a8),并在其《工具论》里对共同的类进行定义设定时,很明显是从对共同性的观察而引导出来。伽达默尔特别讲到亚里士多德关于声音和文字符号的论述,尽管声音和文字符号在亚里士多德看来,只有成为象征(symbolon)才能进行指称,意思就是说,声音和文字符号并非自然的东西,而是按照某种协定形成的人为的东西,但伽达默尔说:"这里并不是一种工具式的符号理论。毋宁说,使得语言声音或文字符号能意指什么东西的这种协定,并不是关于某种相互理解手段的约定——这样一种协定总是已经以语言作为前提——这种协定是人类共同体及其关于什么是善和正当的一致意见并以之为基础的协议……尽管希腊人喜欢把善和正当以及他们称为nomoi(规范)的东西理解为神圣的人的决定和成就,但对于亚里士多德说来,这种nomos(规范)的起源更多地是刻画了它的效果而不是它真正的产生……亚里士多德对于语言所说的协定刻画了语言存在方式的特征,而不是讲它的起源。"(Ⅰ,435)另外,亚里士多德关于概念构成的理论,即归纳理论,尽管他自己的逻辑学起了主导的作用,尽管他努力有意识地使用定义逻辑并力求摆脱语言的偶然性,但他却是通过儿童学习说话来加以解释的,表明他还是完全受到说话和思维之间统一性的影响。按照亚里士多德的观点,语言的概念构成具有一种完全非教条性的自由,因为从所遇到的经验中所看到的共同性并成为一般性的东西具有纯粹前准备工作的特征,这种前准备工作虽说处于科学的开端,但却并非科学。这样,语言的逻辑成就只有从修辞学的角度才能获得承认并在修辞学中才被理解为比喻的技术手段。这样,原先那种对概念上下归属的逻辑理想,现在成了君临于生动的语言比喻之上的东西,关于语言的思维变成了一种语法学和修辞学的事情。斯多葛派的逻辑学是最早谈到这种非实质的意义,在他们看来,语言的这种意义与空间处于同一层次,正如空间只有用思维撇开其中并列安置的事物才能成为思维的对象一样,语词的意义也只有当我们用思维撇开借助于词义而命名的事物才能被认为是一种自为的意义,并为这种意义形成一个概念,意义就像一个空间,事物可以并列安置于其中。只是可惜,到了希腊科学的时期,由于语词取得了纯符号功能,这种说话和思维之间的本来联系才变成了一种工具式的关系,而"这种关于语词和符号之间改变了的关系正是科学的概念构成的基础,而且它对我们来说已经是这样不言而喻,以致我们需要一种巧妙的回想才能记起,在科学的单一指称的理想旁边尚有语言本身的生命未加改变地继续存在着"。(Ⅰ,437)按照伽达默尔的看法,罗马的中世纪,由于拉丁文在学者之间具有不言而喻的统治地位以及希腊逻各斯学说的继续影响,这种语言的自然构成尚未受到重视,但到了文艺复兴时期,由于世俗的作用变得重要起来以及民族语言进入了学者的教育之中,从而这种语言的自然构成得到富有成果的反思。这在库萨的尼古拉身上最为明显。库萨的尼古拉把作为精神统一展开而用语词表达的概念同一种自然词相联系,自然词不是一种始于人类语言混乱之前的原始语言,而是从人类认识的彻底不精确性而来的一种自然语词,这样,库萨的尼古拉就可以承认民族语言的差异性和偶然性,而无须接受一种纯约定的语言理论和一种工具性的语言概念。一切实际的命名在某种意义上都可以说是任意的,但它们却必然同相应于事物本身的自然表述相关。一切表述都是恰当的,但并非每一种表述都是精确的。

第三节　语言作为诠释学本体论的视域

a)语言作为世界经验

上世纪新康德主义者为了反对康德的"自在之物"曾提出这样一个著名的命题,即"世界就是我们所理解的世界"。这一命题不仅把那种不为我们所理解或认识的自在之物排斥在我们所理解的世界之外,而且也把我们的世界界限缩小到我们所理解的事物的范围,也就是说,世界的界限就是我们所理解的界限,认识或理解与世界是同广大的。当伽达默尔在此部分提出"能被理解的存在就是语言"(Ⅰ,478),即世界的普遍性等同于语言的普遍性时,我们就可能推测伽达默尔必然以后会根据这种观点得出世界经验等同于语言这一结论。果不其然,此一小节的标题就是"语言作为世界经验",或说"语言就是世界经验"。这一结论实际上早在40年前维特根斯坦就做出了,维特根斯坦在他的著名的《逻辑哲学论》里写道:"我的语言的界限意味着我的世界的界限"[①],"语言(我所理解的唯一的语言)的界限意味着我的世界的界限"[②]。不过,在伽达默尔与维特根斯坦之间有所区别:一方面,在伽达默尔的结论里我们看不到维特根斯坦那种唯我论的显示;另一方面,伽达默尔在这里强调的是语言是世界经验,而不是世界认识或知识。对于伽达默尔来说,经验与认识或知识的区别相当重要,认识或知识只是一种理性的逻辑构造,反之,经验乃是我们与世界的真正照面。经验主义者说得对,在我们取得认识或知识之前,我们早就有了经验,经验可以说是我们的生活世界,或者说我们对世界的定向。

伽达默尔首先从德国语言学家威廉·冯·洪堡的分析开始。在他看来,现代关于语言的思维自赫尔德和洪堡以来乃受到一种完全不同的兴趣所支配。在他们之前,库萨的尼古拉在相对主义方向里几乎不受到诱惑的一个理由是,对于他来说,不同语言的特殊性和差别本身并不具有任何兴趣或重要性,而只是就它们彼此是相互一致的并与一个真理相符合才有重要性。伽达默尔说:库萨的尼古拉"仍然是个柏拉图主义者,即不精确东西的区别并不包含固有的真理性,因而只有就这种区别与'真实的东西'相一致而言,这种区别才对他有兴趣。库萨的尼古拉对生成着的民族语言的民族特性根本没有兴趣,而洪堡则受这种兴趣所推动"。(Ⅰ,443)不过,威廉·冯·洪堡虽然着重于民族语言的特殊性的研究,但他也不主张语言的特殊性可以离开语言的普遍性,尽管他提出语言与其中所表达的世界不可分开,每一种语言都表现它自己的世界观(Ⅰ,

---

① 维特根斯坦:《逻辑哲学论》,5.6。
② 同上书,5.6.2。

443)。诸语言之间的差别暗示了世界观和民族心理学的个体化，但他却不认为每一种语言共同体都囿于它的狭小的世界，以致为某种包含众多不协调无窗户世界的独断唯心论铺砌了道路。伽达默尔写道："洪堡对个体性的兴趣正如他同时代人的这种兴趣一样，根本不能被理解为对概念的一般性的背离。对他来说，毋宁说在个体性和一般的本性之间存在着一种不可分离的联系。个体性的感觉总是具有对全体性的预感。因此，深入到语言现象的个体性中就意味着一种通向认识人类语言整体状况的道路。"（Ⅰ，443）

洪堡的出发点是，语言是人类精神力量的产物。凡有语言的地方，都有人类精神原始的语言力量在起作用，而每一种语言都懂得如何达到人类的这种自然力所追求的普遍目标。洪堡在他最富有意义的一个表述里说道，"语言乃是与一种无限的、真正无穷无尽的领域，与一切可思维事物之总和完全相对应的。因此，语言必须对有限的手段进行无限的使用，并且是通过产生思想和语言的力量之同一性而可能做到这一点的"（Ⅰ，444）。语言的力量在于"能够对有限的手段进行无限的使用"，这不只是说声音、文字、语词和语法模式是有限的但能有无限制的变化，更为重要的是语言的力量总是超出存在的东西和其中被说的东西。洪堡得出结论说，因为语言超出它在任一瞬间所应用的内容，所以语言一定被认为是一种由一些与任何特殊内容相分开的有限元素的无限组合和结合所构成的形式。对于洪堡来说，每一种语言都表现一个世界，就如一个形式表现一个内容一样，即使他自己并不坚持这种观点到底。但正是这种形式—内容的二分法却首先导致一种把语言认为是形式手段的工具主义观点；其次导致把世界认为是一物而语言是另一物以致它们两者能彼此相关联的观点；最后导致认为即使语言有无限的力量，但每一世界并不只是相对于它的语言而存在，而是被它的语言所决定的观点。这些结论的每一个，以及形式—内容分离本身，都是由构造语言科学的原始动机而推出的：即把语言作为自在对象并不同于它所意指的东西来构造。在这一点上,伽达默尔说洪堡关于语言的形式观点同时也表现了一种抽象,反之,在诠释学经验中,语言形式和传承内容则应当是不可分离的。伽达默尔写道:"这种语言概念(指洪堡的语言观点)同时也表现了一种抽象,而这种抽象我们为着我们的目的是必须要考虑的。语言形式和传承的内容在诠释学经验中是不可分离的。假如每一种语言都是一种世界观,那么语言从根本上说首先就不是作为一种确定的语言类型(就如语言学家对语言的看法),相反,语言是由在这种语言中所述说的内容而传流下来的。"(Ⅰ,445)

尽管伽达默尔在这里批评了洪堡,但他也指出洪堡如下观点的正确性,即他认为每一种语言相对于每次所说的内容而构成一种特有的此在,从而使人们能在语言中特别清楚而生动地感觉到遥远的过去如何同现在的感觉相联系,因为语言是通过我们前辈的感受而流传下来并保存了他们的情调。伽达默尔说,洪堡在被作为形式而把握的语言中看到了精神的历史生命。以语言力量这个概念为基础而建立语言现象,这赋予了内在形式概念以一种特有的合法性,而这种合法性可以由语言生命的历史活动性得以证明。

实际上,语言只有当它在休闲时和离开它的应用时才可以被认为是一个对象。在使用时,即当语言在履行工作时,它作为这种形式因为在工作而消失不见。它们被充满了它们所意指的东西,并且没有形式—内容的分离。在使用时,语言总是在说什么东西。儿童并不是先学会他们发声的普遍形式,然后学会如何把这些普遍形式应用于个别事件;他们其实是横向平行地学会的,即从使用到使用。他们从讲话中学会讲话,从应用中学会应用。伽达默尔论证说,语言是最自身的(most itself),假如语言最少地被对象化,假如形式和内容、话语和世界不被分开的话。本国语言获得的横向性质对学习外国语言也有意义。尽管洪堡曾经说过,学会一门外语肯定是在迄今为止的世界观中获得一个新的角度，但他继续说道："只是因为我们总是或多或少地把我们自己的世界观，或者说我们自己的语言观带入外语之中，所以这种结果很少被人纯粹而完全地感到。"（Ⅰ，445）在这里，作为一种限制和缺陷而谈的东西，实际上表现了诠释学经验的实现方式。把一种新的角度引入我们迄今为止的世界观中，并不是对某门外语的领会，而是对这门外语的使用。确实，洪堡关于把我们的语言观带入外语中的事实是正确的。伽达默尔称它为视域融合、诠释学经验的范式。通过这种范式，我们不离开旧的视域而获得一个新视域，这种新视域允许扩大可能观看、学习和理解的东西。在学习外语时，尽管我们会很深地置身于陌生的精神方式中，但我们绝不会因此而忘掉我们自己的世界观，也即我们的语言观。学会一门外语和理解一门外语，只是指能够使在该语言中所说的东西被自己说出来，而如果我们没有把我们自己的世界观即语言观一起带入的话，我们就不能达到这种要求。伽达默尔说："尽管我们会很深地置身入陌生的精神方式，但我们绝不会因此而忘掉我们自己的世界观，亦即我们自己的语言观。也许我们所面临的其他世界并非仅是一个陌生的世界，而是一个与我们有关联的其他世界。它不仅具有其自在的真理，而且还有其为我们的真理。"（Ⅰ，445）从诠释学观点来看，这就是一种语言融合。这种语言融合，既不可以忘记自己原有的语言观，也不可贬低其他语言而不让它们发生作用。任何语言都可以被任何其他语言讲话者所学习。即使在我们研究另一种语言时，我们也从未只是贬低这种语言，讲话者也绝不因为他的母语本身能融合其他语言而必然被限制于他这种母语的界限内。同样，我们也无须使自己摆脱我们的母语或破坏它，而只需有利于它的开放和发展的内在能力。因为这种能力，语言具有无限扩张的可能性而且不能被认为是无窗户的围篱。的确，每一种语言表现为它自己的世界观，但这种多样性的事实本身却意味着其他语言和其他世界为我们自己语言和世界的扩大提供了多种具体的可能性，因为我们能学会在它们之中生活和讲话。如果我们确实学会它们,它们就与我们自己的语言和世界相融合。

伽达默尔说:"如果我们形式地对待语言,我们显然就不能理解传承物。如果这种传承物不是以一种必须用文本的陈述来传达的熟悉性加以表现,那么我们同样不能理解它所说的和必然所说的内容。"(Ⅰ,446),另外,伽达默尔还说,学会一门语言就是扩展我们能够学习的东西,诠释学经验就在于:"学会一门外语和理解一门外语,只是指能够使在语言中所说的东西自己对我们说出来。这种理解的完成总是指所说的东西对我们有一种要求,而如果我们没有把'我们自己的世界观,亦即自己的语言观'一起带入的话,则这种要求就不可能达到。"(Ⅰ,446)

最后,如果我们拒绝接受形式—内容分离,那么我们就得出对于伽达默尔来说是最重要的结论,即语言融合就是世界融合。"语言观就是世界观。"(Ⅰ,446)洪堡自己在考察语言起源时就否认过语言与世界分离,因为他看到语言的起源与人类的起源相一致:话语从一开始就与人同在,语言从一开始就是人类的语言。语言既不是给予人的,也不是人所制造的。语言之所以不后于人类是因为没有任何人类世界能没有语言。洪堡特别指出神学家关于语言起源的思考是特别错误的,因为它包括了一个无语言的人类世界的结构,似乎人类具有语言乃是某个时期的成就。对于伽达默尔来说,正如对于洪堡一样,语言与人类世界的同时发生不仅是年代学的而且也是本质的事实。这暗示语言不是人类许多拥有物中的一个,因为它完全不是一种拥有物,而是人之所以为人的本质结构。语言不是世界里其他事物之中的一个,因为正是有了语言,人才拥有世界。伽达默尔写道:"语言并非只是一种生活在世界上的人类所适于使用的装备,相反,以语言为基础,并在语言中得以表现的是,人拥有世界。世界就是对于人而存在的世界,而不是对于世界上其他创造物而存在的世界。但世界对于人的这个此在却是通过语言而表述的。这就是洪堡从另外的角度表述的命题的根本核心，即语言就是世界观。洪堡想以此说明，相对于附属于某个语言共同体的个人，语言具有一种独立的此在，如果这个个人是在这种语言中成长起来的，则语言就会把他同时引入一种确定的世界关系和世界行为之中。但更重要的则是这种说法的根据：语言离开了它所表述的世界就没有它独立的此在。不仅世界之所以是世界，仅因为它要用语言表达出来，而且语言之所以具有根本的此在，也只是在于世界是用语言来表现的。语言的原始人类性同时也意味着人类在世界存在的原始语言性。"（Ⅰ, 447）

拥有世界，就是对世界采取态度（sich zur Welt verhalten）。但要对世界采取态度却要求我们尽可能同由世界而来的相遇物保持距离，从而使它们能如其本来面目那样地出现在我们之前。而这种能够也就是拥有世界和拥有语言。这样"世界（Welt）概念就成为环境（Umwelt）概念的对立面"（Ⅰ, 447）。伽达默尔为什么说世界是环境的对立面呢？按照伽达默尔的看法，从德语字源上考察，Welt（世界）与 Umwelt（环境）就是对立的。世界是离开人而独立存在的，而环境则是为人而存在的，Umwelt=Welt um uns。用海德格尔的术语来说，世界是 Vorhanden（现成在手的东西），而环境则是 Zuhanden（使用上手的东西）。伽达默尔认为，环境概念最早本来是为人类环境而使用的，而且也只为人类环境而使用，环境就是我们人类生活于其中的周围世界（milieu）。只是到后来，环境概念的外延被大大地扩大了，不仅人类世界可以使用环境，而且一切其他生物也可以使用环境，以致环境概念本来的内蕴发生了改变。伽达默尔说："环境概念最初是一个社会概念，这个概念将揭示个体对于社会世界的依赖性，因此这个概念只同人类相关联。但是，环境概念可以在广义上应用于一切生物，以便概括出这些生物的此在所依赖的条件。但在这种情况下，我们也可以清楚地看出，人类同所有其他的生物不同，因为人拥有'世界'，而生物则并不具有同样意义上的同世界的关系，它们似乎是被置于它们的环境之中。因此，把环境概念扩展到所有生物身上实际上就改变了这个概念的意义。"（Ⅰ，447）为了使人的世界与动物的环境相区别，伽达默尔使用了一个富有特征的德文词 Umweltfreiheit，意思就是无环境性，或无人受制于环境。德文构词有一特点，某一名词之后加上 frei（自由，从中摆脱），该词义就变成否定：如 Autofrei，意即无汽车，或无人行驶汽车；又如 Platzfrei，意即空位置，或无人占据位置。一切生物都依赖于它的环境并且是环境的产物，这是正确的；但是人类与其他生物不同，人类并不像其他生物那样与环境直接相连，正相反，人类因为有语言而与他们的世界保持距离。人类与世界的关系并不像动物与其环境所具有的那种直接关系，它可以说是一种无环境的关系。伽达默尔说："因此，同一切其他生物相反，人类的世界关系是通过无环境性来表现其特征的。这种无环境性包括了对世界的语言构造性。这两者是相互隶属的。使自己超越于由世界涌来的熙熙攘攘的相遇物就意味着拥有语言和世界。"（Ⅰ，448）正因为在高速公路上无人驾驶汽车，你就可自由驾驶汽车；正因为戏院里的位置空着，你就可自由去坐；同样，正因为无人受制于环境，你就有了超越环境和越向世界的自由。超越环境，并不是说离开环境，而是指用另外的态度对待环境，指一种自由的、保持距离的态度，只要有语言和人存在，我们就有这种超越环境而越向世界的自由。伽达默尔说："最近的哲学人类学在同尼采的争论中就以这种形式提出了人类的特殊地位，并指出世界的语言构造根本不是指人的世界被封锁于一种用语言框架编制起来的环境之中。相反，只要有语言和人存在，那就不仅有超越或脱离世界之压力的自由——而且无环境性也同我们赋予事物的名称的自由相联系，正如深刻的宗教注释所说；亚当就是以此为根据而从上帝那儿接受了制定名称的全权。"（Ⅰ，448）

如果我们认识到这一点，那么我们就可以理解为什么同人类普遍的语言世界关系相对还存在各种语言的多样性。其根据显然在于这一事实，即语言与世界的关系不是固定的，不仅存在有许多语言，而且即使某个特殊语言表现某个特殊世界，它的讲话者仍能自由地以任何数目的方式说同样的事物。这种自由也属于语言的多样性：从不只有一种方式或一种单独正确的方式去描述任何给予的情况。伽达默尔说："由于人总是能够超越他所处的每一偶然环境，而他的讲话又总是能把世界表达出来，所以人从一开始就具有行使其语言能力的变化性。"（Ⅰ，448）超越环境就是越向世界，它指的并不是离开环境，而是指用另外的态度对待环境，指一种自由的、保持距离的举止，而这种态度或举止的实现就是一种语言的过程。世界并不规定它自己的语言。因为语言是我们与世界的关系，所以有可能地使我们的存在不受世界的规定，不像动物由它的环境所规定那样。同样的情况也适合于作为语言世界的人的世界。多种语词和地方语言的自由排除了任何对某一语言内的思想的语言规定，这种决定论被我们能学习其他语言的自由所消除。

我们独立于世界同时意味着世界独立于我们，独立于它得以被表达的地方语言。正是因为任何所与的语词不是由它所意指的事物所规定或引起，所以语词意指事物自身，而事物自身独立于那个意指该事物的特殊语词。因为任何特殊的地方语言对于事物是不被决定的，所以地方语言不是自我反思的：它不指出自身，因为任何所与语词可以是另外的，总是有包含像"我意指什么，或无论你称它什么"这样的东西。因为语言与世界之间有差别和距离给予语言活动空间，使它可以用任何数目的名词去称呼事物，所以语言也给予世界以它自己的自由，并像它真是那样表现它，而不受讲话者的特殊性和他使用的特殊语言的影响并独立于它们。简言之，语言可以表现事实情况。这并不表示世界离开语言，而只是说，每一个人类世界虽然是在语言上被构成的，但它不是由该世界得以可理解的特殊语言所决定或是相对于这种特殊语言的。伽达默尔从这种事物与语言的关系中引出了语言特有的事实性（Sachlichkeit）。在语言中所表述的东西是被表达事物的事态关系（Sachverhält），而事态关系就是处于有限距离关系中的对象与讲话者的特殊关系，这是语言的特殊客观性和它在性。这种客观性或他在性允许事态可以用一个命题表述出来并告知给他人，而且事态可以是否定性的，因为它可以间接地表现不存在的东西。这里我们可以看到伽达默尔与洪堡关于语言观点的根本分歧。洪堡把作为语言的能力与人类精神的本质能力等同，从而预设了一种唯心语言观，即语言是主体的本质能力；反之，伽达默尔则认为语言是事物本身的活动，当然这种活动是主体所经验的。

伽达默尔在这里也谈到古希腊关于语言的思想演变，他说这种否定性的事实情况是希腊思想首先想到的，早在对爱利亚学派关于存在和非存在的配列这个基本命题默默的重复中，希腊思想就遵循了语言的根本事实性，而柏拉图在克服爱利亚学派的存在概念时又把存在中的不存在认作谈论存在物的根本可能性。当然，正如我们所看到的，在对理念逻各斯的精心表述中，对语言本身存在的探讨是不能得到正确展开的，因为希腊思想充满了语言的事实性（参见Ⅰ，449）。

然而，相对主义还有另外一种我们并未考察的说法。语言构成世界的可理解性视域，构成该世界里能被理解的一切事物、可以说的一切事物的界限，构成世界本身的界限。洪堡已经认识到这一点，但问题是它留给我们以不可计算的诸多世界，其中每一个就它是关于一个世界而言显然都是相对的和不完全的。的确，伽达默尔同意每一个语言共同体生活于它自己的世界之中，而且这些语言世界在历史过程中是如此彻底地发生变化，以至于（例如）即使土生土长的英国讲话者现在也不能理解古老的英语，除非把它作为一门"外"语来学习。然而，因为每一个语言世界是在语言上被构成的，所以它能被学习并能学习其他语言世界。虽然一种语言标志可理解性的视域、界限，但正如我们所看到的，这是一种灵活可变的界限，因为语言对扩大开放。因为同一理由，语言世界也对扩展开放。伽达默尔说："人类世界经验的语言性给予我们关于诠释学经验的分析以一种扩展的视域。在翻译的例子以及超越自己语言界限而可能达到相互理解的例子中所指出的东西表明：人所生活于其中的真正的语言世界并不是一种阻碍对自在存在认识的槛栏，相反，它基本上包含了能使我们的观点得以扩展和提升的一切。在某个确定的语言和文化传统中成长起来的人看世界显然不同于属于另一种传统的人。因此，在历史过程中相互分离的历史'世界'显然互相不同，而且也与当今的世界不同。不过，在不管怎样的传承物中表现自己的却总是一种人类的世界，也即一种语言构成的世界。每一个这样的世界由于作为语言构成的世界就从自身出发而对一切可能的观点并从而对其自己世界观的扩展保持开放并相应地向其他世界开放。"（Ⅰ，450—451）这一点有根本的意义，因为这使所谓"自在世界"（Welt an sich）这一概念的使用产生了疑问。衡量自己世界观不断扩展的尺度不是由处于一切语言性之外的"自在世界"所构成。相反，人类世界经验无限的完善性是指，人们不管在何种语言中活动，他们总是只趋向一种不断扩展的方面，趋向一种世界"观"，"这种世界观的相对性并不在于，似乎我们可以用一个'自在世界'与它对置，好像正确的观点能够从一种人类一语言世界之外的可能方位出发遇见这个自在存在的世界"（Ⅰ，451）。世界就是语言地组织起来的经验并与之相关的整体。这样一种世界观的多样性根本不意味"世界"的相对化，相反，世界本身所是根本不可能与它在其中得以显示的观点有区别。

不存在这样一种唯一正确观点的方位，也不需要这种方位。每一种语言不多不少表现为一种世界本身的观点，因此是一种部分观点。然而众多语言世界的每一个都包含一个共同的世界，这共同的世界独立于特殊的语言；每一个这样的世界都包含一个无论从什么观点来理解以及无论称它是什么的世界的统一。每一种语言世界不仅是消极地（因为它是部分的）包含这个整体，而且也是积极地作为它自己可能性地包含这个整体。众多的语言世界不能被认为是与一个绝对世界相对立的相对性世界，因为它们不能彼此对立。这里伽达默尔利用了胡塞尔所谓"观看上的侧显"（die perspektivischen Abschattungen）①这一概念，认为绝不会有这样一个与所有相对世界相对立的绝对世界。谁若是把"自在存在"（Ansichsein）同这些"观点"（Ansichten）对置，那他或者是在上帝式的思考，或者是在撒旦式的思考，也就是说全在错误地思考。既然每一个这样的世界是在语言上被构成并因而是对其他世界开放的，所以"每一种语言世界都潜在地包含了一切其他的语言世界，也就是说，每一种语言世界都能使自己扩展到其他语言世界之中。它能使在另一种语言中所提供的世界的'观点'从自身而得到理解和把握"（Ⅰ，452）。没有什么东西在本质上超越语言里能被理解的东西的视域，没有什么东西自身是必然不可理解的，因为语言——不是某种抽象的一般语言、沉默的逻各斯或神的话语，而是每一种口说的人的语言——在潜能上都是无限的。在这点上我们可以更好地理解伽达默尔所谓"能被理解的存在就是语言"这一诠释学基本原则所意指的东西。"我们的世界经验的语言性质……揭示了一种虽然永远是有限的经验，但这种经验根本不会遇到认为只有某种无限东西才能被跨越和不再被说的围篱。它自己的作用永不是受限制的，然而也不是一种不断向前接近所意向的意义的过程。其实在它发展的每一阶段上都存在有这种意义的稳固的表现。"②

---

① 《胡塞尔：现象学概念通释》的作者倪梁康把这一概念译为"射映"或"映射"。照胡塞尔现象学的感知学说，一个被感官所感知的对象，是通过"侧显"而给予我们的。也就是说，是当这个对象在某个角度向我们显示时，它才能为我们所意识，例如我永远无法一下子看到我的书桌的整体，它始终是在某个侧面中对我们展现，尽管每一次显示都是不同的，但它们显示的却是同一个东西。

② 伽达默尔：《哲学诠释学》，加利福尼亚大学出版社 1976 年版，第 80 页。

但是，语言的潜在无限性并不蕴含意识的无限性。我们必须想到语言是历史、传统、前见和所有先于自觉反思对思想起作用的力量的场所。①毫无疑问，思想是受这些语言力量所制约的，即使我们知道这一事实，"对条件性（制约性）的意识本身绝不扬弃条件性"（Ⅰ，452）。正如我们所知，语言总是能克服它自己的不恰当性和缺点，我们对语言潜在无限性的意识并不救治意识的有限性。从语言无限地扩大每一次它被放置的使用和每一次它被应用的内容这一事实，洪堡推出语言是一种形式的力量。但伽达默尔做出一个完全不同的推论。如果每一个意识都是对某对象的意识，那么很显然，语言不能与意识相等同，因为语言本质上先行于意识，因为语言的视域包括任何可以是对象的东西。在语言里"实在的东西超越一切个体意识而成为可见的"（Ⅰ，453）。这一点也存在于伽达默尔与胡塞尔的差别之中，正如上述，伽达默尔利用了胡塞尔的"侧显"概念，但胡塞尔预先设定了一个构造意向对象的先验意识，反之，伽达默尔认为根本不存在一个能把不同语言观、世界观或事物观联系起来以形成一个意向对象的意识。

这种实在包括整个实在世界，不仅包括可为科学证实的实在的事实和对象，而且也包括像200种骆驼名称和太阳落山这样的实在的现象。尽管哥白尼对于世界的解释早已成为我们知识的一个部分，但我们仍然可以说太阳落山。显然，我们既确认观察的印象，同时又了解这种印象在理智世界中另外的一面。因为我们关于太阳落山的说法并不是任意的，而是说出了某种实在的现象，正是这种现象显现出自身不动的东西。然而我们又可通过另一种模式结构从这种直观中思维地摆脱出来，因而我们能讲出哥

---

① "我们在思考和认识时总是已经由于我们对世界的语言理解而带有偏见。进入这种语言解释意味着在这个世界中成长。在这个意义上可以说，语言是我们有限状态的真实标志。"（伽达默尔的《哲学诠释学》，第64页。也可参阅他的《短篇著作集》，第3卷，第239页以及《哲学在今天社会中的位置》，见《语言问题——德国哲学会议》，慕尼黑，1967年版，第14页）

白尼理论这种理智的观点。但我们不能用这种理智观点去驳斥或否认自然的观察印象，因为科学告诉我们的真理本身只是相对于某种世界定向而根本不能要求成为整体的真理。伽达默尔说："我们不能用这种科学理智的'眼光'去否认或驳斥自然的观察印象。这不仅因为观察印象对我们是一种真实的现实，因而这种驳斥是无意义的，而且因为科学所告诉我们的真理本身只是相对于某种确定的世界定向而根本不能要求自己成为整体的真理。也许正是语言才真正解释了我们世界定向的整体，而在这种世界定向的整体中，不光是科学找到自己的合法性，观察印象也同样保持了自己的合法性。"（Ⅰ，453）语言不仅包括一切可能是对象的事物，而且也表现不能被对象化的东西。不是精神是绝对的，而是语言是绝对的。"世界本身是在语言中得到表现。语言的世界经验是'绝对的'，它超越了一切存在状态的相对性，因为它包容了一切自在存在，而不管自在存在在何种关系（相对性）中出现。"（Ⅰ，453—454）语言与世界的关系并不意味着世界变成了语言的对象。一切认识和陈述的对象都总是已被语言的世界视域所包围，同样，人类世界经验的语言性也并不包含世界的对象化。伽达默尔说，每一种客观的（对象的）科学都设立这样一种相对性。虽然每一门科学如物理学都试图成为全球性的并在原则上包括一切可能对象，然而每一种科学都以它自己的方式把存在设置为可以由它自己的研究方法对象化并与它自己研究方法相称的一切事物领域。无论是物理学还是生物学，都未把研究者自身作为其研究对象，而是以研究者而不是被研究对象的存在作为前提。但是，即使只有一种科学方法，把所有客观的科学都统一成一门包罗万象的超科学——这门科学有如理想的形而上学一样，将是一切存在和意识的一切可能对象的科学，这门科学的知识领域也将仍不是完整的大全。这门超科学的领域之所以不能是完全的，是因为它作为客观的科学必须排除研究者、他的方法以及科学自身。最简单地说，这就是客观性所意指：保持主体在对象之外并脱离对象——既然每一客观的科学都必须使自身脱离它的研究领域，那么就绝没有任何一种客观的科学可以是一门大全的科学。每一门科学必然都是相对的。

伽达默尔在这里特别批评了当代生物学和物理学一些所谓摆脱人类中心主义的绝对中立的看法。他说，无论生物学的宇宙还是物理学的宇宙实际上都不可能否认它们各自特定存在的相对性，因此物理学和生物学都具有同样的本体论视域，作为科学，它们根本不可能越过这个视域。正如康德所指出的，它们对事物的认识只是意味着这些东西如何在空间和时间中存在，并且只是经验的对象。即使物理学世界也根本不可能成为存在物的整体，如果说有一种物理学既是进行计算同时又是自身计算的对象，这乃是自我矛盾的，即使是描绘一切存在物的世界方程式，以致体系的观察者也出现在体系的诸方程式中，也是以作为计算者而不是作为被计算的对象的物理学家的存在为前提的。同样，对于研究一切生物的生活世界以及人类的行为方式的生物学也是如此。生物学所研究的当然也包括研究者的存在，但绝不能由此而认为，生物学只是一种人类的行为方式因而只能作为人类的行为方式被观察。因为生物学乃是认识。生物学恰如物理学一样研究存在的东西，但本身却不是它所研究的对象。不管是物理学还是生物学所研究的自在存在，都是相对于在它们的研究领域中设置的存在设定，我们不能要求它们走出这种存在设定而认识自在存在。无论物理学还是生物学，作为科学它们都预先设定了自己的对象领域，对这种对象领域的认识则意味着对它们的统治。

与此相反，人类的世界关系如其在语言中所表现，乃是另一种情况，伽达默尔说："语言地表现并被语言地把握的世界，并不像科学的对象那样在同一意义上是自在的和相对的。它不是自在的，因为它根本不具有对象性的特性。就它作为包罗万象的总体而言，它根本不可能在经验中被给出；就它作为世界而言，它也并不相对于某种特定语言。因为在一种语言世界中生活，就像我们作为语言共同体的成员所做的那样，这并不意味着进入一种环境,就像动物进入它们的生活世界一样。我们不可能用相应的方式从上面观察语言世界,因为根本不存在外在于语言经验的立场,似乎可以从此出发把语言本身变成对象。……拥有语言意味着一种同动物的环境束缚性完全不同的存在方式。由于人类学会了陌生的语言,他们并不改变他们的世界关系,有如变成了陆地动物的水中动物那样,相反,由于人类坚持其自己的世界关系,所以他们通过陌生的语言世界反而扩充和丰富了这种世界关系。谁拥有语言,谁就'拥有'世界。"(Ⅰ,456—457)

如果我们认识到这一点,我们就不会把语言的事实性与科学的客观性相混淆。在语言的世界关系中存在的距离并不像自然科学通过清除认识中的主观因素而达到的客观性那样起作用。距离和语言的事实性显然并不是一种可由自身造成的真正成就。当自然科学家认识了某种自然过程的规律性时,他就能掌握某物,并能试验他是否能重新构造它;反之,在语言所渗透的世界经验中却根本不涉及这种现象,讲话根本不是指使对象可以支配,可以计算。人类世界经验的语言性并不包含世界的对象化。这里伽达默尔把古代的科学与现代的科学加以对照,他说古代科学起源于语言的世界经验,这既是它的长处——自然的人类世界定向,又是它的弱点——人类中心主义。为了克服它的弱点,即人类中心主义,现代科学同时又放弃了它的长处,即加入自然的人类世界定向之中。同样,古代的理论本是一种人类生活方式、人类存在的最高方式,可是现代理论却沦为构造工具,人们通过理论统一经验和统治经验。简言之,古代的科学和古代的理论并不仅是手段,本身即是目的;反之,现代的科学和理论只是达到统治自然目的的手段。按照伽达默尔的看法,尽管黑格尔曾试图用生命理念来克服现代科学这种理智观点,但只有海德格尔才真正从语言性的世界经验这一立场深刻思考希腊科学和现代科学的根本区别。他说:"当海德格尔把现成在手状态(Vorhandenheit)这个概念证明为一种有缺陷的存在样式,并把它认作是古典形而上学及其在近代主观性概念中的连续影响的根据时,他所遵循的是希腊理论和现代科学之间存在论上正确的联系。在他对存在进行时间解释的视域中,古典形而上学整个来说是一种现成在手东西的存在论,而现代科学则不知不觉地是这种存在论的遗产继承人。但在希腊的理论中则当然还存在着另外的因素。理论与其说领会现存在手的东西,毋宁说把握具有物之尊严的事物本身。物的经验与纯粹现成在手东西的单纯可固定性毫无相关,同所谓经验科学的经验也不相干,这一点后期海德格尔已经作过强调。因此,我们必须把物的尊严和语言的事实性从根于现成东西的存在论以及与之相联系的客观性观念的偏见中解放出来。"(Ⅰ,459—460)按照伽达默尔的看法,希腊的理论和现代科学之间的区别只在对待语言的世界经验的不同关系中才找到它真正的根据。

　　伽达默尔最后的结论是,在对人类世界经验的语言把握中所考虑和衡量的不是现成在手的东西,而是存在物被表达,就如它作为存在着的和有意义地向人显示的东西那样。正是在这里,而不是在统治着现代自然科学的理性构造方法理想中,才能重新认识在精神科学中所进行的理解。精神科学是一门大全的科学,这个大全永远不能被对象化,因为我们生存于它里面,隶属于它,并是它的部分。正是语言才能启示这个大全,因为语言与世界的关系不是对象化的。我们的语言世界经验是先于一切能被认识和讲说为存在的东西,因此语言与世界的根本关系并不指世界变成语言的对象。知识和陈述的对象所是的东西其实总已经存在于语言的世界视域之内。"人类世界经验的语言性并不意指世界的对象化。"(Ⅰ,454)语言超出意识,这不仅是因为它能使世界内的一切存在、意识的一切可能对象对象化,而且也因为它启示了绝对,非相对的世界,这个世界不是意识的对象。语言世界可以被理解,但只能从内部,通过生存于它里面,因而对它的理解不是客观对象化的。

　　诠释学、精神科学就是这种理解的典范例证。语言使理解得以可能。

我们上面已看到，语言既是诠释学的手段又是它关注的焦点，但在这方面诠释学经验反映我们一般生活于语言世界之中。语言是效果历史的具体体现。正如解释因为是一种属于历史的事件并发展历史从而并不客观化影响它的历史，同样，世界也不被对象化于语言之中。传承物得以再次用解释语言去讲说的过程与事物一般被语言表达的过程，乃是同一过程。正如传承物一样，事物早在被对象化很久之前，即当它们是那个意识也隶属于的语言世界的部分之前，就已经变成可讲说的和可理解的。

b）语言中心及其思辨结构

按照伽达默尔的看法，人类世界经验的语言性显然是自柏拉图"遁入逻各斯"以来希腊形而上学发展关于存在的思想所依据的主线。因此，为了揭示语言的存在论向度，伽达默尔首先论述了希腊关于存在的思想，他说："在思考存在物的存在时，希腊形而上学把这种存在认为是在思想中实现自身的存在。这种思想就是奴斯的思想，奴斯被设想为最高和最本质的存在物，它把一切存在物的存在都聚集于自身之中。说出逻各斯就是把存在物的结构带入语言，这种来到语言对于希腊思想无非只是存在物本身的在场，即它的 aletheia（真理，无蔽）。人类思想把这种在场的无限性理解为其自身被实现的可能性，即其自身的神性。"（Ⅰ，460—461）

"遁入逻各斯"（Flucht in die Logoi）是柏拉图《斐多篇》中由苏格拉底说出的一句话，当苏格拉底在探讨宇宙起源时，说早先前苏格拉底哲学家都从感觉出发，把宇宙的起源归为一种感性物质，如水、气、火时，好像人类认识进了一大步，但后来发现这是不够的，因而作了"第二次最佳的航行"，即"遁入逻各斯"，逻各斯既有理性的意思，又有语言的意思，因而在哲学上就出现存在与思维的统一和存在与语言的统一。加拿大学者格朗丹在其《诠释学真理？》一书中对此有一重要论述："哲学把自己理解为对那种经常被陷于远处的真理的探索。哲学探索某物的'Was'（所是），即那种使在者成为它所是的东西。因此哲学是通过探问根据而标志自身的。柏拉图作为历史上第一个形而上学哲学家，可以说是对根据的思考家。柏拉图不只是想在先验性中思考根据，而且首先想在建立根据的权力和世界关联之中思考根据，以致 Methexis（参与）问题处在他思想的焦点之上。每一'在假设上'做出的原则应当证明自己是每一在者自我保存（维护）的根据。纳托普曾指出，保存观念是善的另一词汇①。只有善的知识才能满足对根据的探究。因此，当苏格拉底认识到阿那克萨戈拉的 νούς（奴斯）时（《斐多篇》97C），他是深刻地理解的。他认为阿那克萨戈拉似乎向他解释，每一在者之所以如此组织得像它所是那样，是因为如此存在对它是最好的。但苏格拉底后来失望了，因为他不久必得到这种足够认识，即阿那克萨戈拉绝不在其进行证明的活动中解释 νούς 原则。直观认知的（noetischen）正确的见解产生一种太软弱的辩证的（dialektische）思维工作。阿那克萨戈拉虽然找到了根据，但他并不把它理解为进行组织的根据，即在其世界关联中的根据。相反，他倾向于一些物质性的原因（Ursachen），如空气、水，诸如此类，这些并不是真正原因（Ur-sache，原始的事物），而只是一起造成的事物（Mitursachen）。因为没有人能告诉苏格拉底有关根据本质的东西，所以他进行了第二最佳的行驶（ό δεύτερος πλ οῦς）并取道遁入逻各斯，以便直观在者的真理（σκοπεῖν τῶν ὄντων τήν άλή gαιαν）：'我也曾经如此想过并担忧，如果我用我的眼睛直接转向事物并试图借助我的所有感官去理解它，我难道不是在使我的灵魂完全变瞎。因此我认为我对这种方式躲避是正确的，即我们讲事物，是为了在其中观察事物的真理'。②这种作为第二最佳行驶的躲避，必须被认作为哲学史上具有决定性意义的转变，这种转变广泛地规定了西方思想的本质，有如许多注释家所认识的。按照纳托普的

---

① P. 纳托普，《柏拉图理型学说》(1902)，汉堡，1961年版，第152页以下。伽达默尔基本同意纳托普关于善的观点，直到他的最后著作《柏拉图与亚里士多德关于善的观念》，海德堡，1978年版，第19页："当然，纳托普的解释在'善'的 ekzeptionelle 作用上不是没有洞见的。对于他来说，'善的东西'就是自我保存的原则，并且他在理性的假说中看到了善的认识程序"。
② 《斐多篇》99e，根据伽达默尔的翻译译出，见《柏拉图理型说原文》，法兰克福，1978年版，第21页。

看法,这种转向意味着柏拉图离开了他的前驱的独断论的自然解释,以便开辟哲学的'批判'之路(同上书,第153页)。同样,斯滕策尔把这种躲避到逻各斯的回避行为(von den πραγμάτα zu den λόγοι)看作为走向合理认识的道路,这是一条柏拉图比苏格拉底走得更远的道路(1917,第133页)。伽达默尔把这种'转向'简单地理解为向语言的转向(《真理与方法》,406/I 433)。但在解释这种观点之前,我们有必要指出在这'第二最佳行驶'术语里所潜伏的反话。'第二最佳行驶'并不意指'第二条最好的行驶线路',好像还有第一条线路。柏拉图前驱所走的线路,对于柏拉图来说,基本是不可走的,因为他们虽然称为根据,但在他们进行证明时却让它们不可解释。《斐多篇》里讲到的迷惑与其说来自认识对象,不如说来自道路本身:这是一种这样的迷惑,即相信通向事物自在存在及其根据的道路是可能的。第二最佳行驶(δεύτερος πλοῦς)在这里可能表现航船人所用的词汇的反话应用:óπλοῦς,即叫'船行驶'(πλέω,帆),'最佳的'行驶当时就是帆行驶。但是,如果风不张满帆,人们就必须掌握其他的工具,即'第二最佳的'行驶:即桨(舵)。这种紧张而费力的工具意味着,我们只能一步步地和缓慢地达到人们所想到达的目的地①。导向科学的道路以及辩证法哲学家苏格拉底所想从事的道路是一样的。并不存在另一种通向科学之路,因为我们上面已看到,伽达默尔怎样从谈话解释科学的诞生。只有在与他人一起走时,科学,特别是它的真理才是可能的。所以思想采取对话形式。即使缺乏一起讲话的人,认识也以这种方式进行,因为对于柏拉图来说,思想(διανοείσgαι)无非只是'心灵与它自身的谈话'(《泰阿泰德篇》184e,《智者篇》263e、264a)。我们可以单独达到逻各斯②:我能单独取得对所说东西的批判距离(我们现在能说由于自我意识的反思性)就构成向逻各斯(logoi)的转向。

---

① 参阅 Sir D. 罗斯(Ross):《柏拉图的理型说》,牛津,1951年版,第27页:δ δεύτερος πλοῦς"原意是当风停了就当桨(舵)用"。关于这一伽达默尔在讲课中经常使用的第二最佳行驶的大胆的比喻,现在可参阅《柏拉图理型说原文》,第76页。
② 《柏拉图辩证伦理学》,第32页:"因为未说出的思想也是讲话,只不过那个与之交谈的他者正是我自己。但这是可能的,只是因为他人在实际谈话中除了我自己为我所能要求的东西外,将不要求别的东西。"

我们回忆一下,我们是从探究根据问题出发的。伽达默尔作为语言转向解释的'遁入逻各斯'(die Zuflucht in die Logoi,也可译为求助逻各斯)在怎样的意义上是对这问题的回答呢?就语言表达了世界的不变之物而言,语言就是根据。在语言里事物获得一种始终不变的普遍性(《柏拉图辩证伦理学》,第56页)。事物只有在其摹本里才来到它的真实存在①。这一观点的重要性在哲学上还未能足够被估价:'柏拉图在《斐多篇》里用以开创西方形而上学真正转向的遁入逻各斯(Die Frucht in die Logoi),同时也是把思想置进整个语言性的世界经验'(《短篇著作集》,第1卷,第147页)。这种转向完成了对自然解释的非反思方法的最终放弃,并深入到规定哲学本质的反思性中。伽达默尔可能呼喊近代的"最希腊式的"思想家黑格尔,按照黑格尔的看法,柏拉图的成就就在于'把直接的此在移植到反思存在的形式中'。②但是按照伽达默尔的柏拉图解释,存在反映在语言里绝不是意识的活动,而是存在提升自己到无蔽之中(ein Sich-die-Unverborgenheit-erheben des Seins)。因而依据柏拉图和黑格尔的权威,伽达默尔可以从哲学史上证明诠释学的普遍性要求。伽达默尔关于先于任何理解成就而存在的语言性的世界经验的普遍性的论点就根源于柏拉图的遁入逻各斯:"即使从理解方面出发,人的语言的普遍性也表现为一种包罗万象的无限要素,其中不仅有由语言传承下来的文化,而且有一切的一切,因为一切东西都进入我们彼此相互运动的理解性中。柏拉图正确地能从这一点出发,即谁在讲话的镜子中观察事物,谁就可发现这些事物完全的未被简化的真理。(《短篇著作集》,第1卷,第118页)"③

按照伽达默尔的看法,希腊形而上学关于存在的思想最卓越之处有:(1)思想与存在不分离,主客不分离,存在是在思想中实现自身,而思想无非只是存在的在场或现出;(2)思想与语言不分离,思想说出逻各斯无非只是把存在的结构带入语

---

① 这种思想如何规定了海德格尔与伽达默尔关于艺术作品是真理发生事件的观点,下面将解释。
② 黑格尔:《逻辑学》,第2卷,第100页(拉松版,第80页);引自《柏拉图辩证伦理学》,第58页。
③ 引自让·格朗丹:《诠释学真理?——论伽达默尔的真理概念》,洪汉鼎译,商务印书馆2015年版,第27—30页。

言;(3)语言与存在不分离,存在结构的语言表达无非只是存在的在场或现出;(4)真理不是存在的反映,而是存在的显现。

按照伽达默尔的看法,希腊形而上学最突出的一点,就是它从不试图从主观性出发并为了主观性而论证认识的客观性。毋宁说,希腊的思想从一开始就把自己视作存在本身的一个因素。这一点在巴门尼德那里表现得最明确,思想与存在是一个东西,可以说他最早发现了通向存在真理之路上最重要的路标。作为逻各斯事件的辩证法对于希腊人并非一种完全由思想指引的运动,而是一种可被思想经验的事物本身的运动。存在与思想、真理的这种相互依存和同一关系,伽达默尔称之为隶属性(Zughörigkeit)。他说:"隶属性在形而上学中指存在和真理之间的先验关系,这种关系把认识当作存在本身的一种因素而并不首先当作一种主体的活动。这种把认识加入存在之中的做法是古代和中世纪思想的前提。"(Ⅰ,462)这里我们看到了一种不是从自为存在的并使一切其他东西沦为客体的主体概念出发的观点。精神绝不是与世界无关的,"精神和存在从根本上说是互相依存的,唯有关系才是根本的"(Ⅰ,463)。按照伽达默尔的看法,如果我们从语言性的世界经验出发,那么我们就会更切近地把握这种主客统一的隶属性概念。实际上,语言就是隶属性的场所,因为它是主体与客体、思想与世界照面的地方,或更好地说,是它们两者先于被自觉反思分扯成部分之前共同在家之地方①。说一个存在物是在思维着的精

---

① "在家"(being at home)是伽达默尔对我们在语言中的处境所喜欢用的一个术语,"因为(语言)是一个语词或谈话的统一体,所以在语言里我们是如此完全地在家,以致即使我们在语词里的居住也不完全为我们意识。"(伽达默尔:《短篇著作集》,第4卷,第83页)"语言是这样一个'要素',我们生存于这要素中有一种不同于反思的意义:语言完全围绕我们,好像一种先于我们每一次对其思考的家园声音,流露一种时时发自内心的熟悉性。"(伽达默尔:《黑格尔辩证法》,英译本,耶鲁大学出版社1976年版,第97页。也可参阅《科学时代的理性》,MIT Press 1981年版,第51页以及《哲学诠释学》,加利福尼亚大学出版社1976年版,第238—239页)

神中得以表现的，这并不是说是对一个先行的存在秩序的摹写，而这个存在秩序的真实关系只能被一种无限精神所认识。语词不是工具，而无限的精神也不能超出同我们有限性相适应的存在经验。伽达默尔说："唯有语言中心，这种同存在物的总体相关的语言中心，才能使人类有限历史的本质同自己及世界相调解。"（Ⅰ，461）语言呈现这个原始的大全。这里我们可以想到海德格尔的 Lichtung 概念，语言正是这样一种揭秘之场所。如果我们用这种卓越的希腊思想来理解我们的诠释学经验，那么我们就会看到，我们超越客体概念和理解的客观性概念而走入主观性和客观性相互依存和隶属的方向：我们并不是背离真理，而只是追随事物的辩证法。伽达默尔写道："如果我们超越客体概念和理解之客观性概念而走入主体和客体之相互依存性的方向，那么我们只是追随事物本身的内在必然性。正是美学意识和历史意识的批判必然导致我们对客观性概念的批判并规定着我们离开现代科学的笛卡尔主义基础和复活希腊思想的真理因素。"（Ⅰ，465）

不过，按照伽达默尔的看法，希腊形而上学关于思想与存在的相互隶属观念是受目的论支配的。在目的论里，使某物得以获取的中介并非偶然地证明自身适合于达到目的，相反，它从一开始就被理解为与目的相符合的手段，因此手段隶属于目的是先行的，我们称它为合目的性。当我们今天从语言中心来阐明隶属性概念，显然隶属性概念就不能像它在希腊形而上学中那样具有目的论的关联。诠释学经验具有语言的实现方式以及在传承物与解释者之间存在对话这一事实应具有完全不同的基础。为了阐明这种不同的基础，伽达默尔转而论述了辩证法概念。作为逻各斯事件的辩证法对于希腊人并非一种完全由思想指引的运动，而是一种可被思想经验的事物本身的运动。虽然这听起来像是黑格尔的话，但这并不是一种错误的现代化，而是证明一种历史的联系。黑格尔有意采纳了希腊辩证法的范式。黑格尔关于思想规定的辩证法和知识形态的辩证法以一种引人入胜的方式重复了思维和存在的整个中介，而这种中介以前则是希腊思想的自然因素。

对于伽达默尔来说，辩证法不是出现在无语词的逻各斯领域中，而是出现于被讲说的语言中；不是在陈述和反陈述的对立中，而是在谈话和对话的交流中；是在提问和回答中而不是在肯定断言中。诠释学经验作为我们世界经验的范例，是在语言中产生并存在于与文本自身的语言谈话中。诠释学经验的辩证法特征表现在理解是一个事件，即"某种东西发生（etwas geschieht）"（Ⅰ，465）。伽达默尔说，这种发生事件，如果从解释者方面看，即解释者并不是作为认识者寻找他的对象，他并非运用方法的手段去"努力找出"对象的真正含义以及它本来究竟是什么。"真正的发生事件只有当作为传承物传到我们手中而我们又必须倾听的话语与我们相遇，并且就像在同我们讲话，自己向我们显露意思才成为可能。"（Ⅰ，465—466）这就是说，解释不仅是解释者对文本提出一个他期待从文本给予答复的问题，而且文本也对解释者提出一个问题，它是对解释者的问题提出问题。所以解释者从提问者变成被提问者，解释者变成了被解释者。另一方面，如果从解释对象方面来看，解释并不是什么先前已有的东西再现，而是完全新的东西被发现。这种发生事件就意味着"进入表现，意味着传承物的内容在它更新的、通过其他接受者而重新扩大的意义可能性和共鸣可能性中的自我表现。由于传承物重新得以语言表达，一些以前并不存在的东西产生出来并继续生存下去"（Ⅰ，466）。用正面话说，在解释事件中被解释的对象本身发生变化，解释的路径是被解释对象自身在新的语境中和新解释者的新境遇中重新被理解的辩证过程。以荷马的《伊利亚特》为例，如果这部著作以一种重新占有传承物的方式向我们讲话，那它就不会只是一种不断被揭示的自在存在，而是像一场真正的谈话一样，总会产生出一些对话双方以前从自身出发就不可能具有的东西。

为了更深入阐明这种诠释学的隶属性概念，伽达默尔援引了"倾听"（hören）概念。这里又是一种德语词源的联系。隶属性的德文词是 Zugehörigkeit，这是从动词 zuhören 而来，hören 是听，zuhören 是倾听。按照亚里士多德的分析，观看和倾听这两种感觉是不同的：当你观看某物时，你可以通过看另一方向而不看该物，即所谓视而不见，但倾听却不管你愿意不愿意，你却必须要倾听，因此亚里士多德认为倾听具有高于观看的优先性。倾听就是必然要听，也就是必然要听从，而听从就是从属或隶属，可见德文词隶属性与倾听一词有着词源上的联系。海德格尔曾经最先从德文词的这种词源上的联系，把隶属性与倾听联系起来。他说，"我们听并不是由于我们有耳朵，我们有耳朵并且在身体上配备有耳朵，乃是因为我们听。人听雷霆、林啸、水流、琴声、摩托、噪音等，仅仅是因为人已经以某种方式隶属于这一切"①。伽达默尔在这里正跟随海德格尔，试图在语言性的世界经验中把这主客两者联系起来。他认为，如果其他一切感觉都无法直接参与语言世界经验的普遍性，而只能开启其各自特殊的领域，那么倾听则是一条通向整体的道路，因为一切存在都是语言性的，没有任何东西本身不来到语言，不存在任何不被语言表达、被说的对象，而只有倾听才与语言相联系。倾听就是必然听从，当传统对我们讲话并用解释语言对我们说话时，倾听传统就已经是隶属传统。伽达默尔写道："这样隶属性概念却以新的方式得到了规定。所谓隶属的东西就是从传承物的诉说而来的东西。谁这样处于传承物之中，谁就必须倾听从传承物中向他涌来的东西。传承物的真理与直接向感官呈现的在场（Gegenwart）是一样的。"（Ⅰ,467）传承物的存在方式当然不具有感官直接性，因为它是语言，而理解传承物的倾听者则通过对文本的解释把传承物的真理纳入其自身的语言世界关系之中。这种在现在和传统之间的语言交往就是一切理

---

① 海德格尔：《讲演和论文集》，第207页。

解中所发生的事件，诠释学经验必须把它所遇到的一切当前东西都当作真实的经验，它没有任何选择和拒斥的自由。诠释学经验不可能使那种就是自己本身的事件不发生。

诠释学经验的这种结构表现为解释者作为倾听人不能控制自己的理解过程，他不能事先决定或预期有什么会在理解中发生，正如谈话的双方事先都无法知道谈话的结果究竟是什么，解释和谈话是这样一种不受解释者和谈话者意识所决定的语言过程或语言事件。正如海德格尔不说"我们说"，而说"语言说"一样，伽达默尔由此推出，说"语言向我们诉说"比起说"我们讲语言"在字面上更为正确，因为"这种事件并非我们对于事物所做的行动，而是事物本身的行动"（Ⅰ，467）。本来是我们说语言，但实际上是语言说给我们，我们变成了倾听语言，而倾听语言就是听从语言。伽达默尔在这里再次援引了柏拉图和黑格尔的辩证法，即唯有跟从事物自身的结果才能产生属事物本质的东西，"真正的方法乃是事物本身的行动"（Ⅰ，468）。他认为正是这种辩证法才使我们从语言中心出发思考的诠释学经验得以更好的说明。他说："在诠释学经验中也会发现类似于辩证法的东西，即一种事物自身的行动，这种行动同现代科学的方法论相反，乃是一种遭受，一种作为事件的理解。"（Ⅰ，469）伽达默尔认为诠释学经验的辩证法可从解释的作用看出来，解释的运动之所以是辩证的，并不在于每个陈述的片面性都可以从另外一面来补充，而首先在于解释的语词把文本的整体表达出来，从而使意义的无限性以有限的方式在语词中得以表现。

伽达默尔写道："这里存在着从语言中心出发考虑的辩证法，这种辩证法如何同柏拉图和黑格尔的形而上学辩证法相区别，这需要更为详细的讨论。依据由黑格尔证明的语言用法，我们把形而上学辩证法与诠释学辩证法之间的共同点称为思辨性（Spekulative）。思辨性在这里意味着映现关系（das Verhältnis des Spiegelns）。映现经常是种替换

（Vertauschung）。某物在他物中得到映现，例如城堡在池塘中得到映现，就是说，池塘映现出城堡的图像。映像（Spiegelbild）是通过观察者中介而同看视象本身本质地相联。它并没有自为存在，它就像一种'现象'（Erscheinung），现象并不是自身，而是让景象（Anblick, actual sight of the thing，外貌）本身通过映像呈现出来。它是那种只是一个东西之存在的双重化。映现的真正神秘就是图像的不可把握性，以及纯再现的漂浮性"（Ⅰ，469—470）。

伽达默尔把事物本身在语言中表现这一事实与思辨性（Spekulative）概念加以比较。思辨性意味着镜像反映关系，某物在它物中得到反映，例如一座城堡在它的围池中得到反映，就是说池中映现出城堡的形象。这种映像是通过观察者中介而同看视（Augenblick）本质地联系起来，它自身并没有自为存在，而是让事物通过映像表现出来，它就像一种现象，它并不是自身，而是让景象（Anblick）本身映像地表现出来。伽达默尔说它是一种本是一个东西的存在的双重化。思辨性实际上就是日常经验之独断的对立面。说某人是思辨的，就是说他并不直接沉溺于现象的坚实性或所意指东西的固定规定性，相反，他懂得反思，用黑格尔的话说，就是他能把自在之物认为是为我之物。说某种思想是思辨的，就是说这种思想并不把它陈述的关系认作是某种单义地指定给某个主体的性质，认作是某种单义地指定给所与物的特性，而是把它看作是一种映现关系，在这种关系中，映现本身就是被映现事物的纯粹表现，如同一就是他者的一，而他者就是一的他者。伽达默尔以这种镜像映现关系来解释有限与无限的统一关系，即语词的有限性与语词所表达的意义的无限性的统一关系。镜像映现关系说明解释的语词的有限性和它所解释的意义的无限性之统一。他说："从另一种完全不同的意义上亦可说语言本身就包含着某些思辨的因素——并非只是在黑格尔所指的逻辑反思关系的本能预备性知识这种意义上，而是作为意义的实现，作为讲话、赞同、理解的事件。这样一种实现之所以是思辨的,是因为语词的有限可能性就如被置于无限的方向中一样地被隶属于所指的意义之中。"(Ⅰ,472—473)。

反思是思辨哲学根本的东西,而且这里更要说,是黑格尔思辨辩证法的根本东西。黑格尔论证思辨的反思如何在一个启示事物自身辩证结构的辩证命题里进行倒转和摆动。黑格尔的哲学史就是这种思辨反思的证明,哲学史上的表达和表现根本不是证明的行动,而是事物通过自身表达和表现的方式来证明自身,所以当思维遭受到向其对立面的不可理解的转化时,辩证法就真正地被经验到了。对于黑格尔来说,思辨的东西最终消融于辩证的东西之中。"辩证法就是思辨性的表达,是真正存在于思辨性中的东西的表现,因而也就是'真正的'思辨性。"(Ⅰ,472)但正如我们所看见的,这种表现并非一种添加的行动,而是事物本身的呈现。因此哲学证明本身就属于事物自身。因此黑格尔只是在《精神现象学》前言中强调了辩证性和思辨性之间的差别,而在后期站在绝对知识立场,这种区别就不再被他保留,因为作为希腊逻各斯哲学的继承人的黑格尔把他的注意限制于命题。因此他把语言下属于陈述(Ausdruck, statement),并因而把思辨关系(这保留了反思和它反思的东西的差别)下属于不被语言中介的辩证同一性。但是,诠释学谈话的语言不存在于陈述和与其不一致的反陈述之中。为了考察最终被黑格尔所忽略的思辨方面,伽达默尔转到了非命题的语言。伽达默尔认为,一首诗是思辨的,但不是因为它反映了某种存在的事物。思辨关系并不存在于用特殊语词对特殊事物的反思之中。"每一个语词都像从一个中心进出并同整体相关联,而只有通过这种关联语词才成其为语词。每一个语词都与它所附属的语言整体发生共鸣,并让作为它基础的世界观整体显现出来。因此,每一个语词作为当下发生的事件都在自身中带有未说出的成分,语词则同这种未说出的成分具有答复和暗示的关系。人类话语的偶缘性并不是其陈述力的暂时不完善——相反,它是讲话的生动现实性的逻辑表述,它使一种意义整体在发生作用,但又不能把

这种意义整体完全说出来。一切人类的讲话之所以是有限的，是因为在讲话中存在着意义之展开和解释的无限性。"（Ⅰ,462）

讲话的思辨性质在于如下事实，即讲话与命题不同，它总是反映比它所说的更多的东西。被说的东西反映未被说的东西，部分反映整体——即本质上在每一讲话行为中表现出的整体真理。① 伽达默尔说："从另一种完全不同的意义上亦可说语言本身就包含着某些思辨的因素——并非只是在黑格尔所指的逻辑反思关系的本能预备知识这种意义上，而是作为意义的实现，作为讲话、调解、理解的事件。这样一种实现之所以是思辨的，是因为语词有有限可能性就如被置于无限的方向中一样地被隶属于所指的意义之中。"（Ⅰ,472—473）讲话的本质正如镜中形象的本质一样，在于这一事实，即它的意义不能以陈述来把握、规定和概括。讲话是思辨的，因为有限的和偶缘的讲话事件在本质上反映未说出东西的无限性。这种本质就是讲话的期望，它对未来的呼吁。它推动解释，促进去说那种总是仍保持要被说的东西。②

为了解释说话与陈述的这种区别，伽达默尔举审讯中的证词为例，作为证词的陈述很少表达出作证人所指的意思，在作证时，本该被说出东西的意义被方法的精确性所掩盖，反之"说话作为让人理解某人所指的意义的活动正好与此相反，它把被说出的话同未说出的无限性连续在意义的统一体之中并使之被人理解。用这种方式说话的人也许用的只是最普通最常

---

① 因为整体真理本质上出现在每一讲话行为中，所以语言"是世界的包罗万象的前所解释东西（preinterpretedness）。在这种语言的前所解释性中产生的概念形成的过程从不是第一个开端……因为它总是在我们讲的语言中的进一层思考并是一种被储存在语言之内的世界的展开"（《短篇著作集》，第3卷，第239页）。
② 伽达默尔说："正如思辨陈述要求辩证的'说明'一样，艺术作品也需要解释，即使它的内容从未能在任何个别解释性中被穷尽。我的观点是，思辨陈述不是一个被限制于它所断言东西内容的判断，正如一个没有语境的单个的词或一个与其语境分开的交往话语不是一自我包含的意义单元一样。某人说的语词是这样与规定该语词的连续统相联系以致它能被'回取'。同样，思辨陈述指出真理的完整性，而不是这种完全性或陈述它。"（《黑格尔辩证法》，第96页）

用的语词，然而他却用这些语词表达出未说的和该说的意思。因此，当说话者并非用他的语词摹仿存在物而是说出存在整体的关系并把它表达出来时，他就表现出一种思辨性。与此相反，如果谁像记录证词的人那样原封不动地转告所说的话语，那他无须有意识地进行歪曲就会改变掉所说话语的意义。即使在最普通的日常说话中我们也能看出思辨反映的这种本质特性对意义的最纯粹的重述恰是不可理解的。"（Ⅰ，473）

伽达默尔以荷尔德林的诗为例说，诗并不描述或意指一种存在物，而是为我们开辟神性和人类的世界。他说，所谓"诗的陈述"，并不是某人在诗中所讲出的陈述，而是像诗的语词一样作为诗本身的陈述，"只有当诗的语词的语言事件讲出从它那方面讲出其同存在的关系时，诗意的陈述才是思辨的"（Ⅰ，474）。或者说，"诗的陈述唯有当其并非描摹一种业已存在的现实性，并非在本质的秩序中重现类的景象，而是在诗意感受的想象中介中表现一个新世界的新景象时，它才是思辨的。"（Ⅰ，474）

同样，解释的语言也是思辨的语言，传承物如何被理解以及如何不断重新得到表述，乃是与生动的谈话同样的真实事件，其特别之处仅在于，语言世界定向的创造性由此而在一种业已语言地传达的内容中发现了新的应用，诠释学关系也是一种思辨的关系。当然，这不应该被认为只是说在讲话失败的地方解释成功，因为它们两者都隶属同一个谈话。解释成功或失败与讲话成功或失败是一致的。解释者不像诗人，他太多地说他意指的东西，但是"说话作为让人理解某人所指的意义的活动……它把被说出的话同未说出的无限性联结在意义的统一体之中并使之被人理解……因此，当说话者并非用他的语词摹仿存在物而是说出同存在整体的关系并把它表达出来时，他就表现出一种思辨性"（Ⅰ，473）。如此清楚讲话以至于某人意指东西的整体能被理解，这不是做出关于事态或事实的陈述，不管是在诗里或解释里；思辨地讲话并不是反思现存的实在而是反思存在。

因为文本要通过召唤未说的东西而具有意义，所以它要求解释。正如伽达默尔所指出的，如果未说东西的无限性是存在整体，那么存在就是要求解释的东西。诠释学本体论就是对存在的解释，并且对传统的解释作为这一过程的象征，因为它分享这一过程。不管是对于存在还是对于文本，重要的是强调解释是被要求的。传统要求它得以被展开和被阐释的推论的历史的过程。当传统变成不同于和陌生于解释者自己处境特有的意向和看法时，它需要解释。解释者的有限性，正如这些特殊性所标志的，并不表示所有的理解都是误解。伽达默尔说："诠释学经验总是包含着如下事实，即被理解的文本是在由前意见所规定的处境中讲话。这种处境并不是有损理解纯粹性的令人遗憾的歪曲，而是其可能性的条件，我们称其为诠释学处境。只是因为在理解者和其文本之间并不存在不言而喻的一致性，我们才可以在文本上加入诠释学的经验。"（Ⅰ，476）差别是解释的条件。如果我们完全理解，我们就不同地理解，因为除非有某种差别要整合、某种空隙要弥补，否则解释者将没有什么要说，没有任何解释将是可能的。伽达默尔说："对传承物的每一次占有或领会（aneignung）都是历史地相异的占有或领会，但这并不是说，一切占有或领会只不过是对它歪曲的把握，正相反，一切占有或领会都是事物本身某一'方面'的经验。"（Ⅰ，476—477）由于贫乏，传统仍要求解释，引诱解释。解释不仅在受历史制约的前见和前概念的中间开始，而且它开始是作为对文本的引诱的反应。在这两种方式里，解释是处于一个它不开创的而且将不完成的进行过程之中。在这方面，解释的有限性在于它无能力在开端处开始，即开始于无，后者确实是完全的开始。缺乏一个开端，解释是有限的，同样，也因为它预见不到一个目的和终点，解释也是有限的。解释的有限状态，解释缺乏开端或终点，同时也包含它的历史无限性和开放无终点性。这种无终点性对于我们讨论真理有深刻的结果，因为它指出，如果有任何真理，那么它将不出现于开端或终点，而是在解释过程之中。①一旦我们真正地抛弃了考古学或目的论的概念作为真理场所——一旦我们承认"根本不存在任何可能的意识，无论它怎么似乎是这样强烈的无限的意识，好像在这种意识中，流传下来的'事物'就能在永恒之光中得到显现"（Ⅰ，476）——那么我们就能够看到传统确实正是它在历史之光中似乎是的东西。传统和存在本身乃历史地存在，传统的历史解释提供真实的知识，它提供真理。

c）诠释学的普遍性观点

我们可以强调说，解释正如游戏一样，不能被理解为一种解释主体控制客体的活动，也不能理解为主体为了控制客体而对它自身进行控制的方法。在伽达默尔诠释学里，正如在希腊辩证法里一样，产生真理的解释其实在于被理解的事物的自身运动。一个正确的解释就是事物自身的解释，它自己的解释，它的自我解释。事物在它们的解释中——也就是在这里和现在对我们讲说的语言中——使自身得以理解。伽达默尔说："在我们所分析的一切情形中，不管是谈话的语言或者诗的语言还是解释的语言，语言的思辨结构都不表现为对一种固定所与物的摹仿，而是一种使意义整体得以说明的语言表述。我们也正因此而靠近了古代的辩证法，因为在古代的辩证法里存在的不是主体的方法上的主动性，而是思维所'遭受'的事物本身的行动。这种事物本身的行动就是攫住说话者的真正的思辨运动。"（Ⅰ，478）如果真正的语言并不反思某物而是反思存在，那么正是存在使自身在语言里被理解。存在以一种可理解的语言解释自身，而这种语言不映现（反思）某种前已给予的存在物而是映现某种以后作为可理解的而存在的东西。可理解的存在就是存在的历史解释、它的显现和自我表现。存

---

① 格朗丹（Grondin）写道："在辩证法里，思想总是不断地采取新的形式而无须无条件地设定一个成功接近真理的过程。在哲学诠释学里，这种无限的过程被标志为'真理'"。（《诠释学真理?——伽达默尔的真理概念》，第35页）

在通过表现自身在可被理解的存在物中而使自身可接近,并且这种存在物就是它的自我表现、它的语言。伽达默尔说:"这种关于事物本身的行动的说法,关于意义进入语言表达的说法,指明了一种普遍的存在论结构,也即指明了理解所能一般注意的一切东西的基本状况。能被理解的存在就是语言。"(Ⅰ,478)

能被理解的存在就是语言,这就是说,存在具有这样的性质,即只有从自身的表述出发,它才能让自身被理解。这就揭示了语言的思辨结构,因为在语言里被表现的东西并不获得第二种存在,它在语言中的表现正如在镜子中的表现一样,乃是事物自身的现象。伽达默尔说:"语言表达(Zur-Sprache-Kommen)并不意味着获得第二种存在。某物表现自身所是的东西属于其自身的存在。"(Ⅰ,479)但这种作为属于它自身的存在并不意味着它是自我等同,而是它区别于自身:它是/不是自身。凡历史地存在的东西都是这样,它与自身具有一种镜像关系,它既与自身同一,又与自身有裂痕,这种裂痕意味着历史地存在总是作为某种不同的东西,是它的另一种存在方式。存在既使自身多样化于它的历史反思的无限性中,然而它又是一,它保留它的统一性。伽达默尔写道,正是因为这是一种镜像关系,历史解释的多样性并不碎裂为只是众多性,因为所有它们仍是事物自身的反映。"因此,在所有这些作为语言的东西中关键的是它的思辨的统一性,一种存在于自身之中的区别:存在和表现的区别,但这种区别恰好又不应当是区别。"(Ⅰ,479)凡是语言的东西都具有一种思辨的统一性,一种在它的存在和它的自我表现之间的区别本身,但事实上是无区别的区别。任何语言——任何能被解释和理解的东西——都包含它是什么和它意指什么这两者之间的区分,语词所意指的东西不是它是什么的东西。然而如果我们把意义与语词分开,以便规定当语词不再意指任何东西时语词本身究竟是什么,那么它就不再是语词。语词并不存在于它自身之中,而是存在于它所意指的东西之中。当语词被理解时,当它意指某种不同于自身的其他事物时,当它所是消失于它意指的东西之中、它的解释之中,语词就最是语词。反过来说，凡是能被理解的东西并不存在于自身之内，而是存在于它的理解过程的统一中。这也就是说，凡是能被语言表述的东西并不存在于它自身之内，而是存在于所表述的语言之内。伽达默尔说，"语言的思辨存在方式具有普遍的本体论意义。虽然语言表达的东西是同所说的语词不同的东西，但语词只有通过它所表达的东西才成其为语词。只是为了消失在被说的东西中，语词才有其自身的感性意义的存在。反过来也可以说，语词表达的东西绝非不具语言的先予物，而是唯有在语词中才感受到其自身的规定性"（Ⅰ，479）。

这对于美学和历史诠释学具有根本意义。正如伽达默尔在前面讨论里已指出的，如果艺术作品能被理解，它就不存在于自身之内，而是作为被理解的东西而存在，因此，艺术作品是什么不能与它在再现和解释中表现它自身的方式分开。同样，如果历史是可理解的，"凡是提供我们源自传统或作为传统（历史的或语文学的）的历史认识的东西——某一事件的含义或某一文本的意义——都不是只需我们坚守的固定而自在存在的对象"（Ⅰ，479）。正如艺术一样，过去本身也不能与它的解释的历史，即它的效果历史相分离。能被理解的存在意指它历史地存在：它表现自身为某种不断与自身相区分的事物，然而这种区分又不允许存在与它的理解之间有区别。在这最后一节里，伽达默尔把他从美学和历史诠释学中引出的结论推断到普遍的本体论领域。他说："通过把语言性认作这种中介的普遍媒介，我们的探究就从对审美意识和历史意识的批判以及在此基础上设立的诠释学这种具体的出发点扩展到一种普遍的研究。因为人类的世界关系绝对是语言性的并因而是可理解性的。正如我们所见，诠释学因此就是哲学的一个普遍方面而并非只是所谓精神科学的方法论基础。"（Ⅰ，479）按照伽达默尔的看法，当我们从艺术和历史的经验转入一种与人类普遍世界相适合的普遍诠释学，如果我们从语言概念出发表述这种普遍诠释学，那么不仅曾强烈地影响过精神科学客观性概念的错误的方法论主义应该受到批判，而且黑格尔关于无限的形而上学唯心主义唯灵论也要遭到拒斥。

艺术作品的特殊性并不是在它的表现中取得其存在，同样，历史存在的特殊性也不是在它的含义中被解释。自我表现和被理解并不只是在相互过渡意义上的相互隶属。艺术作品同它的效果历史、历史传承物同其被理解的现在乃是一个东西。使自己同自己相区别的、表现自身的思辨语言，即表达意义的语言，并不只是艺术和历史，而是一切存在物（只要它们能被理解）。作为诠释学基础的思辨存在特征具有与理性和语言相同的普遍范围。没有区别的区分——这种多样性的统一就是诠释学作为无限存在构造所蕴含的意义。如果说诠释学本体论包含一种悖论，这是因为它反映了一切解释里所具有的悖论，即它解释的传统"既是此一物又是彼一物"（Ⅰ，477）。从存在的历史性得出的诠释学悖论正如带有部分与全体双重联系的诠释学循环一样，是违反逻辑的。然而即使诠释学是由先于逻辑的语言所指导，伽达默尔也不满足于只是悖理或非逻辑性。为了不悖理地思考历史存在中所具有的无差别的区分，他再一次地转向传统。

尽管柏拉图对话是伽达默尔所反对的本质主义形而上学——这种形而上学基于一种永恒的、自我同一的、根本的实体——的具体体现这一事实，然而伽达默尔仍在柏拉图关于一和多的思想中发现他自己关于同一和区别的思想的相似处。柏拉图形而上学的根本点表现在从理念领域到它的可感现象领域的转换过程中，这些众多现象如何能是真的呢？也就是说，所有它们如何能是一个理念的现象（表现）呢？美对于这些问题提供了一个回答。

伽达默尔写道："随着我们的诠释学探究所采取的本体论转身，我们就接近了一种形而上学概念，这一概念的丰富含义我们可以通过对它的起源进行考察来指明。这就是美的概念，这个概念在18世纪与崇高概念一起曾在美学问题内占据了中心地位，而在19世纪又由于对古典主义美学的批评而完全地消失。众所周知，美的概念在以前是一个普泛的形而上学概念，它在形而上学内部，亦即一般的存在学说内部，具有一种绝非可以限制在严格美学意义上的作用。这就表明这个古老的美的概念也能为包容

一切的诠释学服务,为我们说明诠释学如何从对精神科学的方法论主义的批判中产生出来。"(Ⅰ,481)

伽达默尔为了论证美与形而上学的联系,考察了希腊文美的一词 kalon,他说,此词虽然可翻译 pulchrum(漂亮)这一德文词,但更接近于德文词 schön(美),以致希腊文的 kalon 和德文的 schön 这两个词根本的含义因素是相同的,例如我们可以说"美"的艺术。由于用了"美"这个修辞词从而我们就把这种艺术同我们称为技术的东西,亦即同生产有用东西的"机械的"艺术相区别,使得希腊文 kalon 同 chresimon(有用)这个概念处于对立之中。美的事物就是那些其价值自明的东西,我们不可能询问美的事物究竟用于何种目的,它们的完美全然只同自身相关,而不像有用的事物只是为着其他的目的。由于美与有用处于这种对立中,因而美就可由有用物的反义词所规定的概念表达,这样,美的概念就和善具有了密切的关系,因为善也是为自身而被选择,并把其他一切都归属为有用的手段,而美的事物则绝不能被看作是为其他事物服务的手段。按照伽达默尔的分析,柏拉图的哲学中就可以找到善的理念和美的理念之间具有一种紧密的联系,它们两者都超越了一切条件性和众多性,"爱的灵魂在一条由众多的美所引导的道路的尽头遇到了作为单一的东西、不变的东西、无边际的东西的自在之美(《会饮篇》),正如超越了一切条件性和众多性的善的理念一样,即在某个确定方面才是善的东西(《理想国》)。自在之美表明自己超越了一切存在物,正如自在之善一样。因而趋向单一的善的存在物秩序就同美的秩序相一致。"(Ⅰ,482)

尽管美的理念与善的理念在柏拉图哲学中具有紧密的联系,但柏拉图仍然认为它们两者之间有很大的区别,就善的理念来说,现象可以是幻觉或假象,某人看上去是善良的并不必然表示他真是善良的。然而美的理念却不会是这样,如果某物看上去是美的,那么它就是美的。在真实的美和表现的美之间没有区别。因为表现属于美的本性,所以美的理念具有中介理念和现象的本体论作用，因为在美的事物的每一现象中，美的理念是直接表现的。美使自身表现出来。为了发现真实的美，我们不需要研究美的现象背后的东西，因为美本身就表现在每一种这些现象之中。每一种现象都是真正美的，每一种现象都是真的。伽达默尔把美这种可直接把握性与善的不可把握性加以对立，并把美的这一特性称为"美的优异性"（Ⅰ，484）。他说："美自身就有光亮度，因而我们不会受到歪曲摹本的欺骗。因为'只有美才享有这一点，即它是最光亮的和最值得爱的东西'"。（Ⅰ，485）美的现象的多样性和一个美的理念之间的区分是没有区别的，所以（特别是在柏拉图的《会饮篇》里）美最好地解释了感觉领域如何接近于理念领域，或更精确地说，这两个领域如何是不可分开的。

正如美的理念一样，存在——不管是审美的、历史的还是本体论的存在——也是与它的历史表现不可分离的。按照柏拉图的看法，美具有一种给出美的最重要的本体论功能，即能使理念和现象之间进行中介的功能。伽达默尔在这里谈到了柏拉图的"分有"（methexis）概念。此"分有"概念，正如我们前面已经解释过的，也可以翻译为"参与"或"共有"，分有什么东西就是共有什么东西，参与什么东西。在柏拉图的《斐多篇》中，柏拉图说美的事物分有了美的理念，就是美的理念不可分割地完整地真实存在于美的事物中，理念的感性显现也是它的真实存在，"在场"（Anwesenheit）以令人信服的方式属于美的存在本身。美不仅在感官可见的事物中表现出来，而且还是以这样的方式，即美只有通过感官可见的事物才真正存在。正如光一样，美是"最为光亮的"（Ⅰ，485），如果说光使它物成为可见从而也使自己成为可见并唯有通过它物成为可见才能使自己成为可见，那么美同样也是使自己呈现在它的现象里，它照耀它们，光闪它们并使它们成为美的，并且这样做，美同时也使自身表现出来。伽达默尔说："美是一种照射，但照射就意味着：照着某些东西，并使光亮所至的东西显露出来。美具有光的存在方式……美的东西的美只是作为光，作为光辉在美的东西上显现出来。美使自己也显露出来。"（Ⅰ，486）存在的思辨结构，存在与其现象的镜像反映关系，在光的反射的自我启示里找到它的相似物。正如光使自身成为可见的，仅当它使某种其他事物成为可见，同样，存在表现自身，也仅在揭示能被理解的存在物的历史过程中——也就是说，仅在语言之中。这个过程是 aletheia（无蔽，真理）的不断进行的事件，存在直接对生活于不同时间和地点的人们讲话的自我启示。我们前面已经说过，基督教关于创世语词的理论是与柏拉图—新柏拉图主义的光的形而上学相联系，所以阐明事物的光对于伽达默尔来说，就是语词之光。他写道："使一切事物都能自身阐明、自身可理解地出现的光正是语词之光。"（Ⅰ，487）存在在语词之光中表现自身，语词之光像它真实地那样反映它，正如美是在它使之成为美的东西中被启示。

从光的形而上学建立的美之物的显露（Vorschein）和可理解之物的显明（Einleuchten）的对应关系中，我们认识到两个要点：第一，美的显现方式和理解的存在方式都具有自成事件性（Ereignischarakter）。自成事件性说明事物本身的行动在理解过程中的决定性，形成话语无非只是事物本身找到语言表达的思辨事件。第二，诠释学经验，即对于传承下来的意义的经验具有直接性，而这种直接性则像真理的一切自明性一样永远是美的经验的特征。

首先，光的思辨和美的思辨证明了事物本身的行动在诠释学经验中的重大作用。美作为真理的象征，作为解释科学里所成就的根本真理的象征，这是这样一种真理，正如美一样，这真理是由它是直接表现的为其特征——这就是说，由它的自我透明性为其特征。它使自己在明显之中，并且像美一样，它不能也无须被证明，因为它的真理先于证明就已经是清晰的了。伽达默尔说："所谓模仿的，似真的，或真的以及明显的，都属于一个系列，它们相对于被证明东西和被确知东西的真实性和确实性而维护自己的正确性。"（Ⅰ，488—489）明显的东西并不是被证明的，也不是完全确实的,而是在可能和猜想的东西中作为最好的而起作用。成就这种明显性不需要证明而只需要洞见,即只需要当事物在新的光亮中呈现以及可理解领域被扩大时那种突然启示的经验。伽达默尔说:"诠释学经验属于这种情况,因为它也是一种真实经验的事件。凡是由传承物说给我们什么东西的地方,所说的东西里总有某种明显的东西,而这种东西却无须在每一细节上加以确保、判断和决定。传承物通过被理解而肯定自身的真理,并且变动先前一直包围着我们的视域。"(Ⅰ,489)从对传承物的解释性洞见中形成了一种共同的感觉,一种具有其自身确实性的共同分享而明显的真理。这种洞见就是一个事件,理解的经验,这是一种唯一属于有限的历史的精神的认识方式。这种有限的历史的精神需要经验,因为它们既不能在单一的直观里理解一切,又不能通过自我沉思从它们自身中发展出一切知识。洞见不能随意被控制或被产生,因为它不是我们做的某物,不是认识主体的活动,而是一个事件:在洞见中某物对我们出现。某物先于认识对我们讲话。如果事物突然地变成清晰、明显和明白,那么它们的可见性本身就揭示了那种使洞见可能的光。理解的事件反映了存在在传统里的不断自我表现并对这种存在的自我表现作了应答。

其次,如果我们从存在就是语言,亦即自我表现,那么由此产生的就不仅是美的自成事件性和一切理解的事件结构,而且还有更深刻的真理理解。真理作为对那种用我们能理解的语言对我们讲话的传统的应答而出现。存在表现自身在这种语言中并作为这种语言。为了理解在这种自我表现里出现的真理事件,伽达默尔借用了柏拉图传统,这种传统说真理事件、揭蔽事件是美的本质。"美……是在它的存在中使自身显现的,即它表现自身。这样表现自身的东西因为是表现自身,所以是不能同自身相区别的。它不是对自身来说是一物,而对它者来说是另一物。……至于它是自身,抑或它的摹本,那是没有区别的。"(Ⅰ,491)"我们在传承物里所理解的东西是存在的一种观点或方面或现象,然而它是一种真的现象和真理现象，因为表现自身和显现是存在的本性。因为它解释自身，所以它的解释不是某种不同于它是的东西。存在在它得以被理解的表现本身中表现自身。正如艺术作品一样，它只存在于它的表现的历史之中。存在以一种为有限精神可接近的语言讲话，理解毋宁说是一种"真实的经验，也即同作为真理而发生作用的东西的照面。"（Ⅰ，493）

这种真理是某种我们既不拥有又不创造的东西，而是某种对我们发生并且我们参与其中的东西。正如我们被卷入游戏一样，真理发生是当我们失去我们自身，不再对立于它，有如一个主体对立于一个客体那样。当我们被卷入与我们一起玩的游戏中时，甚至在我们意识到游戏之前，我们就已经加入不断进行的真理事件。"谁进行理解，谁就总是已经进入了一种事件，通过这种事件有意义的东西表现了出来。……作为理解者，我们进入了一种真理事件，如果我们想知道我们究竟该相信什么，那么我们简直可以说到得太晚。"（Ⅰ，494）因此，我们绝不可能有摆脱一切前见的理解，尽管我们的认识意愿总想避开我们的前见，但我们总是由于生存于传统之中而已经就有前见，这传统先于意识而肯定它的有效性。我们从不完全摆脱前见这一事实确实标志历史存在的有限状态。认识者自己的存在在其认识里起作用这一事实确实违反客观性和方法论的限制，但它并不阻碍真理。尽管我们想受方法指导并使我们的知识成为客观的，尽管我们想保持作为一个与游戏脱离的旁观者，尽管我们想避免我们的前见，但传统的真理却在这里对我们出现。最后伽达默尔全书结论说："我们的整个研究表明，由运用科学方法所提供的确实性并不足以保证真理。这一点特别适用于精神科学，但这并不意味着精神科学的科学性的降低，而是相反地证明了对特定的人类意义之要求的合法性。这种要求正是精神科学自古以来就提出的。在精神科学的认识中，认识者的自我存在也一起在发挥作用，虽然这确实标志了'方法'的局限，但并不表明科学的局限。凡由方法的工具所不能做到的，必然而且确实能够通过一种提问和研究的学科来达到，而这门学科能够确保获得真理。"（Ⅰ,493）显然，这门学科对于伽达默尔来说，就是哲学诠释学。

本部分提示：

语言本体论或语言存在论是本部分的核心。真理作为一种效果历史生发事件这一特征，在诠释学经验的语言性尚未被发现的时候是一直缺乏直观性与有约束性的基础。海德格尔的"存在"不再能为此提供基础，而只有语言，即"存在之家"才能为此提供基础。

伽达默尔在其转向语言过程中显然跟随海德格尔的转向。语言不再是供意识支配的工具，而是一种确立自身的存在结构（Seinsverfassung），这种结构居间传达了一种此在参与的在存在论上被估价的真理。对话语的统治、规范和支配不承认那种康德式的人的图式化的知解力，因为语言服从它自己的"法则"。与此相反，合理的思想也不能支配语言，即使思想开辟了由它建立的清楚的概念之路。随着海德格尔转向而产生的去主体化过程（Entsubjektivierungsprozess）是以对"概念"的不信任为前提，而这种不信任又确立了诠释学的语言转向。① 真理摆脱主体的权力并逃避进 λόγοι（逻各斯），逃避进存在得以反映自身的语言里。伽达默尔把海德格尔的命题据为己有，按此命题，说"语言对我们诉说"比起说"我们讲语言"更为正确（Ⅰ,467）。由此推出的"应对结构"（Entsprechungsstruktur）（"人只由于他应对语言而讲话"② 在伽达默尔这里就称之为"开放"（Offenheit）。

但讲到语言的独立的合规则性有什么意义呢？在这里哲学诠释学为海德格尔关于语言本质思考的表达贡献了一些东西。理解的语言性只是就它体现了作为视域融合的效果历史意识具体化才引导一种特有的此在

---

① 参阅 W. 舒尔茨：《变化着的世界的哲学》，普福林根，1972年版，第534页。
② M. 海德格尔：《走向语言之途》，伯斯克出版社1959年版，第33页。

（Ⅰ，393）。语言由于告知某东西，所以它传承给我们一种总已经是被理解的事情，这事情开辟我们理解。语言好像总是已经在我们之前具有被理解的东西，"我们"与语言一起把这种东西讲述出来。反之，在语言中被说的东西必然让自身被说——有如在学习外语时所典型表现的（Ⅰ，445）。在语言里，一种被传统所承载的和中介的世界对我们来说成为自己的家园。语言为什么这样而不是那样表现自身，这超出我们思想可能性，因为它涉及一种由语言自身实现的视域融合。与另一时代、文化和人类的交往只是因为语言总是已经在彼此相融的视域之间架起一座桥梁才成为可能。语言因此在不同的彼此相融的视角之间作出必要的诠释学中介，而这种中介不是像在黑格尔那里是整体的。在这种中介的开放中，一种谈话伙伴——不管是在历时性还是在共时性的层面上——参与的真理使自身表现出来。由于语言自身要找出必要的语词，所以它取得一切共同体和一切理解的基础。它把谈话的参与者会聚于理解的共同地，在这地方一种被语言自身所产生的真理表露出来。艾伯林（Ebeling）这样描述说："因为语言本身最终无非只是产生理解、促成理解的力"（《神学语言学说导论》，蒂宾根，1971，第13页）。但语言并不立于我们与事情之间，而是完全表达了事物本身在存在反思（不是思想反思）里的真理。进而，被传达给我们的事物存在不只是表现一种提升到话语里的事物的片面图画，好像我们生存于其中的语言世界是一道栏栅（Ⅰ，450）。其实是这样：语言的开放可能性绝不认识界限。它的诠释学真理要求正在于让一种意义的无限性一起飘动，而这种无限性我们有限本质永不能赶上。如果我们想前进到事物的存在而超出语言，那么就语言提供我们去支配其他的话语和新的理解方式而言，语言总是先行于我们。因为它准备好道说（Sagen）的无限可能性，所以语言从不拒绝（《短篇著作集》，第3卷，第219页）。讲话能力与其是人练习的权力，毋宁说是提供给他的对话语的真理生发事件的开放。语言的真理与判断的逻辑正确性没有任何共同点，而是指明在话语里思考的

存在的 άλήgεια（真理）。①

为了证明作为真理生发事件的语言与事物不可分离的联系，即统一性，伽达默尔回忆了中世纪神学里的话语（verbum，动词）学说，这种学说把gέος（神）和λόγος（逻各斯）的同一性提升为指向语言生发事件的三位一体思辨的中心（Ⅰ，422以下）。伽达默尔从这学说里提取Inkarnation（道成肉身）思想，以便阐明存在与语言的关系。正如中世纪所认识的，Inkarnation（道成肉身）不指单纯的Einkörperung（外入肉体），而是指上帝在语词里完全共在。上帝不能只是部分地，而是能完全地显示在λόγος里。在奥古斯丁那里，这种统一的神秘性是用语言生发事件来解释的。上帝的话不是符号——符号将注意外在自身的意义，它作为天启过程包括意义的理想性，如每一语词所表现的（Ⅰ，420）。借助于语词和意的这种存在论同一性，在柏拉图和黑格尔那里被批判的语言工具化被克服了。语词不只是思维理性的工具，而是总已经在我们之前完成的λόγος事件，我们的逻辑学就是试图跟随这种逻各斯事件。语词作为纯粹的事件不理睬直接直观的noetische经验，假如它不被认为是间接推论的过程的话。上帝的人化同样是在话语里开启自身的真理的历史过程。话语并不单为自身存在而存在，而是为那种只在它里面能对理解预告自身的事情。话语的存在在于它的开启（Offenbarmachen）（Ⅰ，425），即在它的过程性的άλήgεια作用。话语接受诠释学真理作为意义开放的生发事件。如果事情过程性地和历史性地来到话语，那么它给自己添加了某种东西，但只是由于它保持在自身内（Ⅰ，427）。这就是话语的真正神秘，话语在上帝人化里瞥见了三位一体学说：Aussersichgehen（走出自身之外）als（就是）一种Insichbleiben（保持在自身之内）。

---

① E.吐根哈特（1976，第105页）把最初性归给海德格尔语言哲学，因为它指向作为意义统一的话语，而不是命题。这批判也指伽达默尔，但我们要指出，效果历史的真正接受器的话语，乃是不同意义沉淀于其中的地方，而作为意义自成事件的命题则滋养了意义改变过程。

语言中这种"奇迹"是怎样实现的呢？这首先指语词和意义的反思统一性。设法获得通向语言通道的东西并不是一种不依赖于语言范围的意义内容，这种意义内容让自身在一种（符号的）形式里通过惯例而图式化。在话语形成过程中，没有一种意识的反思真正在活动（Ⅰ，430）。在话语事件里出现的反思将宁可从那种向我们表示其真正存在的事情出发来实现。这种反思的过程被认之为"思辨的"，以便使事情在话语中的自我反映显露出来。话语作为事情本身的表现让我们听从在无限展开中开启自身的存在的真理。认识论的真理观领域让位于一种存在论的语言反思。

语言的诠释学存在论的纲领性的挑战性的口号是："能被理解的存在就是语言"（Ⅰ，478）。这种含糊多义的命题首先很少意指语言的存在论化（Ontologisierung der Sprache），而更多意指一种存在的语言化（Versprachlichung des Seins）。语言的存在论化是批判地针对语言的工具主义化（Ⅱ，456），语言作为存在论化，可以服务于反对近代人类中心主义的神圣工具。[①] 如果存在消融于语言中，存在就不经验任何限制，而是居间传达存在的真理。存在真理的无限陈述力让自身不受制于近代自我意识的工具主义化倾向。与上帝启示很相近，因为它涉及在话语里的真实存在的 Inkarnation（道成肉身）。语言不能被还原于个体的意见，因为在语言里存在自身把自己带向了语言。的确，语言的真理生发事件只有一种意义，假如它对人讲话的话。语言并不享有在讲话的人彼岸的自主的此在。语言必须使自己适应于新的境遇，并像生物一样转化自身。语言总是忠实于 Inkarnation（道成肉身）于其自身中的诠释学真理的创造性的本质：它的惯例性被世代的和创造的讲话力所打破（《短篇著作集》，第4卷，第93页）。语言通过让它的全部语汇与新的视域进行融合从而不断地贯彻它自己的法则性。因为它让它的语言量与新的视域进行融合。为了标明这种广泛的创造的真理生发事件，游戏概念被利用了。存在论化的语言

---

① P. 弗鲁乔，上引书，1974年版，第535页。

只有当它在与人共同游戏中会见存在的真理时才是有意义的。在游戏里的参与者，这里指人和语言，被某种作为真理起作用的东西所吸引，以及被吸引到这种作为真理起作用的东西上。存在的真理就处于"语言游戏"之中——值得注意的是伽达默尔在知道维特根斯坦《哲学研究》之前于1960年就使用的一个术语（Ⅱ，446；Ⅰ，493），以便让人和语言围着这种存在真理旋转。但存在只存在于语言游戏之中，以致语言很少是"一起游戏者"，而更多是游戏的领导者，存在的家和真理的保有者。

在世界和人的相互关系里，语言对人的自我理解提出一种不可穷尽的意义供应，这种意义供应开启了语言的语义学度向。值得思考的，利科赋予符号的东西真正符合于语言的主要特征："符号给出去思考！这命题（……）意味两件事：符号给；我不设置意义，而是符号给意义；但它给什么，那是'去思考'，思考某种东西"。① 如果忽略了其他语言学方面，话语的语义学陈述力就被给予了优先权。② 语言的奇迹就是，它给出某物"去思考"，这某物是由它而不是由我们所设置的。在每一话语里都有无数的意义遗产，语义学除了减少意义否则不能分离它们。即使退到语言之后的东西和隐藏其明确意义的东西也给思想提供一种理解任务。语言要说的东西显然只有通过某种力量才被带到客观的彼此分离的语义层。因此语义学必须过渡到诠释学，诠释学完整地反思了展开着的意义的度向（参阅《短篇著作集》，第3卷，第255页）。让语言的意义完全表现出来的抒情诗只是话语的这种本质能力的上升事件。正如我们的理解一样，话语总是在一种开放的冒险。③语言所聚集的事物理解对它自身是不确切的。由于诠释学的完满性前把握——这前把握在话语里已经准备认识到某种从过去传承下来的意义的卓

---

① 利科：《解释的冲突》，巴黎，1969年版，第284页；德译本：《诠释学与心理分析》，慕尼黑，1974年版，第163页。
② 参看 E. 荷伦斯坦的批判，《语言学、语义学、诠释学——为一种结构现象学而辩护》，法兰克福，1976年版，第195页。
③ 参阅 H.-G. 伽达默尔：《诗集》，法兰克福，1977年版，第140页。

越见解——我们熟悉之物显露话语，它所说的东西就是完全的真理。

对于人的事情的理解将不超越或然性领域，这表明从修辞学产生的"人的"真理概念的特征。自古以来修辞学的任务就在于，通过说服在语言上让正确的东西和美好的东西发挥作用。就此而言，修辞学发展了语言的基本的真理能力。在近代，修辞学名誉扫地，因为它好像想通过形式的美使那种本不绝对预告真理的讲话令人信服。的确，语言表述的优美灵活性已经引起了这种误解，即所说的东西变形。但哲学诠释学教导说：事情的真理与它的语言形式是不可分开的。对于哲学诠释学来说，修辞学不是一门服务于说谎的诡辩的艺术。正如柏拉图所说的，真正的修辞学乃是从真理出发的，它将有助于真理讲说出来。真理需要语言以便贯彻自身。古人们承认信服力里已有真理源泉，并把修辞学理解为对这种性质的实际地完全发展和增强。① "美的话语"之所以这样称呼，并不只是因为它是美的，而是因为它是真的（Ⅰ，343）。某物被说得愈是令人信服的，那么它似乎愈是自明的（《短篇著作集》，第 2 卷，第 6 页）。现代人直到最近还不理解修辞学，哲学诠释学将为修辞学恢复名誉，修辞学理解突出了这一简单事实，即语言从自身出发就能提出真理要求。的确，美的话可能产生错误，但每一理解和或然性所具有的冒险性质却存在于其中。海德格尔以及雅斯贝斯传统所发展的 άλήεια（无蔽）的 Gegenwendigkeit（对立性，矛盾性）根源于语词的不确定性。哲学和诡辩，真理与不真的经常一起存在，在修辞学的可疑性质里达到顶点，这种可疑性质柏拉图使之成为他的语言哲学的基石。真正的修辞学必须能作为辩证讲话和回答而存在。辩证法和修辞学的内在隶属性——这内在关系使它非偶然地产生于公元前 5 世纪——是一种诠释学洞见，施莱尔马赫明智地看到这种内在联系："讲话是为思想的共同性的中介，这里表现了修辞学和诠释学的隶属性以及它

---

① H. 布鲁门伯格（Blumenberg）："元音韵学的范例"，见《概念史档案》，1960 年第 6 期，第 8 页。

们与辩证法的共同关系"。①说服的东西不是绝对真的，它要求事情责任性（Sachverantwortung）和真诚性（Wahrhaftigkeit）。讲话者对他所主张的东西，对他的听众的关系剥夺了讲话的真理证据。对此富有意义的情况是，即άλήεια在古希腊诗里表示讲话人与他的听众的具体关系（das jeweilige Verhältnis）：在άλήεια里预告了某人得以遭遇他人的思虑——即一种真诚的可信的思虑。②

另外，修辞学依据于语言直接在起作用。由于语言指示好的方向，所以事情报告必须让自己对于事情正确地加以语言传达，并进行修辞学训练。一个不能令人信服地起作用的真理并不招呼任何人。因此古人规定修辞学是实践艺术（G. 艾伯林，《神学语言学说导论》，1971，第164页）。修辞学家必须能很好地评估特殊情况，以便知道怎样、何时以及怎样一种语言应被具体应用。真理生发事件的影响经常包含对具体情况的运用。诠释学对真理本质的洞见在这里找到了它的证明：真理只在一个事情和一个被招呼者（Angesprochener）彼此出现联系的地方才产生。修辞学在这里能做出的中介只是继续和执行语言的创建真理的力量。修辞学家受制于事情的压力，而事情是通过他而获得语言形式。修辞学家自身必须被事情所支配，以便令人信服地表达这种事情。

的确，这里中介的真理只具有或然性质。但这是人的条件，即恍然闪现的明证性从不能使自己从各方面得到安全（确认）。因此或然性具有一种诠释学者所支持的特有制约性。因为人的相互理解和共同体依据于这种或然性，所以修辞学的真理要求——修辞学使语言的aletheiologische（真理学的）可能性转移到理解实践——必然在某种哲学诠释学中被得以承认。

比修辞学还原始，语言在其生发事件特征里就承载了真理价值。话语

---

① F. 施莱尔马赫：《诠释学与批判》，弗兰克编，法兰克福，1977年版，第76页。
② H. 博德（Boeder）："古希腊关于λόγος与άλήεια的语词用法"，见《概念史档案》，1959年第4期，第111页。

事件本身将被设想为真理经验。存在能够被理解，这使人注意到一种能力，我们本真地就处于这种能力的支配之中。语言能力与其说由我们的能力支配，毋宁说由语言的能力所支配。这样《真理与方法》一句献词就可理解了，即一个永恒的与我们一起游戏的女神（语言）抛掷给我们的球（话语）证明是一种达到真理的能力。但这样，突然的（ἐξ αὐφνης）捕获者（理解事件）以精确计算的摆动（在我们面前活动的语言的技巧）用来自上帝伟大拱形的弧线（即存在在语言里的道成肉身）表明自己是一个对真理自成事件无限开放的（我们总是已经参与了的）世界的摆脱主体化的能力。

因此，语言的存在论化超出了诠释学经验的普遍化。首先由于被限制精神科学的问题域，诠释学扩大它的要求到理解的整个大全领域，这大全领域以语言的先行理解成就为前提。普遍性要求不可减少至一切理解里的前理解这一单纯事实。① 理解是这样依据于我们世界经验的语言性，以致语言构成特有的前知识。在语言里具体化了海德格尔所说的"前有""前把握"和"前见"范畴，此在的展开状态就建立在这些范畴之上。对此在的展开状态来说，语言的展开（Erschlossenheit）总已经是先行的。我们所进行的理解预先假设和继续假设语言的诠释学成就，在语言里诠释学谈话的无限性表现出来了。这种事件最终作为真理永不停止的自我展开表现出来。语言的普遍性要求依据于真理本身——这是一种伽达默尔未明确思考的切近步伐。赋予语言存在论价值的东西就是存在的敞开着的自我表现。首先在"此在"里具有的追求真理的存在证明自身是存在的活动，存在在哲学诠释学里要求一个精确的名称"效果历史"。让历史起作用的东西就是完全不脱离人的追求真理的存在。但人只是由于语言才分享了历史的传承真理。其本质在于存在开放的语言的普遍化，是与真理的普遍化携手共进的。

讲诠释学的普遍化要求有相互建立根据的层面，这是有理由的。诠

---

① 正如 L. 克吕格尔在"论诠释学哲学与科学的关系"一文（见《诠释学与辩证法》，第 1 卷，第 23 页）中所建议的。

释学真理的普遍化远比《真理与方法》这一名称所提供的更得到强调——即使这一在诠释学讨论中辛苦得来的名称是因为外在偶然的情况（副标题"哲学诠释学基本特征"原本应是该书的名称①）而出现。在理解里一种真理度向表现出来，这种度向不仅在一切科学里而且在一切世界经验方式里都可找到应用。真理先于方法产生，而方法只是无数向我们表现真理的多角形平面之一。伽达默尔首先把方法放在一边，以后在诠释学立场内赋予它一安全位置，即作为通向真理的特有通道。另外，很清楚，真理作为存在的无蔽状态最先建立方法和技术，正如海德格尔在其"追问技术"报告中明智所说的。真理的存在天命被吸收在诠释学度向里，诠释学度向让此在的展开状态占据很大的位置。前方法的真理经验当然只被语言所经验，诠释学经验的真正普遍性属于作为真理承载者的语言。（引自格朗丹：《诠释学真理？——论伽达默尔的真理概念》，第 269—279 页）

---

① 参阅 H.-G. 伽达默尔：《哲学求习年代》，第 182 页。本书重点在于诠释学真理概念，现在对方法概念附加一些批判的评注。方法概念的范围被伽达默尔既太低又太高地被评价。首先，就伽达默尔也许很少注意精神科学方法与例如"共同感"（共同同意）的真理要求之区别而言，他是过低评价方法概念。历史的科学利用服从不同于效果历史联系中前科学立场的规则（参阅 H.J. 克拉默："历史科学的地点规定"，见《一般科学理论杂志》，1974 年第 5 期，第 80 页），但是当自然科学的方法论工作被它们的诠释学条件所解除时，方法的范围首先也被过高评价。伽达默尔明白一切科学都包含一种诠释学成份，但这绝不限制科学的合理性（Ⅰ，522）。方法的知识难道不是被伽达默尔太绝对地设立了么？即使他承认个别研究者创造性地参与了自然科学工作，但他也倾向于给予方法一个自主的有效范围（《短篇著作集》，第 4 卷，第 173 页）。但是，理解的直接性，创造性的思想，历史的栏栅难道不应归入方法的中心吗？事实上伽达默尔也给诠释学宇宙设立限制，他的诠释学有能力打破这种限制。按照库恩与费耶阿本德的观点，真理与方法的对立似乎冲开大门。与查尔斯·泰勒一样（"论人文科学"，见《批判》，1980 年第 36 卷，第 848 页，以及"人文科学的理解"，见《形而上学评论》，总第 34 卷第 133 期，第 25—26 页）。我们必须确信，逻辑实证主义，所有诠释学哲学的代受罪者是如此好地从关于精神科学特征的争论中消失不见（参阅 H. 施奈德马哈（Schnädelbach）的"黑格尔之后的历史哲学"，见《历史主义及其问题》，弗赖堡/慕尼黑，1974 年版，第 164 页）。超出这种科学理论的应用，真理与方法的差别——作为存在论差别的另一名称——的存在论要求为更高的现实性而高兴。

附录一：

诠释学简史

一、古代诠释学

综观西方诠释学的发展，我们一般可以区分两种诠释学：一是以方法论为主要取向的诠释学理论或解释理论（Interpretationslehre），其代表人物有施莱尔马赫、狄尔泰，以及以后的埃米尼奥·贝蒂和汉斯·伦克（Hans Lenk）等；一是以存有论为主要取向的诠释学哲学，其代表人物是海德格尔、伽达默尔，以及其后试图批判和综合哲学诠释学的哈贝马斯、利科和阿佩尔等。伽达默尔曾用古典诠释学与哲学诠释学来概括这两种诠释学，但这只是20世纪60年代的概括，并不包括以后时期的发展。从时间上看，诠释学可以分为古代诠释学、近代诠释学和当代诠释学三个时期，文艺复兴和宗教改革以前的诠释学可以称为古代诠释学，之后的直到19世纪的施莱尔马赫和历史学派的诠释学可以称为近代诠释学，从狄尔泰开始的直到今天发展的诠释学则可以称为当代诠释学。当代诠释学虽然也包括像埃米尼奥·贝蒂的以方法论为主要取向的诠释学理论，但其主要趋向是海德格尔和伽达默尔的以存有论为主要取向的哲学诠释学，同时也包括哈贝马斯的批判诠释学和利科、阿佩尔和罗蒂等人的综合诠释学，而作为哲学诠释学的后期发展的实践哲学更应该作为当代诠释学今天的一个新的发展趋向。

（一）古代诠释学

随着语言的产生，人类生活出现一种解释的活动。亚里士多德在其《动物志》里曾讲到人类语言有两种不同的任务，即它"说明某物"和"指出某物"[①]。这种"说明"和"指出"就是一种解释的活动。从诠释学观点看，这种解释活动是与语词或文本相关联，因而说明和指出某物，就是说明和指出该语词或文本的意义，也就是说，当我们解释一个语词或一个文本时，我们总是对它们的意义进行说明。如果我们以对意义的理解作为诠释学的本质特征，那么诠释学的历史就相当古老，如果不是从《伊利亚特》中的涅斯托耳开始，至少也是从《奥德赛》开始。前者是古希腊远征特洛亚大军最年老的国王，后者则是伊萨卡国王的后代，两者都是以善于言辞、辩解词义著称。由于诠释学是以对意义的理解为其特征，所以最早的诠释学是随着意义的探究而发展。首先出现的一个问题是：语词或文本究竟只有一个意义还是有多种意义，这里出现了两种不同的诠释学。

1.古代诠释学首先被用来解释在预言和自然现象中神的符号和指示，由于神的智慧总被认为高于人类的认识能力，因而僧侣们都努力作多种意义解释。在他们看来，神的符号或《圣经》文本都有一种意义丰满（Sinnfülle）或一种意义过剩（Sinnüberschuss），这种意义丰满或意义过剩从来只能部分地被人们汲取出来。正是在这一基础上，以后亚历山大语文学（alexandrinische Philologie）派曾提出著名的四重文字意义学说。在他们看来，文字的意义至少有四种：字面上的（Wörtliche）、譬喻的（allegorische）、道德的（moralische）和通往的（hinführende），即通往或通达神圣以及不可言喻之物。这四重意义的区别人们是这样概括的："字面

[①] 亚里士多德：《动物志》，第2卷，第8页。

的意义说明事实,譬喻的意义说明信仰的内容,道德的意义指明应当要做的事情,而通往的意义则指明你应当努力争取的东西(littera gesta docet, quid credas allegoria; moralis quid agas, quo tendas anagogia)"。这里我们可以提到柏拉图的《爱匹诺米篇》,柏氏在此书中把诠释学与占卜术同属一类,也就是说,他把占卜或猜测神的旨意的技术视为诠释学。

2. 但是,作为一种严格的解释理论却必须坚持意义的单一性,即凡在文本和文献旨在传达某种确定意义的地方,我们首先应以一种唯一的和本质的意义作为前提。这首先适用于科学性的文本。西方逻辑学的产生首先就要归功于这种解释努力,即通过表达式的规范化而确定单词和句子的意义和意思。至今保存下来的最早的一篇诠释学论文,就是后来被收进亚里士多德的《工具论》中的"解释篇"(De Interpretatione),在这篇论文中,亚里士多德一开始就说"言语是心灵过程的符号和表征,而文字则是言语的符号和表征。正如所有的人并不是具有同一的文字记号一样,所有的人也并不是具有相同的说话声音,但这些言语和文字所直接意指的心灵过程,则对于一切人都是一样的"(《解释篇》,16 A 3—7)。这里亚里士多德阐明三个重要观点:(1)言语和文字是心灵过程的符号和外在表现;(2)作为符号和外在表现的言语和文字所指称的是心灵过程;(3)不同的言语和文字所指称的心灵过程对于一切人都是一样的。亚里士多德这三个观点实际上就为诠释学以后的发展奠定了两个基本方向:(1)语词和命题的意义乃是心灵过程,即精神或思想;(2)同一的思想或意义可以表现在不同的语言和文字中。前者确立了语词和命题的意义是人们在使用它们时所想到的思想内容,后者确立了不同种类的语言和文字具有翻译或相互转换的可能性。

(二)中世纪诠释学

1. 中世纪的经院哲学虽然在学科上并没有推动诠释学的发展,但它关于共相的唯名论和唯实论的争论却澄清了诠释学的本体论基础。我们知道在古希腊，柏拉图根据绘画（Bild）理论把事物的理念称之为 Urbild（原型），反之，把摹绘理念的事物称之为 Abbild（摹本）。柏拉图这种原型与摹本的关系在中世纪表现为共相（一般）与事物（个别）的关系，如桌子可以有千万个，但其共相或理念只有一个。共相与事物的关系也可以表述为意义与符号（语词、语句和文本）的关系。新柏拉图主义的唯实论主张共相具有实在性，作为共相存在的意义独立于语言和符号而存在。在新柏拉图主义唯实论看来，不仅许多不同的语词和符号可以具有同一的意义，而且每个语词和符号都有一固定而永恒的意义，它并不随着时间和历史的变迁而改变。这种观点可以说一直延续到现在，如逻辑主义的意义和所指理论，不论波尔查诺、弗雷格、还是罗素，这些人都想通过这种方式确保逻辑、数学和语言上可以把握的真思想和命题的绝对性。反之，新亚里士多德主义的唯名论则主张共相不是实在的，而只是名称，因而强调了意义与符号的一致性。不仅每一语词和符号有其自身的意义，有多少符号就有多少意义，而且同一语词和符号由于时间的改变和历史的变迁也可具有不同的意义，同一符号在新的情况里产生新的意义。这种观点也可以说一直影响到现代，现代诠释学关于符号和文本的意义的无限可能性和开放性的观点实际上就是因袭这种新亚里士多德主义的唯名论。

2. 在奥古斯丁（Augustine，334—430）那里，诠释学问题与构造一种基于符号理论的知识论交织在一起，这种交织现象并不是在奥古斯丁才出现，其实，诠释学与符号学平行发展早在亚里士多德和斯多葛派那里就已经出现，尤其是斯多葛派一方面构造一种诠释学理论，另一方面又提出一种基于符号理论的知识论。但正是在奥古斯丁这里，这两种理论得到有机的结合。按照奥古斯丁的看法，语词就是符号（参见他的《论基督教学说》和《论导师》）。他曾区分了符号（signa）和符号所指物（significabilia）、可见符号和可听符号（如手势是可见的，语词却是可听的），以及指称其他符号的符号和指称事物的符号。内在词与外在词的区分，也是奥古斯丁一个贡献，内在词是心灵内部产生的语词，而外在词是指与声音等外在现象相联系的语词。按照奥古斯丁的看法，在每一个语言里，语词（verbum）都有不同的发音，这一事实只说明语词不能通过人类的舌头表明它的真实存在。真正的语词，即内心中的语词，是完全独立于感性现象的，"内在词就是上帝语词的镜子和图像"①。在对话中，我们永不能确信我们的对话者已经正确理解了我们的意思，因为我们所用的表达式对我们有某种意义，而对那些听我们讲话的人却可能有完全不同的意义，这就是所谓误解的问题。因此，理解不能由外在词来保证，而只能由内在词来保证。

奥古斯丁对诠释学史还有另一贡献。他曾经概述了历史哲学，或者说，澄清了异教徒的时间观念（作为同一东西的循环返回的时间）和基督教的时间观念（作为具有开端〔创造〕和结尾〔复活〕的线性发展的时间）之间的差别。异教徒给予世界以上帝的属性即永恒性，认为世界只是重复或回归，而没有发展，但按奥古斯丁的看法，这种观点违背了《圣经》里的说法，因为按照《圣经》，上帝在一开始创造了天地。因此奥古斯丁反对了古典的时间概念的最终论证是一种道德论证。按他的看法，异教徒的学说是无希望的，因为希望与信仰在本质上是与未来相关联，如果过去与未来是在没有开端的循环往返里的同样阶段，那么真实的未来就不能存在，正是在这里，奥氏建立了他的神学性的历史哲学。

3. 四种意义的学说在中世纪的发展。中世纪的诠释学在实践上继续那些在教父时代的倾向，特别是关于历史的文字意义（sensus litteralis）和神秘的精神意义（sensus spiritualis）这两种意义并存的假说。不过，后一种意义又被他们下分为譬喻的意义、道德的意义和通往的意义，因而形成了四种意义的学说，里拉的尼古拉（Nicholas of Lyra）在关于盖拉丁（Galatian）的信的注释里以诗的形式报道了这四种意义："字面的意义说明事

---

① 伽达默尔:《真理与方法》，第1卷，第424页。

实，譬喻的意义说明信仰的内容，道德的意义指明应当要做的事情，而通往的意义则指明你应当努力争取的东西（littera gesta docet, quid credas allegoria; moralis quid agas, quo tendas anagogia）。"①

4. 中世纪诠释学的主要对象是《圣经》，这并不表示中世纪对《圣经》的信仰狭隘化，而是表示中世纪整个文化，其中包括世俗的和科学的研究，都是在《圣经》的精神视域之内，因此《圣经》的解释就成为中世纪人文知识的试金石。在中世纪并没有现在所谓宗教文化与世俗文化的对立，如果全部知识，包括世俗知识，都是启示的结果，那么《圣经》的研究就具有百科全书的价值。甚至自然研究也是按对文本的注释模式进行，自然研究者把自然称为自然之书，这是所谓 interpretatio naturae（自然解释）的典型。世界与书相比，表明整个现象世界是一部由上帝的手所写的书，个别的创造物是这书的符号和语词。如果说不能阅读的人想看一本书，他只能看符号而不能阅读它们，那么同样，愚人是非神性的人，他在可见创造物中看不到神圣的东西，因为他只看到它们外在的现象，而不认识它们内在的意义，反之，智慧的人能判断一切事物，能在外在的现象中感知创造者的奇异的内在智慧。因此，自然之书对于智慧的人是完全可理解的，正如文本对于那些能阅读它的人是可理解的一样。这种智慧的人就是受教会传统所教导的人，因而教会传统成了《圣经》理解的保证。以后宗教改革正是在反对这种教会传统作为《圣经》解释的原则和指南而发展起来的。

5. 古代诠释学除了宗教诠释学或《圣经》诠释学外，还有法学诠释学。法学诠释学肇始于古罗马帝国时期，当时罗马人不仅建立了专门的法律组织，而且也制定了包括诉讼法在内的大量法律，特别是公元 6 世纪查士丁尼一世（Justinian I, 483—565）制定的罗马法《法典》，为西方法学诠释学的出现和发展提供了基础。在中世纪，西欧围绕罗马法的解释问

---

① 参见费拉里斯（Maurizio Ferraris）的《诠释学史》，英译本，新泽西岛，1996 年版，第 16 页。

题产生了前后期两个注释法学派：13世纪以前的注释学派称之为前期注释法学派，其研究重点是恢复查士丁尼时代编纂的各种罗马法文献，并以此规定它们的意义；13至15世纪的注释法学派则是后期注释法学派，其主要任务是致力于罗马法对于实际生活的应用。前者可以说是理论的法学诠释学，后者则可以说是应用的法学诠释学。不过，不论前期的还是后期的注释法学派，它们都是法学诠释学的早期阶段，真正意义的法学诠释学直到近代才开始形成。

二、近代诠释学

（一）宗教改革时期诠释学

上述关于法学诠释学的情况事实上也适合于一般诠释学。虽然我们说诠释学在古代希腊就已经出现了，但它真正作为一门对理解和解释的反思学科则应当说是以后的事，因为作为反思的学科必须在它所反思的东西发展到一定阶段后才可出现。因此真正意义上的诠释学应当是在文化发展的较后阶段，即后期犹太教、亚历山大语言学派、作为犹太教信条继承者的基督教，或者作为拒斥基督教教义旧传统的路德神学时期才发展。一般诠释学第一个明显发展时期自然是16世纪的宗教改革运动。

1.随着对古典文化的重新接收，文艺复兴时期在另一种新的高度上推动了诠释学的发展。由于近代自然科学的出现，神学的信仰逐渐让位于科学的方法。为了获得古代文献的深刻含义，作为意义确立的方法论的诠释学也成了反思的对象。宗教改革家为了维护自己对《圣经》的理解以反对特利恩特派神学家的攻击，曾经大力发展了早期的诠释学理论。对《圣经》的理解在以前一直受教会的独断论传统所规定，在这里不允许有任何违背正统教义的自由解释。为了反对这种独断论传统，宗教改革家提出"《圣经》自解原则"（Schriftprinzip）。马丁·路德（M. Luther, 1483—

1546）曾把这种原则解释为：《圣经》自身解释自身（sui ipsius interpres），按照他的看法，《圣经》本身是清楚明了的，即使某些语词可能不是很清楚，但根本的东西、拯救内容却是清楚的，因此在我们对《圣经》的解释中，我们既不需要依赖于教会传统，也不需要一种解释技术，而《圣经》的原文本身就有一种明确的可以从自身得知的意义，这就是他所谓"因信称义"学说，即人要获得上帝的拯救，不在于遵守教会的教条，而在于个人的内心的信仰。我们知道，古代诠释学的核心是一种譬喻（寓意）解释，而在宗教改革时期，这一譬喻解释受到了批判。按照宗教改革诠释学家的看法，《旧约圣经》不能通过譬喻的解释而得到其特殊的基督教义。我们必须按照文字本身的意义去理解它，而且正是由于我们按照文字本身的意义去理解《旧约圣经》，并把它视为基督拯救行为所维护的法则的表现，从而《旧约圣经》才具有一种基督教义的重要性。由于《旧约圣经》的语言是希伯来文，而不是当时普遍的学者语言即拉丁文，因此，正如古典语文学诠释学强调精通希腊文一样，新教神学家也强调精通希伯来文的重要性，他们认为，只有通过对原始创作语言的研究，才能揭示那种语言所创作的经典文献的真正意义。

2. 由于宗教改革转向《圣经》的文字研究，诠释学出现了一种新的方法论意识，即想成为一种客观的，受对象制约的和摆脱一切主观意愿的科学解释，这种科学解释的基本原则就是部分与整体关系的原则，这一原则其实并不是新的东西，古代的修辞学就知道这种关系，它把完美的讲演与有机体的身体同头和肢体的关系加以比较。路德和他的追随者把这种从古代修辞学里得知的观点运用于理解过程，并发展成为文本解释的一般原则，即文本的一切个别细节都应当从上下文即从前后关系，以及从整体所目向的统一意义即从目的去加以理解。这一整体与部分的关系原则在以后的诠释学发展过程中起了很大作用，即所谓"诠释学的循环"。不过，按照伽达默尔的看法，宗教改革派只是为了解释《圣经》而依据这一原则，因而他们本身仍被束缚于一种以独断论为基础的前提，即他们预先假设了《圣经》本身是一种统一的东西。在这个前提下，他们排除了对《圣经》的任何可能正当的个别解释。这说明宗教改革派的神学的不彻底性，狄尔泰后来以一种历史精神科学的观点批判了新教派诠释学的这一矛盾。

3. 这个时期有名的诠释学著作有牛津大学神学教授 L. 汉弗雷（Humphrey）的《解释方法卷三》（1559年），鉴于当时的兴趣在于把古希腊文本和拉丁文本翻译成新的语言，汉弗雷在书中把 Hermeneutik 解释为"翻译"；弗拉西乌斯（Mathias Flacius Illyricus）的《圣经指南》或《论圣经文字的合理认识》（1567年），在此书中，弗拉西乌斯试图通过诠释学对《圣经》进行一种普遍有效的解释，他认为，《圣经》中凡不是直接清楚的段落，我们可以通过语法解释，援引实际宗教经验并根据一般与个别原则进行解释；F. 德·桑科（de sancto）的《论作者的解释或论运用》（1581年），按照作者的观点，诠释学乃是对文本的"分析"活动，这活动在于彻底地重构这一活动所打算说明的整个作品。

这里我们对弗拉西乌斯需介绍一下：弗拉西乌斯生于依斯特里亚，曾在巴塞尔、图宾根、维登堡学习，正是在维登堡他接触了路德的思想。他是一位极端主义者，正是由于这一点，他以后在法兰克福被迫害而死。他拥护诺斯替教立场，按照这一立场，人在本质上是罪人，没有意志自由，因此对人来说也没有任何拯救可通过劳作来实现。对于人来说，只有上帝的恩惠，但这不表现在任何人为的制度里，而只表现在《圣经》里。所以弗拉西乌斯彻底地离开人文主义的意识形态，拒绝任何关于人的自由和责任的论辩。然而，由于这两方面的决裂——与天主教义决裂和与人文主义决裂——他不得不更彻底地面对《圣经》文本的诠释学问题。唯一的拯救就在对《圣经》文本的解释中。他的著作很丰富，包括论教义的历史和注释学，但对诠释学发展史最重要的著作则是《圣经指南》（clavis scripturae sacrae，1567年）。弗拉西乌斯的作用首先可视为对特利恩特会议

（1545—1563）的反宗教改革计划的反抗。在特利恩特会议上，天主教关于《圣经》与传统的关系——这种关系在中世纪的教会里是比较自由的，有着不同的意见——第一次得到规定，按此规定，《圣经》与传统没有任何矛盾，因为它们都源自同一精神。特利恩特会议的纲领强调教会权威以反对《圣经》自解原则，其主要目的不仅是为反对路德教对牧师权威的拒绝而斗争，而且也是为反对比喻形象解释方式——这种解释方式在人文主义的和文艺复兴的新柏拉图主义者中间广为流传——而斗争。因此，这一时期天主教会的神学工作就是一方面证明教会的权威，另一方面证明《圣经》的可理解性，后一证明必然引导出诠释学方法。作为一位伟大的希伯来语言学家和语文学家，弗拉西乌斯捍卫路德"圣经是自身解释自身"的口号而反对天主教特利恩特会议的争论，也正是在这里，弗拉西乌斯承担了通过诠释学证明普遍有效解释的可能性。他所澄清的第一个原则是宗教性的：如果解释者在《圣经》注释里发现某种困难，那么帮助他的并不是牧师的传统，而是使他与文本联系起来的真正的基督教信仰。狄尔泰曾把这一原则规定为客观联系解释法，即任何时代和任何领域的解释者都认为他的理解与文本中所呈现的历史世界和理想世界相联系，因为精神的和文化的亲缘关系。除了这一宗教原则外，弗拉西乌斯还概述了两个理解原则：一是语法原则，一是心理学原则。语法原则肯定路德对比喻和形象程序的排斥，正如弗拉西乌斯在《指南》中所写的，"读者应当高兴地把握《圣经》的平凡的真正的意义，他不应当追逐虚影，或成为比喻或神秘的梦幻的奴隶"。① 心理学原则对于诠释学后来的发展是很重要的，因为正是通过它，弗拉西乌斯证明了诠释学的循环：文本的部分能被真实理解，仅当我们具有一种前知识，而这种前知识随着以后对个别部分的理解而更坚固和完全。

4. 总之，宗教改革派强调圣经自解原则并反对特利恩特派独断论教义解释，这实际上展示了狄尔泰认为是现代诠释学基本原则的东西：文本

---

① 参见费拉里斯的《诠释学史》，第31页。

可以根据自身而不是按照教义被理解，理解不需要教条，而只需要对解释原则的系统运用，在这种系统运用中他们又发展了古代修辞学里的诠释学循环。不过，这里值得我们注意的是，宗教改革时期诠释学的动机不是因为流传下来的东西难以理解，可能造成误解，有如以后施莱尔马赫所认为那样，而是因为现存的传统由于发现它被掩盖了的原始东西而被视为是被破坏或变形了，因此其意义应当再被探究和重新说明。诠释学试图通过返回到原始的根源来对那些由于歪曲、变形或误用而被破坏了的东西（如被教会独断传统所歪曲的《圣经》，被经院哲学粗鄙拉丁文所变形了的古典文献）获得一种新的理解。不过，正如伽达默尔所说的，宗教改革新教神学虽然反对了教会独断论传统，但它仍束缚于一种本身也是以独断论为基础的前提，即它预先假设了新教派的信仰形式是理解《圣经》统一性的唯一指南，这是一种自我矛盾，狄尔泰曾讽刺地批评了新教神学诠释学的这些矛盾。另外，他们在强调《圣经》是一个自我一致的统一体时，忽略了《圣经》不同部分被写时的不同情况，这里实际上也忽略了另一诠释学原则，即《圣经》不同卷可以根据语境和语言用法的差异来理解，这一原则允许迈耶尔（G.F.Meier）在下一世纪扩大宗教诠释学到语文学研究，特别允许施莱尔马赫在 19 世纪表述了普遍诠释学的理论原则。

（二）17 世纪和 18 世纪诠释学

宗教改革在诠释学历史上的最重要成果是《圣经》世俗化，在此世俗化过程中，《圣经》与古典文学作品受到同等对待。正是在这种同等对待中，诠释学作为一门古典文献一般解释方法的学问发展了起来。继上一世纪把诠释学作为翻译和分析的理论，法国 P.D.休特（Huet）在 1661 年出版了《论解释（卷二）》，除了重新肯定 L.汉弗雷关于诠释学是翻译学说的观点外，休特还指出翻译者（解释者）在进行这种诠释—翻译时，既不可通过任何形式的取消而减少作者的性格，也不可通过任何形式的附加而增多作者的性格，翻译或解释者应当完全忠实地描述作者的性格。同样J. H. 阿尔斯泰德（Alsted）于1630年出版的七卷本《百科全书》（第二版，1649年）中对诠释学的分析活动作如下解释："分析的目的是更正确地理解他人的著作，更有力地铭记他人的著作，以及模仿着更漂亮地表达他人的著作"。①

1. 17、18世纪诠释学最大的贡献应当在于它确立了诠释学作为一门独立的学科的位置，当然这是由于近代自然科学的发展而促进的，因为自然科学的方法论意识必然促进了诠释学作为一门解释方法的学科的发展。诠释学作为书名第一次出现是在1654年，作者是J. 丹恩豪尔（Dannhauer），其书名为《圣经诠释学或圣书文献解释方法》。丹恩豪尔不仅正式以书名提出有诠释学这一门学科，而且对诠释学相对于古代哲学学科的三种附属学科，即修辞学、语法学和逻辑学的地位也作了论述，正如我们前面已说过的，他这种学科定位一直影响到沃尔夫。丹恩豪尔在诠释学史上另一个重要的贡献在于他把"media hermeneutia"（诠释的工具），即文本理解的技术规则概括为"哲学"，以致继后的J. F. 布德斯（Buddeus）把诠释学作为解释规范，看作是philosophia instrumentalis（工具哲学）的一部分。尽管这里与我们今天所说的"哲学诠释学"或"诠释学哲学"有根本意义的不同，但由于这种把方法当作哲学加以强调，却能为诠释学以后发展为一门独立的解释理论开辟了道路。

2. 理性主义与历史—语文学注释之间联盟可以在斯宾诺莎（1632—1677）的《神学政治论》第7章里得到表现，这一章是论《圣经》的解释。斯宾诺莎在这里反对拉比们把他们所意想的东西塞入《圣经》的注释中，传统的比喻解释既不是合法的又不是必要的，在这里斯宾诺莎的精神与路德在50年前所主张的观点相一致。斯宾诺莎写道："一般人并不认

---

① L. 盖尔德赛策（Geldsetzer）:《何为诠释学》（1987年深圳召开的中国诠释学研讨会报告），第6页。

真在生活上按《圣经》去做,我们看见大多数人把他们自己的解释沿街叫卖,说是上帝的话,并且借宗教之名,尽力强迫别人和他们有一样的想法。我说,我们常见神学家们急于要知道如何根据《圣经》的原文来附会他们自己的虚构和言语,用神的权威为自己之助。……野心恣肆已滋长得十分猖狂,以致以为宗教不在尊敬圣灵的著作,而在为人的注释做申辩"[①]。一旦传统的注释被拒绝了,那么正确的解释《圣经》的方法是什么呢?这里理性主义与语文学和历史理解结合在一起,这就是斯宾诺莎在《神学政治论》中所提出的基于自然解释的《圣经》解释方法。斯宾诺莎说:"我可以一言以蔽之曰,解释《圣经》的方法与解释自然的方法没有大的差异。事实上差不多是一样的。因为解释自然在于解释自然的来历,且从此根据某些不变的公理以推出自然现象的意义来。所以解释《圣经》第一步要把《圣经》仔细研究一番,然后根据其中根本的原理以推出适当的结论来,作为作者的原意"[②]。按照斯宾诺莎的看法,《圣经》几乎全部的内容只能求之于《圣经》本身,正如关于自然的知识只能求之于自然一样,这里无需任何先有的信条和权威。不过,斯宾诺莎在这里区分了两种情况:一方面《圣经》教导道德规范,而这些道德规范完全超出自然理性因而不需要历史中介,换句话说,我们的理性完全能超出时间距离去理解《圣经》里十诫的意义以及其他道德规范的意义,这些诫律规范对我们有一种无历史的不证自明性,正如几何学的命题一样。正因为它们是明显的和普遍的,所以它们被一种明白清楚的语言形式表达出来,在这里斯宾诺莎遵照独断型诠释学而认为,凡是清楚明白的东西,我们可以直接地理解。但是还有另一种情况,当我们必须理解的不是道德原则,而是事件历史或那些远古事情的表达式,当时使用语言的方式是我们所不理解的,在这种情况下,斯宾诺莎说"我们必须完全根据文字的含义,用清醒

---

① 〔荷〕斯宾诺莎:《神学政治论》,温锡增译,商务印书馆1963年版,第106—107页。
② 同上书,第108页。

的心,只据《圣经》"来理解。例如摩西说"上帝是火",这句话不仅与我们的自然理性相矛盾,而且与摩西的其他话如"上帝不能与任何自然元素相比较"相矛盾。如果在希伯来语言里"火"只有自然的意义,那么这句话就确实不可理解,但是如果"火"在希伯来语言里有愤怒、嫉妒的意思,此句话就好理解了。可见对《圣经》的自然研究并不排除历史—语文学,按照斯宾诺莎的看法,只有历史—语文学知识才使我们有可能理解那些不易理解的文本。在这里斯宾诺莎遵照探究型诠释学而提出《圣经》诠释学的一些要素:1)圣经的历史,包括"它们的作者的生活、活动和追求";2)希伯来语言的完全知识;3)《圣经》每一卷所发生的历史。

这里,斯宾诺莎实际上提出了这样一个诠释学原则:凡是清楚明白的东西,我们可以直接地理解,凡是晦涩不明和不可理解的东西,则我们必须根据历史资料推出作者的精神并以作者的精神来进行历史的解释。例如欧几里得几何学是清楚明白的东西,我们就无须注意作者的生平、思想和习惯而能理解,但对于《圣经》著作中难以理解的段落,特别是其中讲到奇迹和启示的章节,我们就不能光凭我们的自然理性,则必须历史地理解作者的精神并用作者的精神来加以解释。斯宾诺莎认为在这方面解释《圣经》的方法与解释自然的方法没有什么不同,因为解释自然在于解释自然的来历,并从此来历根据某些不变的公理推出自然现象的意义,同样,解释《圣经》也在于先理解作者的思想,然后用作者的思想解释难懂的段落。斯宾诺莎这一观点实际上暗示了诠释学的两种理解观点,即真理的理解和作者意图的理解,前者涉及命题的真理,后者涉及的与其说是命题的真理,不如说是命题的意义。按照伽达默尔的看法,斯宾诺莎这种《圣经》的历史批判在诠释学方面找到了它的合法根据,如果理性所攻击的《圣经》里那些不可理解的东西也要求一种自然解释的话,这种历史批判同时也包含了一种积极的转变,这就导致转向历史的东西,即从虚假的和不可理解的奇迹故事到可理解的奇迹信仰的转变。

3. 由于以一种普通语义学来为诠释学奠定理论基础，诠释学以后的发展显然就是从隶属逻辑学的一个部分到一门独立的普遍诠释学的发展。这个发展过程我们可以以三次运动或浪潮来描述，这三次运动彼此的间隔均为半个世纪，紧接着这三次运动的就是我们现在所谓的当代诠释学。

普遍诠释学的第一次浪潮是在17世纪末。赫尔曼·冯·德·哈尔特（H.von der Hardt）以他的《论一种普遍注释学的要素》于1696年揭开了这次浪潮的序幕；接着出现了约翰·德·雷依（de Raei）发表于1677年的《关于解释的思考》，约翰·格奥尔格·迈斯特（Meister）发表于1698年的《论解释博士论文》，以及约翰·海因希·埃内斯蒂（Ernesti）发表于1699的《世俗诠释学概要》。这时期的诠释学不仅要通过所谓的理解技巧以确立文本的真实意义，而且也希望通过所谓的应用技巧以促成一种对权威意义的实践应用。诠释学的两种成分——理论性的探究的成分（zetetische）和实践应用的独断的成分（dogmatische）都可以在这里被找到。

第二次浪潮是在18世纪中叶。它是以约翰·马丁·克拉登尼乌斯（Cladenius, 1710—1759）在1742年发表的《对合乎理性的讲话和著述的正确解释导论》开场的。接着第二年，约阿金·埃伦弗里德·普法弗尔（Pfeiffer）发表了《诠释学初步》。1756年约翰·安德雷亚斯·格罗施（Grosch）写了一篇纲领性的博士论文"在所有学科中诠释学是同一的"。1757年，格奥尔格·弗里德里希·迈耶尔（G. F. Meier, 1718—1777）发表了他的著名的《普遍解释技术试探》，在这里，普遍诠释学作为普遍符号学的一部分被建立。

普遍诠释学的第三次浪潮出现于19世纪，它是从德国唯心主义的思辨前提而产生的。我们知道德国唯心主义乃是西方神学留下来的新柏拉图主义和欧洲大陆法学中的斯多葛主义的混合物，因此第三次普遍诠释学运动除了继续推进意义解释的探究型诠释学外，还进一步发展了神学和法学中原有的重在应用的独断型诠释学。这时人们不仅对古代文献的内容和意义感兴趣，而且还对这类源泉在当今生活中的应用更感兴趣。这一时期的主要代表就是我们后面将要分别介绍的阿斯特和施莱尔马赫。

4. 这时期有几个重要人物简单地介绍一下：约翰·雅可布·雷姆巴赫（Johann Jakob Rambach, 1693—1735）生于哈勒，曾在耶拿和哈勒大学学习神学。他的诠释学论文集除了他的关于《圣经》解释的博士论文（1730年）外，还有在他死后出版的"关于他自己《圣经》诠释学的解释"（1738年）。雷姆巴赫提出的情感诠释学（the hermeneutics of feelings）预期了以后浪漫主义诠释学的作者心理解释，他曾写道："我们不能清楚理解和解释那些我们不知道是由什么情感引起的话语。这是容易证明的。事实上，我们的讲话乃是我们思想的表现。但是，我们的思想总是与某种秘密的情感相联系……所以通过我们的讲话，我们不仅使他人理解了我们的思想，而且也理解与这思想相结合的情感。由此推知，如果不知道作者在讲某些话语时他心里有什么情感与之相联系，那么我们就不可能理解和解释作者的话语"①，并说："如果我们……能听到神圣作者讲那些我们在其书中读到的话，那么我们就将能更好地理解晦涩的段落，因为他们的情感将通过他们的声音和手势姿态更清楚地呈现于我们感官面前。但是，既然我们没有这种帮助，那么要完全确实地说什么情感、什么意义可能引起这话或那话，这将是困难的；事实上，我们必须回忆，意义依赖于情感"。② 意义依赖于情感这一论点具有彻底性：一方面，我们在这里有一种关于理解行为的强烈心理学化过程，这种心理学化，一个世纪后施莱尔马赫和狄尔泰加以系统发展，但更重要的是，这种诠释学指向了一种隐含的理性主义和世俗化。在构造《圣经》意义里，神圣作者心理的统治作用已经是《圣经》的解神话化的结果，所以在解释上帝的话里，中心作用被给予话的历史—心理学中介的形式，就是说，作者的观点和情绪状况。所以《圣经》

---

① 参见费拉里斯的《诠释学史》，第44—45页。
② 同上书，第45页。

文本似乎更反映了历史的情况而不是超历史和超验的话的表现。

雷姆巴赫另一个典型要素是强调了所解释文本意义的实践—生存论的应用。他曾区分了三个诠释学要素：探究（investigatio），这是确立《圣经》的意义；解释（explicatio），这是对其他人解释自己由于探究而理解的东西的行为；以及应用（applicatio），这说明文本对读者所具有的生存论作用。按照雷姆巴赫的看法，应用本身又分为两种：规劝的应用（porismatic application），这涉及读者在神圣文本中能发现的教导性的规劝和举止，以及实践的应用（practical application），这并不与文本的意义有关，而是与信仰者的生活有关，信仰者通过阅读《圣经》必须使其道德行为符合基督教模式。在区分了解释《圣经》必需的各种技巧和方法之后，雷姆巴赫得出结论说：实际上，实践的应用非常重要，"如果这被忽略，任何其他的任务都不可成功"。对于解释者的心理来说，应用就等于情感理论对神圣作者的心理所是的东西。人文主义的共通感主题，补充理论能力的实践—生存论智慧主题现在作为应用的告诫重新露面，它就是 sapientia salomonis，即法官的实践分辨能力，这在理性占统治的时代，乃是典型的诠释学纠正物。他论证说，当纯方法的理性没有上帝而能被理解时，这种所需要的实践的—生存论的意义和智慧却不能没有信仰而起作用。由应用理论所阐明的存在、实践性和共通感的联系乃是应用在过去时代诠释学里得到评价的基础。理解文本的普遍而客观的意义不能与原来的应用环节相分离。文本的客观而普遍的意义可以从解释者的境遇和解释的目的出发加以理解，而不是从它们没有前提的理性脉络中出发。伽达默尔对他这种观点概括道："研讨某个传承物的解释者就是试图把这种传承物应用于自身。但是这并不意味着传承下来的文本对于他是作为某种普遍的东西被给出和被理解，而以后只有为特殊的应用才利用它。其实，解释者除了这种普遍的东西——文本——外根本不想理解其他东西，也就是说，他只想理解传承物所说的东西，即构成文本的意义和意思的东西。但是，为了理解这种东西，他一定不能无视他自己和他自己所处的具体的诠释学境遇。如果他想根本理解的话，他必须把文本与这种境遇联系起来"。①

5. 扬姆巴蒂斯塔·维柯（Giambattista Vico, 1668—1744）生于意大利南部那不勒斯，该城是当时意大利的一个学术中心。这是这样一个古代的修辞学和人文主义传统并未中断的时代，尽管这时代已出现了新兴的科学，但理性的证明和教导的能力并不能完全穷尽一切知识领域，人们认为有一些领域是科学无能为力的。正是在这种观点的影响下，维柯求助于共通感。维柯认为，那种给予人的意志以其方向的东西不是理性的抽象普遍性，而是表现一个集团、一个民族、一个国家或整个人类的共同性的具体普遍性，因此造就这种共同性的感觉即共通感对于生活来说就具有决定性的意义。由此维柯确立了真正的智慧乃是柏拉图式的玄奥智慧与塔西佗的普通智慧的结合，真正的科学乃是哲学与历史学的统一。他曾说，在一切渊博的学者之中他只敬佩两个人，即柏拉图和塔西佗，"因为这两人都凭一种高明无比的形而上学的智慧，塔西佗按人的实在的样式去看人，柏拉图则按人应该有的样式去看人……因而既要有柏拉图那样的玄奥智慧，又要有塔西佗那样的普通智慧，才可以形成真正的哲人"。②玄奥智慧的结晶是哲学，而普通智慧的结晶则是语文学和历史学。维柯说："哲学对理性进行深思，由此达到对真理的认识；语文学观察来自人类意志选择的东西，由此达到对确定性事物的认识"，③"哲学家如果不使自己的推理得到语文学家的凭证的确定，他们的工作就有一半是失败的；同样，语文学家如果不使自己的凭证得到哲学家推理的检验，他们的工作也就失败了一半"。④维柯把这种哲学与语文学（历史学）的结晶称之为"凭证哲学"，用现代的术语来说，就是历史哲学。

---

① 伽达默尔：《真理与方法》，第 1 卷，第 329 页。
② 维柯：《新科学》，上册，朱光潜译，商务印书馆 1989 年版，第 637—638 页。
③ 同上书，第 138 页。
④ 同上书，第 140 页。

维柯的著作有《我们现代的理性研究》（De nostri temporibus studiorum natione，1708年）和《新科学》（Scientia nuova，1725—1744）。前一著作是维柯反对新扬森—笛卡尔派传统而为耶稣人文主义文化作辩护的著作，而后一著作则是维柯建立自己历史哲学和美学观点的代表作，所谓新科学实际就是用再创造最初的非科学来创造新科学本身。维柯的信念是：在无需任何前提的思想时代，古老的修辞学——实践的知识，即使面对于现代自然科学，也保持它的传统作用。伽达默尔曾这样说过："照维柯看来，在科学领域内也存在着古代人和现代人之争，不过他认为，这不再是与'经院派'的对立，而是与现代科学的一种特殊的对立。维柯并不否定近代批判性科学的长处，而是指出这种科学的界限。即使现在面对这种新科学和它的数学方法，我们也不应缺乏古代人的智慧和他们对于知性与口才的培养。"[①]这里所谓对口才的培养，正如莱布尼茨以后也强调的，是指一种为任何论题的讨论找寻可信服论证的能力。维柯对共通感——一种实践智慧——的强调可以从他所谓的诗性智慧看出。按照维柯的看法，人类的知性发展经历三个阶段："人最初是没有情感的知觉，然后是以一种激动的不安的灵魂去知觉，最后，人是以一种纯粹的精神去反思"，相应这三个知性阶段，普遍历史出现了这样三个时代，即上帝的时代、英雄的时代和人的时代。在上帝时代这个人类发展的第一阶段上，人类知性是由一种诗性智慧所支配，而这种诗性智慧不同于一般科学思维，他写道："因此，诗性的智慧，这种异教世界的最初的智慧一开始就要用的形而上学，不是现在学者们所用的那种理性的抽象的形而上学，而是一种感觉到的想象出的形而上学，像这些原始人所用的。这些原始人没有推理的能力，却浑身是强旺的感觉力和生动的想象力。这种形而上学就是他们的诗，一种他们生而就有的能力（因为他们生而就有这些感官和想象力）；他们生来就对各种原因无知。无知是惊奇之母，使一切事物对于一无所知的人们都是新

---

① 伽达默尔：《真理与方法》，第1卷，第26页。

奇的。他们的诗起初都是神圣的,因为……他们想象到使他们感觉到并对之惊奇的那些事物的原因都在天神……同时,他们还按照自己的观念,使自己感到惊奇的事物各有一种实体存在,正如儿童们把无生命的东西拿在手里跟它们游戏交谈,仿佛它们就是些活人。各异教民族的原始祖先都是些在发展中的人类的儿童,他们按照自己的观念去创造事物,但是这种创造和上帝的创造大不相同,因为上帝是用他的最真纯的理智去认识事物,而且在认识事物之中就在创造事物,而原始人在他们的粗鲁无知中却只凭一种完全肉体方面的想象力,而且因为这种想象力完全是肉体方面的,他们就以惊人的崇高气魄去创造,这种崇高气魄伟大到使那些用想象来创造的本人也感到非常惶恐。因为能凭想象来创造,他们就叫作'诗人','诗人'在希腊文里就是'创造者'"。① 诗人就是制作者或创造者。擅长于制作某种东西,当然在某种意义上就是知道怎样制作它,这种"知道怎么办"实际上就是一种知识或智慧,这是一种什么样的知识或智慧呢?维柯说这是"诗性智慧",即一种创造性的智慧,诗人或人类制度的创造者的智慧。按照维柯,这种诗性智慧与抽象思维是完全对立,这是想象与理智的对立,也是诗与哲学的对立。诗人是"人类的感官",而哲学家是"人类的理智",他说,最初,各民族人民作为人类的儿童,先创造了艺术的世界,然后,哲学家过了很久才出现,他们可以看作是民族的老年人,正是他们才创造了科学的世界。维柯对原始人的诗性智慧的历史研究实际上阐明了这样一种知识类型,这种知识类型远比数学知识更有具体性和生动性,例如,原始民族由于抽象思维不发达,他们的语言一般是比喻的形象语言,表达的方式不是"说",而是"唱",如他们不说"我发怒",而是唱"我的热血在沸腾",不是说"地干旱",而是唱"地渴了",即使在维柯时代,佛罗伦萨农民也不说"过了若干年",而是说"我们已收获若干

---

① 维柯:《新科学》,上册,第 181—182 页。

次了"。就此而言，维柯认为，语文学比自然科学更有其优点。按照伽达默尔的看法，维柯在这里所强调的关于诗与哲学，诗性智慧与抽象思维的对立，实际上乃是亚里士多德关于纯粹科学（episteme）与实践智慧（phronesis），理论知识与实践知识的对立。在维柯强调诗性智慧比科学理论更有具体性和生动性时，实际上指明了现代科学方法论对于精神科学的不适应，我们必须相反地努力为自己开辟一条返回传统的道路。伽达默尔写道："维柯对罗马人共通感概念的援引以及他为反对现代科学而对人文主义修辞学所作的辩护，对于我们来说有特别重要的意义，因为从这里我们接近了精神科学知识的一个真理要素，而这个要素在19世纪精神科学的自我反思里是不再可达到的……因此，维柯求诸于共通感，正如我们所看到的，是依据于一种深远的一直可以追溯至古代的关系，这种关系直到现在还在继续起作用，而这种继续存在就构成了我们今天的课题"。①

维柯的新科学还包括对我们是否能认识历史的回答。历史在时间上是已成为过去的东西，它在形态上表现为一个个曾经发生过的事实，那么我们是否能认识历史和理解历史呢？对此维柯的回答是：从表面上看，历史学家的研究对象似乎不同于自然科学家的研究对象，它们不是现在的事实，而是过去的事实，但历史学家对自己的研究对象的理解以及由此所获得的知识，事实上比自然科学对其研究对象的理解和认识更深刻，更具有普遍性。原因在于：自然科学家对自然的认识是停留在外在过程上，而我们对人类历史的认识却深入至内在过程中。历史学对象是人类精神的创造物，因此人类精神认识历史，就是认识自己精神的创造物。维柯说，尽管"距我们很久远的最早的古代文物沉浸在一片漆黑的长夜中"，但它们"毕竟无疑地仍闪耀着真理的永不褪色的光辉"。当然，历史可以认识，可以理解是一回事，真实地认识和理解历史则是另外一回事。维柯指出，人们认识历史可能因自身的某些偏见而落入一些陷阱，一方面"由于人类心智

---

① 伽达默尔：《真理与方法》，第1卷，第29页。

的不确定性,每当陷入无知时,人就把自己当作宇宙的尺度",[①]另一方面"人对遥远和未来的事物完全不能形成概念时,总是根据附近和已知的事物下判断"。[②]因此,为了真实认识和理解历史,我们必须摆脱上述两方面的缺陷。另外,维柯与以往历史学家不同,他不主张历史观念是永恒不变的,在他看来,对历史的认识和理解也是一种历史过程。人只能历史地,而不是抽象地理解历史,一方面远古民族的情感和心智属于他们自己的时代,与我们的情感和心智有很大的差别,因此历史认识需要追溯人类的起源,另一方面我们自己的情感和心智也不断随着历史的变迁而发生变化,对同一的历史在不同的时期有不同的看法,正如我们以后要讲到的,维柯这些历史观点以后为德国的历史学派所接受。

6.宗教改革所开创的《圣经》世俗化过程在18世纪随着理性主义的发展而被继续。这一过程一方面使《圣经》与世俗文学文本同等看待,另一方面使注释学从教会的独断论里解放出来。在这过程中,有几位古典主义语文学者值得我们注意:约翰·奥古斯丁·埃内斯蒂(Johann August Ernesti,1707—1781),莱比锡大学的语文学和修辞学教授,曾编辑出版了荷马、西塞罗等许多古典作家的著作。在诠释学历史上,埃内斯蒂之所以重要,是因为他的著作《新约圣经解释规则》(Institutio Interpretis novi Testamenti,莱比锡,1761年),在此书中埃内斯蒂认为对《圣经》的历史—语法解释具有重要意义,语言用法是由历史和文化所决定的,因此对《圣经》的解释需要历史和文化的视域,他写道:"研讨神圣著作语词的意义并不比研讨其他著作更任意,而是同样束缚于来自语言本性的固定规则。所以把对神圣著作的解释和对神圣语词意义的判断从属于人们对罗马教皇的判断,这是荒谬的。"[③]这种观点正是狄乐泰以后所说的"解释从独断论中的解放"。狄尔泰在其"诠释学的起源"里是这样评价埃内斯蒂的贡献:"埃内斯蒂

[①] 维柯:《新科学》,上册,第98页。
[②] 同上书,第99页。
[③] 费拉里斯:《诠释学史》,第55页。

以他的《解释》一书就为这种新的诠释学奠定了经典之作,以后施莱尔马赫读这本书时还发展了他自己的诠释学"。① 狄尔泰所谓新诠释学就是指从独断论的神学诠释学里解放出来的并从语言用法和历史环境入手的语法—历史诠释学,按他的看法,这时期的埃内斯蒂以及德国的鲍姆加登(A. G. Baumgarten, 1714—1762)、塞姆勒(Semler, 1725—1762)和米恰尔利斯(Michaelis, 1717—1791)都是这一"解释从独断论中解放出来"过程中的重要思想家。《圣经》世俗化过程可以说是普遍诠释学的准备,伽达默尔曾这样评价这一过程:"由于这种'使解释从教条(独断论)中解放出来'(狄尔泰),基督教神圣著作集开始被看作具有历史源泉的著作集,它们作为文字的著作,不仅必须遵从语法的解释,而且同时也要遵循历史的解释……正如现在在神圣著作和世俗著作的解释之间不再有任何差别,因而只存在一种诠释学一样,这种诠释学最终不仅对一切历史研究有一种预备的作用——如作为正确解释古文字的技术——而且也包含整个历史研究事业本身。因为古文献中的每一个语句只能够从上下文关系加以理解,这不仅适合于古文字,而且也适合于它们所报道的内容。……历史研究是按照它所利用的语文学解释模式理解自身,我们将看到,这种模式事实上就是狄尔泰用以建立历史世界观的范式",② 简言之,语文学诠释学发展为历史诠释学。

约翰·马丁·克拉登尼乌斯(Johann Martin Chladenius, 1710—1759)受教于维吞堡、莱比锡和爱尔兰根,曾写了许多神学和哲学著作。1742年在莱比锡出版了一部600页的大部头著作《对合理的讲话和著作正确解释导论》。正如我们从书名可以看到的,这里已暗示了普遍诠释学的要求,因为"合理的讲话和著作"显然就不只是"神圣的著作"。克拉登尼乌斯的贡献有三点:首先,他告诉我们,解释并不是具有什么重要意义的事,他说,"在哲学里我们没有任何对诠释学的大需要,因为我们每人必须运

---

① 狄尔泰:《诠释学的起源》,见《理解与解释——诠释学经典文选》,第85—86页。
② 伽达默尔:《真理与方法》,第1卷,第180—181页。

用我们自身的思考能力，通过长期解释而从哲学著作中得到的断言，是不能有任何用处的，因为我们必须直接地研讨这断言本身是否为真的问题，以及它如何被证明"。解释在克拉登尼乌斯看来只是教育性的，具有偶缘的性质，对于他来说，解释只是指"增加那些对于完善理解一段原文是必要的概念"，它的作用只不过是排除原文中那些可能阻碍学生"完善理解"的晦涩疑点。其次，解释并不指"对一段原文的真正理解"，而是消除那些"阻碍学生理解"的晦涩观点，因此，解释与理解不是一回事。按照克氏的看法，如果原文是正确的，具有真理内容的，那么原文本身就是清楚明确的，因而对原文的理解就是直接的。理解是把握真理的事情，而解释是弄清意义的问题，一段原文需要解释只是一种例外情况。第三，他区分了两种不同的理解，即对作者的理解和对著作的理解，他认为完善地理解一位作者和完善地理解一次讲话或一篇著作并不是同一回事，对作品的理解乃是对真理内容的理解，这种理解超出作者的意见，因此理解一本书的标准绝不是知道它的作者的意思。在他看来，由于人类的有限性，作者的讲话或著作本身可能包含某种他们本身未曾想去说或写的东西，因此，在对他们的著作或讲话进行理解时，我们可以有理由地去想那些作者自己还未曾想到的东西，即使情况相反，作者所意味的东西比我们所能理解的东西要多，诠释学的任务也不是去理解这些多出的东西。克拉登尼乌斯说："既然人们不能知道任何东西，他们的言辞、讲话和著作便可能意味着某种他们自己未曾想去说或写的东西……因此，如果我们试图理解他们的著作，我们可以有理由地去想那些作者自己还未想到的东西。即使情况相反，作者所意味的东西比我们所能理解的东西要多，我们也不是去理解这多出的东西，而是理解著作本身的真实的客观的意思。"[①] 毫无疑问，这种思想对后来施莱尔马赫建立普遍诠释学有很大的影响。

格奥尔格·弗里德里希·迈耶尔（G. Fri. Meier, 1718—1777），作为

---

① 转引自伽达默尔：《真理与方法》，第1卷，第187页。

鲍姆加登兄弟的学生，从1746年起就任哈勒大学哲学教授，1751以后任柏林科学院院士。1757年出版的《普遍解释技术试探》是当时诠释学一部重要经典之作。如果说克拉登尼乌斯提出文本诠释学，那么迈耶尔则有趣于符号诠释学，这是由于莱布尼茨的普遍语言和洛克的符号学的影响。迈耶尔在此书中写道："普遍诠释学是一门规则科学，在解释所有种类符号，至少是大多数符号时，我们需要遵循这些规则。"对于迈耶尔来说，符号就是"另一事物的实在可以得以被认识的工具（means）"。符号诠释学首先可应用于上帝所给予的自然符号，即所谓的自然的解释（interpretatio naturae），但更严格的用法，则是指对人所创造的人为符号的解释，即所谓文字的解释（interpretatio scriptorum）。迈耶尔认为意义就是作者的意图，他说："从诠释学来看，真正的意义就是符号创造者想用符号来表达的意向"。[①]

综观17、18世纪诠释学的发展，我们应当注意如下几点：首先，它是与近代自然科学的发展过程相适应的，正如新兴的自然科学强调数学和理性指导的方法论以获得客观的知识一样，诠释学也必须探讨解释方法的可能性以获得对不可理解的东西的洞见；其次，在这与科学发展相适应的过程中，也出现了《圣经》解释的世俗化过程，神圣著作与世俗著作同等化，从而解释从教会独断论的控制中解放出来，这样，《圣经》诠释学逐渐发展成为一种普遍诠释学；第三，与上面这两点相联系，这一时期——尤其是18世纪启蒙运动时期——的普遍倾向，就是不承认任何成见和权威，一切都诉诸于理性。任何传承下来的文本，即使是《圣经》，也不能要求绝对的有效性。在他们看来，路德宗教改革的伟大成就就在于"使人有威望的成见，特别是对哲学王（意指亚里士多德）和罗马教皇的成见，得到根本的削弱"[②]；第四，这时期有些诠释学家区分了两种不同的理解，即对作者的理解和对著作的理解（对作者的意图的理解和对作品真理内容

---

① 见费拉里斯：《诠释学史》，第67页。
② 伽达默尔：《真理与方法》，第1卷，第282页。

的理解），这对以后诠释学的发展将起很重要的影响；第五，他们发展了一些诠释学规则。不过，整个来说，这一时期的诠释学仍是片段零散的，它更多的是为了说教的目的，而不是为了哲学目的服务的。虽然为了实用的目的，它发展了一些方法论和基本原则，但这些原则大部分均取自于古代语法学和修辞学，在总体上可以说是片段规则的集合，正如施莱尔马赫所说，"语文学在整个历史上虽然曾经做了积极的贡献，但它的诠释学方法只是观察的积累"。①

（三）19世纪的普遍诠释学

19世纪可以说是从特殊诠释学向普遍诠释学发展的世纪，当时诠释学已向几个方向进行发展：（1）探究经典文献或文本的语言，对其语词的意义和语法进行语义学和语法学解释，由此产生了语文学（Philologie）；（2）对《圣经》经文进行释义，从而产生注释学（Exegesis）；（3）对法律条文加以解释并指导案例的裁决。这一时期是诠释学作为一门正规的学科而发展的世纪，其结晶是施莱尔马赫的普遍诠释学和历史学派的历史学。

施莱尔马赫有两位前辈，即弗里德里希·奥古斯特·沃尔夫和弗里德里希·阿斯特。施莱尔马赫在1829年曾发表了一部名为《论诠释学概念，比较F.A.沃尔夫的解释和阿斯特的教科书》的著作，他在其中写道："因为沃尔夫是我们语文学领域最卓越的精神和最自由的天才，以及阿斯特具有一种远比语文学家多得多的带有哲学兴趣的倾向，因此与这两人进行比较，这可能是有启发和有教益的。所以我认为，把我自己关于问题的思考与他们两人的立场加以联系，这将是有益的。"② 弗里德里希·奥古斯特·沃尔夫（Friedrich August Wolf, 1759—1824）是德国著名语文学家，他的成名主要在于他于1795年所写的博士论文"论荷马问题"，在此

---

① 施莱尔马赫：《1819年讲演纲要》，见《理解与解释——诠释学经典文选》，第48页。
② 见费拉里斯：《诠释学史》，第81页。

文中，他不把荷马的诗看作为一个单独作者的作品，而是视为一种精神的产品，一个民族的产品。在施莱尔马赫时代，他是作为"古典学"学者而著名，1807年，他编辑出版了《古典学博物馆》，他的《古典学讲演录》是在他死后于1832年问世。对于沃尔夫来说，过去就如一部百科全书，我们必须不断地对之加以探究，不仅从我们现代认识的高度，而且要带有明显的教育目的，正如他在死后出版的《语文学百科全书》中所说的："作为科学看待的古代知识，将是历史知识和哲学知识的总汇，正是通过这些知识，我们认识一个尚存有著作的民族。"① 与迈耶尔一样，沃尔夫认为意义就是作者的意向或作者的意图（intentio auctoris），他说："hermeneutics 或解释艺术，所意指的东西，乃是……把作者的思想，无论是写下的还是口头说的，作为作者想理解它们的那样加以领会的艺术。"② 解释的有效性就在于解释符合作者的意图。另外，沃尔夫与迈耶尔一样，认为文本诠释学乃是一般符号诠释学的一部分，他说："诠释学就其最广泛的意义而言，乃是对符号所指称的东西的理解艺术"③，也正是由于这一看法，正如我们说过的，沃尔夫把诠释学归属于逻辑学。下面我们主要论述阿斯特的普遍诠释学思想。

1. 阿斯特的普遍诠释学设想

德国普遍诠释学的早期代表人物是 G．A．弗里德里希·阿斯特（Ast, 1776—1841）。其主要著作有《哲学基础》（1807，1809）、《哲学史概要》（1807，1825）和《语法学、诠释学和批评学的基本原理》（1808）。阿斯特的主要诠释学观点我们可以概括如下几点：

（1）文字研究不是求其字义的解释，而是揭示古代的普遍精神。文字研究不是考据，它需要进入作品的内在精神世界。按照阿斯特的看法，一切具体的事物都是某种普遍精神的表现，他说："存在的东西都包含在精

---

① 见费拉里斯：《诠释学史》，第82页。
② 同上。
③ 同上。

神之中，正如无限的光折射入千千万万种颜色中，而这千千万万种颜色乃是从一个源泉而来。所有的存在只是折射入暂时东西里的大一（the One）的不同表现"①。"所有的生命都是精神，没有精神就没有生命，没有存在，甚至没有感官世界"②。文字和文本都是古代普遍精神或生命的表现，因此文字和文本的意义就是古代的普遍精神和生命，而对文字和文本的解释就是揭示这种古代普遍精神和生命，因此作为解释者的我们必须进入作品的内在精神世界和内在生命。

（2）由于普遍精神在每一个体里有其特殊的表现形式，因此我们要理解普遍精神，也就必须理解其表现的具体特殊的形式，就某个古代文本来说，它既是古代普遍精神的表现，又具有其具体表现形式，具体表现形式不仅包括作者的特殊精神和思想，而且也包括作者个人的语言和风格。阿斯特写道："所有古代的作者，特别是那些其著作乃是精神的自由产品的作者，都表现了那个'大一'精神，不过，每一作者是按照他自己的方式，根据他的时代、他的个性、他的教育和他的外在生活环境去表现这大一精神"③。因此"对古代文本的理解不仅需要对古代精神本身的领悟，而且也需要对作者个人精神的认识"④，这样，我们"不仅知道精神如何表现自身于作者的作品这一内容和这一形式中，而且也看到了作者的特殊精神如何本身又只是古代世界更高的普遍的精神的启示"⑤。例如品达的诗不仅表现了古代的精神，而且也表现品达自身的特殊气质，在她的诗中，不仅古代的精神在讲话，而且作者的精神也在讲话，只有当我们不仅了解了古代一般的精神而且还了解了品达的特殊的形式，我们才可以说理

---

① 阿斯特：《语法学、诠释学和批评学的基本原理》，第69节，见《理解与解释——诠释学经典文选》，洪汉鼎编，东方出版社2001年版，第2页。
② 同上。
③ 阿斯特：《语法学、诠释学和批评学的基本原理》，第76节，见《理解与解释——诠释学经典文选》，第8页。
④ 同上书，第73节，见《理解与解释——诠释学经典文选》，第6页。
⑤ 同上。

解了品达①。

（3）我们之所以能理解古代普遍精神和生命，是因为我们也是由于精神和生命构成的，而我们的精神和生命又与古代的精神和生命是同质的。阿斯特写道："如果没有任何精神性的东西的原创统一和等同，没有所有对象在精神内的原创统一，那么所有对陌生世界和其他世界的理解和领悟就完全是不可能的"②，"如果我们的精神在其自身和在根本上并不与古代的精神相同一，以致只能暂时地和相对地理解这个对它是陌生的精神，那么我们将既不理解一般的古代，也不理解一部艺术作品或文本。因为只是短暂的和外在的东西（如教养、环境）才设立了精神的差别，如果我们不计较短暂的和外在的东西对于纯粹精神的偶然差别，那么所有的精神都是一样的"③。这里既提出了诠释学的时间距离问题，又先天地解决这一问题。虽然过去是历史的，但精神却是超历史的（metahistorical）。

（4）因此语文学教育的目的就是使我们的精神脱离短暂的、偶然的和主观的东西，摆脱由于时代、教育和环境的限制而造成的特殊差别，并培养那种对于更高的和纯粹的人类，对于人道主义是本质的原始性和普遍性，只有通过这种培养，我们才可以理解纯粹的普遍精神和真善美的一切形式和表现。这种观点对以后德国人文主义"教化"（Bildung）思想的影响很大，赫尔德所谓"达到人性的崇高教化"，黑格尔所谓人类精神"向普遍性的提升"都是这种观点的继续。伽达默尔在《真理与方法》中写道："在异己的东西里认识自身，在异己的东西里感到是在自己的家，这就是精神的基本运动，这种精神的存在只是从他物出发向自己本身的返回。就此而言，一切理论性的教化，甚至包括对陌生的语言和表象世界的

---

① 阿斯特：《语法学、诠释学和批评学的基本原理》，第76节，见《理解与解释——诠释学经典文选》，第8—9页。
② 同上书，第70节，见《理解与解释——诠释学经典文选》，第2页。
③ 同上书，第70节，见《理解与解释——诠释学经典文选》，第2—3页。

领会，也只是很久以前开始的某个教化过程的单纯延续"①，并说"精神科学之所以成为精神科学，与其说从现代科学的方法论概念中，不如说从教化概念的传统中更容易得到理解。这个传统就是我们所要回顾的人文主义传统"②。这一点相当重要，即认识到以后阿贝尔（G.Abel）所说的"人对世界的理解以及对人的理解都是在符号及其诠释中进行的"。我国传统哲学在强调"乍见孺子入井"的直觉体悟作为修心养性之道的同时，也强调读书，诠释先圣语言以开掘自家德性扩充良知的格物致知之路。

（5）面对古代作者的文本，阿斯特区分了三种理解：历史的理解、语法的理解和精神的理解。历史的理解指对作品的内容的理解，也就是揭示什么内容构成作品的精神；语法的理解指对作品的形式和语言的理解，也就是揭示作品的精神所表现的具体特殊形式，其中包括训诂、语法分析和考证等；精神的理解指对个别作者和古代整个精神（生命）的理解。如果说历史的理解是内容的理解，语法的理解是形式的理解，那么精神的理解则是这两者的统一，它是对作品所反映的时代和文化的精神的揭示。阿斯特写道："历史的理解认识精神形成，语法的理解认识精神如何形成这种东西，而精神的理解则把这什么和如何、内容和形式追溯至它们在精神内的原始的和谐的生命"③。例如对品达的颂诗的理解，历史的理解指诗人歌颂的竞赛；语法的理解指品达的语言表达；精神的理解就是指诗中对国家的爱、充满勇气和英雄美德的古代精神。这三种理解实际上就是我们现在称之为作品的题材、形式和精神，此精神既是时代的普遍精神，也是作者卓越的个性（天才）。按照阿斯特的看法，唯有精神的理解才是真正的最高的理解。阿斯特这种观点对以后诠释学有深刻影响：

---

① 伽达默尔:《真理与方法》，第1卷，第19—20页。
② 同上书，第23页。
③ 阿斯特:《语法学、诠释学和批评学的基本原理》，第74节，见《理解与解释——诠释学经典文选》，第6页。

首先，精神的理解意味着要求解释者重视过去历史和文化中的精神，解释和理解成为历史精神的重建；其次，精神的理解预示了施莱尔马赫的心理学理解，解释者要从心理上把握作者的生命世界。同时代的沃尔夫也提出三种理解，只是他把精神的理解称之为"哲学的理解"。

（6）解释的三要素：文字、意义和精神。文字是精神的身体和外壳，通过文字，不可见的精神进入外在的可见的生命；意义是精神的预告者和解释者；精神本身乃是真正的生命。对一个需要解释的段落，我们必须首先问文字在陈述什么，它具有什么意义（Bedeutung, Meaning）；其次，它在如何陈述，它在文本中具有什么意味性（Sinn, significance）；第三，文字由之流出并要返回的整体观念和精神是什么。这里我们需要明白德文里的 Bedeutung 与 Sinn 的区别，前者表示所指，即名称的对象，后者指意义，即该词在所与语境中的意义（参见弗雷格的"所指与意义"一文），例如亚里士多德的陈述或许与柏拉图表面相同的陈述有不同的意义，即使在同一作品里，两个字面相同的句子可能有不同的意义。没有意义，文字是僵死的和不可理解的，没有精神，意义是没有基础和目的的，所以从根本上说，唯有精神我们才能认识每一对象的为什么，从何而来和到何处。阿斯特写道："文字、意义和精神是解释的三要素。文字的诠释就是对个别的语词和内容的解释；意义的诠释就是对它在所与段落关系里的意味性的解释；精神的诠释就是对它与整体观念的更高关系的解释"①。这三个要素构成三种类型解释，即文字的解释、意义的解释和精神的解释，我们也可称之为文字的诠释学（Hermeneutik des Buchstabens），意义的诠释学（Hermeneutik des Sinnes）和精神的诠释学（Hermeneutik des Geistes）。这三种解释类型或三种诠释学实际上就是上述三种理解形式（即历史的理解、语法的理解和精神的理解）的结果。

---

① 阿斯特：《语法学、诠释学和批评学的基本原理》，第82节，见《理解与解释——诠释学经典文选》，第12—13页。

（7）理解与解释不同，理解是解释的基础和前提，解释则是理解的发展和说明。理解包含两个要素，即领悟个别和综合个别成一整体，同样，解释也建立在特殊或个别的说明和综合特殊成一统一体的基础上。值得注意的是，阿斯特在论述理解和解释的性质时，预示了以后施莱尔马赫的观点，即解释是作者精神的重构，阿斯特写道："对作品的理解和解释乃是对已经被形成的东西的真实的再生产或再创造"[①]。由于理解和解释被认为是对原来创造的再生产或再创造，诠释学就超出了以往的语文学诠释学和神学诠释学，因为诠释学现在关涉到艺术家创作过程，把诠释学与作者的创造联系起来，正如瓦赫（J. Wach）所说，建立起这种联系，乃是阿斯特对诠释学理论发展的重要贡献之一。

（8）一切理解和认识的基本原则就是在个别中发现整体精神和通过整体精神领悟个别，前者是分析的认识方法，后者是综合的认识方法。阿斯特认为这两种方法不能分开，他说："这两者只是通过彼此结合和互为依赖而被设立。正如整体不能被认为脱离作为其成分的个别一样，个别也不能被认为脱离作为其生存领域的整体，所以没有一个先行于另一个，因为这两者彼此相互制约并构成一和谐生命"[②]。这也就是诠释学循环的早期形式。对于这一循环的吊诡，即要理解整体，先要理解个别，而要理解个别，又要先理解整体，阿斯特认为是可以解决的，例如，通过A理解abc，而要理解A又需要通过abc，只有在我们把A与abc对立起来才产生循环，如果A与abc乃是同时出现的，这样当认识A就同时认识abc，而当认识abc，也就同时认识A，因此这种循环就不会产生吊诡。他写道："如果A不是从abc等而出现的，并且不被它们所产生，而是以同一方式先于它们和渗透它们，那么abc等无非只是A这一的个别表现。这样，abc在它们

[①] 阿斯特：《语法学、诠释学和批评学的基本原理》，第80节，见《理解与解释——诠释学经典文选》，第10页。
[②] 同上书，第75节，见《理解与解释——诠释学经典文选》，第7页。

的原始的方式中就被包含在 A 中，这些部分本身都是 A 这一的个别表现，每一个以一种特别样式已经包含 A，这样为了发现它们的统一，我们无须首先通过个别的无限相继过程"①。

阿斯特的诠释学思想无疑是施莱尔马赫普遍诠释学的先驱，但从诠释学历史来看，如果我们只把阿斯特认为是施莱尔马赫的前驱，那么这可能是不够的，因为阿斯特以精神同一性观念来解决时间距离的想法将超出施莱尔马赫本人的观点，因为对于施莱尔马赫来说，诠释学问题首先是由个体的差异性和难以表达性所规定的。所以，如果说建基于理解他人问题上的施莱尔马赫诠释学将被模式化为心理学形式，那么阿斯特却预见了诠释学、语文学和历史研究的综合，这种综合以后在博艾克那里有所表现，而在 19 世纪末却被狄尔泰系统地加以规定。另外，按照《文学诠释学引论》作者 P. 斯松第（Szondi）的看法，阿斯特在诠释学里也完成了一个类似康德的哥白尼式的革命，即意义的多样性不在于文本而在于解释者，因为文本不是脱离解释者的被动的材料，而是只能通过理智的直观而被理解，理智直观将指导任何对文本的理解。所以解释者的精神就是他在文本中唤起多种意义的储藏者。②

2. 施莱尔马赫的普遍诠释学构造

正如我们前面所说，普遍诠释学的观念尽管在施莱尔马赫先驱者那里已出现了，而且也提出了一些普遍诠释学要素，如诠释学循环和理解是创作过程的复制，但作为一种普遍诠释学的系统阐述和构造则只有在施莱尔马赫那里才得以完成。施莱尔马赫的先驱者的努力的缺陷就在于缺乏对这种系统方法论的反思，他们的洞见只停留在这一或那一个别的见解上。普遍诠释学的观念唯有在施莱尔马赫这里才得以真正的实现，正如伽达默尔

---

① 阿斯特：《语法学、诠释学和批评学的基本原理》，第 75 节，见《理解与解释——诠释学经典文选》，第 7 页。
② 参阅斯松第的《文学诠释学引论》，法兰克福，舒康普出版社 1975 年版，第 157—158 页。

所说:"只有到了施莱尔马赫才使诠释学作为一种普遍的理解和解释的理论而摆脱了一切独断论的和偶然的因素。"① 因此施莱尔马赫是我们主要研讨的对象。

弗里德里希·丹尼尔·恩斯特·施莱尔马赫（Friedrich Daniel Ernst Schleiermacher, 1768—1834）生于布雷斯劳，曾在哈勒大学接受教育，当时哈勒是神学启蒙运动中心。1796年去到柏林，开始与浪漫主义接触。由于新教统治集团的干预，他于1804年离开柏林到哈勒大学任教，但不久就返回柏林，后来成为一所神学学校校长，死于1834年。狄尔泰在其著名的《施莱尔马赫传》里详尽地描述了施莱尔马赫的生活，并认为施莱尔马赫是诠释学史上最重要的代表。但是，诠释学并不是施莱尔马赫唯一的或主要的兴趣，虽然解释问题一直是他作为神学家和牧师的活动以及他的柏拉图全集翻译的基础。施莱尔马赫论诠释学的著作计有:《注释和箴言》（1805—1809）、《讲演纲要》（1819），《学院讲演两篇》（1829）、《1819年讲演纲要》第2节的个别讨论以及一批页边注（1823—1833）。他去世后，两篇学院讲演和论文集《诠释学与批判》[由弗里德里希·吕克（Friedrich Luecke）根据施莱尔马赫论文和学生笔记而编]曾以七卷本全集出版（柏林，1835—1864）。1959年，伽达默尔的学生海因兹·基默尔（Heinz Kimmerle）出版了施莱尔马赫诠释学著作考证版，删去了注释中后人插入的东西（《诠释学》，海德堡科学院版），但曼弗雷德·弗兰克（Manfred Frank）与基默尔的看法不同，再次出版了吕克版本的新版本《诠释学与批判》（法兰克福，舒尔康出版社，1977年）。施莱尔马赫的文化基础是与沃尔夫和阿斯特一样，即17世纪（尤其是埃内斯特）所影响的浪漫主义。但施莱尔马赫诠释学比他的先驱有更大的影响这一点在19世纪后半叶之前是很少为人认识的，因为当时黑格尔的影响不仅超过他而且也超过任何浪漫主义者。对于施莱尔马赫重要性的认识应归功于狄

---

① 伽达默尔:《真理与方法》，第2卷，第97页。

尔泰，狄尔泰一方面把德国历史学派所开创的黑格尔哲学批判带到完成，另一方面他在施莱尔马赫身上认识到自己在诠释学领域里的主要榜样。狄尔泰曾这样写道："的确，德意志精神在席勒、威廉·冯·洪堡和施莱格尔那里已经从文学创造转向了对历史世界的再理解，这是一场声势浩大的运动。……弗里德里希·施莱格尔变成了施莱尔马赫在语文学艺术方面的先驱。施莱格尔在其关于希腊诗歌、歌德和博伽丘的卓越著作中所发展的概念，就是作品的内在形式、著作家的思想发展史以及自成章节的文学整体。在这样一种重构了的语文学艺术的个别成就之背后，他还提出了一种考证科学，即 ars critica 的设想，这种考证科学应建立于一种文学创造能力理论之上，这一设想与施莱尔马赫的诠释学和考证学相距很远。……在施莱尔马赫的思想里，这种语文学技巧是第一次与一种天才的哲学能力相结合，并且这种能力是在先验哲学里造就出来的，正是先验哲学首先为一般地把握和解决诠释学问题提供充分的手段，这样就产生了关于阐释（Auslegung）的普遍科学和技艺学"[①]。施莱尔马赫的诠释学要点如下：

（1）按照施莱尔马赫的看法，在他以前的诠释学都不是普遍的诠释学，而是特殊的诠释学，他说："作为理解艺术的诠释学还不是普遍地存在的，迄今存在的其实只是许多特殊的诠释学"[②]。对他这句话我们应从两方面来理解，一方面它指诠释学的对象领域，过去的诠释学对象主要是《圣经》和法律文本，因而只有神学诠释学和法学诠释学；另一方面它指过去诠释学所发展的解释方法只是零散片段的，并没形成一种普遍的解释方法论。因此他要克服他的先驱们的缺陷，努力构造一门适用于一切文本解释的普遍诠释学。按照狄尔泰的看法，施莱尔马赫普遍诠释学最大的功绩就在于把诠释学从独断论的教条束缚中解放出来并使之成为一种文学解释工具和无偏见的方法论。对于神学来说，这种从教条的解放意味着《圣

---

① 狄尔泰：《诠释学的起源》，见《理解与解释——诠释学经典文选》，第88—89页。
② 施莱尔马赫：《1819年讲演纲要》，见《理解与解释——诠释学经典文选》，第47页。

经》的解释不再是基督福音的宣告，对于语文学来说，这种解放则意味着对古典作品的解释不再是模仿和仿效。当诠释学摆脱为教义服务而变成一种普遍的解释工具和方法论时，诠释学走上了它自己独立发展的道路。

施莱尔马赫的普遍诠释学有两个传统，即先验哲学传统和浪漫主义传统，从这两个传统他推出一种提问形式——有效解释的可能性条件是什么，以及理解过程究竟是什么。他对这两个问题的答复是：第一，解释之所以可能是因为解释者可以通过某种方法使自己置身于作者的位置，使自己的思想与作者的思想处于同一层次，他曾经认为解释之所以必要和可能，就在于作者和解释之间一定有差别，而这种差别是可以克服的，他说，如果思想在作者和解释者之间是绝对同一的，即没有差别，那么就没有必要解释，但如果思想在作者和解释者之间的差别是绝对不可克服的，那么解释就根本不可能，因此"在任何情况里，总是有某种思想差别存在于讲话者和听话者之间，但这种差别并不是不可消除的差别"（《1832年讲演》）。第二，理解过程不是别的，乃是一种创造性的重新表述（reformulation）和重构（reconstruction）过程。

（2）与过去语文学诠释学者的观点相反，施莱尔马赫认为诠释学的出发点乃是误解，而且这种误解不是个别的，而是普遍的，也就是说，按照施莱尔马赫的看法，在我们对文本进行接触时，正常的情况不是直接理解，而是误解。这显然与过去整个诠释学传统不同，按照过去诠释学家的看法，对文本具有直接而不受阻碍的理解才是正常情况，反之，误解只是偶然的和个别的异常情况，现在施莱尔马赫颠倒了这种看法。这样一来，施莱尔马赫对解释的作用有了与以前诠释学家完全相反的看法，在过去的诠释学家看来，因为直接理解是正常情况，误解是偶而的异常情况，因此解释只是作为教育手段而偶尔起作用，反之，现在施莱尔马赫认为误解才是正常情况，因而他主张解释不再偶然的教育手段，而是理解的必要条件。施莱尔马赫为什么认为误解是我们接触过去文本的正常情况？他认为，这是由于主体间交往的中断。主体间之交往之所以中断，在他看来，是由于作者与解释者在时间、语言、历史背景和环境上的差异。伽达默尔曾引用施莱尔马赫在《美学》中的话："一部艺术作品也是真正扎根于它的根底和基础中，扎根于它的周围环境中。当艺术作品从这种周围环境中脱离出来并转入到交往时，它就像某种从火中救出来但具有烧伤痕迹的东西一样。"[1] 这里所谓烧伤痕迹就表示时间、语言等差距所造成的异化。而且在施莱尔马赫看来，这种差异不仅限于遥远过去的文本，而且也出现于当前的会话。从这种观点出发，施莱尔马赫得出诠释学的基础就是作为人的个体性结果的误解的可能性，他的一句有名的话就是"哪里有误解，哪里就有诠释学"，因此他把诠释学定义为"避免误解的技艺学"[2]。施莱尔马赫曾区分两类诠释学实践：不严格（松弛）的诠释学实践和严格的诠释学实践。按照不严格的诠释学实践，"理解是自行发生的"，而严格的诠释学实践的出发点则是"误解是自行产生的，并且在每一点上我们都必须追求和寻找精确的理解"[3]。按照施莱尔马赫的看法，只有不严格的诠释学才会认为理解是自行发生的，而真正严格的诠释学却只能主张误解才是自行发生的，正是这种观点为施莱尔马赫建立普遍诠释学奠定了基础。这里我们把施莱尔马赫的观点与他之前的斯宾诺莎和克拉登尼乌斯的观点作一比较，当斯宾诺莎说《圣经》大部分是可以直接理解的，唯有少部分不清楚段落，我们才需要了解作者的生平、性格和思想时，他只承认诠释学的局部必要性，同样，克拉登尼乌斯也认为解释只是一种偶然的而不是普遍的，我们之所以解释历史著作仅当初学者不理解它们，这就是说，解释与理解不是一回事，解释乃是例外的事，用施莱尔马赫的话，这就属于所谓不严格的诠释学实践。现在施莱尔马赫却一反这种看法，认为误解是常

---

[1] 伽达默尔：《真理与方法》，第1卷，第171页。
[2] 施莱尔马赫：《1819年讲演纲要》，见《理解与解释——诠释学经典文选》，第58—60页。
[3] 同上书，第59页。

规，而且误解使解释成为必要，因而理解与解释是不可分开的，它们不是两种活动，而是一种活动，解释是避免那种由于无规则的理解尝试而自动产生的误解的艺术。按照他的观点，这才是真正的严格的诠释学实践。

（3）施莱尔马赫是通过下述步骤发展他的普遍诠释学，首先他把理解过程与被理解东西区分开来，其次是区分他人意图或意见的理解和辩证的理解，即对事物或主题的理解，也就是区分作者个人意图或意见的理解和作品真理内容的理解。在他看来，理解对象是独立于理解者，因而理解过程是与理解对象相分离，而我们要理解的东西不是作品的真理内容，而是作者个人的个别生命。按照这两点，施莱尔马赫得出，文本的意义就是作者的意向或思想，而理解和解释就是重新表述或重构作者的意向或思想。这一点正如我们以后要指出的，使施莱尔马赫作为方法论的诠释学与伽达默尔作为哲学的诠释学形成鲜明的对照。施莱尔马赫提出两种重构，即客观的和主观的重构，客观的重构是"我们对语言具有像作者所使用的那种知识，这种知识甚至比原来读者所具有的知识还更精确"，也就是说，客观的重构是一种语言的重构；主观的重构则是"我们具有作者内在生活和外在生活的知识"，也就是说，主观的重构是对作者心理状态的重构。当然，对于施莱尔马赫来说，主观的重构是更为重要的一种重构，他主张只有我们重构了作者的心理状态，我们就算诠释了作者的文本，这里所谓重构作者的心理状态，按他的说法，就是努力从思想上、心理上、时间上去"设身处地"地体验作者的原意或原思想。在施莱尔马赫看来，真正的理解活动就是让理解者与作者处于同一层次，通过这种与作者处于同一层次的活动，文本就被理解为它的作者的生命的独特表现。不过，施莱尔马赫在这点上与他的前人有所不同，他不主张人类具有共同本性的观念，共通感和共同信念不能指导理解或为理解可能性提供基础。对于施莱尔马赫来说，理解并不表示找寻一种共通感或可共同分享的内容，相反，理解在于规定理解者如何通过重构作者的意见的起源而达到作者的意见。他曾经说:"解释的首要任务不是要按照现代思想去理解古代文本,而是要重新认识作者和他的听众之间的原始关系。"①

　　施莱尔马赫这种关于理解的观点的特殊性,我们可以与他的前人和后人作一比较,当斯宾诺莎谈到《圣经》中有少部分不清楚的段落需要我们了解作者的生平、性格和思想时,他认为在这少部分里我们只涉及规定其陈述的意义,而不是它们的真理,但《圣经》大部分却是涉及真理内容,同样,按照克拉登尼乌斯的看法,当我们在解释某文本时,我们的标准不是作者的意义,而是其本身的真实意味,也就是它们的内容。作品可能意指的东西远比作者所想的更多,解释就是要把这种更多的东西展示出来。与这些先驱们的看法相反,施莱尔马赫认为理解只是对作者意图或意见的重构,而不涉及作品的真理内容。伽达默尔正是在这一点上强调自己与施莱尔马赫的根本区别,按照伽达默尔的看法,理解首先指相互理解,理解首先是相互达到一致意见,而且是对双方共同关注的东西达到一致意见,反之,对于施莱尔马赫来说,理解不是相互理解,而是某人理解他人,即单方面的理解,而且理解不是对于一个共同关心的主题达到理解,而是无关乎共同关注的东西而理解他人,理解只是规定作者如何达到他的意见,因此理解不涉及真理内容,而只涉及起源和动机,不是关涉你意味的东西,而是关涉你如何有这意味,简言之,即只是关于作者意图和动机的理解,而不是关于共同关注的真理内容的理解,正是在这一点上,施莱尔马赫建立他的重构说,即重构那种使作者导致这一意见或那一意见的心理过程。不过,按照伽达默尔的看法,这种无涉真理内容的理解不是理解的成功,而是理解的失败。

　　(4)对于这种重构式的解释,施莱尔马赫提出语法的解释和心理学(技)的解释,按照他的解释,"话语如果不被理解为一种语言的关系,

---

① 施莱尔马赫:《1819年讲演纲要》,见《理解与解释——诠释学经典文选》,第56页。

那么它就不被理解为精神的事实，因为语言的先天性限制精神"①，因此必须从语法上加以解释，另外，"话语如果不被理解为一种精神事实，那么它就不被理解为语言的样态，因为所有个人对语言的影响的根据就在于讲话，而语言本身是由讲话所决定"，②因此必须从心理上加以解释。在语法解释上，施莱尔马赫提出44个规则，其中前两个规则最为重要：一是"在所与文本里需要更完全规定的任何东西只有援引作者和他的最初公众所分享的语言领域才能被规定"，这指原本语言的规定；另一个是"在所与段落里每一语词的意义必须援引它与周围的其他语词的共在而被规定"③，这指其他语词的规定。心理学解释的规则主要是从作者生活整体内研讨作者思想的产生，这是一种对"促使作者去交往"的原始决定或基本动机的研究。按照施莱尔马赫，语法的解释所关心的是某种文化共同具有的语言特性，而心理学的解释所关心的则是作者的个性和特殊性。语法的解释是外在的，心理学的解释是内在的，但两者同样重要，彼此相互结合。如果只强调语法的解释，那么我们就会因考虑共同的语言而忘记了作者，反之，如果只强调心理学的解释，那么我们就会因理解一位个别的作者而忘记了语言的共同性，唯有把这两种解释结合起来，我们才能获得深刻而具体的见解，例如我们古代经典《论语》中"克己复礼为仁"一句，我们可以从语法上解释它的字面意义，但要理解它的深刻含义，唯有从心理上掌握孔子当时的心态和生命历程，以及他当时处于周礼崩溃时代的各种感受。心理学解释在施莱尔马赫那里实际上是一种他所谓的预感行为（ein divinatorisches Verhalten），即一种心理转换，一种把自己置于作者的整个创作中的活动，一种通过想象、体验去对作者创作活动的模仿，因此在施莱尔马赫看来，理解就是对原来的生产品的再生产，对已认识东西的再认识，一种"以概念的富有生气环节作为创作组织点的原始决定为出发点的重新

---

① 施莱尔马赫：《1819年讲演纲要》，见《理解与解释——诠释学经典文选》，第51页。
② 同上。
③ 转引自布莱希特：《当代诠释学》，Routledge & Kegan Paul 出版社1980年版，第14页。

构造"。① 例如，既然艺术作品只有在它原来所属的地方才具有其真实的意义，因而对作品的意义的把握就是对原本的东西的重建，艺术作品的真实意义只有从这个地方，首先从它起源和发祥地出发才能被理解，所以施莱尔马赫说诠释学工作就是重新获得艺术家精神中的"出发点"。从诠释学的发展来看，施莱尔马赫用心理学解释来补充语法解释，并把心理学解释规定为一种预期行为，从而使诠释学发展成一门科学、一门艺术，其目的就是精确地像作者所想的那样重新表述或重构作品的意义。在这里，施莱尔马赫对笛卡尔主义和启蒙运动理想表示尊敬，他认为，重构式的解释，不管是语法的解释还是心理学的解释，都应当摆脱理解—解释者自身的境遇、观点，因为这些个人的境遇和观点只具有消极的价值，它们作为成见和主观性只能阻碍正确的理解。正确的解释就是要消除解释者自身的成见和主观性，也就是要成功地使解释者从自身的历史性和偏见中摆脱出来。

（5）理解和解释虽然是原创造的再创造，但在施莱尔马赫看来，创造与再创造是不同的。尽管理解和解释是原创造的再创造，但再创造却可能比原创造更好，施莱尔马赫的一句有名的话是"我们（指解释者）可能比作者理解他自己还更好地理解作者的思想"。② 按施莱尔马赫的看法，表达式是天才精神的创造，也是无意识的创造，这是德国浪漫主义依据康德美学的一个主导原则，按照康德，艺术是天才的创造，但天才并不依赖于任何方法也不具有目的意识，而再创造却是依赖于那种明显提供解释者了解原创造的原则，所以再创造过程将比原来的创造更多有意识，并且在"更好"意义上去理解作者的思想。施莱尔马赫在1819年讲演中写道："要与讲话的作者一样好甚至比他还更好地理解他的话语。因为我们对讲话者内心的东西没有任何直接的知识，所以我们必须力求对他能无意识保持的许多东西进行意识，除非他自己已自我反思地成为他自己的读者。对于客

---

① 伽达默尔：《真理与方法》，第1卷，第191页。
② 同上书，第195页。

观的重构来说，他没有比我们所具有的更多的材料"。① 施莱尔马赫这种观点其实有其历史来源，最早康德曾在《纯粹理性批判》一书中提出过，当康德讲到柏拉图的"理念"一词的意义时，他说"我在这里并不想从文字上研究这位杰出哲学家对这一词所理解的意义，我只想说，在我们把一位作者在日常谈话里或在著作中关于他的对象所表述的思想进行比较时，发现我们甚而比作者自己理解他还更好地理解他，这并不是希奇的事。由于他并没有充分规定他的概念，他有时所说的乃至所想的就会和他的本意相违"。② 以后费希特也说过类似的话，"体系的发明者是一回事，体系的解释者和跟随者则是另一回事"。③ 按照现代研究者博尔诺（Otto Friedrich Bollnow）的看法，施莱尔马赫这句名言实际上是早先语文学家的一句口头禅，但伽达默尔不同意，他否认这是一条不成文的语言学规则。按照伽达默尔的看法，语文学并不目向理解文本，而是想不超越文本地模仿文本，因此更好理解不能是语文学规则，而且在康德和费希特那里，这句话显然也不表现为语言学规则，而是一种哲学要求，"即通过更大的概念清晰性去摆脱一种理论里所包含的矛盾"，按照伽达默尔，这句话是一条完全表述唯理论要求的原则，即"唯一通过思考、通过发展作者思想里已有的结论，去获取那种符合作者真正意图的见解——如果作者是足够清楚而且明确地思考的，他是一定会具有这些见解的"。④ 按照伽达默尔的进一层看法，这句名言实际是"按照新的精神去解释作者"的对于诠释学对象进行批判的原则，他说："这句有争议的命题无非是表达了对对象进行哲学批判的要求。谁能知道更好地去深入考虑作者所讲的东西，谁就可能在对作者本人还隐蔽着的真理光芒之中理解作者所说的东西"。⑤ 但伽达默尔认为，

---

① 施莱尔马赫：《1819年讲演纲要》，见《理解与解释——诠释学经典文选》，第61页。
② 康德：《纯粹理性批判》，A 314。
③ 转引自伽达默尔：《真理与方法》第1卷，第199页。
④ 伽达默尔：《真理与方法》第1卷，第198—199页。
⑤ 同上书，第199页。

这后一批判特征显然在施莱尔马赫这里未出现，施莱尔马赫只把这一原则解释为语文学解释技艺的原则，因为施莱尔马赫处于浪漫主义立场，浪漫主义者在创造普遍诠释学进程中把基于对象理解的批判从科学解释领域内驱逐出去了。因此这条原则在施莱尔马赫这里尚未达到它应有的深度。

总之，施莱尔马赫的普遍诠释学强调两点：（1）理解是对原始创造活动的重构，对原来生产品的再生产，对已认识东西的再认识；（2）理解者和解释者更优于作者自己的理解，理解这一创造性活动不是简单的重复或复制，而是更高的再创造，是创造性的重新构造或重新认识。这意味着作者并不是自己作品的理想解释者，作者并不比解释者具有更大的权威性，解释者的时空差距可能是更真实接近作者精神状态的条件。伽达默尔认为施莱尔马赫这一命题对诠释学有极高的理论价值，他说："解释的唯一标准就是他的作品的意蕴，即作品所意指的东西，所以天才创造学说在这里完成了一项主要的理论成就……因为应当被理解的东西并不是原作者反思性的自我解释，而是原作者的无意识的意见。这就是施莱尔马赫那句悖理的名言所想表示的意思。"①

（6）诠释学循环不仅被施莱尔马赫用于语法解释，而且也用于心理学解释。语法解释不仅用语词是其部分的词句来决定语词的意义，以及用整个作品来规定语句的意义，最后还把作品本身置入它的语言用法脉络里及它所属的文学行列中，而且对语句、作品、文学行列和语言用法的理解也是由对组成这些较大整体的较小部分的理解所构成。心理学解释不仅把作品置入作者的生活脉络中和时代历史里，而同时也是通过分析个别经验而确立这种生活脉络和时代历史的知识。简言之，不仅每一语法单元必须用整个讲话的语境来加以理解，而且这讲话本身也必须根据作者整个精神生活的背景来加以理解。在这种诠释学循环理论里，施莱尔马赫独特的贡献是提出了一种"完全理解状态"作为恶性循环的抑制。在他看来，如果整

---

① 伽达默尔：《真理与方法》第1卷，第196—197页。

体不预先通过某种独断设定的限制来规定的话，解释过程将是无限的。施莱尔马赫因而用一种预期奇迹有可能的完全理解状态来解决这一问题，即解释者有可能把自己转到作者的视域而对作者的个性完全清楚。这种思想以后就被伽达默尔所吸收，伽达默尔所谓"完全性的前概念或前把握"就是这种思想的发展。

按照伽达默尔的看法，施莱尔马赫的浪漫主义诠释学对诠释学的发展起了很大的推进作用，一方面他把理解与解释等同，解释不是一种在理解之后的偶尔附加的行为，而是相反，理解就是解释，解释就是理解的表现形式，进行解释的语词和概念同样也被认为是理解的一种内在要素，从而使诠释学从偶然边缘位置进入哲学的中心，另一方面，他对以往各种诠释学进行总结，把零散而片段的观察概括为一种系统的方法论，这可以说是诠释学的一大发展。但从整个诠释学的发展来看，施莱尔马赫普遍诠释学也有重大缺陷：首先，由于他特别强调对作者意图或意见的理解，从而把对真理内容的理解与对作者本人的理解分开，以致认为理解或解释就是重新表述和重新构造原作者的意见或心理状态，以使诠释学传统本来所具有的真理内容的理解消失不见，更何况原有的应用功能也消失不见。其次，他把理解和解释看作是对作者意图的重构，这实际上把理解和解释看成一种客观的静观的认识，从而仍陷入笛卡尔的主—客对立之中。因此伽达默尔在《真理与方法》中把这种重构说与黑格尔的综合说加以比较，并对施莱尔马赫提出这样的问题：这里所获得的东西是否真正是我们作为艺术作品的意义所探讨的东西？如果理解只是一种第二次创造，即对原来产品的再创造，理解是否就正确地得以规定呢？伽达默尔认为，显然这是与对过去生活的修补和恢复一样是无意义的，因为被重建的，从异化中唤回的生命并不是原来的生命。反之，黑格尔通过女神以自我意识的眼神呈现给我们从树上摘下的水果，尽管这些水果失去了它生长的树木、空气、日光和土壤等生长条件，却是活生生的给予我们现实性的水果，因为"历史精神的本质并不在于对过去东西的修复,而是在于与现实生命的思维性构通"。①第三,诠释学传统本来具有理解、解释和应用三大要素,但由于施莱尔马赫把理解与解释内在结合,从而把第三要素即应用技巧从诠释学中排除出去,以使诠释学完全从本来所具有的规范作用变成一种单纯的方法论,按照伽达默尔的看法,诠释学自古就具有一种使文本的意义和真理运用于正在对之讲话的具体境况的任务,赫尔默斯这位能解释上帝旨意的诠释者就是执行这一任务的原始典范,他说:"直到今天,每一个翻译(解释)者的任务就不只是重新给出他所翻译的那位讨论对手所真正说过的东西,而是必须用一种在他看来对于目前谈话的实际情况似乎是必要的方式去表现这个人的意见。"②用我国传统哲学的话来说,它失去了"主敬以立为本,穷理以致其知,反躬以践其实"的内外修身的持敬功夫。

(7)施莱尔马赫的诠释学被他的学生语文学家奥古斯特·博艾克和施泰因塔尔所继承和发展。博艾克(August Boeckh, 1785—1867)自1811年起曾任柏林大学语文学教授,他的思想可以概括为这样一种试图,即想把古典语文学建立为一门可以用唯心主义词汇设想的科学。他的主要著作是在他死后出版的《百科全书与语文科学方法论》(第1版,1877年;第2版,1886年)。博艾克的诠释学理论可以概括为如下四点:第一,历史学与语文学的同一性关系。广义地讲,历史学与语文学是同一的,历史学的任务就是解释表述历史的文献,也就是理解历史文献所表述的历史事件的意义,这种程序与语文学解释文学文献是一致的。狭义地讲,历史是关于过去的知识,过去是已知的,关于过去的知识就是对已知的东西的认识(Erkennen des Erkannten),这正如语文学的文学解释是对过去的思想的再认识,他说:"按照我们已规定的认识概念,语文学是对于已知东西的认识,是对已给予的知识的重构",而历史学家的任务就是从语文学的角度

---

① 伽达默尔:《真理与方法》,第1卷,第174页。
② 同上书,第313页。

理解历史文献。第二，哲学与语文学的相互补充关系。哲学是认识真理，而语文学是认识已知的东西，两者相互联系，他说："语文学与哲学相互补充，因为，如果没有一般的认识，我们就不能认识已知的东西，如果没有认识他人已知的东西，我们就不能完成认识"。已知的东西是现在的认识活动的先决条件（Erkannten ist Voraussetzung），哲学要说明自己的先决条件，因此往往与哲学历史融为一体。第三，诠释学和文学批评的合适对象是符号。诠释学是对于符号的理解，符号可区分为：（1）与其所说明的对象相隔离的符号，所有正规语言的符号都属于这种符号；（2）与符号所指的对象达到部分或完全同一的符号（如建筑物、工具），历史学家称这些对象为"沉默的见证"。前一种符号是语文学或语文学诠释学的合适对象，而后一种符号是考古学或考古学诠释学的合适对象。语文学诠释学的对象是文本，而不是口头语言。作为符号的文本所指的是：（A）作为口头语言或言语的书面文本；（B）言语所属的用符号来表示的语言；（C）用符号表示的知识。语文学诠释学只探究（C）产生关联的（B），而不是（B）本身，也不是同（A）产生关联的（B）。第四，诠释学的层次论取代诠释学的循环论。博艾克认为，施莱尔马赫的从局部到整体或从整体到局部的循环往往是以一种"预期行为"为出发点，因而造成一种恶性循环。为了避免这种恶性循环，博艾克提出要以具有历史基础的明确例证为出发点，通过对这些例证的分析，便可以发现支配表达式的原则，然后将这些原则运用于更难解之处，从而达到举一反三的效果。博艾克认为，要打破诠释学循环，就必须对诠释和批评的不同层次加以区分，这里所谓不同的层次是指不同的整体，即语言整体、历史背景整体、原作整体以及文本整体。前三个整体从不同的角度规定了对文本整体的理解，而且还规定了对文本的局部乃至短句、语词的理解。这就是说，诠释学不能以完全未确定的局部即预期行为为出发点而进入诠释学循环。对于局部的理解可以不依据文本，但要将其视为其他三个整体的一部分，这样才能理解局部。

因为文本的可信程度最低，可信程度最高的是语言整体，其次是历史背景和原作。这样，解释的过程就由循环变成了按照主次层次而来的过程。这就是博艾克所谓以"层次论"来取代"循环论"的理论。

施泰因塔尔（H. Steinthal, 1823—1899），自 1862 年就任柏林大学语言学教授，他是当时有名的东方语言学家，特别是对中国文学和语言有很高的造诣。在他关于语言的比较研究中，他把语言视为民族精神的表现。从这一观点出发，他认为语文学应分三个部分：解释、考证和构造。解释的作用是根本的和原始的，因为理解是交往行动本身之前的第一种人与人关系的行为。语文学解释因此与人与人之间已经在进行的自然解释相联系，并具有一种生命目的，它对过去的僵死文字赋以新生命，其方法是把这种文字带回到意义的生命性，"由于重新使书写下来的符号富有生命，重新唤醒活生生的语言，重新赋予僵死语言以生气，我们使逻各斯又回到人们已丧失的生活的缄默的证明"。因为解释具有生命主义性质，因而它优于考证和构造。考证实际上服务于解释，因为我们之所以考证，是因为我们与过去之间出现问题，考证的必要性不在于事物，而在于我们的怀疑和传统的不确定性。构造的作用，即语文学知识的历史的和语法的组织，也完全是第二位的，因为构造所用的概念都是由解释和考证而得来的元素所形成的。施泰因塔尔曾经根据博艾克的观点划分了五种解释类型：（1）语法解释，即按照话语所呈现的语词或语言元素来解释话语；（2）客观解释，即通过一系列客观元素，如民族精神、观点和概念，以及观看事物的方式来解释话语；（3）风格解释，这是与文学作品的创作相联系，它是一种对作品文学结构的形式解释；（4）个性解释，这是一种"基于作者个人性格的解释"；（5）历史解释，它所回答的问题是：在什么时期，在什么历史环境下该句被写。在这五种解释的顶端，同时又在它们第一种解释之内，作为它们卓越性和正确性的条件，则是心理学，这可以视为理解的解释（understanding interpretation），但它不是另一种类型的解释，而是所有其他五种解释的最终目的。另外，施泰因塔尔与博艾克和狄尔泰一样，在同样意义上重复施莱尔马赫这句名言："语文学家对讲话人和诗人的理解比讲话人和诗人对他们自己的理解更好，比他们同时代人的理解更好，因为语文学家清楚地知道这些人实际上有的，但他们自己却未曾意识的东西。"① 按照施泰因塔尔的看法，通过"心理学规则的知识"，语文学家可能使认识性的理解深化成为把握性的理解，因为他们深入探究了文字著作的原因、起源以及作者思想的构造。

3. 德国历史学派与诠释学

历史学派肇始于与黑格尔历史哲学的决裂。我们知道，黑格尔的历史哲学是强调哲学对历史的本质作用，唤起历史的能动性，从而使历史完全成为哲学的表现。但是，把历史视为观念的纯粹表现，这将必然否认历史本身的独立存在，因而随着19世纪经验科学的发展而出现的历史学派就试图使历史独立于任何预设的目的论，历史只表现自身，历史的价值只属于历史本身。因此，正如施莱尔马赫把诠释学从独断论的教条中解放出来，使之成为一种解释方法的普遍诠释学一样，19世纪德国历史学派的诠释学努力也被用来使历史研究脱离黑格尔的历史哲学，使之不成为一种哲学，而成为一门经验科学。或者我们可以简单地说，正如施莱尔马赫使文本解释脱离独断论，使之成为一种解释方法论一样，德国历史学派也力图使历史研究脱离黑格尔，使之成为一门经验科学。

19世纪德国历史学派的主要代表是兰克和德罗伊森。

（1）德国历史学家兰克（Reopold von Ranke，1795—1886）是《世界史》的作者，从1880年至1885年他出版了六卷。在兰克身上表现了一种历史主义与唯心主义的矛盾关系：一方面反对黑格尔所假定的历史具有那种哲学系统的统一，否认历史能根据超越它的原则（如理性的唯心的目的论原则）被思考，主张历史遵循一种"自由的场景"（Szenen der

---

① 伽达默尔：《真理与方法》，第1卷，第197页。

Freiheit）；另一方面，又主张历史具有一种内在的必然联系，一个历史事件必然跟随另一历史事件，并认为历史的这种统一是历史的事实。他说："每一种真正世界史的行为从来就不只是单纯的消失，而是能在当代匆匆即逝的瞬间去发展某种未来的东西，因此这种行为本身就包含一种对其自身不可毁坏的价值的完全而直接的感觉。"① 按照前者，没有任何历史事件能预先决定，历史的理解就是澄清个别历史事件的特有的自由性质的工具，但按后者，任何历史事件是从它们之前的历史事件而来，并把自身联结到一个标志不同历史时期的融贯整体之中，从而历史意义和价值可以从这整体得到。兰克写道："让我们承认历史永不能具有一种哲学系统的统一性；但是历史并不是没有一种内在的联系。在我们面前我们看到一系列彼此相继、互为制约的事件，当我们说制约，这当然不是指由于绝对的必然性，最重要的事是，在任何地方都需要人的自由。历史学追求自由的场景，这一点就是它的最大迷力。但是，自由是与力，甚至与原始的力联系在一起的。如果没有力，自由就既不出现于世界的事件中，又不出现于观念的领域内……没有任何事物完全是为某种其他事物的缘故而存在，也没有任何事物完全是由某种其他事物的实在所产生，但是，同时也存在着一种深层的内在联系，这种联系渗透于任何地方，并且没有任何人能完全独立于这种联系。自由之旁存在着必然性。必然性存在于那种已经被形成而不能又被毁灭的东西之中，这种东西是一切新产生的活动的基础，已经生成的东西构成了与将生成的东西的联系，这种联系同样也是认识的对象。"②

这里我们明显看到兰克处于一种矛盾的立场，一方面他否定黑格尔的历史哲学，不认为历史是神圣计划的产物或精神返回自身，以使历史学追求自由的场景，但另一方面他又认为历史事件之间必然存在着一种内在联系，后一事件依赖于前一事件，并把这种内在联系与历史力加以联系，认

---

① 伽达默尔：《真理与方法》，第 1 卷，第 206 页。
② 同上书，第 208 页。

为历史中存在有一种神秘的力量。前者使我们看到"没有任何历史意义的先入之见使历史研究有偏见",后者又使我们看到"历史研究的自明前提就是历史形成一统一体"。① 这种力究竟是什么呢? 兰克最后只能用上帝来解释历史中这种神秘之力,他说"我自己对上帝……是这样想的,即上帝——因为在上帝面前不存在时间——是在人类整体里通观整个历史人性并发现任何事物都具有同样价值"。② 上帝是一个既看历史开端又看历史结尾的观看者,这个观看者能理解每个个别部分在整体意义中所起的作用。这里我们确实看到了施莱尔马赫文本诠释学的直接运用。正如文本有开端和结尾一样,历史也有开端和结尾,正如文本解释方法旨在澄清文本意义(一方面通过把文本置入作者的生活脉络中,另一方面把文本置入它所隶属的文学传统中)一样,历史理解也通过把历史时代置入普遍史中澄清个别历史时代的个别性。对于兰克来说,历史理解的合法性依赖于历史学家能接近上帝全知的程度,这种接近是通过使自己脱离其在历史中所处的位置并综观历史为一统一体而达到的,因此兰克认为历史研究的目的就是"与万物共同感觉,共同知识"(如庄子与万物为一)。

在伽达默尔看来,兰克的方法论的天真性在于他不能把握他自己批判黑格尔的结论,一方面他反对黑格尔从精神返回到自身而达到的思辨终点推出历史的意义,另一方面他又把历史理解可能性的条件放在一个同样是绝对的观点,以使历史理解成为一种神学的自我思考。在兰克那里历史知识实际上占据了黑格尔哲学里绝对知识的作用,伽达默尔说:"黑格尔在哲学的绝对知识里所想到的那种存在的完全自我透明性,就是兰克意识自己为历史学家的根据,尽管兰克本人是极力反对思辨哲学要求的。"③ 当黑格尔直接地假定历史的终点的知识时,兰克是用上帝来替代这种知识,并把历史工作的客观性和合法性置入历史家对这种超历史立场

---

① 伽达默尔:《真理与方法》,第1卷,第212页。
② 同上书,第214页。
③ 同上书,第216页。

的接近中，尽管他否认了黑格尔绝对知识的说明，但他的历史意义的结构仍是目的论的。因为按照兰克的看法，历史事件的意义不是一种内在的本质，一种它们自身具有的意义，而是历史事件与在它们之后而来的其他事件的关系和作用，这是一种 significance 的意义。这种看法正如伽达默尔所说，历史虽然没有在它之外的目的，但历史联系的结构却是一种目的论的结构，伽达默尔写道："标准就是后果，我们确实看到，先行东西的意义正是由后继的东西所决定。……成功的东西或失败的东西，不仅决定这种行为的意义，让它产生一个持久性的结果或让它毫无结果地消失，而且这种成功的东西或失败的东西也使得整体行为和事件的联系成为有意义的或无意义的。所以，历史的本体论结构本身虽然没有目的，但却是目的论的。"①

我们可以运用现代学者丹托（Danto）在《分析的历史哲学》一书中的观点来解释，他说，"历史的意义必然是反省的（retrospective），它产生于关于事件相对于其他事件（这些事件被看作从它们而来或不能从它们而来）所具有的意义的理解"，例如把事件描述为第一次世界大战结束，就是反省的，因为除非第二次世界大战开始，否则没有任何东西可以定义为第一次世界大战，同样，把一系列事件、行为描述为第二次世界大战开始，也需要把它们置入以后出现的其他事件、行为的关系之中。按照丹托的看法，历史意义包含一种 retroactive realignment of the past（对过去的反顾的重编），这是一种从后来事件立场出发赋予事件意义的叙述结构的产物，即用被认为后于它们的事件来看待历史事件意义的观点。

由此我们就可看到兰克的历史理解的问题。历史的统一并不是历史的事实，有如兰克所说，而是对事件得以相互联系的方式进行反省的叙述的（retrospective narrative）产物。这首先意味着某事件或行为的意义是直接与对它的特殊历史观点相联系的，简言之，事件的意义本身是受历史境遇制约的，它依赖于该事件被观看的立场。第二，事件的意义将随着历史观

---

① 伽达默尔:《真理与方法》，第 1 卷，第 207 页。

点的改变而改变，例如第一次世界大战的意义的改变依赖于它被观看的历史'视域'，当在战争之初或之中时，它可以描述为伟大的战争或结束一切战争的战争，但当第二次世界大战爆发了，就改变了这种意义。按照伽达默尔看法，抛弃黑格尔的历史哲学就是承认历史理解将反映一种特殊的历史视域，这样，历史理解绝不是无条件的或纯客观的。

（2）德国历史学派另一代表人物德罗伊森（Johann Gustav Droysen，1808—1884）是博艾克和黑格尔的学生，曾在基尔、耶拿和柏林等大学任教。在《历史学原则概论》（1868）和死后于1937年出版的遗著《历史科学》里，德氏解释了人文科学相对于自然科学的性质。历史知识与自然研究之间的主要差别在于，在前者那里，知识普遍性只在个别里才被实现，特殊的历史事件形成普遍的历史，但以不同于自然科学的方式，因为自然科学的实验可以无穷无尽地被重复，它们的科学性是严格与这种可重复性相联系，反之，历史学则研究那些我们不能按照普遍规律加以解释的特殊事件，这些事件虽然我们不能按照普遍规律加以解释，但我们可以通过不同的历史方法理解它们的个别性。这种理解目的在于通过过去的知识阐明现在：这目的不仅是理论的，而且是政治的、实践的。

德罗伊森关于历史学方法论反思的第一个重要成果是他认识到某行为或事件的历史意义超出行为者的动机或意图，正如他所说的，这种历史意义"既不是某个人想在某个特殊境遇里完全认识的东西，也不是单从这个人的意志力或理智力的结果发展而来的东西。它既不是这个个性的纯粹表现，也不是这个个性的完全表现"。德罗伊森批判那种对于事件意义的心理学解释，因为历史永不会完全反映人类的计划。德罗伊森这里所批判的观点，我们可以用稍后的英国历史学家科林伍德的观点来解释。按照科林伍德的看法，历史理解就是通过追问行为者以此行为想解决的什么问题而发现行为者的意图的事，例如我们可以通过描述纳尔森在特拉法尔战争中的意图来理解这次战争的意义。这种把行为的意义与行为者的意图相等同的做法实际上预先假定了行为必以行为者所计划的方式精确地进行，认为历史的进程完全符合它的行为者的意图。但正如德罗伊森所说的，行为常有未意图的结果，它们常以未预见的方式出现，因此把行为的意义等同于行为者的意图，就是从行为中抽出一种可能的意图，用伽达默尔的话说，"当历史解释者把一组前后关系的意义认作是行动者和计划者实际所意图的目的时，他们总是冒着使这组关系实在化的危险"。①

德罗伊森的第二个重要方面是他强调历史学家本身受制于它得以行动和思想的历史境遇的有限性。德罗伊森认为，历史学家关于历史不能得到全知的观点，他的历史知识总是一种无限的任务，也就是说，永不是完全的。这种不完全性正是德氏区分历史科学和自然科学的基础，他认为历史学家绝不能像自然科学家那样利用实验去完全掌握他们的对象。他说："我们只能探究，除了探究外，不能再做任何别的。"②历史学家工作的合法性只在于不断去理解的试图。

德罗伊森的第三个重要方面是他与兰克相反，他不把历史的统一看成一种历史的事实，按他的观点，历史的发展反映了人类想对那种只是部分在人类所属共同体里得以实现的"道德伦理观念"给予表现的试图。这种试图导致产生新制度和新实践，而这种新制度和新实践本身只是部分地表现"道德伦理观念"，因此它们也会重新遭到批判。从这种观点看，历史知识就是一种实践知识，它不反思关于对象的理论知识，而是反思历史行动者的行动参与，因此历史的统一是一种保存过程和自我认识过程的结果，从而历史被一种审美的诠释学来加以理解。

尽管德罗伊森仍以施莱尔马赫诠释学为出发点，认为理解就是原来创造过程的重新创造，当这种创造是历史表达式时，理解就需要超出历史学家视域的限制而重新像它当时那样的经验那样进行描述，但是，当他提出了历史理解必然有境遇限制，历史学家不可能有完全的知识，历史事件的

---

① 伽达默尔:《真理与方法》，第 1 卷，第 377 页。
② 同上书，第 220 页。

意义常超出它的行动者的意图时，这种施莱尔马赫的普遍诠释学就很难描述历史理解的本质。因为如果历史理解的本质是像我们前面所说的，这是一种反省的知识，即后来事件的理解规定了以前事件被理解的方式，如果历史的意义是与历史视域或视角紧密相联的，如果事件的意义常超出它的行为者的意图，如果历史学家不可能有完全的知识，那么历史学家就永远不会完成正确的历史理解，因为：(1)历史的意义是由它的后果的知识所给予的，对于这种后果只有我们知道而当时的行为者是不知道的；(2)即使我们重构了当时行为者的意图，那也只是从我们历史境域里重新构造的，因此我们对那些意图的描述无非只是表现我们对它们的一种观点；(3)要求历史学有抛弃自己历史境遇去重构当时历史过程，实际上就是丢弃该事件从历史学家视域而具有的意义。事实是我们的历史理解受历史境域制约，以致我们从不能观看历史行为如它们行为者所观看那样，我们可以举一个例子来说明这一点，假如有一个理想的编年史家，能在事物发生的瞬间知道所有发生的事物，而且能即时复制它们，按照德罗伊森，这个编年史家因为对于所发生的事情有全知，因而不会发生错误，即他的说明不会受到通常历史说明由于包含错误陈述所受的修正，但这种说明事实上仍是不完全的，即使假定他与事件发生绝对同时性，理想的编年史家也将不能在1618年复制三十年战争的开端，也不能在1642年复制《数学原理》作者的诞生。因为历史理解是反省的，即后来赋予的。因此历史学家就不能不在重新创造事件的原来过程时排除它从历史学家视域而具有的意义，我们的历史理解受历史境域的制约，以致我们从不能观看历史行为有如它们的行为者所观看的那样。

从上述两位历史学家的观点我们可以看到，回避黑格尔把历史还原为一种思辨概念的尝试反而迫使反对黑格尔的历史学家或者进入一种神学的自我思考，或者进入一种美学的自我思考。按照伽达默尔的观点，历史学派试图把文学解释原则转用到历史研究时，忽略了历史理解的时间性度向，因此，尽管他们对黑格尔的目的论进行了批判，而自身却比黑格尔还更可怜地把握历史意义的逻辑。历史学派这种失误的原因，我们可以说是当时的实证主义观念对精神科学的自我理解的消极影响，精神科学基本上是用自然科学来规定自身的本质。伽达默尔写道："随同19世纪精神科学实际发展而出现的精神科学逻辑上的自我思考，是完全受自然科学的模式所支配的……同自然科学相比较，精神科学理解自身是这样明显，以致那种本存在于精神概念和精神的科学概念里唯心主义意蕴全然消失不见。"①一个最明显的事实是：历史学派正如实证主义一样，在考察历史时，他们首先关注的是摆脱任何思辨意图（inxta propria principoia）。历史学派以及以后的狄尔泰考察精神科学的特殊性时，取为他们出发点的科学概念，与其说是作为哲学认识论的知识学（Wissenschaftlehre），不如说是实证主义所发展的科学理论（Wissenschaftstheorie）。因而其结果必然是历史—精神科学不可能。伽达默尔对此写道："这就构成了精神科学向思维提出的真正问题，即如果我们是以对于规律性不断深化的认识为标准去衡量精神科学，那么我们就不能正确地把握精神科学的本质。社会历史世界的经验是不能以自然科学归纳程序而提升为科学的。无论这里所谓科学有什么意思，并且即使一切历史知识都包含普遍经验对个别研究对象的应用，历史认识也不力求把具体现象看成为某个普遍规则的实例。个别事件并不单纯是对那种可以在实践活动中做出预测的规律性进行证明。历史认识的理想其实是，在现象的一次性和历史性的具体关系中去理解现象本身。在这种理解活动中，无论有怎么多的普遍经验在起作用，其目的并不是证明和扩充这些普遍经验以达到规律性的认识，如人类、民族、国家一般是怎样发展的，而是去理解这个人、这个民族、这个国家是怎样的，它们现在成为什么——概括地说，它们是怎样成为今天这样的。"②

---

① 伽达默尔：《真理与方法》，第1卷，第9页。
② 同上书，第10页。

三、现代诠释学

（一）狄尔泰为精神科学奠立认识论基础

自施莱尔马赫在1834年逝世后，发展一门普遍诠释学的这种努力似乎失去了活力，尽管这时期有所谓历史学派的工作，但情况似乎直到狄尔泰时代，普遍诠释学的问题才重新出现。从时间上看，威廉·狄尔泰属于19世纪，但他的影响却远远超出这一世纪而进入20世纪。从历史意义上说，威廉·狄尔泰可以说是德国哲学里这样一些承前启后的人物之一，他身上一方面聚集了正在消逝的世纪的许多哲学倾向（如新康德主义、历史学派），另一方面又蕴涵了新时代哲学的出发点。狄尔泰毕生的努力就是为精神科学奠定认识论基础，这努力的结晶就是把理解和解释确立为精神科学的普遍方法论，从而发展了一门理解和解释的科学——诠释学。伽达默尔曾这样评价狄尔泰在诠释学转向哲学过程中的作用："J. G. 德罗伊森在他的《历史学》中设计了一种很有影响的历史科学方法论，其目的全在于和康德的任务相吻合，而发展历史学派真正哲学的狄尔泰则很早就以明确的意识追随历史理性批判的任务。就此而言，他的自我理解仍是一种认识论的理解。显然，他在一种摆脱了自然科学过多影响的'描述的和分析的'心理学中看到了所谓精神科学的认识论基础。可是在执行这项任务的过程中狄尔泰却被导向了去克服他自己本来的认识论起点，从而他就成了开创诠释学的哲学时代的人。"①

威廉·狄尔泰（Wilhelm Dilthey，1833—1911）最初是在海德堡跟随黑格尔派库诺·费舍进行哲学史研究，五十年代后去到柏林，听了博艾克和特恩德伦堡（Trendelenbury）的讲座，从而历史学派对他发生了很大的影响，但狄尔泰不满足历史学派的工作，他要求对精神科学的哲学基

---

① 伽达默尔：《真理与方法》，第2卷，第387页。

础进行认识论分析。1866年,他到巴塞尔大学任哲学教授,以后又到基尔大学(1868—1871)、布雷斯劳大学(1871—1882),最后到柏林大学(1882—1905)任教。狄尔泰大部分著作是在柏林大学任职期间以及以后所写的。他生前主要的著作有:1870年出版的《施莱尔马赫传》(第1卷)、1883年出版的《精神科学导论》(第1卷)、1894年出版的《描述的和分析的心理学的观念》、1905年出版的《青年黑格尔》、1906年出版的《诗与体验》以及1907—1910年出版的《精神科学中历史世界的构造》。狄尔泰去世后,留下了大量手稿,这些手稿中最重要的是《施莱尔马赫传》(第2卷,1966年出版于柏林)以及有关心理学、认识论、哲学本质和文学批评的著作。《狄尔泰全集》计划出21卷,现已出了19卷。下面我们对狄尔泰的学术成就作如下概括:

1. 从历史理性批判到为精神科学奠定认识论基础。当我们谈到狄尔泰,首先我们想到了这位生活于19世纪末和20世纪初的哲学家所做的那种类似于康德的尝试,即相对于康德的纯粹理性批判的工作,狄尔泰试图致力于历史理性的批判。这里我们首先要分清纯粹理性和历史理性。纯粹理性在康德那里是指人类的一种认识自然的能力,而历史理性在狄尔泰这里是指人类的一种认识自身存在、历史和社会的能力。康德的《纯粹理性批判》的问题是我们关于自然的科学知识何以有普遍而必然的有效性,或用他的话说,我们关于自然认识的先天综合判断何以可能?康德通过对人类认识自然的能力的批导,为人类认识自然的可能性、条件和界限给出了认识论的根据,同样狄尔泰的《历史理性批判》的问题是我们关于历史世界和人类世界的知识何以是普遍而必然有效的,或用他的话说,我们对于人的存在及其所创造的东西的理解何以成为可能?他试图通过对人类认识自身、历史和社会的能力的批导,为人类认识自身、历史和社会的可能性、条件和界限做出认识论的证明。这正是狄尔泰的历史理性批判的主要工作,即相对于康德答复自然科学如何可能的问题,他提出了历史经验何以成为科学这一问题并对这一问题给出了他自己的答复。

按照狄尔泰研究的结果,在历史世界里我们并不需要像在自然世界里那样去探究我们的概念与外在世界之所以相符合的认识论基础,即解决认识论中所谓主体与客体的同一性问题,因为历史世界始终是一个由人的精神所创造的世界,因此一个普遍而有效的历史判断在他看来并不成问题。为了证明自己的观点,狄尔泰援引了维柯,维柯曾在反对笛卡尔派的怀疑论时主张人类所创造的历史世界在认识论上的优先地位,狄尔泰重复这一论证,他写道:"历史科学可能性的第一个条件在于:我自身就是一种历史的存在,探究历史的人就是创造历史的人"。[①] 正是主体与客体的这种同质性才使得历史认识成为可能。不过,在这里我们应当注意,狄尔泰在这里所指的是历史世界,而不是指自然世界,尽管他主张历史世界是主客同一的,但并不表示他认为自然世界也是主客同一的,在自然认识方面,他遵循康德的思路,他的努力只是为历史世界的认识之所以可能找到认识论根据。

对于狄尔泰来说,"历史理性批判"不仅是为历史认识找寻认识论基础,而且也是为精神科学找寻认识论基础,正如他在《历史理性批判草稿》中所说,历史理性批判的目的是想通过对历史认识何以可能的问题为一般精神科学找寻认识论基础,因为精神科学与历史科学一样,其认识的对象与认识的主体也是同一的,他说:"精神世界的关联是出现在主体里的,正是精神直到规定这个世界的意义关联的运动才将许多个别的逻辑过程彼此结合在一起,所以,一方面,这种精神的世界是进行把握的主体的创造,但另一方面,精神运动是指向达到对这个世界的客观知识,这样我们面临了这一问题,即精神世界在主体里的构造怎样使对精神实在的认识成为可能。我以前把这一任务称之为历史理性批判的任务。"[②] 因此,狄尔泰在历史理性批判之后又于1883年继续发表了《精神科学导论》(第1卷)。

---

① 《狄尔泰全集》,第7卷,第278页。
② 伽达默尔:《真理与方法》,第1卷,第223页。

2. 德文"精神科学"（Geisteswissenschaften）一词是德文"自然科学"（Naturwissenschaft）一词的对应词，在其他语言中似乎找不到合适的译名，但实际上这词是从约翰·斯图尔特·穆勒所用的 moral sciences 一词翻译而来，而穆勒正是相对于自然科学（science）而提出 moral science。不过，按照穆勒的看法，这种科学虽然也称之为科学，却不能与自然科学相媲美，因为它不可能取得普遍而必然的客观知识，它的科学性只类似于长期天气预报，他把它描述为"非精确的科学"。因此自近代以来，精神科学面临的问题就是，它是否能像自然科学那样成为一门名副其实的真正科学，或者说，它是否应当按照自然科学的模式把自己改造为一门真正的科学。这样，我们就可看出狄尔泰为精神科学奠定认识论基础的重大意义，这是一种划时代的工作，正如我们以后会看到的，20世纪初胡塞尔的努力也是力图使哲学成为一门"严格的科学"。

按照狄尔泰的看法，精神科学之所以能成为一门名副其实的科学，乃在于精神科学所研讨的对像即精神世界乃是我们人类这个主体的精神的创造，因此，在精神世界里，我们并不需要像在自然世界里那样去探究我们的概念与外在世界之所以相符合的认识论基础，即解决认识论中所谓主体与客体的同一性问题，因为精神科学中的客体就是我们进行研究的主体的精神客观化物，我们在它那里无非是发现我们自己的本质。他说："我所理解的客观精神是这样一些不同的形式，在这些形式中，存在于个人之间的共同性已将自身客观化于感觉世界之中。在这种客观精神中，过去对我们来说就是不断持续的现在"，[①]"理解就是在你中重新发现我"（Das Verstehen ist ein Wiederfinden des Ich im Du），"精神总是以愈来愈高的阶段重新发现自身；在自我、你、共同体的每一主体里，在每一文化体系里，最后在精神总体和世界史里的这种精神的自我性使得精神科学各种不同成就的共同作用成为可能。认识的主体在这里是与它的对象合一的东西，这

---

① 狄尔泰：《对他人及生命表现的理解》，见《理解与解释——诠释学经典文选》，第97页。

个对象在精神的客观化的一切阶段上都是同一对象",[①]因此,一个普遍而有效的精神科学判断是不成问题的。

为了便于弄清狄尔泰这种观点,我们需对狄尔泰所用的"精神"(Geist)一词作一些解释。Geist 是一个颇为难翻译的词,即就在英文里也很难找到一个意义完全吻合的词,它既有如时代精神(spirit of an age)那样的普遍精神(spirit)意思,也有如我的心灵(my mind)这样特殊的具体精神(mind)意思。德国思辨唯心论哲学家大多是在前一种意思上使用这一词,如黑格尔的"绝对精神"。由于受经验主义的影响,狄尔泰所用的 Geist 基本上是后一种含义,不过他又与英国经验论哲学家不同,他的"精神"一词除了指人类抽象思维,形成概念,逻辑推理等理性的创造能力之外,还包含另一方面的内容,即指这种精神创造性活动所形成的东西。狄尔泰跟随黑格尔,把这种精神活动所形成的东西称之为"客观化的精神"(objektiver Geist)或"精神的客观化物"(Geistesobjektivierungen 或 Objektivation des Geistes)。在狄尔泰看来,不仅语言、艺术、宗教、法律和科学是这种精神的客观化物,就是房屋、花园、工具、机器等也属于这种精神的客观化物。这种精神的客观化物之所以不同于自然对象,就在于它们都是人的精神的产物,它们都是代表了某种内在精神生命的外在符号。狄尔泰所说的精神既然包括了理性的创造能力以及这种能力所创造的结果,所以他所谓的"精神科学"就涉及人类在各方面所表现的精神创造能力及其产物,其中有哲学、美学、艺术、宗教、逻辑学、语言学、历史学、心理学、法学、经济学、人类学、社会学、政治学和伦理学等,狄尔泰在其《精神科学中历史世界的构造》里写道:"除了自然科学之外,从生活本身的任务中……自发地发展起来了一组知识,这门科学就是历史学、国民经济学、法学和政治学、宗教学、文学和诗歌研究、室内装饰艺术和音乐研究、

[①] 《狄尔泰全集》,德文版,第 7 卷,第 101 页。也可参见中译本:《精神科学中历史世界的建构》,安延明译,中国人民大学出版社 2010 年版,第 177 页。

哲学世界观和体系研究，最后还有心理学。所有这些学科都涉及着一个同样伟大的事实：人类。它们描述和讲述、判断和构造有关这一事实的概念和理论……由于它们共同涉及这同一事实，因此就首先形成了这些科学规定人类，并且同自然科学相区别的可能性。"[①] 按照狄尔泰的看法，这许多精神科学学科可以分为四大类，即道德科学、历史科学、文化科学和社会科学。

按照狄尔泰的看法，穆勒相对于自然科学把精神科学界定为非精确的科学是错误的，因为他完全不了解精神科学与自然科学的本质特征。按照狄尔泰的看法，自然科学的对象是自然，而精神科学的对象则是精神生命，自然是外在的东西、陌生的东西，是那种只是在片段部分里并通过我们感性知觉过滤器被给予的东西，而精神生命却是内在的东西、熟悉的东西，是那种在其完全关系中被给予的东西。精神的东西常常存在于我们面前，因此可以在其完全的实在中被理解，反之，自然的片段的经验意味着，自然科学必须把实际所经验的现象想成不是所感觉的现象，以便获得所需要的本质关系。精神科学经常可以依靠心灵自身的生命关系，而自然科学则必须服务于建立于抽象假说之上的补充的推论，因此，相对于自然科学，精神科学更有理由成为一门名副其实的精确科学。

3. 要弄清精神科学与自然科学的根本区别，首先我们要了解人类精神生活有何不同的特征，狄尔泰给人类精神生活勾划了四种特征：首先，人类精神生活是有目的性的，人类的行为，不论是发出的声音还是做出的手势，都是为某种目的服务的，如果我们不了解目的，我们就不能达到人类相互交往的基本理解；其次，进行价值评价是人类精神生活的另一特征，因此与自然物质不同，人类的精神产物可作价值的判断，如果不形成各种价值判断，我们就不能对个人、社会、日常事务或历史事件进行充分讨论；第三，人类精神生活的规则、规范和原则，从道德原则到交通规则，

---

① 《狄尔泰全集》，德文版，第7卷，第89页。并可参见中译本《精神科学中历史世界的建构》，第73页。

从礼仪规矩到饮食细则，都不像自然法则那样具有永恒的有效性，它们是约定俗成的，而且富有变化；第四，精神世界具有可传递性，我们的思想可以说是前面的思想传递的结果，传统在这里起了很大的作用，这也就是我们精神产物的特殊历史性。一旦我们认清了人类精神生活上述四种特征之后，我们就可看出精神科学和自然科学的根本差别：首先，就这两门科学的对象来说，（1）作为自然科学对象的自然物质是没有意识和目的的，我们不能对其进行任何价值判断，而作为精神科学对象的精神世界和社会—历史世界则是有意识和有目的的存在，因而能进行价值判断；（2）作为自然科学对象的自然物质是受普遍而必然的永恒自然法则所支配，而作精神科学对象的精神客观化物或精神世界却不受这种永恒法则的支配，支配它们的规则和原则乃是约定俗成的并可改变的；（3）尽管作为自然科学对象的自然物质也有自己的发展历史，但这种历史不具有有意识可控制的作用，反之，作为精神科学对象的精神客观化物的历史或传统却具有有意识有目的的效果，它决定了我们何以如此生活，何以如此行事以及何以如此思想；（4）更为重要的是，作为自然科学对象的自然物质只是作为"自在"的存在，它们是纯粹的物理事实，反之，作为精神科学对象的精神客观化物则是作为"表达"（Ausdruck）方式的存在，这些客观化物虽然出现于感性世界，但却是某种精神性东西的表达，这也就是说，自然物质是光指向自身，它们没有任何要表达的意义，反之，精神客观化物却总是指向自身之外，它们具有要表达的意义，例如一个正常的微笑不只是嘴唇的运动，它表达了发笑者的内心喜悦，一本书也不只是一些符号的堆积，而是作者内心思想和情感的流露。

其次，就这两门科学的方法论而言，鉴于物质世界是一个可以看到和触到的世界，并且它具有普遍而必然的自然法则，因此自然科学的主要方法是观察、实验和按照普遍规律说明特殊事物，或把特殊事物归入一般法则之下，反之，精神世界不是直接可以观察到的世界，并且它也不受制于普遍而必然的自然法则，因而精神科学的方法就不能单纯是观察、实验和按普遍规则进行推论，而应是一种内在的体验，这种内在的体验使我们通过自身内部的经验去认识他人精神客观化物里的他人精神。正因为此，狄尔泰与新康德主义者相反，他不认为自然科学的观察实验和数学构造的方法可以作为一切认识理论的基本模式，他强调了精神科学认识论的独特性。狄尔泰后来把自然科学和精神科学这两种方法概括为"说明"（Erklaeren）和"理解"（Verstehen），他说："自然科学同精神科学的区别，是由于自然科学以事实为自己的对象，而这些事实是从外部作为现象和一个个给定的东西出现在意识中的。相反，在精神科学中，这些事实是从内部作为实在和作为活的联系较原本地出现。人们由此为自然科学得出这样一个结论：在自然科学中，自然的联系只是通过补充性的推论和假设的联系给定的，相反，人们为精神科学得出的结论则是，在精神科学中，精神的联系，作为一种本源上给定的联系，是理解的基础；它，作为理解的基础，无处不在。我们说明自然，我们理解精神。"① 狄尔泰这最后一句话已成为哲学史上一句名言，"说明"就是通过观察和实验把个别事例归入一般规律之下，即自然科学通用的因果解释方法，而"理解"则是通过自身内在的体验去进入他人内在的生命，从而进入人类精神世界。自然科学说明自然的事实，而精神科学则理解生命和生命的表现。

费拉里斯在其《诠释学史》里是这样概述狄尔泰关于自然科学与精神科学的区别的："这里（指《精神科学导论》）狄尔泰强调了精神科学与自然科学之间的差别，这种差别基于它们研讨对象的不同（自然科学研讨人类之外的现象，而人却是精神科学兴趣的核心部分）以及它们认识方式的不同（自然科学的知识是从外在世界的观察而推得的，而精神科学的知识则是从体验［erleben］，即活的经验［a lived experience］而推得的，在这

---

① 《狄尔泰全集》，德文版，第5卷，第143—144页。

里认识行动与认识对象没有区别)。在自然科学里,对现象的观察与现象本身的特殊性质相分离,而在精神科学里,对内在情感的活生生的意识则是与这种情感相同一。当自然科学运用因果解释时,精神科学却使用不同的范畴如意义、目的、价值(因果解释并不修改现象实体,而意义理解却接触和转换研究对象)。"① 我认为费拉里斯最后一句话相当重要,自然科学的解释并不改变现象实体,反之,精神科学的意义理解却能转换研究对象,精神科学的独立自主性在这里表现出来。

4. 理解与解释作为精神科学的一般方法论,狄尔泰说:"理解和解释是各门精神科学所普遍使用的方法,在这种方法中汇集了各种功能,包含了所有精神科学的真理。在每一点上,理解都打开一个世界。"② 首先我们必须弄清楚,作为精神科学主要方法的"理解"这一概念在狄尔泰那里的特有的用法。理解作为一种领会、了解、把握或懂得的意思在日常生活中应用得相当普遍,譬如我们可以说对外在物质的理解,如"我理解了自然界的某些规律",也可以说对我们内心世界的理解,如"我不理解我是怎样能做那事的"或"我再也不理解我自己"。不过,在狄尔泰看来,这却不是他对理解一词的用法,他曾对他所谓的理解下了一个这样的定义:"我们把这种我们由外在感官所给予的符号而去认识内在思想的过程称之为理解",或"我们把我们由感性上所给予的符号而认识一种心理状态——符号就是心理状态的表现——的过程称之为理解"③。很显然,他所谓的理解是一种通过外在的符号而进入内在精神的过程,理解的对象应该说是符号或形式,即精神的客观化物,而不是直接的自然事物。这种用法实际也并不特别,在日常生活中我们也经常有这种用法,例如,在日常生活中使用理解一词,我们往往是指对于人们所说、所写或者通过手势或面部表情等

---

① 见费拉里斯:《诠释学史》,第 110—111 页。
② 《狄尔泰全集》,第 7 卷,第 205 页。也可参见中译本《精神科学中历史世界的建构》,第 188 页。
③ 狄尔泰:《诠释学的起源》,见《理解与解释——诠释学经典文选》,第 76 页。

其他方式所传达的东西的把握,话语、文字、手势或面部表情均可以说是外在符号,我们正是通过这些外在符号去理解它们所要传达的东西。按照狄尔泰的看法,尽管日常生活中理解一词用得相当普遍,以致对于自然事物和我们自身也可以说理解,但前者,如对自然的理解——interpretatio naturae(自然解释),乃是一种形象比喻的说法,而后者,如"我不理解我自己",我们必须这样来理解,即某种在感性世界里出现的对我的本质的表现就像一个陌生东西的表现一样处于我面前,我可能不把它解释为这样的东西。总之,理解的前提就是有"持续固定的生命表现摆在理解面前"。

根据狄尔泰的理解定义,我们可以从下述三方面来定义他所谓的理解概念:首先,理解是对于人们所说、所写和所做的东西的把握,这是对语言、文字、符号以及遗迹、行为——即所谓"表达"(Ausdruck)的领会;第二,理解是对于意义的把握,这是对一般表达所包含的观念或思想的领会;第三,理解是对人们心灵或精神的渗透。理解这三个方面应该说是统一而互相依赖的。不理解语词、符号的意义,我们就不能理解语词和符号,因而也就不能理解说话者的心灵中的某些东西,达到对他人的精神的渗透。同样,如果我们不理解语词、符号,我们也就无从理解它们所蕴含的意义,因而也就不能达到对他人心灵或精神的渗透。这里有一点值得注意,狄尔泰之所以强调文字、符号或表达式这些精神客观化物,是因为如果没有这些客观化物,他人精神是无法接近的,由于有了这些客观化物的中介,以前只有个别的孤立的意识才可接近的东西,现在进入了普遍可接近的物理领域。按照狄尔泰以后形成的生命哲学,不论是语词或文字的内容和意义,还是表达式的观念和思想,以及他人的心灵或精神,都可以用"生命"来替代,因而精神的客观化物都可以用"生命表现"(Lebensaeusserungen)一词来代替,因此,理解也可以简单说是通过固定了的表现对其中生命的领会,狄尔泰说:"对一直固定了的生命表现的合乎技术的理解。"

理解既然是我们由外在感官提供的符号或表现去认识其中被固定了的

生命或精神的过程，那么什么是解释呢？狄尔泰也对此下了一个明确的定义，他说："这种对一直固定了的生命表现的合乎艺术的理解，我们称之为阐释（Auslegung）或解释（Interpretation）"[①]。很显然，解释就是理解，解释与理解是同一的，只不过是一种合乎艺术的理解，这里所谓艺术的，即科学的，也就是说带有方法程序的，因此解释就是一种科学的带有方法程序的理解。按照狄尔泰的看法，理解固然是对外在符号或表达式内的精神、意义或生命的把握，但这种把握却不是轻易能达到的，有些符号或表达式虽然原则上是可理解的，但要达到这种理解却不是直接明显的，因而需要解释，即需要一种带有方法程序的阐明。因此，与作为一种精神过程的理解稍为不同，解释可以描述为一种理解的方法或程序，我们可以说解释是方法，而理解是目的。正是在这里，狄尔泰规定了诠释学的内容，他说："我们把对持续固定了的生命表现的合乎艺术的理解称之为阐释。因为只有在语言中，精神生命才能得到完全彻底的表达，而这种表达使一种客观的理解成为可能。所以阐释就在于对残留于著作中的人类此在的解释。这种艺术是语文学的基础，而关于这一艺术的科学就是诠释学"[②]。

理解既然是通过理解者的内在经验在感官呈现的外在符号上去领会他人的心灵或精神，那么理解也可以说是一种模仿或复制（Nachbilden）或再体验（Nacherleben），狄尔泰说："对陌生的生命表现和他人的理解建立在对自己的体验和理解之上，建立在此两者的相互作用之中。"[③] 精神科学之所以能对生命有理解，是因为生命的共同性和普遍性，因而通过一种心理转换过程可以来理解另一个人的内在经验。狄尔泰说："正因为真正的转换能够发生，正因为思想的类似性和普遍性……能够向外显现并构成一个社会的历史的世界，所以发生在人类内心中的事件和过程就能与那些动

---

① 狄尔泰：《诠释学起源》，见《理解与解释——诠释学经典文选》，第 76 页。
② 狄尔泰：《对他人及其生命表现的理解》，见《理解与解释——诠释学经典文选》，第 106 页。
③ 同上书，第 93 页。

物区分开来"。这种转换之所以发生，显然是因为我们自己心灵体验的事实与另一个心灵体验的事实之间存在着某种类似性，因而通过心理转换，我们有可能在他人身上发现我们自己经验的至深处，从这种遭遇中，我们能够发现一个更为充实的内在世界。狄尔泰跟随施莱尔马赫，将此转换看成是对另一个人内在经验世界的重新建构和重新体验，然而狄尔泰的兴趣并不在于他人而在于世界本身，他将此世界看作"社会—历史—世界"，它是内在道德命令的世界，是一个情感和反应的共有统一体，是一种审美的共同体验，我们能够渗透到这种内在的人类的世界，但不是通过内省，而是通过诠释，通过对生命的表现的理解。这里我们需要解释一下狄尔泰所谓"体验"一词。

5. 自胡塞尔以来，德国哲学家一般是用两个德文词来区别经验的两种意义：Erlebnis（或 Erlebnisse）或活生生的经验（lived experience）；Erfahrung 或科学的经验（sciencific experience），前者指个体的独特的体验，后者指一般的普遍的经验。Erlebnis 来源于 erleben（体验），而 erleben 又来源于 leben（生活），即加深生活的意义，也即生活的再体验。科学的经验一般是指它的可重复性和可证实性，反之，活生生的体验则是不可重复的。体验是直接给予个别意识的东西，狄尔泰曾把 Erlebnisse 与自然科学的"构造"（construction）加以区分，后者是把数学范畴和物理规律给予自然世界以便形成对它的客观说明（摆脱主观的相对的条件），反之，Erlebnisse 则反思了对它被体验为愉快与否的世界的主观的回答，有某种直观上清晰的时空关系。经验概念一般是抽象的，而体验则表现对象在其直观的直接性里，好像是被给予意识的东西，因而不再包含任何陌生性、客观性或需要澄清的成分。狄尔泰写道："体验将其自身向我呈现（字义上讲，就是为我存在）的方式，完全不同于形象处于我们面前的方式。体验的意识与它的构成是同一的东西，在为我的东西与经验为我的东西之间不存在区别，换言之，体验并非像一个对象那样与其体验者相对立，正相反，体验的为我存在与体验中为我呈现的东西毫无区别。"①

另外，体验概念与生命相联系，它是我的自身生命的一部分，因而在理解中，我可以用我的生命精神与客观化物中所包含的他人精神生命发生共鸣。狄尔泰正是用体验这一概念说明了精神科学与自然科学的本质差别。在精神科学中，我们是讲一种内在经验里被给出的精神关系，这种精神关系关涉某种生命状态，反之，自然科学构造的理想则是一种概念性，其原则是因果关系，而精神科学的理想则是把一个人性—历史性的个人理解为由他的整体里的精神生命而来的整体人。狄尔泰所谓生命，不仅意指生物学的生命，人类和动物共同具有的生命，而且首先指许许多多参与构造人类社会和历史实在的命运。狄尔泰说："客观精神的范围从共同体所建立的生活方式、交往方式以及目的性关系到道德、法律、宗教、艺术、科学和哲学。因为创造性的作品也体现了一个时代和地区的观念，内心生活和理想的共同性。从我们呱呱落地，我们就从这个客观精神世界获取营养。这个世界也是一个中介，通过它我们才得以理解他人及其生命表现。因为精神客观化于其中的一切东西都包含对于你和我来说是共同性的东西。每一个种了树的广场，每一个放好了椅子的房间，自幼儿时就为我们所理解，因为人类的目的性规定，规则和价值规定作为一种共同的东西已经为每一个广场和房间里的每一物品安排好了它们的位置。孩子都在某家庭组织和风俗习惯中成长。这个家庭是孩子与其他家庭成员所共有的。在这过程中，母亲的教育是由他在这种关系中来接受的。早在他学说话之前，他已经完全置身于共同性的媒介之中了。他之所以学习理解姿势、表情、动作和叫喊、语词与句子，只是因为这些东西始终作为同样的东西，作为与之所意指和表达者处于同一关系中的东西呈现在他面前。个人就是这样在客观精神世界中进行理解的。因此……个人所理解的生命表现对他

---

① 狄尔泰：《狄尔泰全集》，第7卷，第139页。也可参见中译本《精神科学中历史世界的建构》，第123页。

来说通常不只是一个个别的表现,而是仿佛充满了一种对共同性的知识,充满了存在于该表现中的与一种内部东西的关系"。①

体验就是去生活(to live),去生活就是中介内在世界与外在世界的客观化的精神。去生活就是解释我们自己的内在世界及以往精神的固定的客观化物,换言之,就是给予精神客观化物以意义。伽达默尔曾对狄尔泰这种生命观念作了这样的论述:"生命本身,即一种流逝着的时间性,是以形成永恒的意义统一体为目标。生命本身解释自身,它自身就有诠释学结构,所以生命构成精神科学的真实基础。"② 按照狄尔泰这种观点,自传是对自身生命最完善的解释,他写道:"把握和解释自身的生命,要经历许多阶段,自传是对自身生命的最完善的解释。在自传中,自我能把握自身的生命历程,以致自我能意识到人的基础和他生活于其中的历史关系。最后,自传能发展成为历史的画卷;只有自我能把他的局限性和意义展现给他的同类,自我由体验来体现,并且从这个深度出发,自我和他同世界的关系才可理解"。③ 正是由于强调体验和生命,狄尔泰与当时的新康德主义者如文德尔班和李凯尔特所发展的价值哲学处于极端的对立中。在狄尔泰看来,认识论的主体,即进行理解的历史学家,不可能简单地面对他的对象,面对历史生活,相反,历史学家乃是被同一种历史生命的运动所推动。后期狄尔泰越来越认为德国唯心主义的同一哲学具有正确性,因为在唯心主义的精神概念中,我们可以设想主体和客体、我与你之间存在有一种实质性的共同性。

6. 很典型的是,狄尔泰把生命表现(Lebensaeusserung)这一概念与以前提到的精神客观化物这一表达式同义地使用。穆勒的元素心理学曾被用来对这种生命表现的精神科学观察的基础,但心灵的生命不能通过我们

---

① 狄尔泰:《对他人及其生命表现的理解》,见《理解与解释——诠释学经典文选》,第97—98页。
② 伽达默尔:《真理与方法》,第1卷,第230页。
③ 《狄尔泰全集》,第7卷,204页,也可参见中译本《精神科学中历史世界的建构》,第188页。

把它分解为一些基本元素而加以解释,错误在于我们以一种机械方式解释精神生命,有如物理学和化学那样。相对于解释的或结构的心理学,狄尔泰提出描述的心理学理想,这种心理学的任务是找出组成成分和关系,而这些组成成分和关系可以以同样的方式在每一发展的心灵生命里找到,这些成分和关系是这样呈现的,好像它们是出现在那种不是由理论补充、推理或思想构造所建造的,而是被直接体验的整体关系里,这样某种典型的人的东西被把握了。心理的生命是由那些在时间里开始的,并在时间过程中变化的以及最后又被结束的过程所组成,这里也同样存在有某种规则和结构,描述性的心理学就是试图研究这种规则和结构。由于这种结构论,狄尔泰达到两种看法:首先他确立了他在经验中的出发点,不仅避免了理性主义的先天论,而且也绕过了那种局限于孤立的感觉材料作为认识出发点的经验主义倾向。其次,他把历史相对主义与那种对全部历史起作用的结构学说加以联系。他坚持每一历史内容(习俗、文化交往形式、价值)都与特定的历史时期发生关联,另外,这种历史内容又依赖于某些普遍的形式,而结构论的任务就是展示这些形式。这样,狄尔泰完成了从心理学到诠释学的过渡,伽达默尔对此这样写道:"虽说他(狄尔泰)从未完全放弃他在心理学中寻找的认识论,但体验是要通过内在存在(Innesein,内部意识)来描述,以致作为康德探究基础的关于他者,即非我的认识问题在这里根本不存在,这就是狄尔泰试图在精神科学中进行历史世界构造的基础。但是,历史世界并不是这样一种体验联系,有如历史在自传中为主观性的内在性所表现的。历史的联系最终必须被理解成一种意义联系,这种意义联系从根本上就超越了个体的体验视域。意义联系就像一件巨大而又陌生的文本,诠释学必须帮助对它进行破译。因此,狄尔泰由于事物的逼迫而寻找从心理学到诠释学的过渡。"[①]

---

① 伽达默尔:《真理与方法》,第 2 卷,第 387—388 页。

狄尔泰不断说人是一种历史的存在（ein geschichtliches Wesen），这里所谓历史，我们不应当设想为一个客体，一个与我们相对立的过去，而应当看成是我们自身的一种倒向的发展，即不断返回过去而发展自身。狄尔泰说"人是什么，唯有历史才能告诉我们"①，"人是什么，他想什么，这些只有通过千万年以及最后永远不能完成的他的本性的发展，他才会体验得到。他绝不可能在客观的概念中而只有从他自己存在深层踊跃的活生生的经验中才会体验到"②。但这种活生生的经验唯有通过对过去的理解才能发展，在这里可以说，人的自我理解不是直接的而是间接的，它必须通过固定表达式追溯过去采取这样一种诠释学迂回之路。由于人依赖于历史，所以他的本质必然成为历史的。另外，人的本质也不是一固定的本质。尼采曾说"人是尚未规定的动物"，人要成为什么，有待于他的历史发展，而这种发展需要他返回对过去的理解，只有当人不断占有那些构成他的遗产的已形成的表达式时，他才创造性地成为历史的。这种对过去的把握是一种自由的，而非奴役的形式，是更为完满的自我认识的自由，是能够想人将成为什么的意识。人也不能逃避历史，因为正是在历史中和通过历史，人才成为他所是的东西。伽达默尔曾这样讲到狄尔泰，虽然在精神科学中追求客观性的想法强烈地激励着他，"但他仍然不能摆脱过一事实，即认识主体，亦即进行理解的历史学家，不可能简单地面对他的对象、面对历史生活，相反地，历史学家乃是被同一种历史生命的运动所推动。尤其在他的晚年，狄尔泰越来越认为唯心主义的同一哲学具有正确性，因为在唯心主义的精神概念中我们可以设想主体和客体、我与你之间有一种实质性的共同性，正如狄尔泰自己的生命概念中所存在的那种共同性一样。"③ 狄尔泰诠释学的必然结论就是，人被看成是有赖于对过去不断诠释

---

① 《狄尔泰全集》，德文版，第 8 卷，第 224 页。
② 《狄尔泰全集》，德文版，第 6 卷，第 57 页；第 9 卷，第 173 页。
③ 伽达默尔：《真理与方法》，第 2 卷，第 388 页。

的东西,是"诠释学的动物"。人依赖对过去遗产的诠释和对过去遗留给他的公共世界的诠释来理解他自己,正是在这里,我们看到了以后海德格尔此在诠释学的预兆,即理解不是对外在对象的主观行为,而是此在自身的基本存在方式。

7. 从诠释学在 20 世纪发展的观点来看,狄尔泰为精神科学所奠定的基础不可能被认为是一种哲学普遍化。这不仅是由于哲学已从狄尔泰诠释学里被排除出去了,而且这也与狄尔泰的一般历史看法和诠释学目的的看法相关。这些局限性我们可以概括为两点:

(1) 生命哲学与时间距离:虽然狄尔泰强调了历史性和客观精神作为生命表现得以历史化的场所,但狄尔泰的观点仍奇怪地是反历史主义的。这首先是与一种未被抛弃的心理主义——正是这种心理主义联结了狄尔泰与施莱尔马赫——相关。虽然诠释学问题是向精神科学的自我理解的还原,这却启示了这种任务的隐含的实证主义。狄尔泰一方面同历史主义一样,强调历史性和客观精神作为生命表现得以历史化的场所,以历史性的精神和理解来反对当时占主导地位的实证主义,但他又抱有历史客观主义理想,认为人虽不能克服历史间距,但他可以通过理解表达式,解释客观精神,重新把握过去生命,进入陌生心理,来达到对历史的客观的科学的理解。利科在《从文本到行动,诠释学论文集Ⅱ》里曾这样讲到狄尔泰的工作:"狄尔泰的工作甚至比施莱尔马赫的工作还更多地阐明了诠释学的根本任务,即把理解文本归入理解那个用文本表现自身的他者的规则。如果事业基本上仍是心理学的,这是因为它不是把文本说什么,而是把谁说它,规定为解释的最终目的。同时,诠释学的对象经常从文本,从它的意义和它的所指,转换到文本中所表现的活生生的经验。"[①] 要转入陌生心理的意愿确立了历史性的最彻底的意义,这种意义,如果我们用伽达默尔

[①] 利科:《从文本到行动,诠释学论文集Ⅱ》,英译本,美国西北大学出版社 1991 年版,第 62 页。

跟随黑格尔所作的论证,并不在于赋予过去以新生命,而是在于强调过去本身,这成为我们中介过去与现在的前基础,很显然,这是历史主义中最典型的反历史主义。

(2)历史传记启蒙:正如伽达默尔所指出的,狄尔泰的心理主义和生命哲学具有一种相反的关系,即"未加分析的笛卡尔主义"①。同启蒙运动思想家一样,狄尔泰也认为生命是下意识冲动的黑暗世界,他不相信理性能阐明它。他认为阐明生命只能反省性地进行,通过历史知识可能在有生命的东西闪耀出科学之光。由于忘记自己的利益兴趣,主体回头看过去,从而获得科学的确实性。哈贝马斯通过批判这种看法把狄尔泰看作为历史主义与实证主义之间联盟的典型表现,因为狄尔泰的历史认识理想推出一个理论上纯粹的主体,这主体摆脱了任何工具性的、实践的或解放的旨趣,他写道:"狄尔泰在实践的生活联系和科学的客观性的这种对比中,接受了一种秘密的实证主义。狄尔泰想让诠释学的理解摆脱旨趣联系(其实,诠释学的理解却在先验的层面上与这种旨趣相一致),并想按照纯描述的理想将诠释学的理解变成静观沉思的东西。只要狄尔泰抛弃精神科学的自我反思,并且恰恰是在实践的认识旨趣被视为可能的诠释学认识的基础,而不是被视为诠释学认识的衰颓这点上放弃精神科学的自我反思,并且重新陷入客观主义,那么,同皮尔士一样,狄尔泰最终也摆脱不了实证主义的束缚"。②

狄尔泰的生命哲学被他的学生格奥尔格·米施(Misch,1878—1965)加以发展,米施作为生命哲学的立场而加以维护的东西,显然也和现象学一起参与了对天真的历史客观主义的批判以及对西南学派价值哲学为其所进行的认识论证明的批判(见米施的《生命哲学与现象学:狄尔泰与海德格尔及胡塞尔的争论》)。不过,狄尔泰的生命哲学也遇到了批判,他的

---

① 伽达默尔:《真理与方法》,第1卷,第241页。
② 哈贝马斯:《认识与旨趣》,学林出版社1999年版,第170页。

批判家首先反对他的这一倾向，即相对主义化大部分哲学并把哲学视为许多可能世界观中的一种。这样在第一次世界大战中，狄尔泰的诠释学与胡塞尔的现象学之间出现了对立，胡塞尔要求哲学是一门严密的科学而不止是一种世界观，他说"世界观可以争执，唯有科学才能决断，而它的决断带有永恒的烙印"①，以此来表明他对历史主义和相对主义的批判。不过在二三十年代，德国现象学的继续发展却出现了诠释学与现象学接近的关系，例如胡塞尔后期指出了一系列生命哲学的特征，他的学生海德格尔要求哲学展示那种对任何存在着的人合适的结构，即所谓生存性（Existentialien），这种生存性可以理解为狄尔泰"生命形式"的对应物，但凡在狄尔泰想把他的生命形式分析只用作认识论方法论探究历史理解前提的基础的地方，海德格尔都有一个更远的目标，他想批判传统的形而上学本身。这种从狄尔泰的诠释学和胡塞尔的现象学到海德格尔的诠释学现象学的发展乃是当代德国哲学最主要的论题。

（二）约尔克伯爵的历史性思想

按照伽达默尔的看法，在我们从狄尔泰和胡塞尔转到海德格尔之前，有一个人需要我们注意，这就是海德格尔在其《存在与时间》中已提到过并有一节加以论述和摘引的瓦尔登堡的保尔·约尔克伯爵。按照伽达默尔的说法，"约尔克伯爵的研究正好完成了我们上面在狄尔泰和胡塞尔那里未能发现的东西"，因为"他在思辨唯心论和本世纪的新经验观点之间架设了一座桥梁"。②

瓦尔登堡的保尔·约尔克（Paul Yorck von Wartenbury，1835—1897）生于德国布雷斯劳附近的克拉恩-奥尔斯的一个庄园主家庭，他曾在一种深受浪漫主义文化影响的环境中成长。由于父亲在1865年去世后，他需

---

① 〔德〕胡塞尔：《哲学作为严格的科学》，倪良康译，商务印书馆1999年版，第65页。
② 伽达默尔：《真理与方法》，第1卷，第255页。

要照管家庭全部田产事务，因而他的哲学思想只能作为一种未系统展开的私人活动而发展。在他一生中有幸与狄尔泰结识，这种友谊开始于1871年，他们的通信直到约尔克伯爵1897年去世。除了通信外，约尔克还有残篇《意识与历史》以及他生前唯一出版的著作《亚里士多德的净化说和索福克勒斯的奥狄浦斯》。我们对约尔克伯爵的认识不仅应当归功于狄尔泰——正因为与狄尔泰的友谊，他们有一部书信集保存下来，即《狄尔泰和约尔克伯爵的通信集1877—1897》（哈勒版，1923年），而且更应当感谢海德格尔，因为海德格尔在他的《存在与时间》第77节里论述了他关于历史性问题的论述与狄尔泰和约尔克伯爵的观念的联系。按照海德格尔的看法，狄尔泰与约尔克之所以建立如此友谊并进行通信，乃是由于他们两个人对历史性有共同的兴趣，他引了约尔克的话"我们共同的兴趣在于领会历史性"，① 而正是在他们的通信里，"约尔克的倾向借狄尔泰对问题的提法和研究获得生命"②。

正如我们上面所说，狄尔泰怎样被分化为生命主义者和实证主义者，作为前者，他目向把过去带回到生命，而作为后者，他又把过去认为是那种进行观察的纯理论的主体的对象，因而在狄尔泰这里，历史性从未真正影响理解的行为。正是由于约尔克伯爵，历史性的意义才突现出来了。约尔克写道："真正的语文学家把历史学理解为文物箱。对于没有可触性的所在，这些先生从不涉足——我们唯有靠心理换置才能导向那里。他们在骨子里都是些自然科学家；而且因为缺乏实验，他们更变成了怀疑论者。我们得远避所有那些无用的材料，例如柏拉图曾多少次到过大希腊或叙拉古之类。那里没什么有生命的东西。……一切实在的东西，如果被当作自在之物，而不是作为体验的对象，那么它们都会变成幻象"。③ 按照约尔克伯爵的观点，如果我们通过把过去当作自在之物并把它限定为对象的惰

---

① 海德格尔：《存在与时间》，德文版，第398页。
② 海德格尔：《存在与时间》，第399页。
③ 《约尔克伯爵通信集1877—1897》，第162页，转引自海德格尔：《存在与时间》，第400页。

性状态来复活过去，那么过去就是决无生命的东西。与这种自然科学家以客观对象来看待过去的态度不同，约尔克伯爵提出一种历史知识设计，由于强调认知主体和认识对象的统一关系，这种历史知识以隶属性来规定历史性。约尔克伯爵写道："历史性的中心问题是：所与活着（lives），而不是存在（is）。对自身的反思并不涉及抽象的我，而是涉及它自身自我的全体。因此自我反思将发现我是历史所规定的，正如物理学宣告我是由宇宙所规定的。我是历史，犹如我是自然。在这种彻底的意义里，歌德那句'他至少已活了三千年'的格言应当可理解了。"①

约尔克伯爵根据 transposition（换置）和 belonging（隶属）之间的区别建立了在者状态上的东西（the ontic）和历史性的东西（the historical）这两个范畴。所谓在者状态上的东西，就是那种通过换置过去而被认为是自在之物的东西，即那种与认识主体的生命过程没有实质交往的被规定的对象。在者状态上的东西把过去带回到只是作为单一在场、缄默客观性和单纯他在性的生命。反之，历史性的东西是那种不把过去认为是封闭的客观性，而是认作为仍可以完全被成就的"可能状态"（virtuality）——通过它对理解主体的影响。所以真正意义上的历史性不同于只是在场，它应当表现为一过程、一分延、一命运。正如海德格尔所说，约尔克伯爵最大的贡献就在于他提出了在者状态上的东西与历史性的东西之区别，正是由于他对这两种东西的区别"有一种可靠的直觉"，他认识到"传统的历史研究仍然如何顽强地执着于种种纯视象的规定，这些规定是以物体式的和形态性质的东西为目标"，②也正是由于约尔克伯爵对这种区别的认识，他才发现狄尔泰的探索"太少注重在者状态上的东西与历史性的东西的发生学上的差别"。③对于约尔克来说，像兰克那样的历史学家乃是伟大的"视象者"，他们通过重构过去（旨在审美上描绘它的形式）而把握在者状态

---

① 《约尔克伯爵通信集 1877—1897》，第 49 页，转引自海德格尔：《存在与时间》，第 402 页。
② 海德格尔：《存在与时间》，第 400 页。
③ 同上书，第 399 页。

上——经验的东西。这种形态学把过去降为只是在场的客观性。但是，这只是历史理解的一个环节，如果不被占有所整合，这环节是没有成果的。通过占有，理解主体——通过放弃对历史形式只是经验目击的认识——才建立它们之间活生生的联系。正如海德格尔说，约尔克试图在反对在者状态上的东西（视觉上的东西）而走上了从范畴上把历史性的东西收入掌握的道路，走上了把"生命"上升到适当的科学理解的道路。这之所以可能是由于这一事实，即与历史编年史家的启蒙不同，"约尔克清楚地洞见到'可能状态'这一历史的基本性质，他是靠了认识到人的此在本身的存在性质而获得这种洞见的，也就是说，他恰恰不是从科学理论出发，而是在历史考察的对象那里获得这种洞见的"。①

按照伽达默尔的看法，这里再现的东西是思辨的观点。狄尔泰和胡塞尔虽然都对"生命"概念作了论述，狄尔泰试图从内在于生命的反思性中导出历史世界的构造，而胡塞尔则试图从意识生命里推出历史世界的构成，但他们由于受认识论模式的影响，并未阐发生命概念所包含的思辨要求，所以伽达默尔说："生命概念的思辨内容实际上在他们两人那里都未能得以发展。狄尔泰只是为了反对形而上学思想而利用了生命概念，而胡塞尔则绝对没把此概念与形而上学传统、特别是与思辨唯心论相互联系的想法。"② 正是约尔克伯爵的研究完成了狄尔泰和胡塞尔所未能完成的东西。按照伽达默尔的观点，约尔克不仅表现了狄尔泰和胡塞尔共同的倾向，即对生命概念的阐发，而且他的思想显然更优越于他们两人，因为按照约尔克的研究，生命是自我肯定的，生命性的结构就在于一种原始的区分（Urteilung），即在区分和分解自身中仍肯定自己是统一体。这种生命不断区分和分化自身而重新肯定自身的观点，按照伽达默尔的看法，正是黑格尔的《精神现象学》里的思想，即"生命是被这样的事实所决定的，即有

---

① 海德格尔：《存在与时间》，第401页。
② 伽达默尔：《真理与方法》，第1卷，第255页。

生命的事物使自己区别于它在其中生存并与之保持联系的世界,并且继续使自己保留在这种自我区分的过程之中。有生命物的自我保持,是通过把外在于它的存在物投入它自身之中而产生的。一切有生命的东西都是靠与己相异的东西来滋养自身。生命存在的基本事实是同化。因此区分同时也是非区分。异己者被己所占有。"①按照这种生命观点,自我意识的本质就在于:"自我意识知道使所有东西成为它的知识的对象,并且在它所知的一切东西里认识它自身。因此,自我知识作为知识,它是一种自身与自身的区分,但作为自我意识,它同时又是一种合并,因为它把自己与自己结合在一起。"②对认识对象的认识与对自身的自我意识的统一,表明对不同于意识的东西的理解,对被意识同化的东西的理解,从不是认知主体与外在的惰性的客体之间的纯关系,因为主体与客体不是两个东西,而是同一个东西。

约尔克伯爵与狄尔泰和胡塞尔不同,他并不只是以一种认识论的目的返回到生命,而是维护生命和自我意识的形而上学,他所做的正如黑格尔已经所做的,正是在这一点上,伽达默尔认为约尔克伯爵"既高于狄尔泰,又高于胡塞尔",他写道:"约尔克伯爵却在黑格尔的精神现象学和胡塞尔的先验主体性现象学之间架设了一座一直被人忽视的桥梁。当然,由于他的遗著过于零散,我们无法得知他是怎样设法避免他责备黑格尔犯过的那种对生命加以辩证形而上学化的错误。"③

(三)海德格尔的诠释学转向

正如我们一开始所说,诠释学大体分为两种,一种是以方法论为主要取向的诠释学理论,代表人物有施莱尔马赫、博艾克、狄尔泰以及以后的贝蒂等;一种是以本体论为主要取向的诠释学哲学,代表人物是海德格尔

---

① 伽达默尔:《真理与方法》,第1卷,第257页。
② 同上。
③ 伽达默尔:《真理与方法》,第1卷,第258页。

和伽达默尔，以及哈贝马斯、利科尔、阿佩尔等。按照伽达默尔的看法，狄尔泰以前的诠释学为古典诠释学，而海德格尔以后的诠释学为哲学诠释学，在诠释学历史上，海德格尔完成了一次根本的转向。

马丁·海德格尔（Martin Heidegger, 1889—1976）生于德国巴登邦的梅斯基尔希，曾在康斯坦斯和弗赖堡等大学学习。1913年他以论文《心理主义的判断学说》获弗赖堡大学哲学博士学位，1915年又以著作《邓斯·司各脱的范畴理论和意义学说》在该校通过教授资格答辩。1928年起接替胡塞尔任哲学教授，1933年当选为弗赖堡大学校长，次年辞职。1951年退休。当代哲学史家一般把海德格尔的著作分为两个时期，这两个时期是根据海德格尔本人所说的"转向"（Kehre）而区分。1927年出版的《存在与时间》构成前一时期，而1930年以后出版的著作，如《论真理的本质》（1930）、《艺术作品的起源》（1936）、《荷尔德林与诗的本质》（1936）和《追问技术》（1950）等则构成后一时期。构成前一时期《存在与时间》的特征是对存在意义的追问，而在其30年代以后的著作里，海德格尔不再试图从存在理解现象的预备性分析出发去把握存在或存在的意义，而是直接地转向存在本身去思考存在或存在的真理，因而我们可以说，这一转向是从对存在意义的追问到对存在真理的思考的转变。海德格尔说："产生于《存在与时间》的思想，其强调存在的敞开本身要基于面对着存在敞开的此在的敞开，这就是转向的意义。通过这一转向，思想终于更坚决地转向了作为存在的存在"（《问题Ⅳ》）。不过，我们应当注意，海德格尔这一思想转向并非一种颠倒，更不是一种背弃，而是对《存在与时间》中所提出的问题的一种深化，海德格尔说："转向并不是对《存在与时间》里的观点的修正，而仅仅是试图去达到某种重要的领域，并从这一领域出发对《存在与时间》进行检验"（《问题Ⅲ》）。

下面我们对海德格尔与诠释学作如下概括：

1. 海德格尔诠释学转向肇始于胡塞尔的现象学。胡塞尔现象学要求哲学家摆脱任何外在标志和概念构造而直接"面向事物本身",胡塞尔认为,我们或多或少具有一个面向事物的直接通道,在此通道里事物如其所是地那样显示自身。但是当胡塞尔通过"还原""悬置"把事物的性质抽象掉时,他发现自我却不能视为一个可还原的对象,而应当看作是与对象得以被经验的统一意识流相等同的东西,也就是说,自我不是意识的一个对象,而是经验对象的一种意识主体。正是在这里,海德格尔找到了自己哲学的出发点:一方面继续发展胡塞尔那种使事物如其所是地那样显示自身的直接通道,另一方面批判胡塞尔把所有的现象都回溯到人类意识,即回溯到先验主观性的意图。按照海德格尔,存在的事实性是比人类意识和人类知识更为根本的东西。

这里我们首先对海德格尔与胡塞尔的分歧作些回忆。海德格尔是胡塞尔的学生,海德格尔对他的老师的推崇可以从他的代表作《存在与时间》看出来,该书是献给他的老师的,在那里海德格尔写道:"以衷心的敬意和友谊献给埃德蒙德·胡塞尔",海德格尔还在书中强调说,他在就学于弗赖堡时,胡塞尔曾给予他以"深入地亲自指导并允许他得以熟悉至为多样化的现象学研究领域",因而他现在的这一研究"只有在胡塞尔奠定的地基上才是可能的"。① 但是这种师生情谊并不表示他们两人思想之间没有分歧。事实上,海德格尔早在1919年就已经感到胡塞尔作为严格科学的哲学已包含某种抽象而死板的因素,认为这是一种"傲慢不倨的、从根本上说是启蒙式的说教,它把当下的生活和所有过去的生活都固定、死板、单一地砸在同一块平板上,以致在这里一切都变得可预测、可控制、可划定、可约束、可解释"(1919年海德格尔写给胡塞尔女儿的信)。随后在1925年,即《存在与时间》发表前两年,海德格尔在讲堂上还对胡塞尔现象学作了批判,而胡塞尔本人在1929年也给他的朋友英加登(R.Ingarden)写过,海德格尔的《存在与时间》"根本不能属于现象学范

---

① 海德格尔:《存在与时间》,第38页。

围,因此很遗憾,我必须在方法上彻底地并在内容之本质方面拒绝这部著作"(《胡塞尔给罗曼·英加登之信》,第35页)。1930年胡塞尔在柏林讲演中再度针对海德格尔思想,批判了所谓的哲学人类学化倾向。但最明显反映这两人之间分歧的,是1927年胡塞尔与海德格尔为《大英百科全书》撰写"现象学"词条时所表露出来的。初稿是胡塞尔撰写的。当海德格尔仔细阅读了胡塞尔初稿感到有许多观点不能接受时,他重写了第二稿,并将自己的不同看法以信的形式告之胡塞尔,但胡塞尔拒绝海德格尔写的第二稿,他又自己起草了第三稿,尽管此稿最后也未能为《大英百科全书》所采用,但对胡海之间的分歧给了我们以具体的见证。

在词条中,胡塞尔曾写道:"作为先验现象学家,我并不具有作为精神的Ego(自我),精神这个词义总以在者(Seiende)的或可能的世界为前提。我所具有的'自我'是那种先验的纯粹'Ego'(自我)。在这个先验纯粹的自我中,由于隐蔽的意识的作用,精神才创造它对于我所具有的意义和有效性。"①胡塞尔通过他所谓现象学还原,即"悬置",将所有外在实在世界的知识、理论或构造都置于括号中存而不论时,他得到的唯一主观即纯粹自我,而海德格尔坚决反对这种不是在世存在的抽象自我,在海德格尔看来,自我绝不能离开他的世界,存在永远是在世存在(in-der-Welt-sein),因此他在给胡塞尔的信中说:"我们的一致之处在于:通过向与其具有同类存在方式的在者(Seiende)的回溯,并不可能从先验构造方面使您称之为'世界'的那个在者得到说明。但我们并不能因此而认为,打开通向先验物之门者根本就不是在者。相反,我们应该看到,这里出现的恰恰是这样的问题:什么是世界于其中进行自我构造的在者的存在类?……应当指出,人类的此在的存在类是与一切其他在者完全不同的。人类的此在的存在类之'所以是'本身恰恰隐含着先验构造的可能

---

① 《胡塞尔全集》,第7卷,第273页。

性。"① 当胡塞尔认为我们可以通过还原或括弧法得到纯粹自我时,海德格尔指出,通过还原或括弧法所获得的实际上不是自我,而是将自我本身缩小了,使自我片面化。现象学不应将自我从世界中孤立出来,而是应将自我的实际存在放回到世界之中,这样才能贯彻"面向事物本身"这一现象学原则。按照海德格尔看法,我们可以从一种特殊的在者,即人的此在中找到一般存在的意义,人类此在之所以能这样,是因为它是一种与存在打交道的特殊在者。海德格尔这种观点当然受到胡塞尔的批判,他认为海德格尔无视先验现象学的还原而陷入心理学和人类学而不能自拔,照胡塞尔的看法,哲学应是一种"冷静的、在最彻底的科学精神中进行的工作"。②以后海德格尔还专门用了一个词 Entlebnis 来批评胡塞尔。我们知道,胡塞尔哲学的中心概念是"体验"(Erlebnis),此词来源于 erleben,即是由 er+leben 组成,er 指经历,leben 指生活,因此 Erlebnis 就是经历生活。与 Erlebnis 相反,Entlebnis 是由 entleben 即由 ent(脱离)+leben(生活)组成,因此 Entlebnis 则指"脱离生活""去除生活"。海德格尔试图用此生造的词说明胡塞尔现象学脱离活生生的具体生活。从上述可看出,海德格尔与胡塞尔的差别主要在于:海德格尔不是在与世界对立的先验自我中,而是在特殊在者即此在的"在世存在"中寻找此在的内在结构,即不是在孤立的自我中,而是在具有特殊存在类的在者中去寻求存在的意义,当时把这一倾向称之为人类学的指向,用海德格尔自己的话来说,就是生存论的指向。

2. 海德格尔在《存在与时间》里发展一种现象学的诠释学,试图走出一条与胡塞尔相反的道路。在题为"现象学的探究方法"这一节里,海德格尔首先把现象学规定为一种方法概念,它不描述哲学研究对象的"什么",而是描述对象的"如何"。他从词源学上探究了"现象学"这一词的哲学意蕴。按照他的分析,现象学(Phanomenologie)在希腊文里是由

---

① 《胡塞尔文集》,第 9 卷,第 602—603 页。
② 胡塞尔:《现象学观念》,第 3 卷,第 138 页。

phainomenon（现象）和 logos（逻各斯）所组成。而 phainomenon 是由动词 phainesthai 而来，phainesthai 的意思是显示自身，因此 phainpmenon（现象）就是"显示自身的东西，显现的东西或开启的东西"，这个词的前缀 pha 与希腊词 phos 很接近，意指光亮或光明，因此"现象"就是指"向白日光亮开启的东西，或能被带入光明的东西"，即与希腊人所说的"存在者"相类似的东西，因为按照希腊人的看法，存在者以种种不同的方式从自身显现。这种带入光明的意义，我们可以用海德格尔的另一词 Lichtung 来解释，Lichtung（澄明）不是从名词 Licht（光）而来，而是从动词 lichten 而来，lichten 意指砍伐树木而成为林中空地，林中空地正是显示出的东西。Logos 在希腊文里本有多种意义，如理性、语言、规律等，但海德格尔的看法，它的最重要的意思是讲话（言谈）。逻各斯作为讲话或言谈，其意义就是把讲话或言谈中所涉及的东西公布出来或昭示出来，海德格尔说"logos 是让人看某种东西，让人看言谈所谈及的东西，而这个看是对言谈者来说的，也是对相互交谈的人们来说的。言谈让人从某某东西方面来看，让人从话题所及的东西本身来看"。① 言谈具有说的性质，即发声，而逻各斯作为讲话本身就是发声，因此逻各斯的更深的意蕴就是它通过言谈（发声）让某物自身显现出来，让某物作为（als）某物被观察到。因此，由"现象"和"逻各斯"（言谈）所组成的"现象学"一词的意思就是让人从言谈中看到事物如其所是那样显示自身，昭示自身，或用海德格尔的话，"让人从显现的东西本身那里如其从其本身所显现的那样来看它"。② 海德格尔认为，这其实就是胡塞尔的"面向事物本身！"

这样，我们就可看到海德格尔所发挥的"现象学"与诠释学的联系，言谈中使事物得以被揭示，这正是诠释学的基本性质。不过为了区别于以往的诠释学以及胡塞尔的现象学，海德格尔把他这种诠释学称之为"事实

---

① 海德格尔:《存在与时间》，第32页。
② 同上书，第34页。

性诠释学"（Hermeneutik der Faktizitaet），因为按照海德格尔的看法，现象学这种揭示功能是让事物自身把自己带到光亮之处，是让事物自身把自己从隐蔽状态带入光天化日之下，而不是我们心灵或意识把意义（光明）投射到事物之上，也就是说，是让事物如其所是那样把自己显示出来，而不是将我们的范畴强加于事物，因此这是事物本身的一种存有论的显示，显示事物的并不是我们，反而倒是事物向我们显示其自身，是事物自身的力量导致事物如其所是地显现自身。

3. 真能够找到一条让事物自身显示给我们的通道吗？海德格尔在《存在与时间》里发现了这条通道，即人这个在者与其他在者不同，它在其自身上就与存在打交道，它自身就能如其所是地那样显示存在，因此存在现象学的存有论基础必须是一种"此在的现象学"。此在现象学意指一种存有论的诠释学，它不是那种文本解释的诠释，而是指事物自身对自身的诠释，这种诠释在海德格尔看来是最根本的解释行为，它使事物自身从隐蔽状态中显现出来。海德格尔写道："现象学描述的方法论意义就是阐释（Auslegung），此在现象学的逻各斯具有诠释的（hermeneuein）特性。通过诠释存在的本真意义与此在本已存在的基本结构就向居于此在本身的存在理解宣告出来。此在现象学就是就诠释学这个词原始意义来说的诠释学。据此，诠释学就标志着阐释工作。"[①]在海德格尔看来，这种诠释学不同于以往任何诠释学，它是另一种意义上的诠释学，它是对此在的存在之阐释，它是对具体存在的生存性的分析，它阐明了一切存有论探究之所以可能的条件。这样一种诠释学就被规定为现象学诠释学，而这种对此在的生存论分析就被规定为"基础存有论"（Fundamentalsontologie）。

此在的生存论分析，此分析也可称之为对此在的解析、阐释或解释。此在存在于世界之中，我们也可以这样说，此在处于世界之中（befinde

---

[①] 海德格尔：《存在与时间》，第37页。

sich in der Welt），此"处于"也可写成 be-finde sich，即发现自己，因此，此在处于世界之中，也可理解为在世界中发现自己，按世界理解自己，这就是海德格尔所说的此在的第一个生存论特征，即 Befindlichkeit（境缘性）。境缘性意味着此在存在方式的被动性，如我们说"一个电视报道者处于事情的中心"，也就是说他被包围在事情的中心，它涉及到一个在某种所与情况里的个人，而这个人是被抛进这种情况之中。这样就出现了 Geworfenheit（被抛状态），我无法避免地被抛进境遇里。境缘性表现了此在存在方式的两个被动方面：一方面此在总是已经处于它曾一下子被抛入其中的某种境遇中；另一方面此在通过它的所处（Befinden）对境遇采取某种情绪态度（empfindlich）（如畏）。但境缘性还有积极的方面，这就是此在的第二个生存论特征，即理解（Verstehen），因为我们不仅被抛入一个境遇中，而且我们还在对自己进行筹划（Entwurf），因为此在是能在（Koennen-sein），其存在对之乃是一个问题，它在自己的存在中向可能性筹划自身，而这种筹划正是被抛状态的对立面。因此我们可以说此在"被抛在筹划的存在方式中"（Dasein ist in die Seinsart des Entwerfens geworfen），此在的存在方式是"筹划着的被抛状态"（entwerfende Geworfenheit）或"理解着的境缘性"（verstehende Befindlichkeit）。这种主动与被动的双重性，海德格尔曾用一句话来表示：sich-vorweg-schon-sein（in-der-Welt）als Sein-bei（在已经在世的存在中先行于自身），他写道："此在是那种为的就是存在本身而存在的在者。这个'为的就是……'在理解的存在机制中得到了解释。这种理解即是向最本己的能在筹划自身的存在，而这种最本己的能在就是此在一向为其之故而如其所是地存在着的东西。此在在其存在中总已经和它本身的一种可能性合在一起了。……向最本己的能在的存在从存有论上却是说，此在在其存在中已经先行于它自身了。此在总已经'超出自身'，并非作为对另外一个它所不是的存在者行为，而是作为向它自己本所是的能在的存在……先行于自身的存在，说得更充分一些就是：在已经在世的存在中先行于自身。"① 此在是在世存在，因为它关注他的生存（verhaelt sich zu seiner Existenz），而且是在开启它的意蕴的背景上（auf dem Hintergrund einer Erschlossenheit seiner Bedeutsamkeit）关注他的生存。这就是此在的筹划着的被抛状态或理解着的境缘性。

这样，海德格尔对理解概念作了重新诠释。理解按施莱尔马赫的看法，是一种深度的移情，与作者的思想取得一致，按狄尔泰的看法，理解不同于说明，它是深入到个体内心的行为，如理解一幅画、一首诗、一个事实，不同于科学的说明，它是把握生命的表现。现在在海德格尔这里，理解完全不是这样，理解就是在一个人生存的生活世界脉络中去把握他自己存在可能性的能力，理解并不是进入他人境遇的特殊能力，也不是在更深意义上把握某种生命表达的能力，而是此在在世存在的一种基本方式。境缘性的理解（befindliche Verstehen）和理解着的境缘性就构成此在的基本生存论环节。理解作为此在的原始存在方式，而不是此在的行为方式。如果像狄尔泰认为的那样，理解指其他种种可能的认识方式之一种，如说是某种与"说明"（Erklaeren）不同的认识方式，那么海德格尔认为"这种意义上的理解就必须和'说明'一道被解释为是那种共同构成此之在的原始的理解在生存论上的衍生物"。这样，理解已超出主—客二分格式，认识变成理解的一个派生形式。我们可以对海德格尔的理解和解释概念总结为三点：(1) 对于每一生存论行为，理解乃是存有论上最基本的行为以及先行于所有生存论行为的行为；(2) 理解总是联系到未来，这是它的筹划性质（Entwurfscharakter），但这种筹划需有一个基础，即 Befindlichkeit，即在一个人所处世界的位置的领域内揭示此在的具体可能性；(3) 解释不是某种在理解出现之后而发生的东西，理解就是解释，解释无非是把理解中所筹划的种种可能性整理出来。这种理解观点正是哲学诠释学的出发点，正如伽达默尔所说："我认为海德格尔对人类此在的时间性分析已

---

① 海德格尔：《存在与时间》，第 191—192 页。

经令人信服地表明，理解不属于主体的行为方式，而是此在本身的存在方式"，并说他的诠释学概念"正是在这个意义上使用的。"①

4. 这里我们可以对海德格尔所谓的"世界"作一些解释。在海德格尔那里，"世界"绝不是像科学家所认为的那样，意指可客观考察的环境或宇宙，也绝不是像我们通常所认为的那样，意指所有存在物的整体。按照海德格尔，世界乃是先于这种主—客二分的观点，世界既先于所有的客观性，又先于所有的主观性。世界是在我们认识一个事物的行为中所预先假设的东西，世界中的每一事物都必须依据世界来把握，理解必须通过世界来进行，如果没有世界，人就不可能在其显示中看到任何事物。但是，尽管人必须通过世界来观看一切，世界却是如此的封闭，以致它往往逃避人的注意，我们往往不是在知中而是在用中才注意到它。例如书本、钢笔、墨水、纸张、垫板、桌子、灯、家具、门窗等，只有在属于用具的世界里才能是其所是，海德格尔说："切近照面的东西是房间，而房间却又不是几何空间意义上的'四壁之间'，而是一种居住工具。'家具'是从房间方面显现出来的，而在'家具'中才显现出各个零星用具。用具的整体性一向先于零星用具就被揭示了。"② 在这里，海德格尔提出他所谓 Vorhandenheit（现存在手状态）与 Zuhandenheit（使用上手状态）的区分，前者指那种以无利害关系的直观的通往在者方式显示自身的东西，也就是以往哲学家直到胡塞尔所解释的带有一定性质的事物（实体），后者则是指从我们使用中显示自身的东西，也是海德格尔特别强调的一种不同于胡塞尔的最本真的通往在者的方式。例如用锤子来锤，并不是把这个在者当作现成在手的东西进行专题把握，锤不仅有着对锤子的用具特性的知，而且还以最恰当的方式占有这一用具，海德格尔说，"对锤子这物越少瞠目而视，用它锤得越起劲，对它的关系就变得越原始，它也就越发昭然若揭地作为它

---

① 伽达默尔：《真理与方法》，第 2 卷，第 440 页。
② 海德格尔：《存在与时间》，第 69 页。

所是的东西来照面,作为用具来照面"。①

按照海德格尔,理解就是与事物打交道(mit etwas zu tun, mit etwas umgehen),理解的最本真的方式就是在事物自身的运作中使自身被揭示出来,或者说"在者的用器性"(Zeughaftigkeit)把在者如其自在存在那样带到了表现,而不只是像它在与我们的直观中那样表现自己。把 Zeug 规定为使用对象只是一种暂时的定义,精确的定义则是 Zeug 等同于"我们与之交往的最切近照面的在者",它是从我们首先对这个在者的 Zugang(接近通道)出发去定义 Zeug。Zeug 不只是我们生产的工具,而且也包括文化的在者和自然的在者,例如海德格尔称太阳为 Zeug。假如我们想知道几点钟,我们就与太阳打交道,太阳不是我们制造的使用对象,而是自然存在的在者。我们接近太阳的主要通道在于我们为这或为那使用它,例如为了天文学上计算精确的时间或为了天体的定位。但海德格尔这里是否心理化自然物体呢?例如太阳实际上具有 140 万公里直径、5700℃表面温度、在赤道上大约 24 天周行一圈速度的物理对象,海德格尔并不否认,但他问,当我们说这些性质,这意味着什么呢?不管胡塞尔还是海德格尔,都会回答:从现象学看,一个在者只能具有一种为我们的意义,但与胡塞尔认为我们能有一种通往太阳的无利害关系的直接通道不同,海德格尔则认为只有当我们处于一种有关系的与太阳的交往之中,我们才能给予太阳以一种意义,从现象学看,这就是说,太阳只能具有一种为我们的意义,而这种意义只能在有关系的交往中才能被揭示出来。这不是心理化,而是在者显示自身。如果只有当我们处于一种与在者的使用着的交往之中,在者身上的客观特征才基本表现出来,那么在者只能是那种通过这种使用才表现自身的东西。

5. 理解就是在世界这种"因缘整体性"(Bewandtnisganzheit)中来把握在者。这种因缘关系整体海德格尔用"意蕴性"(Bedeutsamheit)来作为其明了性的存有论根据。意蕴性是某种比语言的逻辑系统更深层的东西,

---

① 海德格尔:《存在与时间》,第69页。

是先于语词并与语言同样原始的东西。意蕴性不是人们给客体所赋予的东西，而是客体通过供给语词和语言存有论的可能性而给予人的东西。海德格尔说:"从在理解世界中展开的意蕴出发，繁忙的存在在使用上手的东西那里使自己理解到它同照面的东西一向能有何种因缘关系……解释无非是把这种因缘关系释放出来。"① 因缘整体性乃是解释的本质基础。在海德格尔看来，解释从不是无前提地把握事先给定的事物，而是具有他所谓理解的前结构，这就是所谓前理解。前理解包括三种要素:前有(Vorhabe)、前见(Vorsicht)和前把握(Vorgriff)。按照海德格尔，"把某物作为某物加以解释，这在本质上是通过前有、前见和前把握来进行的"。② 前有指此在的理解存在与它先行理解的因缘关系整体的先行占有关系。前见指前有中的那些可以在这种特殊的理解事件中被解释的特殊方向，也就是解释者理解某一事物的先行立场或视角。在前结构里被给出的可达到理解的概念则称之为前把握，这些概念在解释性的理解出现之前或者是最终地或者是暂时地被假定。海德格尔写道:"这种解释一向奠基于一种先有之中。作为理解的占有，解释活动有所理解地向着已经被理解了的因缘整体性去存在。对被理解了的但还隐绰未彰的东西的占有总是在这样一种眼光的指导下进行揭示，这种眼光把解释被理解的东西时所应着眼的那种东西确定下来。解释向来奠基于先见之中，它瞄准某种可解释状态，拿在先有中摄取到的东西开刀。被理解的东西保持在先有中，并且先见地被瞄准，它通过解释上升为概念。解释可以从有待解释的在者自身汲取属于这个在者的概念方式，但是也可以迫使这个在者进入另一些概念，虽然按照这个在者的存在方式来说，这些概念同这个在者是相反的。无论如何，解释一向已经断然地或有所保留地决定好了对某种概念方式表示赞同。解释奠基于一种先把握之中。"③

---

① 海德格尔:《存在与时间》，第148—149页。
② 同上书，第150页。
③ 同上。

因此，一切理解都不是对对象的无前提的理解，对象其实已经在某种模糊的方式里被理解，理解是基于解释者的前结构的先行的前理解，前结构将构成解释者的不言而喻的无可争论的先入之见。不过这里有一问题，如果前理解本身又要依赖于另一前理解，那么理解就会陷入一种无穷倒退的过程。这种无穷倒退过程只有当我们可能用某些其他工具证明某些前理解或者当某些前理解本身是自我证明的才可避免，但海德格尔不认为这两种可能的后一种是可能的。因此海德格尔随即提出理解的循环，他论证说，这种循环是无法避免的，但它不是恶的循环，因为前提（即前理解的前结构）可以不依赖于理解的结果而正确地被证明："决定性的事情不是从循环中脱身，而是依照正确的方式进入这种循环"，①这就是说，我们虽然不能避免对前理解的依赖，但是我们一定能证明前理解里的前结构。海德格尔争论说，前理解里的前结构一定是建基于事物本身（Sachen selbst），即正确的前理解，而不是建基于只是意见或流俗的看法，他写道："循环不能被降低为一种恶性循环，即使降低为一种可以容忍的恶性循环也不行。在这种循环中隐蔽着最原始认识的一种积极的可能性。当然，这种可能性只有在如下情况才能得到真实理解，即当解释理解到它的、经常的和最终的任务始终是不让向来就有的先有、先见和先把握以偶发奇想和流俗之见的方式出现，而始终是从事物本身出发整理先有、先见与先把握，从而确保科学论题的正确性。"②这就是说，在理解过程中，解释者不断地在考察他的在前结构内的预期意义，以便发现这些前结构是否基于事物本身。但是，我们如何发现我们的前结构事实上是基于事物本身而不是基于意见呢？海德格尔只是从存有论上提出这个问题，正如伽达默尔所说："海德格尔探究历史诠释学问题并对之进行批判，只是为了从这里按存有论的目的发展理解的前结构。反之，我们探究的问题乃是，诠释

---

① 海德格尔：《存在与时间》，第153页。
② 同上。

学一旦从科学的客观性概念的存有论障碍中解脱出来,它怎样能正确地对待理解的历史性。"①

6. 相对于前期海德格尔,后期海德格尔发生一次他所谓的"转向"(Kehre)。如果说海德格尔前期哲学是以作为人的此在为出发点,根本点在于阐明此在的本真性和非本真性,那么海德格尔后期哲学则是以命运(Schicksal)或天命(Geschick)的存在为出发点,根本点在于阐明在场与不在场、遮蔽与揭蔽、真与不真的统一。在早期著作《存在与时间》里,真理是作为此在的被敞开状态(Erschlossenheit des Daseins),而在后期哲学里,真理是作为存在的发生(Geschehen des Seins)或存在的自成,自行开显(Seinsereignis)。我们可以说,这是一场从此在的生存论分析到存在命运思考的大转变。相对于这种转向,他的诠释学概念也发生很大的变化。在《存在与时间》里,诠释学是作为"实存性诠释学"来加以解释,即以一种此在的现象学名义把此在的不可证明的事实性作为诠释学基础,海德格尔说,"从起源上来说,诠释学只能标志一种解释的技艺学或历史精神科学的方法论",可是当后期海德格尔看到诠释学不再是人的理解的标志时,也就是不再在人这一主体里为理解和诠释学奠定最终基础时,他把诠释学在词源上与希腊神的信使赫尔默斯相联系,他说,"诠释学并不意指解释,而最先是指带来福音和消息"。② 这里,某种更高的东西,一种我们可以说是无上帝名称的全在或用海德格尔自己的词汇"存在命运"在天地神人这一四位体里显露出来了,理解和诠释学就是倾听这个最高存在命运话语的福音,或用海德格尔更专门的术语,即倾听 Ereignis 的 Sage。这样海德格尔把发展迄今的进程次序颠倒过来,并且否认意识的自主性活动,并不是我在思考,而是我被思考,并不是我在诉说,而是我被诉说,并不是我在论述事物,而是我被事物论述,万物出自于语言,

---

① 伽达默尔:《真理与方法》,第1卷,第270页。
② 海德格尔:《走向语言之途》,弗林根,1959年版,第122页。

又回归于语言。

7. 艺术和语言作为存有论的真理事件的密码。在《存在与时间》里，艺术问题尚未作为主题明确的论述，而且语言在那里也只是作为原始的敞开方式加以处理，即语言在此在展开这一生存论结构中有其根源。真理的处所就是被揭示状态（Entdecktheit），而揭示（Entdecken）的前谓语经验事后是通过语言被表现的，陈述在被揭示存在的证明（Bewährung）中有其本质。在这里，对语言的传统理解似乎占了上风，正如我们在柏拉图和黑格尔那里所看到的，语言服务于展开（Erschlossenheit），因为它证明被揭示的存在（das Entdeckt-sein）并对它进行表达，因而语言在《存在与时间》里被处理为次要的问题。但在海德格尔后期转向哲学里，语言却成为中心。这种转向似乎并不是由于语言哲学研究（如 20 世纪英语国家所进行的语言哲学研究）的增强而影响的，而是由于一种作为转向基础的经验所致，即对此在被抛状态和软弱无能的一种愈来愈强烈的普遍意识。由于认为理解是一种筹划，解释无非是把理解中所筹划的种种可能性整理出来，早期海德格尔还可能写道："陈述是此在的一种意向性的行为"[①]，但筹划者（der Entwerfende）在转向里却变成被抛者（der Geworfende）。摆脱此在的意向性，语言成为一种 $\pi\alpha\nu o$，一种"应对"（ein Zu-spruch），一种逻各斯的遭遇（Widerfahrnis）。语言被证明同时是主体的新的"实体"。生长在语言里和被抛在语言里的此在感到语言是一种超越人的自我理解的命定（Determinierung），语言和存在刻画同一种基本经验，这种经验只能由于自身的转向才被意识到。此后真理问题愈来愈多地被转到语言事件里。正如真理在这里成了既是揭蔽（Entbergung）又是遮蔽（Verbergung）的过程，语言本身也是一种本身仍是遮蔽的揭示着的敞现（ein entdeckendes Offenbaren），因为它证明一种不可再深入追问的被解释状态（Aus-

---

① 海德格尔：《现象学基本问题》，第 295 页。

gelegtheit），并且使思想走上它的预先规定的道路。当海德格尔试图在语言里和通过语言去思考语言时，他认识到语言是如此统治我们的主人，以致它成了一种独立的几乎是独白式的大者。语言不再是此在展开状态的表达或证明，而本身成了使人遭受的被展开状态（Erschlossenheit）。展开的证明现在是把真理事件保存在此在所居住其中的语言本身之中，从而不再是此在，而是语言成了"在的家"①。这样语言就失去了它在《存在与时间》里的工具性或功能性的意义，而获得了一种实体性的存有论的真理性（aletheiologische）度向，也就是伽达默尔在《真理与方法》第三部分里所继续追随的度向。在海德格尔这里，语言的存有论的主体位置是这样广大，以致人的讲话被说成是一种有来源的语言存在方式，人的讲话看自身为使讲话（Ent-sprechen），应对语言。"终有一死的人讲话，因为他们以一种双重的方式，即以有所获取和有所回答的方式'应对语言'"②。海德格尔这种神奇的讲话方式无疑包含一种深刻的诠释学意义，因为这种方式指出了语言的真理内蕴，应对（Entsprechen）就是说，我们在一种严格意义上隶属于（angehören）语言，Gehören（听从）表现Hören（倾听）语言的告诫（Zurede）。③伽达默尔曾以倾听辩证法讲到"倾听者并非仅仅被人攀谈，毋宁说，被攀谈的人不管它愿意或不愿意都必须倾听。他不可能像观看那样，通过观看某个方向从而不看对方来不听他人所讲的东西"。④"所谓隶属的东西是从传承物的诉说而来的东西，谁这样处于传承物中，谁就必须倾听从传承物向他涌来的东西"。⑤历史的遗产——或贯穿我们人存在的天命的遗产——遗留在语言里，语言作为人类历史的卓越见证者超越了人的各自的自我理解，语言成了我们可以参与的真理事件。

---

① 海德格尔：《论人道主义信》，第311页；《林中路》，法兰克福，1950年版，第286页。
② 海德格尔：《走向语言之途》，第32页。
③ 伽达默尔：《真理与方法》，第1卷，第342、438页。
④ 同上书，第466页。
⑤ 同上书，第467页。

为了思考这种真理,海德格尔走向语言之"途",而我们无须问这条路通向何处,关键的东西是我们所处的这条路的经验。人不再是统治语言的主人,而是只能从语言期待"暗示"。海德格尔在诗里找到了这种语言经验并瞥见了语言里所显现的存在真理。寓于语言里的真理内蕴在日常性的工具性的讲话里被丧失,而在诗里却得以明显表现,诗经受真理的事件,即揭蔽(Entbergung)与遮蔽(Verbergung)的共在(Zusammenfallen),在诗里"产生了"真理。

真正的艺术家在他的作品面前退却,海德格尔说"艺术家与作品相比微不足道"。① 艺术家的个性或天才不再是首要的,本质的东西是作品本身真理的显现。海德格尔说艺术的本质就是"在者的真理自行安置在作品中"(das sich-ins-Werk-setzen der Wahrheit des Seiendes)或"真理创造性地保存在作品里"。② 这里所说的真理事件,海德格尔描述为大地与世界的原始争执,以此表示真理的结构,即包含一种突出的因素和一种隐蔽的因素,真理的原始争执就成了揭蔽与遮蔽统一的真理结构。

(四)汉斯-格奥尔格·伽达默尔的哲学诠释学

汉斯-格奥尔格·伽达默尔(Hans-Georg Gadamer, 1900—2002)出生于德国马堡,曾就学于波兰布雷斯劳、德国马堡、弗赖堡和慕尼黑等大学,攻读文学、古典语言、艺术史和哲学。伽达默尔属于德国 20 年代最年轻的一批哲学大学生,对于这批大学生来说,与海德格尔相识乃是对他们智力发展相当重要的事件。在海德格尔 1923 年就任马堡大学教席之前,伽达默尔曾经在哈特曼和拉托普的指导下写过一篇论柏拉图的博士论文。当时海德格尔在批判性地与传统(柏拉图、亚里士多德、奥古斯丁以及路德)对话基础上发展哲学的倾向必然唤起伽达默尔的注意和兴趣,因

---

① 海德格尔:《林中路》,第 25 页。
② 同上书,第 25、39 页。

为他在哲学里既想找到一种历史的度向，又想找到一种具有广泛规模的系统化的度向。与胡塞尔相反，伽达默尔反对这样一种观点，即哲学可以没有一种对传统的历史研究而能对它进行大规模的系统的表态。对历史传承物的解释并不只是一种在系统化哲学之旁的哲学史活动，对传统的关系乃是哲学本身的一部分，亦即一种以后在其代表作《真理与方法》中所表现的基本态度。1929 年在海德格尔的主持下，以《柏拉图的辩证伦理学》论文取得教授资格后，他曾在马堡大学讲授伦理学和美学。1939 年在莱比锡大学获得教授职位，1945 年任该校哲学系主任，1946 年晋升为该校校长。1947 年转入法兰克福大学任首席哲学教授，1949 年起在海德堡大学接任雅斯贝斯教席，直至 1968 年退休。他的主要著作有《柏拉图的辩证伦理学——〈菲利布篇〉的现象学解释》（1931 年初版，1968 年以《柏拉图的辩证伦理学和柏拉图哲学其他方面的研究》为名扩充再版）、《柏拉图与诗人》（1934 年）、《真理与方法》（1960 年）、《短篇著作集》（4 卷本，1967—1977 年）、《黑格尔的辩证法——五篇诠释学研究论文》（1971 年）、《我是谁，你是谁？》（1973 年）、《柏拉图〈蒂迈欧篇〉里的理念和实在》（1974 年）、《科学时代的理性》（1976 年）、《柏拉图和亚里士多德之间的善的理念》（1978 年）、《黑格尔的遗产》（1979 年）、《海德格尔之路——后期著作研究》（1982 年）和《赞美理论》（1984 年）等。其中《伽达默尔全集》共 10 卷，1986 年出版，1995 年完成。

1. 在《真理与方法》里，伽达默尔把他自己的思想理解为海德格尔诠释学哲学的继续发展，而这个发展又是与施莱尔马赫和狄尔泰的诠释学传统相联系。为了理解这种联系，我们首先必须弄清伽达默尔哲学诠释学与施莱尔马赫和狄尔泰的诠释学传统的区别。在施莱尔马赫之前的诠释学里，《圣经》和古希腊、罗马的古典著作具有中心的作用，因为这些著作被认为是与真理具有某种特殊关系的权威的文本。因此人们不自觉地假定，文本的解释不仅说出某种关系文本的东西，而且也说出某种关于神圣的或人间的此在的真理。与17、18世纪《圣经》批判相联系，尤其通过施莱尔马赫，在19世纪上半叶，诠释学从它原来与神学、语文学的独断论的联系中"解脱出来"，并发展成一门关于文本理解、人理解或历史事件理解的普遍学说。对象领域的扩大必然使诠释学失去了它与某种特定文本的紧密联系，也失去了它与真理的特殊关系。按照施莱尔马赫的看法，诠释学不应从要解释的古代的或基督教的文本内容出发，而是应从我们接近文本的特殊方式出发，因此诠释学的任务不再是使我们接近上帝和人的真理，正相反，诠释学应当发展那种有助于我们避免误解文本、他人讲话、历史事件的技术或方法。按照施莱尔马赫，我们必须深入到文本背后那个创作文本的"你"那里，这意味着我们除了语言学的入门外，还需有某种心理学的入门。借助对文本的心理学解释，解释者设身处地体验陌生作者的心理状态，并从这里重新构造文本。施莱尔马赫以这种要求导入一种新的文本概念，文本不再首先是关于上帝和人类的真学说的传达（Vermittlung），而是一种生命的表现（Lebensausdruck），一种心理的产品。按照这种概念，我们只有把文本理解为某个生命过程的组成部分、整体教化过程的组成部分、某个个性的组成部分，我们才理解了该文本，这最后使我们有可能比作者本人还更好地理解作者，因为我们可以在他的整个工作的联系中，即在他的整个生活和时代中，理解他的某个个别著作，而作者本人却缺乏这种概观，因为他自己处于生活之中。就此而言，施莱尔马赫心理化了并扩充了那个诠释学基本原则，即整体必须通过部分来理解，部分必须通过整体来理解。这不仅适合于文本的整体应从它的部分得以理解，或文本的部分应从它的整体得以理解，而且也适合于作者的生活关系即作者的整个生活应从他生活的个别阶段来理解，或他生活的个别阶段应从他的整个生活来理解。狄尔泰曾把施莱尔马赫这种诠释学视为是从独断论教条中解放出来，他一方面接受了施莱尔马赫关于诠释学循环的心理学见解，但另一方面他又把个人的心理（Psyche）和生平传记（Biographie）立于历史的联系中，把它们都看成是整个生命的表现（Lebensaeusserungen），从而使诠释学与生命哲学相联系。

正是在这里，伽达默尔感到他必须走出一条与施莱尔马赫和狄尔泰相反的诠释学道路，他在《真理与方法》里写道："假如我们认识到以跟随黑格尔而不是施莱尔马赫为己任，诠释学的历史就必须有全新的着重点。它的最终完成不再是历史理解摆脱一切独断论的先入之见，而且我们也将不能再按照狄尔泰跟随施莱尔马赫所描述的方式来看待诠释学的产生，我们必须从狄尔泰所开创的道路走向新的道路。"① 这里，胡塞尔的现象学，特别是海德格尔的现象学的诠释学对伽达默尔这种"走向新的道路"发生了里程碑的影响。伽达默尔在其《真理与方法》第 2 版序里写道："我认为海德格尔对人类此在的时间性分析已经令人信服地表明，理解不属于主体的行为方式，而是此在本身的存在方式。本书中的'诠释学'概念正是在这个意义上使用的。它标志着此在的根本运动性，这种运动性构成此在的有限性和历史性，因而也包括此在的全部世界经验。"②

正如胡塞尔和海德格尔一样，伽达默尔反对把文本只看作某个个人生活的单纯表现的观点。文本当然可以是某个心理状态、某个个体生活和某个历史情况的表达，但文本同时又是比某个纯粹的表达现象更多的东西。文本常常包含某种"更多"的东西，因为它要求说出某种关于它所讲的对象的真实东西。语言不只是生活的表达，而且是真理的启示，这不仅适合于文字性的表达，也适合于口头性的表达。在语言中某种东西被主张，这种主张并不只是某个心理生活的单纯表现。理解所说的话，意味着我们理解某种带有真理要求的主张。通常我们都是理解和接受别人所说或所写的东西。按照伽达默尔的观点，理解的原始形式就是同意或相互一致（Einverstaendnis），即理解者与被理解的东西取得一致意见，

---

① 伽达默尔：《真理与方法》，第 1 卷，第 177 页。
② 伽达默尔：《真理与方法》，第 2 卷，第 440 页。

伽达默尔说:"我们从这一命题开始:'理解(Verstehen)首先指相互理解(sich miteinander verstehen)'。了解(Verstaendnis)首先是相互一致(Einverstaendnis)。所以,人们大多是直接地相互理解的,也就是说,他们相互了解直到取得相互一致为止。了解也总是对某物的了解。相互理解(sich verstehen)就是对某物的相互理解(Sichverstehen in etwas)。语言已经表明:谈论的东西(Worueber)和涉及的东西(Worin)并不只是一个本身任意的相互理解不必依赖于它的谈论对象,而是相互理解本身的途径和目的"。[①]这种同意和相互一致就是赞同被理解东西的意见和承认被理解东西的真理,例如我问某个行人现在几点钟,这人回答说1点20分,我的第一个反应并不是怀疑这个回答,而是我理解和接受即相信他所说的话。以这种方式我读一个文本,一般是带有这种信念,即它的报道提出某种真理要求。理解某个陌生文本,就是理解它所提出的某种可能真理要求,而这种可能真理首先必须被接受。在我们日常与我们同胞的交往中,我们是从这一点出发,即他们讲真理。只有当这种在人们之间自然而然的同意被阻碍时,诠释学才成为特有的问题。例如某人说现在是中午,尽管天已经黑了,我可以怀疑他的回答并思考他真正的意思是什么,可是这样我是在试图找出所说的话里某种意义,因为我把回答认作是某种玩笑。只有当理解谈话对方(文本)的所有可能性都穷尽了,我才试图进入文本或所说的话的背后并探究那是怎样与他人的心理和个体的行为方式相关联的,当施莱尔马赫和狄尔泰把对他人(如作者)心理生活的分析看作每一理解的前提时,对于伽达默尔来说,这只是涉及一种极限情况,光从这种极限情况出发,人与人之间的基本的理解就不能被把握。

与施莱尔马赫和狄尔泰相反,伽达默尔反对这一观点,即理解在于通过"体验"(Einleben)某个陌生意识而"重构"某个陌生心理东西。按照他的看法,如果我们想理解一个文本,我们其实并不试图使自己设身处

[①] 伽达默尔:《真理与方法》,第1卷,第183—184页。

地地于作者的心灵生活中,他写道:"正如我们所说的,所谓理解就是对事情① 取得相互一致,而不是说使自己置身于他人的思想之中并设身处地地领会他人的体验"。② 他继续说,如果说"设身处地"(sichhinversetzen)是有意义的,那么是在这一意义上,即我们设身处地地于作者关于他所讲的事情的意见之中,就此而言,我们必须让事情本身及其真理要求得以表现。所以只有当我们参与文本并认真取其真理要求时,我们才正确理解该文本,如果我们只是把文本带回到单纯的源泉材料、单纯的传承物,或只是认为它们是关于事件的报道,那么我们就永不会理解作为文本的文本。文本绝不只是单纯的源泉,借助它我们能重构某个他人生命的心理过程。伽达默尔写道:"施莱尔马赫并不是第一个把诠释学任务限制于使别人在讲话和著作中所意味的东西成为可理解的人。诠释学技艺从来就不是研讨事物的工具论。……可是,凡是在我们致力于理解——例如对《圣经》或古典文学进行理解——的地方,我们总是要间接地涉及到隐藏在原文里的真理问题,并且要把这种真理揭示出来。事实上,应当被理解的东西并不是作为某种生命环节的思想,而是作为真理的思想。正是因为这一理由,诠释学才具有一种实际的作用,保留了研讨事物的实际意义"。③ 伽达默尔还进一步分析说,如果我们了解了话语与书写文字的差别,那么话语一旦变成了文字,它所包含的作者思想就已不是原先的思想,他说道:"通过文字固定下来的东西已经同它的起源和原作者的关联相脱离,并向新的关系积极地开放。像作者的意见或原来读者的理解这样的规范概念实际上只代表一种空位,而这空位需不断地由具体理解场合所填补"。④ 正是在这里,伽达默尔以黑格尔的综合法与施莱尔马赫的重构法相对立,他认为黑

---

① "对事情"(in der Sache),这是根据《真理与方法》第 4 版译出的,该书第 5 版是"在语言上"(in der Sprache),似乎第 5 版有误。
② 伽达默尔:《真理与方法》,第 1 卷,第 387 页。
③ 同上书,第 189 页。
④ 同上书,第 399 页。

格尔强调过去与现在进行中介的综合法远比施莱尔马赫所谓原汁原味解释的重构法更具有真理,他写道:"这里黑格尔说出了一个具有决定性意义的真理,因为历史精神的本质并不在于对过去事物的修复,而是在于与现时生命的思维性构通。如果黑格尔不把这种思维性构通认作某种外在的和补充性的关系,而是把它与艺术真理本身同等看待,那么他就是正确的。这样,黑格尔就在根本上超过了施莱尔马赫的诠释学观念。只要我们去探讨艺术和历史中展现出来的真理问题,艺术真理问题就迫使我们去进行对审美意识和历史意识的批判"。①

2. 理解与解释的同一关系。前面我们已经说过,不论是斯宾诺莎还是克拉登尼乌斯,他们都认为理解与解释不是一回事,而是两回事,理解是直接的,只有在不能直接理解的情况下,才需要解释,因此解释是偶然的和次要的,仅具有教育性质。正是德国浪漫主义派,尤其是施莱尔马赫,才认识到理解和解释不是两回事,而是一回事。正是通过这一卓越的认识,解释这一概念才由18世纪原本具有的教育性的附属意义上升到一个重要地位。伽达默尔说:"在文本中所涉及的是'继续固定的生命表现'。这种'生命表现'应该被理解,这就是说,只有通过两个谈话者之中的一个谈话者即解释者,诠释学谈话中的另一个参加者即文本才能说话。只有通过解释者,文本的文字符号才能转变成意义,也只有通过这样重新转入理解的活动,文本所说的内容才能表达出来"。②文本表述一件事,但文本之所以能表述一件事,归根到底是解释者的功能,因为,如果文本不以其他人也可理解的语言,那么它就不可能说话。理解不能离开解释,解释是理解本身的实现。这种情况就说明语言在诠释学经验中的重要性,因为一切解释都具有语言,理解只有在解释的语言性中才能实现。伽达默尔写道:"自从浪漫主义学派产生以来,我们不再这样想理解问题,好像

---

① 伽达默尔:《真理与方法》,第1卷,第174页。
② 同上书,第391页。

当我们缺乏直接的理解时我们是通过一些进行解释的概念而达到理解的，这些概念是我们按照需要从它们原处于的语言储存室中取出的。其实，语言就是理解本身得以进行的普遍媒介。理解的进行方式就是解释（Auslegung）。这种说法并非意指不存在特别的表述问题。……一切理解都是解释，而一切解释都通过语言的媒介而进行的，这种语言媒介既要把对象表述出来，同时又是解释者自己的语言"。①

这里伽达默尔特别以德文词 Auslegung 来说明解释，这一词其实狄尔泰和海德格尔早就使用了。我们在第一章里曾经说过，诠释学（Hermeneutik）来源于神的信使 Hermes，是一种关于理解、解释和应用的技艺学。在德文里关于诠释的词有好几个，如 Interpretation、Explanation、Explikation、Erklärung 和 Auslegung，其中 Interpretation、Explanation 和 Explikation 显然是从拉丁文而来，英语里也有相应的词：interpretation、explanation 和 explication。从语言学史上看，Interpretation 可能是最接近希腊文 hermeneus（诠释）的翻译，拉丁文 interpretation 来源于 interpres，interpres 同样也指信使，其使命既有翻译又有解说。我们知道亚里士多德那篇著作 Peri hermeneias，后来译成拉丁文就是 De interpretatione。按照德国语文学家的观点，Interpretation 至少应该有两个基本含义，这两个含义可以用德文自身形成的两个语词来表示，即 Erklärung 和 Auslegung。Erklärung 偏重于从原则或整体上进行说明性的描述性的解释，我们可以译为"说明"；Auslegung 则偏重于从事物本身出发进行阐发性的揭示性的解释，我们可以译为"阐释"。因此 Interpretation 既有从原则或整体上进行解说的说明性的外在解释的含义，又有从事物本身进行揭示的阐发性的内在解释的含义。但是，随着近代自然科学的形成和发展，Interpretation 原有的那种从对象本身揭示出来的阐发性的解释含义似乎被淹没在外在的

---

① 伽达默尔：《真理与方法》，第1卷，第392页。

说明性的描述性的解释里面，以致在英语里，interpretation 似乎主要指那种按照某种说明模式进行描述性的因果性的解释，这就成为近现代自然科学通行的解释方法，按照这种方法，所谓解释就是将某一事件或某一过程隶属于或包摄于某个一般法则之下，从而作出因果性的说明。这种自然科学的说明方式或解释观念影响相当大，几乎被认为是一切人类科学（包括人文科学）唯一有效的科学方法论。现代诠释学的产生正是对于这种试图统治一切科学的自然科学方法论的反抗。在现代诠释学家看来，Interpretation 偏重于 Erklärung，乃是近代自然科学发展的产物，而人文科学应当面对自然科学的挑战而争取自己与之不同的独立的方法论，因而他们强调了 Interpretation 原本就含有的 Auslegung 的含义，即从事物自身进行揭示性的和阐发性的解释。Auslegung，即 legen aus（展示出来），即把事物自身具有的意蕴释放出来。狄尔泰曾用"我们说明（erklären）自然，我们理解（verstehen）心灵"来说明自然科学与精神科学的这种方法论区别，并说"这种对一直固定了的生命表现的合乎艺术的理解，我们称之为阐释（Auslegung）或解释（Interpretation）"。继后，海德格尔更进一步强调这一观点，他在《存在与时间》一书中曾以"Verstehen und Auslegung"（理解和解释）一节来讲述何谓理解和何谓解释。按照他的看法，理解作为此在的存在方式，就是此在"向着可能性筹划它的存在"，理解的筹划活动具有造就自身（sich auszubilden）的特有可能性，而解释（Auslegung）就是指"理解的这种造就自身的活动"，因此"解释并不是把某种'意义'抛掷到赤裸裸的现存东西上，也不是给它点上某种价值标签，而是随世内照面的东西本身一起就一直已有某种在世界理解中展开出来的因缘关系，解释无非就是把这种因缘关系解放出来而已"。① 这可以说是诠释学这一作为理解和解释的学科的根本转折，即从认识论到本体论、

---

① 海德格尔：《存在与时间》，第 27 页。

从作为方法的解释理论到作为哲学的诠释学的根本转向。伽达默尔以继续海德格尔这种转向为己任,他说:"我的探究目的绝不是提供一种关于解释的一般理论和一种关于解释方法的独特学说,有如贝蒂卓越地做过的那样,而是要探寻一切理解方式的共同点,并要表明理解从来就不是一种对于某个被给定的对象的主观行为,而是属于效果历史,这就是说,理解是属于被理解东西的存在"。① 因此他的哲学诠释学不是想提出一些具体的理解和解释方法,而是力图阐明隐藏在各种理解(不管是科学的理解还是非科学的理解)之后,并使理解成为并非最终由解释主体支配的事件的基本条件。他的任务始终是哲学的,或者说先验哲学的。他写道:"我本人的真正主张过去是,现在仍然是一种哲学的主张:问题不是我们做什么,也不是我们应当做什么,而是什么东西超越我们的愿望和行动而与我们一起发生"。②

3. 当海德格尔在《存在与时间》中强调了理解的循环结构并提出解释的首要的经常的和最终的任务就是"不让向来就有的前有、前见和前把握以偶发奇想和流俗之见的方式出现,而是从事物本身出发处理这些前有、前见和前把握"时,伽达默尔把这种前有、前见和前把握作为理解的前结构来领会,他认为,理解的正确性不在于避免前结构,而在于确认前结构。按照他的分析,理解的前结构至少包括前见(成见)、权威和传统这三个要素。

前见概念自启蒙运动以来,一直是作为否定性的概念而具有消极的意义,因此启蒙运动时期以及以后的浪漫主义诠释学家都认为真正的理解就是要摆脱前见的影响,前见在诠释学工作里是不允许出现的。与这种传统诠释学的观点相反,伽达默尔认为,对前见的这种看法,正是启蒙运动的前见,他说,概念史的分析可以表明,正是由于启蒙运动,前见概念才具

---

① 伽达默尔:《真理与方法》,第 2 卷,第 441 页。
② 同上书,第 438 页。

有了那种我们所熟悉的否定意义,"启蒙运动的基本前见就是反对前见本身的前见"。①按照伽达默尔的看法,事物本身只能根据适当的筹划、恰当的前见才被理解。如果认为任何前见仅就它是前见而言就不可能是恰当的,换句话说,如果认为全部理解任务就是摒除前见,而不是依据前见,那么这只是因为我们分享了启蒙运动的前见。为此,伽达默尔从语源学上分析了"前见"一词原本的含义,"前见"一词的拉丁文是 präiudicium,这是法学方面的一个词,这个词的本意就是在终审判断之前的一种预先判断。作为预先进行的判断,既可能有否定的结果,也可能有肯定的结果。伽达默尔写道:"'前见'其实并不意味着一种错误的判断。它的概念包含它可以具有肯定的和否定的价值。这显然是由于拉丁文词 präiudicium 的影响,以致这个词除了否定的意义外还能有肯定的意义"。②因此在伽达默尔看来,前见具有的在先性这一事实,实际上对它是否正确或错误并未说什么,也就是说,对它是否符合事实未说什么,一个前见可能是正确的,这就使具有成见的人直接地达到理解,但一个成见是错误的,它也同样使他间接地达到理解。由此伽达默尔得出一个惊人的结论,从启蒙时代理性主义观点来看似乎是理解障碍的前见,现在成了历史实在本身和理解的条件,因此摒除前见,不管这是否成功,就是摒弃理解。这种情况正如历史学家在理解研究历史时不能摆脱他自己的历史境遇和历史条件一样,如果他要摆脱这些历史要素,那么他就势必摆脱了历史研究本身,因为这些历史要素乃是他得以接近历史的手段。

为了证明前见的合法性,伽达默尔开始怀疑启蒙运动所谓理性与权威的对立。启蒙运动曾区分了两种前见:一种是由于人的威望而来的前见,另一种是由于轻率而来的前见。这种划分显然是基于启蒙运动这样一个前提,即如果我们严格遵照方法论规则使用理性,我们就可以避免任何错

---

① 伽达默尔:《真理与方法》,第1卷,第275页。
② 同上。

误。这其实就是笛卡尔的方法论思想。轻率是我们在使用自己理性时导致错误的真正源泉，而权威的过失则在于根本不让我们使用自己的理性。因此对于启蒙运动思想家来说，权威与理性是绝对对立的，他们的普遍要求就是不承认任何权威，并把一切都放在理性的审判台前。启蒙运动这种观点是否正确呢？伽达默尔从施莱尔马赫以后把这两种前见进一步表述为偏颇和轻率作为误解的原因，以偏颇来取代权威这一变化，认为这实际上是对启蒙运动那种极端片面看法的一种修正，他说："启蒙运动所提出的权威信仰和使用自己理性之间的对立，本身是合理的。如果权威的威望取代了我们自身的判断，那么权威事实上就是一种偏见的源泉。但是，这并不排除权威也是一种真理源泉的可能性。当启蒙运动坚决诋毁一切权威时，它是无视了这一点"。[①] 按照伽达默尔的看法，权威的本质其实并不是抛弃理性，而是相反，承认理性，他说："人的权威最终不是基于某种服从或抛弃理性的行动，而是基于某种承认和认可的行动——即认可他人在判断和见解方面超出自己，因而他的判断领先，即他的判断对我们自己的判断具有优先性"。[②] 权威其实不是现成给予我们的，而是要我们去争取和必须争取的。"权威依赖于承认，因而依赖于一种理性本身的行动，理性知觉到它自己的局限性，因而承认他人具有更好的见解"。[③] 权威的这种正确被理解的意义，与盲目地服从命令毫不相干，权威其实根本与盲目服从毫无直接关系，而是只与认可有关系。虽说权威的存在确实是为了能够命令和得到服从，但这种支配和服从是以理性为基础的。因此按照伽达默尔的看法，权威的真正基础也是一种自由和理性的行动。

这样一种理性的权威，我们可以在浪漫主义启蒙运动对传统的依恋找到支持。传统，作为无名称的权威，在人类历史发展过程中一直占有超过

---

① 伽达默尔：《真理与方法》，第 1 卷，第 283 页。
② 同上。
③ 同上。

我们活动和行动的力量。但自从启蒙运动以来，传统概念与权威概念一样遭到蔑视，人们认为它同样是启蒙运动理性原则的对立面。其实，这也是启蒙运动的成见。传统与理性之间并不存在这样一种绝对对立，这可以从传统的本质即"保存"（Bewahrung）这一概念看出来，保存这种活动不是无理性，而是一种理性的活动，因为它需要肯定、掌握和培养，伽达默尔写道："实际上，传统经常是自由和历史本身的一个要素。甚至最真实最坚固的传统也并不因为以前存在的东西的惰性就自然而然地实现自身，而是需要肯定、掌握和培养。传统按其本质就是保存，尽管有历史的一切变迁，但它一直是积极活动的。但是保存是一种理性活动，当然也是这样一种难以觉察的不显眼的理性活动。正是因为这一理由，新的东西、被计划的东西才表现为理性的唯一的活动和行为"。① 例如在革命时代，尽管人们对旧的观念进行猛烈的批判，但却有更多的东西在所谓改革一切的浪潮中保存下来，并且与新的东西构成新的价值。

如果我们现在明白了前见、权威和传统最终并不是与理性绝对对立的，如果我们认识到前见、权威和传统也可能产生正确的知识和导致正确的结果，那么启蒙运动所谓摆脱前见、权威和传统的解放也就是片面的口号，正是在这里，伽达默尔对过去诠释学的方法论产生怀疑，他写道："因此，对于占统治地位的认识论方法学主义我们必须提出这样一个问题，历史意识的出现是否真正使我们的科学态度完全脱离了这样一种对过去的自然态度？当精神科学内的理解把它自己的整个历史性都归到我们必须抛弃的前见方面，这样理解是否就真正正确地理解了自身？或者说'无前见的科学'是否与那种传统借以生存和过去得以存在的朴素的接受和反思还共同具有比它自身所知道的更多的东西？"② 答案当然是否定的。

4. 文本首先是一个主张（Behauptung），只有当我们认真在与它的对象

---

① 伽达默尔：《真理与方法》，第286页。
② 同上书，第287页。

（事情）的关联中取它的真理要求时，我们才能理解这一主张。但是，文本只有当它形成"完善的统一体"时，也就是当它在个别部分与整体之间不存在矛盾时，它才可以是真的。因此我们对文本的解释是必然由一种完全性的前把握或前概念所指导的，这种完全性的前概念是我们前理解的一部分，它是我们一般理解文本的必然条件。前理解的完全性前把握是我们阅读的经常陪伴者，通过这种前把握，我们排除那种把文本作为矛盾、不可信或直接错误来看的阅读方式。以这种阅读方式，我们试图这样解释文本，即这文本首先更好满足于我们前理解地追求一个完美性文本的理解，并解释有关的事情直到完美性。由于前理解的完全性前概念这一论点，伽达默尔为诠释学循环开辟了一条新道路。海德格尔和伽达默尔之前的所有诠释学家都曾分享了这一观点，即这一循环无论如何存在于客体之中，不管是存在于文本、作者的生活或历史里，被讲出的整体性存在于客体之中，部分与整体的关系乃是客体中部分与整体的关系。这种关系的例子是一个陈述和作为整体的文本的关系，文本与另一些文本的关系，作为某种生活情况表达的文本与作为整体的著作之间的关系或个别的文本与世界史之间的关系，这里部分与整体之间互为条件的关系——循环关系——存在于客体之中，而不依赖于我们对这种关系的理解。但在海德格尔和伽达默尔看来，我们的理解却是循环的一个具有条件性的部分，为了根本理解文本，我们必须通过前理解构造一个意义整体，只有根据这个意义整体，我们才能评判文本，因而这个以前是存在于文本本身之中的意义整体现在与前理解的完全性前把握相符合，只有根据这种意义整体的前概念，我们才能与文本相遇并借助某个完全性文本的理想解释文本。解释者的前理解现在是诠释学循环的一部分，这就是文本所说的东西和解释者得以评判文本和解释文本的意义整体之间的互为条件的关系。完全性前把握事实上说明理解就是筹划，理解所筹划的东西就是先行于文本的期待。伽达默尔说："谁想理解某个文本，谁就总是在完成一种筹划。一旦某个最初的意义在文本中出现了，那么解释者就为整个文本预先筹划了某种意义。一种这样的最初意义之所以又出现，只是因为我们带着对某种特殊意义的期待去读文本。做出这样一种预先的筹划——这当然不断地根据继续进入意义而出现的东西被修改——就是对这里存在的东西的理解"。① 解释者预先筹划的东西是他已经理解的东西，即在开始理解之前他所具有的东西，因此这种筹划的意义就是他自己的可能性，这是他于其中已经认识他自己的道路的世界的一部分。

正如海德格尔一样，伽达默尔的出发点是人，是一个此在，他只能根据某种存在理解解释（或发现）存在者，存在理解给予我们得以能与存在者相遇的活动空间。人处于（befindet sich）一个世界即一个意义活动空间，所谓处于，即发现自身（be-findet sich），因为他在此世界或意义活动空间解释了与他相遇的存在者，所以他在此世界里也理解了他自己。能够在世界中清楚认识自己，能够认识无意义之物和有意义之物之间的区别，乃是形成关于在者的意见的条件。文本绝不只是作者的意图和思想的表现，它其实是在主张某种东西，它提出关于所涉及的事情的真理要求，正是文本的真理的条件使这个文本根据意义整体涉及到它所讲的事情。文本的意义整体表现一种意义视域、一种意义活动空间、一种世界，而这世界说出（交出）了在者得以被问和文本得以回答的空间。文本肯定某种关于在者的东西，因为它回答那些在文本得以运动的意义空间的基础上被提出的问题。文本的意义整体给出了可能问题的方向。完美的文本就是那种在意义活动空间内沉默地提出一系列有关联的问题，并以正确的方式回答这些问题的文本。如果我们解释某个文本，我们就开启了文本得以运动的意义整体或意义活动空间。在我们的前理解中我们具有判断完美文本的标准，根据这个标准我们评判文本，正如这个文本在我们的解释中所表现的那样。

为了理解文本所主张的东西，我们与文本不必统一，但是我们必须认

---

① 伽达默尔：《真理与方法》，第1卷，第271页。

真地听取文本的真理要求。当我们提出对文本富有特征的问题，并根据问题活动空间（这是文本和我们的意义活动空间所开启的）讨论它的回答，我们就是在正确解释文本。理解文本就是把它理解为对一系列问题的回答。对问题的理解要求我们提出问题。当我们提问时，我们就活动在某种问题空间之内，从而活动在某种确定什么能有意义的被问和被回答的界限的意义活动空间里。这种界限规定了有关事情的完全真理的目的。在我们的前理解中我们已先把握了这种完全性，因为我们对它们开启了意义活动空间，这空间规定了可能问题和不可能问题，哪些回答合法和哪些回答正确等，简言之，它规定了什么是完美的回答以及什么标志着完美的文本。我们毫无必要像实证主义解释者那样去怀疑这种理解是否具有真理性，这属于理解的本性。

5. 只要我是阅读由我的时代和我自己的环境所产生的文本，作者和我就自然而然地处于同一个精神世界，并提出或给出总的来说是同样的问题和回答。我像作者一样处于这同一的世界之内，在我的前理解的完全性前把握中，我运动在与作者同样的意义系统和同样的问题空间之内，这表现在我对文本的前理解使我有可能以一种自由的方式去解释文本。但是，如果我致力于某种出自别的文化或某种遥远的过去的文本，那么情况就会改变。文本做出一个至今未认识的对抗。这种对抗招致真正的诠释学经验，一种在我阅读同时代的文本和出自我们自己环境的文本时就已经开始预感的经验，但这种经验只有当我致力于在文化上和历史上远离我的文本时，才完全得以表现。一个古老的文本，例如索福克勒斯的俄狄浦斯王悲剧，具有双重的意义，一方面它是由某个过去而流传下来东西的见证，另一方面它涉及的不仅是某个保存下来的古老东西，而且也是一个面向接受者如我自己的文本。文本对我攀谈，它是某个"你"向"我"进行传达的表现。这里古老的文本具有一种与当代的文本同样的作用。它试图说出某种东西，并让人倾听某种东西。这里适合任何其他文本的东西也适合于传承下来的文本：因此只有当我对它开放，当我已经在听取它对我要讲的东西时，我才理解了文本。单纯重构一个过去的接受者，这是不够的，情况总要求我试图去把文本理解为向我递交了某种东西的文本。因此对于同时代的文本适合的东西也适合于传承下来的文本：只有当我把传承下来的文本理解为对某个问题的回答时，我才能理解该文本，只有当我自己提出有关的问题，我才能把它理解为对某个问题的回答。因此为了理解文本所说的东西，我必须让自己进入文本问题域中。如果我想占有索福克勒斯的《俄狄浦斯王》，那么我就必须向我提出关于命运和过错的问题。光把传承下来的文本当作某个已结束的历史事件的部分，这是不够的，因为这可能被处理为像一个现成的对象。历史流传下来的文本乃是一个我自己处于其中的事件的部分。文本所说的是关涉我的东西。如果我想理解文本，我就必须让自己被它所攀谈（ansprechen），因为我参与了它的问题，这就是文本由之而提问和回答的意义视域（Bedeutungshorizont）。

这里产生了一个本质的问题，在诠释学的经验里，我进入了与传承文本的历史性相关联的我自己的历史性之中。文本是从它的意义、前见和问题的视域出发讲话，我们也同样是从我们的前见和视域出发理解。通过诠释学经验，文本和我们的视域（意义活动空间、问题域、世界）相互被联系起来。这种关系把文本带入我们的视域中，并且我们能使自己面对它的提问而表态，这种关系使我有可能向自己提出文本的问题并把对它的回答作为文本的意义加以理解。伽达默尔在这里讲到一种"其实总是这样一些被误为是独自存在的视域的融合过程"。①通过这种视域融合（Horizontverschmelzung），文本和我得到某种共同的视域，同时我在文本的它在性中认识了文本。这种融合性就是诠释学经验真正重要的东西。不过，严格说来，只有唯一的视域，正如海德格尔所说的唯一的世界、唯一的存在。这个视域（意义活动空间、问题域、世界）只是为人而被给出的。

---

① 伽达默尔：《真理与方法》，第 1 卷，第 311 页。

因为视域被包含在每一个人所从属的历史性里，所以视域唯一表现在某种原则上不结束的历史性的事件之内。这个事件的以前阶段首先必须作为某个陌生的东西而出现，我们以后通过诠释学经验而能把自己带入与它的关联中。诠释学经验的结果就是视域融合，这种视域融合产生一个既不与索福克勒斯所处的问题域也不与当我第一次接触俄狄浦斯王悲剧时所处的问题域相等同的新的提问。这里涉及的是一个新的问题，这个问题之产生是由于我们既超出了索氏的视域又超出了我自己的视域。与陌生东西相遇（Begegnung）曾给予我们以深刻的经验。有关的问题愈处在远处，我的视域就必须愈加改变，因此诠释学经验使处视域融合有可能。

因此我理解某个陌生文本的第一个条件就是有某物与我一起发生（mit mir etw. Geschieht）。发生的东西依赖于我自己不能决定的相遇方式。我不是支配视域融合的主人。尽管我也可能反思我所处的历史事件。但是每一种高拔自己或从外面观察历史过程的试图又是一种新的历史性。我们从不能走出历史，因为每一解释都处于某种受历史制约的视域中。如果我想转向我自己的视域以便解释它，好像它是某个他物那样的对象，那么它就脱离我，并且我处于一个新的改变了的视域之中。伽达默尔曾用处境这概念来解释视域，他说："我们并不处于处境的对面，因而也就无从对处境有任何客观的认识。我们总是处于这种处境中，我们总是发现自己已经处于某个处境里，因而要想阐明这种处境，乃是一项绝不可能彻底完成的任务。这一点也适合于诠释学处境，也就是说，适合于我们发现我们自己总是与我们所要理解的传承物处于相关联的这样一种处境。对这种处境的阐释，也就是说，进行效果历史的反思，并不是可以完成的，但这种不可完成性不是由于缺乏反思，而是在于我们自身作为历史存在的本质。所谓历史地存在，就是说，永远不能进行自我认识"。[①] 关于我们世界的真理是

---

① 伽达默尔：《真理与方法》，第1卷，第307页。

既不能被把握也不能被阐明。这种真理而是预先设定在我们对存在物的所有把握和解释之中。"作为理解者，我们进入了一种真理事件之中，如果我们想知道我们究竟该相信什么，那么我们简直可以说是为时太晚了"。①只有通过与某个陌生的东西相遇，即与某种具有遥远的过去的文本形式的东西相遇，我才被激发起经验到我的视域是太狭小了，我被迫发挥我对陌生文本的前见和提出新问题，这样我超越了我以前理解的框框。通过这种超越，我可能与陌生文本相遇，这个陌生文本正因为它的陌生性而使我的特性得以突出。

由于视域融合，产生了一个赋予我们自己概念以意义的问题：在解释文本时，我们能运用这些概念，因为我们认为文本是对一系列我们认为是实际的问题的回答。视域融合预设在每一解释中，也预设在我们日常交往的解释中，但在日常交往中我们并未注意它，因为视域融合通常几乎不被注意，而在解释某个出自遥远过去的文本时，艰巨的任务就要求我们注意。因此视域融合是解释文本和与别人谈话的可能性条件。这种可能性条件在方法上基本是不能把握的，我们把这种视域融合称之为我们理解的先验条件，特别是作为文本理解可能性的先验条件。就此而言，伽达默尔的代表作《真理与方法》乃是这样一种尝试，即试图阐明相互理解，特别是理解文本的可能性的一般先验条件。伽达默尔的书重点是真理概念，因为伽达默尔首先想使人注意那种我们的理解以先验的必然性所参与的真理事件，方法只是次要的概念，伽达默尔不想提出任何我们借以能做出正确解释或阐释的方法论，他只是想指出在每一解释中都预先设定了先验的要素，而不管它是否为我们所满意。他在《真理与方法》第2版序里说："像古老的诠释学那样作为一门关于理解的'技艺学'，并不是我的目的。我并不想炮制一套规则体系来描述甚或指导精神科学的方法论程序。……我

---

① 伽达默尔：《真理与方法》，第1卷，第494页。

本人的真正主张过去是、现在仍然是一种哲学的主张：问题不是我们做什么，也不是我们应当做什么，而是什么东西超越我们的愿望和行动与我们一起发生"。①

这一点曾引起意大利法学家埃米里奥·贝蒂（Emilio Betti, 1890—？）和伽达默尔之间进行一场激烈的辩论。贝蒂从伽达默尔这一主张出发，即我们在读某文本时首先就认为这文本是完美的，以后当文本不满足我们的期待时，这个前提才被怀疑。贝蒂认为伽达默尔在这里好像主张解释者对文本涉及的事情有一种垄断权。按照贝蒂的看法，解释者只具有一个让文本本身得以表达的谦虚任务，而不管这文本的陈述是正确或错误。这里可能涉及到一种误解，因为伽达默尔从未主张我们作为解释者具有一种真理的垄断权。但这绝不改变下述观点，即我们在读文本时总是已经把某些概念装置带给我们，如关于文本所涉及的事情的一系列前见以及把文本观点理解为对我们自己向文本提出的一系列问题的回答的问题视域。只有在我们把文本安置在这种问题域中或通过与陌生文本相遇能先验地超出这个域时，我们一般才可能理解文本。我们这里是与每一文本解释可能性的先验条件打交道。所以伽达默尔在答复贝蒂的一封信中这样道：关于完全性的前把握的说法从不能作为真理标准，相反，这只是把握文本的可能性条件，因为一方面我们必须占有文本的问题，另一方面我们必须从这一点出发认为文本必然会对我们说出某种合理的东西，因为否则我们就不想读它。这当然既不意味着我们能确信文本真的是合理的，也不意味着我们具有某种真理的垄断权。正相反，我们理解文本，只有当我们提出这问题：这文本本身、我们或其他人是否具有文本所涉及的事情的"正确的"观点。贝蒂认为我们能在方法上选择，我们是否想从我们具有据以能评判文本的真理垄断权出发，或者我们是否满意于文本本身所说的东西。但伽达

---

① 伽达默尔：《真理与方法》，第 2 卷，第 438 页。

默尔的说明不是方法论的。他主张，想理解文本这一谦虚的试图本身也要求在某一新的问题视域的基础上讨论文本，而这视域表现理解文本可能性的先验条件。当然，我们可以从方法上利用和要求这一点，即解释者抛弃他的中立性要求，而以与文本讨论取代这一要求。但是这种方法要求超出了伽达默尔，因为他提出的是谦虚的任务，即发现某种必然是有效的东西，假如我们想理解某种东西的话。

6. 这样我们就达到伽达默尔的"效果历史意识"（wirkungsgeschichtliches Bewusstsein）这一诠释学核心概念了。所谓效果历史意识就是对效果历史的意识，什么是"效果历史"（Wirkungsgeschichte）呢？伽达默尔解释道："真正的历史对象根本就不是对象，而是自己和他者的统一体，或一种关系，在这关系中同时存在着历史的实在以及历史理解的实在。一种名副其实的诠释学必须在理解本身中显示历史的实在性。因此我就把所需要的这样一种东西称之为'效果历史'。理解按其本性乃是一种效果历史事件"。① 历史的主体（历史学家）不是自在主体，不是一种纯粹的意识，因为他是带有历史的前见；但历史的对象也不是自在客体，因为它是由真前见所认识的东西。历史就是一个与另一个的统一，因为历史存在于它的历史之中，而且只存在于真的历史之中。历史的实在性是历史与对历史的理解的统一。按照伽达默尔的看法，任何事物一旦存在，必存在于一种特定的效果历史之中，因此对任何事物的理解，都必须具有效果历史意识。他写道："理解甚至根本不能被认为是一种主观性的行为，而要被认为是一种置自身于传统事件中的行动，在这行动中，过去和现在经常地得以被中介"，② "理解从来就不是一种对于某个被给定的'对象'的主观行为，而是属于效果历史，这就是说，理解是属于被理解东西的存在"。③ 即

---

① 伽达默尔：《真理与方法》，第1卷，第305页。
② 同上书，第295页。
③ 伽达默尔：《真理与方法》，第2卷，第441页。

使对于历史科学来说,效果历史的反思也是历史描述和历史研究的基础,如果想让历史描述和历史研究完全避开效果历史反思的判断权限,那么这就等于取消了历史描述和历史研究。在伽达默尔看来,效果历史这一诠释学要素是这样彻底和根本,以致我们在自己整个命运中所获得的存在从本质上说也超越了这种存在对其自身的认识。

效果历史概念揭示了诠释学另一重要功能,即应用功能。按照浪漫主义诠释学的看法,诠释学只具有两种功能,即理解功能和解释功能,而无视它的应用功能。伽达默尔根据古代诠释学,特别是法学诠释学和神学诠释学的实践,强调了应用在诠释学里的根本作用。他认为,我们要对任何文本有正确的理解,就一定要在某个特定的时刻和某个具体的境况里对它进行理解,理解在任何时候都包含一种旨在过去和现在进行沟通的具体应用。伽达默尔写道:"历史视域的筹划活动只是理解过程中的一个阶段,而且不会使自己凝固成为某种过去意识的自我异化,而是被自己现在的理解所替代。在理解过程中产生一种真正的视域融合,这种视域融合随着历史领域的筹划而同时消除了这视域。我们把这种融合的被控制的过程称之为效果历史意识的任务。虽然这一任务曾经被由浪漫主义诠释学所产生的美学—历史学实证主义所掩盖,但它实际上却是一般诠释学的中心问题。这个就是存在于一切理解中的应用问题"。① 但要注意的是,伽达默尔对"应用"的理解。按照伽达默尔的看法,应用并不是某种一成不变的原理或规则对任何具体情况的所谓放之四海而皆准的运用,而是相反,对具体情况的应用乃是对一般原理或规则的修正和补充。伽达默尔特别援引了亚里士多德关于纯粹科学(episteme)和实践智慧(phronesis)的重要区分,认为诠释学知识是与那种脱离任何特殊存在的纯粹理论知识完全不同的东西,诠释学本身就是一门现实的实践的学问,或者说,理解本身就是

---

① 伽达默尔:《真理与方法》,第1卷,第312页。

"一种效果,并知道自身是这样一种效果"。伽达默尔写道:"我们已经证明了应用不是理解现象的一个随后的和偶然的成分,而是从一开始就整个地规定了理解活动。所以应用在这里不是某个预先给出的普遍东西对某个特殊情况的关系。研讨某个传承物的解释者就是试图把这个传承物应用于自身。但是这也不意味着传承下来的文本对于他是作为某种普遍东西被给出和被理解的,并且以后只有为特殊的应用才利用它。其实解释者除了这种普遍的东西——文本——外根本不想理解其他东西。但是为了理解这种东西,他一定不能无视他自己和他自己所处的具体的诠释学境遇,如果他想根本理解的话,他必须把文本与这种境遇联系起来"。①

按照伽达默尔的看法,效果历史意识乃具有开放性的逻辑结构,开放性意味着问题性,我们只有取得某种问题视域,我们才能理解文本的意义,而且这种问题视域本身必然包含对问题的可能回答。他说:"重构给出文本是其回答的问题,当然不能被认为是历史方法的纯粹成就。一开始出现的其实是文本向我们所提出的问题,即我们对于传承物的文字的反应,以致对传承物的理解总是已经包含现代与传承物的历史自我中介的任务。所以问题和回答的关系事实上被颠倒了。对我们讲述什么的传承物——文本、作品、遗迹——本身提出了一个问题,并因而使我们的意见处于开放的状态。为了回答这个向我们提出的问题,我们这些被问的人就必须着手去提出问题。我们试图重构传承物好像是其回答的问题。但是,如果我们在提问上没有超出传承物所呈现给我们的历史视域,我们就根本不能这样做。重构文本应是其回答的问题,这一做法本身是在某种提问过程中进行的,通过这种提问我们寻求对传承物向我们提出的问题的回答。一个被重构的问题决不能处于它原本的视域之中。因为在重构中被描述的历史视域不是一个真正包容一切的视域。其实它本身还被那种包括我们这

---

① 伽达默尔:《真理与方法》,第1卷,第329页。

些提问，并对传承物文字做出反应的人在内的视域所包围"。① 因此，"重构那些把文本的意义理解为对其回答的问题，其实变成了我们自己的提问"（同上）。这样我们可以看出，精神科学的逻辑本质上就是"一种关于问题的逻辑"。正如我们不可能有偏离意见的对于意见的理解，同样我们也不可能有偏离真正提问的对于可问性的理解，因为"对于某物可问性的理解其实总已经是在提问"，因而，精神科学的真理永远处于一种"悬而未决之中"。

7. 伽达默尔说诠释学现象，即理解文本和解释文本的现象，不是一个方法论问题，它并不涉及使文本像所有其他经验对象那样承受科学探究的理解方法，而是属于人类的整个世界经验，并把诠释学现象称之为诠释学经验，而且说"效果历史意识具有经验的结构"。② 为了深入理解伽达默尔这种诠释学经验，我们需要对伽达默尔所说的"经验"这一概念有正确的理解。按照伽达默尔的看法，经验概念尽管我们都很熟悉，但却是"我们所具有的最难以理解的概念之一"。③ 我们知道，在自然科学中，经验概念对归纳逻辑起了重要作用，它属于一种认识论的解释图式，按照这种图式，一切经验只有当它们被证实时，才是有效的，因而经验的有效性依赖于可重复性，这就意味着经验丢弃了自己的历史并取消了自己的历史。因此，正如狄尔泰指责英国经验论缺乏历史教养一样，这种来自自然科学的经验概念乃是一种片面的抽象。胡塞尔也曾经试图从意义起源学上返回到经验的起源并克服科学所造成的理想化，他给出了一个经验的谱系，认为作为生命世界的经验是在科学理想化之前就存在。不过，按照伽达默尔的看法，不论是狄尔泰还是胡塞尔，他们都未对经验概念做出正确的分析，狄尔泰仍是从科学出发，因而最终还是未注意经验的内在历史性，而胡塞尔由于

---

① 伽达默尔：《真理与方法》，第 1 卷，第 379—380 页。
② 同上书，第 352 页。
③ 同上。

强调作为严格科学的哲学,从而使知觉作为某种外在的指向单纯物理现象的东西成为一切连续的经验的基础,因而把精确科学经验的理想化世界投射于原始的世界经验之中。

经验的归纳理论是培根首先建立起来的。培根曾区分两种归纳:一种是预期法,另一种是自然解释法。前者是对日常经验的草率概括,认为只要未出现相反的事例,我们就可认为它是有效的,例如,只要我们未发现黑色的天鹅,我们就可以认为天鹅都是白色的。后者是通过按方法进行的实验而一步步完成的,培根称之为实验的方法,这种方法一方面超出简单枚举法的被动性和草率性,另一方面又阻止精神为所欲为,从而使认识者按部就班地从特殊东西上升到普遍东西,伽达默尔说:"实验在培根那里并不总是指自然科学家的一种技术性的活动,即在孤立的条件下人为地引出事件过程并使之得以量度。实验其实是而且首先是对我们精神的一种巧妙的指导,阻止它纵情于草率的概括,并使它自觉地改变它对自然的观察,自觉地面对最遥远的、表面上最不同的事例,以致它可以学会以一种逐渐的和连续的方式,通过排除过程去达到公理"。① 按照伽达默尔的看法,培根用这种自然解释法,即对自然的真实存在的专门解释来与那种预期法,即那种对日常经验的草率概括相对立,从而"以一种预示方法论研究新时代的方式彻底地动摇了那种在当时仍被人文主义经院哲学所主张的基于简单枚举法的归纳理论"。② 不过,培根的方法论总的来说是令人失望的,这一方面是因为他的这些建议太含糊和太一般,以致在应用于自然研究时很少有成效,另一方面,则正如伽达默尔所说,"这一位反对空疏的辩证和诡辩的学者本身也总是深深陷入在他所攻击的形而上学传统及其辩证的论证形式中,他那种通过服从自然而达到征服自然的目的,那种攻击和强迫自然的新态度,以及所有那些使他成为现代科学先驱的一切,只是

---

① 伽达默尔:《真理与方法》,第1卷,第354页。
② 同上。

他的工作的一个纲领性的方面,而这方面他的贡献很难说是不朽的"。① 但是,伽达默尔认为,尽管培根有此缺陷,他那种遵照方法来使用理性的观点却表述了那样一种与科学目的没有任何目的论关联的经验生命环节,例如他说人的精神总是天生地倾向于记住肯定的东西和忘记否定的东西,这实际上使我们把那种承认目的论为知识成就唯一标准的原则认为是片面的;另外,在他说人的精神与语言习惯的关系也是一种被空洞的传统形式所混淆的知识形式(市场假象)时,他实际上揭示了语言是先于一切经验而存在的,语言是经验本身的积极条件和指导。

为了更进一步揭示经验的真正本质,伽达默尔在分析经验概念时,区分了三个阶段或提出三个见证人:(1)亚里士多德对归纳的科学经验概念的批判;(2)黑格尔关于经验的历史性分析;(3)埃斯库罗斯的"通过痛苦而学习"。

(1)亚里士多德在《后分析篇》附录里经典地描述了一种统一的经验是怎样通过许多个别的记忆而从许多个别的知觉推导出来的:"正如我们所说的,从感觉产生记忆,从对同一个事物的多次的记忆产生出经验。因为数量上虽然是多的记忆却构成一个单一的经验。并且经验——当作灵魂中的整体,即与多相符合的一,在所有多中同一表现的一致性——提供了艺术和科学的出发点:艺术在过程世界里,科学在事实世界里。这些能力既不是作为确定的完全发展了的东西天生就有的,也不是从其他在高知识水平上发展的能力而推得的,而是来自于感觉。例如,在战争中发生的逃亡情况,如果有一人站住了,那么另一个人也站住,再一个人也站住,直到原来的情况恢复"②。按照伽达默尔的分析,亚里士多德这里讲到一种共相(普遍性)的统一,但这种共相不是科学的共相或概念的共相,而是经

---

① 伽达默尔:《真理与方法》,第 1 卷,第 355 页。
② 亚里士多德:《后分析篇》19—100a 3-14,见 The Loeb Classical Library 1960 年出版的《亚里士多德后分析篇和论辩篇》,第 257—259 页。

验的共相。科学和技术是以概念的共相为出发点，而经验的共相则是介于概念共相与个别知觉之间。伽达默尔写道："这是一种什么样的统一呢？显然，这是一种共相的统一。但是，经验的共相不等于科学的共相。按照亚里士多德的看法，经验的共相其实是在许多个别的知觉和真正的概念共相之间占据了一个显然是不确定的中间位置"。① 什么是经验的共相呢？经验的共相怎样过渡到概念（逻各斯）的共相呢？显然，按照科学的观点，经验必须是确实的，而且个别的经验必须表现同样的规则性，也就是说，经验具有某种先在的普遍性，以致它能上升为普遍的东西。但是，亚里士多德所讲的经验则与此不同，伽达默尔说"我们应当注意，亚里士多德所讲的经验的共相无论如何绝不是概念的共相或科学的共相"，② 因为按照亚里士多德的观点，经验实际上存在于个别的境遇之中，"经验总是只在个别观察里才实际存在。经验在先在的普遍性中并不被认识"，③ 因此经验不是确实的，而是需要不断证实的，经验的本质就在于"只有在它不被新的经验所反驳时才是有效的"，④ "经验对于新经验的基本开放性正在于这里——这不仅是指错误得以更正这种一般的意义，而且也指这样的意思，即经验按其本质依赖于经常不断的证实，如果没有证实，经验必然会变成另外一种不同的东西"。⑤

怎样理解经验的本质在于它不被新的经验所反驳呢？亚里士多德把某人所做的许多观察与逃亡的军队作比较，一个士兵逃亡，另一个士兵逃亡，这样得出逃亡的军队，同样，在普遍的逃亡中第一个士兵停下来，接着第二个士兵停下来，则整个军队都停下来，按照亚里士多德的观点，这里得出的经验的共相是通过记忆从许多特殊的观察中得出的，而不是靠抽

---

① 伽达默尔：《真理与方法》，第1卷，第356页。
② 同上书，第357页。
③ 同上。
④ 伽达默尔：《真理与方法》，第1卷，第356页。
⑤ 同上书，第357页。

象作用而得出的概念的共相,因此经验的统一性或普遍性不像科学的统一性或普遍性那样是可预期的和可分析的,伽达默尔写道:"经验的产生是这样一个过程,对于这个过程没有一个人能支配它,并且甚至不为这个或那个观察的特殊力量所决定,而在这个过程中所有东西都以一种最终不可理解的方式被彼此组合整理在一起"。① 亚里士多德的描述实际上阐明了这样一个获取经验的特有过程,即"经验是突然地、不可预见地,然而又不是没有准备地从这个或那个对象所获得,并且从那时直到有新的经验为止都是有效的,即不仅对这个或那个事例,而是对所有这类东西都起决定性作用的"。② 这里有几个要点:第一,经验是突然降临的,它不可为我们所预见或所支配;第二,经验的联系不可理解,即是"无规则的普遍性";第三,经验一当产生,除非有新经验反驳,否则都是有效的。正如逃亡的军队,我们不能预期,不能说何时逃亡结束,但只要经验一经产生,逃亡就是有效的。因此我们不能建立发展经验普遍性的方法。不过,按照伽达默尔的看法,亚里士多德自己并未意识到这点,他在这里作了一个假设,即在观察中作为共相而出现的东西,就是它们中共同的东西,伽达默尔认为:"对于亚里士多德来说,概念的共相是一种存在论上的在先东西,他试图从经验的共相推出科学的共相"。③ 按照伽达默尔的观点,这一假定显然是错误的,它实际上忽略了经验产生的真正过程。伽达默尔说:"这个过程事实上是一个本质上否定的过程。它不能简单地被描述为典型普遍性的不中断的发展。这种发展其实是这样产生的,即通过连续的错误的概括被经验所拒绝,以及被认为典型的东西被证明不是典型的"。④ 例如,亚里士多德论证在战争中逃亡的情况,他不说"有一个人逃亡了,另一个人逃亡

---

① 伽达默尔:《真理与方法》,第1卷,第358页。
② 同上。
③ 同上。
④ 伽达默尔:《真理与方法》,第1卷,第359页。

了",而是说"如果有一个人站住了,那么另一个人也站住,再一个人也站住,直到原来的情况恢复",即用的是反证法,典型普遍的东西是逃亡,却用相反的东西即"站住"来证明。这里伽达默尔区分了两种经验:一种是符合或支持我们以前经验的经验(肯定的经验);另一种是不符合或推翻我们以前经验的经验(否定的经验),伽达默尔把前一种经验说成是"那些与我们的期望相适应并对之加以证明的经验",而后一种经验伽达默尔说是"我们所'做出'的经验"。伽达默尔认为,相对于第一种经验,第二种经验即否定的经验是更有创造性的经验,因为通过这种经验,我们推翻以前的假定,认识到我们的错误,伽达默尔写道:"后一种经验,即真正意义上的经验,总是一种否定的经验。如果我们对某个对象做出一个经验,那么这意味着,我们至今一直未能正确地看事物,而现在才更好地知道了它是什么。所以经验的否定性具有一种特殊的创造性的意义。经验不单纯是一种我们看清和做了修正的欺骗,而是我们所获得的一种深远的知识"。[1] 通过否定的经验,我们对我们以前已知道的东西(共相)有更好的知识,这种否定可以说是一种肯定的否定,伽达默尔称之为"辩证的经验"。

(2) 为了论证这种辩证的经验,伽达默尔引证了黑格尔。黑格尔的贡献不仅是认识到经验的否定性,而且揭示了经验的历史性。伽达默尔写道:"对于经验的辩证要素最重要的见证人,不再是亚里士多德,而是黑格尔。在黑格尔那里,历史性要素赢得了它的权利"。[2] 黑格尔把经验设想为正在进行的怀疑论,而且还指出我们不能两次"做出"同一个经验,即强调经验的唯一性或一度性。我们知道,按照自然科学家的理解,经验的本性正在于它的不断被重复和被证实,只有通过重复,经验才被取得。反之,在黑格尔看来,作为被重复的和被证实的经验就不再成为新的经验。当我们说已有一个经验,就是说,我们占有了它,我们现在只可以预

---

[1] 伽达默尔:《真理与方法》,第1卷,第359页。
[2] 同上。

见以前不曾期待的东西，因为同样的东西对于我们不能再变成一种新的经验。伽达默尔写道："只有某个其他的未曾期待的才能对某个占有经验的人提供某种新的经验。所以正在经验的意识已经颠倒了它的方向——即返回到它自身。经验者已经意识到他的经验——他是一个有经验者，这就是说，他获得了一个某物对他能够成为经验的新的视域"。① 按照黑格尔的观点，什么是自在之物，这只能从它对于经验着的意识怎样表现而被知道，也就是说，经验着的意识有这种经验：对象的自在性是为我们而存在。特别是黑格尔对经验的分析——这分析曾引起海德格尔特别的兴趣，黑格尔说经验就是指替意识产生出新的真实对象的东西，他写道："意识对它自身——既对它的知识又对它的对象——所实行的这种辩证的运动，就是其替意识产生出新的真实对象这一点而言，恰恰就是人们称之为经验的那种东西"。② 在这里，正如海德格尔和伽达默尔所说，黑格尔是想对经验的普遍本质作某种陈述，他不是辩证地解释经验，而是相反地从经验的本质来思考什么是辩证的东西。按照黑格尔的看法，经验具有一种倒转意识的结构。"经验本身的真实本质就在于这样倒转自身"。③ 经验的原则包含一个规定，为了要接受或承认某个内容是真的，我们必须自身出现在那里，用黑格尔的话来说，就是"发现那一内容与我们自身的确实性相结合和相统一"。④ 经验概念就是指这种与我们自身的相结合和相统一首先被确立，这就是意识所发生的倒转，即在陌生的东西中、在他物中认识自身。按照黑格尔，意识的经验运动不仅在任何情况下都是意识的倒转，而且这种运动也必然导致一种不再有任何他物或异己物存在于自身之外的自我认识，也就是说，经验就是自我认识。

---

① 伽达默尔：《真理与方法》，第1卷，第359页。
② 同上书，第360页。
③ 同上。
④ 伽达默尔：《真理与方法》，第1卷，第361页。

不过，伽达默尔也在这里批评黑格尔，因为对于黑格尔来说，意识的经验运动既然必然导致一种不再有任何他物或异己物存在的自我认识，而自我认识就成为最高的东西，从而黑格尔用以思考经验的标准就是自我认识的标准，"经验的本质在这里从一开始就被用某种超出经验的东西来设想"，这样，经验上升为科学，而经验的辩证运动就以克服一切的经验为告终。伽达默尔对黑格尔这种观点反驳说，意识的经验在辩证运动中并不导致绝对知识，因为"经验本身从来就不能是科学。经验永远与知识、与那种由理论的或技艺的一般知识而来的教导处于绝对的对立之中"。① 因此，经验的真理经常包含与新经验的关联，因此，我们称为有经验的人乃是指对新经验永远开放的人，有经验的人就是彻底非独断的人。伽达默尔写道："有经验的人表现为一个彻底非独断的人，他因为具有如此之多经验并且从经验中学习如此之多东西，因而特别有一种能力去获取新经验并从经验中进行学习。经验的辩证运动的真正完成并不在于某种封闭的知识，而是在于那种通过经验本身所促成的对于经验的开放性"。② 这样，经验概念就具有一种新的性质，经验不只是指某一事物给予我们教训，而是指属于人类历史本质的整个经验，这种经验是我们必须经常获取而且没有人能避免的经验。"经验作为整体不是任何人能避免的东西"。经验可以说是期望的落空，或失望的经验。诠释学经验是在否定和失望中迈向新的经验，这与自然科学不同，自然科学的经验可以说是在肯定和满足中重复自己的预期，前者是开放的，创新的；后者则是守成的，封闭的。伽达默尔认为，人类的历史存在都包含一种基本的否定作本质要求，这种否定在经验与洞见的本质关系中显露出来。经验产生洞见，所谓洞见不仅是指对某一情况有更好的认识，而且更主要的是它经常包含从某种欺骗和蒙骗我们的东西的返回，就此而言，洞见总包含某种自我认识的要素，并且表现了

---

① 伽达默尔：《真理与方法》，第1卷，第361页。
② 同上。

我们在真正意义上称之为经验的东西的某种必然方面。洞见最终是人类存在本身的某种规定。

（3）经验本质的第三个见证人是埃斯库罗斯。伽达默尔认为，埃斯库罗斯不仅发现了"通过痛苦而学习"这一公式，而且也认识到这一公式中那种表现了经验的内在历史性的形而上学意义。"通过痛苦而学习"不只是意味着我们通过灾难而变成聪明，或对事物的更正确的认识必须通过迷惑和失望而获得，它的更重要的意义在于：人应当通过受苦而学习的东西，不是这个或那个特殊的东西，而是对人类存在界限的洞见，对人类与上帝之间界限的绝对性的洞见。人被限制于处境中，他无法主宰经验，经验降临时，否定原来的知识，使人失望，因而了解经验的人，也了解他是一个有限的人，在经验中，人同时经验到他的有限性。伽达默尔说："经验就是对人类有限性的经验。真正意义上的有经验的人是一个对此经验有认识的人，他知道他既不是时间的主人，又不是未来的主人。这也就是说，有经验的人知道一切预见的界限和一切计划的不可靠性"。[①] 按照伽达默尔的看法，经验的真理就是承认人的有限性。经验对于意识的结果不是个别意识内容的永恒有效性（如在亚里士多德），也不是最终产生绝对知识（如在黑格尔），而是意识发现它自身的有限性。伽达默尔写道："真正的经验就是这样一种使人类认识到自身有限性的经验。在经验中，人类的筹划理性的能力和自我认识找到了它们的界限"（同上书，第464页）。说任何事物都能改变，任何事物都有时间，任何事物都能任意地重新出现，这只能被证明是一种幻觉。对存在东西的承认乃是对这样一种界限的洞见，"在这界限内，未来对于期望和计划仍是开放的——或者更彻底地说，意味着有限存在的一切期望和计划都是有限的和有限制的。真正的经验就是对我们自身历史性的经验"。[②]

---

① 伽达默尔：《真理与方法》，第1卷，第363页。
② 同上。

8. 至此伽达默尔完成了对经验概念的分析，并达到一个对于探究效果历史意识的本质很有启发的结论。效果历史意识作为一种真正的经验形式，一定反映了经验的普遍结构。效果历史意识就是诠释学经验，因此我们必须在诠释学经验中找出上述经验分析中已认识的那些要素。诠释学经验与传承物有关，传承物是可被我们经验之物，但它们却不是一种我们通过经验所认识和所支配的事件，而是语言，在这方面，传承物就像是一个"你"那样自行讲话。一个"你"不是对象，而是与我们发生关系，这样伽达默尔分析了三种我与你的关系——这里我是诠释者，而你是我所诠释的对方——以此来说明我们三种不同的诠释学经验。

（1）我与你的第一种最低级的关系是你被经验为一个类的成员，你被期望按照我通过经验学会的规则去行动。这种我对你的经验，伽达默尔说是"人性认识的形式"，如用科学方法进行的诠释，文本被理解为普遍规律的特例，当我观察你时，我可以观察你的行动，以获得一些有关人类行为的原则，并且通过这一原则，我就可对人类的行为做出推论。这里我们看到一种类似于自然科学家观察事物的方式，在这种我与你的关系中，你只是一个手段，以让我达到我的目的。但是，正如康德所批判的，"我们不应把他人只作为工具来使用，而应当经常承认他们本身就是目的"，[①] 因此这种我与你的关系乃是一种不正确的关系。如果把这种关系用于诠释学现象，即把诠释的对象作为工具，并以对方法的朴素信仰为基础，那么，为了获得一种普遍而客观的知识，我们就显然必须排除诠释者的历史性。伽达默尔说这是一种模仿自然科学方法论的陈词滥调，因此它不是一种真正的诠释学经验，而是"使诠释学经验的本质失去了固有的光泽"。[②]

（2）我与你的第二种可能关系是，我承认你是另一个主体，但不是典型的一个对象。在这种关系中，我明白你不是一个物，而是一个人，每人

---

① 伽达默尔：《真理与方法》，第 1 卷，第 364 页。
② 同上书，第 365 页。

都有他自己的见解,不过我也固守我自己的立场,双方都固执己见,都要求对方接纳自己的意见。按照伽达默尔的分析,这种我—你关系从根本上说,不是一种直接的关系,而是一种反思的关系,即你只是被认为投射于我的反思意识,我是从自身出发去理解你,甚至还要求比你理解自己还更好地理解你,你事实上丧失了对我提出要求的直接性。虽然这第二种我—你关系比第一种关系有进步,认为你是人而不是物或工具,但我只肯定我而排斥你,这样就对他人保持一种距离,我是在我与你的交互关系之外去认识你,而这正如伽达默尔所说的,"谁在这样一种交互关系之外反思自己,谁就改变了这种关系,并破坏了其道德的制约性"。① 这种我—你关系表现在诠释学现象上,就是历史意识的诠释学方式。在历史学研究中,历史意识不要求从对象中获得普遍规则,而只是找寻某种历史一度性的东西,而且认为我们必须摆脱现在和前见,纯客观地了解过去,不让传承物在现在和前见中来理解,而只让它在过去中生存。这种不承认自己被历史性——前见与现在境遇——所统治的人将不能看到历史性光芒所揭示的东西。所以伽达默尔说,正如上述谁在这样一种交互关系之外反思自己,谁就改变了这种关系,并破坏了其道德的制约性一样,"谁在与传统的生命关系之外来反思自己,谁就破坏了这种传统的真实意义。试图理解传统的历史意识无须依赖于方法上是批判的工作方式来接触原始资料,好像这种工作方式可以保证它不把自己的判断与前见相混淆似的。历史意识实际上必须考虑自己的历史性。正如我们已经表述的,立于传统之中,并不限制认识的自由,而是使这种自由得以可能"。②

(3)第三种真正的也是最高级的我与你关系是:我以完全开放态度承认你是一个人,真正把你作为你来经验,我不仅不忽视你的要求,而且我还要倾听你对我所说的东西。这样,与第二种关系不同,双方都不固执己

---

① 伽达默尔:《真理与方法》,第 1 卷,第 366 页。
② 同上。

见，而是彼此开放，每一个人都对他人陈述的真理可能性开放。伽达默尔说，"谁想听取什么，谁就彻底是开放的。如果没有这样一种彼此的开放性，就不能有真正的人类联系"。① 这种我—你关系用于诠释学现象，就是效果历史意识的诠释学经验，在这种经验中，诠释学态度既不把过去或文本当作可归入原则的对象，或规则的典型表现，也不把过去看成现在不可分享的他者，而是让过去或传统对今天讲话。按照伽达默尔的看法，这就是与诠释学经验相符合的东西，我不仅承认传统要求的有效性，而且我也承认我自己的历史性、现在境遇与前见对理解传统的必要性。对他人的认识依赖于对自己有限性的承认。伽达默尔说："谁以这种方式对传统实行开放，谁就看清了历史意识根本不是真正开放的，而是相反，当它'历史地'读它的文本时，它总已经先行地和基本地弄平了传统，以致我们自身认识的标准从未被传统提出问题"。②

9. 伽达默尔诠释学最根本的贡献就在于他努力把诠释学从解释的技艺学或方法论中解放出来，并使理解活动作为一种对话式的并且超主观的过去与现在中介事件。所谓对话式的，就是说理解的每一过去与现在的中介都是理解—解释者与文本的特定对话，所谓超主观的，就是说理解中所发生的过去与现在的中介都是超越理解—解释者的自觉控制。为了说明理解的这种深层因素，伽达默尔探讨了语言，他的结论是：语言是使过去与现在得以中介的媒介，理解作为一种视域融合本质上是一种语言过程。

"诠释学的一切前提无非就是语言"这句施莱尔马赫的名言，并不是一种语言唯心论，说存在的一切都是语言，而是揭示了这样一种观点：我们总是语言地据有我们的世界，即洪堡所说的语言世界观。当洪堡说"语言实际上并不是展现一种早已为人所知的真理的手段，而是发现先前未为

---

① 伽达默尔:《真理与方法》，第 1 卷，第 367 页。
② 同上。

人知的真理的媒介"① 时，就表明我们并非先同世界有一种超出语言的接触，然后才把这个世界放入语言的手段之中，而是我们与世界的接触和经验本身从一开始就是在语言中进行的。语言对我们来说，绝不是把握世界的工具，而是构造世界的经验本身。伽达默尔说："语言并不是意识借以同世界打交道的一种工具，它并不是与符号和工具——这两者无疑也是人所特有的——并列的第三种器械。语言根本不是一种器械或一种工具。因为工具的本性就在于我们能掌握对它的使用，这就是说，当我们要用它时可以把它拿出来，一旦完成它的使命又可以把它放在一边。但这和我们使用语言的词汇大不一样，虽说我们也是把已到了嘴边的词讲出来，一旦用过之后又把它们放回到由我们支配的储存库之中。这种类比是错误的，因为我们永远不可能发现自己是与世界相对的意识，并在一种仿佛是没有语言的状况中拿起理解的工具。毋宁说，在所有关于自我的知识和关于外界的知识中我们总是早已被我们自己的语言包围。我们用学习讲话的方式长大成人，认识人类并最终认识我们自己。学着说话并不是指学着使用一种早已存在的工具去标明一个我们早已在某种程度上有所熟悉的世界，而只是指获得对世界本身的熟悉和了解，了解世界是如何同我们交往的"。② 语言是我们理解世界得以实现和经验世界得以构成的普遍媒介。人具有语言绝不是什么非本质的偶然的特征，而是人处于世界之内这一事实的表现。在语言中人认识自己，因为他通过语言能够根据某种开启的世界（意义活动空间）说出某种关于在者的东西。可是世界的语言性并不意味着这个对象就是语言。每一个对象化都相反预先假设我们曾与某个在者打交道，这个在者在语言的世界视域内被解释。从这里伽达默尔得出我们对语言的拥有，或者说我们被语言所拥有，乃是我们理解世界的本体论条件，他写道："语言并非只是一种生活在世界上的人类所适于使用的装备，相反，

---

① 洪堡：《洪堡著作集》，达姆斯塔特，1963年版，第3卷，第1920页。
② 伽达默尔：《哲学诠释学》，上海译文出版社1994年版，第62页。

以语言作为基础,并在语言中得以表现的是,人拥有世界。对于人来说,世界就是存在于这里的世界,正如对于无生命的物质来说世界也有其他的此在。但世界对于人的这个此在却是通过语言而表述的。这就是洪堡从另外的角度表述的命题的根本核心,即语言世界观。洪堡想以此说明,相对附属于某个语言共同体的个人,语言具有一种独立的此在,如果这个个人是在这种语言中成长起来的,则语言就会把他同时引入一种确定的世界关系和世界行为之中。但更为重要的则是这种说法的根据:语言相对于在语言中所表达的世界并没有它独立的此在。不仅世界之所以是世界,是因为它要用语言表达出来,而且语言之所以具有其根本此在,只是在于世界是用语言来表达的。语言的原始人类性同时也意味着人类在世存在的原始语言性。"[1]

语言支配我们对世界的经验,因此我们对特定对象的把握和经验就不是自我创造的,而是预先设定的。语言总是使我们按照它的要求行事。不过,这里我们需要指出,语言并非一种独立的神奇力量,语言其实就像光一样,光并不把我们引向它自身,而是阐明由它所展现的一切,同样,语言并不声称它自己的独立存在,而是揭示它所说出的东西的存在。伽达默尔写道:"语言越是一种活生生的过程,我们就越不会意识到它。因此,从语言的忘却中引出的结论就是,语言的真实存在就在于用语言所说的东西。语言所说的东西构造了我们生活于其中的日常世界……语言的真实存在即是当我们听到它时我们所接纳的东西——被说出来的东西"。[2]语言就是光辉,它既说出了在者,又揭示了存在,而它自己却退隐。光的形而上学导致诠释学经验"就如一道新的光芒的出现,通过这种光芒就使被观察的领域得到了扩展"。[3]"诠释学经验属于这种情况,因为它也是一种真实

---

[1] 伽达默尔:《真理与方法》,第1卷,第446—447页。
[2] 伽达默尔:《哲学诠释学》,第22页。
[3] 伽达默尔:《真理与方法》,第1卷,第489页。

经验的事件。凡是由传承物说给我们什么东西的地方，所说的东西里总有某种明显（真理）的东西，而这种东西却无须在每一细节上加以确保、判断和决定。传承物通过被理解而肯定自身的真理，并且变动先前一直包围着我们的视域。这在我们所指出的意义上就是一种真正的经验。美的事件和诠释学过程这两者都以人类存在的有限性作为基本前提"。①

10. 伽达默尔哲学诠释学的后果是传承物（文本）从不能理解为在解释上是最终有效的，他说理解永远是不同的理解。我们知道，伽达默尔以前的诠释学理论家，特别是施莱尔马赫，都强调解释者可能比作者本人还更好地理解作者的文本，这种"更好的理解"（Besserverstehen）观点现在遭到伽达默尔的批判，他认为正确的说法应当是"不同的理解"。他写道："理解就不只是一种复制的行为，而始终是一种创造性的行为。把理解中存在的这种创造性的环节称之为'更好理解'，这未必是正确的。因为正如我们已经指出的，这个用语乃是启蒙运动时代的一项批判原则转用在天才说美学基础上的产物。实际上，理解并不是更好的理解，不管这种理解是由于有更清楚的概念因而有更完善的知识这种意思，还是因为有意识性对于创造的无意识性具有基本优越性这个意思。我们只消说：如果我们一般有所理解，那么我们总是以不同的方式在理解，这就够了"。② 按照伽达默尔的看法，每一新的一代必须从新开始理解，重新加以解释。传承物因此通过一直更新的意义方面表现自己，这就是作为对新问题的新回答，新问题之所以产生，是因为在历史的过程中新的视域融合形成，而我们的解释从属于这一视域融合，但是我们所有人——作者，以前的和未来的解释者——一直是与同一文本相关联。伽达默尔在这里有两个目的：第一，他反对这一假定，即文本具有一种不依赖于任何解释的意义本身，因此说有一种不依赖于任何解释的文本的所谓理想的解释，这是一种天真的想法。

---

① 伽达默尔：《真理与方法》，第1卷，第489页。
② 同上书，第301—302页。

即使我们认为这个理想虽然永不能达到却能接近它，这也只能说还是与一种想象打交道。第二，伽达默尔想避免某种相对主义倾向的主观主义。对于伽达默尔来说，相对主义或主观主义只是头脚颠倒了的客观主义，按照这一原则，如果根本没有任何不依赖于与我们解释的关系而存在的主管当局，那么每一解释就是任意的，并为每人能说他想的东西。我们应当代替这而认为，说有某个不依赖我们解释可能性的文本"本身"，这是无意义的。文本只有当进入可能解释的空间才是"存在"的。如果我们想一般讲到某个文本"本身"，那么我们只是攻击（Rueckgriff）那种所有过去、现在和未来解释里在文本里所能有的或能找到的东西。文本依赖于这些解释的整体空间，并像所有其他的在者一样被指点到它在某种视域（意义空间、问题域、世界）的空间里的经验，这个空间是由解释的真理事件中产生出来。在这个空间之外，按照伽达默尔，去说文本有什么"自在存在着的"东西，乃是无意义的。

附录二：

哲学诠释学的基本特征
——伽达默尔《真理与方法》一书梗概

伽达默尔的《真理与方法》无疑是20世纪一部重要的哲学经典著作，这部著作的副标题是"哲学诠释学的基本特征"。究竟何谓哲学诠释学的基本特征呢？该书艺术、历史和语言三大结构的划分往往使我们忽略了这一根本问题。本文试图通过诠释学循环、前理解、事情本身、完满性前把握、时间距离、效果历史意识、视域融合、应用、问答逻辑和诠释学对话十个概念的分析，阐明哲学诠释学作为一门经验理论的根本性质。这里我们首先要理解伽达默尔所说的经验性质，对于伽达默尔来说经验不同于认识，自然科学是认识，但人文科学属经验。伽达默尔说："经验本身从来就不能是科学。经验永远与知识、与那种由理论的或技艺的一般知识而来的教导处于绝对的对立之中。经验的真理经常包含与新经验的关联……经验的辩证运动的真正完成并不在于某种封闭的知识，而是在于那种通过经验本身所促成的对于经验的开放性。"[①] 开放性既包括我们已有经验的有限性，又包括未来经验的无限性，因此哲学诠释学的最根本的性质就是我们

---

① 伽达默尔：《真理与方法》，德文版，1986年版第1卷，第361页。以下所注皆据此版页码。

必须理解到我们认识的有限性与无限性的辩证法。下述十个概念均包含此种不断开放的经验性质。

一、诠释学循环（der hermeneutische Zirkel）

精神科学的循环结构①在诠释学里很早就形成一种解释的循环结构，这种结构在诠释学里称之为诠释学循环（der hermeneutist Zirkel）。按照伽达默尔的看法，古代修辞学早就认识到整体与部分所谓诠释学循环，即要理解语句，我们先要理解其中的语词，而要理解语词，我们又必须先理解语句。宗教改革派路德和他的追随者曾把这种从古代修辞学里所得知的观点应用于理解过程，并把它发展成为文本解释的一般原则，即文本的一切个别细节都应当从上下文即从前后关系以及从整体所目向的统一意义，即从 Scopus（整体结构）去加以理解，反之，整体结构的统一意义又必须从一切个别细节去理解。当宗教改革派把这一原则应用于《圣经》的理解时，他们反驳罗马教会独断论对《圣经》的解释，主张整体与部分的循环关系乃是《圣经》理解和解释的唯一正确原则：一方面对《圣经》的整体理解指导着个别细节的解释，另一方面，《圣经》这一整体也只有通过对个别细节的理解才能获得。从这里，新教改革派提出《圣经》是自身解释

---

① 精神科学的循环结构指精神科学在他物中重新认识自身的普遍本质，伽达默尔说："在异己的东西里认识自身，在异己的东西里感到是在自己的家，这就是精神的本质运动，这种精神的存在只是从他物出发向自己本身的返回"（《真理与方法》，第 1 卷，1986 年德文版，第 19—20 页）。精神在于运动，首先是它离开它的家园到陌生的不熟悉的世界中去，如果运动是完全的，精神在它物中找到自己的家，使自己重新返回到自己，因为陌生的不熟悉的世界不仅是新家，而且也是它自己的真实的家。也正是由于精神这样一种普遍本质，使研讨精神活动的精神科学也总是离开一切熟悉的东西而去到陌生的东西中生活，然而正是在这种自身异化过程中，我们才重新发现了我们自身。因此，如果我们可以说自然科学的独特性质是一种一直在外漂泊，回不到自己的家，那么精神科学的独特性质就犹如《圣经》所描述的故事一样，它是浪子回头，重返家园，这是一种通过外出而重新回到自己家园的旅行者感觉。这也说明精神科学具有一种普遍的循环结构。

自身的所谓《圣经》自解原则（Schriftprinzip）。

对于古代修辞学这种整体与个别的诠释学循环，伽达默尔在他的"论理解的循环"（1959年）一文中是这样写道："我们必须从个别理解整体并以整体理解个别这一诠释学规则，来自于古代的修辞学并经由近代诠释学而从一种说话艺术转变为理解的艺术。不管是在修辞学中还是在诠释学中，它都是一种循环的关系。整体得以被意指的对意义的预期是通过以下这点而达到清楚的理解，即从整体出发规定着自己的部分也从它这方面规定着该整体。"① 伽达默尔曾以外语学习为例，他说，在我们理解一句外语的意义时，我们首先必须理解该句子的成分即语词，但在我们要理解该语句的语词的意义时，我们又要先理解整个该语句的意义。按照传统的诠释学，理解的运动就是这样不断地从整体到部分又从部分到整体。"所有个别和整体的一致就是当时理解正确性的标准，而缺乏这种一致则意味着理解的失败。"②

施莱尔马赫曾经把这种部分与整体的诠释学循环区分为客观的（语法方面的）与主观的（心理方面的）两方面：从语法方面看，正如个别的词从属于语句的上下文一样，个别的文本也从属于其作者的作品的脉络关系，而作者的作品类集又属于当时有关的文字类或文学整体；从心理方面看，同一文本作为某一瞬间创造性的表现，又从属于其作者的内心生活的整体，而作者的整个内心思想又属于他那个时代的文化精神。但不论是语法解释，还是心理解释，我们都可看到这种循环总是处于理解对象方面，即处于作为理解对象的文本或作品方面，以及同样也作为理解对象的作者思想或精神方面。这就是说，对于施莱尔马赫来说，诠释学循环只是处于理解对象方面的循环，即使施莱尔马赫也谈到一种预期或预感，但那也是作为理解对象整体理解的部分。

施莱尔马赫这种只涉及理解对象的诠释学循环，使他把理解只看作与

---

① 伽达默尔：《真理与方法》，第2卷，第57页。
② 同上。

作者处于同一层次的活动，通过这种与作者处于同一层次的活动，文本就被解释为它的作者的生命的特有表现。伽达默尔曾以施莱尔马赫所谓"自身置入作者的内心中"来解释施莱尔马赫这种理解对象上的循环，他说，施莱尔马赫这种自身置入并未真正把我们自身的观点置入理解对象之中，而是把自身置入理解对象的意见之中，即自身消失于理解对象的意见之中，这也无非就是说，"我们试图承认他人所说的具有事实的正确性"[①]。对于施莱尔马赫和以后的狄尔泰来说，诠释学循环始终是在理解对象方面进行的，它并未出现于理解者与理解对象之间，因而它是单方面的，而不是双方面的。另外，施莱尔马赫和狄尔泰也主张循环应当消失，这样正确的理解才能达到。

按照伽达默尔的看法，施莱尔马赫之所以主张这种单方面的诠释学理解，是因为他认为要理解的东西，只是过去作者的意图，而忘记了对真理内容的理解。这种错误正如历史学家所犯的错误一样，历史学家只像肖像画家那样仅在自己作品里寻找历史原型。伽达默尔写道，历史学家对于历史文献类似于肖像画家，他们"好像到处在艺术作品上找寻模型，也就是说追踪那些被汇入作品里的历史联系，尽管这些联系尚未被他的时代的观众所认识，而且对于整个作品的意义并不重要"[②]。伽达默尔认为，把过去历史地重构为过去——这就是说，把过去重构为与现在中介相反的东西——乃是历史学的错误。与此相反，他认为接近过去的唯一途径就是通过现在与过去的中介。在这里，伽达默尔认为施莱尔马赫的直接先驱语文学家阿斯特在这方面却超出了施莱尔马赫，他对诠释学的任务有一种十分坚定的内容性的理解，因为他要求，诠释学应该在古代和基督教之间，在新发现的真正古典文化和基督教传统之间建立一致性，也就是说，诠释学理解需在古代与现代，过去与现在，陌生性与熟悉性之间进行调解。按照

---

① 伽达默尔：《真理与方法》，第 2 卷，第 297 页。
② 同上书，第 151 页。

伽达默尔的看法，这就和启蒙时代相比有了新意，"因为如今已不再涉及到对传统的权威为一方和以自然理性为另一方的两方之间作调解，而是涉及到两种传统因素的调解，这两种因素都是通过启蒙运动而被意识到，从而提出了它们之间和解的任务"①。伽达默尔认为，这种主张古代文化与基督教义具有统一性的理论，这种主张古代与现代，过去与现在，陌生性与熟悉性之间应当进行调解的理论对于诠释学现象具有一种真理要素，可惜施莱尔马赫和他的后继者却不正确地把这抛弃了，因而伽达默尔对此做出了这样的评论："阿斯特通过他的思辨能力防止了在历史中只找寻过去而不找寻当前真理的做法，从施莱尔马赫继承下来的诠释学相对于这些背景就显得比较浅薄地流行于方法的诠释学了。"②

与施莱尔马赫相反，海德格尔在其《存在与时间》中从生存论出发对诠释学循环的描述与论证，使理解的循环结构重新获得其内容和意义。海德格尔写道："循环不可以被贬低为一种恶性循环，即使被认为是一种可以容忍的恶性循环也不行。在这种循环中包藏着最原始认识的一种积极的可能性。当然，这种可能性只有在如下情况下才能得到真实理解，这就是解释理解到它的首要的经常的和最终的任务始终是不让向来就有的前有、前见和前把握以偶发奇想和流俗之见的方式出现，而是从事情本身出发处理这些前有、前见和前把握，从而确保论题的科学性。"③ 显然，这是一种新的理解循环，或者说新的理解的诠释学循环，伽达默尔说："我们将必须探究海德格尔从此在的时间性推导理解循环结构这一根本做法对于精神科学诠释学所具有的后果。"④

伽达默尔怎样解释和接受海德格尔这种以前结构为出发点的理解循

---

① 伽达默尔:《真理与方法》，第 2 卷，第 151 页。
② 同上书，第 59 页。
③ 海德格尔:《存在与时间》，1979 年德文版，第 153 页。以下所注皆据此版页码；伽达默尔:《真理与方法》，第 1 卷，第 270—271 页。
④ 伽达默尔:《真理与方法》，第 1 卷，第 270 页。

环观点呢？伽达默尔首先说，海德格尔在此所讲首先并不是一种对理解实践的方法论要求，而是描述理解性解释的进行方式本身。用伽达默尔的话说，"海德格尔诠释学反思的成就并不在于指出这里存在一种循环，而在于指出这种循环具有本体论的积极意义"①。伽达默尔所说的这种本体论的意义，我认为应从两方面来理解，一方面是把理解的主体性赋予了理解的循环，使理解的循环从单纯理解对象方面的来回跑着发展成理解主体与理解对象之间的辩证运动；另一方面是以事情本身作为理解的预设标准，所有理解必须避免随心所欲的偶发奇想和未曾注意的思维习惯的束缚，从而把目光指向"事情本身"。

我们上面已经说过，诠释学循环在古典诠释学里是一条重要的解释规则：要理解语句，我们先要理解其中的语词，但是要理解语词，我们又必须先理解语句，同样，要理解文本，我们先要理解其中的语句，但是要理解语句，我们又必须先理解文本。在古典诠释学家看来，解释总是处于这种循环之中。自海德格尔和伽达默尔之后，古典诠释学的这一诠释学循环有某种本质的转变，即循环不仅是指研究对象里的语词与语句、语句与文本之间的循环，而且也指理解主体与理解对象之间的循环，这也就是说，理解是我们自己的一些前结构与理解对象的内容的一种相互对话和交融的结果。对此伽达默尔曾写道："诠释学循环在海德格尔的分析中获得一种全新的含义。迄今为止的理论总把理解的循环结构局限于个体与整体的形式关系的范围内，亦即局限于它的主观反思：先对整体作预测然后在个体中作解释。按照这种理论，循环运动就仅仅围绕文本进行并在对文本完成了的理解中被扬弃。这种理解理论在一种预感行为中达到顶点，这种预感行为完全从作者的角度着想，并由此而消除掉文本所具有的一切陌生和疏异性。海德格尔则正相反，他认为对文本的理解一直受到前理解的前把握

---

① 伽达默尔：《真理与方法》，第2卷，第59页。

活动所支配。海德格尔所描写的不过就是把历史意识具体化的任务。这项任务要求人们意识到自己的前意见和前见,并努力把历史意识渗透到理解的过程中,从而使把握历史他者以及由此运用的历史方法不只是看出人们放置进去的东西。"① 另外,他还更富有哲理地写道:"与此相反,海德格尔对诠释学循环的描述和生存论上的论证,表现了一种决定性的转折。19 世纪的诠释学理论确实也讲到过理解的循环结构,但始终是在部分与整体的一种形式关系的框架中,亦即总是从预知推知整体,其后在部分中解释整体这种主观的反思中来理解循环结构。按照这种理论,理解的循环运动总是沿着文本来回跑着,并且当文本被完全理解时,这种循环就消失。这种理解理论合乎逻辑地在施莱尔马赫的预感行为学说里达到了顶峰。这种预感行为,一个人完全把自身置身于作者的精神中,从而消除了关于文本的一切陌生的和诧异的东西。与此相反,海德格尔则是这样来描述循环的:对文本的理解永远都被前理解的先把握活动所规定。在完满的理解中,整体和部分的循环不是被消除,而是相反地得到最真正的实现。"② 这样,"这种循环在本质上就不是形式的,它既不是主观的,又不是客观的,而是把理解活动描述为传承物的运动和解释者的运动的一种内在相互作用。"③ 所以,按照海德格尔和伽达默尔的看法,理解的循环"不是一种'方法论'的循环,而是描述了一种理解中的本体论的结构要素"。④

其次,按照海德格尔的观点,我们不能避免理解对前理解的依赖,但理解不能恶性循环,我们必须证明前理解中的前结构,海德格尔说,前理解里的前结构必须建立在事情本身上,而不是建立在流俗意见上。这也就是说,支配我们对某个文本理解的那种意义预期,并不是一种主观性的活

---

① 伽达默尔:《真理与方法》,第 2 卷,第 61 页。
② 伽达默尔:《真理与方法》,第 1 卷,第 298 页。
③ 同上。
④ 伽达默尔:《真理与方法》,第 1 卷,第 299 页。

动，而是由事情本身所规定。伽达默尔曾对此这样写道："谁想进行理解，谁就可能面临那种并不是由事情本身而来的前意见的干扰。因此，理解的经常性任务就是构造正确的、与事情相符合的筹划，这叫作先行冒险，而且这种先行应该不断'由事情本身'得到证明。除了构造出自我保证的前意见外，没有任何其他的'客观性'。这有其很好的意思：解释者并非从自身业已具有的前意见出发走向'文本'，而是检查本身具有的前意见是否合法，亦即检验它的来源和有效性。"① 这种事情本身，伽达默尔进一步分析，就是那种把我们与传承物联系在一起的共同性。但这种共同性是在我们与传承物的关系中，在经常不断的教化过程中被把握的。"这种共同性并不只是我们已经总是有的前提条件，而是我们自己把它生产出来，因为我们理解，参与传承物进程，并因而继续规定传承物进程。所以，理解的循环一般不是一种'方法论的'循环，而是描述了一种理解中的本体论的结构要素。"② 这两方面可以说是海德格尔对诠释学循环的重要贡献，前一方面构成了哲学诠释学经验理论所谓的"前理解"，后一方面则构成这一经验理论所谓的"事情本身"，这两方面我们后面还要分析。

另外，诠释学循环在施莱尔马赫与狄尔泰那里，是一种要被理解克服的东西，似乎理解完成了，诠释学循环就消失了，但对于海德格尔与伽达默尔来说，理解的循环是不可消失的，前一循环解决了，可能又会出现后一循环，正如理解是一个无限过程，诠释学循环也永远存在于我们的理解过程中，正如海德格尔所说，"决定的事情不是从循环中脱身，而是按照正确的方式进入循环"。伽达默尔曾这样来描述海德格尔的观点："海德格尔则是这样来描述循环的：对文本的理解永远都是被前理解的先把握活动所规定。在完满的理解中，整体和部分的循环不是被消除，而是相反地得

---

① 伽达默尔：《真理与方法》，第2卷，第60页。
② 伽达默尔：《真理与方法》，第1卷，第298—299页。

到最真正的实现。"① 而且我们还可以看到，对于诠释学循环，伽达默尔甚至比海德格尔还有更深的看法，当海德格尔主张诠释学循环不应是恶性循环，甚至可容忍的恶性循环也不行，并由此还警告我们说，我们应当避免用循环比喻地描述此在②，反之，伽达默尔主张诠释学循环可以是恶性，他曾说他为恶的无限性恢复名誉："我从一开始就作为'恶'的无限性的辩护人而著称，这种恶使我同黑格尔处于似乎是极为紧张的关系之中。不管怎样，在《真理与方法》那本书中处理反思哲学的界限并转为分析经验概念的那章中，我都试图清楚地说明这一点。"③ 在那里，伽达默尔认为，诠释学循环正表明一种真正的经验，而"真正的经验就是这样一种使人类认识到自身的有限性的经验"。④ 我们对存在东西的认识并不意味是一种完全性的认识，而是意味着对这样一种界限的洞见，"意味着有限存在的一切期望和计谋都是有限的和有限制的。真正的经验就是对我们自身历史性的经验"。⑤ 这种经验概念就自然而然地引出了诠释学效果历史意识原则。在1983年所写的"文本和解释"一文中，伽达默尔还更深刻地谈到他所谓的诠释学循环：

"海德格尔在分析理解时怀着批判和论战的目的，他以诠释学循环的古老说法为依据，把诠释学循环作为某种积极的因素加以强调，并在他的此在分析中用概念对此加以表达。但我们一定不要忘记，这

---

① 伽达默尔:《真理与方法》,第298页。
② 海德格尔的《存在与时间》第153页讲到人类此在在存在论上具有循环结构时说："然而人类此在在存在论上把'循环'归属于现成状态的某种存在，如果我们尊重这种提法，那当然就必须避免在存在论上用这一现象来描述此在这样的东西。"另外，第314页又说："在分析一般理解的结构时，我们已经显示，人们用'循环'这个不适当的语词加以指责的东西实属于理解本身的本质及其与众不同之处。"
③ 伽达默尔:《真理与方法》,第2卷,第8页。
④ 伽达默尔:《真理与方法》,第1卷,第363页。
⑤ 同上。

里讨论的并非作为一种形而上学隐喻的循环性，而是在科学证明理论中作为恶性循环理论而有其特有地位的逻辑概念。诠释学循环概念只是表明，在理解领域内根本不能要求从此物到彼物的推导，所以循环性的逻辑证明错误不代表理解程序的错误，相反，诠释学循环乃是对理解结构的恰当描述。所以把诠释学循环作为对逻辑推理理想的限制这一讲法是通过狄尔泰被引入施莱尔马赫的后继者中的。如果我们注意到与从语言用法出发的理解概念相适宜的真正范围，那么诠释学循环的讲法实际上就指明了在世存在的结构本身，也即指明了对主—客二分的扬弃，这正是海德格尔对此在先验分析的基础。正如懂得使用工具的人不会把工具当作客体，而只是使用它，同样，此在在其存在和世界中得以领会自身的理解也绝不是和某种认识客体打交道，而是实现它的在世存在本身。"①

这里伽达默尔实际上区分了两种循环理解或解读，一种是对循环的认识论理解和解读，一种是对循环的现象学理解和解读。从逻辑—认识论观点看，循环只能是"恶性的"，因为它在于（在证明中）预先以要被证明的东西为前提，这里所谓循环乃是一种同语反复；但如果我们从现象学来理解和解读的话，有如伽达默尔所理解的，即每一种解释都依赖于理解的预期，这是一种现象学洞见，在这种观点下，说解释要摆脱任何预期这一声明就一定是天真的和未经批判的。正是基于这一点，伽达默尔始终坚持诠释学循环的固有内在性（Immanenz），他说："实际上我觉得，想突破诠释学循环是一种不可实现的，甚而矛盾的要求。"②

关于伽达默尔与海德格尔对于诠释学循环理解的差别，加拿大当代诠释学家格朗丹（J.Grondin）曾有一段深入的评论，他说：

---

① 伽达默尔：《真理与方法》，第2卷，第331页。
② 同上书，第335页。

由此我们可以看到，伽达默尔对循环的说明在一种意义上比海德格尔的说明较少认识论的，因为它并不想纠缠于由解释总是预先假定（前）理解这一观念所引起的逻辑循环的怀疑，但在另一种意义上，伽达默尔的分析又是更认识论的，因为它涉及解释假说要修正并经常要被修更正这一论点。这种细微的差别可以用这一事实来解释，即海德格尔和伽达默尔他们两人对理解有不同的应用。当海德格尔主要致力于每一理解中所包含的存在的预期，他的存在诠释学是质问的（Interrogating），而伽达默尔似乎更集中于人文科学文本解释这一更受限制的问题。我们可以说伽达默尔"语文学化"（philologizes）或"重新语文学化"（re-philologizes）那种对于海德格尔主要是存在循环的东西。这种转变曾使 Odo Marquard 富有幽默地说，伽达默尔以"趋向文本的存在"（Being-towards-the-text）[①] 来替代海德格尔的"趋向死亡的存在"（Being-towards-death）。这显然是一种讽刺，因为凡能否认趋向死亡存在的人难道常在有人读文本时起作用？然而伽达默尔的主要焦点似乎确实不同于海德格尔的关注点，海德格尔的存在诠释学最终旨在提出一种"本真的"理解方式（这方面在伽达默尔的表现里如果不是完全缺乏，至少也确实是很少优先的）。

与这种焦点差别紧密相联系的是海德格尔坚持这一事实，即理解指向将来，未来存在，而伽达默尔宁愿坚持理解由过去所规定。伽达默尔在《活着的哲学家丛书》里对卡尔·阿佩尔的回答中曾说明这种差别，但这一说明也可读为对他老师海德格尔的回答：

"阿佩尔描述我的思想中使他困惑的东西，即'过去对未来的奇特优先性'。但是，这使我感到惊讶。难道我们确实不知道的未来能被认为对过去的优先性吗？难道不是过去通过其效果历史使我们永远打上烙印吗？如果我们想阐明这种历史，我们就可能使自己意识到规

[①] 参阅 O.Marquard 的《告别原则》（斯图加特，Reclam 出版社 1981年版），第130页。

定了我们的前见并克服其中某些前见。"①

以下面的表来说明海德格尔与伽达默尔关于诠释学循环的说明的差别，也许是有用的：

	海德格尔	伽达默尔
循环词汇	理解循环（解释）与指导理解的解释（理解）	整体与部分循环
逻辑价值	循环来自恶性循环现象（circulus vicious）或 a petition principii 因此一种（认识论的）循环（但只从某些逻辑学批评家观点看）	循环转换为（诠释学循环，这来自古代修辞学）（描述过程的）现象学循环
循环比喻的限制	一种不适合已有动态存在的空间的几何图形的形象，因为它是以实体存在或现成在手状态为模式	实际并没有循环，因为它只表现一种符合于经常修正解释假说的必要条件（遵循完满性预期）——在这方面，伽达默尔似乎比海德格尔还更认识论
主要应用焦点	存在诠释学	文本解释诠释学
理解主要是	打交道，完成任务	对某事同意
理解前结构	先见（Vorsicht）	前见（Vorurteile）

---

① 《汉斯-格奥尔格·伽达默尔的哲学》，见《活着的哲学家丛书》，第 XXI 卷，L.E.Hahn 出版（芝加哥与拉萨里：Open Court, 1997 年版），第 95 页。

在于	先有（Vorhabe）先把握（Vorgriff）中的存在预期	前见（Vorurteile）
预期源泉	未来优先性	过去与效果历史的优先性

伽达默尔与海德格尔之间基本一致，当然在于循环的"本体论的"性质，即认识到循环不是某种可以想摆脱的缺陷，而是理解的构成性要素。然而如果认为伽达默尔只是重复或吸收海德格尔的理解观念，则是根本错误的。虽然他确实按照海德格尔的观点构造他自己的循环观点，但他的贡献就在于把循环用于诠释学学科领域和我们经验的语言学本性。[①]

二、前理解（Vorverständnis）

伽达默尔从海德格尔对理解所描述的循环开始，他说海德格尔所描述的理解过程是："解释开始于前把握，而前把握可以被更合适的把握所代替，正是这种不断进行的新筹划过程构成了理解和解释的意义运动。"[②] 我们知道，海德格尔在《存在与时间》里曾经讲到理解的前结构，他说理解的前结构就是前有、前见和前把握，何谓前有、前见和前把握呢？海德格尔自己对此有一解释：

"这种解释一向奠基于一种前有之中。作为理解的占有，解释活动有所理解地向已经被理解了的因缘整体性去存在。对被理解了的但

---

① 格朗丹（Jean Grondin）：《伽达默尔对理解的基本理解》（*Gadamer's Basic Understanding of Understanding*），见《剑桥伽达默尔指南》（*The Cambridge Campanion to Gadamer*, Robert J. Dostal Edited. 2002）。
② 伽达默尔：《真理与方法》，第1卷，第272页。

还隐绰未彰的东西的占有总是在这样一种眼光的指导下进行揭示，这种眼光把解释被理解的东西时所应着眼的那种东西确定下来。解释向来奠基于前见之中，它瞄准某种可解释状态，拿在前有中摄取到的东西开刀。被理解的东西保持在前有中，并且前见地被瞄准，它通过解释上升为概念。解释可以从有待解释的在者自身汲取属于这个在者的概念方式，但是也可以迫使这个在者进入另一些概念，虽然按照这个在者的存在方式来说，这些概念同这个在者是相反的。无论如何，解释一向已经断然地或有所保留地决定好了对某种概念方式表示赞同。解释奠基于一种前把握之中。"①

这里语言尽管是较晦涩的哲学语言，但我们还是可以了解一些意思，前有就是指此在的理解存在与它先行理解的因缘关系整体具有一种先行的占有关系，也就是说此在在去理解之前，对已经被理解了的因缘关系整体先就具有了某种关系，我们把要理解的东西置入这种先有的关系中，例如我们先就具有了的历史处境、传统观念以及被理解对象的效果历史，我们不是一无所有地进行理解，而是有所东西地进行理解。所谓前见是指前有中的那些可以在这种特殊的理解事件中被解释的特殊方向，也就是对被理解了的但还隐绰未彰的东西总是在这样一种眼光的指导下进行揭示，其实就是解释者理解某一事物的先行立场或视角。所谓前把握就是指我们进行理解时事先所具有的概念框架，这种概念框架可能与被解释对象的存在方式相反，但它们仍是我们在进行理解之前先要具有的，所以海德格尔说解释奠基于一种前把握之中。前有、前见与前把握结合一起来说，就是海德格尔所说的前结构，即"被理解的东西保持在前有中，并且前见地被瞄准，它通过解释上升为概念"。海德格尔认为一切理解都具有这种前结构。

---

① 海德格尔：《存在与时间》，第150页。

伽达默尔是怎样解释和发展海德格尔的这种前结构呢？

首先，伽达默尔肯定这种前结构是理解的必要条件，并且把这种前结构叫作前理解（Vorverständnis）。理解开始于前理解，我们知道，这实际上是一种古老的传统观点，它起源于古希腊。在柏拉图的回忆说里，这种观点就有其最初的神秘的烙印，以后亚里士多德在其《后分析篇》中直接用这样的话开始："每个合理的学说和教导都依赖于以前得来的认识"（71a1）。伊壁鸠鲁还以更明确的方式毫不犹豫地说，要在"前概念"（προληψεισ）里去认识真理标准，我们经验的一切将根据我们已经认识的东西去衡量，因为没有前概念，也就不可能对一个新事物有评判。这在古代知识论里是一种普遍的观点，即认识不是从一无所知开始，而一定是从有所知到更多知。在《真理与方法》中，伽达默尔曾采用胡塞尔这一看法，即任何对对象的理解就是把某物视为某物的那个对象的理解，也就是说，一切理解都包含对我们的知觉筹划一种意义，而这种意义并不严格包含在我们知觉本身中，例如我们的视觉本只有一向的经验，但我们能对迎面的桌子有三向的经验，并把我们所看的东西视为三向中的一个向。胡塞尔把这称之为一种"意义赋予的意向性行为"，伽达默尔认为胡塞尔这里所说的意义赋予就是意义的筹划、预期或解释，他说："毫无疑义，观看作为一种对那里存在的事物的解释性的了解，仿佛把视线从那里存在的许多东西上移开了，以致这些东西对于观看来说不再存在。但同样，观看也被预期引导着'看出了'根本不存在的东西。……单纯的观看和单纯的闻听都是独断论的抽象，这种抽象人为地贬低了可感对象。感知总是把握意义。"[①] 观看事物是这样，理解文本更是这样。我们阅读文本并不是一无所有地去阅读，我们总是先有一种筹划或预期，或者说，前理解，我们总是带着前理解去理解一个陌生的文本。伽达默尔说："我们必须彻底抛弃如下观点，即在听某人讲话或去参加一个讲座时绝不能对内容带

---

① 伽达默尔：《真理与方法》，第1卷，第96—97页。

有任何前意见并且必须忘记自己所有的前意见,相反,应该一直坦率地把对他人或文本的意见包括在内,把它们置于与自己所有意见的一种关系,或把自己的意见包括在内,把它们置于与自己所有意见的一种关系之中,或把自己的意见置于它们的意见之中。"① 伽达默尔曾以此观点重新解释施莱尔马赫所谓"自身置入"的意思,他说,什么是自身置入呢,这无疑不是丢弃自己,相反,"我们必须也把自身一起带到这个他人的处境中。只有这样,才实现了自我置入的意义"。② 因此,自身置入既不是一个个性移入另一个个性中,也不是使另一个人受制于我们自己的标准,而总是意味着向一个更高的普遍性的提升,这种普遍性不仅克服了我们自己的个别性,而且也克服了那个他人的个别性。他还说:"谁想理解某个文本,谁总是在完成一种筹划。当某个最初的意义在文本中出现了,那么解释者就为整个文本筹划了某种意义。一种这样的最初意义的出现,只是因为我们带着对某种特殊意义的特殊期待去读文本。做出这样一种预先的筹划,就是对这里存在的东西的理解。"③ 筹划或预期,本身皆属于意义的成分,因为意义总是解释与对象的视域融合,因此前理解是理解意义的必要条件。

其次,为了牢固地树立理解的前见观点,伽达默尔转向对启蒙运动和浪漫主义的批判。启蒙运动曾以批判前见为出发点。他们区分前见为两种,一种是由于人的威望而来的前见,另一种是由于过分轻率而来的前见。按照启蒙运动者的看法,这两者皆由于我们未正确使用理性,轻率是我们错误地使用自己理性,而权威则在于我们根本不让自己的理性被使用,因此他们认为任何前见,不论是权威还是传统,都应加以批判。浪漫主义尽管与启蒙运动不同,它承认权威和传统的力量,但它仍分享了启蒙

---

① 伽达默尔:《真理与方法》,第 2 卷,第 60 页。
② 伽达默尔:《真理与方法》,第 1 卷,第 310 页。
③ 同上书,第 271 页。

运动的前提，认为权威与理性相分离。①对此伽达默尔批判道，启蒙运动所提出的权威信仰和使用理性两者之间的对立，尽管具有合理性，但这并不排除权威也是一种真理源泉的可能性。权威首先是人的权威，但"人的权威最终不是基于某种服从或抛弃理性的行动，而是基于某种承认和认可的行动——即承认和认可他人在判断和见解方面超出自己，因而他的判断领先，即他的判断对我们自己的判断具有优先性"②。因而权威本身就是一种理性本身的行动。为了更深入探讨权威，伽达默尔着重论述了无名称的权威——传统。什么是传统的本质呢？伽达默尔说："传统按其本质就是保存，尽管在历史的一切变迁中，它一直是积极活动的。但是，保存是一种理性的活动，当然也是这样一种难以觉察的不显眼的理性活动。"③从这里伽达默尔得出精神科学的研究"不能认为自己是处于一种与我们作为历史存在对过去所采取的态度的绝对对立之中"④，在他看来，我们经常采取的对过去的态度中，真正的要求无论如何不是使我们远离和摆脱传统，而是"经常地处于传统之中"⑤。为了与同样承认传统力量的浪漫主义相区别，伽达默尔特别指出浪漫主义只是颠倒了启蒙运动对前提的评价，他们不是否定过去和传统，而是无批判地赞赏它们，以致"对理性完满性的信仰现在突然地变成了对'神话的'意识的完满性的信仰，并且在思想堕落（原罪）之前的某个原始乐园里进行反思"。⑥伽达默尔强调理解中前见与理性批判的结合以达到过去与现在的中介，他说："理解不能被认为是一种主

---

① 伽达默尔写道："浪漫主义分享了启蒙运动的前提，而只是颠倒了对它的评价，因为它认为只有古老的东西才有价值，例如'哥特式的'中世纪，欧洲基督教国家共同体，社会的封建等级结构，但也有农民生活的简朴性和接近自然。"（《真理与方法》，第1卷，第278页）
② 伽达默尔：《真理与方法》，第1卷，第284页。
③ 同上书，第286页。
④ 同上。
⑤ 同上。
⑥ 伽达默尔：《真理与方法》，第1卷，第278页。

体性的行为，而要被认为是一种置自身于传统过程中的行动，在这过程中过去和现在经常得以中介。"① 在伽达默尔看来，启蒙运动反对前见本身就是一种前见，他们就是根据这一前见而反对前见的。因此他们对前见的否定本身却证明前见的存在。

第三，伽达默尔肯定前见或预期不是随心所欲，而必须从事情本身出发，他说："一种受方法论意识所指导的理解，不只是形成它的预期，而是对预期有意识，以便能控制预期因而从事情本身获得正确的理解。"② 同样，如果理解是筹划，那么筹划也必须从事情出发，伽达默尔说："理解的经常任务就是做出正确的符合于事情的筹划，这种筹划作为筹划就是预期，而预期应当是'由事情本身'才得到证明。"③ 伽达默尔不仅强调了我们的前见必须从事情本身出发，而且对什么是事情本身也作了解释，他说："支配我们对某个文本理解的那种意义预期，并不是一种主观性的活动，而是由那种把我们与传承物联系在一起的共同性（Gemeinsamkeit）所规定的。但这种共同性是在我们与传承物的关系中，在经常不断的教化过程中被把握的。"④ 事情本身就是由那种把我们与传承物联系在一起的共同性所规定的。这里的要点是，（1）意义的解释性筹划根源于解释者的境遇，这里伽达默尔跟随海德格尔而不是胡塞尔。他说："海德格尔曾经正确地坚持说，他称之为被抛状态（Geworfenheit）的东西和属筹划的东西是结合在一起的。所以根本不存在那种使得这种生存论结构整体不起作用的理解和解释——即使认识者的意图只是想读出'那里存在着什么'，并且想从其根源推知'它本来就是怎样的'。"⑤ 这种被抛就是我们的处境，在伽达默尔看来，任何理解都不是笛卡尔意义上的客观的，所有理解都包

---

① 伽达默尔：《真理与方法》，第 1 卷，第 295 页。
② 同上书，第 274 页。
③ 同上书，第 272 页。
④ 同上书，第 298 页。
⑤ 同上书，第 266—267 页。

含由我们自己境遇而来的意义的筹划并超出了要观察的"事实"。当然，我们得以理解作品或历史事件的"被抛"境遇本身并不是一个无条件的或任意的境遇。伽达默尔说："当某个文本对解释者产生兴趣时，该文本的真实意义并不依赖于作者及其最初的读者所表现的偶然性。至少这种意义不是完全从这里得到的。因为这种意义总是同时由解释者的历史处境所规定的，因而也就是由整个客观的历史进程所规定的。文本的意义超越它的作者，这并不是暂时的，而是永远如此的。"①（2）我们的理解也得自传承物本身以前曾被理解的方式，根源于历史的和解释的传统的发展过程。因此这种前见不是个人的单独财产，非个人的主观的产物，它是历史的产物。前见其实就是"再现传统的陈述"。为了说明这种历史产物，伽达默尔引证了古典型概念，古典型作为一种规范的美和完美的理想，一直保持它的力量并继续指导我们的审美理解，伽达默尔说："古典型之所以是某种对抗历史批判的东西，乃是因为它的历史性的领域，它的那种有义务要去流传和保持已经先行了的历史反思并在这种反思中继续存在的有效性的力量。"②后来伽达默尔把这种历史力量是以"效果历史"来称呼的。另外，伽达默尔也讲到，我们虽然不能没有前理解，但这种前理解必须对作为事情本身的他人或文本持开放态度，他说："正如我们不能继续误解某个用语否则会使整体的意义遭到破坏一样，我们也不能盲目地坚持我们自己对于事情的前见解，假如我们想理解他人的见解的话。当然，这并不是说，当我们倾听某人讲话或阅读某个著作时，我们必须忘掉所有关于内容的前见解和所有我们自己的见解。我们只是要求对他人的和文本的见解保持开放的态度。"③

第四，伽达默尔还更强调说，只有从前有、前见出发，我们才能更好

---

① 伽达默尔：《真理与方法》，第1卷，第301页。
② 同上书，第292页。
③ 同上书，第273页。

地注意对象的他在性。伽达默尔说:"谁想理解,谁就从一开始便不能因为想尽可能彻底地和顽固地不听文本的见解而囿于他自己的偶然的前见解中,谁想理解一个文本,谁就准备让文本告诉他什么。因此一个受过诠释学训练的意识从一开始就必须对文本的另一种存在有敏感。但是,这样一种敏感既不假定事物的'中立性',又不假定自我消解,而是包含对我们自己的前见解和前见的有意识同化。我们必须认识我们自己的先入之见,使得文本可以表现自身在其另一种存在中,并因而有可能去肯定它实际的真理以反对我们自己的前见解。"①

　　第五,当然,前见有正确的前见与不正确的前见、真的前见与假的前见,我们如何区别真前见与假前见?解释者自己是不能事先区分的,而必须由时间距离来决定。伽达默尔说:"占据解释者意识的前见和前见解,并不是解释者自身可以自由支配的。解释者不可能事先就把那些合理解释得以可能的生产性的前见与那些阻碍理解并导致误解的前见区分开来。"②真正做出这种区分的就是时间距离。伽达默尔说:"只有时间距离才能使诠释学的真正批判性问题得以解决,也就是说,才能把我们得以进行理解的真前见与我们由之而产生误解的假前见区分开来。"③另外,伽达默尔也谈到"对自己的前见作基本的悬置",他说"正如我们前面说过,理解藉以开始的最先东西乃是某事能与我们进行攀谈,这是一切诠释学条件里的最首要的条件。我们现在知道这需要什么,即对自己的前见作基本的悬置。但是,对判断的一切悬置,因而也就是对前见的一切悬置,从逻辑上看,都具有问题的结构。"④这一点我们以后在"完满性的前把握"一节里再加以阐述。

---

① 伽达默尔:《真理与方法》,第 1 卷,第 274 页。
② 同上书,第 301 页。
③ 同上书,第 304 页。这里要注意,伽达默尔在 1986 年《真理与方法》第 5 版里,对时间距离的作用有些保留,他把"只有时间距离"改成"时间距离常常"。
④ 伽达默尔:《真理与方法》,第 1 卷,第 304 页。

三、事情本身（Sache selbst）

海德格尔说："循环不可以被贬低为一种恶性循环，即使被认为是一种可以容忍的恶性循环也不行。在这种循环中蕴藏着最原始认识的一种积极的可能性。当然，这种可能性只有在如下情况下才能得到真实理解，这就是解释理解到它的首要的经常的和最终的任务始终是不让向来就有的前有、前见和前把握以偶发奇想和流俗之见的方式出现，而是从事情本身出发处理这些前有、前见和前把握，从而确保论题的科学性。"①

伽达默尔说海德格尔在这里描述了理解性的解释得以完成的方式："所有正确的解释都必须避免随心所欲的偶发奇想和难以觉察的思想习惯的局限性，并且凝目直接注意'事情本身'（这在语文学家那里就是充满意义的文本，而文本本身则又涉及事情）。的确，让自己这样地被事情所规定，对于解释者来说，显然不是一次性的'勇敢的'决定，而是'首要的、经常的和最终的任务'。因为解释在解释过程中必须克服它们所经常经历到的起源于自身的精神涣散而注目于事情本身。"②这里伽达默尔一方面维护海德格尔要从事情本身出发这一基本立场，另一方面又对事情本身做出解释，他说"事情本身"在语文学家或文学批评家那里就是指富有意义的文本所涉及的对象（事情），我们一般可以以文本所表现的事理或真理内容来理解海德格尔和伽达默尔所说的事情本身。

"事情本身"这一概念应当说来源于胡塞尔。大家都知道，胡塞尔的名言就是"面向事情本身！"。胡塞尔曾把他的一篇很有影响的论文"哲学作为严格的科学"与他那著名的要求"面向事情本身"相联系。他写道："研究的动力必定不是来自各种哲学，而是来自事情与问题"③，哲学作

---

① 海德格尔：《存在与时间》，第 153 页。伽达默尔：《真理与方法》，第 1 卷，第 271 页。
② 伽达默尔：《真理与方法》，第 1 卷，第 271 页。
③ 胡塞尔：《哲学作为严格的科学》，倪梁康译，商务印书馆 1999 年版，第 69 页。

为科学一定不是开始于以前的各种哲学的结果，而一定是在事情里发现其绝对开端。他继续这样澄清事情的意义："在任何地方我们都不可放弃彻底的无前见性（Vorurteilslosigkeit），例如不可从一开始就将这样一些'事情'（Sachen）等同于经验的'事实'（Tatsachen），即在那些以如此大的范围在直接的直观中绝对被给予的观念面前佯装盲目。"① 经验事实就是我们已经把主观经验前见放进去了，因此胡塞尔说事情不等同于经验事实。

在《纯粹现象学和现象学哲学的观念》里，胡塞尔称赞经验主义这一动机，即为了发现知识的真基础，我们需批判地抛弃盲目迷信、传统信仰和偶像。他写道："合理地和科学地判断事情就意谓着朝向事情本身（sich nach den Sachen selbst richten），或从话语和意见返回事情本身（auf die Sachen selbst zurueckgehen），在其自身所与性中探索事情并摆脱一切不符合事情的前见。"② 返回到事情意指返回到知识的绝对基础，返回到作为严格科学的哲学的开端点。另外，它也不意味无批判地接受传统的哲学观念。因此，对于胡塞尔来说，事情本身从积极方面意味着研究的开端点，因而是真知识的实在的或实际的基础。"面向事情本身"这一名言的消极意义包含对以前接受的出发点的怀疑。

不过，事情本身对于胡塞尔并不就停留在这里。一旦经验主义接受经验事实为基础而忽视它们在意识中的概括时，胡塞尔就认为经验主义在此停滞不前。胡塞尔批判说："经验主义论证的基本缺点是，把对返回'事情本身'的基本要求与一切通过经验获得的知识论证的要求相等同或混为一谈。经验主义者通过他用来约束可认识的'事情'范围的可以理解的自然主义限制，干脆把经验当作呈现着事情本身的唯一行为。但事情并不只是自然事实。"③ 因此，胡塞尔在其研究中，当他转向事情时，他特别强调

---

① 胡塞尔：《哲学作为严格的科学》，倪梁康译，商务印书馆1999年版，第69页。
② 胡塞尔：《纯粹现象学和现象学哲学的观念》，李幼蒸译，商务印书馆1992年版，第75页。
③ 同上书，第76页。

现象认识的主观方面,即意识的意向行为。

同样,海德格尔也谈到事情本身,在《存在与时间》里,海德格尔把现象学定义为表现"面向事情本身"这句名言的哲学的方法或方式①。事情本身的对立面是无根据的建构、偶发奇想和无根据的思想。因此,"面向事情本身"这句名言就意味着"反对一切飘浮无据的虚构与偶发之见,反对采纳不过貌似经过证明的概念,反对任何伪问题——虽然它们往往一代复一代地大事铺张其为'问题'"。②而现象学意味着:"让人从显现的东西那里,如它从其本身所显现的那样来看它。"③所以对于海德格尔来说,事情本身就是那种表现自身为自身的东西。显然,对于海德格尔和胡塞尔来说,事情本身在广义上都意指理解的正确基础④。这是哲学必须发现的基础。但海德格尔也使自己与胡塞尔有区别,这在于他怀疑这种事情本身是否能意指意向性意识,有如胡塞尔所认为的那样。海德格尔指出表现自身为本质的事情本身的存在(Being)。

在理解事情本身方面,伽达默尔确实跟随海德格尔的想法而离开胡塞尔,他不把事情本身理解为意向性意识,而是理解为存在的揭示(revelation)。对于伽达默尔来说,事情本身就是建立合法前见的东西。在这个意义上,他继续事情在胡塞尔名言里原来广的意义,即事情是真知识的基础。不过他也继续"事情"的消极意义:它们不是以前的各种哲学的先设想的概念。伽达默尔同意海德格尔的观点:显现自身的东西就是事情。因此,伽达默尔把"事情本身"理解为在存在中和通过存在展现自身的东西。存在是语言,所以事情本身就是展现自身于语言中和作为Ansicht的东西。伽达默尔与胡塞尔一样,并不认为单纯感觉对象是事物

---

① 海德格尔:《存在与时间》,第27页。
② 同上书,第28页。
③ 同上书,第34页。
④ 同上书,第153页。

（Sache），尽管这种经验的基础是事物。而且很清楚，像公正这样的观念也建基于事情。因此作为 aletheia（无蔽）的真理就是认识事情在语言中的自我表现。所以在此意义上，事情本身就是被讨论的主题，真认识的"对象"以及正确理解的基础。

关于这种作为事理或真理内容的事情本身，伽达默尔在《真理与方法》里有一解释，他说："如果我们试图按照两个人之间进行的谈话模式来考虑诠释学现象，那么这两个表面上是如此不同的情况，即文本理解（Textverständnis）和谈话中的相互理解（Verständigung im Gespräch）之间的主要共同点首先在于，每一种理解和相互理解都涉及到一个置于其面前的事情。正如一个人与他的谈话伙伴关于某事情取得相互理解一样，解释者也理解文本对他所说的事情。"① 因此，事情本身就是我们要理解的文本或谈话要取得理解的对象或内容。

这里事情本身首先是作为一种制约主体前见任意性的客观性而出现的。当伽达默尔讲到海德格尔所描述的理解过程是开始于前理解，尔后前理解被更合适的理解所修正，正是这种不断进行的新筹划过程构成了理解和解释的意义运动，他说："谁试图去理解，谁就面临了那种并不是由事情本身而来的前见解的干扰。理解的经常任务就是做出正确的符合于事情的筹划，这种筹划作为筹划就是预期，而预期应当是'由事情本身'才得到证明。"② 伽达默尔还特别说，"理解完全地得到其真正可能性，只有当理解所设定的前见解不是任意的"。③ 或者说，"一切理解的目的都在于取得对事情的一致性"。④ 为此："我们必须认识我们自己的先入之见，使得文本可以表现自身在其另一种存在中，并因而有可能去肯定它实际的真理以

---

① 伽达默尔：《真理与方法》，第 1 卷，第 383—384 页。
② 同上书，第 272 页。
③ 同上书，第 272 页。
④ 同上书，第 297 页。

反对我们自己的前见解。"①事情本身设定的积极意义在于,一方面它使真理发生,某陌生意义内容开放有可能,另一方面它启示了我们的前见,因为他人的真理经常被放在与我们的真理的关系中表现出来,它不设定不可扬弃的前知识。

这样,"诠释学的任务自发地变成了一种事实的探究"②。"谁想理解,谁就从一开始便不能因为想尽可能彻底地和顽固地不听文本的见解而囿于他自己的偶然的前见解中——直到文本的见解成为可听见的并且取消了错误的理解为止。谁想理解一个文本,谁就准备让文本告诉他什么。因此,一个受过诠释学训练的意识从一开始就必须对文本的另一种存在有敏感。"③

事情本身对于伽达默尔来说,就是一种陌生性、对抗性。他说:"实际上存在着一种熟悉性和陌生性的两极对立,而诠释学的任务就是建立在这种两极对立上。"④这里伽达默尔讲到诠释学的对立两极,熟悉性这一极指理解者与传承物所具有的共同性以致传统连续方面,显然是指理解者的前理解或主观性方面,而陌生性这一极指传承物与理解者的时间距离以致传统可能中断方面,显然是指文本或他人的事情本身。伽达默尔认为,事情本身就是这种对理解者主观性起制约作用的陌生之物,他说,"传承物对于我们所具有的陌生性和熟悉性之间的地带,乃是具有历史意味的枯朽了的对象性和对某个传统的隶属性之间的中间地带。诠释学的真正位置就存在于这中间地带内"⑤。如果我们以前见作为熟悉性(注意这里伽达默尔是用"隶属性"概念来说我们的熟悉性),而以事情本身作为陌生性,我们似乎就看到这样一种辩证法,即只有前见告诉我们事情,而只有事情才产生对前见的修正,这正是海德格尔与伽达默尔所讲的诠

---

① 伽达默尔:《真理与方法》,第1卷,第274页。
② 同上书,第273页。
③ 同上。
④ 伽达默尔:《真理与方法》,第1卷,第300页。
⑤ 同上。

释学循环。

伽达默尔还从谈话过程来揭示这种事情本身对理解的制约性,他说:"把诠释学任务描述为与文本进行的一种谈话,这不是一种比喻的说法,而是对原始东西的一种回忆。"① 为什么是一种回忆呢?因为最古的柏拉图的对话就是说,"服从谈话伙伴所指向的论题的指导。进行谈话并不要求否认别人,而是相反地要求真正考虑别人意见的实际力量。因此谈话是一种检验的艺术。"② 检验艺术就是提问艺术,而提问就是暴露和开放,伽达默尔把这种艺术称之为辩证法,他说:"辩证法并不在于试图发现所说东西的弱点,而是在于显露它的真正强大。辩证法并不是那种能使某个软弱东西成为强大东西的论证艺术和讲演艺术,而是那种能从事情本身出发增强反对意见的思考艺术。"③

不过,如果我们深入研讨伽达默尔所解释的事情本身,我们也可看到,这种事情本身尽管是作为陌生性与客观性的预设,以与我们理解的可能主观性和任意性相对立,但是,按照伽达默尔的观点,这种事情本身却不是完全客观和中立的,它不假定自我消解,而是包含对我们自己的前见解和前见的有意识同化。他说:"确切地说,在成功的谈话中,谈话伙伴都处于事情的真理之下,从而彼此结合成一个新的共同体。谈话中的相互理解不是某种单纯的自我表现和自己观点的贯彻执行,而是一种使我们进入那种使我们自身也有所改变的公共性中的转换(eine Verwandlung ins Gemeinsame hin, in der man nicht bleibt, was man war)。"④

因此,按照伽达默尔的观点,事情本身可以是相对变化的。正如我们不可认为前见自行消失,同样我们也不可认为事情本身能纯粹自我展现。

---

① 伽达默尔:《真理与方法》,第 1 卷,第 374 页。
② 同上书,第 373 页。
③ 同上。
④ 伽达默尔:《真理与方法》,第 1 卷,第 384 页。

事情本身其实总是被我们的立场、我们的问题所制约。在《真理与方法》里，伽达默尔曾讲到对这种事情的理解，他说："实际上，只是由于那个能把事情（Sache）正确描述给我们的人，该事情才对我们真正表现出重要性。"① 又说：

"虽然事情确实是我们的兴趣所在，但事情只是通过它在其中向我们呈现的方面而获得它的生命。我们承认事情有在不同的时间或从不同的方面历史地表现自身的诸不同方面；我们承认这些方面并不是简单地在继续研究的过程中被抛弃，而是像相互排斥的诸条件，这些条件每一个都是独立存在的，并且只由于我们才结合起来。我们的历史意识总是充满了各种各样能听到过去反响的声音。只有在这些众多的声音中，过去才表现出来。这构成了我们所分享和想分享的传统的本质。现代的历史研究本身不仅是研究，而且是传统的传递。"②

关于事情本身的这种变化关系，伽达默尔在谈到历史诠释学时是这样说的："我们现在的出发点是这样一种认识，即在精神科学里所进行的理解本质上是一种历史性的理解，也就是说，在这里仅当文本每次都以不同方式被理解时，文本才可以说得到理解。这正表明了历史诠释学的任务，即它必须深入思考存在于共同事情的同一性和理解这种事情所必须要有的变迁境况之间的对立关系"。③ 同一事情本身却随着不同的境况而有不同的理解。

研究对象是这种不断变化的东西，这就与自然科学研究的固定对象不同，在这里伽达默尔讲到精神科学研究与自然科学研究的本质不同，他

---

① 伽达默尔：《真理与方法》，第1卷，第289页。
② 同上书，第289页。
③ 同上书，第314页。

说:"我们不能在适合自然科学的意义上——即研究愈来愈深入到自然里面——讲到精神科学的固定的研究目的。其实,在精神科学里,致力于研究传统的兴趣是被当代及其兴趣以一种特别的方式激发起来。研究的主题和对象实际上是由探究的动机所构成的。因此历史的研究被带到了生命自身所处的历史运动里,并且不能用它正在研究的对象从目的论上加以理解。这样一种'对象'本身显然根本不存在。这正是精神科学区别于自然科学的地方。当自然科学的对象可以理想地被规定为在完全的自然知识里可以被认识的东西时,如果我们说某种完全的历史知识,就是毫无意义的,并且正因为这种理由,我们也根本不可能讲到这种研究所探讨的'对象本身'。"①

事情本身这种不断变化的现象,伽达默尔是以事情本身的语言表达(das Zur-Sprach-Kommen der Sache selbst)来说明的,当他解释了事情本身是每一种文本理解和每一种谈话相互理解所涉及到的一个置于其面前的对象,正如一个人与他的谈话伙伴关于某事情取得相互理解一样,解释者也理解文本对他所说的事情的时候,他马上说:"这种对事情的理解必然通过语言的形式而产生,但这不是说理解是事后被嵌入语言中的,而是说理解的实现方式——这里不管是文本还是那些把事情呈现给我们的与谈话伙伴的对话——就是事情本身得以语言表达。"②并且伽达默尔还进一步肯定地说:"诠释学问题并不是正确地掌握语言的问题,而是对于在语言媒介中所发生的事情正当地相互了解的问题。"③

为了理解这一点,我们可以回忆伽达默尔与《真理与方法》同时发表的一篇论文"事情的本质和事物的语言"。伽达默尔之所以分析"事情的性质"和"事物的语言"这两个表达式,是因为这两个表达式都指称那种

---

① 伽达默尔:《真理与方法》,第1卷,第289—290页。
② 同上书,第384页。
③ 同上书,第388页。

被认为能修正意见与建立真理的基础。在第一个表达式里，人们认为事情的性质可以被用为真理的基础。按照伽达默尔的看法，黑格尔就是事情性质的最伟大的解释者，因为在真正的哲学思辨里，事情起告知我们的作用。"面向事情本身"这一现象学名言意指类似的意思："不符合事实的、充满偏见的和任意的建构和理论"[1]需要加以排除和克服。另一方面，"事物的语言"这一表达式，意指我们应当倾听事物已经说的东西，并且倾听它们的语言将修正错误的意见。按照伽达默尔的观点，这是海德格尔的立场。

这两句话意指有某种超越"任意的专横"的东西。但伽达默尔在这两个表达式里看到一种重要的哲学区别。伽达默尔认为，"事情的性质"这一术语的问题是，它保留了主—客二分，即一方面是主体性、意志，另一方面是客体和物自体的二元论[2]。跟随海德格尔，伽达默尔反对这种二分。伽达默尔指出，在古典形而上学里，灵魂与事物的原始一致说（这构成真理的基础）是在神学上加以证明的。因为伽达默尔不接受这种古代的神学证明，他追问是否为这种建立真理的一致说还有另一种基础。他发现这种基础在语言中。在语言中——语言就是事物的语言（die Sprache der Dinge），这种灵魂（主体）与事情（客体）的原始一致是为人类的有限意识而出现的。正是在我们的语言表达式里，事情才被认识，并能与意见对立。伽达默尔结论说：

"我认为，和我们的有限性相适合的那种一致性经验不能依靠反抗其他意谓并要求注意的事情的本性，它只能依靠像事物自身表达出来那样被听从的事物的语言，形而上学曾把这种一致性说成被造物互

---

[1] 伽达默尔：《真理与方法》，第2卷，第67页。
[2] 同上书，第71页。

相之间的原始符合,尤其是被创造的灵魂与被创造的事物的符合。"①

因此,在语言里所表达的事物(就其广泛的意义)就是《真理与方法》里被称之为事情本身的东西。事情本身是构造宇宙并为人来到存在(当它们进入语言)的基本实在。事情本身的本体论状态的讨论构成《真理与方法》的第三部分。不是事情的本性或本质,而是事情的语言,才能被要求去修正意见。正是这一点,伽达默尔在《真理与方法》该部分中一开始就引用了施莱尔马赫的话:"诠释学的一切前提不过只是语言"②,最后他自己还明确地说:"这种关于事情本身的行动的说法,关于意义进入语言表达的说法,指明了一种普遍的—本体论的结构,亦即指明了理解所能一般注意的一切东西的基本状况。能被理解的存在就是语言(Sein, das verstaenden werden kann, ist Sprache)。"③

不过,"能被理解的存在就是语言"这一伽达默尔中心论点表现了这样一个解释问题:究竟是在其完满性中的事情本身,还仅是事情本身的某个方面,表现自身于语言的表述中。一方面,伽达默尔写道,好像事情本身来到语言表达(Zur-Sprache-Kommen)是一个完全的表述,例如我们读到,没有第二个存在被创造在自我表现的思辨事件中,伽达默尔说:"来到语言表达并不意味着获得第二种存在。某物表现自身的东西都属于其自身的存在。因此,在所有这些作为语言的东西中所涉及的是它的思辨统一性:一种存在于自身之中的区别,存在和表现的区别,但这种区别恰好又不应当是区别。"④ 但另一方面,在语言作为语言观(Sprachansicht)的讨论中,伽达默尔曾认为,在语言表达中仅只有事情本身的某个特殊的

---

① 伽达默尔:《真理与方法》,第 2 卷,第 76 页。
② 伽达默尔:《真理与方法》,第 1 卷,第 387 页。
③ 同上书,第 478 页。
④ 同上书,第 479 页。

Ansicht才得到表现，伽达默尔说："对传承物的每一次占有或领会，都是历史地相异的占有或领会——这并不是说，一切占有或领会只不过是对它歪曲的把握，相反，一切占有或领会都是事情本身某一'方面'的经验。"①

在事情本身出现的语言观里，事情本身的正确表述究竟是本身的完全的表现，还是本身最完全的，然而不是整个的表现呢？另外，由于时间的推移，事情本身的正确表述也会不断在改变，因为伽达默尔另一个重要论点是，由于时间的推移，如果我们完全理解，那么我们就是不同地理解，伽达默尔说："理解并不是更好理解……我们只消说，如果我们一般有所理解，那么我们总是以不同的方式在理解，这就够了。"②

这里，我们进入了一个哲学争论问题，伽达默尔所谓的"事情本身"是否就是康德所说的"物自身"呢？一个以自身不变来应付万变的"X"，这种事情本身是否不受视角的影响。格朗丹在其《诠释学的真理？——论伽达默尔的真理概念》一书就提出过这问题："一个前见怎样可能证明是真或假的呢？海德格尔和伽达默尔的挑动性的答复是众所周知的，即按'事情'本身。差不多所有我们世纪的哲学倾向都要召唤的这种'事情'究竟有什么样的性质呢？被许多人要求的这种'事情'难道不受视角影响？"③ 如果我们深入考察一些学者的论著，我们可以看到有的学者就是从这方面论证伽达默尔的事情本身，似乎海德格尔与伽达默尔所讲的事情本身就是康德的物自体。

另一个问题就是在诠释学理解里是否有这种事情本身？格朗丹否认这种事情本身，他说："首先在诠释学里并没有那种作为立场制约性对立

---

① 伽达默尔：《真理与方法》，第1卷，第476—477页。
② 同上书，第302页。
③ 格朗丹：《诠释学真理？——论伽达默尔的真理概念》，洪汉鼎译，商务印书馆2015年版，第190页。

面的事情本身。"① 我认为事情本身虽然是一种预先作为制约性和对立面的设定,但也不完全就是虚无的东西。实际上也指文本本身的一些内容与结构,它既包括作者的意图、原始读者的理解,也包括原始语境与问题。尽管历史上有众多不同的对《论语》《孟子》的解释,尽管它们众说纷纭,但都是对同一部《论语》或《孟子》的解释,正如我们不可能把《红楼梦》理解和解释成《哈姆雷特》,我们也不可能把《哈姆雷特》解释成《红楼梦》。这都是由所谓"事情本身"所决定。在这方面,我认为德国学者施密特(Lawrence Kennedy Schmidt)的看法似乎是可参考的。

德国学者施密特在其《伽达默尔的认识论——前见合法性的分析》一书中关于事情本身做了一种特别的解释。他首先区分 Sache selbst(事情本身)和它的 Ansicht(外观、表现,一般指语言观或语言表现)。他写道:"在前面几章我们已经证明,在理解事件中,当认识解释者经验到事情本身的表述(Zur-Sprache-kommen,语言表达)的开显性质,即经验到事情本身的自我表现(Sichdarstellen)时,真理可以被检验。这是一种在语言媒介内的自我表现。语言的思辨性质,并由于语词的内蕴,确保了事情本身在认识解释者的特殊语言内的表述,即事情本身的外观(the Ansicht der Sache selbst)并不是不同于事情本身的东西。外观(Ansicht)就是事情本身在某特殊语言(Sprachansicht,语言观,或 linquistic epoch,语言时代)中的真的或正确的表现。认识解释者经验到这种外观的启明性质,并因此能按事情本身建立他的前见。因此,前见的合法化过程依赖于认识解释者(the cognizer-interpreter)、事情本身(the Sache selbst)和它的外观或语言内的表述(its Ansicht or articulation in language)之间的内在关系。下面关于事情本身与其外观之间关系的分析将为理解事件的解释模

---

① 格朗丹:《诠释学真理?——论伽达默尔的真理概念》,第 90 页。

式提供基础。"①

这样，就涉及到事情本身与他的观的关系，事情本身可以完全地表现在它的观内，也可以不完全地表现在它的观内，事情本身可以是变化的，也可以是不变化，这样根据两两组合，就可以形成四种不同的解释关系：

1）事情本身在其 Ansicht 里被完全地表现，它随着时间的推移而不改变；

2）事情本身在其 Ansicht 里被完全地表现，它在时间中要改变；

3）事情本身在其 Ansicht 里只部分地被表现，然而允许像 Ansicht 一样完全，并且事情本身不改变；

4）事情本身在其 Ansicht 里不完全地被表现，它在时间中有变化。

按照施密特的看法，在这四种解释中，第一种与第四种解释显然是错误的。因为在第一种模式里，事情本身的表述被假定为完全地表现自身，而且事情被断定并不随时间变化而变化。如果真是这样，事情本身则只有一种正确的表述。这结论是与伽达默尔关于真理和理解的历史性的根本观点直接矛盾的。"理解并不是更好理解……我们只消说，如果我们一般有所理解，那么我们总是以不同的方式在理解，这就够了。"② 因为这种解释模式肯定绝对的真理，所以必须被拒绝。而第四种解释因为主张事情本身在其 Ansicht 不完全表现，并且本身还在时间中发生变化，那么就根本无真理理解而言。因此只有第二种与第三种关系才可能成为正确模式，施密特说格

---

① L.K. 施密特（Schmidt）:《伽达默尔的认识论——前见合法性的分析》(*The Epistemology of Hans Gadamer, An Analysis of the Legitimization of Vorurteile*, Peter Lang, 1987)，第 191 页。
② 伽达默尔:《真理与方法》，第 1 卷，第 302 页。

朗丹是主张第二种模式，而他本人是主张第三种模式。下面是他的分析：

1. 拒绝第二种解释模式

在考察了某些能支持第二种解释模式的原文证据之后，我将论证说这些段落应当不同地加以解释。一个这样的段落我们可以在关于语言的思辨性质的讨论结束时发现。伽达默尔说，虽然理解过程总保持开放，但对传统的每一占有都发现一种新的事情本身的经验。不存在有那种事情本身会出现于永恒之光里的无限精神。这种情况表现思辨的矛盾。

"对传承物的第一次占有或领会都是历史地相异的占有或领会——这并不是说，一切占有或领会只不过是对它歪曲的把握，相反，一切占有或领会都是事情本身某一'方面'的经验。"（Ⅰ, 476—147）

两页之后，伽达默尔解释他所谓的思辨的矛盾：

"来到语言表达（Zur-Sprache-Kommen）并不意味着获得第二种存在。某物表现自身为的东西都属于其自身的存在。因此，在所有这些作为语言的东西中所涉及的是它的思辨统一性：一种存在于自身之中的区别：存在和表现的区别，但这种区别恰好又不应当是区别。"（Ⅰ, 479）

我们可以（我试着）解释第一段是这样的意思：没有存在于正确的历史上不同的解释"之后"的事情本身，因为伽达默尔说过，没有任何精神（不管是如何无限）能认识在其所谓自身存在里的事情本身；第二，作为事情本身 Ansicht 的正确解释不单纯是事情本身好像它可能在自身存在一样的模糊不清的领会。因为不是不清楚的，所以 Ansicht 一定是清楚的，这意味着 Ansicht 在所与时间内表现事情本身。这种解释可以由这一事实来支持，即括号出现的"Ansicht"表明，它不是事情本身不完全的观点，而是事情本身绝对完全的形象。

第二段的意思可以这样解释：正确的历史上不同的 Ansicht 然而却是事情本身的每一种全部的完全的表现。按照这种模式，各种 Ansicht 的历史差别是由于事情本身的改变，而不是由于对事情本身（事情本身保持一样）的视角的改变。第二种解释模式假设，正是事情本身经历改变，或这本身就是一个事件或过程，而事情的历史上不同的 Ansicht 或表述是与某特殊时间的事情本身是同一的。

伽达默尔下面的例子可以引证来支持第二种模式的论点，即事情本身改变："如果荷马的《伊利亚特》或亚历山大的《印第安之战》是以重新占有传承物的方式向我们说话，那就不会有只会不断被揭露的自在存在，而是像在一场真正的谈话中一样，总会产生出一些对话双方从自身出发不可能包括的东西。"（Ⅰ, 466）

这段话可以解释为这样的意思：在不同历史的然而正确的解释里来到表现的新表述或 Ansicht，并不是某单个不改变的事情本身的更好或更完全的观点（方面）。毋宁说，每一个新表述或 Ansicht 表现事情本身里的某个进一层的新的要素，而这个要素是因为事情本身改变而出现的。所以稍早的和后来的表述都被认为是事情本身在那个时间内的完全表现。

虽然格朗丹没有考虑事情本身是否改变或保持一样这一特殊问题，但他的一些评论却表明他是支持第二种模式的。例如，他对《真理与方法》第 477 页和思辨矛盾的评论（《诠释学真理？——论伽达默尔的真理概念》，225—226），他写道，我们只看到那种能在不同历史时期不同表现自身的 Ansicht。但他认为自在事情（Sache an sich）是不相关的（同上书，256—257），因为"事情，正如它显示给我们那样，乃是一种必然历史地被生成的，它自身带有它的标准"（同上书，257）。他继续写道，"事情本身的表现让我们倾听在无限展开中开启自身的存在的真理"（同上书，273）；语言是"存在的开启着的自我表现"（同上书，278），"事情在历史中的自我展开"（同上书，241）。格朗丹好像认为事情随着时间而改变和发展。在其历史发展中它表现自身于语言中。

上述几段都支持这第二种解释模式，即事情本身改变，而每一历史的

Ansicht 都是事情本身的完全表现。在我按照第二种解释模式对这些段落进行另一种解释之前,我将对这第二种解释模式做出一些一般的反驳。

对第二种解释模式的最有力的反对是基于伽达默尔的前见这一中心概念。前见能有合法的和非合法的。合法的前见基于事情本身,我们曾证明,当一个前见符合于事情本身的表述(Ansicht)——这是启明的,那么这前见就是合法的。

由此推知,一个非合法的前见就是那种并不表现事情本身的 Ansicht,而是表现某种事情之外东西的语言表达式,因为它在意见中有不正确的基础。

因此,如果这第二种解释模式肯定 Ansicht 是事情本身的完全表述,那么它必须要肯定在某个特殊时间对事情本身的特殊理解只基于合法前见,而不基于不合法前见。

但这与伽达默尔关于人类理解的前见结构的基本信念相矛盾。在《真理与方法》最后一段,伽达默尔结论说:"因此绝不可能存在摆脱一切前见的理解,尽管我们的认识意愿必然总是力图避开我们前见的轨迹。"(Ⅰ,494)

在这段里,伽达默尔并不意指我们可能排除我们某些前见而以另外东西来代替它们。他一定是这样的意思,即"前见"是不合法的前见。伽达默尔经常以日常生活中不合法的偏见来使用前见。为了证明情况是这样,我们只必须考虑他的认识论最基本的要素。

伽达默尔同意并开始于海德格尔的论点,即一切理解基于前结构(即前见)。关于排除前见的可能性,甚至部分地诠释学循环没有什么讨论。讨论前见的全部矛头可以证明有合法前见,这些前见必须被发现,以便正确理解。已经证明我们的前见规定我们的视域,特别否认我们能排除视域而进入这样的开放领域,在此领域只有很少或没有前见(Ⅰ,305)。最后,如果有可能部分地避免前见,效果历史原则和效果历史意识概念则必须根本修改。这就是可以修改的不合法的前见。

因此第二种解释模式认为 Ansicht 是事情本身的完全表现,这就与上述论点相矛盾,因为它意味着这种认识既然是完全的,就绝不可包含不合法前见。

关于人类知识的基本有限性和历史性的进一层矛盾,伽达默尔是在相对于时间距离的论题里陈述的,那里说虽然有时间的距离却允许事情的真意义,似乎在扫除不合法的前见。但"真意义的穷尽"却是一个无限的过程。相对于效果历史观念,伽达默尔说"所谓历史的存在,就是说,永远不能进行自我认识"(Ⅰ,307)。但是,如果表述是完全地表现事情以及没有不合法前见,那么我们就具有事情的完全知识,因此人的知识就既不是受限制的也不是历史的。

事情本身在 Ansicht 里完全表现的说法特别与语言观(Sprachansicht)观念相矛盾。因为语言只能表现某种世界观(Weltansicht),世界本身是不可认识的(Ⅰ,307)。但是,如果在每一历史上不同的然而是正确的解释里,表述完全表现了事情本身,那么自在的事情本身以及世界本身就将完全可认识(像它在那个时间内那样),这显然是被否认的。

另外,如果认识解释者的理解没有任何限制,既然他所认识的任何 Ansicht 都是事情的完全表现,那么这将与人类认识的可错性这一基本经验真理相矛盾(Ⅰ,359—360)。如果 Ansicht 是完全的表现,那么就不能有任何进一层经验能改变或修正这种认识。

伽达默尔不讨论一个改变的事情本身,而是讨论在对事情本身的占有或解释里事情本身的必然变化。考虑一下伽达默尔关于亚里士多德"实践智慧"的伦理学主题的讨论,显然,伽达默尔并不说一个新的占有被需要是因为事情本身(例如艾多斯、公正)已经改变。他意思是,关于公正(法律)的某个特殊的历史上发展的解释必然是不完全的,可以在新的境遇里必然被修正,以便精确地表现作为事情本身的公正。

因此,虽然第二种解释模式可能被一些段落所支持,但在它主张 Ansicht 是事情本身的完全表现,以及主张事情本身在改变,却是存在严重问题的，这些问题使它不可能被我们接受为是处理事情本身与它的语言表述之间关系的模式。

2. 正确的第三种解释模式

第三种解释模式肯定了两点：(1) Ansicht 并不表现事情本身的整体，而是仅表现它的个别方面，然而在所与语言观里可能是最完全的表现；(2) 事情本身（自身）并不随时间的推移而发生改变。

在伽达默尔讨论语言是世界经验可能性的条件时，已经证明某特殊语言确立某特殊世界观，即 Sprachansicht als Weltansicht（Ⅰ，443—444）。语言不是某种描述工具，让认识解释者去表现某种已知的世界，毋宁说，世界被启示于人类，仅在于语言和通过语言（Ⅰ，441—442）。在这种语言的世界关系里，事态才进入存在（来到语言表达，Ⅰ，445—446）。

另外，语言不是固定的实体，而是改变和发展的。"它（指语言）只有通过相互理解的过程才能构成自己的现实性"（Ⅰ，450）。由于有某特殊语言，某特殊世界就被给予。"在一种真正的语言共同体中我们并不是尔后才达到一致，而是如同亚里士多德所指出的，已经存在着一致。"（Ⅰ，450）这证明在某特殊的语言共同体里，特殊的世界观已经确定了，虽然任何特殊世界观与语言一样是要变化的。因此，不同的语言观表现不同的世界观。

伽达默尔援引胡塞尔来证明每一特殊的语言细微差别（Abschattung，侧显），即语言观或世界观表现自在世界的不同的不完全的图画，有如对观察对象的不同感官知觉那样。正如胡塞尔的桌子例子，事情本身保持一样，尽管它具有一切不同的方面。

因此，事情本身在自身或作为整体是永不被表现在特殊的 Ansicht 或语言表述里，表现的只是事情本身的某个方面、不完全的图画。事情本身的表述（它来到语言表达）意味着事情本身的某个特殊的不完全的表达式表现自身于某特殊的语言观中，但它是事情在给定语言观里能获得的最完全的表现。另外,任何特殊的 Ansicht 在能力上都包含其他 Ansichten,因为语言观可以改变去包容其他语言观。但是不存在表现整个事情本身的语言、语言观和事情本身的 Ansicht。

事情本身的 Ansicht 不是事情的完全表现,这从伽达默尔关于语言的讨论可证明。在关于基督教思想里话语(verbum)的讨论就证明,正是通过正确的话语事情本身才进入存在。在前面讨论中,圣奥古斯丁所提出和伽达默尔所表现的关于人的语词的不完美性不同于神的语词的差别是很重要的。人的证词是不完美的,因为它不在事情本身的完美性和整体性中表现事情本身(自在存在),而只是不完全地表现事情本身。

另一方面,说语词只不完全地表现事情本身,却允许概念的发展:"这反过来又意味着,通过语词构成而被意指的一般概念自身也通过每次的对事情的直观而得到充实,从而最终也产生出一种更适合于直观事情特殊性的新的更专门的语词构成。"(Ⅰ,432—433)

这种概念的发展并不是因为事情本身改变了而出现的(有如第二种模式所提出的),而是因为概念是不完全的(虽然不可证明)。概念、语词或 Ansicht 可以变成更精确(更好),但不完全精确。

在特殊语言观里事情本身的 Ansicht 不是事情的完全表现(正如第三种模式所肯定的),这可以由下面这段话证明:"如果我们从理解的语言性出发,那么我们正好相反强调了语言事件的有限性,而理解则正是在语言事件中得到实现。引导事物的语言——不管它是哪一类事物——并不是 logos ousias(本质逻各斯),也不是在某种无限理智的自我直观中得到实现——它是我们有限的历史的生物在学会讲话时所熟悉的语言。"(Ⅰ,480)

说语言不是 logos ousias(本质逻各斯),意思是说,语言的语词并不表现事情本身的整体或本质存在。正相反,正如第三种模式所说,只有事情本身的某个方面,Ansicht 才被表现在任何特殊语言即语言观里。

如果正如这种解释模式所认为的,即事情本身保持不变,表述只是事情的部分现实性，那么伽达默尔关于亚里士多德伦理学主导概念的讨论就可以一致地被解释。像 eidos 这样的伦理学主导观念，正如事情本身一样，自身保持不变，而作为 eidos 的表现的法律，即公正，则必然是不完全的，然而，如果它是 eidos 的正确解释，它虽然不完全，但像我们所能做的那样是正确的。同样，Ansicht 不是事情的整体表现，虽然它对某种语言观（语言时代）却是可能最好的表现。

第三种解释模式也符合经验真理，既然人能知道或经验的只是事情本身的 Ansicht，而不是在其整体性中的事情本身，那么通过真的经验在现在的 Ansicht 里有改变的可能性则总是原则上可能的。

因此，这第三种模式正确地解释人类的有限性和历史性。人类知识是有限的，这在于它只经验了 Ansicht，而不是整个事情本身，虽然总会有新的经验能改变已有的 Ansicht。

最后，第三种模式可以通过思考伽达默尔与海德格尔关于真理的概念的相似性来加以证明，伽达默尔主张真理是事情本身的 Ansicht，而海德格尔主张真理是 Erschlossenheit（开显）以及后期是 Un-verbergenheit（无蔽）与 Verbergen（遮蔽）。作为进入语言的事情本身的 Ansicht，作为 Ansicht，是这事情的真理的展开，同时因为它不是事情完全的表现，所以 Ansicht 也是一种遮蔽。

第三种模式肯定 Ansicht 是那种本身不改变的事情本身的不完全表现，也提供对那些曾支持第二种解释的段落的另一种解释：关于传承物的占有一段（Ⅰ，477）可以解释为：不同的 Ansichten 则不仅是模糊不清的事情本身的表现，因为它们在任何情况下都是在所与语言时代或语言观里最清楚可能的表现。思辨的矛盾可解释为：每一 Ansicht 在成为事情本身另一个正确表述时虽然是不同的，但同时每一 Ansicht 可以称之为保持不变，因为每一个都是同一个不改变的事情本身的表述。

在同样的意义上，第二段（Ⅰ，479）应当读为：在事情的表述里不存在第二种存在，因为 Ansicht 是事情本身在某所与语言时代是最精确的表现。因此情况并不是各种 Ansicht 更紧密地接近，例如对荷马《伊利亚特》的重新占有，因为每一占有（作为一个 Ansicht）相对于某特殊语言时代乃是最精确的，它们不能按照自在事情本身加以比较或量度，因为事情本身在其整体上总是保持不可知的。第三种避免了改变的事情本身问题，也避免了完全表现事情本身的理解（Ansicht）问题。①

此上是施密特的解释，我自己的解释是：伽达默尔的诠释学是强调文本的事情本身（真理内容或事理）的同一性与我们对它们理解的变异性的辩证法，在此意义上，似乎第三种解释模式有合理性，因为这种模式主张：（1）事情本身保持不变；（2）Ansicht 只是事情本身的部分表现；（3）但在某语言观里 Ansicht 可能是最完全的表现，它可能最精确地表现了事情本身与它的 Ansicht 之间的关系。不过，我们要认识到，在伽达默尔那里，文本的事情本身具有同一性，但这种同一性是指文本的真理内容或事理，而不是指它们的意义，因此我们不能用赫施的所谓固定的 meaning 与变化的 signification 来理解这种同一性与变异性的辩证法。

四、完满性前把握（Vorgriff der Vollkommenheit）

我们在伽达默尔的哲学诠释学里遇到的第四个概念就是完满性前把握。伽达默尔说："一切诠释学条件中最首要的条件总是前理解，这种前理解来自于与同一事情相关联的存在，正是这种前理解规定了什么可以作为统一的意义被实现，并从而规定了对完满性前把握的应用。"② 我们上面

---

① 引自施密特：《伽达默尔的认识论——前见合法性的分析》（*The Epistemology of Hans-Gadamer, An Analysis of the Legitimization of Vorurteile*, Peter Lang, 1987），第 197—207 页。
② 伽达默尔：《真理与方法》，第 1 卷，第 299—300 页。

已论述了前理解与事情本身,现在我们就要论述完满性前把握了。

完满性前把握(vorgriff der Vollkommenheit)是作为文本解释的可能任意性和特异性的对立力量,特别是作为前理解条件的必要补充,而被伽达默尔引入诠释学的。何谓完满性的前把握呢?伽达默尔有一些说明:

"作为一切理解基础的这种循环的意义,还有一个进一层的诠释学结论,这个结论我想称之为'完满性的前把握'。显然,这也是支配一切理解的一种形式的前提条件。它说的是,只有那种实际上表现了某种意义完整统一性的东西才是可理解的。所以当我们阅读一段文本时,我们总是遵循这个完满性的前提条件,并且只有当这个前提条件被证明为不充分时,即文本是不可理解时,我们才对传承物发生怀疑,并试图发现以什么方式才能进行补救。"①

按照伽达默尔的观点,这种完满性的前把握乃是一切理解的一个必要的形式条件,所谓形式就是指它不是实质的,而是预先必要的一种设定。按照伽达默尔的看法,我们理解传承下来的文本,我们总是根据从我们自己的先行实际关系中所获得的前理解进行意义预期,而在进行这种意义预期时,我们必须先要有一种形式设定,即要先设定被理解的东西本身必须是意义完整统一的,即所谓完满性前把握,才可检验我们的意义预期并获得正确的理解。

不过,在伽达默尔进一步解释完满性前把握时,其意义似乎超出了上述"只有那种实际上表现了某种意义完整统一性的东西才是可理解的"这一点,他提出了完满性前把握具有两种意义,即内在的意义与超越的意义。他说:

---

① 伽达默尔:《真理与方法》,第1卷,第299页。

"这种支配我们一切理解的完满性前把握本身在内容上每次总是特定的。它不仅预先假定了一种内在的意义统一性来指导读者,而且读者的理解也是经常地由超越的意义预期所引导,而这种超越的意义预期来自于与被意指的东西的真理的关系。"①

另外,伽达默尔接下来还说:"完满性前判断不仅包含了文本应完全表现其见解这一形式要素,而且也意指文本所说的东西就是完全的真理。"②在对艺术作品的理解里,伽达默尔也说:"只有当我们预先假定了一件艺术作品充分表现了一个艺术理念(恰当性 Adaequation)时,艺术作品才能被理解。"③"事实上这里涉及到了一切诠释学的某个公理,这个公理我们前面曾描述为'完满性的前把握'"。④

因此,完满性前把握的全部意义应当是:(1)先假定文本的意义是内在统一的,即它的内容是融贯的、不矛盾的,这是完满性前把握的内在意义;(2)先假定文本所说的东西是真的,这是完满性前把握的超越意义。按照伽达默尔的看法,所要理解的文本或对象必须是意义统一的完整性东西以及其内容必须是真的,只有当我们预先假定了这一形式的前提条件,即肯定我们所要理解的对象本身是一个意义统一对象并是真的时,我们才可能对我们的前理解和意义预期的正确性不抱独断论的态度,而取开放的态度,随时按事情本身对它们进行检验。

伽达默尔举了几个例子来说明,正如一个收信人理解信中所包含的信息,首先是以写信人的眼光去看待事情,即把写信人所写的东西认为是真的——注意,这并不是说把这个写信人的特别见解认为是真的。另外,我

---

① 伽达默尔:《真理与方法》,第1卷,第299页。
② 同上。
③ 同上。
④ 伽达默尔:《真理与方法》,第1卷,第376页。

们理解新闻记者报道的消息，我们也总是先假定其报道是可靠的，因为他当时在场或消息灵通。与这些情况完全一样，我们理解某个文本，也总是先假定作者所写的东西是有意义的和真的，而只有当把作者所说的东西认为是真的这种试图失败了，我们才力图把文本理解为他人的见解。伽达默尔写道：

> "所以，正如一个收信人理解了信中所包含的消息，并首先以写信人的眼光去看待事情，即把写信人所写的东西认为是真的——但并不是想把这个写信人的特别见解认为是真的——同样，我们根据从我们自己的先行实际关系中所获得的意义预期理解了传承下来的文本。而且，正如我们相信某个记者的消息是因为他当时在场或者他消息灵通，同样，我们基本上总是开启这样一种可能性，即对于我们先有的意义，传承下来的文本作者要比我们知道得更好。"[①]

在收到一封有信息的信里，我们读信时期待一种意义统一性表现自身在所说的东西里（内在的），以及这种统一性将不与关于告知给我们的事情内容是真的东西相冲突（超越的）。我们并不期望关于作者的思想有一种不习惯的观点，除非作者告诉我们他倾向这种观点。文本的理解被认为是以同样的方式。我们期望文本表现一种意义统一性并期望它所说的东西是真的。这并不意味着文本不能表现某种不同于我们认为是如此这般的东西。伽达默尔陈述的意思是说，我们必须原本假定文本表现的东西是真的。他的例子是我们期望更好报道的记者的例子——他当时在那里，他是目击者，而我们既不在那里，也不是目击者。如果他报道的东西与我们先认为的判断相矛盾，那么情况可能是，我们承认记者是权威并采取他的观

---

① 伽达默尔：《真理与方法》，第 1 卷，第 299 页。

点。也许有另一报道被选择和比较，但都不会影响我们相信其中有可靠的东西。因此，文本可能获得一种权威的地位。但是也可能发生，我们实际上忽视了文本里所表现的判断。但为了同意或不同意，我们必须首先接受它所陈述的东西。伽达默尔肯定的是，在一开始，我们必须先假定文本里的内在的和超越的意义统一性。

认识解释者为什么必须一开始就要假定文本里有一种内在的和超越的意义统一性呢？正如上面的讨论所说，解释性的理解过程乃是从部分与整体的筹划意义（这是根据前见而筹划的）到部分与整体之间关系的总是新的筹划（这是在研究与解读过程中发展出来的）的运动。正是在理解过程中这点上，先假定内在的和超越的统一性的必要性才被证明。正因为认识解释者先假定文本里表现了一种内在的统一性，所以当他发现在部分与整体之间关系里有明显矛盾或不融贯时，他就能怀疑他是否在对一个或另一个部分的筹划里犯了错误。如果他不先假定文本里有一种意义统一性，那么他就不会怀疑他的筹划的意义，并能主张文本是不融贯的来单纯继续他的解释。因此，完满性前把握必要的原始前提，就是认识解释者有怀疑那些曾指导他的解释努力的前见。正是在此意义上，伽达默尔说完满性前把握可以指导解释者。不过要注意，完满性前把握虽然是一原始的前提，但它对最终解释那些被怀疑的前见是否是合法的或非合法的，不起决定作用。但是它是对那些指导解释性理解的前见进行怀疑的可能性的必要条件。

认识解释者为什么必须先假定认识内容（如文本）里有超越的意义统一性？这就是说，我们为什么必须首先假定文本所表现的东西是真的？回答类似于对内在统一性的回答。如果认识解释者不首先假定文本包含一种超越的意义统一性，即它表现了真理，那么他就永不会怀疑他关于文本里所表现的主题（事情本身）的前判断（前见）。如果他不先假定超越的统一性，那么他就会把文本的真理要求理解为错误的，假如这种真理要求不符合他的前判断的话。所以超越的意义统一性这一原始前提是怀疑我们自己前见的真理性的可能性的必要条件。所以,完满性前把握包含我们总是能从他人学习并能修正我们自己前见的可能性。

德国学者施密特在其《伽达默尔的认识论——前见合法性的分析》一书中曾用一个例子来说明首先假定超越的意义统一性的必要性。假设约翰主张在某虚幻岛只有蓝鸟这一观点(前见),以后他读一篇有关虚幻岛被观察有红鸟的报道。现在如果约翰并未首先假定超越的意义统一性,即该报道的真理性,那么他就没有理由去怀疑他自己意见的正确性并仍继续他的看法和相信那报道是假的。反之,如果他首先就假定了报道的真理,那么他就可能对他自己的意见加以怀疑。一旦情况是这样,那么他可能放下他的原本的前提,并对该报道和他自己的意见的真理都提出怀疑。

不过,完满性前把握在作为最初的前提时,并不意味着它就是真理标准。这里我们要注意,作为这两种方式(内在的和超越的)的完满性前把握乃是一个对于使自身区别于某人前见的逻辑可能性是必要的形式的前提。它的确不是一个关于解释结果的前提;它并不意味着在复杂的理解中,文本将总是被发现表现一种融贯的意义统一性或真理。许多诠释学研究者都误解伽达默尔这种完满性前把握的设定性质,他们似乎认为伽达默尔主张理解的真理标准是完满性前把握,似乎只有完满性的理解才是真理解。为了澄清这种误解,我想引用伽达默尔给贝蒂的一封信,完满性前把握只具有这种开端性特征在伽达默尔这封信中可以得到支持:

"'完满性前把握'绝不能是真理标准,你对此认识是完全正确的。这不是我自己的看法。的确,我甚至还认为,它常常被误解,当然理解的完全可消除的'前见'不属于此。凡在我们具有积极的认识当局的地方,我们必须克服这种前见。只有这样,一般才会对说得好的东西有一种批判。但是当我们理解了,批判就不是正常情况。批判支持那些从相反方向假定理解的自我表现的条件。就此而言，完满性前把握首先是主导的。这就是我对它的想法。"①

理解过程开始于对整体与部分的意义统一性的完全先行筹划。当我们的研究或解读继续时，我们可能发现筹划的意义与文本似乎表现的东西之间的不连续性。但是，为了怀疑和可能修正原来的筹划统一性，我们必须能够承认这种冲突的意义的可能正确性。这意味着，相对于我们原先的筹划的和融贯的统一性，文本必须被允许有正确性的可能性。单独融贯条件并不会允许开端对文本的承认，因为它们对于筹划意义会是不融贯的。但是，这种预设并不是说文本的意见永远是正确的，而我们的前见永远是错误的。关键点不是说文本永远讲真理，而是说我们必须首先假定它的真理，以便有可能把它的判断对立于我们自己的意见。

现在我们可以总结一下我们对于完满性前把握的看法：

（一）"完满性的前把握"（Vorgriff der Vollkommenheit），按照伽达默尔的看法，是支配一切理解的一种形式的前提条件，它说的是"只有那种实际上表现了某种意义完全统一性的东西才是可理解的"。②当我们阅读一个文本时，我们总是遵循这个完满性的前提条件，并且只有当这个前提条件被证明为不充分时，即文本是不可理解时，我们才对传承物发生怀疑，并试图进行补救，这也就是说，当我们阅读一个文本时，我们总是先对该文本有一个完满性的预期，正是在这种完满性的预期的指导下我们才开始了对文本的理解。完满性的前把握有两个要点：一是文本意思的完整统一，二是文本讲述完整真理。在伽达默尔看来，完满性的前把握是我们理解文本的先决条件，只有这样，我们才会对文本的另一个存在有敏感，才不会彻底顽固坚持自己的见解而不听文本的见解。

---

① 贝蒂：《作为精神科学普遍方法论的诠释学》，J. C. B. Mohr 出版社 1962 年版，第 51 页注 118。
② 伽达默尔：《真理与方法》，第 1 卷，第 299 页。

诠释学循环的恶性既不可能由于单单依赖融贯论标准而被避免，同时也不会由于试图运动到循环之外并援引外在于诗或文本本身的心理学或传记材料而避免。伽达默尔对此问题的解决乃是完满性预期或前把握。他说，最初的意义假定的自我肯定性质只有当我们不注意作者可能的意图而注意"他人所说的东西有事实的正确性"① 时才可被避免。换言之，我们必须假定文本可能是真的并且因此它有某种东西要教给或说给我们。这里的论证与假定统一的论证在结构上是同一论证：只有这一假定才能为文本意义的自我一致的解释成立或不成立提供标准。所以，如果一种沿着诠释学循环路线对文本的解释使文本取得一个显然是错误的立场，在伽达默尔看来，这主要是为指明解释的可能不正确性。在任何情况下，我们必须根据伽达默尔视为对他者开放或对文本独特性开放和对文本可能对我们自己观点的挑战开放来检验我们的意义假定。反之，如果我们从一开始抛弃了完满性前把握这一设定，我们将没有任何方法可以判定文本的不真性是由于文本内在的缺陷还是我们自己不能理解它。

对于伽达默尔来说，我们有可能在歪曲意义的任意前见与阐明意义的前见之间做出区分，这依赖于对所研究对象的可能真理进行开放。特别是承认我们所研究的文本具有某种规范权威性，因为只有承认这一点，我们才能检验我们关于文本或它突出的问题的观点的正确性。当然，解构主义者不仅反对理解需要一种支持被理解文本融贯性的假定这一诠释学传统的原始要求；他们也反对伽达默尔包含有支持文本真理的假定的对这一要求的修正。所以，雅克·德里达在讨论伽达默尔诠释学时说，完满性预期或对文本的"善良愿望"，就我们委身于把握它的真理而言，只不过是回到已过时的形而上学的"真理"概念。按他的观点，与达到观看他人所说的真理的和谐过程相比，在理解中的"决裂"（repture）和洞见文本推翻它

---

① 伽达默尔：《真理与方法》，第 1 卷，第 297 页。

自己真理要求的方式将更多地刻画了与文本的照面。

（二）完满性的前把握虽然是我们理解文本必不可缺少的，但它永不会通过解释而完全取得，它总是一种"前把握"，而不是一种真理标准。它会不断地随着更深入的理解而更多部分被修正，直至全部部分被综合为止。在这一点上，循环是封闭的，解释是完全的，真正的全体通过自身而没有前见地被理解。由于这种方法，即使我们并不开始于一个无前见的状态，但至少我们终结于一个无前见的状态。对于这种完满性的前把握，伽达默尔指出，我们不要从形式或方法加以理解，因为这里说的整体不是形式的整体，而是整体的真理，而整体的真理是不可能一次完成的，它是一个无限的过程。伽达默尔说："理解首先意味着对某种事情的理解，其次才意味着分辨并理解他人的见解。因此一切诠释学条件中最首要的条件总是前理解，这种前理解来自于与同一事情相关联的存在。正是这种前理解规定了什么可以作为统一的意义被实现，并从而规定了对完满性的前把握的应用。"[①] 哲学诠释学不追求"完满性"的理想，它只将理解的先验前提。

在理解中，究竟什么样的整体真理被筹划呢？对于伽达默尔来说，理解主要指相互理解，即理解者与被理解东西关于某事达到相互一致意见，因此这种整体真理一定是理解的人与被理解的东西这两部分的统一。伽达默尔说："诠释学必须从这种立场出发，即试图去理解某物的人与在传承物中得以语言表达的东西是联系在一起的，并且与传承物得以讲述的传统具有或获得某种联系。"[②] 历史的理解就是努力在过去与现在这两者之间达到有意义的统一，因此这种整体真理既不是过去传统自身的真理，也不是现在主体自身的真理，而是它们两者真理的统一。伽达默尔写道："传承物对于我们所具有的陌生性和熟悉性之间的地带，乃是具有历史意味的枯

---

① 伽达默尔：《真理与方法》，第1卷，第299—300页。
② 同上书，第300页。

朽了的对象性和对某个传统的隶属性之间的中间地带，这个中间地带就是诠释学的真正位置。"① 正是在这里，伽达默尔更认为诠释学所关心的东西不是个人及其意见，而是事情本身的真理。文本的意义既不唯一地依赖它的作者，也不唯一地依赖它的解释者，文本的意义乃是一种共同的意义。理解的真理从不等同于作者的意图这一事实，并不表示解释者具有比作者更好的理解，这里我们看到伽达默尔与施莱尔马赫的分歧，当施莱尔马赫认为我们可以比作者自己更好地理解作者的作品时，伽达默尔说："我们只能说，如果他完全理解，那么他总是以不同的方式理解。"② 对于伽达默尔来说，不同的理解（Andersverstehen）比更好的理解（Besserverstehen）更表现了理解的真理。

　　从表面上看，这似乎是一种方法，但伽达默尔坚决否认如此描述的诠释学程序乃是一种方法，因为它不是一种我们可以选择去应用或不应用的程序，或者对这种程序还有更好或更坏的其他程序。我们确实不想循环地进行理解，但我们没有别的办法。它不是一种应用于理解的方法，而是理解本身，我们不能不筹划全体。筹划行动不是主观的活动，而如此筹划的内容也不是主观地被规定的。我们并不选择我们的前见，因为我们发现它们在我们身上乃是先于自觉选择而存在的东西。然而这种对意识的在先性并不使它们成为主观的，因为前见不是来自私有的自觉的东西，而是来自共同的传统。伽达默尔写道："支配我们对某个文本理解的那种意义预期，并不是一种主观性的活动，而是由那种把我们与传承物联系在一起的共同性所规定的。但这种共同性是在我们与传承物的关系中，在经常不断的教化过程中被把握的。"③ 所以诠释学的完满性前把握不是一种方法。

　　解构主义批判家反对伽达默尔这一完满性前把握观念（如德里达说完

---

① 伽达默尔：《真理与方法》，第 1 卷，第 300 页。
② 同上书，第 302 页。
③ 同上书，第 298 页。

满性前把握是对文本的"善良愿望"①),他们说如果我们承认这一观念,人们就会忽视了文本所具有的对立和矛盾,解构主义者强调文本的不一致,意向与意义、内容与修辞之间的隔裂。但在伽达默尔的诠释学来看,融贯一致的信念是必要的,即使我们涉及的是一个自我矛盾的文本,但因为矛盾只有在一个假定的统一意义之内或之中才是矛盾,所以统一体的假定并不排除可以发现文本"解构"自身的某些观点。而统一体假定本身就是一个完满性前把握的证明。同样,布伯勒(Bubner)也说:"当代分析哲学家戴维森介绍了其有名的'善意原则',此一原则我们可以等同于伽达默尔的'完满性前把握'"。②

五、时间距离(Zeitenabstand)

理解必须先要有前理解,否则理解无法进行。但是,占据理解者自身的前见和前见解,并不是理解者自身可以自由支配的。理解者不可能事先就把那些使理解得以可能的生产性的前见与那些阻碍理解并导致误解的前见区分出来。伽达默尔认为,这两种前见的区分必须在理解过程中产生,这样,时间距离(Zeitenabstand)就成为理解过程中重要的要素了。

我们可以通过与浪漫主义诠释学理论作一比较来对这一点进行说明。我们曾说过,在浪漫主义那里,理解被看作为对一原始产品的复制或重构,因而也就使这样一种说法成为可能,即我们必须比作者理解他本人更好地理解作者。浪漫主义诠释学家对这句名言是这样理解的,即为何说我们会比作者本人更好地理解作者呢,那是因为作者是天才,天才的作品乃

---

① 雅克·德里达:"指向权力的善良意志(1)",见《文本与解释:德法之争》(Phillippe Forget ed. *Wilhelm Fink*, Munich, 1984),第 57 页。
② 布伯勒(Bubner, R.):《理解的本体论基础》(*Onth-Ground of Understanding*),见《诠释学真理》(*Hermeneutical Truth*, 1994),第 81 页。

是无意识的创造,我们作为解释者,当我们去解释作者的作品时,我们就不可能是无意识的,而是有意识的,我们掌握他当时所有的资料,了解他思想的来龙去脉,并对当时各种思想进行对比,因而我们就可能比作者更好地理解作者。

但是按伽达默尔来说,情况似乎并非这样,他写道:

"后来的理解相对于原来的作品具有一种基本的优越性,因而可以说成是一种更好理解——这完全不是由于后来的意识把自身置于与原作者同样位置上(如施莱尔马赫所认为的)所造成的,而是相反,它描述了解释者和原作者之间的一种不可消除的差异,而这种差异是由他们之间的历史距离所造成的。每一时代都必须按照它自己的方式来理解历史传承下来的文本,因为这文本是属于整个传统的一部分,而每一时代则是对这整个传统有一种实际的兴趣,并试图在这传统中理解自身。当某个文本对解释者产生兴趣时,该文本的真实意义并不依赖于作者及其最初的读者所表现的偶然性,至少这种意义不是完全从这里得到的,因为这种意义总是同时由解释者的历史处境所规定的,因而也是由整个客观的历史进程所规定的。"①

由此,伽达默尔得出这样的结论:

"文本的意义超越它的作者,这并不只是暂时的,而是永远如此的。因此,理解就不只是一种复制的行为,而始终是一种创造性的行为。把理解中存在的这种创造性的环节称之为更好的理解,这未必是正确的。因为正如我们已经指明的,这个用语乃是启蒙运动时代的一

---

① 伽达默尔:《真理与方法》,第1卷,第301页。

项批判原则转用在天才说美学基础上的产物。实际上，理解并不是更好理解，既不是由于有更清楚的概念因而对事物有更完善的知识这种意思，也不是由于有意识的东西对于创造的无意识性所具有的基本优越性。我们只消说，如果我们一般有所理解，那么我们总是以不同的方式在理解，这就够了。"①

这样，时间距离就有了新意义。首先，时间距离不再是一种由于其分开和远离而必须被克服的鸿沟，时间其实乃是现在植根于其中的事件的根本基础，因此时间距离不再是某种必须被克服的东西。过去之所以认为时间距离是阻碍理解的东西，乃是一种历史主义的幼稚假定，即我们必须置身于当时的精神中，我们应当以当时的概念和观念，而不是以我们现时的概念和观念来进行思考，并从而确保历史的客观性。现在我们知道，时间距离非但不是理解的阻碍，反而是理解的一种积极的创造性的可能性。伽达默尔写道："时间距离不是一个张着大口的鸿沟，而是由习俗和传统的连续性所填满，正是由于这种连续性，一切传承物才向我们呈现了出来。在这里，无论怎么讲一种事件的真正的创造性也不过分。每一个人都知道，在时间距离没有给我们确定的尺度时，我们的判断是出奇的无能。"②我们可以回忆一下古代的原则，一部艺术作品的真正价值在其作者和作者对之讲述的原始读者去世之前是不能被真正理解的，原始的听众并不比作者更具有正确理解的标准，因为那些听众是鉴于一种不自觉的并无法控制的前见对作品表示赞同或反对，只有时间距离才具有消除这些时代前见并让作品的意义和价值真的得以呈现。同样，在我们接近当代创造物时，由于太多的当代意蕴会给当代创造物以一种与它们真正内容和意义不相适应的过分反响，只有当它们与现代的一切关系都消失后，当代创造物自己的

---

① 伽达默尔：《真理与方法》，第1卷，第301—302页。
② 同上书，第302页。

真正本性才显现出来，从而我们有可能对它们所说的东西进行那种可以要求普遍有效性的理解。

其次，时间距离医治了我们称之为笛卡尔方法的缺点，即如果我们事实上能预先消除我们所有前见以及由之而产生的错误，那么在一种意义上我们能客观地理解任何事情，因为如果按照这种方法，一方面我们将不需要理解任何事情，因为已经摆脱了错误，我们还要理解什么呢？另一方面我们又不能理解任何事情，因为理解的条件是筹划，而筹划是前见在起作用。在这里，时间距离起帮助作用，因为它过滤了局部的和有限的前见，使我们从这些前见中摆脱出来而找到促成正确理解的前见。时间距离并不消除一切前见，而是把真的前见从假的前见中分离出来。

第三，只有从历史距离出发，我们才可能达到真正客观的认识。一件事情所包含的东西，它的真正意义，只有当它脱离了那种由当时环境而产生的现实性时才真正显示出来。只有当某物归属于某种封闭的关系时，它的永存的意义才可客观地被认识，也就是说，只有当它真正名存实亡只引起历史兴趣时，它的永存的意义才可客观地被认识到。从这里伽达默尔得到这样的结论："时间距离除了能遏制我们对对象的兴趣这一意义外，显然还有另一种意义，它可以使存在于事情里的真正意义充分地显露出来。不过，对一个文本或一部艺术作品里的真正意义的汲取是永无止境的，它实际上是一种无限的过程。"[①] 这里的意思是说，对一个文本或作品的真正意义的汲取实际上是一个永无止境的无限过程，这不仅指新的错误源泉不断被消除，以致真正的意义从一切混杂的东西中被过滤出来，而且也指新的理解源泉不断产生，使得意想不到的意义关系展现出来。时间距离不仅使那些具有特殊性的前见不断消失，而且也使那些促成真实理解的前见不断浮现出来。

---

① 伽达默尔：《真理与方法》，第 1 卷，第 303 页。

正是在此，时间距离才能使诠释学的真正批判性问题得以解决，也就是说，才能使我们得以把产生正确理解的前见与产生错误理解的前见区分出来。这里我们要注意，《真理与方法》1978 年第 4 版与 1986 年第 5 版关于时间距离的作用有不同的提法。伽达默尔在 1978 年以前的版本里是这样写的："只有这种时间距离才能使诠释学的真正批判性问题得以解决，也就是说，才能把我们得以进行理解的真前见与我们由之而产生误解的假前见区分出来。"而在 1986 年的新版本里，伽达默尔将这段话改为："时间距离常常能使诠释学的真正批判性问题得以解决，也就是说，才能把我们得以进行理解的真前见与我们由之而产生误解的假前见区分开来。"① 虽然语气不像原先那样百分之百，但他仍肯定时间距离常常能使真前见与假前见的区分得以可能。按照伽达默尔的看法，要对前见进行检验，就是要求对前见进行悬搁或悬置，而对前见的悬搁或悬置乃是一种有问题的结构，问题的本质就是敞开和开放可能性。因此，对前见的悬置就不意味着这前见简单地被搁置一边，让另一前见直接取代它，正相反，正是让我们的前见真正发挥作用，我们才能检验我们的前见。伽达默尔写道："事实上，我们自己的前见正是通过它冒险行事才真正发挥作用。只有给成见以充分发挥作用的余地，我们才能经验他人对真理的主张，并使他人也有可能充分发挥作用。"② 历史客观主义的错误就在于它未认识到这一点，由这里伽达默尔得出他有名的效果历史原则。

六、效果历史意识（Wirkungsgeschichtliche Bewusstsein）

伽达默尔说，当我们摆脱那种有害于理解的历史思维而要求一种更好地进行理解的历史思维时，我们就一定看到这种真正的历史思维必须

---

① 伽达默尔：《真理与方法》，第 1 卷，第 304 页。
② 同上。

同时想到它自己的历史性。只有这样，它才不会追求某个历史对象（历史对象乃是我们不断研究的对象）的幽灵，而将学会在对象中认识自己的他者，并因而认识自己和他者，这样——伽达默尔继续写道——我们就会认识到：

"真正的历史对象根本就不是对象，而是自己和他者的统一体，或一种关系，在这种关系中同时存在着历史的实在以及历史理解的实在。一种名副其实的诠释学必须在理解本身中显示历史的实在性。因此我就把所需要的这样一种东西称之为'效果历史'（Wirkungsgeschichte）。理解按其本性乃是一种效果历史事件。"①

效果（Wirkung）涉及到作用或影响（wirken），涉及到实现（verwirklichen）以及涉及到实在（Wirklichkeit）。效果历史就是历史实在，因为它是实现的历史。实在的东西在活动或起作用（wirken）——也就是说，它进行实现自身和产生自身的活动。某物如何产生的历史，或进行实现自身和产生自身活动的历史，就是效果历史。因此效果也可指转换意义上的活动。历史是效果历史，这在于它活动某物或对某物起作用，它影响并具有效果。历史的效果——它的实现，它的实在——就是历史本身。正是因为这种理由，历史本身总是存在于关系之中：与它的效果的关系，因而也是与后来的历史、事件过程的关系。一个事件的后果和效果的历史不是某种不同于事件的历史的东西，而是事件本身的历史，它自身的历史。因为历史是一种实现过程，所以一个事件可以被理解为只有当它的结果被理解了它才真正存在。在历史的效果之中存在有那些对理解的效果，即前见。对于历史理解来说，我们可以推知，真前见可以被定义

---

① 伽达默尔：《真理与方法》，第 1 卷，第 305 页。

为那些本身正是那种我们想理解的历史的效果的前见。所以理解的理想就是它的实在,它不是客观的而是有前见的——由历史本身所造成。历史理解之所以可能是由于它隶属于它所理解的效果历史并是这一效果历史的部分。

按照伽达默尔的看法,在一切理解中,不管我们是否明确意识到,这种效果历史的影响总是在起作用,凡是在效果历史被天真的方法论信仰所否认的地方,我们总会看到,其结果就只能是一种事实上歪曲变形的认识。历史学的兴趣虽然也注意到它所研究的对象在历史上所产生的效果,但它认为这只是一种附属的研究。同样,历史主义似乎也在强调历史性的理解,但它这种所谓的历史性理解乃是丢弃我们本身历史性的非历史性的理解。由于它依据于其批判方法,从而把历史意识本身就包含在效果历史之中这一点掩盖掉了,因此历史主义乃是一种虚假的观点。伽达默尔写道:"历史客观主义虽然通过其批判方法从根本上消除了与过去实际接触的任意性和随意性,但是它却以此安然自得地否认了那些支配它自身理解的并非任意的根本性前提,因而就未能达到真理,实际上尽管我们的理解有限,这种真理仍然是可达到的。在这一点上,历史客观主义倒像那种统计学,因为统计学正是通过让事实说话,看上去像有客观性而成为最佳的宣传工具,不过,它的这种客观性实际上是依赖于对它的探究的正当性。"①

单是效果历史并不足以解释我们如何可能理解我们并未参与的传统,所以一定存在有效果历史意识(wirkungsgeschichteliches Bewusstsein)。"效果历史意识"这一术语不仅表示意识是受历史影响的这一事实,而且它也是对这一事实的意识。它是自我意识的。按照伽达默尔的观点,理解在任何时候都不是主观行为,而是属于效果历史,对此事实的意识就是

---

① 伽达默尔:《真理与方法》,第 1 卷,第 306 页。

效果历史意识。他写道:"理解从来就不是一种对于某个被给定的'对象'的主观行为,而是属于效果历史,这就是说,理解是属于被理解东西的存在。"① 即使对于历史科学来说,效果历史的反思也是历史描述和历史研究的基础。如果想让历史描述和历史研究完全避开效果历史反思的判断权限,那么这就等于取消了历史描述和历史研究。在伽达默尔看来,效果历史这一诠释学原则是这样彻底和根本,以致我们在自己整个命运中所获得的存在从本质上说也超越了这种存在对其自身的认识。伽达默尔说:"效果历史意识与其说是一种意识,毋宁说是一种存在。"② "当我们力图从对我们的诠释学处境具有根本性意义的历史距离出发去理解某个历史现象时,我们总是已经受到效果历史的种种影响。这些影响首先规定了:哪些问题对于我们来说是值得探究的,哪些东西是我们研究的对象,我们仿佛忘记了实际存在的东西的一半,甚而还严重,如果我们把直接的现象当成全部真理,那么我们就忘记了这种历史现象的全部真理。"③

效果历史意识首先是对诠释学处境的意识。但是,要取得对一种处境的意识,在任何情况下都是一项具有特殊困难的任务,因为处境这一概念的特征就是我们并不处于它的对面,因而就无从对它有任何客观的认识。我们在理解传承物时,我们总是发现我们自己总是与我们所要理解的传承物处于相关联的这样一种处境。对这种处境的阐释,也就是进行效果历史的反思,并不是可以完成的,但这种不可完成性不是由于缺乏反思,而是在于我们自身作为历史存在的本质。伽达默尔写道:"所谓历史地存在,就是说,永远不能进行自我认识。一切自我认识都是从历史地在先给定的东西开始的,这种在先给定的东西,我们可以用黑格尔的术语称之为'实体',因为它是一切主观见解和主观态度的基础,从而也就规定和限定了

---

① 伽达默尔:《真理与方法》,第 2 卷,第 441 页。
② 同上书,第 496 页。
③ 伽达默尔:《真理与方法》,第 1 卷,第 305—306 页。

在传承物的历史他在中去理解传承物的一切可能性。"① 从这里，伽达默尔对他的哲学诠释学得出了这样一个结论："哲学诠释学的任务可能正是从这里出发而具有这样的特征：它必须返回到黑格尔的《精神现象学》的道路，直至我们在一切主观性中揭示出那规定着它们的实体性。"②

效果历史意识最重要的一点是，我们认识到传承物或文本的意义的真正充满是在它们不断理解的变迁之中。伽达默尔说："历史传承物只有在我们考虑到它由于事物的继续发展而得到进一步基本规定时才能被理解，同样，研讨文学文本和哲学文本的语文学家也知道这些文本的意义是不可穷尽的。在这两种情况里，都是通过事件的继续发展，传承物才获得新的意义方面……对于诠释学经验来说，同样是确凿无疑的，即对于同一部作品，其意义的充满正是在理解的变迁之中得以表现，正如对于同一个历史事件，其意义是在发展过程中继续得以规定一样。"③

这里我们看到诠释学从海德格尔到伽达默尔的发展，正如本文一开始从诠释学循环开始，然后讨论前理解，事情本身，完满性前把握以及时间距离，最后落脚到效果历史原则。这里已表明诠释学已从一种客观性的研究转入一种历史性的研究，或者如《真理与方法》标题所说，"理解的历史性上升为诠释学原则"④。伽达默尔自认为这是他对诠释学的最大贡献，也是他区别于海德格尔的重要之点，他写道："海德格尔探究历史诠释学问题并对之进行批判，只是为了从这里按本体论的目的发展理解的前结构。反之，我们探究的问题乃是，诠释学一旦从科学的客观性概念的本体论障碍中解脱出来，它怎样能正确地对待理解的历史性。"⑤

---

① 伽达默尔：《真理与方法》，第 1 卷，第 307 页。
② 同上。
③ 伽达默尔：《真理与方法》，第 1 卷，第 379 页。
④ 同上书，第 270 页。
⑤ 同上。

七、视域融合（Horizontverschmelzung）

前理解或前见是历史赋予理解者或解释者的生产性的积极因素，它为理解者或解释者提供了特殊的"视域"（Horizont）。视域就是看视的区域，它包括了从某个立足点出发所能看到的一切。谁不能把自身置于这种历史性的视域中，谁就不能真正理解传承物的意义。这种视域包括传统的观念与当代的境遇。我们是具有传统观念并立足于当代某个特殊境遇里。伽达默尔说："当某个文本对解释者产生兴趣时，该文本的真实意义并不依赖于作者及其最初的读者所表现的偶然性。至少这种意义不是完全从这里得到的。因为这种意义总是同时由解释者的历史处境所规定的，因而也就是由整个客观的历史进程所规定的……文本的意义超越它的作者，这并不是暂时的，而是永远如此的。"①

在理解中能有两个视域吗？一个是进行理解的人自己生存于其中的视域，一个是他把自己置入其中的当时的历史视域？伽达默尔否认有这两种视域，他反问历史主义者道："说我们应当学会把自己置入陌生的视域中，这是对历史理解艺术的正确而充分的描述吗？有这种意义上的封闭的视域吗？我们想起了尼采对历史主义的谴责，它毁坏了由神话所包围的视域，而文化只有在这种视域中才能得以生存，一个人自己现在的视域总是这样一种封闭的视域吗？具有如此封闭视域的历史处境可能被我们设想吗？"②

但理解是否纯根据理解者的前见而做出呢？伽达默尔也否认这一点，在他看来，理解不是理解者单向地进入被理解的对象中，而是必须根据现在的处境向过去的文本提出问题，这里过去的文本作为事情本身制约着理解者和解释者，理解者和解释者不是按照自己的前见而随心所欲地提出问题，而必须是同时倾听文本的事情本身向理解者和解释者提出的问题做出

---

① 伽达默尔：《真理与方法》，第 1 卷，第 301 页。
② 同上书，第 309 页。

回答。按照伽达默尔的观点，文本的意义既不可局限于原作者的意图或文本的原意，同时，文本也非一完全开放的系统任由理解者或解释者按其所需地任意诠释，也就是说，理解者或解释者并非仅从自身的视域出发去理解文本的意义而置文本自己的视域于不顾，反之，也不只是为了复制与再现文本的原意而将一切的前见舍弃。这种既包含理解者或解释场的前见和视域又与文本自身的视域相融合的理解方式，伽达默尔称之为"视域融合"：

> "其实，只要我们不断地检验我们的所有前见，那么，现在视域就是在不断形成的过程中被把握的。这种检验的一个重要部分就是与过去的接触（Begegnung，照面），以及对我们由之而来的那种传统的理解。所以，如果没有过去，现在视域就根本不能形成。正如没有一种我们误认为有的历史视域一样，也根本没有一种自为的现在视域。理解其实总是这样一些被误认为是独自存在的视域的融合过程。"①

按照伽达默尔的看法，理解者和解释者的视域不是封闭的和孤立的，它是理解在时间中进行交流的场所。理解者和解释者在与文本接触中，不断扩大自己的视域，使它与其他视域相交融，这就是伽达默尔所谓的"视域融合"，因此他说："理解其实总是这样一些被误认为是独自存在的视域的融合过程。"② 视域融合不仅是历时性的，而且也是共时性的，在视域融合中，历史与现在，客体与主体，自我与他者，陌生性与熟悉性构成了一个无限的统一整体。

伽达默尔对历史主义所谓"设身处地"的理解方式进行了批判。按照历史主义者的看法，理解传统我们需要一种历史视域，而这种历史视域是

---

① 伽达默尔：《真理与方法》，第 1 卷，第 311 页。
② 同上。

靠我们把自身置入历史处境中而完全丢弃我们自己视域而取得的。伽达默尔反对这种看法，他说，为了能使自己置入一种历史视域中，我们就必须具有一种视域，他写道："因为什么叫作自我置入（Sichversetzen）呢？无疑，这不只是丢弃自己。当然，就我们必须真正设想其他处境而言，这种丢弃是必要的。但是，我们必须也把自身一起带到这个其他的处境中。只有这样，才实现了自我置入的意义。例如，如果我们把自己置身于某个他人的处境中，那么我们就会理解他，这也就是说，通过我们把自己置入他的处境中，他人的质性，亦即他人的不可消解的个性才被意识到"。① 伽达默尔还说，当我们试图理解一个文本时，"我们并不是真正把自己置入作者的内心状态中，而是——如果有人要讲自身置入的话——我们把自己置入那种他人得以形成其意见的视域中。但这无非只是表示，我们试图承认他人所言的东西有事实的正确性。"② 因此，这样一种自身置入，既不是一个个性完全移入另一个性中，也不是使另一个性受制于我们自己的标准，而是一种两个个性的融合，这融合标志一种向更高的普遍性的提升，这种普遍性不仅克服了我们自己的个别性，而且也克服了那个他人的个别性。获得一种普遍性的视域，就意味着我们学会了超出近在咫尺的东西去观看，但这不是为了避而不见这种东西，而是为了在一个更大的整体中按照一个更正确的尺度去更好地观看这种东西。因此诠释学与历史传承物的接触，尽管本身都经验着文本与现在之间的紧张关系，但诠释学的活动并不以一种朴素的同化去掩盖这种紧张关系，而是有意识地去暴露这种紧张关系，伽达默尔说，正是由于这种理由，"诠释学的活动就是筹划一种不同于现在视域的历史视域。历史意识只意识到它自己的他在性，并因此把传统的视域与自己的视域区别开来，但另一方面，正如我们试图表明的，历史意识本身只是类似于某种对某个持续作用的传统进行叠加的过程，因此它把彼

---

① 伽达默尔：《真理与方法》，第1卷，310页。
② 同上。

此相区别的东西同时又结合起来，以便在它如此取得的历史视域的统一体中与自己本身再度相统一"。① 伽达默尔在这里明确地说，理解并不是一种心灵之间的神秘交流，而是一种"对共同意义的分有（Teilhabe）"。

> "所谓历史地思维实际上就是说，如果我们试图用过去的概念进行思维，我们就必须进行那种在过去的概念身上所发生过的转化。历史地思维总是已经包含着过去的概念和我们自己的思想之间的一种中介。企图在解释时避免运用自己的概念，这不仅是不可能的，而且也是一种妄想。所谓解释正在于：让自己的前概念发生作用，从而使文本的意思真正为我们表述出来。我们在分析诠释学过程时已经把解释视域的获得认作一种视域融合。……我们之所以绝不可能有一种所谓正确的'自在的'解释，就是因为一切解释都只同文本本身有关。传承物的历史生命力就在于它一直依赖于新的占有（aneignung）和解释（Auslegung）。正确的'自在的'解释乃是一种毫无思想的理想，它认错了传承物的本质。一切解释都必须受制于它所从属的诠释学境况。"②

这里我们就可看到，视域融合在伽达默尔那里似乎不意味着"视域扩大"（Horizonterweiterung），与历史性相联系，视域融合应当是"视域推移"（Horizontverschiebung）。

这里我们还需要对几个有关的外文作一些解释：Gleichzeitigkeit（共时性），这是伽达默尔从克尔凯郭尔那里借来的概念，说明哲学诠释学所强调的不同时的同时性或视域融合；simultaneität（同时性），这是指同一时代的同时性，Gegenwärtigkeit（当时性），上述两概念都是指施莱尔马赫与狄尔泰所坚持的同时性。Diachronie（历时性），这比较符合伽达默尔所

---

① 伽达默尔：《真理与方法》，第 1 卷，第 311—312 页。
② 同上书，第 400—401 页。

强调的 Gleichzeitigkeit，而 Synchronie（共时性）则是指施氏与狄氏所强调的同时性。伽达默尔曾说："'共时性'（Gleichzeitigkeit）是属于艺术作品的存在。共时性构成'共在'（Dabeisein）的本质。共时性不是审美意识的同时性（simultaneität）。因为这种同时性是指不同审美体验对象在某个意识中的同时存在（Zugleichsein）和同样有效（Gleich-Gültigkeit）。反之，这里'共时性'是指，某个向我们呈现的单一事物，即使它的起源是如此遥远，但在其表现中却赢得了完全的现在性。所以共时性不是意识中的某种给予方式，而是意识的使命，以及为意识所要求的一种活动。这项使命在于，要这样地把握事物，以使这些事物成为'共时的'，但这也就是说，所有的中介被扬弃于彻底的现在性中。众所周知，这种共时性概念来自于克尔凯郭尔，克尔凯郭尔曾赋予这一概念某种特殊的神学意蕴。在克尔凯郭尔那里，共时性不是同时存在，而是表述了向信仰者提出的这样一种任务，即要完全联系在一起地传达两件并不是同时的事情，即自身的现在和基督的拯救，以使这两件事情仍然像某种现在之事（不是作为当时之事）被经验并被认真地接受。与此相反，审美意识的同时性则依据于对提出这种共时性任务的回避"。① 简言之，克尔凯郭尔与伽达默尔所说的共时性就是 Diachronie（历时性），而审美意识的同进性就是 Synchronie（共时性）。

八、应用（Applikation）

视域融合，即过去视域与现在视域的融合，实际上就是一种应用。在伽达默尔看来，理解在任何时候都包含一种旨在过去与现在进行沟通的具体应用。

---

① 伽达默尔：《真理与方法》，第 1 卷，第 132 页。

伽达默尔首先从诠释学史上把应用作为诠释学三大要素之一进行分析，他说，对于诠释学分为理解和解释这一传统区分，J.J.雷姆巴哈（Rambach）的虔诚派诠释学补充了第三种区分，即应用（application）。因此在诠释学史上就出现了三种技巧：理解的技巧（subtilitas intelligendi），解释的技巧（subtilitas explicandi）和应用的技巧（subtilitas applicandi）。伽达默尔并不想僵化这种三分法。完全相反，他肯定说，在诠释学里事实上存在有这三种要素。正如伽达默尔所描述的，在浪漫主义诠释学的种种缺点中有一个是它忽视了解释者的历史性以及这种历史性所需要的过去与现在之间的对立关系，所以它也忽视了这种对立关系最明显表现的应用问题。

我们回忆一下，在克拉登尼乌斯的早期诠释学里，解释是一种偶然性的活动，其意义是当理解不是直接而自然而然时，解释仅由于这些偶然情况而需要。因为这一理由，在克拉登尼乌斯看来，解释与理解不是一回事。反之，施莱尔马赫浪漫主义诠释学的假定是：误解，而不是理解，才是自然而然的。所以，凡可能有理解时，就一定有解释。理解从不是直接的，而是经常由解释居间促成的。既然经常是这种情况，所以理解是与解释不可分开的。伽达默尔赞同这个结论，但是他反对施莱尔马赫浪漫主义诠释学因为把理解和解释结合起来而把第三种要素即应用排除出去，他写道："正如我们所看到的，诠释学问题是因为浪漫派认识到理解和解释的内在统一才具有其重要意义的。解释不是一种在理解之后的偶尔附加的行为，正相反，理解总是解释，因而解释是理解的表现形式。……但是，理解和解释的内在结合却导致诠释学问题里的第三个要素即应用与诠释学不发生任何关系"。① 伽达默尔的目的并不是想返回到虔诚派的三重区分，他只是想在理解、解释与应用三个要素的统一基础上建立诠释学。他说：

---

① 伽达默尔：《真理与方法》，第 1 卷，第 312—313 页。

"我们似乎不得不超出浪漫主义诠释学而向前迈出一步,我们不仅把理解和解释,而且也把应用认为是一个统一的过程的组成要素。这倒不是说我们又回到了虔诚派所说的那三个分离的技巧的传统区分,正相反,因为我们认为,应用,正如理解和解释一样,同样是诠释学的一个不可或缺的组成部分。"①

按照伽达默尔的看法,这种应用要素实际上早在诠释学的发祥初期就存在,赫尔默斯不仅是诸神的旨意的翻译者,而且也是要把诸神的命令作为真理要求人们服从的指导者。正如伽达默尔所说:"我们首先可以诉诸已经被遗忘的诠释学历史。早先,人们认为,诠释学具有一种使文本的意义适合于其正在对之讲述的具体境况的任务,乃是一项理所当然的事。那位能够解释奇迹语言的诸神意志的翻译者,是执行这一任务的原始典范。直到今天,每一个翻译者的任务就不只是重新给出他所翻译的那位讨论对手所真正说过的东西,而是必须用一种在他看来对于目前谈话的实际情况似乎是必要的方式去表现这个人的意见,在这种谈话里,翻译人把自己处理为两种讨论语言的认识者。"②

伽达默尔还回忆了古代两种诠释学,即神学诠释学与法学诠释学。我们知道,从施莱尔马赫的文学诠释学到狄尔泰的历史诠释学,主要是把文本理解为一种审美的文本,一种文学的文本,他们主要是从语文学借用其方法,援引部分与整体的程序来解释,强调一种审美的或历史的理解,但这种方法和程序并不能适应于法律和《圣经》的解释,因为法律和《圣经》需要的是对现在的要求,它们要在与现在的关系中理解它们,它们着重的是使卓越文本的意义适合于其正在对之讲述的具体境况,它们必须把各自所研讨的文本应用于当前的情况,因此它们要被应用的要求是它们本质的部分,任何忽视它们这种要求的理解都一定是错误的和无价值的。伽

---

① 伽达默尔:《真理与方法》,第 1 卷,第 313 页。
② 同上。

达默尔说，在这两种诠释学中都包含这一事实，"即文本——不管是法律还是布道文——如果要正确地被理解，即按照文本所提出的要求被理解，那么它一定要在任何时候，即在任何具体境况里，以不同的方式重新被理解。理解在这里总已经是一种应用。"①

这里我们要注意对"应用"一词的理解，有自然科学的所谓先理解后应用的应用，也有人文科学的理解与应用的统一的应用。伽达默尔说：

> "如果我们把亚里士多德关于道德现象的描述，特别是他关于道德知识德行的描述与我们自己的探究联系起来，那么亚里士多德的分析事实上表现为一种属于诠释学任务的问题模式。我们已经证明了应用不是理解现象的一个随后的和偶然的成分，而是从一开始就整个地规定了理解活动。所以应用在这里不是某个预先给出的普遍东西对某个特殊情况的关系。研讨某个传承物的解释者就是试图把这种传承物应用于自身。但是这也不意味着传承下来的文本对于他是作为某种普遍东西被给出和被理解的，并且以后只有为特殊的应用才利用它。其实解释者除了这种普遍的东西——文本——外根本不想理解其他东西，也就是说，他只想理解传承物所说的东西，即构成文本的意义和意思的东西。但是为了理解这种东西，他一定不能无视他自己和他自己所处的具体的诠释学境况。如果他想根本理解的话，他必须把文本与这种境况联系起来。"②

法律和《圣经》的要求是强迫的，它是一种位于高处的要求。解释什么具有这种规范要求从不只是包含强加我们自己的标准。解释者并不只是允许他的前见无检验地乱用，他也不只是光用他自己先有的前标准，因为

---

① 伽达默尔：《真理与方法》，第 1 卷，第 314 页。
② 同上书，第 329 页。

法律和《圣经》本身就是应用于解释者及其境遇的规范和标准。应用是相互的，法官应用他的理解于法律——这就是说，他试图按照他对于当前情况最好的想法去理解法律，但他也是在应用法律于他自己的理解，因为他需要援引法律而不是单靠他自己的理解去理解当前情况。同样的情况也适合于《圣经》解释，牧师应用他的理解于《圣经》——这就是说，他试图按照他在布道时所面临的当前情况去最好地理解《圣经》，他也是在应用《圣经》于他自己的理解，因为他需要把《圣经》与他布道时面临的特殊情况相会合。援引当前境遇表示在法律或《圣经》文本被写时的意义和它被应用于特殊境遇特殊情况时所达到的意义之间总存在一种对立关系。应用的境遇是不断改变的和不断更新的，如果被应用的文本不能独立于它被应用的特殊境遇或特殊情况而被理解，那么它们在任何境遇里一定是以一种新的不同的方式被理解。在这里，仅当文本每次都以不同的方式被理解时，文本才可以说得到理解，这已表明了历史诠释学的任务，即它必须深入思考存在于共同事情的同一性和理解这种事情所必须要有的变迁境况之间的对立关系。这样被浪漫主义诠释学推到边缘的理解的历史运动表现了适合于历史意识的诠释学探究的真正中心问题。理解与其说是认知意识藉以研讨某个它所选择的对象并对之获得客观认识的方法，毋宁说是这样一种以逗留于某个传统进程中为前提的活动。在此意义上，理解就是一种具体应用的活动，从而也使伽达默尔得出理解是一个事件："理解与其说是认知意识藉以研讨某个它所选择的对象并对之获得客观认识的方法，毋宁说是这样一种以逗留于某个传统进程中为前提的活动。理解本身表明自己是一个事件。"①

贝蒂曾在他的《一般解释理论》里区分了三种解释：认知的（recognitive）解释、再现的（reproductive）解释和规范的（normative）解释。

---

① 伽达默尔:《真理与方法》，第 1 卷，第 314 页。

它们可以根据指导它们的兴趣来区分。认知的解释的目的存在于自身之中，即为理解而理解，为解释而解释，如一般语文学诠释学；再现的解释旨在交流某种经验，如音乐、戏剧的表演；规范的解释是想为行动提供指导，如法学诠释学和神学诠释学。伽达默尔坚决反对这种把统一的理解过程分为三种不同形式的做法，他说："如果我们把神学的解释与法学的解释加以结合，并相应给予它们一种规范的功能，那么我们对此一定要回忆起施莱尔马赫，这个人与此相反地把神学的解释同一般的解释——这种一般的解释对于他来说就是语文学—历史的解释——最紧密地结合起来。事实上，认知的功能和规范的功能之间的裂缝贯穿于整个神学诠释学，并且可能很难通过区分科学认识和随后的教导性应用而被克服。显然，这同样的裂缝也贯穿于整个法学的解释。因为对一条法律原文的意义的认识和这条法律在具体法律事件里的应用，不是两种分离的行为，而是一个统一的过程"[①]。例如，如果我们肯定认知解释是与规范解释分开的，理解先行于应用，文本首先是在自身中被理解，并且只是后来才在关系中被理解，这只是肯定在某个点上法律和《圣经》并不应用。这个它们不应用的点正出现于我们自己对它们的理解中。说法律的应用是后于理解法律这一论点乃是我们自己的理解免除法律——即法律不应用于我们自己理解这一要求。但这种免除不正是对法律的误解和完全不是法律完美理解的条件吗？理解不是破坏法律的例外，因为它也臣服于法律。另外，再现的艺术，如音乐、戏剧，只有通过演出才有它们的真正存在，但这种再现的解释也不是一种孤立的解释方式，如果不理解原文的本来意义，并且在自己的再现和解释中不表现这种意义，那么没有人能演一出戏剧、朗诵一首诗歌或演奏一曲音乐。同样，假如在把原文转换成可感的现象中没有注意到那种由于他自己时代的风格愿望而对风格上正确再现的要求加以的另外的规范要

[①] 伽达默尔：《真理与方法》，第1卷，第315页。

素,也就没有人能实现这种再现的解释。因此伽达默尔得出结论说:"在认知的解释、规范的解释和再现的解释之间所强加的这种区分是毫无根据的,这种区分只能表明这三者乃是一个统一的现象。"①

历史的理解不仅在思想上而且在实践上皆承服于历史和传统。这永远是一个有限的历史的存在的理解。伽达默尔对人的有限性的肯定蕴含了理解总是要联系到具体的历史境遇、特殊情况,即人类理解具有有限性(finitude)、境遇性(situatedness)和关涉性(concernedness),这就是说,理解永远总是一种应用的理解。要被理解的文本的自我同一性和该文本所应用和被理解的不同情况的变异性之间存在有不可逾越的对立关系。以后伽达默尔把这种应用的智能称之为实践智能。他认为诠释学作为哲学,就是实践哲学。

何谓作为实践哲学的诠释学呢?伽达默尔在1971年所写的"答《诠释学和意识形态批判》"一文中曾明确回答了何谓实践哲学和何谓哲学诠释学这两个概念,他说实践哲学这一概念尽管是从亚里士多德的 Phronesis(实践智慧)概念而来,但它与亚里士多德的实践智慧还是有区别的,因为后者乃是研讨经常变化不定对象的具体操作知识,反之,实践哲学却应是理论性的反思哲学,"因为它所教导的并不是去解释和决定某种具体实践情境的实际操作知识,而是促成关于人的行为及其'政治'此在形式的'一般'知识"。② 实践哲学在伽达默尔看来,它应具有理论和实践这两种品性。作为理论,它就不仅仅是一门实践的操作知识,而更应是一种理论科学,但作为实践,这门理论应有具体的经验条件形式。伽达默尔写道:"实践哲学并不像语法学或修辞学作为一种技艺学那样是对人类社会实践的规则知识,毋宁说它是对此类知识的反思,从而最终是'一般的'和'理论的'知识。另一方面,学说和讲话在这里处于一种特有的条件之中,

---

① 伽达默尔:《真理与方法》,第1卷,第316页。
② 伽达默尔:《真理与方法》,第2卷,第253页。

因为所有道德哲学的知识以及相应的所有一般国家学说均与特殊的学习者的经验条件相联系。亚里士多德完全承认,只有当学生已成熟得足以把一般的话语以独立的责任感运用到他们生活经验的具体环境之中,则这种关于每个人最独特的具体实践的'一般话语'才是正当的。因此,实践的科学虽然也许是一种'一般的'知识,但这种知识与其说是制造的知识,倒不如说是一种批判。"①

正是在这样一种作为理论和实践双重任务的实践哲学的意义上,伽达默尔谈到了哲学诠释学,他说:

> "这就似乎与哲学诠释学相近了。只要人们还把诠释学定义成理解的艺术,并把诸如讲话艺术和写作艺术等这类艺术的运用理解成与能力有关的行为,则这类学科性的知识就能作为有意识的规则运用并可以叫作技艺学。施莱尔马赫和他的后继者就是这样把诠释学理解成'技艺学'。但这却并不是'哲学的'诠释学。哲学诠释学不会把一种能力提升为规则意识。这种'提升'总是一种非常矛盾的过程,因为规则意识也相反会重又'提升'为'自动的'能力。哲学诠释学则正相反,它是对这种能力以及作为这种能力基础的知识做的反思。因此,它并不是用于克服特定的理解困难,有如在阅读文本和与别人谈话时所发生的那样,它所从事的工作,正如哈贝马斯所称,乃是一种'批判的反思知识'。"②

在1978年所写的"作为理论和实践双重任务的诠释学"中,伽达默尔再次谈到诠释学这种理论品性和实践品性。正如悲剧诗人和音乐家如果只是学会他那门艺术的一般规则和进行方式,而无法用它们写出作品来,

---

① 伽达默尔:《真理与方法》,第2卷,第253—254页。
② 同上书,第254页。

就不能算是诗人或音乐家，同样，如果某位医生只掌握医学的知识和治疗规则，但不知道在何时何地应用它们，那么他就不能算是医生。因为"真正的知识，除了那种是知识的东西从实践到其理论意义相反道路的以及最终把一切可知或'整体的本质'所包括在内的东西之外，还要认识 kairos（良机），也就是说，要知道必须在何时讲话以及如何讲话"。[①] 谁是真正的讲话达人，谁就会把他要说服人家相信的东西当作善和正确的东西加以认识并对之加以坚持。但这种善的知识和讲话艺术的能力指的都并非普遍的'善'的知识，而是人们此时此地必须用来说服别人相信的知识，以及我们如何行动和面对谁我们这样做的知识。在此伽达默尔谈到，如果我们从近代诠释学进展的概观出发回溯到亚里士多德的实践哲学和技术理论传统，那么我们就会面临一个问题，即柏拉图和亚里士多德已感受到的技术知识概念与包容了人类最终目标在内的实践—政治知识概念之间的冲突在现代科学和科学理论的地基上将会产生多大的成果。伽达默尔继续说："就诠释学而言，它面临的任务就是要把那种与现代理论科学概念及其实践—技术运用相适应的理论与实践脱节的状态与这样一种走着从实践到其理论意识相反道路的知识思想相对照。"[②]

九、问答结构（Frage-Antwortung-Struktur）

效果历史意识具有一种开放性的逻辑结构，开放性意味着问题性。我们只有对文本取得某种问题视域，我们才能理解文本的意义，而且这种意义必须包含对问题的可能回答，从而诠释学经验表现为一种问答结构。

某个传承下来的文本成为要解释的对象，这就意味着该文本对解释者

[①] 伽达默尔:《真理与方法》，第 2 卷，第 307 页。
[②] 同上书，第 314 页。

提出了一个问题，而理解这个文本就意味着理解这个问题，从而以这样的方式使该文本与我们这些理解者发生关系，即我们在它里面找到一个对该问题的回答。伽达默尔说："某个传承下来的文本成为要解释的对象，已经就意味着该文本对解释者提出了一个问题。所以，解释经常包含与提给我们的问题的本质关联。理解一个文本，就是理解这个问题。"①另一方面，谁想寻求理解，谁就必须反过来追问文本所说的话的意义，他必须从一个问题出发把文本所说的话理解为一种回答，也就是说，他必须对文本向他提出的问题提出问题，伽达默尔说："理解一个问题，就是对这问题提出问题。理解一个意见，就是把它理解为对某个问题的回答。"②因此他必须把对文本的理解看作是对文本向他提出的问题的回答，伽达默尔说："我们实际上只有在已经理解了文本是对其回答的问题之后，才能理解文本。"③

如果一个陈述不被理解为是对某个问题的回答，那么该陈述就不能被理解。每一个陈述都是由一种动机、处境而产生，如果我们要把握它所说的真理，我们就必须理解这种动机、处境。换言之，对于哲学诠释学来说，没有像第一词（a first word）这样的东西，因为每一个词本身都是对某境遇、某问题或先行问题键的回答，当然同样也不存在最终词（a last word）。任何理解都使我们处于开放的态度中。伽达默尔写道：

"对我们讲述什么的传承物——文本，作品，形迹——本身提出了一个问题，并因而使我们的意见处于开放状态。为了回答这个向我们提出的问题，我们这些被问的人就必须着手去提出问题。我们

---

① 伽达默尔:《真理与方法》，第 1 卷，第 375 页。
② 同上书，第 381 页。
③ 同上书，第 376 页。

试图重构传承物好像是其回答的问题。但是，如果我们在提问上没有超出传承物所呈现给我们的历史视域，我们就根本不能这样做。重构文本应是其回答的问题，这一做法本身是在某种提问过程中进行的，通过这种提问我们寻求对传承物向我们提出的问题的回答。一个被重构的问题绝不能处于它原本的视域之中。因为在重构中被描述的历史视域不是一个真正包容一切的视域。其实它本身还被那种包括我们这些提问，并对传承物文字做出反应的人在内的视域所包围。"①

这里伽达默尔讲到一种问答辩证法（the dialectic of question and answer）。按照伽达默尔的看法，文本向我们提出的问题，但我们对这个问题的理解却不能偏离对它的提问，"正如不可能有偏离意见的对于意见的理解，同样也不可能有偏离真正提问的对于可问性的理解。"②这样，我们在提问上就超出传承物本身的历史视域，从而我们对该问题的理解就预先受到我们传统与时代视域的支配。正是在这里，伽达默尔讲到问题的方向的意义，他说：

"问题的本质包含：问题具有某种意义。但是，意义是指方向的意义，所以，问题的意义就是这样一种使答复唯一能被给出的方向，假如答复想是有意义的、意味深长的答复的话。问题使被问的东西转入某种特定的背景中。问题的出现好像开启了被问东西的存在。"③

问答辩证法使理解关系成为一种类似某种谈话的关系。我们这些寻求

---

① 伽达默尔：《真理与方法》，第1卷，第379—380页。
② 同上书，第380页。
③ 同上书，第368页。

理解的人必须通过我们自身使文本讲话，但是，我们发现这样一种理解上的使文本讲话，并不是一种任意的出于我们自己根源的做法，而本身就是一个与文本中所期待的问答相关的问题。伽达默尔说："期待一个回答本身就已经预先假定了，提问题的人从属于传统并接受传统的呼唤，这就是效果历史意识的真理。"①

问答辩证法的第一个要点是提问的开放性。被提问的东西必须处于悬而不决的状态中，以致在正和反之间保持均衡。伽达默尔说："每一个问题必须途经这种使它成为开放的问题的悬而未决通道才完成其意义。"② 如果问题没有这种开放性，那么问题在根本上说就是没有真实问题意义的虚假问题。被提问东西的开放性暗示着回答的不固定性。第二个要点是问题的开放性并不是说没有边际，问题实际上包含了由问题视域所划定的某种界限，如果没有这种界限，问题就变成空的问题。所以伽达默尔说："意义总是某个可能的问题的方向意义。正确东西的意义必须符合问题所开辟的方向。"③ 第三点，当某个提问未达到开放状态，即不具有开放性，而又通过坚持错误前提来阻止这种开放，则这个问题就是错误问题，因为它是伪装具有开放性和可决定性。伽达默尔说："如果有疑问的东西没有与实际上确立的前提区分或正确区分开来，它就不能真正被带进开放状态，而且没有任何东西能被决定。"④

这里我们要区分真正的问题（Frage question）与虚假的问题（Problem）。Frage 是不断发展的、具体的、有生命力的，它不同于 Problem, Problem——有如古典哲学家所谓"永恒问题"以及新康德主义所谓"问题史"中的问题——乃是空疏抽象的、僵死的、超出历史之外的。伽达默尔说："问题

---

① 伽达默尔：《真理与方法》，第 1 卷，第 383 页。
② 同上书，第 269 页。
③ 同上书，第 370 页。
④ 同上书，第 369 页。

（Problem）并不是那种呈现自身并因而可以从其意义起源处获取其回答模式的真正问题（Frage），而是我们只能丢下不管和只能用辩证法方式加以处理的意见抉择"。① 因此康德主义所谓的问题史的问题，只能表明它们对哲学的实际问题的直接关系不再存在，它是一种当其面对历史主义时，躲进抽象的问题概念里而看不到那种问题是以怎样的方式存在的问题。因此伽达默尔认为，当我们根据问答逻辑来对新康德主义所谓的问题概念进行批判，就必然摧毁那种认为问题的存在犹如天上繁星一样的幻觉，因此"对于诠释学经验的思考使问题（Problem）重新回到那些自身呈现的和从其动机中获取其意义的问题（Frage）"。②

十、诠释学对话（Hermeneutische Dialogue）

由于问答辩证法，理解发展成一种对话，在伽达默尔看来，理解与其说是把握一个内容、一种抽象的意义，毋宁说是参与到一种对话，一种"我们所属的对话"（Dialoque that we are）。任何理解，不论是自我理解，人与人之间的相互理解，或者说，我们与文本，传统及历史传承物之间的理解，都表明，这种理解乃是一场无休止的对话。伽达默尔以文本为例说："把诠释学任务描述为与文本进行的一种谈话，这不只是一种比喻的说法——而是对原始东西的一种回忆。进行这种谈话的解释是通过语言而实现，这一点并不意味着置身于陌生的手段中，而是相反地意味着重新产生原本的意义交往。因此，用文字形式传承下来的东西从它所处的异化中被带出来而回到了富有生气的正在进行谈话的当代，而谈话的原始程序经常就是问和答。"③

---

① 伽达默尔:《真理与方法》，第 1 卷，第 382 页。
② 同上书，第 382—383 页。
③ 同上书，第 374 页。

按照伽达默尔的看法，一场真正的对话乃是这样一种谈话，其中每一个谈话的参与者都完全关注主题并关注要达到的真理。为此伽达默尔特别注意对话与事情本身的联系，他曾说："在成功的谈话中，谈话伙伴都处于事情的真理之下（Unter die Wahrheit der Sache），从而彼此结合成一个新的共同体。"① 为了说明这种与事情本身相联系的诠释学现象，伽达默尔以两个人的谈话模式作说明，他说，文本理解与谈话的相互理解，尽管表面上看来完全不同，但其共同点乃是它们都涉及到"置于其面前的事情"。他说，正如一个人与他的谈话伙伴是关于事情取得相互理解一样，解释者也是理解文本对他所说的事情，这种对事情的理解都必然通过语言的形式而产生，因此，理解的实现方式，不论是文本理解，还是相互理解的对话，都是事情本身来到语言表达（Zur-Sprache-Kommen des Sache selbst）。他写道："这种对事物的理解必然通过语言的形式而产生，但这不是说理解是事后被嵌入语言中的，而是说理解的实现方式就是事物本身来到语言表达。"②

为此，伽达默尔对对话有几个基本要求：首先，对话的每一方都要承认我们自己的可错性，承认我们的有限性及我们的知识的历史性。因而我们没有黑格尔意义上的绝对知识，我们的知识类似于苏格拉底的知识，一种我们承认自己无知并因而对他人观点可能是真理进行开放的知识；其次，每一个真正谈话的参与者都必须关注发现每位其他参与者观点的实际力量，必须让他们的观点发挥作用，并把自己置身于他们的观点中；第三，每一位参与谈话的人所关注的统一既不是某个伙伴把他的观点强加于另一个伙伴，更不是一个伙伴只是默认另一个伙伴的观点，而是大家寻求对所谈的主题达到一种可共同分享的理解，这种可分享的理解并不是这一

---

① 伽达默尔：《真理与方法》，第 1 卷，第 384 页。
② 同上。

个参与者或另一个参与者的原来观点,而是表现了对所说主题的新的理解。伽达默尔写道:"谈话中的相互理解,既包含使谈话伙伴对自己的观点有所准备,同时又要试图让陌生的、相反的观点对自己产生作用。如果在谈话中这种情况对谈话双方都发生,而且参加谈话的每一方都能在坚持自己的理由的同时也考虑对方的根据,这样我们就能在一种不引人注意的但并非任意的观点交换中(我们称之为意见交换)达到一种共同语言和共同意见。"① 伽达默尔说:"谈话中的相互理解不是某种单纯的自我表现和自己观点的贯彻执行,而是一种使我们进入那种使我们自身也有所改变的公共性中的转换。"② 什么叫谈话的进行方式呢?伽达默尔说:"在这种谈话中得到表述的事情并非仅仅是我的意见或我的作者的意见,而是一种共同的事情。"③

在伽达默尔看来,对话的成功表现在一种共同理解的获得,这种共同理解反映了所有讨论的伙伴原来立场的转变,他说,真正的理解并不产生于把我们自己的前见或需要强加于要被理解的对象,有如应用概念有时似乎暗示那样,也不产生于卑贱地接受那个对象的观点,有如预期完全性观念似乎包含那样,而是产生于来自于所有参与对话者对所说主题的理解的光亮,真正的理解在于从对话者身上找到照耀我们得以理解主题的关系的光亮。伽达默尔说,这种光亮并不是原来对话者自身的亮度,而是在发挥他们力量的过程中而形成的一种共同之光,伽达默尔写道:"光并不是它所照耀东西的亮度,相反,它使他物成为可见从而自己也就成为可见,而且它也唯有通过使他物成为可见的途径才能使自己成为可见……光使看和可见之物结合起来,因此没有光就既没有看也没有可见之物。"④ 伽达默尔

---

① 伽达默尔:《真理与方法》,第 1 卷,第 390 页。
② 同上书,第 384 页。
③ 同上书,第 292 页。
④ 同上书,第 486 页。

把这称之为光的形而上学。

当伽达默尔谈到我们的语言实际上并不是索绪尔的 langue，而是他所说的 parole 时，他就说："讲话不是逻辑演绎；在一种意义上，这就是说，它在超越语词，并且在最大胆的意义上，它在产生某种我们必须通过语境来解释的东西。这里语境不只是语词，而是整个生命语境。"① 不过，由于这个语境从未被全部给予，所以诠释的工作就极为重要。这样伽达默尔就讲到对话，他说："我只知道一个事例，其中对讲话的解释不是一种附加的补充环节，而是进入事情本身的本质，这就是对话。在对话中，我们真正在解释。这样讲话就是解释本身。对话的功能在于，在说或陈述某物时，包含了一个与他者的挑战关系，引起了一个响应，并且此一响应提供了对他人解释的解释。这样一来，我们知道（古老的柏拉图的慧识）真正的讲话所与模式开始于对话。它不再是符号的系统或一组文法与句法的规则。作品的真正行动乃是在讲话者们的共同存在中进行占有（appropriation）。我在自己的著作中试图发展这一观点，讨论在真正的交换与著作中，而不是在 langue 的意义下，语言如何在对话中显现自身。在任何的对话形式中我们成长。我们发展一种共同的语言，所以在对话的结尾我们将具有某种根据。当然，并非所有的对话都有成效，但至少应该以营造一场对话为目标（情况常常相反，两个独白前后相随）。"②

伽达默尔在"现象学和辩证法之间"一文中又讲到柏拉图对话，他说："我是从伟大的对话家柏拉图那里，或者说，正是从柏拉图所撰写的苏格拉底的对话中学习到，科学意识的独白结构永远不可能使哲学思想达到它的目的。我对第 7 封信注释的解释似乎使我否定了一切对这封信的真

---

① 利科："怀疑诠释学"，见《诠释学：问题与展望》（G. Shapiro and A. Sica ed., Amhurst: University of Massachusetts Press, 1984），第 63 页。

② 同上。

实性所具有的怀疑。从那封信我们才能完全理解，为什么哲学的语言自那以后总是经常地在同自己历史的对话中不断地构成——虽说以前它总是随着历史意识的出现而在一种新的、充满紧张的历史重建和思辨改造的两重性中解说着、纠正着、改变着"，① 并因此伽达默尔得出这样的结论："形而上学的语言总是并永远是一种对话，即使这种对话已经经历了数百年数千年之久的历史距离。正是出于这种理由，所以哲学文本并不是真正的文本或作品，而是进行了诸多时代的一场谈话的记录。"②

伽达默尔说，理解的诠释学与其说从现代科学理论，还不如说是从古代的现在已经遗忘掉的传统学到更多的东西，但这里说更多，也包含说，从现代科学方法论也会得到某些东西，因此现代科学方法论的批判洞见不应当忽视，以及我们也不应当被它的那种普遍的真理要求的神秘性而盲目。伽达默尔怀疑的正是这种普遍主义（Universalism），因为它依赖这样的前提，这些前提他认为是与人类知识的有限性（finitude）、境遇性（situatedness）和关涉性（concernedness）相矛盾的。

伽达默尔坚持理解的境遇性，这并不是维护传统，而是对人类有限性的哲学认识，这种认识必然提高我们理解的限制的批判性意识。这种对有限性的承认，作为一种谦恭行为，必然导致对反驳和其他视角的开放。认识到自身缺点的理解必然是对话性的。伽达默尔在其后期著作中常常重复这样的话，即诠释学的灵魂在于对他人也可能是正确的这一点有认识。只有当人们承认这一点，那么人们才能希望学会东西。说我们由于依赖科学方法所以我们发现主张是有效的，这种论证也可能使我们看不到在与他人和别的传统交往中，在对话中出现真理。

我们理解的对话度向将形成《真理与方法》最后一部分的焦点，即我们理解的潜在语言性（linguisticity）的一般理论，这种理论将建立哲学诠

---

① 伽达默尔：《真理与方法》，第 2 卷，第 13 页。
② 同上。

释学的普遍性。从人文科学诠释学到宽广的语言主题的转折，将是由问答辩证法所提供的。它基本的见解是，如果陈述不被理解为是对某问题的答复，那么该陈述就不能被理解。每一陈述都是由一种动机、境遇而产生，如果我们要把握所说的真理，我们就必须知道这种动机、境遇。换言之，对于哲学诠释学来说，没有像 a first word（第一词）这样的东西，因为每一个词本身都是对某境遇的回答，当然也没有像 a last word（最终词）。任何话语引起接受，任何理解都是回答。

丹尼逊（Michel Theunissenan）在其经典著作《他者：胡塞尔，海德格尔，沙特和布伯的社会本体论研究》中，区分了两种主体间性理解：一种是先验理论，一种是对话理论。先验理论强调一个变化的我（an alten-ego）在知觉和反思中对于自我在场的方式，而对话理论由强调我—你关系只在对话中所实现的两人关系。按照丹尼逊的看法，伽达默尔将是对话论者，因为他强调会话而不是感知才是主体间性的所在，而且他论证对话在主体的形成中具有明确的地位。伽达默尔在"论实践哲学的理想"一文中曾这样说过："我曾经试图在我的其他著作中指出，对话模式可以阐明这种参与形式的结构，因为对话也是由此表明，对话者并非对对话中出现的东西视而不见并宣称唯有自己才掌握语言，相反，对话是对话双方一起相互参与着以获取真理。"①

---

① 伽达默尔："论实践哲学的理想"，见《赞美理论》，夏镇平译，上海三联书店1988年版，第69页。